PHILOSOPHISCHE ABHANDLUNGEN

HERAUSGEGEBEN VON ROLF-PETER HORSTMANN,
ANDREAS KEMMERLING UND TOBIAS ROSEFELDT

BAND 104

VITTORIO KLOSTERMANN · FRANKFURT AM MAIN

WOLFGANG DETEL

Geist und Verstehen

Historische Grundlagen einer modernen Hermeneutik

VITTORIO KLOSTERMANN · FRANKFURT AM MAIN

Bibliographische Information der Deutschen Nationalbibliothek
Die Deutsche Nationalbibliothek verzeichnet diese Publikation in der Deutschen Nationalbibliographie; detaillierte bibliographische Daten sind im Internet über *http://dnb.d-nb.de* abrufbar.

Gedruckt auf Alster Werkdruck der Firma Geese, Hamburg,
alterungsbeständig ∞ ISO 9706 und PEFC-zertifiziert
Satz: Fotosatz L. Huhn, Linsengericht
Druck: Wilhelm & Adam, Heusenstamm
Bindung: Litges & Dopf, Heppenheim
Printed in Germany
ISSN 0175-6508
ISBN 978-3-465-03711-8

INHALT

TEIL II PERSPEKTIVEN EINER MODERNEN HERMENEUTIK

KAPITEL 8: GEIST UND VERSTEHEN: EIN SYSTEMATISCHER GRUNDRISS 329

KAPITEL 9: ZUM VERSTEHEN VON LITERATUR 393

KAPITEL 10: HERMENEUTIK UND GEIST-THEORIE 471

ANHANG 503

VORWORT

In meiner langjährigen akademischen Tätigkeit habe ich mich intensiv mit Interpretationen klassischer philosophischer Texte und mit grundlegenden Aspekten der Theorie des Geistes beschäftigt. Einer der Gründe dafür, das vorliegende Buch zu schreiben, war der Wunsch, den Zusammenhang zwischen diesen beiden Bereichen besser zu verstehen. Ein weiterer Grund ist meine Sorge um die schwindende Akzeptanz der Geisteswissenschaften. Meines Erachtens haben die Geisteswissenschaften seit ihrem Beginn in der klassischen Antike Großes und Wichtiges geleistet. Diese Leistung wurde in der hermeneutischen Reflexion auf die spezifische Methode der Geisteswissenschaften – das Verstehen und die Interpretation von Reden und Texten – zum Teil in aufschlussreicher Weise beschrieben und gewürdigt. Der eindrucksvolle Aufstieg der Mathematik und Naturwissenschaften seit der Frühmoderne hat die Geisteswissenschaften jedoch trotz ihres Aufschwungs in der zweiten Hälfte des 19. Jahrhunderts zunehmend in die Defensive gedrängt. Seit dieser Zeit ist die Unterscheidung zwischen Naturwissenschaften und Geisteswissenschaften eingehend diskutiert worden, doch hat diese Diskussion den Status der Geisteswissenschaften alles in allem nicht sonderlich gestärkt. Im Reigen moderner Wissenschaften hat das Verstehen und Interpretieren als Erkenntnisform der Geisteswissenschaften nach wie vor einen schlechten Ruf.

Daran hat auch die Theorie des Verstehens, die Hermeneutik, bisher kaum etwas ändern können. Ganz im Gegenteil scheinen die einflussreichsten Überlegungen zum Status der Geisteswissenschaften die verbreiteten Vorbehalte noch zu befeuern. So gilt zum Beispiel die Hermeneutik in der gegenwärtigen Literaturtheorie nur noch als anachronistisches Unternehmen. In vielen Publikationen ist von einer permanenten Krise der Literaturwissenschaft (der paradigmatischen Geisteswissenschaft) die Rede, die mit ihrer fortgesetzten narzistischen Spiegelung ihres eigentlichen Gegenstandes, der Literatur, verlustig gehe. Die führenden geisteswissenschaftlichen Hintergrundtheorien, die Philosophische Hermeneutik und die postmodernen Theorien des Textzugangs, versuchen den Verdacht der Unwissenschaftlichkeit, Beliebigkeit, ja Unmöglichkeit von Verstehen und Interpretation nach Kräften zu untermauern. Und im Spannungsfeld zwischen Semiotik, Philosophischer Hermeneutik, postmodernen Theorien des Textzuganges und naturalistischen Hermeneutiken zeichnet sich ein höchst uneinheitliches Bild ab, das jede Hoffnung auf eine solide, allgemein anerkannte hermeneutische Position zu zerstören droht.

Hinzu kommt, dass viele Wissenschaftler den spezifischen Gegenstand der Geisteswissenschaften, nämlich den Geist und die Kultur, nicht für wissenschaftlich bestimmbar oder gar erklärbar halten. Noch vor wenigen Jahren wurde mir zum Beispiel in einem interdisziplinären Forschungsprojekt von anderen Projektleitern (unter ihnen auch Geisteswissenschaftler) vorgehalten, dass die Ideen des Geistes und der Kultur derartig schwammig seien, dass sich Geistes- und Kulturwissenschaften tunlichst nicht auf sie berufen sollten. Diese Auffassung wird auch in vielen neueren geisteswissenschaftlichen und kulturwissenschaftlichen Publikationen vertreten, namentlich von Autoren und Autorinnen, von denen die sogenannte kulturwissenschaftliche Wende der Geisteswissenschaften propagiert wird.

Es ist daher nicht verwunderlich, dass die kritische Frage, ob das Verstehen überhaupt eine akzeptable oder gar wissenschaftliche Methode sei, insbesondere unter Naturwissenschaftlern, Mathematikern, Juristen, Ökonomen und Gesellschaftswissenschaftlern nicht verstummen will und in letzter Zeit immer lauter wird. Die methodische Autonomie, der wissenschaftliche Fortschritt und der gesellschaftliche Nutzen der Geisteswissenschaften werden zunehmend bestritten. Wie mein Kollege und Freund Raymond Geuss berichtete, hat zum Beispiel der Präsident einer amerikanischen Eliteuniversität kürzlich unverblümt erklärt, dass Sozial- und Geisteswissenschaftler wie Politologen, Historiker und Philosophen völlig überflüssig seien. Als Folge derartiger Einschätzungen brechen die öffentliche Unterstützung und Finanzierung der Geisteswissenschaften immer mehr ein.

Die wissenschaftspolitische Diskussion um die Geisteswissenschaften muss als Teil der umfassenderen internationalen Debatte um den Naturalismus gesehen werden. Der Naturalismus ist im Kern die Auffassung, dass sich alles, was sich im geistigen und sozialen Bereich beschreiben und erklären lässt, letztlich mithilfe der Sprachen, Theorien und Methoden der Naturwissenschaften wird beschreiben und erklären lassen. Das Geistige und Soziale, und damit der Kern der Humanität, lassen sich dem Naturalismus zufolge auf die Natur und ihre naturgesetzliche Organisation reduzieren. Der moderne Naturalismus verbindet sich typischerweise mit dem Szientismus, dessen zentrale These ist, dass alle Disziplinen, die einen wissenschaftlichen Status beanspruchen, die Methoden der Naturwissenschaften zu übernehmen haben. So glauben zum Beispiel viele Naturwissenschaftler, dass die Neurobiologie ausreichend ist, um den menschlichen Geist zu erforschen.

Naturalismus und Szientismus sind weltweit auf dem Vormarsch. Doch sind ihre Kernthesen, nüchtern betrachtet, nach dem gegenwärtigen Stand der Forschung mehr als zweifelhaft. Es ist zum Beispiel bisher keineswegs überzeugend nachgewiesen worden, dass sich Aussagen über Zustände des Bewusstseins oder über komplexe soziale Zustände ohne semantischen Verlust in Aussagen über biologische und physikalische Zustände übersetzen lassen. Wenn beispielweise die Neurobiologen das Gehirn untersuchen, können sie lediglich Aussagen über neuronale Aktivitäten treffen. Bewusstsein oder Bedeutungen (die typischen Gegenstände des Verstehens) bekommen sie dabei nicht zu Gesicht. Die neurobiologische Untersuchung des menschlichen Gehirns ist ohne Frage von enormer Relevanz, doch zu einer Erforschung des Geistes und des Sozialen kann sie nur dann beitragen, wenn ihre Daten mit Aussagen von Probanden korreliert werden, die sich selbst zuverlässig in einem intentionalistischen Vokabular beschreiben können, das primär in den Geisteswissenschaften entfaltet wird. Zweifellos gibt es umfassende und relevante Evidenz dafür, dass geistige Zustände und Aktivitäten in neurobiologischen (also naturwissenschaftlich beschreibbaren) Zuständen realisiert sind und meist auch von ihnen hervorgerufen werden. Aber damit ist vereinbar, dass die psychologischen und alltäglichen intentionalen Beschreibungen geistiger Zustände zusätzliches Wissen artikulieren, das über das neurobiologische Wissen hinsichtlich geistiger Zustände hinausgeht. Die Beschreibung und Kennzeichnung eines Erlebens von Angstzuständen im Alltag, in der Psychologie oder in der Dichtung enthält beispielsweise gegenüber der neurobiologischen Beschreibung der korrelierten neuronalen Aktivitätsmuster zusätzliche Informationen. Eine vollständige Reduktionsmöglichkeit der geisteswissenschaftlichen auf die naturwissenschaftliche Beschreibung ist bislang nicht vorgelegt worden und ist auch nicht absehbar. Man kann daher ohne Übertreibung sagen, dass der Naturalismus, der Szientismus und das mit ihnen verbundene technologische Menschenbild vorerst als pures Wunschdenken eingestuft werden müssen. Dennoch entfalten sie eine enorme wissenschaftspolitische Wirkung. Sie stellen daher eine ernsthafte Gefahr für den Bestand der Geisteswissenschaften und die Verteidigung eines humanen Menschenbildes dar.

Die Vertreter der Geisteswissenschaften haben den Naturalismus meinem Eindruck nach bisher nicht entschieden genug bekämpft. Im Gegenteil, die einflussreichsten geisteswissenschaftlichen Hintergrundtheorien, vor allem Semiotik, Philosophische Hermeneutik und postmoderne Theorien des Textzugangs, spielen dem Naturalismus ersichtlich in die Hände. Das ist umso bedauerlicher, als in der Philosophie des Geistes, Semantik, Linguistik, kognitiven Psychologie und Primatologie seit einigen Jahrzehnten mit großem Erfolg an einer präzisen, reichhaltigen, attraktiven und empirisch testbaren Theorie des Geistes gearbeitet wird. Auch wenn bis heute über Details kontrovers diskutiert wird, herrscht doch über die Grundzüge der gegenwärtigen Theorie des Geistes weitgehende Übereinstimmung.

Diese Theorie hat auch Konsequenzen für die Theorie des Verstehens (also für die Hermeneutik). Denn das Verstehen gilt in der modernen Theorie des Geistes als grundlegende mentale Aktivität, die tief in der phylogenetischen und ontogenetischen Entwicklung des Menschen verankert ist. Zwar wird in diesem Kontext auch über den Geist von Tieren geforscht, aber gerade auf dieser Grundlage lässt sich der humanspezifische Geist umso schärfer kennzeichnen. Damit wird die anthropologische Dimension der gegenwärtigen Theorie des Geistes und des Verstehens deutlich: Was der Mensch ist und wie seine größten kulturellen Leistungen zu erklären sind, lässt sich unter anderem im Blick auf den humanspezifischen Geist bestimmen. Aus dieser Perspektive kann auch die soziale Verankerung, Zuverlässigkeit und Wissenschaftlichkeit des Verstehens auf neue Weise diskutiert werden.

Dieses Buch geht daher von der Annahme aus, *dass der Versuch unternommen werden kann und sollte, die Hermeneutik als klassische Theorie des Verstehens im Rahmen der gegenwärtigen Theorie des Geistes neu zu rekonstruieren.* Davon verspreche ich mir eine theoretisch begründete Darstellung des verstehenden Verfahrens, die

- zu einem neuen Bild vom Status der Geisteswissenschaften führt,
- dem traditionellen Bezug der Geisteswissenschaften auf das Humane eine neue Wendung gibt,
- die Relevanz, Verbreitung, generelle Zuverlässigkeit, evolutionäre Verankerung und soziale Bedeutung des Verstehens herausstellt,
- dem Naturalismus und Szientismus entschieden entgegentritt,
- die historischen und gegenwärtigen hermeneutischen Positionen einer theoretischen Integration näher bringt, und damit
- die alarmierende Krise der Geisteswissenschaften zumindest mildern kann.

Die vorliegende Studie bemüht sich darum, erste Schritte auf diesem Weg zu unternehmen.

In der heutigen Forschungslandschaft scheint mir dieses Unternehmen mehr als naheliegend zu sein. Umso überraschender ist es auf den ersten Blick, dass entsprechende Untersuchungen bisher nicht in der erforderlichen Breite und Tiefe angestellt worden sind. Die führenden Studien zur Geschichte und systematischen Struktur der Hermeneutik greifen nicht auf die moderne Theorie des Geistes zurück. Meinem Eindruck nach ist der zentrale Grund dafür, dass die Hintergrundtheorien, die dafür heranzuziehen wären, zum Teil neu und komplex sind. Überdies stammen sie aus verschiedenen wissenschaftlichen Disziplinen. Wer ein geisteswissenschaftliches Training durchlaufen hat, muss diese Theorien zunächst als fremdartig empfinden und daher erheblichen Aufwand treiben, um mit ihnen vertraut zu werden, und das ist verständlicherweise oft eine große Hürde, wenn man ansonsten alle Hände voll zu tun hat, um seinen professionellen Pflichten nachzukommen.

Daher möchte ich versuchen, nicht nur den Hermeneutik-Spezialisten und Philosophen, sondern allen Menschen, denen die Geisteswissenschaften am Herzen liegen, den Blick der Theorie des Geistes auf die Prozedur des Verstehens und Interpretierens in einer möglichst sanften Form näher zu bringen. Dafür wäre es wohl kaum hilfreich, unmittelbar mit einer ausführlichen Darstellung der einschlägigen subtilen Theorien zu beginnen. Vielmehr sollte ein solcher Versuch zunächst an vertrautes Terrain anknüpfen. Ein solches Terrain dürfte die Geschichte der Hermeneutik sein, nicht zuletzt weil sich die gegenwärtig führenden Hintergrundtheorien wie die Philosophische Hermeneutik und die postmodernen Theorien des Textzuganges in vielfältiger Weise auf die Geschichte der Hermeneutik beziehen. *Daher unternehme ich in der vorliegenden Studie zunächst den Versuch, wichtige Stadien in der Geschichte der Hermeneutik aus geist-theoretischer Sicht zu interpretieren und zu kommentieren.* Dabei soll unter anderem deutlich werden, dass die moderne Theorie des Verstehens durchaus anschlussfähig an die traditionelle Hermeneutik ist.

Ein solcher Versuch ist aus verschiedenen Gründen riskant und prekär. Er kann und soll seinen theoretischen Hintergrund, die moderne Theorie des Geistes, nur auf kurzem Raum umreißen. Er muss sich in großen Schritten durch einflussreiche hermeneutische Theorien des Verstehens bewegen, und er kann dabei die Fülle der zum Teil sehr interessanten Forschungsliteratur allenfalls selektiv berücksichtigen. Ich kann nur hoffen, dass diese Defizite durch die Vorteile des Ansatzes im Ganzen übertrumpft werden. Insbesondere habe ich mich sehr darum bemüht, eine Darstellung zu präsentieren, die auch für jene Vertreter und Liebhaber der verschiedenen Geisteswissenschaften verständlich ist, die sich bisher noch nicht mit Hermeneutik oder Geist-Theorie beschäftigt haben. Wer sich einen raschen Überblick über die Art und Weise verschaffen will, wie ich die Geschichte der Hermeneutik mit der Theorie des Geistes zusammenzubringen versuche, kann zunächst die Einleitung und das zusammenfassende letzte Kapitel (Kap. 10) lesen. Im Übrigen habe ich einige technisch schwierigere Überlegungen, die für den Fortgang der Überlegungen zwar hilfreich, aber nicht unbedingt vonnöten sind, in Exkurse ausgelagert.

Die vorliegende, primär historisch orientierte Studie wird durch eine zweite Untersuchung zu ergänzen sein, in der die linguistischen, kognitivpsychologischen und semantischen Theorien, die den systematischen Kern einer zeitgemäßen Hermeneutik als Theorie des Verstehens ausmachen, in ausführlicher und verständlicher Form vorgetragen werden. Erst damit werden sich die Behauptungen dieses Buches zum Status des Verstehens und der Geisteswissenschaften sowie zur Verteidigung der Humanität und einer respektvollen Kommunikation theoretisch angemessen begründen lassen. Und damit werden sich, so hoffe ich, auch Naturwissenschaftler, Gesellschaftswissenschaftler und selbst Mathematiker von der Relevanz des Verstehens im Alltag und in den Wissenschaften überzeugen lassen.

Ich danke zwei anonymen philosophischen Gutachtern und dem Verleger dieses Buches, Vittorio E. Klostermann, sowie – aus literaturtheoretischer Sicht – Tilman Köppe, Hans-Harald Müller und Peter Tepe für hilfreiche Ratschläge und wohlwollende Ermunterung. Auch bin ich den Herausgebern der *Philosophischen Abhandlungen* für ihre Bereitschaft, mein Buch in ihre renommierte Reihe aufzunehmen, sehr zu Dank verpflichtet.

Ich widme dieses Buch meinen Kindern und Enkeln – Claudia, Sylvia, Corinna, Veronika, Rocco, Dario und der kleinen Halinka.

EINLEITUNG: TRADITIONELLE UND MODERNE HERMENEUTIK

1. Ziel und Ausrichtung der Untersuchung

Die Theorie des Verstehens und der Interpretation, die Hermeneutik, kann auf eine lange und reiche Tradition zurückblicken, die in zahlreichen verdienstvollen Untersuchungen detailliert erforscht worden ist. Zu diesen Untersuchungen gehören vor allem Studien zu einzelnen Abschnitten, Entwicklungen und Autoren, die in der hermeneutischen Theorienbildung eine zentrale Rolle gespielt haben,[1] aber auch Gesamtdarstellungen, die einen Überblick über die wichtigsten historischen Ansätze der Hermeneutik bieten. Einige dieser Gesamtdarstellungen zeichnen primär die Geschichte der Hermeneutik seit Schleiermacher nach und widmen den hermeneutischen Theorien vor Schleiermacher allenfalls einige kurze Bemerkungen[2] – in der irrigen Annahme, Schleiermacher habe die erste allgemeine Hermeneutik entwickelt, die sich nicht auf Bereichshermeneutiken wie die Bibelexegese oder die Auslegung von juristischen Gesetzen beschränkt.[3] Doch in den neuesten Gesamtdarstellungen zeichnet sich ein historisch ausgewogeneres Bild ab, das von der Antike bis zu jüngsten hermeneutischen Ansätzen reicht. Dabei hat sich ein Kanon von hermeneutisch einflussreichen Autoren herausgeschält, die immer wieder diskutiert werden: Aus der Antike beispielsweise Platon und Aristoteles, Philon von Alexandrien und Origines; aus dem Mittelalter vor allem Augustinus und später Luther, aus der frühen Neuzeit Dannhauer, Chladenius und Meier, und danach jene Autoren, die in keinem Überblick fehlen: Schleiermacher, Dilthey, Heidegger, Gadamer, Ricœur und Derrida.[4]

[1] Zu einzelnen Abschnitten der Geschichte der Hermeneutik vgl. z.B. Pépin, J. (1988) (Antike); Atkins (1952), Bruns (1995), Pompa (1996), O'Hear (1996) (Vico, Herder, Schleiermacher); Schröder (Hg.) (2001) (Humanismus bis Romantik); Sdzuj (1997) (frühe Neuzeit); Schönert, Vollhardt (2005) (frühe Neuzeit, Aufklärung); Bühler, A. (Hrg.) (1994) (Aufklärung); Madison (1988) (Postmoderne); Bertram (2002), Angehrn (2003) (Dekonstruktivismus).

[2] Vgl. z.B. Birus (1982), Ineichen (1991), Jung (2001), Geisenhanslüke (2003), Mantzavinos (2005), Grondin (2009).

[3] Zur Entlarvung dieses Irrtums vgl. Bühler (1998), Bühler (2003).

[4] Vgl. z.B. Seiffert (1992), Grondin (1991), Ferraris (1996), Jung (2001), Grondin (2009), Joisten (2009). Unter diesen Gesamtdarstellungen sind besonders Ferraris (1996) und Joisten (2009) empfehlenswert. Ferraris bietet zwar zu den einzelnen Autoren und Positionen nur sehr kurze Analysen, dafür aber einen sehr umfassenden Überblick. Joisten konzentriert

Einige der neueren Darstellungen zur Geschichte der Hermeneutik sind von einem systematischen Blickwinkel geleitet – von jener Variante der Hermeneutik, die von den Autoren jeweils als avancierteste Theorie des Verstehens angesehen wird. Eine frühe und beeindruckende Version dieser hermeneutischen Historiographie ist Wilhelm Diltheys Arbeit *Die Entstehung der Hermeneutik* aus dem Jahre 1900, in der Dilthey die Geschichte der Hermeneutik als fortschreitenden Prozess beschreibt, der in der Hermeneutik Schleiermachers seinen Höhepunkt gefunden hat.[5] Heute sind es unter anderem die moderne Semiotik[6] und die postmoderne Theorie des

sich auf die einflussreichsten Autoren, präsentiert dafür aber ausführlichere und klare Analysen dieser Autoren. In den angelsächsischen Ländern wird weniger zur Geschichte der Hermeneutik als vielmehr zur *history of literary criticism* gearbeitet. Dabei handelt es sich vornehmlich um Analysen zur Geschichte der Literaturtheorie, doch finden sich in diesen Werken vereinzelt auch interessante Beiträge zu hermeneutischen Theorien, vgl. etwa Wimsatt (1970), Habib (2007), und vor allem das monumentale Werk Kennedy et al. (Hrg.) (1989ff.), das auch unter hermeneutischer Perspektive oft lehrreich ist, weil es durchweg hervorragend informierte Analysen liefert. Andererseits kann keine Rede davon sein, dass diese glänzende Enzyklopädie Arbeiten enthält, die die Geschichte der Hermeneutik auch nur einigermaßen kontinuierlich nachzeichnen. So enthält zum Beispiel der Band III über Renaissance und frühe Neuzeit (Hrg. G. P. Norton, 1999) nichts zur detaillierten Entwicklung der allgemeinen Hermeneutik bei Dannhauer und Clauberg (diese hermeneutisch so überaus einflussreichen Autoren tauchen nicht einmal im Index auf); in Band IV zum 18. Jahrhundert (Hrg. H.R. Nisbet, C. Rawson 1997) sucht man vergebens nach Arbeiten zu Meier, Lambert, Chladenius oder Ast, und in Band V (Hrg. M. Brown, 2000) wird Dilthey nicht behandelt. Der Übersichtsartikel von Richard Holub in Band 8 (Hrg. R. Selden, 1995, 255–288) beginnt mit Chladenius und Meier, diskutiert anschließend Ast, Schleiermacher und Dilthey, konzentriert sich daraufhin schwerpunktmäßig auf Gadamer, behandelt aber auch Hirsch und Ricoeur und schließt mit einer kurzen Bemerkung zu Strukturalismus, Poststrukturalismus und Hermeneutik. Ähnliches gilt auch für eine der neuesten Geschichten der Literaturtheorie, nämlich Habib (2007). Allgemeines Ziel des Buches ist es, einen Beitrag zum Selbstverständnis des Menschen anhand einer Auseinandersetzung mit Entwicklungen der Literaturinterpretation zu liefern. Dabei steht die allgemeine Frage, woher unsere Werte kommen, im Vordergrund. Unter den in der vorliegenden Studie behandelten Autoren diskutiert Habib lediglich Platon, Aristoteles, Quintilian, Schleiermacher und Heidegger. In keinem Fall liefert Habib jedoch substantielle hermeneutische Analysen.

[5] Vgl. Dilthey (1900). Dilthey spricht hier sogar von einem gesetzmäßigen Gang der Geschichte der Hermeneutik: In der Antike hat der Kampf zwischen der pergamenischen und alexandrinischen Philologie um den Primat der allegorischen oder grammatisch-historischen Interpretation Dilthey zufolge erstmals das methodische Bewusstsein zum Verfahren der Interpretation geschärft. Dieser Konflikt setzte sich im frühen Christentum als Auseinandersetzung um buchstäbliche und allegorische Interpretation fort, so dass bei Philon, Origines und Augustin erstmals hermeneutische Theorien entstehen konnten. Die Konstituierung der Hermeneutik als Wissenschaft sieht Dilthey jedoch im *Schlüssel zur Heiligen Schrift* des Flacius, weil hier erstmals davon ausgegangen wird, dass ein angemessenes Textverständnis ein professionelles hermeneutisches Verfahren erfordert. Damit lassen sich auch genauere Regeln des Interpretierens angeben. Schleiermacher geht nach Dilthey insofern über all diese Ansätze hinaus, als er erstmals – und zu Recht – die Hermeneutik und ihre Regeln auf eine sorgfältige Analyse des Verstehens selbst gründet.

[6] Vgl. etwa die Arbeiten von Josef Simon oder auch Eco (1990). Zur Semiotik als Hinter-

Textzuganges,[7] die zuweilen als Fluchtpunkte der Geschichte der Hermeneutik betrachtet werden.[8] Doch nach Auffassung der meisten modernen Autoren ist es die Philosophische Hermeneutik, in der die Entwicklung der klassischen Hermeneutik kulminiert. Jean Grondin hat diese Einschätzung prägnant auf den Punkt gebracht. Seiner Auffassung nach gibt es drei große historische Formen der Hermeneutik, die chronologisch aufeinander folgen: Die klassische Hermeneutik von der Antike bis Schleiermacher beschränkt sich auf die Kunst, Texte richtig zu deuten. Mit Dilthey wird diese Auslegungskunst erweitert – zu einer Auslegung der Geschichte sowie zu einer Grundlagenreflexion über den wissenschaftlichen Status und den Wahrheitsanspruch der Geisteswissenschaften. Bei Gadamer und Ricoeur schließlich wandelt sich die Hermeneutik im Anschluss an Heideggers Hermeneutik der Faktizität zu einer universellen Interpretationsphilosophie, die das Verstehen und Auslegen nicht nur als geisteswissenschaftliche Methode, sondern als grundlegenden Lebensvorgang und als Wesensmerkmal unserer Welterfahrung betrachtet.[9] Diese Auffassung lässt sich mit einigem Recht als die gegenwärtige Orthodoxie der Hermeneutik und ihrer historischen Entwicklung betrachten.[10]

Dieser Befund lässt sich unter anderem dadurch untermauern, dass einige Grundgedanken der Philosophischen Hermeneutik von neueren

grundtheorie für Literatur-Interpretation vgl. z. B. Bann (1995). Zu einer genaueren Darstellung und Kritik der Semiotik vgl. unten, Abschnitt 5.1.

[7] Etwa Geisenhanslüke (2003). Frank (1977) versucht zu zeigen, dass klassische Hermeneutik à la Schleiermacher und Gadamer mit den wichtigsten Intuitionen des Dekonstruktivismus versöhnt und neu gedeutet werden kann. Aus der Perspektive der folgenden Überlegungen ist dieser Versuch fragwürdig (vgl. dazu genauer unten, Abschnitte 5.3–5.4).

[8] Apel (1955) wählt als systematischen Bezugspunkt den Verstehensbegriffs Diltheys und rekonstruiert dann die Vor- und Nachgeschichte dieses Verstehensbegriffes. Dabei werden – zum Teil in gedrängter Form – eine große Anzahl verschiedener Autoren beschrieben, die sonst in Überblicken zur Geschichte der Hermeneutik selten erwähnt werden. Dabei setzt Apel erstaunlicherweise einen rationalen Verstehensbegriff vom hermeneutischen Verstehensbegriff ab. Die endgültige Definition des rationalen Verstehensbegriffes findet er bei Kant: „Etwas verstehen (intelligere), d. h. durch den Verstand vermöge der Begriffe erkennen oder konzipieren." (Logik, Einleitung), oder genauer: „Wir verstehen aber nichts recht als das, was wir zugleich machen können, wenn uns der Stoff dazu gegeben würde" (Reflexionen Nr. 395). Aus moderner geist-theoretischer Sicht ist aber weder der kantische Verstehensbegriff noch der Verstehensbegriff bei Vico und vielen anderen von Apel diskutierten Autoren sonderlich relevant. Was Apel primär auf historisch gelehrte Weise zeigen möchte, ist die historische Vor- und Nachgeschichte der Unterscheidung zwischen Erklären und Verstehen, also zwischen Natur- und Geisteswissenschaften, wie sie faktisch bei Dilthey zuerst auftaucht, ohne dass jedoch die involvierten Schlüsselbegriffe „Erklären" und „Verstehen" sonderlich genau erläutert würden.

[9] Vgl. Grondin (2009). Auch Ferraris (1996) schreibt seine Geschichte der Hermeneutik aus der Perspektive der Philosophischen Hermeneutik.

[10] Zu einer genaueren Darstellung und Kritik der Philosophischen Hermeneutik vgl. unten, Kap. 4.

Autoren aufgegriffen und ausgebaut wurden. Eines von vielen Beispielen ist eine – im übrigen sehr interessante – Studie von Bertram,[11] in der die Hermeneutik und Dekonstruktion auf informative Weise in ihrer wechselseitigen Beziehung untersucht werden. Dabei gilt Gadamer als Hauptvertreter „der" Hermeneutik. In Bertrams Studie sollen anhand von Gadamers Position „Grundlagen der hermeneutischen Philosophie überhaupt erfasst werden".[12] Weitere Beispiele sind die Arbeiten von Lenk und Abel zu einer umfassenden Interpretationsphilosophie im Geiste der Philosophischen Hermeneutik.[13] Abel geht in einer früheren Untersuchung zu Nietzsche[14] vom Perspektivismus des Interpretierens aus und glaubt daher, dass der Interpretationsgedanke zu einer Ablehnung des Objektivitätsideals der neuzeitlichen Wissenschaft und zu einer Infragestellung der methodischen Rationalität führe. Auch wenn Lenk Abels idealistische Tendenzen ablehnt, geht auch er von der

> „Notwendigkeit aus, in der wir immer befangen sind, eben interpretativ zu verfahren, wenn wir Begriffe verwenden, wenn wir überhaupt erkennen, wenn wir etwas tun, das mit unseren Absichten und unserem Denken in Zusammenhang steht, ja wenn wir überhaupt denken...Die Grundkategorialisierungen sind interpretativ".[15]

Die neueren Interpretationsphilosophen führen also den Ansatz der Philosophischen Hermeneutik mit moderneren theoretischen Mitteln fort,[16] doch sie schleppen dabei die mangelnde Differenzierung zwischen perspektivischer Repräsentation und Metarepräsentation mit, die – unter anderem nach Auskunft der modernen Psychologie – für die Bestimmung des Verstehens im hermeneutischen Sinne so wichtig ist.[17]

Es ist schwer zu bestreiten, dass die hermeneutische Orthodoxie einiges für sich hat. Immerhin konnte sie eine große Leserschaft und viele Experten in ihren Bann ziehen. Weltweit, wenn auch vornehmlich im deutschen Sprachraum, wird sie diskutiert und regt zu weiterer Theorienbildung an. Sie stellt mittlerweile fast so etwas wie ein hermeneutisches Forschungsprogramm im wissenschaftstheoretischen Sinne dar. Tatsächlich sind die meisten Vertreter der Philosophischen Hermeneutik der Ansicht, dass es

[11] Vgl. Bertram (2002).

[12] Bertram (2002), 28.

[13] Vgl. Lenk (1993) und Abel (1993).

[14] Vgl. Abel, G. (1998^2).

[15] Lenk (1993), 213–232, bes. 217.

[16] So bezieht zum Beispiel Lenk auch Quines und Davidsons Überlegungen sowie das Verstehen von Handlungen in seine Überlegungen ein.

[17] Vgl. dazu unten, Abschnitt 8.3.

seit Gadamer keine wirklich innovativen Entwicklungen innerhalb der Hermeneutik mehr gegeben hat.[18]

Allerdings hat die hermeneutische Orthodoxie auch Kritik hervorgerufen.[19] Im angelsächsischen Sprachraum hat sie bislang nicht überzeugen können.[20] Und auch in Deutschland scheinen die Vorbehalte stärker zu werden.[21] Gleichwohl übt die Philosophische Hermeneutik nach wie vor eine große Anziehungskraft auf die geisteswissenschaftliche Szene aus. Einer der wichtigsten Gründe dafür dürfte darin liegen, dass die Philosophische Hermeneutik die Selbstreflexion der Geisteswissenschaften über die methodologische Debatte um die Differenz zwischen Erklären und Verstehen hinausführt und mit guten Gründen an die enge Verbindung von Geisteswissenschaften und Humanismus erinnert. Niemand hat diese Orientierung pointierter formuliert als Gadamer:

„Das hermeneutische Phänomen ist ursprünglich überhaupt kein Methodenproblem. Es geht in ihm nicht um eine Methode des Verstehens, durch die Texte einer wissenschaftlichen Erkenntnis so unterworfen werden, wie alle sonstigen Erfahrungsgegenstände. Es geht in ihm überhaupt nicht in erster Linie um den Aufbau einer gesicherten Erkenntnis, die dem Methodenideal der Wissenschaft genügt ... In der Nachfolge der deutschen Klassik entwickelten die Geisteswissenschaften vielmehr das stolze Selbstgefühl, die wahren Sachwalter des Humanismus zu sein ... Der Begriff der Bildung ... war wohl der größte Gedanke des 18. Jahrhunderts, und eben dieser Begriff bezeichnet das Element, in dem die Geisteswissenschaften des 19. Jahrhunderts leben."[22]

Gadamers grundlegende Idee, die Geisteswissenschaften und die Hermeneutik durch ihren Bezug auf das Humane zu bestimmen, ist wegweisend für jede hermeneutische Theorie und Standortbestimmung der Geisteswissenschaften.[23] Doch bleibt Gadamers Formulierung dieser Idee nebulös. Denn es gibt einen guten Sinn, in dem auch Naturwissenschaften wie Physik, Chemie und Biologie sowie Formalwissenschaften (Logik und Mathematik) als Sachwalter des Humanismus angesehen werden können, zum Beispiel indem sie das Ideal nachprüfbarer Transparenz ihrer Behauptungen

[18] Vgl. dazu Grondin (1991), 3–4 (mit weiteren Literaturangaben).

[19] Vgl. z. B. Krämer (2007), der sich freilich (zu sehr) auf Gadamers anti-realistische Attitüde konzentriert und darin den grundlegenden theoretischen Sündenfall der Philosophischen Hermeneutik sieht.

[20] Vgl. den einflussreichen Aufsatz von Abel (1948/1953). Eine gute Übersicht über die Vorbehalte bietet Norris (2000).

[21] Vgl. Albert (1994), Böhm (2005), Bühler (1987), Krämer (2007), Mantzavinos (2005), Tepe (2007).

[22] Gadamer (1965), 1, 6f.

[23] Mit Recht spricht der Hermeneutik-Historiker Ferraris im Blick auf Gadamers Hermeneutik von einer Rehabilitation der humanistischen Tradition (vgl. Ferraris (1996), 173).

hochhalten, den freien Wissensdurst des Menschen stillen oder im Dienste der Humanisierung und Verbesserung menschlicher Lebenswelten arbeiten. Der besondere Bezug der Geisteswissenschaften auf das Humane liegt weniger in ihren Methoden oder Zielen, sondern eher in ihrem Gegenstand. *Die Geisteswissenschaften beschäftigen sich speziell mit dem menschlichen Geist und seinen geistigen Produkten.* Das ist eine der größten Einsichten Schleiermachers und Diltheys, die es zu bewahren gilt. Daher sollte sich die Hermeneutik und die Standortbestimmung der Geisteswissenschaften vor allem durch eine ausgearbeitete Theorie des Geistes leiten lassen. Auf diese Weise kann der spezifische Bezug der Geisteswissenschaften auf das Humane genauer ausbuchstabiert werden.[24]

Die Philosophische Hermeneutik hat den Begriff des Geistes eng an die Idee der Bildung gebunden und auf dieser Grundlage die Frage der Methodologie und Wissenschaftlichkeit von Geisteswissenschaften zu marginalisieren versucht. Doch wird der bildungsorientierte Begriff des Geistes in der Philosophischen Hermeneutik nur schemenhaft skizziert – in markanten Sätzen wie: „Das Sein des Geistes ist mit der Idee der Bildung wesenhaft verknüpft“[25], die keine nähere Auskunft über den zugrundeliegenden Begriff des Geistes vermitteln. Aus Sicht der modernen Theorie des Geistes handelt es sich hier um eine restriktive Engführung des Geistbegriffes.[26]

Heute, ein halbes Jahrhundert nach der Publikation von *Wahrheit und Methode*, hat sich die Forschungslandschaft erheblich verändert. Denn in den letzten Jahrzehnten ist im Rahmen der postanalytischen Philosophie auf der Grundlage der Arbeiten von Quine, Davidson und dem späten Wittgenstein eine neue Theorie des Geistes, der semantischen Gehalte, der syntaktischen Sprachformen, des Bewusstseins, der Metarepräsentation und der Interpretation entwickelt worden, die ein subtiles und reiches Bild vom Geist und seinen geistigen Produkten zeichnet. Diese Theorie wird zwar in vielen Details bis heute kontrovers diskutiert, doch haben sich ihre Grundzüge und Kernideen in bemerkenswerter Weise stabilisiert.[27] An dieser Theorie sind nicht nur die Philosophie und insbesondere die philosophische Theorie des Verstehens, sondern auch die kognitive Psychologie, die Linguistik und die Primatologie beteiligt.[28] Die anthropologische Grund-

[24] Vgl. dazu genauer unten, Abschnitte 8.3 und 8.5.

[25] Gadamer (1965), 9.

[26] Zu einer genaueren Darstellung und kritischen Auseinandersetzung mit der Philosophischen Hermeneutik vgl. unten, Abschnitt 4.2.

[27] Eine gute Übersicht dazu bietet Caruthers, Smith (Hrg.) (1996).

[28] Es ist bedauerlich, dass bisher nur wenige Geisteswissenschaftler von der modernen Theorie des Geistes überhaupt Notiz genommen haben, geschweige denn dass sie diese Theorie zur Selbstverständigung über geisteswissenschaftliche Arbeit einsetzen. Aus vielen Beispielen seien drei neuere Arbeiten genannt: Beiner (2008) hält die Charakterisierung der

frage – was der Mensch sei – wird auf theoretischer Ebene heute primär in diesen Wissenschaften diskutiert.

In der vorliegenden Studie wird daher der – angesichts der skizzierten Forschungslandschaft naheliegende – Versuch unternommen, *die moderne Theorie des Geistes für einen neuen Blick auf die Hermeneutik und ihren Bezug auf das Humane fruchtbar zu machen.* Diese Idee führt zu dem *Konzept einer modernen* (d. h. geist-theoretisch informierten) *Hermeneutik*, für das eine Reihe von Grundsätzen leitend ist:

G 1 Die moderne Hermeneutik sollte als allgemeine Theorie des Verstehens im Theorierahmen der gegenwärtigen Semantik und Theorie des Geistes entfaltet werden.[29]

G 2 Gegenstand des Verstehens sind der modernen Hermeneutik zufolge alle Zustände und Prozesse, an denen Aspekte des Geistes und insbesondere des humanspezifischen Geistes auftreten.

G 3 Das zentrale Verfahren des Verstehens wird in der modernen Hermeneutik auf der grundlegendsten Ebene als Erfassen der humanspezifischen geistigen Aspekte der entsprechenden Zustände und Prozesse betrachtet.

G 4 Als allgemeine Theorie des Verstehens muss die moderne Hermeneutik neben dem klassischen Thema der Kunst professioneller Textaus-

Geisteswissenschaften durch Rückgriff auf den Geist als Gegenstand von vornherein für aussichtslos, verwendet aber seinerseits keine trennscharfen Kategorien. Ein zweites Beispiel ist Spoerhase (2007), der zwar für seine Überlegungen zu einer zeitgemäßen philologischen Hermeneutik auf neueste Diskussionen eingeht, sich dabei aber auf die Aspekte des hermeneutischen Intentionalismus und die Rolle des Prinzips der Nachsicht beschränkt. So wichtig diese beiden Phänomene sind (wie im deutschen Sprachraum vor allem die Arbeiten von Axel Bühler und Oliver Scholz gezeigt haben), so wichtig ist es auch, dass diese beiden Aspekte als zwei von vielen weiteren Elementen einer Theorie des Geistes betrachtet werden. Ein drittes und einflussreiches Beispiel ist die geisteswissenschaftliche Denkschrift Frühwald et al. (1996), in der es wesentlich um eine Neubestimmung der Geisteswissenschaften geht. Die Autoren kommen nach einem langen, durch einen SFB gestützten Forschungsprozess zu dem mageren Resultat, dass die eigentümliche Leistung der Geisteswissenschaften über die herkömmliche Bewahrung des kulturellen Erbes hinaus vor allem darin besteht, grenzüberschreitend, integrativ und dialogisch zu sein. Daraus folgern die Autoren, dass die Geisteswissenschaften sich wesentlich mit der Kultur als dem Inbegriff aller menschlichen Arbeit und Lebensformen einschließlich naturwissenschaftlicher Entwicklungen befassen. Wenn im vierten Kapitel dieser Denkschrift die Transformationen des Geistes analysiert werden, um letztlich die Kultur als zentralen Gegenstandsbereich des Geisteswissenschaften auszuzeichnen, bleibt dies Analyse auf den Hegelschen Geistbegriff und sein trauriges historisches Schicksal beschränkt. Die kulturwissenschaftliche Wende der Geisteswissenschaften, die unter anderem mit dieser Denkschrift eingeleitet wurde, beruht daher auf extrem dürftigen Annahmen und zeichnet sich durch geist-theoretische Ignoranz aus.

[29] Zu der Version der Semantik und Theorie des Geistes, die im folgenden zugrunde gelegt wird, vgl. genauer Abschnitt 2 dieser Einleitung sowie Kapitel 8.

legung eine Theorie des schnellen, anstrengungslosen Verstehens (des Parsens) und eine Analyse der kognitiven Bedingungen des Verstehens enthalten.

G 5 Dafür müssen substantielle Theorien herangezogen werden, die sich in denjenigen Wissenschaften finden, die sich heute mit dem Verstehen befassen (Philosophie, Linguistik, kognitive Psychologie und Primatologie). Die moderne Hermeneutik ist ein interdisziplinäres Projekt.

G 6 Die modernen Hermeneutik muss anschlussfähig an die Geschichte der Hermeneutik sein, d. h. sie muss es gestatten, die Geschichte der Hermeneutik auf angemessene und zum Teil innovative Weise zu interpretieren und theoretisch zu integrieren.

Der Ausdruck *moderne Hermeneutik* ist nicht provokativ gemeint. Ich möchte damit keineswegs andeuten, dass alle anderen neueren hermeneutischen und sonstigen Ansätze des Textzugangs als veraltet zu betrachten sind. Vielmehr soll mit dem Konzept einer modernen Hermeneutik lediglich darauf hingewiesen werden, dass die Hermeneutik nicht (wie in vielen neueren philosophischen und literaturtheoretischen Darstellungen behauptet) notwendigerweise ein anachronistisches Konzept des Textzuganges ist, sondern auf der Basis der genannten Grundsätze auch in einer zeitgemäßen Form entfaltet werden kann. Damit wird nicht bestritten, dass viele neue literaturwissenschaftliche Positionen, die über die traditionelle Hermeneutik hinausführen, wichtig und anregend sind – auch für die Entwicklung einer modernen Hermeneutik im Sinne von G1 – G5. Ganz im Gegenteil – in einer Studie zur modernen Hermeneutik müssen die wichtigsten neueren literaturwissenschaftlichen Ansätze in die Diskussion einbezogen werden.[30]

Die vorliegende Untersuchung widmet sich in Teil I hauptsächlich der in G 6 skizzierten Aufgabe und unternimmt den Versuch, *die Geschichte der Hermeneutik aus der Perspektive der modernen Theorie des Geistes und des Verstehens neu zu lesen.*[31] Dabei werden aber auch die Grundsätze G1 – G3 vor allem auf der Ebene der Terminologie so weit wie möglich berücksichtigt. Den Grundsätzen G4 – G5 soll im Teil II zumindest im Umriss Genüge getan werden. In den bisherigen Darstellungen der Geschichte der Hermeneutik ist eine solche Perspektive bislang nicht eingenommen worden. Eine der wenigen Ausnahmen ist das hervorragende Buch von Oliver Scholz über

[30] Das kann in befriedigender Weise erst in einer systematischen Untersuchung zur modernen Hermeneutik geleistet werden. Ein vorläufiger und summarischer Versuch im Rahmen der vorliegenden historischen Studie findet sich unten, Kap. 9.

[31] Ein Überblick über die wichtigsten Beispiele für diese Sichtweise und einige neue historische Interpretationen unter diesem Blickwinkel präsentiert der Rückblick in Kapitel 10 am Ende dieser Studie.

Verstehen und Rationalität,[32] das in vielerlei Hinsichten ein Vorbild für die vorliegende Studie war. Scholz konzentriert sich allerdings hauptsächlich auf die frühmoderne Hermeneutik und geht primär von allgemeinen Interpretationsprinzipien wie dem Prinzip der Nachsicht und weniger von einem geist-theoretisch motivierten Verstehensbegriff aus. Eine zweite Ausnahme ist der Entwurf einer kognitiven Hermeneutik von Peter Tepe, die aufschlussreiche Kommentare zur Geschichte der Hermeneutik anbietet, ohne jedoch das moderne geist-theoretische Vokabular explizit in Anschlag zu bringen.[33]

Die Lektüre der vorliegenden Studie ist auf die Geschichte der allgemeinen Hermeneutik beschränkt,[34] wird in diesem Rahmen aber fast alle kanonischen Autoren und Positionen zur Sprache bringen, die auch in den jüngeren Gesamtdarstellungen der Geschichte der Hermeneutik behandelt worden sind. Doch werden auch Positionen in den Blick genommen, die in den bisherigen Gesamtdarstellungen übergangen worden sind, zum Beispiel Stoiker, hellenistische Grammatiker, Claubergs Hermeneutik, Max Webers Handlungstheorie, die logische Hermeneutik, die Semiotik, der literarische Strukturalismus oder die neuesten Ansätze zur naturalistischen und kognitiven Hermeneutik. Die genaueren systematischen Konturen einer modernen Hermeneutik auszuarbeiten, die den Grundsätzen G 1 – G 5 in vollem Umfang Rechnung tragen, muss einer weiteren Studie vorbehalten bleiben.

Der leitende systematische Gesichtspunkt der folgenden Untersuchung zur Geschichte der Hermeneutik lässt sich direkt aus der gegenwärtigen Theorie des Geistes ableiten: *Die geistigen Aspekte des menschlichen Lebens sind gegenüber den natürlichen Aspekten des menschlichen Lebens und des Universums durch spezifische Merkmale gekennzeichnet, und die geisteswissenschaftliche Tätigkeit ist spezifisch auf die geistigen Aspekte des menschlichen Lebens ausgerichtet.* Dieser Gesichtspunkt wird im zweiten Abschnitt dieser Einleitung kurz umrissen und im achten Kapitel genauer expliziert. Genau genommen ist das Bild allerdings differenzierter (vgl. G 5): Es gibt heute Wissenschaften wie die kognitive Psychologie, die den menschlichen Geist primär mit naturwissenschaftlichen Methoden erforschen. Demgegenüber waren und sind die klassischen Geisteswissenschaften die *verstehenden* (*interpretierenden*) Wissenschaften, beispielsweise Literaturwissenschaften oder Geschichtswissenschaften – jene Geisteswissenschaften also, mit denen sich die traditionelle Hermeneutik beschäftigt.

[32] Vgl. Scholz (1999), (²2001).

[33] Vgl. Tepe (2007).

[34] Zur Unterscheidung zwischen allgemeiner Hermeneutik und spezifischen Bereichshermeneutiken vgl. Bühler (2003), 3–22.

Vor dem geist-theoretischen Hintergrund der Hermeneutik lässt sich zeigen, dass Gadamers Antithese von Geisteswissenschaft und wissenschaftlichem Methodenideal primär der Einengung des Geistbegriffes auf die Idee der Bildung geschuldet ist. Aus der Sicht der modernen Theorie des Geistes ist nämlich die Ausrichtung der verstehenden Geisteswissenschaften auf das Geistige und Humane durchaus vereinbar mit einer wissenschaftlichen und zugleich speziellen Methodologie der verstehenden Geisteswissenschaften. Man kann sogar sagen, dass die Theorie des Geistes eine spezielle wissenschaftliche Methodologie dieser Geisteswissenschaften geradezu impliziert (mit der Theorie des Geistes soll im Folgenden stets die moderne Theorie des Geistes gemeint sein).[35]

Auf der anderen Seite ergeben sich aus der geist-theoretischen Perspektive grundsätzliche Vorbehalte gegenüber allen hermeneutischen Ansätzen, die dazu neigen, den Gegenstandsbereich der verstehenden Wissenschaften über das spezifisch Geistige hinaus auszudehnen oder die Ausrichtung dieser Wissenschaften auf das spezifisch Geistige in grundsätzlicher Weise zu problematisieren. Denn derartige Ansätze laufen Gefahr, die Bindung der Geisteswissenschaften an das Humane zu verschleiern. Prominente und einflussreiche Beispiele dafür sind die Semiotik und die poststrukturalistischen Theorien des Textzuganges, aber auch neuere, eher wissenschaftstheoretisch inspirierte Versuche, die Differenz zwischen Geisteswissenschaften und Naturwissenschaften einzuebnen.

So unternimmt die Semiotik den Versuch, die Theorie repräsentationaler (also spezifisch geistiger) Zeichen nahtlos in eine Theorie natürlicher Zeichen zu integrieren und daher auch das Verstehen repräsentationaler Zeichen als eine Spielart des Verstehens natürlicher Zeichen auszuweisen. Doch lassen sich natürliche Zeichen durch rein kausale Begriffe definieren, und daher hat das sogenannte Verstehen natürlicher Zeichen nichts mit einem Erfassen spezifisch geistiger Aspekte zu tun. Wenn daher das Verstehen repräsentationaler Zeichen als Spezialfall des Verstehens natürlicher Zeichen dargestellt wird, verschwindet die grundlegende Differenz zwischen der Betrachtung natürlicher und geistiger Phänomene.[36]

Auf der anderen Seite bestreitet der Poststrukturalismus entschieden, dass Texte überhaupt eine feste Bedeutung und Struktur haben. Die Poststrukturalisten verweisen darauf, dass die Bedeutung von Zeichen von ihrem Verhältnis zu einer offenen, unabgeschlossenen Menge anderer Zeichen abhängt und im zeitlichen Prozess des Sprechens, Kommunizierens und Schreibens einer ständigen kontinuierlichen oder diskontinuierlichen

[35] Vgl. dazu genauer unten, Einleitung Abschnitt 2 sowie Abschnitte 8.2 und 8.4. Zu der verbreiteten Variante der Theorie des Geistes, von der ich ausgehe, vgl. auch unten, S. 40.

[36] Vgl. dazu genauer unten, Abschnitt 5.1.

Veränderung unterliegt. Daher sollte die Interpretierbarkeit von Texten radikal in Frage gestellt werden. Der Poststrukturalismus leugnet, dass wir im Umgang mit Texten und Äußerungen von Kategorien wie Sinn oder Subjekt ausgehen und damit eine spezifisch geistige Ebene in den Blick nehmen sollten.[37]

Doch auch die Philosophische Hermeneutik weist – trotz ihrer bewahrenswerten Intuitionen – problematische Aspekte auf. Denn die Universalisierung der hermeneutischen Frage zum generellen Problem der interpretierenden Welterschließung nimmt Phänomene in den Blick, die primär mit dem unhintergehbar perspektivischen Blick auf die Welt zu tun haben. Im Zuge dieser Universalisierung wechselt die Philosophische Hermeneutik gegenüber der traditionellen Hermeneutik weitgehend den Gegenstand. Zwar ist es auch aus Sicht der Theorie des Geistes unbestreitbar, dass die Welterschließung eine geistige Aktivität ist. Ebenso klar ist aber auch, dass die Welterschließung nicht notwendigerweise geistige Phänomene *zum Gegenstand* hat. Auf eine kurze Formel gebracht: Welterschließung ist meist einfach repräsentational, Verstehen im geist-theoretischen Sinn ist dagegen stets metarepräsentational. Nur in seiner metarepräsentationalen Gestalt kann das Verstehen ein Ferment humaner und sozialer Beziehungen sein.[38] Die Universalisierung der Philosophischen Hermeneutik arbeitet also ihrer eigenen wegweisenden Idee von der engen Verknüpfung der Geisteswissenschaften mit dem Fokus auf das Humane entgegen.[39] Erst auf dem Boden der Theorie des Geistes kann die Hermeneutik ihre sachliche und methodologische Spezifizität mit ihrer Bindung an die Humanität auf befriedigende Weise versöhnen.

In diesem Zusammenhang bemerkt Oliver Scholz unter anderem:

„<Es> wird nicht genügend beachtet, dass mit Gadamers Rede von „philosophischer Hermeneutik“ eine Verwendung des Terminus „Hermeneutik“ vorliegt, die sich sowohl von dem Begriff einer „hermeneutica generalis“, wie er im 17. und 18. Jahr-

[37] Dies gilt, wie es scheint, erst recht von der sogenannten Posthermeneutik, die es sich zum Ziel gesetzt hat, das Unsagbare und die Exteriorität einzukreisen, die mit sprachlichen Mitteln nicht eingeholt und gleichwohl angedeutet werden können. Denn zumindest zum Teil handelt es sich bei dieser Alteriorität um „die Materialität der Dinge, um die Leiblichkeit des Körpers, allgemeiner um die untilgbaren Reste, derer wir nicht Herr werden“ (vgl. Mersch (2010), 7–30, bes. 13). Vgl. zur Kritik der diskursanalytischen und poststrukturalistischen Theorie des Umgangs mit Texten unten, Abschnitte 5.3–5.4.

[38] Die metarepräsentationale Gestalt des Verstehens involviert auch eine grundlegende Gleichheit von Interpretanten und Interpretanden. Tomasello (2002) drückt diesen Umstand so aus, dass es darum geht, dass geistige Wesen *ihre Artgenossen als ihnen selbst ähnliche Wesen verstehen*, d. h. als Wesen, die ein intentionales und geistiges Leben führen wie sie selbst (vgl. dazu genauer unten, Abschnitt 8.3).

[39] Zur Kritik der Philosophischen Hermeneutik vgl. genauer unten, Kapitel 4.

hundert gebräuchlich war, als auch von den Hermeneutikauffassungen des neunzehnten Jahrhunderts in grundlegenden Hinsichten unterscheidet...Klar sollte vor allem sein, dass, was immer die Philosophische Hermeneutik zu leisten imstande ist, die Aufgaben der allgemeinen Hermeneutik, wie sie sich seit dem 17. Jahrhundert konstituierte, bestehen bleiben...Das Projekt von Heidegger und Gadamer mag die traditionellen Projekte der allgemeinen Hermeneutik...ergänzen..., ersetzen kann sie diese nicht. Es kann daher, systematisch betrachtet, keine Rede davon sein, die sogenannte Philosophische Hermeneutik habe die traditionelle oder klassische Hermeneutik überwunden, wie häufig zu lesen ist."[40]

Aus der systematischen Perspektive, von der die vorliegenden Studie ausgeht, kann ich dieser Einschätzung nur uneingeschränkt zustimmen. In den folgenden Überlegungen soll daher dezidiert am Projekt der traditionellen Hermeneutik weitergearbeitet werden, allerdings mit neuen theoretischen Mitteln.

Neuerdings gibt es wissenschaftstheoretische Versuche, die methodologische Distanz zwischen Geisteswissenschaften und Naturwissenschaften zu verringern und letztlich sogar aufzuheben. Die zugrundeliegende These ist dabei, dass die alte Unterscheidung zwischen Erklären und Verstehen auf einem anachronistischen positivistischen Bild von Naturwissenschaften beruht. Das heutige Bild von der Naturwissenschaft zeige demgegenüber, dass die Hermeneutik (genauer: das Verstehen) in den Naturwissenschaften auf verschiedenen Ebenen eine wichtige Rolle spiele. So wird darauf hingewiesen, dass in der Historiographie der Naturwissenschaften ständig Texte interpretiert werden und dass die Naturwissenschaften oft konstruktiv verfahren, also nicht im klassischen Sinne objektiv sind. Die Paradigma-Theorie von Thomas Kuhn wird herangezogen, um zu betonen, dass Paradigmen in den Naturwissenschaften eine ähnliche Rolle spielen wie die Vorstruktur des Verstehens in der Philosophischen Hermeneutik. Und einige Autoren argumentieren, dass in der naturwissenschaftlichen Praxis der Theorienkonstruktion Daten in Theorien integriert und dabei die Theorien auch interpretiert werden müssen (man denke zum Beispiel an die kontroversen Diskussionen über die Interpretation der Quantenmechanik).[41]

Diese Hinweise sind jedoch, näher betrachtet, alles andere als überzeugend. Zweifellos ist es unbestreitbar, dass in Diskussionen über Wissenschaftsgeschichte und aktuelle Theorienkonstruktion häufig interpretative Aktivitäten vorkommen, doch handelt es sich dabei gerade um spezielle

[40] Vgl. Scholz (1999), 134, 137–138

[41] Über diese Diskussion informiert zum Beispiel der Sammelband von Fehér, Kiss (1999). Zur Beziehung zwischen Hermeneutik und Wissenschaftsgeschichte siehe zum Beispiel Apel (1999); zum Vergleich von naturwissenschaftlichen Paradigmen und Hermeneutik der Faktizität Schwendtner (1999) sowie Drago (1999); zur Betonung des konstruktiven, perspektivischen Aspekts naturwissenschaftlicher Forschung Ihde (1999) und Eger (1999).

Textinterpretationen im klassischen hermeneutischen Sinne, die vom Erklären der Naturprozesse verschieden bleiben. Theorien sind geistige Produkte, Naturprozesse nicht. Der Hinweis auf den konstruktiven, perspektivischen Charakter naturwissenschaftlicher Theorienbildung verwechselt dagegen wieder die perspektivische Welterschließung mit verstehender Metarepräsentation. Ein subtilerer Punkt ist allerdings, dass der naturwissenschaftliche Blick auf die Welt oft theorien- und sprachengeleitet ist. Schließlich beschreiben die Naturwissenschaften auch die nicht-geistige Natur in einer bestimmten Sprache und im Rahmen bestimmter Theorien, Paradigmen oder Forschungsprogramme. Wir können daher den naturwissenschaftlichen Blick auf die Welt nicht erfassen, ohne die Sprachen und Theorien zu verstehen, die diesen Blick leiten.[42] Doch ist auch dieses Verstehen ein Erfassen von semantischen Gehalten im geist-theoretischen Sinn. Und es bleibt ein Unterschied, ob die semantischen Gehalte von Sprachen und Theorien repräsentierte natürliche Prozesse oder geistige Produkte sind, die ihrerseits semantische Gehalte oder andere geistige Eigenschaften haben. Hermeneutik als Theorie des Verstehens von geistigen Produkten und Naturwissenschaft als Theorie des Erklärens von natürlichen Prozessen bleiben daher in einem grundsätzlichen Punkt scharf getrennt.

Wenn es in der folgenden historischen Studie auf der grundlegendsten Ebene darum geht, die Geschichte der Hermeneutik aus geist-theoretischer Perspektive zu betrachten, dann kann dabei auch geprüft werden, welchen Beitrag die Geschichte der Hermeneutik zur Entwicklung der modernen Theorie des Geistes und Verstehens geleistet hat. Damit sollen einige historische Grundlagen einer modernen Hermeneutik in den Blick genommen werden. Diese Zielsetzung bedeutet aber nicht, dass die Geschichte der Hermeneutik lediglich als Steinbruch für eine moderne Theorie benutzt werden soll. Auch soll den historischen Varianten der Hermeneutik nicht einfach eine moderne Terminologie aufgepresst werden. Die Lektüre der Geschichte der Hermeneutik unter einem neuen systematischen Blickwinkel muss sich vielmehr daran bewähren, dass sie zumindest zum Teil zu historisch fruchtbaren Einschätzungen gelangen kann und eine interessante theoretische Integration der verhandelten Positionen zu leisten vermag. Ob dies gelingt, kann nur die Durchführung selbst zeigen.

Angesichts der Fülle des historischen Materials und vor allem der neueren – zum Teil sehr ertragreichen – Forschungsliteratur kann es allerdings im Folgenden nur darum gehen, einige Schlaglichter auf ausgewählte hermeneutische Positionen zu werfen. In vielen Fällen kann daher die sehr verdienstvolle Detailarbeit an hermeneutischen Positionen, die bisher geleistet

[42] Diesen Punkt macht Dagfinn Føllesdal in Føllesdal (1999).

worden ist, nicht angemessen gewürdigt werden. Doch hoffe ich, dass die geist-theoretische Perspektive der vorliegenden Studie zumindest in manchen Fällen so plausibilisiert werden kann, dass sie weitere Untersuchungen in derselben Richtung anstoßen kann.

Die Ausrichtung der folgenden Überlegungen bringt es mit sich, dass die angesprochenen hermeneutischen Ansätze vor dem Hintergrund der Theorie des Geistes nicht nur historisch interpretiert, sondern auch systematisch kommentiert werden müssen. Über weite Strecken des 19. und 20. Jahrhunderts wurde eine solche Vorgehensweise als Verletzung der historistischen Einstellung und als Ausdruck eines naiven Fortschrittsglauben gebrandmarkt. Doch haben wir inzwischen gelernt, dass moderne Perspektiven oft hilfreich sind, um gerade das historisch Andere und Fremde angemessen herausarbeiten und würdigen zu können.

Eines der wichtigsten Resultate des historischen Teils (Teil I) der vorliegenden Studie ist, dass viele (zum Teil fast vergessene) frühe historische Beiträge zur allgemeinen Hermeneutik sowie die klassische Hermeneutik des 19. Jahrhunderts zu bedeutenden Einsichten vorgestoßen sind (Kap. 1–3). Dagegen sind gegenüber jenen neueren Ansätzen, die gewöhnlich als theoretisch bedeutendste Beiträge zur modernen Hermeneutik und Textwissenschaft gewertet werden (vornehmlich aus dem Bereich von Existenzialismus, Semiotik und Postmoderne), eher Vorbehalte angebracht (Kap. 4–5). Die Hermeneutik des logischen Empirismus hat zwar mit ihrer Ausarbeitung der logischen und formalen Hermeneutik einiges für eine moderne Hermeneutik geleistet, zugleich aber auch manche problematischen Vorentscheidungen getroffen (Kap. 6). Die jüngsten Vorschläge zur naturalistischen und kognitiven Hermeneutik sind trotz einiger Defizite ein wichtiger Ausgangspunkt für die Entwicklung einer modernen Hermeneutik (Kap. 7).

Im systematischen Teil (Teil II) werden einige Perspektiven des Projekts einer modernen Hermeneutik exemplarisch skizziert. Dazu gehört eine ausführlichere Darstellung der Grundzüge der modernen Theorie des Geistes und Verstehens, wie sie in Teil 2 der Einleitung kurz umrissen worden sind (Kap. 8). Dabei wird hoffentlich deutlich, dass viele Einsichten, die in der Geschichte der Hermeneutik erreicht wurden, auf diese Theorie zulaufen. Zum anderen wird zumindest an einem prominenten Fall ansatzweise ausgelotet, ob sich das Konzept einer modernen Hermeneutik auch in speziellen Bereichshermeneutiken bewähren könnte. Zweifellos läge es nahe, aus geist-theoretischer Perspektive beispielsweise zu fragen, wie sich das Verstehen mathematischer Beweise, juristischer Regeln, sozialer Phänomene, physikalischer Texte oder gar nicht-sprachlicher Gebilde wie der Architektur, der bildenden Kunst oder der Musik kennzeichnen ließe. Eine Diskussion auch nur der wichtigsten Bereichshermeneutiken würde den Rahmen der folgenden Überlegungen jedoch entschieden sprengen und muss späteren Studien vorbehalten bleiben. Doch zumindest in einem Fall soll dieses Anwendungsproblem angeschnitten werden, und zwar in jenem Bereich, der immer der klassische Anwendungsbereich der Hermeneutik gewesen ist, nämlich in der Literaturtheorie. Die Überlegungen im 9. Kapitel zum Verstehen von Literatur verfolgen allerdings nur ein begrenztes Ziel. Sie wollen und können das überaus komplexe Thema des Verstehens von Literatur, zu dem die verschiedenen Ansätze der Literaturtheorie Bahnbrechendes geleistet haben, keineswegs erschöpfend behandeln, sondern wollen lediglich plausibel machen, dass der geist-theoretische Blick auf das Verstehen in den einflussreichsten Reflexionen auf das Verstehen von Literatur in unterschiedlichen Formen im Spiel bleibt – dass also geist-theoretische und literarische Hermeneutik nicht dramatisch auseinander fallen.

Hinzu kommt, dass sich, wie im historischen Teil I deutlich wird, im Verlauf der Geschichte der Hermeneutik immer klarer auch große Herausforderungen und schwierige Fragen abzeichnen, die uns die traditionelle Hermeneutik und die interessantesten modernen Ansätze als offene Probleme hinterlassen haben.[43] Dazu zählen die Integration der traditionellen Auslegungskunst mit der Theorie des schnellen automatischen Verstehens (des sogenannten Parsens), die Berücksichtigung der kognitiven Grundlagen des Verstehens, die Behandlung des syntaktischen Verstehens im Rahmen des generativen Paradigmas der Linguistik und vor allem die Klärung des normativen Status des Geistes und der Gegenstände des Verstehens. Erst mit der Lösung dieser Aufgaben lässt sich genauer prüfen, ob und gegebenenfalls in welcher Weise das Verstehen in kognitiver und methodischer Hinsicht einen autonomen Status hat. Damit ist das Aufgabenfeld für die systematische Entwicklung einer modernen Hermeneutik umrissen, die den gegenwärtigen interdisziplinären Forschungen über Aspekte des Verstehens gerecht werden kann.[44] Im abschließenden Kapitel 10 des systematischen Teils II der vorliegenden Untersuchung werden diese hermeneutischen Probleme und Aufgaben in einem Rückblick mit den Meilensteinen in der Geschichte der Hermeneutik verknüpft und geist-theoretisch inspirierte

[43] Vgl. dazu die Zusammenfassung in 10.4.

[44] Dieses Thema muss in einer gesonderten Studie zu den systematischen Grundlagen einer modernen Hermeneutik unter den Leitlinien G1 – G5 behandelt werden. Diese Grundlagen müssen in drei großen Schritten präsentiert werden. Zunächst sind die kognitiven Bedingungen des Verstehens und das Verstehen auf vorsprachlicher Ebene zu umreißen. Anschließend muss das syntaktische und semantische Parsen (also das schnelle Verstehen) behandelt werden. Und abschließend müssen das sprachliche Verstehen als rationale Rekonstruktion und als mentale Simulation einschließlich ihrer Bedingungen ins Auge gefasst werden. Vgl. Detel, W. (in Vorbereitung): *Kognition und Interpretation. Systematische Grundlagen einer modernen Hermeneutik*, Frankfurt / Main.

Lösungsmöglichkeiten skizziert. Einige ergänzende systematische Exkurse runden den systematischen Teil II ab.

2. Geist und Verstehen: Ein kurzer Umriss

Für den folgenden interpretativen Gang durch die Geschichte der Hermeneutik wird kein ausgearbeitetes Konzept der modernen Theorie des Geistes und Verstehens vorausgesetzt. Wie bereits erwähnt, wird dieses Konzept im achten Kapitel vorgestellt. Doch dürfte es hilfreich sein, vor Beginn der historischen Lektüre wenigstens in sehr groben Zügen die wichtigsten und grundlegendsten Kennzeichen des menschlichen Geistes und des Verstehens zu skizzieren, von denen die anschließenden historischen Interpretationen geleitet sind.[45]

Menschen sind nicht nur biologische Maschinen, die ihren Stoffwechsel organisieren oder sich fortpflanzen, sondern haben auch ein geistiges Leben – sie nehmen zum Beispiel Gegenstände in der externen Welt wahr, fühlen gelegentlich Schmerzen, schmieden Pläne, hören Musik und denken zuweilen über etwas nach, zum Beispiel über andere Menschen oder mathematische Probleme. Traditionell ist der Geist vielfach als eine Substanz aufgefasst worden, deren zentrale Aktivität das Denken ist. In der modernen

[45] Vgl. dazu die ganz ähnlich ausgerichtete kurze Übersicht in Beckermann (2001), 9–17. Zu weiteren entsprechenden Einführungen zu verbreiteten Standardversionen der modernen Theorie des Geistes vgl. Guttenplan (Hrg.) (1994); Heil (1998); Heil (2004); Kim (1996); Kim (1998); Rey (1997); Tetens (1994); Metzinger (Hrg.) (2010). Natürlich sind in dieser Übersicht Vereinfachungen und Auslassungen unumgänglich. Das bedeutet unter anderem, dass viele interessante Facetten und Kontroversen übergangen werden, zum Beispiel das Parsen (die schnelle automatische Art des Verstehens, wie sie vor allem in der Linguistik und kognitiven Psychologie untersucht wird) oder die Theorie der Implikaturen (der Aspekte, die ein Sprecher meint, aber nicht sagt – Aspekte des Verstehens, die vor allem von Grice untersucht wurden) oder der Einfluss des sogenannten Hintergrundes (wie Searle formuliert), also bestimmter faktischer Umstände und Hintergrundkenntnisse auf das Verstehen. Die Frage, wie mentale Zustände (u. a. auch das Verstehen) *zustande kommen* oder *ineinander übergehen* und welches Bild des Geistes sich aus einer Antwort auf diese Frage ergibt, lasse ich aus. Die Standardtheorie in *dieser* Hinsicht ist noch immer die computationale Theorie des Geistes. Die zentrale Idee dieser Theorie ist, (i) dass mentale Zustände symbolische Zustände sind, d. h. Repräsentationen mit einer syntaktischen Struktur, und (ii) dass es ein eingebautes Programm gibt, das aus Regeln zur Erzeugung und zum Übergang von mentalen Zuständen besteht und allein mit der Syntax operiert. In dieser Theorie wird allerdings der Begriff der Repräsentation zugrunde gelegt, der im folgenden seinerseits als Grundbegriff des Geistes erläutert wird (zu einer Kritik dieses computationalen Bildes vom Geist vgl. verschiedene Arbeiten von Searle, zum Beispiel Searle (1996)). Und ich gehe davon aus (ohne dies hier begründen zu können), dass der im folgenden dargestellte normative Verstehensbegriff auch in linguistischen und kognitionspsychologischen Untersuchungen zum Verstehen implizit mitgeführt wird. Dies gilt erst recht von der Theorie der Implikaturen.

Theorie des Geistes wird *der Geist dagegen eher als eine Menge von Zuständen (meist des Gehirns) mit geistigen (= mentalen) Eigenschaften angesehen.* Unsere mentalen Eigenschaften befähigen uns nicht nur zu denken, sondern z. B. auch zu fühlen oder zu träumen. Ausgangspunkt der Theorie des Geistes ist daher meist eine offene Liste von mentalen (= geistigen) Zuständen, an denen sich typische mentale Eigenschaften studieren lassen. Zu diesen mentalen Zuständen gehören unter anderem Empfindungen, Stimmungen, Gefühle, Träume, Erinnerungen, Wünsche, Absichten, Interessen, Gedanken, Meinungen, Überzeugungen und Erwartungen. Der Geist eines Organismus wird als die Gesamtheit seiner mentalen Zustände betrachtet. Dabei gilt es als empirisch gesichert, dass mentale Zustände an das Gehirn eines Organismus gekoppelt sind – ohne funktionierendes Gehirn kein Geist.

Welches sind nun die *mentalen Eigenschaften*, die einen Gehirnzustand zu einem mentalen Zustand machen und daher grundlegend für den Geist sind? Allgemein gesagt: *Funktionalität, Repräsentationalität und Bewusstsein.*

Alle Dinge, die in der Welt vorkommen, haben physikalische Eigenschaften. Einige Dinge haben auch chemische und biologische Eigenschaften, und einige haben *Funktionen oder funktionale Eigenschaften.* Ein Thermostat beispielsweise hat die Funktion, die Zimmertemperatur zu regeln. Eine bestimmte Software eines Computers, z. B. ein Anti-Virusprogramm, hat die Funktion, eine bestimmte Leistung des Computers zu aktualisieren, z. B. Viren zu erkennen und zu eliminieren. Frühblüher wie Narzissen und Hyazinthen haben einen Mechanismus, der die äußere Temperatur registriert und die Funktion hat, ein neues Austreiben der Pflanzen nach einer Kälteperiode (typischerweise dem Winter) hervorzurufen. Hohle Knochen bei Vögeln haben die Funktion, den Vögeln das Fliegen zu erleichtern. Und rituelle Gelage haben bei einigen Naturvölkern die Funktion, das Gefühl der Zusammengehörigkeit unter den Stammesmitgliedern zu stärken. Diese Funktionen sind faktischer, nicht mathematischer Art: *Faktische Funktionen eines Systemzustandes* sind kausale Folgen dieses Zustandes, die für die Erhaltung des Systems relevant sind.[46]

Einige faktische Funktionen werden im Rahmen der Evolution ausgebildet. Man nennt faktische Funktionen *echte Funktionen,* wenn sie von

[46] Demgegenüber ist eine *mathematische Funktion* eine Zuordnungsvorschrift, die jedem Element einer gegebenen Menge A genau ein Element einer Menge B zuordnet; A heißt *Definitionsbereich,* B *Wertebereich* der Funktion. Zum Beispiel ordnet die mathematische Funktion $f(x) = x^2$ jeder reellen Zahl ihr Quadrat (eindeutig) zu. Ihr Definitionsbereich ist also die Menge aller reellen Zahlen, ihr Wertebereich ist die Menge aller Quadrate von reellen Zahlen. Eine mathematische Funktion heißt *umkehrbar eindeutig* (*1–1-Abbildung*), wenn jedem Element ihres Wertebereiches genau ein Element ihres Definitionsbereiches zugeordnet ist.

evolutionären Mechanismen deshalb selektiert worden sind, weil sie faktische Funktionen sind, d.h. weil sie systemerhaltende kausale Wirkungen haben. Faktische Funktionen von Teilen oder Zuständen von Lebewesen sind daher meist zugleich echte Funktionen. So ist etwa die oben erwähnte faktische Funktion hohler Knochen von Vögeln zugleich eine echte Funktion.

Auch mentale Eigenschaften haben gewöhnlich echte Funktionen. Wenn wir in einer afrikanischen Steppe einen Löwen sehen, werden wir vielleicht vor Schreck erstarren oder davonlaufen und auf den nächsten Baum klettern. Unsere Wahrnehmung führt demnach auf kausale Weise zu einer Reaktion, die angesichts des Löwen für unser Leben ziemlich wichtig ist. Man kann auch sagen: *Unser Gehirn hat die echte Funktion*, im Falle einer Begegnung mit einem gefährlichen Tier einen mentalen Zustand (die Wahrnehmung des Tieres und vielleicht auch einen Angstzustand) zu produzieren, der seinerseits eine kausale Wirkung hat, die adaptiv ist und unser Leben rettet.

Die echte Funktionalität scheint ein recht handfester Aspekt gewisser technischer, biologischer, gesellschaftlicher oder mentaler Zustände zu sein. Doch dieser Eindruck täuscht. Betrachten wir zum Beispiel die echte Funktion von Angstzuständen, angesichts eines gefährlichen Tieres in unserer Nähe zu einer motorischen Reaktion zu führen, die uns rettet. Angenommen, wir haben diesen Angstzustand, aber aus irgendeinem Grund führt er zu keiner rettenden Reaktion. Dann erfüllt der Angstzustand seine echte Funktion nicht. Aber das bedeutet nicht, dass er diese Funktion nicht hat. Man könnte sagen: Der Angstzustand sollte seiner Funktion nach zu einer vorteilhaften Reaktion führen, aber es liegt eine Fehlfunktion vor. Echte Funktionen verschwinden nicht dadurch, dass es zu Fehlfunktionen kommt. Außerdem kann eine echte Funktion durch unterschiedliche Reaktionen ausgeführt und realisiert werden, etwa durch Weglaufen, Schockstarre oder das Erklettern eines Baumes. Umgekehrt wäre es auch möglich, dass wir mit demselben Verhalten unterschiedliche echte Funktionen ausführen. Es wäre zum Beispiel möglich (wenn auch, zugegebenermaßen, recht unwahrscheinlich), dass wir zugleich mit der Wahrnehmung des Löwen ein großes Hungergefühl spüren und auf dem nahen Baum herrliche Früchte erblicken. Dann hätte unser angstvolles Erklettern des Baumes auch die Funktion, dazu beizutragen, unseren Hunger zu stillen und uns vor dem Verhungern zu bewahren. Ähnliches gilt von der Software und der Hardware eines Computers: Eine Software hat gewöhnlich viele faktische Funktionen (etwa Viren zu entdecken), aber sie kann meist auf unterschiedlicher Hardware laufen, und dieselbe Hardware kann unterschiedliche Software realisieren. Kurz, ein wenig technisch ausgedrückt: *faktische und ins-*

besondere echte Funktionen sind nicht umkehrbar eindeutig abbildbar auf die physischen Zustände, von denen sie realisiert werden. Sie weisen, salopp formuliert, eine gewisse Distanz zu rein physischen Zuständen auf.

In den Anfängen der modernen Theorie des Geistes wurde der Geist tatsächlich als die Software, d. h. als die Menge der faktischen Funktionen aufgefasst, die vom Gehirn als einer biologischen Hardware realisiert werden können. Diese Auffassung hieß auch das *Computer-Modell des Geistes.* Das Verstehen geistiger Zustände besteht diesem Modell zufolge im Erfassen der faktischen Funktionalität mentaler Zustände und kann im Prinzip auf wissenschaftliche und objektive Weise begründet werden.

Dieses Verständnis des Geistes gilt mittlerweile als zu restriktiv. Mentale Zustände haben nach heutiger Auffassung nicht nur faktische, sondern insbesondere echte Funktionen. Außerdem *repräsentieren* sie etwas in der Welt, und sie können auch *bewusst* sein.

Die Meinung zum Beispiel, dass Clauberg ein scharfsinniger Hermeneutiker ist, repräsentiert, dass Clauberg ein scharfsinniger Hermeneutiker ist. Man sagt auch, dass die dass-Klausel den semantischen Gehalt dieser Meinung beschreibt. Barbaras Wunsch, morgen ins Kino zu gehen, repräsentiert den Gang ins Kino als semantischen Gehalt von Barbaras Wunsch. Ein Angstzustand repräsentiert, dass etwas Gefährliches in der Nähe ist (auch die meisten Gefühle sind also Repräsentationen, d. h. haben semantische Gehalte).

Diese Beschreibung von Repräsentationen oder semantischen Gehalten sieht trivial aus. Handelt es sich nicht einfach darum, dass mentale Zustände für etwas stehen und auf etwas gerichtet sind? So steht doch die genannte Meinung für den Sachverhalt, dass Clauberg ein scharfsinniger Hermeneutiker ist; Barbaras Wunsch steht für ihren morgigen Kinobesuch, und der Angstzustand steht für die Gefahr in der Nähe. Diese Beschreibung ist jedoch so vage, dass sie damit vereinbar ist (ja geradezu die Deutung suggeriert), dass A für B steht, wenn A ein *natürliches Zeichen* für B ist. Bärenspuren im Schnee sind beispielsweise natürliche Zeichen dafür, dass Bären über den Schnee gelaufen sind, denn Bären, und nur Bären, produzieren Bärenspuren im Schnee. Und wenn die Tatsache, dass dort eine Maus sitzt – und nur dieser Umstand – in Katzengehirnen regelmäßig ein bestimmtes neuronales Aktivitätsmuster hervorruft, dann ist dieses Aktivitätsmuster ein natürliches Zeichen für den Umstand, dass dort eine Maus sitzt. *Dass also A ein natürliches Zeichen für B ist, lässt sich mit einer bestimmten kausalen Beziehung zwischen A und B identifizieren, nämlich dass B und nur B das A kausal hervorruft.* Wenn wir folglich behaupten wollten, dass A ein B repräsentiert, wenn A ein natürliches Zeichen für B ist, so hätten wir Repräsentationen auf kausale Beziehungen zwischen mentalen

Zuständen und Zuständen der externen Welt reduziert. Repräsentationen wären dann nichts spezifisch Geistiges.

Doch Repräsentationen sind mehr als natürliche Zeichen. Wenn Orest hinter sich die Erinnyen zu erblicken meinte, dann repräsentierte seine Halluzination, dass dort hinten die Erinnyen sind. Oder wenn wir der Überzeugung sind, dass es vor Schleiermacher keine allgemeine Hermeneutik gibt, dann repräsentiert diese Überzeugung, dass es vor Schleiermacher keine allgemeine Hermeneutik gibt, auch wenn diese Überzeugung falsch ist. Und wenn Barbara beabsichtigt, morgen ins Konzert zu gehen, dann repräsentiert diese Absicht ihren morgigen Gang ins Konzert, gleichgültig ob sie ihre Absicht verwirklicht oder nicht. Eine Überzeugung kann also etwas repräsentieren, das es nicht gibt, und eine Absicht kann etwas repräsentieren, das nicht erfüllt wird. *Auch eine Fehlrepräsentation bleibt eine Repräsentation. Dieser grundlegende Aspekt macht Repräsentationen zu geistigen Zuständen.*[47] Wir können diesen Aspekt unter Rückgriff auf echte Funktionen genauer beschreiben: Meine Überzeugung beispielsweise, dass es vor Schleiermacher keine allgemeine Hermeneutik gibt, *repräsentiert* den Umstand, dass es vor Schleiermacher keine allgemeine Hermeneutik gibt, genau dann, wenn mein Gehirn die echte Funktion hat, den Gedanken, dass es vor Schleiermacher keine allgemeine Hermeneutik gibt, gerade dann zu erzeugen, wenn es vor Schleiermacher keine allgemeine Hermeneutik gibt. Wenn Repräsentationalität in dieser speziellen echten Funktionalität besteht, dann bleibt sie auch dann bestehen (d. h. behält ihren semantischen Gehalt auch dann), wenn es eine Fehlrepräsentation gibt (d. h. wenn die Repräsentation falsch ist). Das liegt im wesentlichen daran, dass (wie wir gesehen haben) die faktischen und echten Funktionen auch dann bestehen bleiben, wenn sie nicht oder nicht optimal erfüllt werden.

Diese Charakterisierung ist weniger harmlos, als es auf den ersten Blick scheinen mag. Denn echte Funktionen kommen nur durch eine evolutionäre Entwicklung im Rahmen von Spezies vor, deren Mitglieder sich unter Konkurrenzbedingungen und Fitness-Standards reproduzieren. *Die Repräsentation hat als geistiges Phänomen eine irreduzible historische Dimension.* Diese historische Dimension wird auf der grundlegendsten Ebene durch eine Evolutionsgeschichte gestiftet, auf die wir Bezug nehmen müs-

[47] Fehlrepräsentationen sind genau genommen nicht einfach dadurch definiert, dass das Repräsentierte nicht existiert. Denn dann wären alle Wünsche und Absichten Fehlrepräsentationen. Vielmehr haben Repräsentationen Erfüllungsbedingungen, die erfüllt oder nicht erfüllt sein können. Indikative Repräsentationen sind erfüllt, wenn der Geist so ist, wie die Welt ist. Imperative Repräsentationen (wie etwa Wünsche) sind erfüllt, wenn die Welt so ist, wie der Geist ist. Aber auch imperative Repräsentationen bleiben Repräsentationen, wenn die Welt nicht so ist, wie der Geist ist.

sen, wenn wir erläutern wollen, was Repräsentationen sind.[48] Im Rahmen dieser historischen Dimension erhalten Repräsentationen auch einen normativen Aspekt. Denn erst unter evolutionären Bedingungen können wahre Repräsentationen Reproduktionswahrscheinlichkeit und Fitness steigern, während falsche Repräsentationen Reproduktionswahrscheinlichkeit und Fitness mindern. In diesem Rahmen macht es daher Sinn zu sagen, dass Repräsentationen wahr und nicht falsch sein *sollten*, auch wenn sie faktisch falsch sind. Wir können hier von *veridischer (d. h. auf Wahrheit bezogener) Normativität* sprechen – allerdings nur in Hinsicht auf Standards von Reproduktionswahrscheinlichkeit.

Kurz, *Repäsentationen haben drei semantische Eigenschaften*: sie *beziehen sich auf etwas* (Referenz), sie haben einen *semantischen Gehalt* (Bedeutung), und sie haben *Korrektheitsbedingungen* (Erfüllung oder Nicht-Erfüllung, Wahrheit oder Falschheit).[49]

Bereits diese elementare Kennzeichnung von Repräsentationalität hat Folgen für den geist-theoretischen Begriff des Verstehens: *Eine Repräsentation zu verstehen* heißt auf der grundlegendsten Ebene, den semantischen Gehalt und die normative Dimension der Repräsentation zu erfassen unab-

[48] Auf sprachlicher Ebene ist die Interpretationsgeschichte der Ausdruck der historischen Dimension von Repräsentationen (vgl. dazu auch unten, Abschnitt 8.5, S. 380).

[49] Manchmal werden diese drei Bedingungen als Kennzeichen von Intentionalität betrachtet, weil der Terminus *Repräsentation* in einer Reihe von neueren Arbeiten und Ansätzen ganz anders verwendet wird – vor allem in komputationalen Theorien der Kognition. Repräsentationen werden in diesem theoretischen Kontext oft in einem doppelten Sinn aufgefasst, zum einen als Symbole, die auf etwas referieren (wie Zahlzeichen auf Zahlen), zum anderen als mathematische Abbildungen innerhalb eines funktionierenden Systems (wenn zum Beispiel die Programm-Funktion, die in einer Additionsmaschine die Schritte additiver Rechungen ausführt, isomorph zu der Additionsfunktion ist, dann repräsentieren die Argumente und Werte der Programmfunktion innerhalb der Additionsmaschine die Zahlen). Repräsentationen treten hier ganz unabhängig von geistigen Zuständen auf (ähnlich wie wenn man sagen würde, dass natürliche Zeichen dasjenige repräsentieren, dessen Zeichen sie sind) (vgl. dazu etwa Cummins (1989)). In der sogenannten Imagery-Debatte der letzten Jahrzehnte wird außerdem eine alte Idee aufgegriffen, die zum Beispiel von Aristoteles und den klassischen Empiristen vertreten worden ist, nämlich dass eine wichtige Klasse von Repräsentationen sich ihrem Inhalt nach auf Vorstellungsbilder beziehen (vgl. etwa Kosslyn, Thompson, Ganis (2009)). Im folgenden wird (wie meist in der neueren Geschichte der Geist-Theorie) der alltagspsychologische Repräsentationsbegriff verwendet, demzufolge repräsentationale Zustände gerade intentionale Zustände mit den genannten drei Kennzeichen sind. Die alltagspsychologische Repräsentation kann auf der sprachlichen Ebene auch folgendermaßen beschrieben werden: Eine Person (ein Träger) hat einen mentalen repräsentationalen Zustand, wenn sie (zum Beispiel Eva) in eine Beziehung (Format) (zum Beispiel glauben oder meinen) zu einer Proposition, also einer möglichen sprachlich formulierbaren Wahrheit (einen Inhalt) (zum Beispiel dass die Sonne sich um die Erde dreht) tritt. Dieser repräsentationale Zustand wird daher auch *propositionale Einstellung* genannt (zum Beispiel: Eva meint, dass die Sonne sich um die Erde dreht). Doch ist mit dieser Beschreibung erst dann etwas gewonnen, wenn sie durch die genannten drei Kennzeichen ergänzt wird.

hängig davon, ob die Repräsentation wahr oder falsch ist.[50] Mehr noch: Das Verstehen in diesem Sinne ist selbst eine Repräsentation. Wenn Barbara versteht, dass David glaubt, dass es einen Gott gibt, dann repräsentiert sie, dass David repräsentiert, dass es einen Gott gibt. *Das Verstehen von Repräsentationen* ist eine Repräsentation zweiter Stufe, also *eine Metarepräsentation*. Es gibt auch Metarepräsentationen höherer Stufen. Solche Repräsentationen kommen manchmal im Alltag vor, doch besonders hohe metarepräsentationale Stufen treten in Interpretationen von Literatur auf. Denn literarische Texte beschreiben selbst oft schon hochstufige Metarepräsentationen, etwa der Form, dass die Romanfigur Emma befürchtet, dass Herr von Stein erfährt, dass Martha glaubt, dass er sie liebt. Hier handelt es sich um eine dreistufige Metarepräsentation, so dass das Verstehen dieser Repräsentation eine Metarepräsentation vierter Stufe ist. Bemerkenswerterweise haben wir Menschen gewöhnlich keine Probleme, mehrstufige Metarepräsentationen blitzschnell zu verstehen.

Die Repräsentationen des menschlichen Geistes weisen noch drei weitere grundlegende Merkmale auf, die unter anderem damit zusammenhängen, dass Menschen natürliche Sprachen sprechen können. Diese Merkmale sind: psychologische Modi, logische Normativität und syntaktische Strukturen.

Der psychologische Modus einer Repräsentation ist die Art dieser Repräsentation.[51] Beispielsweise kann Christine sowohl die Absicht als auch die Überzeugung haben, im kommenden Monat das Philosophie-Examen zu schaffen. Dann haben diese beiden Repräsentationen denselben semantischen Gehalt, nämlich im nächsten Monat das Philosophie-Examen zu schaffen, doch handelt es sich um zwei verschiedenartige mentale Zustände, nämlich um eine Absicht und eine Überzeugung. Der psychologische Modus der einen Repräsentation ist also eine Absicht, der psychologische Modus der anderen Repräsentation ist eine Überzeugung.

Menschliche Repräsentationen weisen neben der veridischen Normativität auch *normative Beziehungen* zueinander auf. Wenn wir denken, dass dieses Tier eine Schnecke ist, sollten wir auch denken, dass dieses Tier kein Säuger ist; wenn wir davon überzeugt sind, dass Clauberg ein scharfsinniger Hermeneutiker war, sollten wir nicht zugleich davon überzeugt sein, dass Clauberg kein scharfsinniger Hermeneutiker war; wenn wir die Absicht haben, im nächsten Jahr in den USA zu leben, sollten wir nicht zugleich die Absicht haben, im nächsten Jahr in Italien zu leben. Natürlich ist es faktisch möglich, Widersprüchliches zu meinen oder zu beabsichtigen, doch in einem guten Sinn sollten wir möglichst nichts Widersprüchliches meinen

[50] Zum semantischen Normativismus vgl. auch unten, Anm. 192 sowie Anm. 813.

[51] Neuerdings wird der psychologische Modus zuweilen auch *Format* der Repräsentation genannt (vgl. Anm. 49).

oder beabsichtigen. Menschliche Repräsentationen bilden also *semantische Netze, die logisch organisiert sind und weitgehend widerspruchsfrei sein müssen*. Daher kann man hier von *logischer Normativität und semantischem Holismus* sprechen.[52] Veridische und logische Normativität verweisen auf eine Art von repräsentationaler und damit *geistiger Rationalität*, die in Naturgesetzen nicht vorhanden ist und somit, wie einst Davidson einprägsam formulierte, kein Echo im Reich der Natur hat.

Und schließlich sind viele menschliche Repräsentationen *syntaktisch geordnet*. Dieses Merkmal hängt vielleicht am engsten mit der Sprachfähigkeit zusammen, denn natürliche Sprachen weisen eine Syntax auf. Die Syntax ist eine grammatische Ordnung von Repräsentationen, die *rekursiv* aufgebaut ist. Das heißt im wesentlichen, dass die verschiedenen syntaktischen Strukturen immer wieder iteriert werden können. Ein einfaches Beispiel ist die oder-Syntax: Wenn p, q, r, s, t Repräsentationen sind, dann zum Beispiel auch (p oder q), ((p oder q) oder r), (r oder t), ((p oder q) oder (r oder t)), (((p oder q) oder (r oder t)) oder (p oder t)), ((((p oder q) oder (r oder t)) oder (p oder t)) oder ((p oder q) oder (r oder t))). Mit Hilfe einer Syntax können die elementaren Repräsentationen also extrem viele komplexe Formen annehmen und außerordentlich ausdrucksstark werden.

Das *Verstehen von Repräsentationen* besteht demnach nicht einfach im Erfassen des semantischen Gehalts dieser Repräsentationen, sondern genauer *im Erfassen der veridischen und logischen Normativität, des psychologischen Modus und der syntaktischen Struktur dieser Repräsentation*. Dieses Verstehen ist eine Art *rationaler Rekonstruktion* des semantischen Gehalts der Repräsentation und kann im Einzelfall eine sehr komplexe Struktur annehmen – fast die Struktur einer kleinen Theorie über den Geist eines anderen Menschen. Diese Theorie des Verstehens wird daher manchmal *Theorie-Theorie* oder *Theorie des Geistes* genannt.[53] Die rationale Rekonstruktion mentaler Zustände führt typischerweise zu einer *rationalen Erklärung mentaler Zustände*, d.h. zu einer Angabe guter Gründe für das Auftreten der mentalen Zustände. Diese Erklärung macht verständlich, warum das Auftreten eines bestimmten mentalen Zustandes bei einem Menschen angesichts weiterer seiner mentalen Zustände vernünftigerweise zu erwarten war.

[52] Der Holismus in Hinsicht auf einen bestimmten Gegenstandsbereich ist die These, dass die Teile des Gegenstandsbereiches so miteinander vernetzt sind, dass sie nur unter Verweis auf diese Vernetzung angemessen beschrieben werden können und deshalb einen wesentlichen Bezug auf das Ganze (griech. *holon*) aufweisen. Dies gilt auch für den Bereich der semantischen Gehalte und Bedeutungen. In diesem speziellen Fall spricht man daher von einem semantischen Holismus. Vgl. dazu auch Anm. 192.

[53] Oft wird in der Literatur auch das Kürzel ToM für *theory of mind* verwendet.

Die dritte geistige Eigenschaft neben faktischer Funktionalität und Repräsentationalität ist das *Bewusstsein*. Viele unserer Wahrnehmungen, Empfindungen (wie ein Juckreiz oder Schmerz), Triebzustände (Körpergefühle wie Hunger oder ein sexuelles Bedürfnis), Emotionen (wie Furcht oder Freude) und Meinungen sind uns bewusst. Wir können zum Beispiel erleben, wie es sich anfühlt, eifersüchtig, neugierig oder ängstlich zu sein. Wer noch nie eifersüchtig war, kann sich vielleicht in einem Buch über Emotionen darüber informieren, was Eifersucht ist, weiß damit aber noch lange nicht, wie es sich anfühlt, eifersüchtig zu sein. Wer noch nie Todesangst hatte, kann sich vielleicht erzählen lassen, was Todesangst ist und wie andere Menschen sich gefühlt haben, als sie Todesangst hatten, weiß damit aber noch lange nicht, wie es sich anfühlt, Todesangst zu haben. Farbwahrnehmungen sind oft bewusst: wir wissen, wie es ist, eine rote Tomate zu sehen, aber Farbblinde haben dieses Bewusstsein nicht.

Das Bewusstsein ist ein zentrales mentales Phänomen. Zum Teil gilt es sogar als das entscheidende Merkmal des Geistes. In jedem Fall *macht das Bewusstsein zu einem erheblichen Teil unsere Subjektivität und Innerlichkeit aus*: Nur ich kann *meine* Schmerzen haben, nur Arnold kann *seine* Eifersucht haben. Nur derjenige, der ein Bewusstsein hat, kann wissen oder fühlen, *wie es ist,* in mentalen Zuständen zu sein (um eine gebräuchliche Formel zu verwenden). Bewusstsein bringt oft eine spezifische normative Komponente mit sich. Man könnte sagen, dass uns in einigen bewussten Zuständen, vor allem in Gefühlszuständen, unsere Evaluationen zugänglich werden und dass wir diese Evaluationen erleben können: Gefühle werden zum Beispiel als angenehm oder unangenehm erlebt. Wir können diese *Normativität affektiv* nennen. Affektive Normativität ist etwas anderes als veridische oder logische Normativität. Erst die affektive Normativität geistiger Zustände führt dazu, dass es uns in unserem Leben wirklich um etwas geht (*that things matter to us,* wie angelsächsische Autoren prägnant und treffend formulieren).

Allerdings gibt es verschiedene Formen von Bewusstsein. Wenn wir sagen, dass Corinna das Bewusstsein verlor, meinen wir, dass sie ohnmächtig wurde und sinnliche Reize nicht mehr für eine vorteilhafte Verhaltenssteuerung ausnutzen konnte. Diese Form des Bewusstseins nennt man *Subjekt-Bewusstsein* (oder transitives Bewusstsein). Wenn dagegen Anna sagt, dass ihr gestern beim Konzert die ganze Schönheit der ersten Sinfonie von Brahms bewusst wurde, meinen wir, dass Anna einen subjekt-bewussten Zustand hatte, der mit einer zusätzlichen Qualität (einer *Erlebnisqualität*) verbunden ist, die es dem Subjekt ermöglicht, zu fühlen oder zu wissen, wie es ist, in diesem Zustand zu sein. Diese Form des Bewusstseins nennt man *Zustandsbewusstsein* (oder intransitives Bewusstsein). Wenn die Zahnärztin unseren Kiefer betäubt, statt uns den Zahn ohne Betäubung zu ziehen, dann bleibt uns ein Zustandsbewusstsein erspart – nämlich ein höchst unangenehmes Schmerzerlebnis.

Es gibt verschiedene Formen von Zustandsbewusstsein. Das *phänomenale Bewusstsein* besteht in Wahrnehmungen, die eine Erlebnisqualität aufweisen (z. B. Schmerzen fühlen, Musik genießen, Ekel empfinden, Angst haben); das *Monitorbewusstsein* besteht in Gedanken höherer Ordnung, also in Gedanken über mentale Zustände (z. B. Zweifel über die Berechtigung eigener Meinungen haben, über die eigene Aggressivität bestürzt sein); das *Selbstbewusstsein* ist ein Ich-Gefühl, das aus Gedanken über sich selbst als Person besteht (z. B. Gedanken darüber, welche Person man selbst sein will, was die eigene Person ausmacht, oder der Gedanke, dass man selbst es ist, der oder die etwas empfindet oder denkt). Das *Zugangsbewusstsein* hingegen besteht aus mentalen Zuständen, die für rationale Argumentationen und rationale Kontrolle von Handlungen durch die Aktoren selbst herangezogen werden können (z. B. Verwendung eigener Meinungen als Prämissen für logische Argumente oder für die Begründung von Handlungszielen).

Das Zustandsbewusstsein ist für die Theorie des Geistes und des Verstehens besonders relevant. Und unter den Formen des Zustandsbewusstseins ist das phänomenale Bewusstsein grundlegend, unter anderem deshalb, weil es bei allen Wesen vorkommt, die Gefühle haben, unabhängig davon, ob sie zum Beispiel eine Sprache sprechen, über logische Rationalität verfügen oder ein Ich-Gefühl entwickeln können.

Das *Verstehen des phänomenalen Bewusstseins* eines anderen Menschen hat eine andere Form als die rationale Rekonstruktion von Repräsentationen. Wir können zum Beispiel die Todesangst eines anderen Menschen nur dann wirklich verstehen, wenn wir selbst schon einmal Todesangst empfunden haben. Denn dann können wir angesichts der Todesangst eines anderen Menschen in unserem eigenen Geist simulieren, wie es für uns war, Todesangst zu empfinden, und diese Simulation können wir dann auf den anderen Menschen übertragen. Andernfalls haben wir nur eine sehr vage Vorstellung von einer schrecklichen Angst. Ähnlich können wir das Lustgefühl eines anderen Menschen während eines Orgasmus nur dann wirklich verstehen, wenn wir selbst schon einmal einen Orgasmus erlebt haben. Denn dann können wir angesichts des Orgasmus eines anderen Menschen in unserem eigenen Geist simulieren, wie es für uns war, einen Orgasmus zu haben, und diese Simulation können wir dann auf den anderen Menschen übertragen. Andernfalls haben wir nur eine sehr vage Vorstellung von einem extremen Lustgefühl. *Das Verstehen des phänomenalen Bewusstseins eines anderen Menschen* ist also eine Form der Simulation dieses Bewusstseins im Geist des Interpreten. Dieses simulierende Verstehen wurde traditionell *Empathie* genannt. Rationale Rekonstruktion und simulierendes Verstehen sind zwei verschiedene Formen des Versuchs, sich in andere Menschen (genauer in den Geist anderer Menschen) hineinzuversetzen, also sich in die Perspektive hineinzudenken oder hineinzufühlen, unter der ein anderer Mensch als geistiges Wesen die Welt betrachtet.[54]

Als Zwischenrésumée lässt sich festhalten, dass die moderne Theorie des Geistes *drei Ebenen des Geistes* unterscheidet: echte Funktionalität, Repräsentationalität und Bewusstsein. Diese Ebenen beruhen ihrerseits darauf, dass es, wie oben bemerkt, drei verschiedene Arten von mentalen Eigenschaften gibt: Funktionalität, Repräsentationalität und Bewusstsein.

Diese allgemeine Bestimmung macht deutlich, dass die Standardtheorie des Geistes, von der die vorliegende Studie ausgeht, eine Variante ist, die gewöhnlich *Eigenschaftsdualismus* genannt wird: das Geistige bildet nicht eine eigenständige Substanz (wie es der von Descartes vertretene *Substanzdualismus* von Geist und Materie behauptet), sondern besteht aus geistigen Eigenschaften physischer Entitäten, die spezifisch gegenüber physischen Eigenschaften sind. Diese Variante der modernen Geist-Theorie ist weit verbreitet, doch ist sie nicht die einzige Variante auf dem heutigen Markt. Der Substanzdualismus wird nur noch von sehr wenigen Autoren unterstützt. Auch der *eliminative Physikalismus*, demzufolge Funktionalität, Repräsentationalität und Bewusstsein ontologisch identisch sind mit Arten physischer Eigenschaften, findet nicht mehr viele Anhänger. Eine ernsthafte Alternative ist dagegen der *Beschreibungsdualismus*, demzufolge wir gewisse Entitäten in unterschiedlichen Vokabularen beschreiben können (etwa in einem physikalischen und einem intentionalistischen (also geist-theoretischen) Vokabular), ohne dass diese unterschiedlichen Beschreibungen jedoch auf irgendwelche ontologischen Unterschiede verweisen (diese Position ist zum Beispiel vom frühen Dennett, vom frühen Davidson und von David Papineau – also von gewichtigen Autoren – vertreten worden). Doch lässt der Beschreibungsdualismus die Angemessenheit (oder auch die Unangemessenheit) verschiedenartiger Beschreibungsmöglichkeiten als Mysterium erscheinen. Vor allem aber ist diese Position unvereinbar mit dem Resultat jüngerer Forschungen der kognitiven Psychologie, dass semantische Netzwerke und phänomenales Bewusstsein tatsächlich existieren.[55]

Auf der Grundlage der Unterscheidung zwischen drei Arten mentaler Eigenschaften und den entsprechenden drei Ebenen des Geistes werden

[54] Wie in Kap. 8 genauer gezeigt, sind Gefühle auch repräsentational. Streng genommen ist das Verstehen von Gefühlen daher von komplexerer Gestalt.

[55] Vgl. – um nur zwei von vielen Belegen zu nennen – Metzinger (Hrg.) (2001), sowie die einschlägigen Kapitel aus Anderson (2007). Für eine ausführlichere Diskussion dieser Frage vgl. Detel (2009).

auch *drei verschiedene Formen des Verstehens geistiger Zustände unterschieden: funktionale Analyse, rationale Rekonstruktion und geistige Simulation.* Wie bereits bemerkt, kann die echte Funktionalität objektiv und wissenschaftlich untersucht werden. Doch im Alltag können wir nicht hinter die Schädeldecke anderer Menschen schauen und ihren repräsentationalen oder bewussten Geist betrachten, und selbst wenn wir es im Labor können, erhalten wir lediglich neurobiologische Resultate. Die Neurobiologen können tatsächlich hinter die Schädeldecke anderer Menschen sehen (etwa durch Operationen oder mit bildgebenden Verfahren), aber sie können dabei nur das Gehirn und seine neuronalen Aktivitätsmuster analysieren. Semantische Gehalte (also Repräsentationen) und phänomenales Bewusstsein (also Gefühle) bekommen sie dabei jedoch nicht zu Gesicht. Aus eigener Kraft und Kompetenz kann die Neurobiologie den Geist und das Verstehen des Geistes also nicht untersuchen.

Ein Verstehen der Repräsentationalität des Geistes und seines phänomenalen Bewusstseins wird nur dadurch möglich, dass repräsentationale und bewusste mentale Zustände gewöhnlich kausal bestimmte körperliche (physische) Zustände hervorrufen, die von außen beobachtet werden können – zum Beispiel Körperhaltungen, Gesichtszüge, Gesten, Laute, sprachliche Äußerungen oder Schriftzeichen. Diese körperlichen Zustände bringen mentale Zustände, ein wenig salopp formuliert, kausal zum Ausdruck. Wir können sie daher *expressive Zeichen für mentale Zustände* nennen. In den meisten Fällen werden bestimmte expressive Zeichen unter normalen Umständen von bestimmten mentalen Zuständen, und nur von diesen mentalen Zuständen, hervorgerufen. Wenn Reinhold die Laute „Ich habe vor der morgigen Physik-Prüfung Angst" hervorbringt, dann werden diese Laute gewöhnlich (also wenn Reinhold ehrlich ist und sich jemandem mitteilen will) von Reinholds Angst vor der morgigen Physikprüfung, und nur von dieser bestimmten Angst, kausal hervorgerufen. Das heißt: Mentale Zustände rufen gewöhnlich kausal expressive Zeichen hervor, die von anderen Menschen beobachtet werden können und natürliche Zeichen für bestimmte mentale Zustände sind. Dazu gehören im Falle menschlicher Gemeinschaften insbesondere auch sprachliche Zeichen.

Die meisten expressiven Zeichen – darunter auch die sprachlichen Zeichen – erben von den mentalen Zuständen, deren natürliche Zeichen sie sind, zwei grundlegende mentale Eigenschaften. So weist zum Beispiel eine Körperhaltung, die ein natürliches Zeichen für Aggressivität ist, echte Funktionalität auf, insofern die Körperhaltung die Funktion hat, bei Beobachtern eine adaptive Reaktion auszulösen und damit den Interessen des aggressiven Wesens zu dienen. Aber expressive Zeichen haben auch einen semantischen Gehalt (der meist *Bedeutung* oder *Sinn* genannt wird) und einen *psychologischen Modus* (der meist *Sprechakt* genannt wird). Zudem sind viele sprachliche Zeichen wahr oder falsch, und ihre Bedeutungen sind holistisch vernetzt. Auch viele sprachliche Zeichen sind also durch veridische und logische Normativität ausgezeichnet. Zudem gibt es expressive Zeichen, die natürliche Zeichen für phänomenal bewusste Zustände sind (etwa ein Schmerzstöhnen oder der Ausruf „Ich bin so nervös!"). Doch keines dieser Zeichen ist selbst von phänomenalem Bewusstsein begleitet, denn expressive Zeichen sind öffentlich, phänomenales Bewusstsein ist dagegen privat und innerlich. Und endlich sind sprachliche Zeichen auch syntaktisch gegliedert.

Auf der grundlegendsten Ebene besteht ein Verstehen sprachlicher und anderer expressiver Zeichen also darin, die holistisch vernetzte Bedeutung, den Sprechakt und die Syntax der Zeichen zu erfassen. Wie im Falle mentaler Zustände lassen sich daher auch repräsentationale Zeichen rational rekonstruieren. Diese Rekonstruktion führt typischerweise zu einer rationalen Erklärung sprachlicher Zeichen, d. h. zu einer Angabe guter Gründe für das Auftreten dieser Zeichen. Diese Erklärung begründet nicht unbedingt, warum das Auftreten eines bestimmten expressiven Zeichens, das von einem Menschen produziert worden ist, angesichts weiterer von ihm produzierter expressiver Zeichen erfolgen musste, sondern macht (wie erwähnt) verständlich, warum dieses Auftreten vernünftigerweise zu erwarten war.

Doch zugleich sind die expressiven Zeichen das Tor zum Verstehen des Geistes anderer Menschen. *Das Verstehen ist, allgemein formuliert, ein Lesen des Geistes anhand seiner expressiven Zeichen.* In einer wichtigen Hinsicht ist diese Formulierung allerdings zu allgemein. Denn das *Modell des Geist-Lesens* anhand von natürlichen Zeichen für mentale Zustände betrachtet die Zeichen nicht nur als expressiv (also als Ausdruck für mentale Zustände), sondern auch als *informativ* (also als Ausdruck für die Information, die mit der Bedeutung der Zeichen transportiert wird). Wenn Veronika sagt: „Gestern hat es in Lübeck eine Demonstration gegen die Neonazis gegeben", dann können wir anhand dieses sprachlichen Zeichens unter normalen Umständen nicht nur erkennen, dass Veronika gerade eine Überzeugung hat, die den semantischen Gehalt hat, dass es gestern in Lübeck eine Demonstration gegen die Neonazis gegeben hat, sondern wir können diesem Zeichen auch die Information entnehmen, dass es gestern in Lübeck eine Demonstration gegen die Neonazis gegeben hat. Denn Veronika beabsichtigt mit der Produktion dieses Satzes nicht nur deutlich zu machen, welchen mentalen Zustand sie gerade hat, sondern auch eine Information weiter zu geben. Alles in allem sieht das Modell des Geist-Lesens etwa folgendermaßen aus.

Nehmen wir an, unsere Freundin Barbara erzählt uns mit leuchtenden, aber auch ein wenig schreckhaft geweiteten Augen, dass sie in den nächsten beiden Wochen den großartigen, aber auch schwierigen Dialog *Theaitetos* von Platon lesen will, dann verstehen wir diese Äußerung normalerweise in dem grundlegenden Sinne, dass wir

(a) den semantischen Gehalt (die Bedeutung) der Äußerung erfassen, nämlich dass Barbara in den nächsten beiden Wochen den *Theaitetos* von Platon lesen will,
(b) die Syntax (grammatische Struktur) des Satzes erfassen, z. B. dass der Satz die Präpositionalphrase (die temporale adverbiale Bestimmung) *in den nächsten beiden Wochen* und die Nominalphrase (das Akkusativobjekt) *den schwierigen Dialog Theaitetos von Platon* sowie die Verbalphrase ... *lernen...* (Subjekt *ich,* Prädikat *lernen* im Tempus Futur) enthält;
(c) den psychologischen Modus der Äußerung erfassen, nämlich dass es sich um eine Absicht handelt,
(d) der Äußerung die Information entnehmen, dass das genannte Ereignis der Platonlektüre wahrscheinlich in den nächsten beiden Wochen stattfinden wird,
(e) erfassen, dass die Äußerung ein expressives Zeichen für Barbaras Absicht mit dem in (a) genannten semantischen Gehalt ist, d. h. dass Barbara diese Absicht tatsächlich hat,
(f) erfassen, dass die Äußerung ein expressives Zeichen für Barbaras Meinung ist, dass der *Theaitetos* ein großartiger, aber auch schwieriger Text ist, und
(g) Barbaras Gefühle nachvollziehen (in unserem Geist simulieren), die sie bei dem Gedanken an die *Theaitetos*-Lektüre hat (eine gewisse Angst wegen der Schwierigkeit des Textes) (Gefühle, die wir selbst in einer ähnlichen Situation angesichts einer bevorstehenden schwierigen Lektüre, die wir bewältigen mussten, ebenfalls empfunden haben und nun in unserem Geist simulieren).

Oft ist das Verstehen expressiver und informativer Zeichen situationsbedingt eingeschränkter. Beispielsweise sind wir in bestimmten Situationen vornehmlich oder ausschließlich an der transportierten Information oder alternativ am Geisteszustand der Sprecherin interessiert.

Zwei weitere wichtige Aspekte des Verstehens müssen in diesem kurzen Umriss noch erwähnt werden: das Verstehen von Handlungen und das Verstehen als umfassende Interpretation.

Unter dem *Verhalten eines Lebewesens* versteht man eine beobachtbare Körperbewegung, die man rein naturwissenschaftlich beschreiben und erklären kann. Eine *Handlung* ist ein Verhalten, das von einer semantisch gehaltvollen Absicht begleitet ist. Die Handlung wird erst durch die korrelierte Absicht spezifiziert und kann daher auch nur in Kenntnis des semantischen Gehalts der Absicht identifiziert werden. Handlungen enthalten also immer ein geistiges Element (eine Absicht, einen Willen). Daher sind Handlungen nicht ausschließlich naturwissenschaftlich beschreibbar und erklärbar. Ödipus beispielweise erschlug nach dem antiken Mythos den Bettler am Kreuzweg, weil dieser ihn auf das äußerste gereizt hatte. Daher wollte Ödipus den Bettler auch erschlagen. Die Körperbewegung, mit der er die Tötung vollzog, war also von der Absicht begleitet, den Bettler zu töten. Ödipus vollzog daher die Handlung eines Mordes an einem Bettler. Ödipus beging jedoch keinen Vatermord. Der Bettler war zwar sein Vater, aber das war Ödipus nicht bekannt. Daher war die Tötung des Bettlers nicht von Ödipus' Absicht begleitet, seinen Vater zu erschlagen.

Die Arten von Handlungen und die Arten von Absichten sind im Handlungskontext nicht umkehrbar eindeutig miteinander korreliert, denn wir können mit derselben Körperbewegung verschiedene Absichten zugleich realisieren und daher verschiedene Handlungen zugleich vollziehen (zum Beispiel mit einem Fußmarsch zu einem Einkaufszentrum zu gelangen und sich fit zu halten); und wir können auch dieselbe Absicht mit verschiedenen Körperbewegungen realisieren (zum Beispiel können wir die Absicht, einen Raum zu verlassen, realisieren, indem wir gehen, kriechen, krabbeln oder hoppeln).

Das Verstehen einer Handlung besteht im grundlegenden Fall darin, den semantischen Gehalt der korrelierten Absicht zu erfassen. Eine komplexere Form des Handlungsverstehens ist die *rationale Handlungserklärung*, die in ihrer einfachsten Form auch im Alltag häufig vorkommt (sie heißt deshalb auch volkspsychologische Handlungserklärung). Wenn Barbara beispielsweise ihrem Vater etwas zum Geburtstag schenkt, so könnten wir diese Handlung vielleicht dadurch erklären und besser verstehen, dass wir erkennen, dass Barbara ihre Beziehung zu ihrem Vater verbessern will und davon überzeugt ist, dass das Geburtstagsgeschenk dazu beiträgt (oder sogar dafür notwendig ist), ihre Beziehung zu ihrem Vater zu verbessern.

Im einfachsten Fall besteht eine rationale Handlungserklärung (ein vertieftes Handlungsverstehen) also darin, eine Absicht und eine Überzeugung der handelnden Person zu zitieren, die für eine Rationalisierung der Handlung geeignet sind, nach dem Basischema:

(a) Person S wünscht, dass Ziel Z realisiert wird.
(b) S glaubt, Handlung H sei ein Mittel zur Realisierung von Z. Also:
(c) S vollzieht H.

Auch das vertiefte Handlungsverstehen macht primär nicht Ursachen, sondern gute Gründe für eine Handlung deutlich. Es zeigt nicht, warum eine

Handlung zustande kommen musste, sondern warum sie vernüftigerweise zu erwarten war. Damit ist allerdings nicht ausgeschlossen, Handlungsgründe zugleich als Ursachen zu betrachten.

Das Verstehen von mentalen Zuständen, expressiven (informativen) Zeichen und Handlungen wäre zu einfach beschrieben, wollte man es, wie bisher in diesem kurzen Umriss geschehen, lediglich als Erfassen bestehender semantischer Gehalte und der anderen genannten Komponenten auffassen. Denn menschliche Interpreten formulieren ihr Verstehen in einer natürlichen Sprache, die sie bereits meistern. Diese Sprache enthält selbst schon expressive und informative Zeichen mit all den aufgeführten geistigen Eigenschaften. Aus dieser Perspektive ist das *Erfassen der Bedeutungen von sprachlichen Zeichen eines Interpretanden (der Objektsprache) eine Form der Übersetzung in die Sprache des Interpreten (die Metasprache)*. Auf der grundlegendsten Ebene besteht diese Übersetzung darin, die semantischen Netzwerke der Äußerungen des Interpretanden mit dem semantischen Netzwerk der interpretierenden Sprache, d. h. die semantischen Netzwerke von Objektsprache und Metasprache so miteinander zu integrieren, dass die Rekonstruktion möglichst konsistent und rational ist. Dafür muss der Interpret dem Interpretanden überwiegend Rationalität unterstellen (diese Unterstellung wird auch *Prinzip der Nachsicht* genannt). Im äußersten Fall können auch Äußerungen oder Texte anderer Sprecher und Autoren in diese Rekonstruktion einbezogen werden, denn manchmal helfen sie die Bedeutung von Äußerungen oder Texten in einem bestimmten kulturellen Umfeld genauer zu klären.

Es wäre jedoch ein Fehler anzunehmen, dass die Kennzeichnung des Verstehens als Übersetzung impliziert, dass jedes Verstehen unhintergehbar perspektivisch und subjektiv ist. Vielmehr besteht, wie erst im achten Kapitel der vorliegenden Studie genauer gezeigt werden kann, jede gelingende Übersetzung in der Abgleichung und konsistenten Angleichung der verschiedenen repräsentationalen Perspektiven, die von Interpret und Interpretand eingenommen werden. Und jede konsistente Angleichung von Perspektiven ist ein Schritt hin zu mehr Objektivität. Das liegt unter anderem daran, dass ein gelingendes Verstehen als Übersetzung voraussetzt, dass Interpret und Interpretand überwiegend wahre Meinungen haben und auf der tiefsten Ebene dieselben Rationalitätsstandards anwenden. Obgleich es dabei bleibt, dass das Verstehen einer Repräsentation davon unabhängig ist, ob diese spezielle Repräsentation wahr oder falsch ist, sind Verstehen und Repräsentationalität daher auf tiefere Weise an Wahrheit und transkulturelle Rationaliät gebunden. Der grundlegende Punkt ist, dass Wahrheit und Falschheit, Rationalität und Irrationalität nicht symmetrisch sind. *Falschheit kann nur vor dem Hintergrund verbreiteter Wahrheit, Irrationa-*

lität nur vor dem Hintergrund verbreiteter Rationalität identifiziert werden, aber das Umgekehrte gilt nicht. In diesem Sinne sind Rationalität und Wahrheit für den Geist konstitutiv.[56]

Der Begriff des Verstehens, der in der vorliegenden Studie zur Geschichte der Hermeneutik im Anschluss an die moderne Standardtheorie des Geistes zugrunde gelegt wird, ist demnach so angelegt, dass das *Verstehen ein Erfassen derjenigen Eigenschaften und ihrer spezifischen Merkmale ist, die typischerweise geistig sind*: Repräsentationalität und phänomenales Bewusstsein. Alle Dinge und Zustände, die diese Eigenschaften aufweisen, sind demnach Gegenstände des Verstehens. Und das Verstehen ist in jedem Fall eine Metarepräsentation.

Wenn man Geisteswissenschaften als Bemühungen auffasst, diejenigen Phänomene wissenschaftlich zu untersuchen, die unter anderem geistige Eigenschaften haben (und zwar insofern sie bestimmte geistige Eigenschaften haben), dann *ist das Verstehen im genannten Sinn die zentrale Methode der Geisteswissenschaften*. Verstehende Wissenschaften sind aus dieser Sicht im buchstäblichen Sinne Geisteswissenschaften.

Dieser Verstehensbegriff umfasst jenes Verstehen, von dem viele Positionen der klassischen Hermeneutik ausgehen, nämlich das Verstehen der Bedeutung (Repräsentationalität) von sprachlichen Texten, doch geht er über diesen engen klassischen Verstehensbegriff in doppelter Hinsicht hinaus. Denn zum einen weisen nicht nur Texte, sondern auch einige Gesten, mentale Zustände, Äußerungen und Handlungen semantische Gehalte und somit Repräsentationalität auf, sind also Gegenstände des Verstehens. Zum anderen gibt es auch Dinge und Zustände (namentlich gefühlsbesetzte Zustände), die mit einem phänomenalen Bewusstsein verknüpft sind und demnach ebenfalls zu den Objekten des Verstehens gehören.

Zugleich ist der geist-theoretische Verstehensbegriff aber enger als der Verstehensbegriff, der zuweilen im Alltag verwendet wird,[57] und auch

[56] Diese Bemerkungen spielen auf die Semantik und Theorie des Geistes an, die vor allem von Donald Davidson entwickelt worden ist (vgl. Davidson (1980a), (1984/1990), (1984a), (2005)). Davidsons Ansatz ist heute nicht unumstritten, da dieser Ansatz eine Version der ToM darstellt und die Geltung der ToM kontrovers diskutiert wird. Doch auch wenn die ToM nicht für alle Formen des Verstehens zutreffen sollte, trifft sie sicherlich zum Beispiel für die professionelle Kunst der Auslegung weitgehend zu. Vor allem aber enthält sie grundsätzliche Reflexionen zum Verhältnis von Interpretation und Bedeutung, die in einer modernen Theorie des Verstehens nicht übergangen werden dürfen (Davidsons Theorie wird daher nicht zu Unrecht auch *Interpretationismus* genannt). Vgl. dazu genauer unten, Abschnitt 8.5.

[57] So unterscheidet zum Beispiel Künne sechs Stufen des Verstehens: (i) Das phonetische Verstehen, (ii) das Erfassen des buchstäblichen Sinnes, (iii) das Erfassen des buchstäblichen Sinnes im Äußerungskontext (das semantische Mehrdeutigkeiten auflöst), (iv) das Erfassen des propositionalen Sinnes (in dem die indexikalische Offenheit beseitigt ist), (v) das Erfassen des modalen Sinnes (im wesentlichen des Sprechaktes) und (vi) das Erfassen des Sinnes an-

enger als der Verstehensbegriff, der in der Philosophischen Hermeneutik und Interpretationsphilosophie zugrunde gelegt wird. Wenn eine Physik-Studentin sagt: „Jetzt habe ich den Zusammenhang von Masse und Energie verstanden!", so verwendet sie das Wort „Verstehen" in einer durchaus geläufigen Weise – aber nicht im Sinne des geist-theoretischen Verstehensbegriffes. Denn das Verhältnis von Masse und Energie ist rein naturgesetzlich und enthält keinerlei geistige Aspekte. Sollte die Physik-Studentin mit

hand des Hintergrundes. Bis auf die erste und letzte Variante (die für eine allgemeine Hermeneutik nicht relevant sind), ist in den übrigen vier Varianten das Erfassen des semantischen Gehaltes von Äußerungen, Gedanken und Texten (also der elementare Verstehensbegriff, von dem ich ausgehe) als grundlegende Vorstellung enthalten (vgl. Künne (1981)). Strube unterscheidet im wesentlichen sieben Verstehensformen, die zum Teil mit Künnes Klassifikation übereinstimmen: (i) einen Satz verstehen (= Künne (ii)), (ii) einen Satz in seinem Zusammenhang verstehen, (iii) den in einer bestimmten Situation geäußerten Satz verstehen (= Künne (iii)), (iv) die Äußerung als diesen oder jenen Akt eines bestimmten Sprechers verstehen (= Künne (v)), (v) die Äußerung verstehen als Ausdruck eines bestimmten psychischen Zustandes, (vi) den tieferen Sinn eines Satzes verstehen, (vii) sich in der Sache mit jemandem verstehen. Variante (vii) verweist auf Anerkennung gemeinsamer Wahrheiten und gehört daher nicht zur Hermeneutik. Alle übrigen Varianten beruhen auf der Vorstellung des Verstehens als Erfassen semantischer Gehalte. Interessant bei Strube ist, dass er das Modell des Lesen des Geistes erwähnt (vgl. (v)) und auf Verstehen als Erfassen logischer Zusammenhänge semantischer Gehalte verweist (vgl. (ii) und (vi)). Diese Aspekte werden im folgenden integriert. Strubes wittgensteinianischer Hinweis, dass seine Varianten nur eine begriffliche Familienähnlichkeit repräsentieren, ist daher zumindest für (i)–(vi) falsch: diese Varianten hängen systematisch eng miteinander zusammen (vgl. Strube (2003)). Tepe (2007, Abschnitt 2.2) übernimmt Strubes Analyse und fügt ihr die Unterscheidung von Textwelt-Sinn, Prägungs-Sinn, Kontext-Sinn und Relevanz-Sinn hinzu. Der Relevanz-Sinn spielt in der Hermeneutik keine entscheidende systematische Rolle, weil er mit dem projektiv-aneignenden Interpretieren verknüpft ist, das seinerseits weder kognitiv noch wissenschaftlich ist. Die übrigen Arten von Sinn mit den entsprechenden Arten von Verstehen beziehen sich auf Textbedeutung, semantische Gehalte von Gedanken im Zuge des Lesens des Geistes sowie auf Strubes und Künnes Variante (iii). Bühler unterscheidet sogar 17 Varianten des Interpretierens (das ich hier als synonym mit Verstehen betrachte). Auch hier zeigt sich schnell, dass die grundlegenden dieser Varianten auf der Idee des Verstehens als semantischer Gehalte und ihrer Struktur beruhen, zum Beispiel verschiedene Formen des Erfassens und Erklärens von Absichten oder Gedanken anderer Personen (und das heißt natürlich: des Erfassens der semantischen Gehalte und psychologischen Modi dieser Absichten und Gedanken) (Varianten 1–6); ferner Formen des Erfassens, was ein Autor mit einem Text ausdrücken will (und das heißt natürlich: was die Bedeutung des Textes ist) (Varianten 7–8); sowie das Herausfinden der Strukturen (d. h. der logischen, syntaktischen und poetischen Strukturen) des Textes (Varianten 9, 11) und seine rationale Rekonstruktion (Varianten 14–15). Lediglich die Interpretation als Darstellung der Wirkung, Erweis der Wahrheit des Textes sowie als Zuweisung von Sachbedeutungen und als freie Assoziation zum Text (Varianten 10, 12–13, 16–17) fallen heraus, gehören aber zugleich nicht zum hermeneutischen Geschäft (vgl. Bühler (2003a)). Im übrigen wird oft zwischen Verstehen und Interpretieren unterschieden und dabei der Verstehensbegriff auf das Parsen, der Interpretationsbegriff auf das Auslegen dunkler, schwer verständlicher Texte und Gedanken angewendet (vgl. z. B. Scholz (1999a)). Diese Unterscheidung ist zweifellos wichtig, aber der hier und in Kapitel 8 entwickelte Verstehensbegriff ist für beide Fälle relevant und grundlegend. Einen guten Überblick über Verstehensbegriffe in einem weiteren Sinn gibt Scholz (1999), 3–9.

ihrer Bemerkung allerdings genauer meinen, dass sie jetzt endlich versteht, wie Einsteins Relativitätstheorie das Verhältnis von Masse und Energie beschreibt, dann würde sie den Verstehensbegriff im geist-theoretischen Sinne gebrauchen, denn die Relativitätstheorie ist eine komplexe Idee, dargestellt in bestimmten Texten, und diese Idee und Texte haben semantische Gehalte, die im geist-theoretischen Sinne verstanden werden können.

Wenn schließlich das Verstehen in der Philosophischen Hermeneutik zu einer menschlichen Seinserfahrung wird, die unseren gesamten Weltbezug durchdringt und näherhin eine Erfahrung von Wahrheit ist, die uns durch die Überlieferung zugänglich wird, dann ist das sicherlich ein terminologischer und theoretischer Vorschlag, gegen den prima facie kaum etwas einzuwenden ist. Schließlich geht es nicht um die Frage, was das Verstehen „wirklich" oder „wesenhaft" ist. Welche Termini wir im einzelnen verwenden, ist weitgehend eine pragmatische Frage. Wichtig ist nur, dass die gewählte Terminologie die Phänomene hinreichen differenziert abbildet. Klar ist aber, dass das Verstehen, von dem die Philosophische Hermeneutik spricht, nicht das Verstehen ist, von dem die moderne Theorie des Geistes redet. Denn was als Wahrheit und Welt erfahren werden kann, enthält auch Sachverhalte und Gegenstände, die keine geistigen Eigenschaften haben. Dieser Punkt wird keinesfalls dadurch ausgeräumt, dass wir Menschen die Welt meist in sprachlicher Form darstellen. Aus geist-theoretischer Sicht verwischt der Verstehensbegriff der Philosophischen Hermeneutik daher die Grenze zwischen einfachen Repräsentationen (Welterfahrung im allgemeinsten Sinn) und Metarepräsentationen (Verstehen im speziellen Sinn) – eine Grenze, die in der gegenwärtigen Philosophie des Geistes und kognitiven Psychologie zu Recht als grundlegend für eine differenzierte Beschreibung geistiger Phänomene betrachtet wird.

Wie auch immer man die verschiedenen Verstehensbegriffe theoretisch und terminologisch beurteilen mag, die folgende Studie zu wichtigen Positionen in der Geschichte der Hermeneutik geht jedenfalls dezidiert von dem geist-theoretischen Begriff des Verstehens (und nur von diesem Verstehensbegriff) aus, der im vorliegenden Abschnitt umrissen wurde und in Kapitel 8 genauer dargestellt wird.[58] Dabei zeigt sich schnell, dass viele die-

[58] In diesem groben Bild vom geist-theoretischen Begriff des Verstehens fehlt ein Element, das Searle den Hintergrund des Verstehens genannt hat. Demmerling (2002) spricht in einem umfassenderen Sinn vom Verstehensraum, der eine große Zahl von theoretischen, praktischen, propositionalen und nicht-propositionalen Elementen umfasst: von Hintergrundtheorien semantischer Art über die Kenntnis praktischer Fertigkeiten, die Vertrautheit mit faktischen Umständen und Situationstypen bis hin zum Erfassen subtiler Gefühlsmomente und Stimmungen (vgl. Demmerling (2002), Kap. V). Demmerling schließt sein Konzept des Verstehensraumes ausdrücklich an Heideggers und Gadamers Konzept der Vorstruktur des Verstehens und die Universalisierung der Hermeneutik an (ibid. 169). Das halte ich für einen

ser Positionen im Rahmen der geist-theoretischen Perspektive neu gedeutet und als hermeneutische Leistungen gewürdigt werden können. Um hier nur einige Beispiele zu nennen:

- Platons früher Dialog *Ion*, der zu Recht als frühestes erhaltenes Dokument expliziter hermeneutischer Reflexionen angesehen werden kann, lässt sich ebenso wie zum Beispiel die pietistische Hermeneutik als Ausdruck eines simulationstheoretischen Konzepts von Verstehen betrachten.[59]
- Die – nur Spezialisten bekannte – frühmoderne Hermeneutik des Johannes Clauberg erweist sich als besonders detaillierte und raffinierte Verteidigung verschiedener Versionen des grundlegenden hermeneutischen Prinzips der Nachsicht.[60]
- Schleiermachers Hermeneutik muss, im Gegensatz zu der – von Gadamer inspirierten – herkömmlichen Lesart, als Version der Theorie-Theorie (also des Verstehens als rationale Rekonstruktion und gerade nicht als Einfühlen im Sinne des simulativen Nachvollzugs) interpretiert werden.[61]
- Max Weber, der (wie bereits erwähnt) in den bisherigen Darstellungen der Geschichte der Hermeneutik nicht berücksichtigt wird, erweist sich als Theoretiker, der zum ersten Mal die Verstehbarkeit von Handlungen über deren Korrelation mit semantisch gehaltvollen Absichten erklärt und damit Diltheys und Gadamers Bezug der Hermeneutik auf die Geschichte erst verständlich gemacht hat.[62]
- Der logische Empirismus (der unter hermeneutischen Gesichtspunkten ebenfalls bisher nicht beachtet wird) expliziert, geist-theoretisch betrachtet, die Hermeneutik logischer Operatoren und erweitert diese Explikation zur Idee des Verstehens als Methode der Formalwissenschaften (also der Logik, Mathematik und Philosophie).[63]

gefährlichen Zug. Denn man kann mit Searle und Demmerling ohne weiteres zugeben, dass es eine Vielzahl von notwendigen Bedingungen für das Verstehen gibt (dazu gehören zum Beispiel auch kognitive Bedingungen wie die Fähigkeit zur Metarepräsentation, die von kognitiven Psychologen untersucht werden) und zugleich gegen Heidegger und Gadamer (und auch Demmerling?) darauf bestehen, dass das Verstehen unter Erfüllung dieser Bedingungen das spezifisch Geistige, nämlich semantische Gehalte und phänomenal bewusste Aspekte (zusätzlich psychologische Modi und syntaktische Strukturen), zum Gegenstand hat.

[59] Vgl. unten, Abschnitt 1.1, S. 57f.

[60] Vgl. unten, Abschnitt 2.1, S. 96–107.

[61] Vgl. unten, Abschnitt 3.1.

[62] Vgl. unten, Abschnitt 3.3.

[63] Vgl. unten, Kapitel 6.

Das Verdienst jener hermeneutischen und text-theoretischen Ansätze, die gegenwärtig als führend angesehen werden (Semiotik, Philosophische Hermeneutik und poststrukturalistische Theorien des Textzugangs) besteht aus geist-theoretischer Perspektive weniger in den Vorzügen ihrer ausgearbeiteten Varianten (die in vielerlei Hinsicht zu wünschen übrig lassen) als vielmehr darin, dass sie – mehr oder weniger explizit – einige neue und wichtige hermeneutische Intuitionen artikulieren, ohne allerdings das begriffliche Rüstzeug entwickelt zu haben, um diese Intuitionen auf angemessene Weise theoretisch ausbuchstabieren zu können. Im abschließenden Rückblick der vorliegenden Untersuchung wird skizziert, wie diese Intuitionen aus geist-theoretischer Perspektive reformuliert und bearbeitet werden können.

TEIL I
GESCHICHTE DER HERMENEUTIK UND THEORIE DES GEISTES

KAPITEL 1: HERMENEUTIK IN ANTIKE UND MITTELALTER

Entgegen einem immer noch verbreiteten Vorurteil[64] begann das Projekt einer allgemeinen Hermeneutik lange vor Schleiermacher und Dilthey.[65] Von der Antike bis zur Aufklärung des 18. Jahrhunderts lässt sich eine ungebrochene Tradition der allgemeinen Hermeneutik verzeichnen. Einige der wichtigsten, interessantesten und ertragreichsten Varianten sollen im folgenden Kapitel umrissen und kurz diskutiert werden.

1.1. Von der Homerexegese zur platonischen Hermeneutik

Die Anfänge der antiken Hermeneutik gehen auf die Homerexegese zurück.[66] Zwar ist nicht genau bekannt, inwieweit die frühen Homerexegeten bereits ausdrücklich bestimmte Auslegungsprinzipien befolgten, doch scheinen sie meist das *Prinzip der allegorischen Interpretation* verwendet zu haben, demzufolge gilt:

(1) Sämtliche Aussagen in autoritativen Texten berühmter und einflussreicher Schriftsteller sind (a) ethisch angemessen und (b) wahr.
(2) Falls die buchstäbliche Bedeutung dieser Texte zu (a) ethisch unproblematischen und (b) wahren Aussagen führt, sind die Texte buchstäblich zu verstehen.
(3) Falls die buchstäbliche Bedeutung dieser Texte zu (a) ethisch problematischen oder (b) falschen Aussagen führt, ist eine Interpretation jenseits der buchstäblichen Bedeutung zu finden, unter der die Texte nur ethisch unproblematische und wahre Behauptungen enthalten.[67]

[64] Vgl. Bühler (1998).

[65] Dazu hat es in den letzten Jahren viele ertragreiche Studien gegeben, vgl. z. B. Scholz (1999), Teil I; Bühler (1994); Schröder (2001).

[66] Vgl. Lamberton, R. (Hrg.) (1992). Einer der frühesten bekannten Homerexegeten ist der Grammatiker Theagenes von Rhegion (spätes 6. Jahrhundert v. u. Z.).

[67] Vgl. dazu Tate (1934).

Dabei wird die (a) – Variante zuweilen *negative Allegorese* genannt, weil sie eher defensiv um Emendation ethisch problematischer Stellen bemüht ist, während die (b) – Variante oft als *positive Allegorese* bezeichnet wird, weil sie nachweisen möchte, dass die autoritativen Texte auch vor dem Hintergrund des modernsten physikalischen Wissens die Wahrheit verkünden.

Das allegorische Interpretationsprinzip ist also primär veridisch ausgerichtet. Es geht vor allem um ethische Angemessenheit und Wahrheit autoritativer Texte, nicht um das Erfassen der semantischen Gehalte der Texte unabhängig von ihrem Wahrheitswert und ihrer ethischen Ausrichtung.[68] Allegorische Interpretationen treten meist in bestimmten historischen Situationen auf: Wenn einige Zeit nach Abfassung eines autoritativen Textes ein Wertewandel eingetreten und neues Wissen etabliert worden ist, oder wenn die autoritativen Texte in einem kulturellen Umfeld mit anderen Werten und Wissensbeständen auftreten, kann die ethische Angemessenheit und Wahrheit des Textes zweifelhaft werden. In dieser Situation wird das Prinzip der allegorischen Interpretation angewendet. Diese historische Situation war in Griechenland Mitte des 6. Jahrhunderts eingetreten. Der radikale Wertewandel gegenüber der homerischen Welt wird zum Beispiel in der archaischen Einzellyrik greifbar, und mit der milesischen Naturphilosophie wurde gegenüber dem mythischen Weltbild eine neue Art von Wissen über die Natur etabliert, das sofort in eine stürmische Theoriendynamik mündete.[69] Es ist daher kein Zufall, dass vor allem die Philosophen an der positiven allegorischen Homerinterpretation beteiligt waren.

Ansätze zur positiven Allegorese scheint es schon bei Theagenes und Demokrit zu geben. Theagenes von Rhegion hat dem Bericht des Porphyrios zufolge ein Buch über Homer verfasst in der erklärten Absicht, den Text jenseits seiner buchstäblichen Bedeutung so zu interpretieren, dass klar wird, dass Homer nichts Unziemliches und Falsches gesagt, sondern – vor dem Hintergrund der damals modernen ionischen Naturphilosophie – nur Wahres und Schickliches behauptet hat. Dabei interpretierte bereits Theagenes die homerischen Götter und ihre Eigenschaften als Naturkräfte im naturphilosophi-

[68] Alexander (1993), 24f. stellt demgegenüber die Anwendbarkeit von autoritativen Texten auf aktuelle Probleme der jeweiligen Disziplin als leitende Idee der allegorischen Interpretation heraus.

[69] Vgl. auch unten, Abschnitt 9.1. Analoge Situationen traten mit der autoritativen Funktion der christlichen Bibel angesichts des antiken Weltbildes und späterer Wandlungen des wissenschaftlichen Weltbildes bis hin zur Entwicklung der frühneuzeitlichen Physik auf. Daher wurden dann auch zwischen 400 und 1700 viele allegorische Interpretationen des Alten und Neuen Testaments angeboten, die erweisen sollten, dass diese Schriften die neuen wissenschaftlichen Einsichten in verschlüsselter Form bereits enthalten. Bekanntlich hat sich auch Newton an diesen Bemühungen intensiv beteiligt.

schen Sinn.[70] Die positive Allegorese erreicht Ende des 5. Jahrhunderts v. u. Z. einen ersten Höhepunkt bei Metrodor von Lampsakos, Stesimbrotos von Thasos, Diogenes von Apollonia und vielleicht auch Glaukon von Rhegion. Metrodor hat zum Beispiel folgende einzelne Allegoresen bei Homer vorgeschlagen: Achilleus = (d. h. bedeutet) Sonne, Hektor = Mond, Helena = Erde, Paris = Luft, Agamemnon = Äther, Götterstaat = menschlicher Leib, mit: Demeter = Leber, Dionysos = Milz; Apollon = Galle. Im weiteren Verlauf der griechisch-römischen Antike hat die allegorische Interpretation ein wechselvolles Schicksal erfahren, sich aber im ganzen als durchaus wirkungsmächtig erwiesen. Doch gab es immer wieder kritische Stimmen: Platon lehnte zum Beispiel die allegorische Interpretation dichterischer Texte kategorisch ab und kam so zu seiner berühmten Dichterkritik. Auch die großen alexandrinischen Gelehrten (Eratosthenes, Aristarch) sowie einige Epikureer blieben skeptisch. Doch Stoiker, Neuplatoniker und auch der einflussreiche Epikureer Lukrez wendeten die Allegorese umfassend an. Die allegorische Deutung der homerischen Götterwelt wurde zu einem verbreiteten Vorgehen und zeigte, dass das buchstäbliche Verständnis dieser Welt und damit auch der buchstäbliche Glaube an die homerischen Götter zumindest unter Intellektuellen weithin abgelehnt wurden. Interessant ist die produktive Aneignung dieses Prinzips von den Dichtern selbst. Vor allem die römischen Dichter begannen gezielt Gestalten und Objekte zu entwerfen, die offen zur Allegorese einladen, etwa das Staatsschiff bei Horaz, die Venus bei Lukrez, Roma bei Lukan, zahllose Gestalten bei Ovid, bis hin zur Philologia des Martianus Capella und der Philosophia des Boethius. Der Höhepunkt dieser Entwicklung ist die Dichtung Vergils. Denn Vergil ging von den abstrakten Denkformen der Philosophie aus und wollte sie aus ihrer abstrakten Darstellung herausführen. In seiner Dichtung sollten die Philosophie und das abstrakte Denken wieder sinnlich fassbar werden und einen Erlebniswert erhalten. Sie sollen als Kräfte erfahren werden können und werden daher künstlerisch personifiziert.[71]

In der griechisch-römischen Antike wurde die Hermeneutik allerdings von Beginn an auch als Kunst der Auslegung oder Deutung natürlicher Zeichen für prognostische Zwecke betrachtet – zunächst primär als Kunst der Deutung göttlicher Zeichen (zum Beispiel in der Vogelschau oder der Eingeweideschau), also als *Mantik*. Platon bezeichnet die Kunst der Interpretation von Orakeln als *hermeneutikē mantikē* und weist auf die *hermenes tōn theōn*, die Interpreten der Götter, hin.[72] Später wurde eine ausgefeilte Theorie natürlicher Zeichen entwickelt, die in verschiedenen Varianten auftrat.[73]

[70] Vgl. Hom. Scholion B a II. XX, 67.

[71] Vgl. dazu Springer (2000), 122f. und, sehr viel gründlicher, Richardson (2006).

[72] Vgl. Plat. *Epinomis* 975c, *Ion* 534e.

[73] Ausgangspunkt dieser Theorienbildung war die Analyse der Beziehung zwischen

Dabei gab es vor allem zwei große Strömungen. Wenn Rauch ein natürliches Zeichen für Feuer ist, so analysierte man diesen Zusammenhang in der Theorie der faktischen Zeichen als epistemologische Grundlage für Schlüsse aus wahrnehmbaren Fakten auf nicht wahrnehmbare Fakten oder auch für den Test explanatorischer Theorien. In der Theorie der Erinnerungszeichen hingegen wurde z. B. Rauch als ein Faktum betrachtet, das uns an Feuer erinnert. In jedem Fall ist die „Bedeutung" dieser natürlichen Zeichen (dasjenige, auf das sie „verweisen") einfach ein weiteres Faktum, das mit dem Zeichen durch eine Regularität der Natur verbunden ist. In der Antike liefen beide hermeneutischen Traditionen, also die Hermeneutik als Theorie des Verstehens natürlicher Zeichen und die Hermeneutik als Theorie des Verstehens repräsentationaler Zeichen, zunächst unverbunden nebeneinander her. Sie wurden in historisch einflussreichen Formen zum ersten Mal bei Augustin, später in der Aufklärung bei Meier und Lambert und schließlich im 19. Jahrhundert in Gestalt der Semiotik theoretisch zusammengeführt.

Platon ist einer der härtesten Kritiker der allegorischen Interpretation, gleichgültig um welche Texte es sich handelt. Für Platon muss es primär darum gehen zu prüfen, ob ein vorliegender Text wahre Aussagen macht oder nicht, und zwar nach bestem Wissen und Gewissen des Interpreten. Doch zugleich hat Platon erste hermeneutische Einsichten erreicht, die für die spätere Hermeneutik als Erfassen von semantischen Gehalten und emotionalen Komponenten von Äußerungen und Texten grundlegend werden sollten.

Diese Leistung lässt sich erkennen, wenn man berücksichtigt, dass eine angemessene Hermeneutik mit einer seriösen Semantik verknüpft sein muss. Und eine seriöse Semantik muss die Idee von Bedeutungen oder semantischen Gehalten herausarbeiten. Denn diese Entitäten sind ein spezifischer Gegenstand jener Form des Verstehens, deren Theorie die Hermeneutik ist. Diese Idee ist nach verbreiteter Meinung erst von Frege in seinem berühmten Aufsatz *Über Sinn und Bedeutung* von 1892 in Form einer strikten Unterscheidung von Referenz und Bedeutung (Bedeutung und Sinn in Freges Terminologie) endgültig klargestellt worden.[74] Der Sache nach ist sie jedoch bereits durch die Bemühungen von Platon, Aristoteles sowie der Stoiker Zenon und Chrysipp erarbeitet worden. Auf dieser Grundlage konnten dann in der Antike erste explizite Theorien des Verstehens entwickelt werden.[75]

demonstrativen Schlüssen und Schlüssen aus Zeichen (im Sinne von Symptomen) in Arist. Post.An. I 13. Zu dieser umfassenden Theorienbildung vgl. Allen (2001).

[74] Vgl. dazu genauer unten, Abschnitt 6.1.

[75] Zur antiken Hermeneutik allgemein vgl. Pépin (1988), Atkins (1952), Springer (2000), Laird (2006), Nünlist (2009). Diese Arbeiten schenken jedoch der Frage der Semantik keinerlei Aufmerksamkeit.

Einer der profiliertesten Kenner der antiken Philosophie hat zu Beginn eines neueren Aufsatzes die herrschende Meinung zur antiken Semantik auf den Punkt gebracht:

„There were three ancient theories of meaning: (1) According to the Peripatetics, words mean thoughts, and thoughts stand for things. (2) According to the Epicureans, words directly mean things. (3) According to the Stoics, words mean sayables, and sayables stand for things."[76]

Diese Diagnose ist aus verschiedenen Gründen problematisch: Platons Beitrag zur Entwicklung der Semantik und der Hermeneutik bleibt unberücksichtigt; Aussage (1), die Aristoteles und seinen Nachfolgern eine psychologistische Semantik zuschreibt, ist falsch; dasselbe gilt von Aussage (3), weil sie auf eine Differenz zwischen den Relationen des Bedeutens („x means y") und des Stehens für („x stands for y") hinweist, die sich in den überlieferten stoischen Texten nicht findet und zudem problematisch ist. Aussage (2) ist korrekt, beschreibt aber ein erstes Modell einer rein extensionalen Semantik, das sich bereits in der Antike schnell als zu einfach erwiesen hat und daher nicht als Grundlage für einen Verstehensbegriff dienen konnte, mit dem eine seriöse Hermeneutik arbeiten kann. Wir müssen daher die Anfänge der Hermeneutik bei Platon und Aristoteles genauer analysieren.

Eines der frühesten antiken Dokumente für eine ernsthafte Auseinandersetzung mit professioneller Auslegungskunst[77] ist Platons früher Dialog *Ion*. In diesem Dialog beschreibt Platon eine Variante des Verstehens, die im weiteren Verlauf der hermeneutischen Theorienbildung zunächst nur selten Beachtung finden sollte und erst in der heutigen Theorie des Geistes wieder intensiv diskutiert wird.[78]

Im *Ion* geht es um die Frage, worin die Tätigkeit der Rhapsoden genauer besteht – insbesondere ob es sich dabei um eine Kunstfertigkeit mit entsprechendem Sachverstand (eine *technē*) handelt.[79] Bemerkenswert ist die

[76] Barnes (1993)

[77] Eine wichtige hermeneutische Disziplin, die die allegorische Deutung bereits in der Antike pflegte, war die Traumdeutung, vgl. besonders Artemidoris *Oneirocritica* (ca. 180 v. u. Z.).

[78] Zu Platons Hermeneutik allgemein vgl. auch Figal (Hrg.) (2005). Pépin (1988) Sp.732–733 verweist auf den *Ion*, aber nur weil Platon den Rhapsoden auch *hermeneus* nennt. Eine Erläuterung der dahinter stehenden Theorie des Verstehens fehlt vollständig. Dies gilt auch für Pépins Angaben zu vielen weiteren Stellen in antiken Schriften, an denen die Ausdrücke *hermeneus* (interpres, Interpret) und *hermeneuein* (interpretari, interpretieren (verstehen, auslegen)) vorkommen. Interessant ist, dass diese Termini auch für das Interpretieren von Gesetzen, Musik und bildender Kunst verwendet wurden (vgl. Pépin (1988) Sp.733–734). Genauere Interpretationen zum *Ion* finden sich bei Greisch (1993) und Joisten (2009).

[79] Die Szenerie des Dialogs macht deutlich, dass es zu Sokrates' Lebzeiten Rhapsoden (fahrende Sänger) gab, die dichterische Texte nicht nur vortrugen, sondern auch auslegten. Viele

Terminologie, in der die Fragestellung zu Beginn des Dialogs von Sokrates beschrieben wird: der Rhapsode „findet die Intention (*dianoia*), nicht nur die Worte (*epē*) heraus"; er muss daher „verstehen (*synienai*), was der Dichter sagt" und „für die Zuhörer ein Interpret (*hermeneus*) der Intention (*dianoia*) des Dichters sein."[80] Im weiteren Verlauf des Gesprächs überzeugt Sokrates den Ion davon, dass er weder den Sachverstand besitzt, um beurteilen zu können, ob Homer die Wahrheit sagt, noch dass er über eine allgemeine professionelle Auslegungskunst verfügt, weil er lediglich Homer gut vortragen und auslegen kann. Daraus folgt, dass die Tätigkeit des Rhapsoden überhaupt keine Kunstfertigkeit (*technē*) ist. In späteren Dialogen vertritt Sokrates die stärkere These, dass es praktisch unmöglich ist, die Intention eines Dichters und allgemeiner eines Autors herauszufinden, von dem lediglich Schriften vorliegen, der aber nicht befragt werden kann. Darin wird implizit die methodische Forderung deutlich, dass eine professionelle Auslegung sich an einer Reihe von Daten bewähren muss, die sich nur durch Befragen des Autors gewinnen lassen.[81]

Ion und Sokrates versuchen daher zu klären, worin Ion als Homer-Rhapsode so gut und überzeugend ist. In zwei ungewöhnlich langen Reden präsentiert Sokrates seine Diagnose. Die Kernthese ist: „Lieber Ion,...du vermagst nicht aufgrund von Kunstfertigkeit gut über Homer zu reden, sondern weil dich eine göttliche Kraft bewegt."[82]

Es ist aufschlussreich, wie Sokrates und Ion diese These ausbuchstabieren. Die göttliche Kraft, von der hier die Rede ist, kommt primär den Dichtern und Dichtungen zu. Aufgrund dieser Kraft verleiht die Seele der Dichter in ihrer göttlichen Begeisterung den Dichtungen Harmonie und Rhythmus. Die Rede, in der Sokrates diese dichterische Aktivität schildert,[83] ist selbst begeistert und in diesem Sinne dichterisch, sie hat Schwung und Leidenschaft. Bezeichnender Weise bekennt Ion am Ende der Rede, dass die Begeisterung seine eigene Seele ergriffen hat. Und genau das führt Sokrates in der folgenden Passage detallierter aus (und Ion stimmt emphatisch zu): Wenn Ion den Homer vorträgt und deutet, dann stellt er das Auf-

dieser Rhapsoden hatten sich auf die homerischen Epen spezialisiert, unter ihnen auch Ion, der sich in Platons Dialog rühmt, der beste aller Rhapsoden zu sein.

80 Plat. Ion 530b10–c5.

81 Vgl. dazu die informative Studie von Westermann (2002), die sich in ihrem ersten Hauptteil (47–231) ausführlich diesem idealen Bild von Dichterinterpretation (und seinem sophistischen Gegenbild) widmet. Westermann weist u. a. darauf hin, dass für Platon eine ideale Dichterinterpretation nicht nur von gesicherten Daten ausgehen muss, sondern die Interpretationshypothese im kritischen Gespräch mit anderen Interpreten auch genauer überprüfen muss (90).

82 Plat. Ion 533d1–3.

83 Vgl. Plat. Ion 533d-534e.

wühlende und seelisch Bewegende der dargestellten Episoden so dar, dass seine eigenen Gefühle davon geprägt werden (er beginnt zu weinen, wenn er eine traurige Episode schildert, oder er wird von Angst ergriffen, wenn er etwas Schreckliches darstellt) – und eben diese Gefühle vermag er auf seine Zuhörer zu übertragen. Je besser ihm das gelingt, umso mehr Geld nimmt er dafür ein.[84]

Wie Sokrates zusammenfassend darstellt, verleihen die Dichter mit ihrer Seele ihren Texten eine starke emotionale Komponente. Die spezifische interpretatorische Fähigkeit des Rhapsoden besteht darin, diese Gefühlskomponente nachzuempfinden und durch seine Darstellung an die Zuhörer weiterzugeben. So steht der Rhapsode in der Mitte dieses Transfers.[85] Das Modell der rhapsodischen Interpretation dichterischer Texte ist damit klar umrissen. Die Interpretation besteht darin, (i) an den Texten jene Gefühlskomponente aufzuspüren, die der Dichter mit seiner Seele in die Texte hineingelegt hat, und (ii) diese Gefühlskomponente im eigenen Vortrag so zur Darstellung zu bringen, dass die Zuhörer ebenfalls davon ergriffen werden. (iii) Dieses Interpretationsmodell gilt sowohl für den Vortrag als auch für die Deutung des Textes. Kurz, das Interpretationsmodell dichterischer Texte, dass der frühe Platon im Ion deutlich werden lässt, ist ein *doppeltes Simulationsmodell*.[86] Die großen Rhapsoden vermögen die Gefühle großer Dichter anhand dichterischer Texte geistig nachzuempfinden (zu simulieren)

[84] Plat. Ion 535a-e.

[85] Plat. Ion 536a-d.

[86] Diese Deutung ist bisher nicht vertreten worden. Soweit in der einschlägigen Literatur überhaupt näher auf den *Ion* eingegangen wird, sind die Darstellungen aus hermeneutischer Sicht unspezifisch und unergiebig, vgl. etwa Flashar (Nachwort zu seiner Übersetzung des *Ion* (vgl. *Platon: Ion.* Griechisch/Deutsch, übers. u. hrg. v. H. Flashar, München, 47–63)), dessen Auffassung zufolge „die Frage nach dem Wesen der Rhapsodenkunst zwar gestellt, direkt aber nicht beantwortet“ wird (ibid. 56). Greisch (1993) kommt letztlich nicht über das nichtssagende Resultat hinaus, im *Ion* werde zum ersten Mal das subjektive Moment der Hermeneutik herausgearbeitet, und dem Rhapsoden gehe es dem *Ion* zufolge einfach darum, den Sinn der Gedanken zu erklären, die den Dichter bewegen (51–65). Die Deutung von Joisten (2009) beschränkt sich auf eine deskriptive Paraphrase ohne theoretische Pointe. C. W. Müller (1998) geht in seiner ausführlichen und gelehrten Analyse des *Ion* von den richtigen Thesen aus, dass es in diesem Dialog nicht um Dichtung, sondern um die Vermittlung von Dichtung geht und dass Platon die göttliche Begeisterung des Rhapsoden nicht in Frage stellen will. Doch statt dieses Vermittlungsmodell genauer zu diskutieren, wendet sich Müller der sokratischen These zu, dass diese Begeisterung keine epistemische Dimension hat und dass die Dichter-Interpretation zirkulär ist. Westermann (2002) schließlich kennzeichnet die enthusiastische Dichterauslegung bei Platon lediglich negativ: Sie ist wie die sophistische Auslegung durch das „Stigma“ gebrandmarkt, die eigenen Aussagen nicht rechtfertigen zu können, weil der Enthusiast selbst jeder Vernunft beraubt sei und daher keine interpretatorische Denkarbeit leisten könne. Einen Schritt in die richtige Richtung tut Ferrari (1988) (zum *Ion* 99–103). Für Ferrari betont Sokrates, dass die positive Leistung des hervorragenden, preisgekrönten Ion darin besteht, dass er den Homervortrag hervorragend inszeniert und gleichsam aufführt (seine beeindruckende performance).

und diese Nachempfindung in ihrem Vortrag expressiv so umzusetzen, dass ihre Zuhörer wiederum anhand des Vortrags die Gefühle der Rhapsoden zu simulieren vermögen.[87]

In späteren Dialogen hat sich Platon mit bestimmten Formen der Auslegung dichterischer Texte beschäftigt. Zwei verschiedene Modelle zeichnen sich ab. Das erste Modell hat das Ziel, den ethischen Gehalt eines dichterischen Textes herauszustellen und dem Schüler zur Nachahmung zu empfehlen.[88] Das zweite Modell ist unter hermeneutischen Aspekten wichtiger und folgenreicher[89]: Eine gute Auslegung poetischer Texte besteht darin, (a) aufzuzeigen, was gut gedichtet ist und was nicht (kritische Prüfung des Textes in Hinsicht auf poetische Qualität), (b) den Text durchzugehen (Analyse des Textes nach Aufbau und Struktur), (c) den Text seiner dichterischen Anlage nach zu erklären[90], und (d) auf Nachfrage auch Rechenschaft zu geben (sachliche Erklärung des Textes). Hier werden erstmals *unterschiedliche hermeneutische Aufgaben* erwähnt.[91]

Platons wichtigster theoretischer Beitrag zur Entwicklung der Hermeneutik besteht jedoch darin, eine grundlegende Vorarbeit zur Formierung eines Begriffes von Bedeutungen und semantischen Gehalten geleistet zu haben.[92] In seinem sprachphilosophischen Dialog *Kratylos* gehen Sokrates und seine Gesprächspartner Hermogenes und Kratylos davon aus, dass Wörter und Sätze für andere Dinge stehen: Wörter und Sätze sind Benennungen (oder Namen) für nicht-sprachliche Dinge. „Sokrates" ist zum Beispiel ein Name von Sokrates, „Wollust" ist ein Name für die zur Lust

[87] Ein einfaches Simulationsmodell des Verstehens dichterischer Texte, d. h. das Nachempfinden der emotionalen Aspekte der Dichtung, scheint bereits vor Platon diskutiert worden zu sein. So bemerkt Gorgias in der *Helena*, dass die Hörer dichterischer Texte Furcht, Mitleid und Trauer empfinden, weil ihre Seele vermittels der dichterischen Texte ihre eigene Reaktion auf das Schicksal der dargestellten Personen erlebt. Ähnlich weist auch Platon selbst darauf hin, dass wir den dichterischen Texten gewöhnlich auf mitfühlende Weise folgen (Politeia X, 605 d). Die Erregung der Gefühle und Leidenschaften auf Seiten der Hörer, die von dichterischen Texten ausgeht, ist für Platon allerdings eine wichtige Basis für seine Dichterkritik. Oft wird Platons Dichterkritik in Darstellungen der antiken Hermeneutik ausführlich behandelt (vgl. z.B. Springer (2000)), doch hat seine Dichterkritik mit hermeneutischer Theorienbildung nichts zu tun. Zur Simulationstheorie als Bestandteil der modernen Theorie des Geistes vgl. genauer unten, Abschnitt 8.1, S. 338–340.

[88] Vgl. z.B. Plat. Protagoras 325e, 336a.

[89] Vgl. Plat.Prot. 338e-339a.

[90] Vgl. zur Struktur guter Texte auch Plat.Phaidr.264c.

[91] Platon benutzt an der in Anm. 80 genannten Stelle als allgemeinen Terminus für die Durchführung dieser Aufgaben das Wort *synienai,* das man am besten mit „verstehen" übersetzen kann.

[92] Diese Leistung Platons wird in der Forschungsliteratur durchweg übersehen. Das liegt im Falle Platons ebenso wie in anderen Fällen daran, dass nicht bedacht wird, wie wichtig die Semantik für hermeneutische Positionen und Theorien ist.

strebende Handlung.[93] Dabei wird erörtert, ob es eine richtige und falsche Benennung nicht-sprachlicher Dinge gibt, und inwieweit wir daher aus der Kenntnis der Sprache auch eine Kenntnis der benannten Dinge gewinnen können.[94] Kratylos ist ein dezidierter Vertreter der These, dass es weder falsche Namen noch falsche Sätze gibt.[95]

Es ist offensichtlich, dass Kratylos die Relation zwischen Namen und Dingen der Sache nach als Referenz betrachtet.[96] Wenn Referenz konstitutiv für Worte und Sätze ist, so kann es in der Tat keine falschen Wörter und Sätze geben. Sokrates tut im *Kratylos* nicht mehr, als Kratylos das Zugeständnis abzuringen, dass es falsche Sätze und falsche Benennungen gibt. Doch in seinen großen späteren Dialogen *Theätet* und *Sophistes* widmet sich Platon der Frage, was falsche Sätze genauer sind. Jede gute Antwort auf diese Frage muss zeigen, was es ist, worauf falsche Sätze sich beziehen. Für Platon heißt das: wir müssen ein Verständnis von Nicht-Sein entwickeln, das damit vereinbar ist, dass das Nicht-Seiende in gewisser Weise etwas ist. Diese Überlegungen sind semantisch überaus relevant, denn das, worauf sich ein falscher Satz bezieht, ohne auf andere Dinge zu referieren, ist der Sache nach gerade seine Bedeutung. Die endgültige Definition des falschen Satzes, die am Ende des *Sophistes* gegeben wird, zeigt diesen Punkt sehr deutlich. Diese Definition lässt sich folgendermaßen paraphrasieren:

(1) Der Satz „A ist B" sagt etwas (i) *über* A und (ii) *von* B als zugehörig zu A; z. B. sagt der Satz „Theätet sitzt" etwas (i) über Theätet und (ii) vom Sitzen als zugehörig zu A (von Theätets Sitzen). Dabei wird vorausgesetzt, dass A (das, worüber der Satz etwas sagt) ein Seiendes ist, d. h. eine Reihe B_i (i = 1, …,n) von irgendwelchen Eigenschaften hat. Diese Analyse gilt unabhängig davon, welchen Wahrheitswert der Satz hat.

(2) Dann lässt sich definieren: Sei (S) ein Satz der Form „A ist B", dann behauptet (S), dass B identisch ist mit einem der B_i (d. h. dass B Seiendes von A ist); es folgt:

[93] Zum Teil wird die Frage diskutiert, ob die nicht-sprachlichen Dinge auf natürliche oder auf konventionelle Weise zu ihren Namen kommen. Vgl. Plat. Krat. 383a – 385b sowie die lange Überprüfung der Richtigkeit von Wörtern anhand ihrer Etymologie, Plat. Krat. 391b – 422c. Daneben wird das Problem angeschnitten, um welche Relation es sich bei der Beziehung zwischen Namen und Dingen handelt – ob es sich zum Beispiel um eine Art von Nachahmung handelt. Vgl. Plat. Krat. 422c – 427d.

[94] Vgl. Plat. Krat. 386d-387b, 427d – 439b.

[95] Vgl. Plat. Krat. 427d – 430a. Diese These geht vermutlich auf die Sprachphilosophie des Antisthenes zurück und fand viele Anhänger, wie unter anderem der platonische Dialog *Euthydemos* dokumentiert.

[96] Sein Argument ist im wesentlichen, dass sogenannte falsche Namen und Sätze, da sie falsch sein sollen, sich auf nichts beziehen und dass sie deshalb überhaupt keine sprachlichen Einheiten sind, da man mit ihnen nichts sagen kann. Laute, die falsch sind, verlieren demnach ihre Eigenschaft, für etwas Nicht-Sprachliches zu stehen, und damit ihren Status als Benennungen.

(W) Satz (S) ist *wahr* genau dann, wenn B identisch mit einem der B_i ist (d. h. wenn B Seiendes von A ist) – was als Identisches (Seiendes) *behauptet* wird, *ist* tatsächlich Identisches (Seiendes).
(F) Satz (S) ist *falsch* genau dann, wenn B verschieden von allen B_i ist (d. h. wenn B Nichtseiendes von A ist) – was als Identisches (Seiendes) *behauptet* wird, *ist* tatsächlich Verschiedenes (Nicht-Seiendes).

Definition (1) zeichnet A als Referenten des Satzes „A ist B" aus und unterscheidet diese Referenz von dem, was der Satz sagt (also der Sache nach von seiner Bedeutung). Definition (2) macht sowohl im Falle von wahren als auch im Falle von falschen Sätzen eine Unterscheidung zwischen dem, was der Fall ist, und dem, was der Satz behauptet. Und das, was der Satz behauptet (gleichgültig ob er wahr oder falsch ist), lässt sich der Sache nach (also in Begriffen moderner Semantiken) als das auffassen, was er bedeutet.[97]

Platon dehnt diese Analyse bemerkenswerterweise auf mentale Zustände (Gedanken, also Meinungen und Vorstellungen) aus. Mentale Zustände sind Reden (*logoi*), und zwar innere Reden der Seele mit sich selbst. Lautliche Äußerungen sind darüber hinaus ein Ausfluss der Gedanken mittels Lauten durch den Mund. Daher sind auch Gedanken wahr oder falsch, und das, was Gedanken in Gestalt innerer Reden behaupten (gleichgültig ob sie wahr oder falsch sind), lässt sich der Sache nach als ihr semantischer Gehalt auffassen.[98]

Platon hat sich in diesem Kontext also auf wahrheitswertdefinite Sätze und Gedanken (also auf Sätze und Gedanken, die wahr oder falsch sein können) beschränkt und den Unterschied zwischen Referenz und Bedeutung sowie das Verstehen als Erfassen von Bedeutungen noch nicht explizit begrifflich fassen können. Doch nimmt er der Sache nach die semantische Ebene zumindest im Falle wahrheitswertdefiniter Sätze und mentaler Zustände klar in den Blick. Er unterscheidet diese Ebene von der Referenz und formuliert die Idee von Sprache als einer Menge expressiver Zeichen für Gedanken. Die Unabhängigkeit dessen, was ein Satz sagt, von seinem Wahrheitswert bringt der Sache nach bereits komplexe Repräsentationalität (die auch im Falle von Fehlrepräsentationalität bestehen bleibt) in den Blick.

[97] Die platonische Formel lautet: „Der falsche Satz sagt Nichtseiendes als Seiendes und Verschiedenes als Identisches aus" (entsprechend: der wahre Satz sagt Seiendes als Seiendes und Identisches als Identisches aus), vgl. Plat.Soph. 262e-263d. In der Formel „Satz S sagt X als Y aus" bezieht sich X auf das, was der Fall ist, und Y auf das, was der Satz sagt (oder worauf er sich bezieht), unabhängig davon, welchen Wahrheitswert er hat. Y ist demnach der Sache nach das, was S bedeutet (sein propositionaler Gehalt).

[98] Vgl. Plat. Soph. 263d – 264b.

Und dies ist zweifellos ein zentraler Schritt in der Entwicklung der Theorie des Geistes und des Verstehens.[99]

1.2. *Aristotelische und hellenistische Hermeneutik*

Als weiterer Meilenstein in der Geschichte der antiken Hermeneutik gilt eine Passage in der aristotelischen Schrift, die später *Peri hermeneias* (Über die deutende Sprache)[100] genannt wurde. In dieser Schrift beschäftigt sich Aristoteles allerdings primär nicht mit hermeneutischen Problemen, sondern mit einer Reihe von sprachtheoretischen Fragen, die von zeitgenössischen Philosophen (zu denen auch sein Lehrer Platon gehörte) intensiv diskutiert wurden.[101] Aristoteles beschreibt sprachliche Zeichen als „semantisch" (*sēmantika*), aber die Ausdrücke *sēmantikos* und *sēmainein* verweisen für sich genommen noch nicht auf eine klare Unterscheidung zwischen Bezeichnen und Bedeuten, d. h. zwischen Referenz und Bedeutung. Die Schrift *Peri hermeneias* ist also weder eine Bedeutungstheorie noch eine Theorie des Verstehens. Allerdings stellt Aristoteles zu Beginn dieser Schrift in einer berühmten Passage eine Reihe vieldiskutierter Thesen auf:

(a) Gesprochene Wörter sind konventionelle Zeichen (*symbola*) für seelische Vorgänge (*pathēmata tēs psychēs*).
(b) Schriftzeichen sind wiederum (konventionelle) Zeichen (*sēmeia*) für gesprochene Wörter und Sätze.
(c) Seelische Vorgänge sind ihrerseits Abbildungen (*homoiōmata*) externer Dinge und Fakten in der Welt.

[99] Springer (2000) diskutiert in seinem Kapitel zur Hermeneutik Platons (56–73) lediglich Platons Dichterkritik und Sprachkritik, nicht aber Platons Beitrag zur Hermeneutik im eigentlichen Sinn. Ähnlich sind viele Arbeiten, die im angelsächsischen Raum zum *ancient literary criticism* veröffentlicht worden sind, nicht hermeneutischen, sondern literaturtheoretischen Themen gewidmet, vgl. etwa die Artikel in Laird (2006), insbesondere zu Platon Elizabeth Belfiores – ansonsten interessante – Arbeit „A Theory of Imitation in Plato's *Republic*" (ibid. 86–114), in der sie ausschließlich Platons mimetische Theorie der Dichtung diskutiert.

[100] Vgl. griech. *hermeneia*: Sprachfähigkeit, Sprache, Deutung. Ein *hermeneus* ist ein Herold, Ausleger oder Dolmetscher. Einen informativen Überblick zur Geschichte der Hermeneutik von der Antike bis heute unter dem Aspekt des Prinzips der Nachsicht liefert Scholz (1999), Teil I (S. 13–80).

[101] Dazu gehörten die Fragen, wie sich die menschliche Sprache entwickelt hat, was Namen, Verben und Sätze sind, ob die sprachlichen Zeichen natürliche Abbilder der Dinge oder konventionelle Zeichen sind, in welcher Beziehung die Sprache zur externen Welt und zu inneren mentalen Vorgängen oder Zuständen steht, welche sprachlichen Zeichen einen Wahrheitswert haben, und welche sprachlichen Gegensätze es gibt.

(d) Äußerungen und schriftliche Texte sind Abbildungen externer Dinge dadurch, dass sie Zeichen seelischer Vorgänge sind.
(e) In verschiedenen Kulturen unterscheiden sich zwar die gesprochenen und schriftlichen Symbole voneinander, aber die seelischen Vorgänge und die Dinge, deren Abbilder sie sind, sind in allen Kulturen dieselben.[102]

Diese Thesen enthalten eine Reihe bemerkenswerter Einsichten. Aristoteles unterscheidet Zeichenrelation und Abbildungsrelation. Zwar werden diese beiden Relationen nicht genauer gekennzeichnet, aber die Abbildungsrelation schließt eine Deutung im Sinne einer Repräsentation zumindest nicht aus.[103] Seelische Vorgänge und Zustände besitzen demnach eine semantische Ebene, d. h. haben einen semantischen Gehalt.[104] Wenn man ferner bedenkt, dass die griechischen Ausdrücke *symbolon* und *sēmeion,* die Aristoteles hier verwendet, gewöhnlich auf natürliche Zeichen im modernen Sinn verweisen, dann kann man die Thesen (a) und (b) als die Behauptung lesen, dass schriftliche Texte und lautliche Äußerungen natürliche (also expressive) Zeichen von seelischen Vorgängen sind (wie bereits Platon angedeutet hatte). Die seelischen Vorgänge dagegen sind nach These (c) die Basis der Repräsentationalität des Geistes und produzieren kausal lautliche Äußerungen und schriftliche Texte, die nach (d) aufgrund der Zeichenrelation die Repräsentationalität von ihren Ursachen, den seelischen Vorgängen und Zuständen, erben. Und schließlich deutet These (e) an, dass trotz des konventionellen Charakters von Sprache und Schrift die Dinge, auf die Sprache und Schrift referieren, sowie die seelischen Vorgänge, deren natürliche Zeichen sie sind (und damit auch ihre semantischen Gehalte), transkulturell identisch bleiben.

Damit sind die wesentlichen Ressourcen bereitgestellt, um das Verstehen in Gestalt eines Lesens des Geistes anhand seiner expressiven (natürlichen) Zeichen als Erfassen semantischer Gehalte zu kennzeichnen.[105] Man hat behauptet, dass Aristoteles und die Peripatetiker die Formel „Satz p, geäußert

[102] Vgl. Arist. De Int.1, 16a3–15; dazu der Kommentar von Weidemann in Weidemann (2002), 134–155. Man hat diese Zeilen als den einflussreichsten Text in der Geschichte der Semantik bezeichnet (vgl. Weidemann (2002), 134).

[103] Vgl. schon Ross, D. (1964/1923): *Aristotle,* London, 25 („The *De Interpretatione* expresses a frankly representative view of knowledge). Ferner Scholz (1999), 24; Weidemann (2002), 141.

[104] Dass Aristoteles hier wie Platon der Sache nach die semantische Ebene in den Blick nimmt, wird zum Beispiel auch daran deutlich, dass er wenig später in derselben Passage bemerkt, dass das Wort „Bockhirsch“ etwas bedeutet (*sēmainei*), obwohl ihm kein existierender Gegenstand entspricht, d. h. obwohl es nichts gibt, auf das dieses Wort referiert (vgl. Arist. De Int. 1, 16a16–18).

[105] Zu diesem Modell des mind-reading vgl. auch unten, Abschnitt 8.1, S. 334–336.

von Sprecher S zur Zeit t, bedeutet x" primär folgendermaßen verstanden haben: „S hat zu t den Gedanken, dass x der Fall ist".[106] Das ist nur bedingt richtig. Denn nach Aristoteles sind Sätze und Äußerungen ja nicht identisch mit Gedanken, sondern (natürliche) Zeichen für Gedanken. Das heißt, aus geäußerten Sätzen, die einen bestimmten semantischen Gehalt haben, können wir auf Gedanken des Sprechers mit demselben semantischen Gehalt schließen. Und dieses Schließen ist der Sache nach das Modell des Verstehens als Lesen des Geistes.

Einen deutlich hermeneutischen Charakter hat auch das 25. Kapitel der *Poetik*. Dort macht Aristoteles geltend, dass der Interpret zeigen muss, dass der dichterische Text (namentlich auch die Tragödie) nichts Unmögliches, Ungereimtes, sittlich Schlechtes oder Widersinniges darstellt und den Text soweit wie möglich gegen entsprechende Vorwürfe verteidigen sollte. Diese Empfehlungen erinnern noch an die allegorische Interpretation. In diesem Zusammenhang fordert Aristoteles vom Interpreten insbesondere aber auch, auf Mehrdeutigkeiten zu achten, den Sprachgebrauch des Dichters zu berücksichtigen, die metaphorische Ebene zu prüfen und zu klären, wie viele Bedeutungen ein Wort an der entsprechenden Textstelle haben kann.[107] Hier handelt es sich – im Anschluss an Platons Vorschläge – um hermeneutische Aufgaben, die mit der semantischen Ebene von Texten befasst sind, also mit jener Ebene, die in der berühmten Passage aus *De interpretatione* der Sache nach herausgearbeitet wird.

Insgesamt hält sich Aristoteles hier demnach an Platons semantisches Modell, arbeitet dieses Modell aber genauer aus, vor allem durch die Unterscheidung zwischen Zeichenrelation und Repräsentationsrelation. Gerade diese – in der Forschung bisher kaum gewürdigte – Unterscheidung macht deutlich, dass Aristoteles in *Peri hermeneias* nicht, wie meist angenommen, eine psychologistische Semantik vertrat. Es ist ein Fehler, aus der aristotelischen These, Sprache und Schrift seien Zeichen für seelische Zustände (also für Gedanken), zu schließen, dass Gedanken oder Vorstellungsbilder die Bedeutungen von sprachlichen Zeichen sind. Vielmehr sind Sätze und Texte nach Aristoteles natürliche Zeichen[108] von Gedanken, d.h. werden von Gedanken kausal hervorgebracht. Die semantische Ebene kommt nicht durch die Zeichenrelation, sondern durch die Abbildungsrelation ins Spiel.

[106] Barnes (1993), 52–53 nach Alexanders Interpretation (in Int.² 40.30–41.11).

[107] Wie oben festgestellt (S. 58), hatte bereits Platon eine Reihe von hermeneutischen Aufgaben skizziert. Zum hermeneutischen Aspekt der aristotelischen *Poetik* vgl. auch Springer (2000), 89–109.

[108] Natürliche Zeichen sind hier im *modernen* Sinn zu verstehen, demzufolge sowohl natürliche als auch konventionelle Zeichen im *antiken* Sinn natürliche (d.h. nicht-repräsentationale) Zeichen sind.

Platon und Aristoteles vertreten gleichermaßen eine antipsychologistische Semantik.[109]

Das Modell des Verstehens als Lesen des Geistes schließt die kommunikative Verwendung von Sprache als Menge informativer Zeichen nicht aus, sondern fundiert die Möglichkeit, die Bedeutung von Äußerungen und Texten direkt zu erfassen.[110] Tatsächlich geht Aristoteles vor allem in seinen wissenschaftstheoretischen Überlegungen davon aus, dass wir erfassen können (und oft müssen), was ein sprachlicher Ausdruck bezeichnet, ohne zu wissen, ob das bezeichnete Ding existiert oder welche Essenz es hat. In diesem Kontext kann der Ausdruck „bezeichnen" nicht das Erfassen der Referenz bedeuten, weil das Referieren die Existenz des Bezeichneten voraussetzt. Daher steht das Bezeichnen hier für ein Bedeuten.[111] Und der Ausdruck, den Aristoteles hier für das Erfassen von Bedeutungen verwendet – die „Bestimmung (*logos*) dessen, was ein Name bezeichnet" – ist der erste nachweisbare Terminus für das Verstehen im technischen Sinne, also für das Erfassen der Bedeutungen von sprachlichen Ausdrücken.

Aristoteles hat über seine kurzen Bemerkungen in *De interpretatione* hinaus zwei weitere substantielle Beiträge zur Entwicklung der Hermeneutik beigesteuert: die Analyse des Verstehens von Emotionen und die Anfänge der logischen Hermeneutik.[112]

[109] Wie oben angedeutet, ist die psychologistische Interpretation der zeichentheoretischen Passage aus De Int. die vorherrschende Auffassung (siehe S. 55 mit Anm. 76). Scholz (1999), 23–27 betrachtet die aristotelische Position als eine noch sehr allgemeine und daher weitgehend unbestimmte sprachphilosophische Position, die noch keinerlei Ansätze zu einer Unterscheidung zwischen Referenz und Bedeutung sichtbar werden lässt. Diese Lesart scheint mir wichtige Punkte des Textes in *Peri hermeneieas* zu übersehen. Weidemann (2002), 150 hält die aristotelische Position nicht einmal für eine rudimentäre Vorwegnahme der Fregeschen Unterscheidung zwischen Referenz und Bedeutung. Für Weidemann ist Freges ausdrücklicher Anti-Psychologismus der grundlegende Unterschied zu Aristoteles. Aber Weidemann setzt dabei fälschlich voraus, dass die aristotelische Semantik psychologistisch ist.

[110] Es ist daher falsch, wenn zum Beispiel Barnes (2003), 53 an der Position in *Peri hermeneias* bemängelt, dass das Lesen des Geistes anhand von sprachlichen Zeichen und das Erfassen der Information in sprachlichen Zeichen zwei alternative Modelle darstellen.

[111] Vgl. z. B. Arist. Post.An.II 10. In einer groß angelegten Studie hat David Charles diesen großen Fortschritt in der Semantik im Detail belegt und begründet, vgl. Charles (2000). In Hinsicht auf *Peri hermeneias* geht Charles von derselben Interpretation aus, die oben skizziert wurde, nämlich dass Namen ihre Bedeutung als Zeichen für semantisch gehaltvolle Gedanken erhalten: „The significance of a linguistic expression is fixed in the first instance by what the thought with which it is conventionally correlated is about" (Charles (2000), 82. Charles setzt hinzu, dass die Abbildungsrelation (also die Repräsentationalität) von Gedanken nach Aristoteles' Theorie in *De Anima* als kausaler Prozess beschrieben wird, also als Einwirkung der Dinge auf die Seele.

[112] Diese beiden Beiträge werden in den Darstellungen der Geschichte der Hermeneutik durchweg übersehen. Gadamer hat in einem Kapitel von *Wahrheit und Methode* mit dem Titel *Die hermeneutische Aktualität des Aristoteles* (vgl. Gadamer (1965), 312–329) an den Phronesis-Begriff bei Aristoteles als Modell des Verstehens und der Interpretation angeknüpft.

In der *Poetik* geht Aristoteles davon aus, dass Dichter mit ihren Texten und Redner in ihren Reden die Emotionen der Zuhörer und Leser erregen und zum Teil sogar steuern. Die viel diskutierte Katharsis-Lehre der *Poetik* weist darauf hin, dass viele Menschen in ihrem Alltag einem hohen emotionalen Druck ausgesetzt sind, insbesondere Gefühlen wie Furcht und Mitleid. Tragödien stimulieren bei den Zuschauern exakt diese beiden Gefühle und veranlassen die Zuschauer zu einer emotionalen Expression, die eine gewisse Befreiung vom inneren emotionalen Druck bewirkt.[113] Dieser Vorgang setzt offenbar voraus, dass die Zuhörer dichterische und rhetorische Texte oder Vorträge dieser Texte auf emotionaler Ebene simulativ nachempfinden.[114] Doch thematisiert Aristoteles dieses Nachempfinden in der *Poetik* nicht als Modell des Verstehens – wohl aber in der *Rhetorik*, und zwar im Rahmen seiner Emotionstheorie.

Aristoteles vertritt eine *kognitive Emotionstheorie*, derzufolge Urteile ein zentraler Bestandteil von Emotionen sind.[115] Denn Emotionen wie zum Beispiel Zorn, Furcht, Scham oder Eifersucht sind nach Aristoteles seelischer Zustände (genauer *pathēmata tēs psychēs*, Widerfahrnisse der Seele), in denen drei verschiedene Aspekte auftreten: (i) der mentale Status der Emotion; (ii) die Gründe (Ursachen) der Emotion, und (iii) die Art der Personen oder Objekte, auf die sich die Emotion richtet. Aristoteles betont, dass emotionale mentale Zustände Gefühle und Impulse einschließen:

Für Gadamer sind aufgrund seiner eigenen Hermeneutik-Konzeption bestimmte Aspekte des aristotelischen Phronesis-Begriffes interessant, etwa dass die Phronesis ein praktisches Wissen ist, das die Anwendung des Allgemeinen auf das Einzelne ermöglicht und als Urteilskraft kontextabhängig ist. Diese Aspekte spielen jedoch in der modernen geist-theoretischen Konzeption des Verstehens keine Rolle. Im übrigen verbindet Aristoteles selbst die Phronesis an keiner Stelle mit dem Auslegen von Texten oder dem Lesen des Geistes (vgl. dazu auch die kritische Stellungnahme von Rese (2007)).

[113] Dies besagt zumindest eine der besten, wenn nicht die bislang beste Deutung der Katharsis-Lehre, die von Jakob Bernays präsentiert wurde (vgl. Bernays (1857)). Nach Bernays bewirkt die Tragödie also nicht einen moralischen Fortschritt oder eine Sublimierung der Gefühle, sondern emotionale Stimulation und Erleichterung. Und es handelt sich primär um einen faktischen Effekt (sei er nun gut oder schlecht, und sei er angezielt oder nicht). Allerdings ist Aristoteles durchaus der Meinung, dass der Dichter diesen Effekt möglichst auch erzielen sollte. Diese Zielvorgabe handelt Aristoteles unter dem Stichwort *dianoia* ab (vgl. z.B. Poet. 19, 56a33 ff.; dazu genauer Dale (2006)).

[114] Vgl. dazu schon Gorgias, *Helena*, und Platon, Politeia X, 605 d.

[115] Vgl. zu einer Übersicht über die vier einflussreichsten Typen von Emotionstheorien Lyons, W. (1980): Emotion, Cambridge. Schon vor 30 Jahren hat Lyons in diesem Buch betont, dass die kognitive Emotionstheorie der richtige Ansatz ist. So sieht es auch die moderne Theorie des Geistes. Emotionen, allgemeiner Gefühle, sind seit geraumer Zeit Gegenstand intensiver Forschungen, weil Gefühle die elementarste Ebene des Geistes sind und die drei zentralen Merkmale des Geistigen, nämlich faktische Funktionalität, Repräsentationalität und phänomenales Bewußtsein, in sich vereinigen. Zum Begriff der Emotion vgl. auch oben, Einleitung Abschnitt 2, S. 38.

Emotionen sind nicht nur Weisen, um auf die Welt zu blicken. Doch Gefühle, Impulse und Emotionen werden von unserer Weltsicht und unseren Kognitionen hervorgerufen. Zorn ist nach Aristoteles zum Beispiel (a) ein Impuls der Rache, begleitet von einem schmerzlichen Gefühl, aufgrund (b) einer Geringschätzung von uns oder unseren Freunden, und zwar (c) denjenigen Menschen gegenüber, die uns gering schätzen, denen eine Geringschätzung aber nicht zusteht. In (a) wird die Art des phänomenalen Bewusstseins angesprochen, von dem die Emotion begleitet ist; in (b) wird das formale Objekt (der allgemeine semantische Gehalt) der Emotion genannt; und in (c) steckt die konkrete kognitive Komponente der Emotion, nämlich das Urteil oder die Meinung, dass wir eine unangemessene Geringschätzung durch bestimmte Personen erfahren haben. Emotionen unterscheiden sich nach Aristoteles nicht nur durch die Gefühlsseite, d. h. durch die Art des phänomenalen Bewusstseins, sondern auch und vor allem durch den semantischen Gehalt der assoziierten Urteile und die unterschiedlichen Impulse voneinander. Furcht ist zum Beispiel ebenfalls ein schmerzliches Gefühl, aber sie beruht auf dem Urteil, dass von bestimmten Personen ein Übel droht, und ist daher von einem Vermeidungs- oder Fluchtimpuls begleitet.[116]

Unter den Emotionen, die Aristoteles genauer diskutiert, ist auch das Mitleid (*eleos,* also genauer das Erbarmen: nicht Empathie generell, die auch eine Mitfreude sein kann, sondern das Mitgefühl für das Unglück anderer Menschen).[117] Aristoteles definiert das Mitleid als (i) eine Art von Schmerz, (ii) aufgrund eines verderblichen Übels, (iii) das eine Person betrifft, die das Unglück nicht verdient hat, und (iv) von dem man meint, es könne einen selbst oder die Seinigen treffen. Interessanterweise fügt Aristoteles also im Falle des Mitleids den üblichen Definitionskomponenten (i)–(iii) eine vierte Komponente hinzu, auf die er wiederholt verweist. So bemerkt er auffällig oft, dass Leute, die Mitleid empfinden, sich daran erinnern, Ähnliches selbst bereits erlitten zu haben.[118] Mitleid ist zwar im Rahmen der aristotelischen Emotionstheorie eine von vielen Emotionen, aber es ist zugleich eine Emotion, die darin besteht, emotionale Zustände anderer Personen nachzuempfinden, und zwar aufgrund ähnlicher eigener Erfahrungen. In Gestalt des Mitleids entwickelt Aristoteles folglich die Idee des simulativen Verstehens der phänomenal-bewußten Komponente von Gefühlen anderer Menschen.[119] Nicht nur auf

[116] Der Kern der aristotelischen Emotionstheorie findet sich in Rhet. II, 1–11. Vgl. dazu genauer Rapp (2002), Band II, 543–583.

[117] Vgl. Rhet. II 8.

[118] Rhet. II 8, 1385 b25 f., 1386 a1–4, 17–19, 25–27.

[119] Das Mitempfinden als Form des Verstehens der Freude und des Schmerzes anderer Menschen betont Aristoteles auch im Falle der Liebe, vgl. Rhet. II 4, 1381 a3–5.

der Ebene des Verstehens von Repräsentationen, sondern auch auf der Ebene des simulativen Verstehens von phänomenal-bewussten seelischen Zuständen knüpft Aristoteles also an Platon an und arbeitet dessen Konzepte genauer aus.

Kommen wir zum Abschluss zu den Anfängen der logischen Hermeneutik.[120] Aristoteles ist als Erfinder der formalen Logik (in Gestalt der Syllogistik) bekannt. Die formale Logik enthält stets eine Analyse der logischen Formen von Sätzen. Diese Analyse sieht im Fall der Syllogistik so aus:

Ein *syllogistischer Satz* hat eine der vier folgenden logischen Formen: (i) Das A kommt allen B's zu (abgekürzt AaB); (ii) Das A kommt keinem B zu (abgekürzt AeB); (iii) Das A kommt einigen B's zu (abgekürzt AiB); (iv) Das A kommt einigen B's nicht zu (abgekürzt AoB). Dabei sind „A" und „B" Variablen für einstellige universelle Begriffe (wie „Mensch", „laufen", „sterblich" oder „Säge") und „a", „e", „i", „o" die syllogistischen Relationen (also die entscheidenden logischen Konstanten der Syllogistik).

Im Rahmen seiner Syllogistik weist Aristoteles nun auch auf die Art des Verstehens der logischen Formen syllogistischer Sätze und Schlüsse hin und begründet damit die logische Hermeneutik. So bemerkt Aristoteles zu den syllogistischen Relationen gleich zu Beginn der *Ersten Analytik:*

„Dass etwas in etwas als einem Ganzen ist und dass letzteres von jedem ersteren ausgesagt wird, ist dasselbe. Wir reden von „Von-jedem-Ausgesagtwerden", wenn man keines der unter den Subjekt-Terminus fallenden Dinge herausgreifen kann, von dem das andere nicht ausgesagt wird. Und bei „Von-keinem-(Ausgesagtwerden)" ebenso."[121]

Diese berühmten Zeilen können als Kern der Geburtsstunde der formalen Logik und damit auch der logischen Hermeneutik angesehen werden. An späteren Stellen seiner assertorischen Syllogistik verweist Aristoteles auf diese Zeilen mit den Worten:

„Oben ist nämlich erläutert worden, wie das „Von-jedem-Ausgesagtwerden" zu verstehen ist...Denn es war auch festgelegt worden, wie wir das „Von-keinem-Ausgesagtwerden" verstehen."[122]

Eine besondere Art des Verstehens gewisser Sätze ist demnach ein Verstehen ihrer logischen Form, und das heißt bei Aristoteles das *Verstehen ihrer syllogistischen Form.* Und dieses Verstehen der syllogistischen Form beruht

[120] Zur modernen Version der logischen Hermeneutik vgl. unten, Kapitel 6.

[121] Arist. Prior.An.I 1, 24b26–30 (Übersetzung hier und im folgenden Ebert/Nortmann (2007)).

[122] Arist. Prior.An.I 4, 25b39–40, 26a27–28.

seinerseits auf dem *Verstehen der Bedeutung der syllogistischen Relationen*, also der logischen Konstanten der Syllogistik. Die Relation AaB verstehen wir nach Aristoteles so, dass es kein B-Ding gibt, das nicht auch ein A ist, d. h. dass nichts unter B fällt, das nicht auch unter A fällt, gleichgültig um welche konkreten allgemeinen Termini es sich bei A und B handelt. Die Relation AeB ist analog zu behandeln.[123] Die Analyse und das Verstehen der syllogistischen Form gewisser Sätze beruht also auf dem Erfassen der syllogistischen Semantik.[124]

Auf dieser semantischen und hermeneutischen Grundlage werden dann die weiteren Elemente der Syllogistik entwickelt. Die syllogistische Hermeneutik – als erste ausdrückliche Form einer logischen Hermeneutik – besteht nämlich nicht nur in einem angemessenen Verstehen gewisser logischer Formen von Sätzen auf der Grundlage des angemessenen Verstehens der syllogistischen Konstanten, sondern schreitet auf dieser Grundlage fort zur Analyse der logischen Form syllogistischer Schlüsse und zur Beantwortung der Frage, welche Schlüsse syllogistisch gültig sind (in Form von logischen Beweisen). Diese Überlegungen werden im Exkurs 1 am Ende dieser Studie ein wenig genauer illustriert.

Im Kontext der Entfaltung der syllogistischen Hermeneutik ist vor allem festzuhalten, dass die Analyse der logischen Form und der Beweis der logischen Gültigkeit gewisser Schlüsse zwar unabhängig von der Bedeutung der Termini A, B und C ist, die in den Schlüssen vorkommen, so dass hier von Variablen gesprochen werden kann (in diesem Sinne ist die Syllogistik eine formale Logik), doch beruht unser Verständnis der syllogistischen Formen und syllogistischen Beweise immer noch auf einem Verstehen gewisser Bedeutungen – nämlich der Bedeutungen der syllogistischen Konstanten. Die logische Form ist, wie man bereits an diesem frühesten Beispiel einer formalen Logik sehen kann, keineswegs frei von semantischem Inhalt – in diesem Sinne wäre es falsch, von einem Gegensatz von Form und Inhalt zu reden. Vielmehr ist auch die logische Form durch semantische Inhalte (also durch Bedeutungen) definiert, nur dass diese Bedeutungen einen höheren Allgemeinheitsgrad haben als zum Beispiel die Bedeutungen konkreter Termini, die für die Variablen A, B und C eingesetzt werden können.

[123] Aristoteles gibt die Bedeutung der e-Relation nicht explizit an, weil er sie offenbar für trivial hält. Denn es gilt offenbar: Die Relation AeB verstehen wir so, dass es kein B-Ding gibt, das unter A fällt, d. h. dass jedes Ding, das unter B fällt, nicht unter A fällt.

[124] In einem gesonderten Abschnitt mit dem Titel *Aristoteles' Aussagenlogik* behandelt Karen Joisten (2009) (30–32) lediglich die Passagen aus *De Interpretatione* und erwähnt auch in ihrer Zusammenfassung die zentralen logisch-hermeneutischen Leistungen von Aristoteles mit keinem Wort. Stattdessen zitiert sie eine längere Passage, in der Heidegger angeblich „den Aussagesatz bei Aristoteles charakterisiert" (31). Diese Passage ist jedoch, nüchtern betrachtet, an Banalität kaum zu überbieten.

An die Grundlagen einer Theorie der Bedeutung und des Verstehens, die von Platon und Aristoteles erarbeitet worden sind, haben wenig später die Stoiker angeknüpft, um eine Sprachtheorie auszuarbeiten, die mit ihrer Lehre vom Ausgesagten (von den *lekta*) nicht nur erstmals den Bedeutungen von sprachlichen Zeichen einen begrifflichen Ausdruck verschafft, sondern Semantik und Hermeneutik auch ein großes Stück vorangebracht hat. Die Stoiker haben terminologisch ausdrücklich zwischen drei Ebenen sprachlicher Ausdrücke unterschieden: der Lautgestalt (dem „Bezeichnenden" (*sēmainon*)), der Bedeutung (dem „Bezeichneten" (*sēmainomenon*)) und dem bezeichneten Ding oder Faktum (dem *pragma* oder *tynchanon*).[125] Damit wird die Fregianische Unterscheidung zwischen Sinn und Bedeutung erstmals explizit eingeführt.

Eine der großartigsten theoretischen Leistungen der Stoiker (die wohl maßgeblich auf Chrysipp zurückgeht) ist die Anwendung der stoischen Semantik auf die Aussagenlogik. Das Ausgesagte (*lekton*) eines wahrheitswertdefiniten Satzes wurde als das Behauptete (*axiōma*) bezeichnet. Einfache Arten des Behaupteten sind die Bedeutungen atomarer (d.h. nicht-zusammengesetzter) Behauptungen. Die einfachen *axiōmata* sind also, in heutiger Terminologie, propositionale Gehalte. Zusammengesetzte *axiōmata* sind dagegen die Bedeutungen von Behauptungen der Form „p und q", „p oder q", „wenn p, dann q" usw. (wobei „p" und „q" im einfachsten Falle atomare Behauptungen sind). Die zusammengesetzten *axiōmata* sind also die Bedeutungen der aussagenlogischen Formen von zusammengesetzten Behauptungen. Diese Bedeutungen wurden von Chrysipp in Form von Wahrheitsbedingungen angegeben, wie dies noch heute in der Aussagenlogik geschieht. Demnach ist beispielsweise die Bedeutung von „p und q", dass diese Behauptung wahr ist, wenn sowohl „p" als auch „q" wahr sind, andernfalls falsch; die Bedeutung von „p oder q" ist, dass dieser Satz falsch ist, wenn sowohl „p" als auch „q" falsch sind, andernfalls wahr, und die Bedeutung von „wenn p, dann q" ist, dass diese Behauptung falsch ist, wenn „p" wahr und „q" falsch ist, andernfalls wahr. Ob die Stoiker auf der Grundlage dieser aussagenlogischen Semantik auch systematisch geprüft haben, welche Sätze aussagenlogisch wahr und welche Schlüsse aussagenlogisch gültig sind, ist umstritten und alles in allem wohl eher unwahrscheinlich. Doch die wahrheitsfunktionale Bestimmung der aussagenlogischen

[125] Dies gilt sowohl für einzelne Ausdrücke (den unvollständigen *lekta*) als auch für Sätze (den vollständigen *lekta*). Das wichtigste Zeugnis ist Sextus Empiricus adv. math. 8. 11–13. Vgl zur Übersicht Ierodiakonou (2006). Die Bedeutungen wurden von den Stoikern bemerkenswerterweise als immateriell betrachtet und sind daher auch ontologisch von den materiellen Laut- und Schriftzeichen einerseits und den bezeichneten Dingen andererseits unterschieden. Vgl. Sextus Empiricus adv. math.10.228.

Junktoren zeigt zumindest, dass die Stoiker die Bedeutungen der Junktoren analysieren wollten.[126] Damit war die Semantik der Aussagenlogik etabliert. Insgesamt haben wir in der Antike nur die aristotelische Syllogistik als Beleg dafür, dass logische Beweise auf die Semantik der logischen Operatoren zurückgreifen. Die stoische Logik ist aber zumindest die Grundlage für ein angemessenes semantisches Verstehen der logischen Formen komplexer Aussagen. Damit war die Semantik der Aussagenlogik etabliert und die Aussagenlogik als formale Disziplin erfunden. Das Betreiben von Logik beruht demnach auf dem Verstehen der logischen Semantik.[127] In der stoischen Logik wurde zum ersten Mal nicht nur das Verstehen, sondern auch die allgemeine Theorie des Gegenstandes des Verstehens, die allgemeine Semantik, begrifflich ausgezeichnet.

Die wichtigsten überlieferten Zeugnisse zur stoischen Semantik beschäftigen sich direkt mit sprachlichen Äußerungen und deren Bedeutungen. Aber es gibt auch einige Hinweise darauf, dass die Stoiker zusätzlich die mentale Ebene ins Spiel gebracht haben. In einer vieldiskutierten Passage heißt es zum Beispiel, dass das Ausgesagte (*lekton*) in Verbindung mit einer logischen Vorstellung (*logikē phantasia*) auftritt,[128] die ihrerseits eine Art von Gedanken (*noēma*) ist. Insgesamt sprechen die überlieferten Hinweise zumindest dafür, dass die Stoiker semantisch gehaltvolle sprachliche Zeichen als Effekt einer seelischen Aktivität, also des Auftretens von Gedanken betrachtet haben – also als expressive Zeichen. Darüber hinaus scheinen die Stoiker sogar angenommen zu haben, dass die Bedeutungen von sprachlichen Zeichen auf die semantischen Gehalte der Gedanken zurückgehen, von denen sie produziert werden, denn in einem Bericht heißt es: „Das Bezeichnete ist dasjenige, das wir zuvor in unserem korrelierten Gedanken erfassen".[129]

[126] Vgl. dazu Frede (1972). Frede zeigt überzeugend, dass sich die wahrheitsfunktionale Analyse der Junktoren gut belegen lässt (73–104), dass sich jedoch für eine Prüfung auf aussagenlogische Wahrheit und Gültigkeit nicht genügend Belege finden lassen (105–107).

[127] Die allgemeine kognitive Fähigkeit, Aktivität und Wissenschaft (*epistēmē*), die sich mit dem Bezeichnenden und Bezeichneten beschäftigt (also mit den Bedeutungen und den semantisch gehaltvollen Äußerungen und Texten), nannten die Stoiker *Dialektik* und hielten sie für eine genuin philosophische Disziplin. Vgl. z. B. Diog.Laert.VII 62; Cic.De Orat.32,115.

[128] Vgl. Sext. Emp.adv.math.8.70. Siehe ferner Diog.Laert.7.63 und Chrysippus, De anima, apud Galen, PHP III 7, 220, 16–18, wo gesagt wird, dass Sprechen, insbesondere Sprechen mit sich selbst, und das Produzieren einer Äußerung durch Laute, vom Intellekt (*dianoia*) kommen müssen. Zu weiteren Quellen vgl. Barnes (2003), 53–61.

[129] Sext. Emp.adv.math.8.12. In einer anderen Quelle heißt es, dass den Stoikern zufolge sprachliche Äußerungen Bedeutungen haben, weil ihnen diese Bedeutung von den entsprechenden mentalen Zuständen eingeprägt worden ist (vgl. Diogenes von Babylon, apud Galen, PHP II 5, 130, 7–19). Wenn moderne Autoren wie Barnes a. a. O. den geist-theoretischen Aspekt der stoischen Semantik herunterzuspielen und zu kritisieren versuchen, dann deshalb, weil sie unberücksichtigt lassen, dass nicht seelische Zustände wie Gedanken allgemein, sondern *semantisch gehaltvolle Gedanken* mit Bedeutungen sprachlicher Zeichen korreliert sind.

Die zweite herausragende sprachtheoretische Leistung der Stoiker war die *Grundlegung der sprachlichen Grammatik*, also *der Theorie der sprachlichen Syntax*. Zur Zeit Chrysipps wurden vier Teile der Rede unterschieden: Namen (darunter – terminologisch unterschieden – allgemeine Substantive und Eigennamen), Verben, Konjunktionen (einschließlich von Präpositionen) und Artikel (einschließlich von Pronomen). Adjektive wurden zunächst als allgemeine Namen klassifiziert, später aber als fünfter Teil der Rede ausgesondert. Diese Theorie der Wortarten wurde ergänzt durch die Kasustheorie für Namen (die Unterscheidung der vier Kasus Nominativ, Genitiv, Dativ und Akkusativ) und die Tempustheorie für Verben (im wesentlichen die Unterscheidung von Präsens, Perfekt, Aorist und Futur).[130] Die Entwicklung der sprachlichen Syntax ist auch in der Hermeneutik von erheblicher Bedeutung, denn das Verstehen von Äußerungen, Gedanken und Texten, die von sprachmächtigen Wesen wie uns Menschen produziert werden, involviert auch das Erfassen der Syntax dieser Produkte.

Platon, Aristoteles und die Stoa haben die Grundlagen für die Entwicklung einer Hermeneutik in der hellenistischen Antike gelegt, die mit dem Anspruch auftreten konnte, eine lehr- und lernbare Kunstfertigkeit (eine Grammatik, *grammatikē (technē)*) zu sein.[131] Dabei wurde die Grammatik gewöhnlich nach stoischem Vorbild unterteilt in Sprachlehre (syntaktische Theorie der Sprache) und Dichter-Erklärung (semantische Auslegung poetischer Texte). Diese frühe Form der Grammatik konnte auch an die ersten antiken Kommentatoren der platonischen und aristotelischen Schriften anknüpfen (beginnend mit Aristarch von Alexandrien (2. Jh. v. u. Z.), die in ihren Proömien meist ihre wichtigsten Interpretationsprinzipien formulierten. So wurde zuweilen behauptet, man könne die Schriften großer Autoren, Poeten wie Philosophen, durch Vergleich mit Parallelstellen hinreichend aus diesen Autoren selbst heraus interpretieren.[132] Zu den wichtigsten Interpre-

[130] Auch in diesem Punkt konnten die Stoiker auf erste Analysen zurückgreifen, die sich bei Platon und Aristoteles finden, namentlich auf die Unterscheidung zwischen Namen und Verben in Platons *Sophistes* und in Aristoteles' *Peri hermeneieas*. Neben diesen eher semantischen Beiträgen zur Entwicklung der Hermeneutik haben die Stoiker allerdings vor allem in ihrer Homer-Interpretation eine allegorische Interpretationstechnik bevorzugt. Der Kern dieser Interpretationslinie war der Nachweis, dass Homer letztlich ein stoisches Weltbild vertreten hat. Und dazu konnte er an vielen Stellen nicht buchstäblich gelesen werden. Das ist jedenfalls unter modernen Gelehrten die verbreitete Auffassung zur Homer-Lektüre der Stoiker, vgl. etwa De Lacey (1948), bes. 256–263; Pfeiffer (1968). Eine ganz andere Lesart vertritt Long (2006). Long zufolge studierten die Stoiker Homer als Quelle früher Mythen und damit früher Kosmologien. Sie hatten ein primär historisches Interesse daran zu erkunden, welche kosmologischen Einsichten in Mythen enthalten sind, von denen Homer berichtet. Und sie versuchten diese Einsichten vor allem mit Hilfe von Etymologien der Schlüsselwörter zu decodieren.

[131] Zum folgenden vgl. den instruktiven Aufsatz von Danneberg (2005).

[132] Vgl. z. B. zu Platon: Proklos theol. Plat. 1,2 (1, 10, 1/4 Saffrey/Wersterink); zu Hippokrates Galen com.sec.Hippocr.1 (7,646 Kühn); zu Homer Eusthatius II.4, 426

tationsprinzipien zählten die Kenntnis des für den Autor charakteristischen Sprachgebrauchs, die Beachtung der Zielsetzung des Textes, die Berücksichtigung der Analogie sowie die Untersuchung des Vorangehenden und Folgenden im Text.[133] Dazu kommt die philologische Textkritik, die erstmals im 2. Jh. n.u.Z. von Claudius Galenus in solider Form formuliert wurde.[134] Damit wurden die zentralen hermeneutischen Aufgaben, wie sie bereits von Platon angedeutet worden waren, auf verbindliche Weise kanonisiert.

Die früheste erhaltene Grammatik von Dionysios Thrax (2. Jh. v.u.Z.), einem Schüler des Aristarch, weist der auslegenden Grammatik zum Beispiel folgende sechs hermeneutische Aufgaben zu: Lesen des Textes in der richtigen Aussprache; Erklärung von literarischen Figuren; Bedeutungsanalyse schwieriger Wörter und Redewendungen; etymologische Worterklärungen; Formenlehre; sowie Echtheitskritik und literarische Wertung. Die auslegende Grammatik der Antike kann also als erste Version einer Hermeneutik als Lehre des Verstehens mit methodischem Anspruch betrachtet werden.[135]

Die historisch einflussreichste Version der antiken Hermeneutik ist in der *Institutio Oratoria* des Römers Quintilian (entstanden um 50 n.u.Z.) enthalten.[136] Quintilian teilt die Grammatik wie Dionysios Thrax in Sprachlehre (*grammatica methodica*) und Texterklärung (*grammatica exegetica*) ein. Im Gesamttext der *Institutio Oratoria* als Lehrbuch der Rhetorik wird der exegetischen Grammatik naturgemäß nur wenig Raum eingeräumt: Im wesentlichen handelt Quintilian in zwei verschiedenen Kapiteln[137] vom Lesen der Dichter und vom Lesen der Redner und Historiker. Im Vordergrund der Dichterlektüre stehen das richtige Vorlesen und die ethische Erziehung (daher die Präferenz für Homer und Vergil, während die Lektüre erotischer Gedichte abgelehnt wird). Der formalen Analyse schenkt Quintilian besondere Aufmerksamkeit – zum Beispiel der Metrik im Falle der Dichter und der rhetorischen Figuren im Falle der Redner, also den poeti-

[133] Diese Interpretationsprinzipien werden zum Beispiel im Prooemium des Kommentars von Simplikios zu den *Kategorien* des Aristoteles erwähnt.

[134] Vgl. *Corpus Medicorum Graecorum* (Hrg. Kühn) 18/1, 55; 18/2, 715, 778.

[135] Die Grammatik (*technē grammatikē*) des Dionysios Thrax (vgl. die Edition von Uhlig, Leipzig 1883) war von großem historischem Einfluss. Dass Dionysios Thrax auch an konkreten Textinterpretationen gearbeitet hat, zum Beispiel zu Homerstellen, zeigen einige überlieferte Fragmente (vgl. die Edition von K. Linke (SGLG 3, 1977, 1–78)). Die Grammatik des Dionysios Thrax ist allerdings eher eine Einleitung in die Grammatik als eine systematische Grammatik der griechischen Sprache, denn sie enthält vor allem eine Definition und Klassifikation grammatischer Kategorien.

[136] Dieses Werk wurde Mitte des 15. Jahrhunderts als vollständiges Manuskript wiederentdeckt und stellte bereits am Ende dieses Jahrhunderts für jeden Humanisten das grundlegende Lehrbuch der Rhetorik dar.

[137] Vgl. Inst. Orat. I 8 und II 5.

schen und rhetorischen Formen der Texte.[138] Wenn es darum geht, die Texte großer Redner zu verstehen, soll die formale Analyse vom Erfassen der Emotionen begleitet sein, die von den Rednern unter anderem mit Hilfe der Verwendung von Figuren ausgedrückt werden und auf die Zuhörer übertragen werden sollen. Der geschichtliche Hintergrund der Texte soll nach Quintilians Vorstellungen nur in einer groben Übersicht erläutert werden. Quintilians *Institutio Oratoria* ist ein gutes und wirkungsmächtiges Beispiel dafür, dass ein angemessenes Verstehen großer Redner und ihrer Texte (Cicero war für Quintilian das ultimative Vorbild) die strukturell-syntaktische Analyse und das empathische Verstehen betont und naturgemäß betonen muss.

Meist scheint die *grammatica exegetica* in der Antike in der Lehrpraxis nicht aus sechs, sondern aus vier Teilen bestanden zu haben, die den hermeneutischen Aufgaben entsprechen: (1) Vorlesen des Textes (interpretierendes Gliedern der ohne Wort- und Satzunterteilung geschriebenen Texte (eine Leistung, die auch das verstehende Hören kontinuierlich gesprochener Äußerungen erfordert)); (2) Erläuterung des Textes (mit den vier Werkzeugen: Worterklärung, Sacherklärung, grammatisch-rhetorische Erläuterung, und ggf. Erläuterung der Metrik); (3) sprachliche Fixierung des Textes durch Vergleich (textkritische Sicherung, ggf. Emendation); und (4) kritische ästhetische und ethische Würdigung des Textes (ausgerichtet auch auf eine Kennzeichnung der Persönlichkeit des Autors). Zumindest drei dieser vier Teile werden, wie wir gerade gesehen haben, auch von Quintilian erwähnt. Damit wurde das Verstehen insbesondere als Textverstehen zum ersten Mal als professionelle Kunstfertigkeit konzipiert und methodisch geordnet.[139] Aus hermeneutischer Sicht ist Quintilian vor allem als Kulminationspunkt einer langen Tradition antiker Rhetorik wichtig, in der es nicht nur darum ging, Anweisungen für das Verfassen kunstfertiger Reden zu präsentieren, sondern auch darum, wichtige Grundlagen für die Interpretation poetischer (und damit auch rhetorischer) Formen von Texten und Äußerungen zu legen. Nicht nur die logische Form, wie Aristoteles geltend gemacht hatte, und auch nicht nur die grammatische Form, wie die antiken Grammatiker betont hatten, sondern gegebenenfalls auch die rhetorischen und poetischen

[138] In Buch VI führt Quintilian exemplarische formale Analysen von Passagen aus Vergils Dichtung vor.

[139] Ein instruktives überliefertes Beispiel ist der Kommentar des Servius zu Vergils *Aeneis* (4. Jh. n.u.Z.); vgl. dazu (mit interessanten Beispielen zu Servius' kommentierenden Bemerkungen zu einzelnen Stellen der *Aeneis*) Fowler (2006). Auch bei Servius schwingt allerdings immer noch die allegorische Interpretation mit, vgl. Jones (1960/61).

Formen eines Textes müssen erfasst werden, wenn der Text angemessen verstanden werden soll.[140]

1.3. Sakrale und profane Hermeneutik im Mittelalter

Zu Beginn des Mittelalters wurde die antike Unterscheidung zwischen *grammatica methodica* und *grammatica exegetica* und damit die Unterscheidung zwischen dem Verstehen der grammatischen Syntax und der Bedeutung von Texten zunächst aufgenommen.[141] Das verbreitete Schema ging vom Trivium aus, also von der Unterscheidung zwischen Grammatik, Rhetorik und Dialektik.[142] Die Grammatik wurde, wie bereits angedeutet, unterteilt in die methodische Grammatik (Kunst des richtigen Schreibens und Lesens, *ratio recte scribendi et loquendi*) und die exegetische Grammatik (die Wissenschaft des Interpretierens, *scientia interpretandi*). Die *Wissenschaft des Interpretierens* wurde im Mittelalter wie meist auch in der Antike (wie gerade erwähnt) in vier Bereiche unterschieden:[143] Regeln für das Lesen (*lectio*): Konstruktion, mündliche Rezitation, Punktuation, Metrik; Regeln für das Interpretieren (*enarratio*): Erfassen poetischer und rhetorischer Formen, syntaktische und semantische Klassifikationen; Regeln für das sprachliche Korrigieren zur Etablierung eines authentischen Textes (*emendatio*): Abhandlungen über Orthographie und Textkritik; und laufender Kommentar (*judicium*): kritische Bewertung der ethischen, poetischen und ideologischen Qualität des Textes.

In der christlichen Spätantike bestand Hermeneutik als exegetische Grammatik primär in der Kunst der Auslegung der Heiligen Schrift und wurde damit zu einer eigenen Disziplin, der Kunst der Bibel-Kommentierung.[144] Die *christliche Exegese* entwickelte sich im ersten Jahrhundert n.u.Z. zunächst in Auseinandersetzung mit dem spätjüdischen Schriftverständnis, das auf dem buchstäblichen Sinn und der buchstäblichen Inter-

[140] Vgl. dazu Fantham (1988) (zu Quintilian 286–291). Zum Verstehen poetischer Formen vgl. genauer unten, Abschnitt 9.4.

[141] Vgl. z.B. die Definition bei Hrabanus Maurus (ca.780–850), *De Institutione claricarum libri tres* (Hrg. Knoepfler), III 18, 223.

[142] Vgl. dazu Irvine, Thomson (2005).

[143] Ursprünglich gab es auch eine Einteilung in sechs Bereiche, vgl. oben S. 72.

[144] Im folgenden kann nur eine enge Auswahl von Entwicklungen der mittelalterlichen Hermeneutik skizziert werden, die im Wesentlichen der informativen Darstellung von Scholz (1999), 28–34 folgt. Die Literatur insbesondere zur hemeneutica sacra, also zu den Auslegungsprinzipien für die Interpretation der Bibel, ist immens. Für einen ersten Einstieg vgl. Pépin (1988), Sp. 739–769, insbesondere zur Doktrin zum mehrfachen Schriftsinn ibid. 762–769. Ausführlichere Darstellungen nebst zahlreichen Details bietet das Standardwerk Brinkmann (1980).

pretation der biblischen Gesetze bestand. Allerdings hatte sich schon im 2. Jahrhundert v.u.Z. eine jüdisch-hellenistische Apologetik entwickelt, die den hellenistisch gebildeten Kreisen die Lehren des Alten Testaments empfehlen wollte und sich dabei einer allegorischen Auslegung der anthropomorphen Gottesaussagen des Alten Testaments bediente.[145]

An diese Tradition knüpft im 1. Jahrhundert n.u.Z. Philon von Alexandria an. Auch Philon tritt dafür ein, dass genau auf den Wortlaut der alttestamentlichen Aussagen geachtet wird. Doch postuliert er zugleich einen zweiten Schriftsinn des Alten Testaments, der hinter dem buchstäblichen Sinn aufscheint. In manchen Fällen impliziert der buchstäbliche Sinn auch für Philon offensichtliche Unwahrheiten oder ist mit der Einmaligkeit und Würde Gottes unvereinbar. So führt der buchstäbliche Sinn der Rede von der sprechenden Schlange zu einer offensichtlichen Unwahrheit, weil es keine sprechenden Schlangen gibt, und muss daher allegorisch interpretiert werden. Die Schlange steht nach Philon für Besonnenheit, wie etwa der Garten für Tugend oder der Landarbeiter für den Körper. Die Erschaffung der Welt in sechs Tagen – um ein weiteres Beispiel zu nennen – ist mit Gottes Würde unvereinbar, da der allmächtige Gott keine endliche Zeit für die Schöpfung braucht. Die geforderte allegorische Interpretation kann sich nach Philon hier auf die Zahl 6 stützen, die eine vollkommene Zahl ist (d.h. eine Zahl, die gleich der Summe ihrer Teiler ist) und daher allegorisch auf die Vollkommenheit der Schöpfung verweist.

Philon hat seiner Exegese des Alten Testamentes eine allgemeine Allegorese zugrunde gelegt: Das Alte Testament ist einem Menschen vergleichbar. Der Körper entspricht dem buchstäblichen Sinn, die Seele dem allegorischen Sinn. Diese Allegorese der Allegorese dokumentiert nicht nur Philons Reflexion auf das Verfahren der allegorischen Auslegung,[146] sie ist auch die Grundlage für ein allgemeineres allegorisches Interpretationsverfahren, das sich auf das gesamte AT anwenden lässt, also auch auf solche Stellen, die veridisch und ethisch nicht anstößig sind. In diesen Fällen können buchstäblicher und allegorischer Sinn zugleich akzeptiert werden. Philon hat diese verallgemeinerte allegorische Auslegung des AT einer spezifischen Methode unterworfen, die von der dihairetischen Definitionstechnik Platons geleitet ist. Der allegorische Sinn eines Schriftwortes, etwa „Kleidung“, wird dadurch gefunden, dass zunächst das Schriftwort definitorisch gekennzeichnet wird (Kleidung schützt zum Beispiel den Körper, verhüllt dessen Blößen

[145] Hier ist namentlich der Alexandriner Aristobulos (2. Jh. v.u.Z.) zu nennen, der mit Hilfe von Zitatfälschungen sogar behauptet hat, dass große griechische Denker (etwa Orpheus, Pythagoras und Platon) von der Tora abhingen.

[146] Vgl. Philo von Alexandria: Allegorische Erklärung des heiligen Gesetzbuches, Buch I–III, in: Philo von Alexandrien (1962), III, 16–165, bes. 67f.

und schmückt ihn); dann wird ein allgemeineres Analogon zum Schriftwort gesucht, das auf einer höheren ontologischen Stufe (im Sinne Platons) dieselben Merkmale erfüllt und damit eine allegorische Interpretation des Schriftwortes erlaubt (etwa Vernunft *(logos)*, die den Menschen schützt, seine Sünden verhüllt und sein Leben schmückt)[147].

Diese Methode der allegorischen Interpretation dient nicht primär apologetischen Zielen in dem einfachen Sinne, dass anscheinend anstößige Stellen des AT als wahr und ethisch angemessen erwiesen werden sollen, sondern dem allgemeineren Nachweis, dass der – zuweilen sehr einfache und konkrete – buchstäbliche Sinn des AT einen zweiten, philosophisch und theoretisch anspruchsvolleren Sinn enthält. Auch das ist eine Art von Apologetik, aber eine anspruchsvolle erhöhende Apologetik. Hermeneutisch gesehen führt aber auch die erhöhende Apologetik nicht zu einem Fortschritt. Denn die *erhöhende Apologetik* arbeitet mit Metaphern, die den Sinn der Passagen des AT nicht präzisieren, sondern durch Analogien erläutern wollen, die jedoch selten zwingend und oft vage und willkürlich bleiben.[148]

Zwei Jahrhunderte nach Philon hat auch Origines, der ebenfalls der alexandrinischen Schule der allegorischen Schriftauslegung angehört, die Allegorese zum Grundprinzip seiner theologischen Hermeneutik gemacht. Dabei weicht die einfache allegorische Apologetik – grundsätzlich ähnlich wie bei Philon – einer spekulativen Theologie, in der die allgemeinen kosmologischen, anthropologischen, ethischen, soteriologischen und eschatologischen Dimensionen von Altem und Neuem Testament ausgelotet werden sollen. Origines erweiterte Philons Analogie von Schrift und Mensch durch die Entsprechung von Körper, Seele und Geist des Menschen und einem *dreifachen Schriftsinn* (buchstäblicher, moralischer und spiritueller Schriftsinn). Es war aber weniger seine Theorie der allegorischen Auslegung als vielmehr ihre umfassende Anwendung in Kommentaren zu biblischen Texten, die Origines' Werk zum Paradigma der christlichen Bibelexegese machte.[149] Dabei ging es nicht nur um so allgemeine Fragen wie die, wie es sein kann, dass der erste Tag der Schöpfung ohne Himmel und die ersten

[147] Dieses Beispiel findet sich in Philon, De somniis I, §§ 102–10. Vgl. dazu ausführlicher die ausgezeichnete Untersuchung von Christiansen (1969). Zu vielen weiteren Autoren, die vom frühen Christentum an allegorisch interpretiert haben, vgl. Kennedy (1988).

[148] Dieses Problem sieht Christiansen (1969) nicht. Sie glaubt vielmehr mit dem – in sich sehr interessanten – Nachweis der platonisch inspirierten erhöhenden Apologetik bei Philon eine Deutung erreicht zu haben, die Philon von den üblichen Vorwürfen der Willkür und apologetischen Haltung befreit.

[149] Vgl. vor allem Origines (1985), insbes. Bd. III, ferner besoners IV, 3,1; 3,3. Vgl. dazu genauer Springer (2000), 191–232. Wie sehr Origines darauf achtete, möglichst lange am Wortsinn festzuhalten (etwa auch an Wundergeschichten), und wie demütig, vorsichtig und fallibilistisch er seine allegorischen Interpretationshypothesen vortrug, zeigt De Lubac (1968).

drei Tage einen Morgen und Abend, aber keine Sonne und keine Sterne aufweisen, sondern zum Teil auch um so einfache Dinge wie dass es unvernünftig ist, dass Jesus seinen Anhängern aufträgt, niemanden unterwegs zu grüßen, oder dass das Wort vom Schlag auf die rechte Backe unglaubwürdig ist, weil die meisten Menschen Rechtshänder sind und stets auf die linke Backe schlagen. Origines legt an jede Bibelpassage einen harten Vernunftstandard an, um die daraus resultierenden offensichtlichen Probleme dann umso ingeniöser wegzuinterpretieren. Allerdings räumt er auch ein, dass dies in so manchen Fällen nicht gelingt und man daher zuweilen auch zu Recht an der Bibelüberlieferung zweifeln muss, d. h. einige Bibelpassagen nicht als geoffenbartes Gotteswort deuten kann.

Nach Origines wurde die allegorische Interpretation für lange Zeit zum kanonischen hermeneutischen Prinzip der Bibelexegese, und zwar sowohl in ihrer einfachen als auch in ihrer erhöhenden Variante. Dabei wurde die Lehre vom mehrfachen Schriftsinn zur Doktrin vom *vierfachen Schriftsinn* ausgebaut. Eine prägnante Formulierung dieser Doktrin stammt von Augustinus von Dakien (Mitte 13. Jh.): Der wörtliche Sinn lehrt das Geschehene, der allegorische, was du glauben sollst, der moralische, was du tun sollst, und der anagogische (spirituelle), wohin du streben sollst. Hier wird der allegorische Sinn natürlich spezieller verstanden als in der Tradition der Allegorese. Im allgemeineren Sinn sind allegorischer, moralischer und spiritueller Schriftsinn drei Spezialisierungen der allgemeinen Allegorese. Ein bekanntes Beispiel für den vierfachen Schriftsinn war das folgende: Die Stadt Jerusalem ist buchstäblich die reale jüdische Stadt, allegorisch die christliche Kirche, moralisch die menschliche Seele und spirituell die himmlische Stadt Gottes. Dieses Beispiel zeigt, dass die allegorische Interpretation auch an die mittelalterliche Lehre von der doppelten Reihe der Sachen (*res*) anknüpfen konnte, derzufolge die Dinge der Schöpfung für den Menschen grundsätzlich eine natürliche und eine übernatürliche Bedeutung haben: ihre natürliche Bedeutung verweist auf das Heil des Körpers, ihre übernatürliche Bedeutung auf das Heil der Seele.[150]

Die allegorische Textauslegung war, wie bereits angedeutet, nicht unumstritten. Zu ihren prominentesten Kritikern zählten Platon, führende alexandrinische Gelehrte wie Eratosthenes und Aristarch, viele Epikureer und später die Vertreter der protestantischen Bibelexegese, neben Martin Luther zum Beispiel auch Philipp Melanchthon und Matthias Flacius Illyricus, der Verfasser der einflussreichsten protestantischen Hermeneutik.

Aus der Perspektive der modernen Hermeneutik wird das Prinzip der allegorischen Textauslegung meist rundweg abgelehnt, und zwar mit guten

[150] Vgl. Jung (2001), 38 und ausführlicher Brinkmann (1980), 74–153.

Gründen. Zu diesen Gründen gehören das apologetische Festhalten an dogmatischen Prämissen, die willkürliche Unterscheidung verschiedener Sinnebenen, ihre ebenso willkürliche Anwendung auf konkrete Fälle, die Beschränkung des Interpretationsverfahrens auf bestimmte kanonische Texte und der Elitismus der Interpreten mit ihrer Berufung auf göttliche Inspiration oder Gnade.[151] Diese Kritik gilt, wie wir gesehen haben, auch den raffinierteren und philosophisch anspruchsvolleren Varianten, wie sie sich zum Beispiel bei Philon und Origines finden.

Aus einer spezifischeren geist-theoretischen Perspektive ist das entscheidende Defizit der allegorischen Textauslegung ihre veridische Ausrichtung. Es geht dieser Textauslegung um den Nachweis der Wahrheit, ethischen Akzeptabilität und spirituellen Tiefe aller Aussagen eines kanonischen Textes. Hermeneutische Auslegung im strikten Sinn liegt dagegen erst dann vor, wenn es um die Auslegung von Texten unabhängig von ihrer Wahrheit und Akzeptabilität geht. Erst dann handelt es sich um ein Erfassen von repräsentationalen Gehalten im komplexen Sinn. Aus dieser Sicht hat allegorische Textauslegung nur wenig mit hermeneutischer Interpretation gemein. Doch hat die Tradition der allegorischen Textauslegung im Verlaufe ihrer langen Geschichte zunehmend einen interpretatorischen Druck erzeugt, der für die weitere Entwicklung hin zu einer modernen Hermeneutik relevant werden sollte – nämlich den Druck, auch die logische Kohärenz der auszulegenden Texte zu erweisen. Zumindest den kanonischen Texten wurde nicht nur Wahrheit, ethische Angemessenheit und Spiritualität, sondern auch logische Konsistenz unterstellt. Diese letztere Unterstellung sollte in der späteren Entwicklung der Hermeneutik eine prominente Rolle spielen.[152]

Nach verbreiteter Auffassung fand die *patristische Hermeneutik* bei Augustinus ihren Höhepunkt und hat die Geschichte der mittelalterlichen Hermeneutik maßgeblich beeinflusst. Einige Autoren – vornehmlich aus dem Lager der Philosophischen Hermeneutik – betrachten die augustinische Hermeneutik als bahnbrechende theoretische Leistung.[153] So hat Heidegger sie als erste Hermeneutik großen Stils eingeschätzt,[154] und Gadamer sieht

[151] Vgl. Scholz (1999), 23.

[152] Dieser speziellen Entwicklung nachzugehen ist das zentrale Anliegen des Buches von Scholz (1999). Scholz vermag allerdings in der allegorischen Interpretation keinen Rationalitätsdruck zu erkennen (vgl. Scholz (1999), 23).

[153] Zum Teil wurden starke Worte gefunden. So spricht etwa Ebeling vom geschichtlich wirksamsten Werk der Hermeneutik und behauptet, dass im Jahrtausend nach Augustin (also zwischen 400 und 1400) in hermeneutischer Hinsicht keine grundlegend neuen Fragen und Positionen aufgetaucht sind (vgl. Ebeling (1959), bes. 249). Noch Joisten spricht von einem „Meilenstein in der Geschichte der Hermeneutiken" (vgl. Joisten (2009), 51).

[154] Vgl. Heidegger (1988), 12–13 (es handelt sich um Heideggers Vorlesungen aus dem Jahre 1923 unter dem Titel *Ontologie (Hermeneutik der Faktizität)*).

Augustin als ersten Hermeneutiker, der mit seiner Rede vom inneren Wort den Universalitätsanspruch der Hermeneutik angemessen begründet hat.[155]

Eines der wirkungsmächtigsten Werke Augustins ist *De Doctrina Christiana*. Diese Schrift in vier Büchern ist eine der Grundlagen für die umfassende Christianisierung, die mit dem Übergang von der Antike zum Mittelalter um 400 n.u.Z. einsetzte. *De Doctrina Christiana* ist im Kern ein umfassender Leitfaden zur Bibelexegese und daher zweifellos auch in hermeneutischer Hinsicht relevant. Doch handelt es sich alles in allem nicht um ein Werk zur allgemeinen Hermeneutik, sondern eher um praktische Anweisungen für christliche Prediger, von denen die Christianisierung getragen werden sollte. In hermeneutischer Hinsicht beschränkt sich Augustin daher nicht auf technische Anweisungen für das Bibelstudium, sondern betont wiederholt, dass die hermeneutisch angemessene Interpretation der Heiligen Schrift durch ein doppeltes Liebesgebot bestimmt ist. *Diese grundlegende Idee der augustinischen Hermeneutik* lässt sich folgendermaßen zusammenfassen:

(AH) Eine Auslegung und ein Verständnis der Bibel ist nur dann angemessen, wenn diese Auslegung

(a) die wichtigen technischen Hilfsmittel der Hermeneutik anwendet, zum Beispiel die Kenntnis des Griechischen und Hebräischen, intime Textkenntnis durch vielmalige Lektüre, Konsultation verschiedener Übersetzungen, Sachkenntnisse in den von der Bibel angesprochenen Gegenstandsbereichen, und Aufklärung der dunklen Stellen (der *signa ignota*) durch Rückgriff auf verständlichere Parallelstellen,
(b) das höhere Ziel verfolgt, die Liebe gläubiger Menschen zu Gott und zu ihren Mitmenschen (die *caritas*) zu stärken, und
(c) von vornherein getragen ist durch die *caritas* des Interpreten, die dem Bibeltext ein Wohlwollen, eine Ehrfurcht und eine Wahrheitsunterstellung entgegenbringt, die allein dem Wort Gottes angemessen und eine Bedingung für das rechte Bibelverständnis ist.

Zu Bedingung (a) ergänzt Augustin an anderer Stelle, dass auch der Bibelinterpret den überlieferten vier Schritten des exegetischen Grammatikers zu folgen habe: Textvortrag und erste Erläuterung, Diskussion von Textvarianten, Sacherklärung und Bewertung der Textaussage.[156] Im übrigen

[155] In *Wahrheit und Methode* widmet Gadamer der augustinischen Hermeneutik ein eigenes Kapitel.

[156] Vgl. De Utilitate Credendi 4, 10. Andere führende Kirchenväter haben demgegenüber immer wieder Vorbehalte gegenüber der antiken grammatica exegetica zum Ausdruck gebracht (vgl. dazu genauer Danneberg (2005), 303–312). Einer der Höhepunkte der christli-

wird Bedingung (a) in *De Doctrina Christiana* von einer Zeichentheorie unterfüttert, die ein theoretisches Fundament für die zentrale methodische Forderung der Aufklärung dunkler Bibelstellen und die Frage der figürlichen (allegorischen) Interpretation bereitstellen soll.[157] Dabei geht Augustin von der antiken Unterscheidung zwischen natürlichen und konventionellen Zeichen aus[158] und fügt ihr weitere Differenzierungen hinzu, etwa zwischen klaren, unbekannten und mehrdeutigen Zeichen, die wiederum alle im eigentlichen oder metaphorischen (figürlichen) Sinne verwendet werden können.

Bereits in seiner frühen Schrift *De Dialectica* hatte Augustin sich mit der Zeichentheorie beschäftigt und konventionelle Zeichen unter anderem durch ihre Verstehbarkeit definiert: „Ein Wort ist ein von einem Sprecher geäußertes Zeichen, das von einem Hörer verstanden werden kann."[159] Und er fügt später hinzu, dass verstehbare Zeichen deshalb geäußert werden, weil der Sprecher seine in der Seele verschlossenen Zustände einem Hörer deutlich machen will und diese seelischen Zustände ohne äußere Zeichen verborgen bleiben müssten.[160] Das Modell des Verstehens als Lesen des Geistes anhand seiner expressiven Zeichen wird hier deutlicher als bei Aristoteles artikuliert.[161] Doch verliert Augustinus im Gegensatz zu Platon, Aristoteles und der Stoa den theoretischen Zugriff auf semantische Gehalte als Gegenständen des Verstehens. Dieses Defizit ist unter anderem dadurch bedingt, dass die antike und mittelalterliche Unterscheidung zwischen natürlichen und konventionellen Zeichen die Einsicht verdeckt, dass sowohl natürliche als auch konventionelle Zeichen im antiken Sinn natürliche Zeichen im modernen Sinne sind. Augustinus spricht nicht mehr wie Aristoteles davon, dass seelische Zustände die Dinge oder Fakten in der externen Welt abbilden (also repräsentieren). Dem entspricht die unbefriedigende Zeichendefinition bei Augustinus, die in den folgenden Jahrhunderten kanonisch wurde. Dieser Definition zufolge ist ein *Zeichen* (*signum*) ein Ding, dass

chen Grammatik-Kritik ist die Haltung Luthers, der unverblümt fordert, dass die grammatici ihre Auslegungsmethode gefälligst auf ihre Poeten, Juristen und Mediziner beschränken und die Heilige Schrift davon verschonen sollen (Werke 45, 560).

[157] Dieser theoretisch interessante Aspekt der augustinischen Hermeneutik wird in vielen Gesamtdarstellungen unberücksichtigt gelassen, vgl. z. B. Jung (2001), Grondin (1991), Joisten (2009). Anders dagegen Scholz (1999), 28–31.

[158] Vgl. Augustinus (1925), II 1,2.

[159] Vgl. Augustinus (1975), VII 6.

[160] Vgl. Augustinus (1925), II 2,3.

[161] Das ist der theoretisch interessante Kern der augustinischen Rede vom Verhältnis zwischen innerem und äußerem Logos – ein Verhältnis, das Gadamer zu Unrecht auf das Problem der Universalität der Hermeneutik bezieht. Die Frage der Universalität der Hermeneutik ist zwar wichtig, hat aber mit dem Verhältnis zwischen repräsentationalen mentalen Zuständen und ihren expressiven Zeichen nichts zu tun.

den Sinnen einen sinnlichen Eindruck mitteilt, aber daneben aus sich heraus noch etwas anderes in den Sinn kommen lässt.[162] Diese Definition ist psychologistisch, denn sie greift auf psychische Assoziationen zurück, und sie spezifiziert in keiner Weise, von welcher Art dasjenige ist, was uns durch Zeichen zusätzlich zum sinnlichen Eindruck in den Sinn kommt. Letztlich benutzt Augustin die psychologistische Zeichendefinition vor allem dazu, den Mechanismus des Verweisens von Zeichen auf eine bestimmte Sache (*res*) aufzuschlüsseln. Was daher in letzter Analyse ein Zeichen zum Zeichen macht, ist seine Eigenschaft, auf eine Sache zu verweisen.[163]

Augustin fällt damit in die simplifizierte Semantik und Hermeneutik zurück, die in der Antike etwa von den Epikureern vertreten wurde. Seine Zeichentheorie dokumentiert zum ersten Mal in der Geschichte der Hermeneutik die hohen theoretischen Kosten, die mit dem Versuch verbunden sind, die verstehbaren repräsentationalen Zeichen (wie etwa die sprachlichen Zeichen) auf der Grundlage einer Theorie natürlicher Zeichen zu entwickeln.[164] Diese theoretischen Kosten treten in späteren ähnlichen Versuchen noch klarer zu Tage – etwa in den Hermeneutiken Georg Friedrich Meiers, Heinrich Lamberts und vor allem in der Semiotik von Peirce bis Sebeok.

Die *caritas-Regeln* (b) und (c) haben in der Forschungsliteratur weitaus höhere Aufmerksamkeit auf sich gezogen als die verstreuten Bemerkungen zur Zeichentheorie und die technischen Interpretationsanweisungen. Augustin verknüpft die caritas-Regeln vor allem mit den Regeln für die Entschlüsselung unbekannter und mehrdeutiger Zeichen in der Bibel: Wenn diese dunklen sprachlichen Zeichen als klare, nicht-figürliche Zeichen genommen den christlichen Glauben als falsch oder unvereinbar mit ehrbaren Sitten erscheinen lassen, dann sollen die Zeichen in wohlwollender, von der Liebe zu Gott und seinem Wort getragenen Weise figürlich genommen und so interpretiert werden, dass der christliche Glaube als wahr und ehrbar dargestellt werden kann und somit die Liebe zu Gott und den Menschen unter den Lesern der Bibel und den Hörern christlicher Predigten gefördert wird.[165]

[162] Vgl. Augustinus (1925), II 1,1.

[163] Vgl. dazu genauer z. B. Springer (2000), 284–202.

[164] Die Verbreitung dieser strikt extensionalen Zeichen- und Verstehenstheorie im Mittelalter belegt Brinkmann (1980) in seinen beiden informativen Kapiteln über die mittelalterliche Sprachauffassung (21–44) und die Auffassung der res als Zeichen (45–50).

[165] Vgl. die berühmte Passage: „Was immer in der göttlichen Lehre der Bibel weder auf die Würde der Sitten noch auf die Wahrheit des Glaubens in eigentlicher Weise bezogen werden kann, sollst du für bloß figurativ halten“ (Augustinus (1925) III, 10). Ein weiteres hermeneutisches Prinzip bei Augustin (und vielen mittelalterlichen Historikern) ist die Christuszentrierung: Alles geschichtliche Geschehen ist letztlich eschatologische Heilsgeschichte; daher verweisen alle historischen Fakten als Zeichen auf die Heilsgeschichte und müssen in dieser Weise interpretiert werden. Vgl. dazu sowie zur Zeichenlehre Augustins insgesamt und zur Hermeneutik Augustins Springer (2000), 284–323.

Die Vertreter der Philosophischen Hermeneutik sehen in den caritas-Regeln (besonders in Regel (c)) den Ausdruck einer – wie Heidegger es formulierte – umfassenden und lebendigen Hermeneutik, die das Verstehen von Texten nicht auf einen rein epistemischen, indifferenten Prozess reduziert, sondern das existenzielle Moment des Eifers, der Sorge und nach Heidegger des Gestimmt-Seins als wesentliches Moment des Auslegens einbezieht: das Verstehen ist, recht verstanden, stets getragen von einer Beunruhigung des nach Sinn strebenden Interpreten.[166] Aus geist-theoretischer Perspektive sind die caritas-Regeln dagegen als Vorläufer des Prinzips der Nachsicht bezeichnet worden.[167]

Nüchtern betrachtet sind die caritas-Regeln der augustinischen Hermeneutik jedoch lediglich Ausdruck einer christlich inspirierten Motivation für die Anwendung des traditionellen allegorischen Interpretationsprinzips auf die Bibeltexte. Denn auch für Augustin bleiben wie etwa bei Philon und Origines die Prämissen der Irrtumslosigkeit und ethischen Angemessenheit der biblischen Texte leitend. Augustin fügt lediglich hinzu, dass es der Gläubigkeit und Gottesliebe der Bibelinterpreten bedarf, um diese Prämissen anzuerkennen und voll zur Anwendung zu bringen. In dieser Einstellung des gläubigen Interpreten lässt sich das Prinzip der Nachsicht im universellen modernen Sinne nur schwer wiederfinden. Vor allem aber verbleibt Augustins Hermeneutik letztlich im Rahmen einer veridischen Ausrichtung der Interpretation, wie sie stets mit der allegorischen Interpretation verbunden war. Es handelt sich auch bei Augustin nicht um Hermeneutik in dem strikten Sinne, dass die Bedeutung von Texten zunächst unabhängig von ihrem Wahrheitswert zu entschlüsseln ist. Die augustinische Zeichentheorie passt perfekt in dieses Bild, denn sie ist eine Theorie der natürlichen Zeichen, die nicht auf repräsentationale Gehalte, sondern auf gegebene Sachverhalte verweisen. Der Spezialfall sprachlicher Zeichen läuft auf eine Sprachtheorie hinaus, in der sprachliche Bedeutungen lediglich in Begriffen von Referenz gefasst werden können[168] – ein Bild von Sprache, das Wittgenstein im berühmten ersten Paragraphen der *Philosophischen Untersuchungen* so nachhaltig und ingeniös kritisiert hat. Die augustinische Zeichen- und Sprachtheorie kann somit die Idee semantischer Gehalte als Gegenständen des Verstehens nicht einholen und fällt damit hinter das von Platon, Aristoteles und der Stoa erarbeitete Niveau zurück.

Die philosophisch-hermeneutische Deutung der caritas-Regeln als Ausdruck einer existenzial und faktisch angelegten Hermeneutik ist aus mehreren Gründen problematisch. Sie ist zu vage und allzu offensichtlich

[166] Vgl. z. B. die Darstellung bei Grondin (1991), 44 f. und Joisten (2009), 54.
[167] Vgl. Scholz (1999).
[168] Vgl. Augustinus, Confessiones I 8.

von einem modernen Interesse geprägt. Darüber hinaus geht sie von einem unangemessenen Gegensatz zwischen lebendiger und indifferenter Hermeneutik aus. Gerade Hermeneutik im strikten (von Heidegger als indifferent diffamierten) Sinne ist nämlich von dem ehrlichen Bemühen des Interpreten getragen, sich in die Gedankenwelt von Texten und ihren Autoren so weit wie möglich hineinzuversetzen und zu versenken, ohne eigene Anschauungen in Anschlag zu bringen. Das gilt sowohl für rationale Rekonstruktionen wie für empathische Simulationen. Die Fähigkeit und die Bereitschaft von Interpreten, die Perspektiven anderer Menschen und Texte einzunehmen, ist eine der Grundlagen für humane soziale Beziehungen.

Insgesamt sind diese Befunde zur Hermeneutik Augustins – sollten sie korrekt sein – eher ernüchternd und nicht mit der Einschätzung einer bahnbrechenden hermeneutischen Leistung vereinbar.

Eine interessante Entwicklung der mittelalterlichen Hermeneutik im Anschluss an Augustinus ist allerdings bei Petrus Abaelardus zu beobachten. Im Prolog zu seiner Schrift *Sic et Non* geht Abälard von dem Umstand aus, dass viele christliche Lehren inkonsistent miteinander zu sein scheinen. Daher stellt Abälard eine Reihe vernünftiger Regeln zusammen, mit deren Hilfe die erwähnten Widersprüche aufgelöst werden können.[169] Offenbar geht Abälard von einer Immunitätsprämisse aus, wie sie auch Prinzipien der allegorischen Interpretation zugrunde liegen – in diesem Fall von der Prämisse, dass die christliche Doktrin widerspruchsfrei ist. Doch ist bemerkenswert, dass das allgemeine Interpretationsprinzip bei Abälard wohl zum ersten Mal ausdrücklich als logisches Rationalitätsprinzip gefasst wird: Texte und Äußerungen, die verbreitete Widersprüche aufweisen, lassen sich nicht angemessen verstehen. Und dieses logische Rationalitätsprinzip führt bei Abälard zu einer Reihe spezifischer vernünftiger Interpretationsprinzipien.

Im Mittelalter wurden natürlich nicht nur biblische Texte, sondern auch Texte klassischer Dichter (etwa von Vergil oder Horaz) interpretiert. Diese Interpretationen mussten nicht auf apologetische und allegorische Deutungen zurückgreifen, weil antike Dichtung nicht veridischen Unterstellungen unterlagen, doch hatten die meisten mittelalterlichen Interpretationen eine klare Stoßrichtung, die in einem der gelehrtesten Beiträge zu diesem Thema bündig formuliert wird:

[169] Zum Beispiel dass man die Authentizität der Texte prüfen und klären muss, ob die Autoren ihre Meinungen später korrigiert haben, aber auch ob Wörter unterschiedlich verwendet (also mehrdeutig gebraucht) werden oder ob der Autor sich wirklich auf die entsprechende Meinung festlegt. Vgl. Scholz (1999), 31–34.

„For literary criticism from the Carolinian period forward, major poetry tends to be seen as expressing one great theme, the formation of the human spirit through learning and the pursuit of wisdom. The emphasis can be religious, as for Macrobius and Martianus Capella, or pedagogical, as in Fulgentius and later critics of Virgil, but the basic pattern remains the same, and will provide a frame for discussions of classical poetry throughout the Middle Ages."[170]

Dabei blieben auch die Listen hermeneutischer Aufgaben, wie sie aus der antiken Hermeneutik bekannt waren, als spezielle Interpretationsmittel (*media interpretandi*) einflussreich und wurden in Zusammenfassungen – dem *Accessus ad auctores* – verbreitet.[171] Der *Accessus* galt als das tradierte Handwerkszeug des Interpreten.

Es gab freilich verschiedene Versionen des *Accessus*. Eine der meistverbreiteten Fassungen ging von einer Typologie von sieben Fragen (*septem circumstantiae*) zum Text aus, mit der die hermeneutischen Aufgaben der antiken exegetischen Grammatik ausdifferenziert wurden:

(1) Wer (ist der Autor) (*quis/persona*)?
(2) Was (ist der Gegenstand des Textes) (*quid/materia*)?
(3) Warum (wurde der Text geschrieben) (*cur/causa*)?
(4) Auf welche Weise (ist der Text verfasst) (*quomodo/modus*)?

170 Vgl. Wetherbee (2005), insbes. 107.

171 Vgl. die Zusammenfassung durch den Aristoteliker Michael Piccart von 1605 und Quain (1945). Viele Versionen des *Accessus* waren auf bestimmte Autoren und Texte zugeschnitten. So geht zum Beispiel der *Accessus* des Servius (4. Jh. n. u. Z.) zu Vergils *Aeneis* von einer Erörterung des Lebens des Dichters (*vita poetae*), des Werktitels (*titulus operis*), der Art des Versmaßes (*qualitas carminis*), der Absicht des Dichters (*intentio scribentis*), der Anzahl der Bücher (*numerus librorum*), der Abfolge der Bücher (*ordo librorum*) und der Exposition des Textes (*explanatio*) aus. Mit Beginn der Scholastik (12. Jh.) trat ein weiterer Typus des *Accessus* mit einer zum Teil neuen Typolologie von Fragen auf: nach der Absicht des Dichters (*intentio auctoris*), dem Buch-Titel (*titulus*), den stilistischen und pädagogischen Strukturen des Textes (*modus agendi* or *modus tractandi*), der Abfolge der präsentierten Inhalte (*ordo*), dem pädagogischen und ethischen Nutzen des Werkes (*utilitas*), seines Gegenstandes (*materia*) und dem Erkenntnis- oder Wissenschaftsbereich, zu dem der Text gehört (*cui parti philosophiae supponitur*). Diese Version war insbesondere in Interpretationen philosophischer Werke verbreitet und stammt wahrscheinlich von dem Rhetor Hermagoras von Temnos (Mitte 2. Jh. v. u. Z.). Sie wurde zum Beispiel extensiv von Remigius von Auxerre (c. 841–908) verwendet. Vgl. dazu: Jaeger (1974); Quain (1945); Jaumann (1995); Huygens (Hrg.) (1954), und vor allem Brinkmann (1980), 4–18. Es gab – typologisch gesehen – drei verschiedene Fragereihen im Accessus, je nach disziplinärer Ausrichtung: Der philosophische Accessus wurde in Aristoteles-Kommentaren entwickelt und dem Mittelalter durch Boethius bekannt gemacht; der literarische Accessus geht auf den Vergil-Kommentar von Servius zurück; und der rhetorische Accessus knüpft an die Lehre von den circumstantiae der Textverfassung innerhalb der rhetorischen Kategorie der *Inventio* an. Eine besonders verbreitete Variante aus dem philosophischen Accessus beschränkte sich auf vier Fragen: Intentio, Materia, Pars Philosophiae, und Utilitas.

(5) Wann (wurde der Text geschrieben oder publiziert) (*quando/tempus*)?
(6) Wo (wurde der Text geschrieben oder publiziert) (*ubi/locus*)?
(7) Mit welchen Mitteln (wurde der Text geschrieben oder publiziert) (*quibus facultatibus/facultas*)?

Diese *Typologien hermeneutischer Aufgaben* für die Organisation einer angemessenen Text-Interpretation kann man auch als rationale Restriktionen der Interpretation auffassen. Denn die hermeneutischen Aufgaben legen fest, welche Antworten von einer angemessenen Textinterpretation vernünftigerweise erwartet werden sollten.

Jenseits von Bibel-Hermeneutik und *Accessus* haben viele mittelalterliche Autoren über Arten des Interpretierens von Texten reflektiert. Auf der elementarsten Ebene wird ein dunkles Wort durch ein einzelnes weiteres Wort erklärt (Glosse, *glossa*) oder ein fremdsprachiges Wort in das Lateinische übersetzt (dies wurde oft *interpretatio* genannt). Die Auslegung eines Textes (*expositio*) beschäftigt sich dagegen mit dem „Sinn" (*sensus*) des Textes. Genauer muss die Auslegung die sprachliche (grammatische) Form (*littera, constructio*), den schnell erfassbaren Sinn (*sensus*) und den schwieriger erfassbaren Sinn (*sententia*) klären. Doch sind hier *sensus* und *sententia* Ausdrücke für Bedeutungen und semantische Gehalte im stoischen oder modernen Sinne? Das ist nicht leicht zu klären. Auf der einen Seite wird der *sensus* manchmal mit der Absicht des Autoren (*intentio*) in Verbindung gebracht und sogar als das vom Geist Begriffene (*mente concepta*) bezeichnet, auf der anderen Seite gilt der *sensus* von Worten und Sätzen als das, worauf sich Worte oder Sätze beziehen (*referre*), und die Ermittlung des tieferen Sinnes (*sententia*) bezieht sich auch auf Wahrheits- und Geltungsfragen.[172]

Ein ähnliches Problem zeigt sich in Interpretationen der mittelalterlichen Semantik. Die Lehren von der Supposition (*suppositio*) und den Arten des Bezeichnens (*modi significandi*) scheint auf den ersten Blick der modernen Unterscheidung zwischen Referenz und Bedeutung zu entsprechen. Die mittelalterliche Theorie der Suppositionen trat in unterschiedlichen Varianten auf und wurde als Grundlage einer Vielzahl von semantischen und syntaktischen Unterscheidungen verwendet, aber alle Varianten scheinen die *significatio* eines Wortes[173] als dessen Bedeutung für sich selbst, also unabhängig vom Kontext externer Dinge (formulierbar in einer Definition) und die *suppositio* als dessen Referenz, also als Verhältnis zwischen Wort und beschriebenem Gegenstand im Rahmen eines Kontextes externer Dinge

[172] Vgl. dazu genauer Brinkmann (1980), 154–162 mit entsprechenden Belegen.
[173] Statt *significatio* wurden auch andere Termini verwendet, zum Beispiel *ratio* (vgl. Thomas v. Aquin, De potentia 9,4,c).

(unter gewissen Bedingungen angebbar als Menge der Individuen, auf die das Wort zutrifft) betrachtet zu haben.[174]

So haben zum Beispiel singuläre Ausdrücke, die nichts bezeichnen, keine Referenz und auch keine Supposition. Und Referenz ist wie die Supposition kontextsensitiv. Ebenso gibt es Hinweise, dass zum Beispiel Nomen ein *significatum* haben, ohne auf etwas zu referieren. Und für Frege ist der Sinn (die Bedeutung im späteren Sinne) eine Weise der Bezeichnung, was an *modi significandi* erinnert. Andererseits lassen sich viele Details und Aspekte von *suppositio* und *significatio* nicht auf die Unterscheidung zwischen Bedeutung und Referenz zurückführen.[175] Die mittelalterliche Lehre von den Weisen des Bezeichnens ist zu vielfältig, als dass sich ein klares Bild ergäbe. Beispielsweise werden oft auch die (grammatischen) Teile der Rede (*partes orationis*) als Weisen des Bezeichnens angeführt und so erläutert, dass etwa Nomen Substanzen bezeichnen (also die Weise des Bezeichnens von Substanzen darstellen). Hier scheint man „Substanz" nicht als Bedeutung, sondern als allgemeine Referenz von Nomen auffassen zu müssen. Und nach herkömmlicher Fregescher Auffassung dominiert die Bedeutung die Referenz (erst wenn wir die Bedeutung eines Ausdrucks kennen, können wir mit ihm auf etwas referieren).[176] In der Suppositionstheorie gibt es kein entsprechendes Theorem.

[174] Das ist, wie es scheint, zumindest die Mehrheitsmeinung unter den Experten (eine einschlägige, immer wieder zitierte Stelle ist Wilhelm von Ockham: Summa totius logicae I,63–64), vgl. z. B. Pinborg (1972), oder de Libera (1997), bes. 121. Zu diesem Thema gibt es eine Fülle von Literatur. Zu den neuesten Essaybänden gehören Lagerlund (Hrg.) (2007); Biard (Hrg.) (2009); Bos (Hrg.) (2009).

[175] Die Eigenschaft, zu supponieren, wurde primär Substantiven, Pronomen und substantivischen Artikeln zugesprochen, nicht aber zum Beispiel Adjektiven oder Verben. Und als Referenten galten Substanzen im jenem zweifachen Sinne, der in der aristotelischen Metaphysik artikuliert worden war, nämlich einerseits im Sinne von ersten Substanzen, also Individuen wie Sokrates oder Platon, andererseits im Sinne von zweiten Substanzen, also Species wie Mensch. Und sofern die *suppositio* so etwas wie Referenz bedeutete, wurde diese Begriffsbildung meist auf Substanzen im metaphysischen Sinne beschränkt. Die Referenz allgemeiner Prädikatoren auf die Klasse aller Dinge, auf die sie zutreffen, erscheint in der mittelalterlichen Suppositionstheorie an einer anderen Stelle, nämlich als „konfuse materiale Supposition", etwa bei Petrus Hispanus (vgl. Bochenski (1956), Anm. 114, 197). Zugleich konnte in der Suppositionstheorie zum Beispiel auch das Verwenden und Zitieren sprachlicher Ausdrücke (und damit das objektsprachliche und das metasprachliche Reden) unterschieden werden. So referiert zum Beispiel das Wort „Mensch" im Satz „Mensch ist ein Lebewesen" auf externe Personen (*suppositio personalis*), im Satz „Mensch ist eine Spezies" dagegen auf eine Species (*suppositio simplex*) und im Satz „‚Mensch' ist einsilbig" für den entsprechenden sprachlichen Ausdruck (*suppositio materialis*).Die vielfältige Verwendung des Suppositionsbegriffes hat einige Experten zu der Auffassung geführt, dass die Unterscheidung zwischen *significatio* und *suppositio* keiner modernen logischen oder semantischen Unterscheidung entspricht (vgl. z. B. Bochenski (1956), § 27, 186–199). Dass eine glatte Identifizierung von *suppositio* mit Referenz und von *significatio* mit Bedeutung von vielen Stellen widerlegt wird, zeigt zum Beispiel Hülsen (1994).

[176] Vgl. dazu genauer unten, Abschnitt 6.3, S. 250.

Die mittelalterliche Suppositionstheorie ist also sicher nicht einfach eine Theorie der Referenz im modernen Sinne, und die mittelalterliche Unterscheidung zwischen *significatio* und *suppositio* ist nicht einfach eine Unterscheidung zwischen Bedeutung und Referenz im modernen Sinne (bzw. zwischen Sinn und Bedeutung im Fregeschen Sinne). Doch lässt sich vielleicht – wohlwollend betrachtet – sagen, dass in der mittelalterlichen Suppositions- und Bezeichnungstheorie ein Unterschied markiert worden ist, der in manchem der modernen Unterscheidung zwischen Referenz und Bedeutung ähnelt. Wenn daher mittelalterliche Autoren davon sprechen, dass in der Textauslegung *sensus* und *sententia* erfasst werden sollen, dann haben sie eine epistemische Aktivität im Blick, die zumindest in manchen Hinsichten dem Erfassen von semantischen Gehalten im modernen Sinne ähnelt.[177]

1.4. Hermeneutik in Reformation und Humanismus

Nach dem Ausgang des Mittelalters waren es insbesondere die Reformation und der Humanismus, die der Hermeneutik eine neue Richtung gaben. Für diese neue Ausrichtung der Hermeneutik waren vor allem drei wirkungsmächtige Autoren verantwortlich: Martin Luther, Philipp Melanchthon und Matthias Flacius Illyricus.

Die *protestantische Bibelexegese*, die von diesen drei Autoren etabliert wurde, hat die veridische Orientierung der traditionellen katholischen und allegorischen Auslegung der Testamente beibehalten: Sämtliche biblischen Aussagen müssen als göttliche Offenbarung wahr sein, und wenn es Stellen gibt, die dunkel, widersprüchlich oder falsch zu sein scheinen, ist es die Aufgabe der Bibelexegese, diese Stellen mit hermeneutischen Mitteln als verständlich, konsistent und wahr zu erweisen.[178] Eine veridisch ausgerichtete Hermeneutik – sei sie protestantisch oder katholisch, allegorisch oder buchstäblich, allgemein oder spezifisch – ist jedoch, wie bereits betont,[179] keine Hermeneutik im strikten Sinn.

[177] Es ist daher nicht verwunderlich, dass auch einflussreiche Experten für mittelalterliche Semantik nicht zu einem einheitlichen Urteil kommen. Fernando Inciarte etwa behauptet, dass die Unterscheidung zwischen *res significata* (die supponiert) und *modus significandi* die mittelalterlich-scholastische Fassung der Fregeschen Unterscheidung zwischen Sinn und Bedeutung ist (vgl. Inciarte (1981)). Jan Pinborg glaubt dagegen, dass der *modus significandi* nur einen Teil des Fregeschen Sinns abdeckt (vgl. Pinborg (1975)).

[178] Titzmann spricht daher in seinen interessanten Ausführungen zu den Herausforderungen der biblischen Hermeneutik in der Frühen Neuzeit ganz zu Recht von einem konfessionsübergreifenden Grundsatz, dem die katholische wie die protestantische Hermeneutik folgen (vgl. Titzmann (2005), bes. 125–127).

[179] Vgl. oben, S. 77f.

Dennoch hat die protestantische Bibelauslegung der Hermeneutik einen wichtigen Impuls vermittelt. Luther hat zwar keine systematische Bibel-Hermeneutik (geschweige denn eine allgemeine Hermeneutik) entwickelt, doch hat er entschieden und erfolgreich für einige hermeneutische Grundsätze plädiert, die man als *Prinzipien der protestantischen Bibelexegese* bezeichnen kann:

(a) Der Text ist im buchstäblichen Sinne prinzipiell klar und verständlich.
(b) Eine buchstäbliche Auslegung des Textes ist daher ausreichend.
(c) Jede Art von allegorischer Auslegung ist spekulativ und willkürlich.
(d) Wegen (b) und (c) ist das Prinzip der allegorischen Interpretation strikt zurückzuweisen.

Melanchthon und Flacius sind Luther in diesen Grundsätzen gefolgt, haben aus ihnen aber darüber hinaus weitere hermeneutische Konsequenzen gezogen. Der rhetorisch gebildete Humanist Melanchthon hat vor allem betont, dass im Rahmen einer strikt buchstäblichen Auslegung eine formale – logische und rhetorische – Textanalyse hilfreich sein kann für die Klärung dunkler oder scheinbar widersprüchlicher oder falscher Passagen (dazu gehören zum Beispiel die Logik der Argumentation (Haupt- und Nebenargumente), die Klärung der Redegattung, die Herausstellung fundamentaler allgemeiner Wahrheiten im Text (der *loci communes*) und das Erkennen der rhetorischen Figuren). Flacius dagegen legt vor allem Wert darauf, einzelne Stellen stets aus dem Gesamtzusammenhang der Bibel heraus zu verstehen. Der gesamte Bibeltext bildet nach Flacius einen inneren verständlichen Zusammenhang, und daher lassen sich einzelne Stellen, die problematisch zu sein scheinen, durch Rekurs auf diesen Zusammenhang und entsprechende Parallelstellen besser verständlich machen. Kurz, die vier genannten Grundsätze der protestantischen Bibelauslegung sind zu ergänzen durch

(e) Falls die buchstäbliche Auslegung einzelne Stellen als problematisch erscheinen lässt, sind diese Stellen durch formale (logische und rhetorische) Analyse des Kontextes und durch Verweis auf Parallelstellen sowie den Gesamtzusammenhang des Textes aufzuklären.

In der protestantischen Bibelexegese sind die Prinzipien (a)–(e) allein auf die Heilige Schrift bezogen, doch können sie ohne Weiteres auf beliebige Texte übertragen werden und enthalten in dieser Verallgemeinerung deutliche Schritte in Richtung auf eine Hermeneutik, die durch rationale und letztlich sogar wissenschaftliche Interpretationsprinzipien bestimmt ist, die ihrerseits durch eine allgemeine Verstehbarkeitsbedingung für beliebige Texte geleitet ist.[180]

Im Rahmen des Humanismus, der sich intensiv um ein angemessenes Verständnis antiker Texte bemühte, trat der theologischen Hermeneutik auch eine *profane philologische Hermeneutik* zur Seite,[181] die im 17. und 18. Jahrhundert entschieden ausgebaut und bis hin zu Schleiermacher und Dilthey weiter entwickelt wurde.[182] Diese Entwicklung wurde u. a. maßgeblich von Giorgio Vallas Übersetzung der aristotelischen *Poetik* in das Lateinische im Jahre 1498 initiiert. Bis zur Mitte des 16. Jahrhunderts war die *Poetik* auch in Italien bekannt geworden. Von dieser Zeit an bis ins späte 18. Jahrhundert hinein war Aristoteles' *Poetik* die maßgebliche theoretische Quelle der Hermeneutik als profaner Auslegungskunst. Der einflußreichste Hermeneutiker und Literaturtheoretiker der Renaissance war vermutlich Lodovico Castelvetro, dessen Kommentar zu Aristoteles' *Poetik* einen enormen Einfluss auf die Entwicklung der philologischen Hermeneutik ausüben sollte.[183]

[180] Nach der Etablierung der protestantischen Bibelexegese wurden in den folgenden beiden Jahrhunderten hunderte von hermeneutischen Manualen veröffentlicht. Die erste Auslegungslehre, in der das Wort „Hermeneutik" auftauchte, war Dannhauer's *Hermeneutica sacra sive methodus exponendarum sacrarum litterarum* von 1654.

[181] Häufig wird aber auch Vico als Pionier der Hermeneutik angesehen, vgl. z. B. Pompa (1996). R. Hausherr weist in Hausherr (1996) darauf hin, dass in hermeneutischer Hinsicht neben Vico auch Herder ein Vorläufer von Schleiermacher war. Einen ausgezeichneten Überblick über diese Entwicklung der Hermeneutik bis hin zur Romantik kann man bei Schröder (Hrg.) (2001) finden.

[182] Ein aufschlussreiches Beispiel für die Entfaltung und Aufwertung der profanen Hermeneutik in der Renaissance ist das Werk des Aristoteles-Interpreten Angelo Poliziano (1454–1494). Bei Poliziano gewinnt vor allem die Textkritik der *grammatica exegetica* eine neue wissenschaftliche Dimension, die zum Teil als *Revolution der philologischen Methode* apostrophiert wurde: Poliziano vergleicht und bewertet zum ersten Mal methodisch bewusst unterschiedliche historische Quellen (insbesondere Handschriften). Er setzt die Arbeit des Interpreten (*interpres*) selbstbewusst von der Tätigkeit des Philosophen ab und betont, selbst nicht ein Philosoph, sondern ein Aristoteles-Interpret zu sein. Aber er versteht sich als kritischer und sachverständiger Aristoteles-Interpret, der aufgrund seiner Textkenntnis die aristotelischen Texte – als Texte auf höchstem philosophischen Niveau – optimal auslegt, auf der Grundlage dieser Auslegung dann aber gegebenenfalls auch eine kompetente sachliche Bewertung vornimmt: der *grammaticus* ist nach Poliziano auch ein *criticos* und *censor* des von ihm ausgelegten Textes.

[183] Vgl. dazu genauer McLaughlin (2005).

KAPITEL 2: HERMENEUTIK DER FRÜHEN NEUZEIT UND AUFKLÄRUNG

Einflussreiche Hermeneutiker des 19. und 20. Jahrhunderts wie Dilthey und Gadamer haben die Hermeneutiken der Frühen Neuzeit und Aufklärung zu Katalogen von Auslegungsregeln herabgewürdigt. Doch in Wahrheit erlebte die Hermeneutik in dieser Zeit einen theoretischen Durchbruch. Einige Hermeneutiker der Aufklärung sind allerdings der bedenklichen Strategie Augustins gefolgt, die Theorie des Verstehens repräsentationaler Zeichen unter eine Theorie natürlicher Zeichen zu subsumieren. Diese Entwicklungen sollen im folgenden Kapitel unter geist-theoretischer Perspektive nachvollzogen werden.

2.1. Die Pioniere der frühneuzeitlichen Hermeneutik[184]

Die antike und die dominante mittelalterliche Tradition vereinigte, wie wir gesehen haben, unter dem Dach der Grammatik die methodische und die exegetische Grammatik. Das Verstehen von Texten ist in dieser Tradition an das Erfassen von Syntax *und* Semantik eines Textes gebunden. Noch im 15. Jahrhundert wird diese Einstellung in maßgeblichen Lehrbüchern aufrecht erhalten.[185] Doch schon von ca. 1000 n. u. Z. an macht sich daneben – zunächst zaghaft, später immer stärker – eine *Tendenz zur Logisierung der Grammatik* geltend, die versucht, die grammatischen Kategorien allgemein in Begriffen des aristotelischen Organon zu erklären.[186] Eine logisch begründete allgemeine Sprachlehre, eine radikal *universelle Grammatik* zeichnet sich ab, die nicht mehr eng mit der Interpretation von poetischen oder historischen Texten zusammenhängt. Damit geht der Beginn einer wissenschaftstheoretischen Diskussion um den Status der Grammatik

[184] Zur Entfaltung der Hermeneutik von der ersten Hälfte des 17. Jahrhunderts an (also mit Beginn der Frühmoderne) sind in letzter Zeit besonders viele aufschlussreiche Studien erschienen, die ein neues Bild von den bemerkenswerten Einsichten dieser Epoche der vorklassischen Hermeneutik zeichnen. Die instruktiven Ergebnisse dieser Studien können im folgenden nur sehr verkürzt skizziert und kommentiert werden. Vgl. z. B. Sdzuj (1997); Bühler (Hrg.) (1994); Scholz (1999), 35–67.

[185] So zum Beispiel in den *De Inventione Dialectica Libri Tres* von Rudolf Agricola (verfasst 1479) oder in den *Grammaticarum institutionum libri III* von Aldus Manutius (von 1493).

[186] Vgl. die *Institutiones grammaticae* des Johannes Scotus Eriugena (um 850); dazu und zum Folgenden genauer Danneberg (2005), 322–362.

in Begriffen der aristotelischen Wissenschaftstheorie einher – insbesondere über die Frage, ob die Grammatik eine *ars* (*technē*) oder eine *scientia* (*epistēmē*) ist.

Vom 16. Jahrhundert an führt diese Tendenz zur Abspaltung der *grammatica exegetica* (der Auslegungskunst) von der *grammatica methodica* (der Sprachlehre). So bezeichnet Melanchthon in seiner *Grammatica Latina* von 1540/1559 die Grammatik als eine Lehre, die lediglich Rechtschreibung (*orthographia*), Aussprache (*prosodia*), Etymologie (*etymologia*) und grammatische Struktur (*syntaxis*) enthält. Um dieselbe Zeit betrachtet Julius Caesar Scaliger die Grammatik als Teil der (aristotelischen) Philosophie, die den syntaktischen Aufbau eines Textes (im Sinne einer Synthese) analytisch zergliedert. Dadurch wurde die Grammatik auf das wissenschaftliche Verfahren von Synthese und Analyse im aristotelischen Sinne bezogen; doch ließ sich nur die methodische Grammatik, nicht die exegetische Grammatik auf diese Weise klassifizieren. Der einflussreichste Philosoph des 16. Jahrhunderts, der die Grammatik strikt auf Sprachlehre beschränkt und die exegetische Grammatik ausgliedert, ist jedoch Petrus Ramus. Er stellt unverblümt klar, dass die Grammatik lediglich aus Etymologie und Syntax bestehe und dass daher die Interpretation nicht Teil der Grammatik sei.[187] Das alleinige Ziel der Grammatik ist nach Ramus das angemessene Reden (*bene loqui*).

Doch wird das traditionelle Projekt der exegetischen Grammatik nicht endgültig aufgegeben. Dieses Projekt figuriert nur nicht mehr als Grammatik. Traktate über das Auslegen werden vielmehr mehr und mehr außerhalb des grammatischen Genres geschrieben.[188] Das allgemeine Bild, das sich Ende des 16. Jahrhunderts abzeichnet, ist eine Dreiteilung der Disziplinen, die sich mit Texten beschäftigen: die Grammatik lehrt die syntaktischen sprachlichen Fähigkeiten; die Auslegungskunst lehrt das angemessene Erfassen der Gedanken und Reden fremder Autoren; und die Logik (im erweiterten Sinn) soll dazu befähigen, über die Wahrheit und Falschheit der Gedanken und Schriften zu entscheiden. Die Logik setzt die Auslegekunst und diese die Grammatik voraus. Damit war der Boden bereitet für die Konzeption einer universellen Hermeneutik als Auslegungskunst, die sich sowohl von der Grammatik als auch von der Logik unterscheidet. Diese Konzeption wurde im 17. Jahrhundert zur vollen Entfaltung gebracht. Doch wurde damit zugleich das Verstehen und Interpretieren als Erfassen der semantischen Aspekte von Gedanken, Reden und Texten von dem Erfassen ihrer syntaktischen Strukturen für lange Zeit abgespalten. Die frühmoderne

[187] Zu den Belegen vgl. Danneberg (2005), 331 Anm. 190–191.

[188] Ein Beispiel dafür ist Franciscus Sanctius Brocensis, der wie Ramus seine Grammatik auf Sprachlehre beschränkt, aber zusätzlich eine Abhandlung *De Auctoribus Interpretandis* verfasst (von 1581).

Hermeneutik hat, wie im Folgenden gezeigt werden soll, unter verschiedenen Aspekten bedeutende Fortschritt erzielt – allerdings nicht auf dem Feld der Semantik, für die man sich im wesentlichen auf die einschlägigen Passagen der aristotelischen Schrift *Peri Hermeneias* berief und sie psychologistisch interpretierte. Demnach repräsentieren sprachliche Zeichen mentale Zustände (Vorstellungen) der Zeichenproduzenten, und die Bedeutung sprachlicher Zeichen beruht auf der Reihe von Vorstellungen, die der Zeichenproduzent mit den Zeichen verbindet.[189]

Es war der Theologe und Aristoteliker Johann Konrad Dannhauer, der zu Beginn des 17. Jahrhunderts als erster explizit das *Konzept einer allgemeinen Hermeneutik* formuliert hat. Dannhauer lokalisiert in Aristoteles' Schrift *Peri hermeneias* den Entwurf einer zusätzlichen Art von Wissen, eines allgemeinen *modus sciendi*, die *hermeneutica*, der es darum geht, den wahren vom falschen Sinn beliebiger Texte zu unterscheiden (*verum sensum a falso discernere*).[190] Dannhauer proklamiert ausdrücklich, dass die Hermeneutik fächerübergreifend ist (*una generalis omnibus scientiis communis*) und auf die Reden und Texte aller Autoren angewendet werden kann (*in omnibus auctorum scriptis et orationibus*).

Die Eigenständigkeit der allgemeinen Hermeneutik wird von Dannhauer nicht nur behauptet, sondern auch wissenschaftstheoretisch begründet, und zwar gut aristotelisch mit dem Hinweis, dass der *sensus verus* von Texten ein spezielles Erkenntnisobjekt sei und jedem speziellen Erkenntnisobjekt eine spezielle Wissenschaft entspreche.[191] Zwar scheint Dannhauer zunächst nicht genauer anzugeben, worin die Spezifizität des *sensus* von Texten gegenüber den Gegenständen anderer Wissenschaften besteht, doch war seine Behauptung und Begründung der *Autonomie der Hermeneutik* wegweisend und blieb ein Anspruch, den genauer einzulösen der allgemeinen Hermeneutik fortan eine Verpflichtung war. Überaus interessant ist ferner, dass Dannhauer die Interpretation natürlicher Zeichen im modernen Sinn ausdrücklich (und mit vollem Recht) aus dem Gegenstandsbereich der allgemeinen Hermeneutik ausschloss. In diesem Zusammenhang macht Dannhauer geltend, dass jene auf Übereinkunft beruhenden Zeichen, die zugleich für Dinge selbst stehen *und* in Lehre und logische Zusammenhänge eingehen können (die *signa doctrinalia*), der eigentliche Gegenstandsbereich der Hermeneutik sind. Hier blitzt die Einsicht auf, dass der *sensus* dieser

[189] Vgl. dazu genauer Alexander (1993), 30–34.

[190] Vgl. Dannhauers Schrift (1630), bes. 33. Einer der ersten Autoren, die Dannhauers überragende Bedeutung für die Geschichte der Hermeneutik herausgestellt haben, war H. E. Hasso Jaeger, vgl. die ausführliche Darstellung in Jäger (1974), 41–62.

[191] Vgl. dazu Alexander (1993), 53 f.

Zeichen durch Logik organisiert ist.[192] Es war gerade die Einbettung der allgemeinen Hermeneutik in die aristotelische Wissenschaftskonzeption, die bei Dannhauer zu einer präziseren These über den „Sinn" (*sensus*) als Objekt der Hermeneutik führte. Er konnte dabei an die Einsichten der antiken Semantik und an die mittelalterliche Unterscheidung zwischen *litera, sensus* und *sententia* anknüpfen, also die Unterscheidung zwischen der Textkomposition, dem gedachten Sinn und dem Wahrheitswert des Textes.[193] Dannhauer erklärt ausdrücklich, dass die Hermeneutik den Sinn (*sensus*) des Textes unabhängig von seinem Wahrheitswert zu ermitteln habe und dass erst die wissenschaftliche Analyse der Behauptungen im Text (im aristotelischen Sinne) den Wahrheitswert ermitteln könne.[194] Damit war der Sache nach die Hermenneutik bestimmt als eine Disziplin, die die Bedeutungen oder semantischen Gehalte eines Textes auf wissenschaftliche Weise zu ermitteln hat.

Dannhauer hat also – in wegweisender Form – die Hermeneutik als Kunst der semantischen Auslegung von Texten, Gedanken und Reden und damit als autonome wissenschaftliche Disziplin konzipiert.[195] Die generelle Gliederung der *Idea Boni Interpretis* folgt, wie Dannhauer anmerkt, dem *ordo analyticus*: Zunächst wird das Ziel angegeben (Ermittlung des wahren Sinns eine Rede, wobei als Ausleger jeder Mensch in Frage kommt, der seinen Verstand gebrauchen kann und den Interpretationsregeln folgt. Gegenstand der Hermeneutik ist jede Rede, die unverständlich, aber erklärbar ist). Dann folgen (i) die Bedingungen gelingenden Verstehens, (ii) die Ursachen von Unverständnis und Missverständnissen sowie (iii) die Interpretationsregeln (Regeln für die Sorgfalt des Auslegers, für die Anwendung von Logik, Grammatik und Rhetorik in der Interpretation und schließlich im Anschluss an den Accessus die *media interpretandi*. Dabei brachte Dannhauer die traditionellen *media interpretandi*, also die Listen hermeneutischer Aufgaben, in eine wissenschaftstheoretisch begründete

[192] Vgl. dazu genauer oben, Einleitung Abschnitt 2, S. 36f. sowie unten, Abschnitt 8.1, S. 334, 8.4, S. 377 und 8.5, S. 389 zur veridischen und logischen (rationalen) Normativität semantischer Gehalte und dem konstitutiven Status dieser Normativität.

[193] Vgl. z. B. Hugo von St. Victor, *Didascalion* lib.III, c.9.

[194] Dannhauer (1630), 12. Vgl. dazu die erhellenden Ausführungen bei Jäger (1974), 50–53, der vor allem die Innovation Dannhauers betont, die Hermeneutik als Wissenschaft zu begreifen. Alexander (1993), 57–61 führt die Wissenschaftskonzeption der Hermeneutik bei Dannhauer auf Zabarella zurück.

[195] Dabei knüpfte er ausdrücklich an den mittelalterlichen *Accessus ad auctores* an, wie er zum Beispiel von Michael Piccart zu Beginn des 17. Jahrhunderts zusammengefasst worden war.Vgl.Michael Piccart (1605) und Quain (1945). Die überlieferten Texte zum Accessus (vgl. die Edition von R.B. Huygens, Leiden 1970) enthalten freilich keine allgemeinen Passagen zu Interpretationsregeln, sondern Beschreibungen des interpretativen Zugangs zu einzelnen Autoren, etwa Cato, Homer, Ovid, Lukan oder Vergil.

Anordnung: (1) Kenntnis von Begriffsbestimmungen und technischen Termini; (2) philologische Textkritik; (3) klärende Wortvertauschungen bei Übersetzungen in andere Sprachen; (4) Kenntnis des für den Autoren typischen Sprachgebrauchs; (5) Beachtung der Zielsetzung des Textes; (6) Beachtung der Analogie; (7) Untersuchung der vorangehenden und nachfolgenden Texte, und (8) unbestechliches Urteil.[196] Die wichtigsten Interpretationsmittel werden von Dannhauer im einzelnen spezifiziert. So wird zum Beispiel zwischen dem Erfassen einzelner Wörter und den aus ihnen zusammengesetzten Texten unterschieden – unter Voraussetzung eines semantischen Kompositionalitätsprinzips. Das grundlegende Erfassen einzelner Wörter wird gewöhnlich dem üblichen Sprachgebrauch entnommen, gegebenenfalls aber auch dem spezifischen Sprachgebrauch des Autors oder der einschlägigen Wissenschaften. Auch der Verweis auf Parallelstellen wird methodologisch präzisiert. Eine zur Auslegung herangezogene Parallelstelle soll erstens vom Autor selbst stammen, sie soll zweitens eine grundsätzliche Auffassung (einen *locus classicus*) des Autors zu dem entsprechenden Thema darstellen, und sie soll aus einer Schrift mit der angemessenen Literaturgattung stammen.[197]

In diesem Kontext äußert sich Dannhauer unter anderem auch zur Handhabung von Widersprüchen. Er unterscheidet zwei Arten von Widersprüchen: den externen Widerspruch der Behauptungen eines Autors mit der Erfahrung oder der Vernunft des Interpreten, und den internen Widerspruch zwischen mehreren Behauptungen desselben Autoren oder zwischen mehreren Autoren, deren Autorität gleich schwer wiegt. Dannhauer fordert für eine gute Interpretation den ernsthaften Versuch, beide Arten von Widersprüchen nach Möglichkeit auszuräumen, und er beruft sich dabei auf einen bemerkenswerten Grundsatz – auf den Grundsatz von der

„Einheit der Vernunft. Sie ist dieselbe für alle denkenden Subjekte, für alle Nationen, alle Epochen, alle Kulturen.[198]

Wenn Konrad Dannhauer zum ersten Mal in der Geschichte der Wissenschaften die Einheit, Wissenschaftlichkeit *und* methodische Autonomie der Hermeneutik betont hat, so hat ein anderer frühneuzeitlicher Vorreiter der allgemeinen Hermeneutik, der Cartesianer Johannes Clauberg, in seinem einflussreichen Lehrbuch der Logik von 1652 (*Logica Vetus et Nova*) die allgemeine Hermeneutik explizit im Bereich der Logik verortet. Der gesamte dritte Teil dieses Lehrbuches (mit dem Titel *De vero orationis obscurae sensu*

196 Vgl. dazu Alexander (1993), 62–66.
197 Vgl. Dannhauer (1630) I, §§ 90–91.
198 Dannhauer (1630) I, § 57.

investigando) ist der allgemeinen Hermeneutik gewidmet und stellt einen der instruktivsten Texte der Geschichte der Hermeneutik dar.[199] Einer der bemerkenswertesten Aspekte der Hermeneutik von Clauberg ist die Befreiung des allegorischen Interpretationsprinzips von seiner dogmatischen Wahrheitsunterstellung für den zu interpretierenden Text und die erstmalige Umwandlung dieses Prinzips in ein allgemeines Prinzip der Nachsicht im Rahmen einer allgemeinen Hermeneutik.[200] Nach Clauberg soll der Interpret in Zweifelsfällen die gütigere Auslegung wählen und alle Interpretationsgründe berücksichtigen. Er sollte ferner mehrere Bedeutungen gelten lassen, wenn sie gleich wahrscheinlich sind. Und er sollte den Text nicht ohne gute Gründe verurteilen und kleine Irrtümer nicht zu scharf kritisieren. Kurz, der Interpret sollte sich vom Grundsatz der Güte (*benignitas*) leiten lassen.[201] Clauberg betont, dass diese Unterstellung durch kluge Vernunft geraten wird, also ein Ausdruck der Rationalität des Interpreten ist.[202]

Claubergs Hermeneutik kann als exemplarischer Beleg für die hermeneutischen Einsichten gewertet werden, die im frühneuzeitlichen Projekt der allgemeinen Hermeneutik erreicht worden sind. Deutlicher als Dannhauer bekennt sich Clauberg zur Position des Autorenintentionalismus, d. h. zu der Auffassung, das grundlegende Ziel der Auslegung von Texten oder Reden sei es, die Meinungen der Autoren zu erfassen.[203] Diese Position besagt nicht, dass die Meinungen oder Vorstellungen der Autoren auch die Bedeutungen ihrer Äußerungen und Texte sind.[204] Denn Clauberg fährt an derselben Stelle fort: „oder genauer welches die wahre und mit dem Geist des Sprechenden übereinstimmende Bedeutung der Reden und Schriften

[199] So das zutreffende Urteil von Scholz (1999), 41.

[200] Dies wird vor allem von Scholz (1999), 41 f. betont.

[201] Dieses Nachsichtsprinzip war in der juristischen speziellen Hermeneutik der frühen Neuzeit allerdings schon verbreitet und wurde in allgemeiner Form zum Beispiel auch bei Forster (1613) erwähnt. An diesem Grundsatz hält ein halbes Jahrhundert später zum Beispiel auch Christian Weise in seinem Logik-Lehrbuch fest, das in deutscher Sprache 1696 erschien. Er nennt den Grundsatz interessanterweise auch Präsumption und charakterisiert ihn auf einer mentalen Ebene: Wir sollen beim Interpretieren unterstellen, dass der Autor mit seinem Text etwas „Rechtes" (also Vernünftiges und Konsistentes) verstanden wissen will und mit Absicht nichts Absurdes sagen wollte: „Der Hauptschlüssel zu allen zweiffelhafften und zweydeutigen Reden besteht in dieser Regel: Verba accipienda sunt cum effectu. Das heißt: wenn jemand etwas redet oder schreibet, so ist die Praesumption vorhanden, dass er unter solchen Worten was rechtes wil verstanden haben, und dass er mit Wissen und Willen nichts setzen wird, das einer öffentlichen Absurdität oder auch nur einer absurden Consequentz ähnlich scheinen möchte (Weise (1696), XIII, IX, 721).

[202] Ferraris (1996) widmet in seiner kurzen Darstellung der frühneuzeitlichen Hermeneutik (35–43) den zentralen Leistungen Dannhauers und Claubergs viel zu wenig Aufmerksamkeit.

[203] „Vor allem anderen muss so verfahren werden,...dass erfasst wird, welches die Meinungen desjenigen sind, der zu uns spricht." (Clauberg (1654) III, § 3). Zur modernen Debatte um den Autorenintentionalismus vgl. genauer unten, Abschnitt 7.4.

[204] Wie zum Beispiel Alexander (1993), 72 annimmt.

ist." Claubergs Autorenintentionalismus zielt also in aller wünschenswerten Klarheit auf das Modell des Verstehens als Lesen des Geistes.

Indem Clauberg ausdrücklich unterscheidet zwischen der Analyse und Interpretation der Natur und der Analyse und Interpretation der Autoren, die uns mit externer Rede etwas zu verstehen geben,[205] und indem er betont, dass es nicht recht sei, über die Wahrheit der Texte von Autoren zu urteilen, bevor man sie richtig verstanden hat,[206] stellt er klar, dass die Hermeneutik darauf zielt zu ermitteln, was Texte bedeuten und ihre Autoren meinen, völlig unabhängig davon, ob diese Texte wahr oder falsch sind.

Die Einordnung der Hermeneutik in die Logik bedeutet nach Clauberg vor allem, dass die Hermeneutik auch einen Beitrag zur Wahrheitsforschung leisten kann. Denn die Logik erforscht die Wahrheit. Doch wenn wir die Wahrheit erforschen wollen, müssen wir nicht nur die Dinge selbst analysieren, sondern oft auch die Schriften anerkannter Philosophen und Wissenschaftler, die sich dazu geäußert haben. Da nun oft Schriften von toten oder nicht anwesenden Autoren interpretiert werden, die nicht danach gefragt werden können, wie sie bestimmte Sätze meinen, und da es meist um schwierige Fragen geht, ist die Bedeutung dieser Schriften oft dunkel. Daher bedarf es besonderer, methodisch angeleiteter Interpretationsverfahren, um die wahre Bedeutung dunkler Schriften oder Stellen zu klären. Wenn diese interpretatorische Klärung nach der richtigen Methode erfolgt, handelt es sich um eine Art von Wissenschaft (*modus sciendi*).[207] Kurz, Hermeneutik konzentriert sich auf das Erfassen semantischer Gehalte von Texten zwecks Erfassen der Meinungen ihrer Autoren, ist ihrem Status nach eine Wissenschaft und dient als Teil der Logik auch der Wahrheitsforschung. Das ist ein bemerkenswert konzises und präzises Bild von Hermeneutik.

Dieses Bild wird von Clauberg auf illustrative Weise im Detail entfaltet. Die *Wissenschaftlichkeit* der Hermeneutik wird anhand von methodologischen Regeln erläutert, die auf eine Reihe verschiedener rationaler Gründe für die Wahl einer optimalen Textauslegung verweisen – und damit letztlich auch auf die wichtigsten Arten von Belegen für eine Textauslegung. Dazu gehören in erster Linie Faktoren, die außerhalb des Textes liegen (wie der Autor als Person, der Gegenstandsbereich und das Ziel des Textes, Zeit und Ort der Abfassung, sowie die Adressaten des Textes). So ist zum Beispiel zu

[205] Clauberg ibid. § 2 *Est itaque alia naturae, alia authorum analysis, sicut alia est naturae (et rerum animo conceptarum), alia est authorum (externe sermone cogitata sua nobiscum communicantium) interpretatio*).

[206] Clauberg ibid. § 3 *…ut percipiatur, quaenam sint cogitationes illius, qui nobis loquitur, sive quae dictorum scriptorumque germana et menti dicentis congrua significatio sit, quis sensus verborum genuinus.*

[207] Clauberg (1654), § 4.

klären: Wer ist der Autor (Gott oder Mensch, Lehrer oder Schüler, populärer Schriftsteller oder analytischer Doktor, etc.)? Für die Authentizität oder Echtheit der Schriften sind die Titel, die Vorreden und die Hinweise des Verlegers wichtig. Wenn die Echtheit einer Schrift strittig ist, muss man auf den Sprachgebrauch des Textes, auf den Bezug zu anderen Texten sowie auf Geschichte und Chronologie achten, denn daraus geht häufig die Unechtheit eines Textes hervor.[208] Auch muss untersucht werden, an wen sich der Text wendet, zum Beispiel: an Herrscher oder Untergebene, an Gelehrte oder Schüler, aber zum Beispiel auch: an Philosophen, Theologen oder Dichter? Denn je nachdem werden der Sprachgebrauch, die Terminologie, die Argumentation unterschiedlich sein. Auch diese Klärung ist daher hilfreich für eine angemessene Interpretation.[209] Ferner muss der Gegenstandsbereich des Textes geklärt werden. Denn spezifische Gegenstandsbereiche erfordern stets eine bestimmte Terminologie und einen bestimmten Modus der Abhandlung. Man sollte insbesondere prüfen, ob allgemein und abstrakt oder speziell und konkret argumentiert wird und worauf sich der Text bezieht.[210] Als nächstes muss der Interpret untersuchen, warum der Autor den Text geschrieben hat – also bei welcher Gelegenheit, mit welchem Motiv, und mit welchem erklärten Ziel. Dabei darf der Titel des Werkes nicht immer als entscheidend angesehen werden, denn meist sind gute Texte komplex, und nicht alle Aspekte können im Titel erwähnt werden. Wenn jemand zum Beispiel mit dem Titel seines Textes über die Trennung von Körper und Seele zu handeln verspricht, so könnte er im Text auch über die Unsterblichkeit der Seele handeln, und dieses Ziel müsste der Interpret auch dann aufführen, wenn es nicht im Titel vermerkt ist. Warum der Autor den Text geschrieben hat, kann neben dem Titel meist dem Vorwort entnommen werden.[211] Auch muss der Kontext geklärt werden, in dem der Text geschrieben ist: wahrhaftig, oder nur spielerisch? Im Rahmen einer professionellen Institution, oder eher zufällig? Um eine bestimmte Öffentlichkeit anzusprechen, oder um lediglich auszudrücken, was der Autor im Inneren seines Herzens fühlt? Im eigenen Namen, oder im Namen einer anderen Person? Als Übung oder Lehre? Als eigene Aussage oder als Aussage eines anderen? Als Behauptung, Einwand oder Antwort? Als These über die Sache selbst oder gemäß der Auffassung einer anderen Person?[212] Endlich müssen Sprache und Stil erörtert werden. Man muss berücksichtigen, ob Sprache und Stil geläufig oder idiomatisch sind, und ob Sprache und Stil des Interpre-

[208] Clauberg (1654), §§ 12–15.
[209] Clauberg (1654), § 16.
[210] Clauberg (1654), § 17.
[211] Vgl. Clauberg (1654), §§ 18–20.
[212] Vgl. Clauberg (1654), § 21.

ten und des Autors dieselben sind oder nicht. Oft klingt, was in der einen Sprache als ungehobelt und fremdartig erscheint, in einer anderen Sprache durchaus akzeptabel. Insbesondere beachte man die doppelten Negationen, die im Lateinischen anders gehandhabt werden als im Griechischen und Deutschen. Vor allem aber interpretiere man den Text in seiner Originalsprache, nicht in Übersetzungen. Sprache und Stil kann man unter anderem dadurch untersuchen, dass man klärt: an wen der Text gerichtet ist (man schrieb zum Beispiel an Sklaven anders als an Herren), aus welchem Volk der Autor stammt, in welchem Jahrhundert er wo lebte, in welchem Bereich er schreibt (z. B. historisch, satyrisch, einfach, komplex, populär, für Fachleute) und welche Lehrer er imitiert.[213] Als letztes schließlich müssen Ort und Zeit der Abfassung des Textes beachtet werden, und zwar keineswegs nur aus biographischen Gründen. Vielmehr muss ein guter Interpret einen Text im Kontext seiner Abfassungszeit und der in dieser Zeit üblichen Argumentationen und Prämissen verstehen. Man darf den Text nicht einfach deshalb verunglimpfen, weil er der Betrachtungsweise jener Zeit nicht entspricht, in der der Interpret lebt. Der Interpret muss sich also umfassende historische Kenntnisse über die Abfassungszeit des Textes aneignen.[214]

Damit integriert Clauberg zentrale Elemente des traditionellen *Accessus ad auctores*, aber es ist interessant, welche methodologische Wende er diesem Teil der Hermeneutik gibt. Er weist nämlich ausdrücklich darauf hin, dass diese Elemente vor allem deshalb wichtig sind, weil sie die effizienten Ursachen des Textes sind und die Wissenschaft im Kern Ursachen untersucht. Interessant ist auch, dass er hier nicht nur die Intention des Autors, sondern eine Reihe weiterer Instanzen im Auge hat, die den Text geprägt haben.[215] Damit verleiht Clauberg dem Autorenintentionalismus und den anderen textprägenden Instanzen eine explanatorische Funktion für die Hermeneutik. Und es ist offensichtlich, dass der gute Interpret zeigen muss, dass die Erklärung des Textes sich unter Rückgriff auf die Autorenmeinung und die weiteren textprägenden Instanzen auf eine konsistente Auslegung zubewegen muss. So sollten etwa Motivation, Gegenstandsbereich, Adressaten, historische Problemlage und Gattungswahl zu einander passen.[216] Hier ist bereits eine erste, noch ein wenig versteckte *Rationalitätsunterstellung für den Autor* im Spiel:

(RA 1) Der Autor agiert in der Textproduktion als rationaler Akteur.

[213] Clauberg (1654), §§ 22–24.
[214] Vgl. Clauberg (1654), § 25.
[215] Vgl. Clauberg (1654), § 12.
[216] Clauberg benutzt hier das Verb „zusammenlaufen“ (*concurrere*) (Clauberg (1654), § 12).

Nachdem die externen Aspekte des Textes geklärt sind, muss sich der Interpret Clauberg zufolge dem Text selbst zuwenden.[217] Zunächst muss die Bedeutung der einzelnen Wörter erfasst werden. Für diese Aufgaben werden die Lexika sowie die Philologie, die Grammatik und die Rhetorik konsultiert. Dabei muss auch klar sein, in wie vielen Bedeutungen die Wörter gebraucht werden können. Die Lexika erläutern Wörter durch Bezug auf Synonyme, beseitigen Homonymien durch begriffliche Unterscheidungen und erklären den Ursprung der Wörter etymologisch. Die Grammatik unterstützt das Erfassen der Bedeutung deshalb, weil oft der Kasus, die Flexion und andere grammatische Kennzeichen zur Bedeutung der Wörter beitragen und Mehrdeutigkeiten beseitigen.[218] Drei Aspekte sind an dieser Stelle interessant. Zum einen unterstellt die Klärung der Bedeutung einzelner Wörter anhand von Parallel- und anderen Vergleichsstellen eine semantische Konsistenz als Bedingung der Interpretation, also eine erste *Rationalitätsunterstellung für den Text:*

(RT 1) Der zu interpretierende Text weist semantische Konsistenz in Hinsicht auf den Gebrauch der einzelnen Wörter auf.

Zum zweiten geht Clauberg eindeutig davon aus, dass die grammatischen Strukturen (also die Syntax) auch – und vielleicht sogar vornehmlich – eine semantische Dimension haben. Kasus, Tempora, Flexionen etwa offenbaren ja, wie Clauberg anmerkt, etwas Wichtiges an der Bedeutung der Wörter. Der gute Interpret muss also primär die semantische Dimension der sprachlichen Syntax erfassen. Der dritte Aspekt wird an der hermeneutischen Frage deutlich, ob der Text buchstäblich zu deuten ist oder im Rahmen von Tropen (wie etwa einer Metapher). Die Regel ist, dass der Interpret nur dann Tropen unterstellen sollte, wenn die buchstäbliche Interpretation zu Widersprüchen führt und nur die tropische Interpretation dazu führt, den Text als konsistent ansehen zu können. Hier wird also explizit eine zweite *Rationalitätsunterstellung für den Text* formuliert.[219]

[217] Zu Einzelheiten der hermeneutischen Regeln bei Dannhauer und Clauberg vgl. auch die instruktive Übersicht bei Alexander (1993), 86–122.

[218] Vgl. Clauberg (1654), §§ 26–28. Die Rhetorik schließlich lehrt die Tropen der Sprache (zum Beispiel die Metapher). Der Interpret muss die rhetorischen Tropen kennen, damit er sie im Text zuverlässig entdecken kann (Clauberg (1654), §§ 29–31).

[219] Zur Syntax siehe auch den Hinweis, dass der Interpret Subjekt und Prädikat vergleichen sollte, weil deren Bedeutungen sich gegenseitig bestimmen, und zur Konsistenz den Hinweis, dass die Wörter mit ihrem Gebrauch in vorhergehenden und folgenden Passagen desselben Textes verglichen werden müssen, sodann auch mit Parallelstellen in anderen Schriften desselben Autors, und sich dabei natürlich ein einheitliches Bild ergeben muss (Clauberg (1654), §§ 32–33). Darüber hinaus kann man das Wort hinsichtlich seiner Bedeutung auch mit seinem Gebrauch bei anderen guten Autoren vergleichen, und zudem gegebenenfalls mit seinem

(RT 2) Der zu interpretierende Text weist logische Konsistenz auf.

Wie weit Clauberg die hermeneutische Analyse einzelner Wörter treibt, lässt sich beispielsweise daran erkennen, dass er vom guten Interpreten auch fordert, klar unterscheiden zu können, ob ein Wort zitiert (also metasprachlich beschrieben) oder (objektsprachlich) gebraucht wird[220], ferner ob von seinem grammatischen oder seinem semantischen Sinn die Rede ist und generell ob es um die Dinge selbst oder um das Sprechen über die Dinge geht.[221] *Die Unterscheidung verschiedener Sprachebenen ist für jede angemessene Interpretation wichtig.*[222]

Nach der Klärung der Bedeutung der einzelnen Wörter eines Textes muss der Interpret die Bedeutung (den Sinn) des gesamten Textes erfassen. Und hier ist die erste Frage, ob der Text als ganzer eine oder mehrere Bedeutungen hat (etwa neben der buchstäblichen eine mystische oder allegorische Bedeutung). Wie wir schon wissen, muss der Interpret vor allem dann von mehreren Bedeutungen ausgehen, wenn der Text unter der buchstäblichen Bedeutung widersprüchlich ist. An dieser Stelle betont Clauberg jedoch bemerkenswerterweise, dass ein guter und wahrhaftiger Autor, der nicht mehrdeutig sein will oder die Leser bewusst täuschen will, einen Text produzieren wird, der eine einzige (Art von) Bedeutung hat. Diese zweite *Rationalitätsunterstellung für den Autor* ist eine hermeneutische Restriktion für das Auftreten von Widersprüchen:

(RA 2) Der Autor ist wahrhaftig und vermeidet Ambivalenzen.

Im Prinzip wird ein Text im ganzen *kompositional interpretiert*, also durch Zusammensetzung der zuvor ermittelten Bedeutungen der einzelnen Wör-

spezifischen Gebrauch als Terminus in einer Wissenschaft. Hier muss insbesondere darauf geachtet werden, dass dasselbe Wort zuweilen teils im alltäglichen Gespräch, teils auch als spezifischer wissenschaftlicher Terminus vorkommt. Zwischen diesen beiden Möglichkeiten muss sich dann der Interpret mit guten Gründen entscheiden. (Clauberg (1654), §§ 34–35).

[220] *vox materialiter/formaliter sumere*, vgl. Clauberg (1654), § 36.

[221] Clauberg (1654), §§ 44–45.

[222] Auch sollte der gute Interpret darauf achten, auf wie viele verschiedene Weisen ein Wort objektsprachlich gebraucht werden kann, vor allem ob es kategorematisch oder synkategorematisch verwendet wird. Das ist für Clauberg eine semantische Angelegenheit, weil im ersten Fall die Bedeutung aus dem Wort allein erschlossen werden kann, im zweiten Fall dagegen nicht. Der kategorematische Gebrauch liegt vor, wenn das Wort für sich allein auf bestimmte Dinge verweist; der synkategorematische Gebrauch liegt vor, wenn das Wort nur zusammen mit anderen Wörtern auf etwas Bestimmtes verweist. Außerdem lässt sich ein kollektiver und ein distributiver Gebrauch unterscheiden – kollektiv, wenn ein Prädikat auf Mehreres zutrifft, aber nicht auf die einzelnen Dinge (etwa Zahlwörter), distributiv, wenn ein Prädikat sowohl auf Mehreres als auch auf jedes Einzelne zutrifft (normale Prädikate wie Mensch) (Clauberg (1654), §§ 36–39).

ter. An dieser Stelle erwähnt Clauberg eine wichtige semantische Beobachtung: Zwei verschiedene Wörter, namentlich Subjekt und Prädikat in einem Satz, können eine verbundene Bedeutung (*sensus compositus*) oder eine getrennte Bedeutung (*sensus divisus*) aufweisen. Beispielsweise ist es unmöglich, dass ein Herr ein Sklave ist, aber es ist möglich, dass der Sitzende später geht. Kurz, die Bedeutung (mehrerer Wörter) ist zusammengesetzt, wenn verschiedene Attribute von einem einzigen Subjekt zugleich zu gelten haben und in dieser Form affirmiert oder negiert werden. Die Bedeutung (mehrerer Wörter) ist getrennt, wenn verschiedene Attribute von einem einzigen Subjekt unter verschiedenen Bedingungen oder zu verschiedenen Zeiten gelten sollen. Der Sache nach sind damit analytische Sätze gegenüber synthetischen Sätzen ausgezeichnet.[223]

Auf welche Weise kann nun der Sinn (die Bedeutung) eines Textes im ganzen erfasst werden? Da gibt es verschiedene Mittel. Grundsätzlich sollte der gute Interpret davon ausgehen, dass der Autor gewöhnlich selbst der beste Interpret seiner Schriften ist. Man sollte also zunächst nach Stellen schauen, an denen der Autor sich selbst interpretiert; und das heißt: man sucht nach entsprechenden Stellen im Text selbst, ferner in anderen Schriften des Autors, und schließlich schaut man auch auf die Taten des Autors außerhalb der Textproduktion.

Wenn man nach selbstinterpretierenden Stellen im Text selbst sucht, muss man natürlich die Grammatik, evtl. die Textkritik beachten, man muss vergleichen, ob an einigen Stellen gegenüber anderen etwas hinzugesetzt oder ausgelassen ist, und man muss die Struktur und Ordnung des Textes berücksichtigen. Denn meist behandelt der Autor eine Sache an verschiedenen Stellen auf verschiedene Weise. Diese Stellen sollte der gute Interpret aufeinander beziehen.[224]

Ganz allgemein kann ein Autor auf viele verschiedene Weisen von derselben Sache handeln, so zum Beispiel offiziell oder gelegentlich, summarisch oder ausführlicher, genau oder populär, zweifelnd oder beweisend, mit wahrscheinlichen oder zwingenden Gründen, didaktisch oder mit belegenden Argumenten.[225] Natürlich wird der Interpret die genauen, gut begründeten Bemerkungen stärker gewichten als die summarischen Bemerkungen ohne Begründung. Vor allem aber sind hier drei hermeneutische Grund-

[223] Vgl. Clauberg (1654), §§ 46–49.

[224] So können zum Beispiel speziellere Bemerkungen die allgemeineren Bemerkungen, oder ausführlichere die kürzeren, ähnliche die ähnlichen, und generell die klareren die dunkleren erläutern. Im besten Fall erhellen sich die logisch spezielleren und die logisch allgemeineren Darstellungen in ihrem Sinn gegenseitig. Vgl. Clauberg (1654), §§ 51–54.

[225] Vgl.§ 55. Dabei sollte nach Clauberg gegebenenfalls auch die Frage erörtert werden, warum ein Autor über dieselben oder ähnliche Sachen an verschiedenen Stellen auf unterschiedliche Weise und in unterschiedlichem Stil handelt (Clauberg (1654) §§ 59–61).

sätze zu beachten: Erstens, wenn es unterschiedlich gute Darstellungen derselben Sache gibt, wird der gute Interpret die schlechteren Darstellungen im Lichte der besseren Darstellungen korrigieren, also dem Autor gegenüber möglichst wohlwollend interpretieren.[226] Zweitens, der Stellenvergleich ist vor allem auch deshalb nützlich für die Interpretation, weil das, was ein Autor an verschiedenen Stellen öfter oder sogar ständig und in verschiedenen Versionen sagt, eher seiner Meinung entsprechen dürfte als das, was er nur einmal, zufällig und nebenbei sagt. Der Stellenvergleich erleichtert das Lesen des Geistes des Autors.[227] Und drittens, die *allgemeine Rationalitätsunterstellung für Autoren* muss zur Geltung kommen:

(RA 3) Es ist darauf zu achten, dass die Gesamtinterpretation des Textes möglichst die Kohärenz und Vernünftigkeit *(cohaerentia, ratio)* des Autors erweist und ihn nicht der Widersprüchlichkeit oder Absurdität (*contradictio, absurditas*) bezichtigen muss.[228]

Ein Ausdruck der Befolgung von RA 3 ist die hermeneutische Behandlung eines unleugbaren Widerspruchs im Text. In diesem Fall sollte der gute Interpret nicht sogleich zu einer allegorischen Interpretation übergehen, sondern auf andere Weise versuchen, den Autor von diesem Widerspruch nach Möglichkeit zu befreien. So kann er zum Beispiel versuchen, die Auffassung des Autors mit den Auffassungen guter anderer Autoren zu derselben Sache in Einklang zu bringen. Wenn das nicht gelingt, sollte der Interpret von zwei kontradiktorischen Aussagen eines Autors ihm die zeitlich spätere zuschreiben; und wenn es keinen Zeitunterschied gibt, dann die offizielle, nicht die gelegentliche, die lehrhafte, nicht die elenktische, die axiomatische, nicht die populäre – und diejenige, die der Autor in höherem Maße sich selbst zuschreibt.[229]

Eine interessante hermeneutische Frage ist, ob der Interpret eines Textes dem Autor Meinungen zuschreiben darf, die er im Text nicht äußert. Tatsächlich ist ja in vielen Schriften guter Autoren vieles enthalten, was sie nicht expressis verbis sagen. Darf der Interpret einem Autor zum Beispiel Meinungen zuschreiben, die er nicht explizit formuliert, die aber aus seinen expliziten Bemerkungen logisch folgen? Im allgemeinen ist das nach Clauberg durchaus berechtigt – wenn die logischen Konsequenzen gerecht und legitim sind. Das heißt, es darf nicht aus anderen Texten des Autors hervorgehen, dass er an die genannten logischen Konsequenzen niemals

[226] Vgl. Clauberg (1654), §§ 57–58.
[227] Vgl. Clauberg (1654), §§ 55–56.
[228] Vgl. Clauberg (1654), § 53.
[229] Clauberg (1654), §§ 63–65.

gedacht hat und sie niemals hätte ernsthaft vertreten wollen. Prekärer sind zwei andere Fälle: Erstens, man schreibt einem Autor eine Meinung zu, die er selbst ausdrücklich leugnet. In diesem Fall müssen allerdings die deutlichsten Anzeichen dafür sprechen, etwa dass der Autor durch all seine Taten beweist, dass er anderer Auffassung ist und diese andere Auffassung auch ausdrücklich durch seine Taten stützt. Zweiter Fall: der Autor vertritt verbal eine bestimmte Auffassung, aber alles oder vieles, was er sonst sagt, impliziert als zwingende Konklusion die Negation dieser Auffassung. Auch in diesem Fall muss die Evidenz überwältigend sein. Offensichtlich ist hier ein hermeneutischer Grundsatz am Werk, demzufolge jene Interpretation vorzuziehen ist, die gewisse Widersprüche zwar nicht beseitigt, die Konsistenz des Denkens des Autors und seiner Bemerkungen jedoch zumindest optimiert.[230]

Die verschiedenen hermeneutischen Rationalitätsunterstellungen verlangen vom Interpreten nach Claubergs Auffassung auch ein gutes semantisches Verständnis logischer Ausdrücke. Er muss beispielsweise wissen, dass „nicht jeder" so viel bedeutet wie „mindestens ein gewisser nicht". Er muss das kopulative vom existenziellen „ist" unterscheiden können, ebenso wie die unterschiedliche Bedeutung der Negation in finiten verneinenden Sätzen („x ist nicht y") und in infiniten bejahenden Sätzen („x ist nicht-y").[231] Clauberg entwickelt also *die Idee einer logischen Hermeneutik.*[232]

[230] Vgl. Clauberg (1654), §§ 66–70.

[231] Zu diesen und ähnlichen Forderungen vgl. vor allem das letzte (14.) Kapitel, also Clauberg (1654), §§ 90–104. Für die Interpretationsprobleme indefiniter Sätze verweist Clauberg auf die Logik Teil II. Einfache deskriptive Sätze bereiten als solche keine spezifischen Interpretationsprobleme. Die Interpretation komplexer Sätze setzt eine semantische Kenntnis der Konjunktionen voraus (vgl. Relativsätze, Konjunktion im logischen Sinne, Konditional, Adversativ oder Disjunktion). Ein Konditional zum Beispiel, dessen Antecedens unmöglich ist, bedeutet die Negation des Konsequens. Ein Vater, der etwa zum Liebhaber seiner Tochter sagt: „Wenn Du mir den Mond vom Himmel holst, bekommst Du meine Tochter zur Frau", sagt damit zum Liebhaber, dass er die Angebetete niemals zur Frau bekommen wird (Claubergs Beispiel) (Clauberg (1654), §§ 97–99). Vor allem bei deskriptiven Sätzen, die komparativ, exklusiv, exzeptiv oder restriktiv sind, können Interpretationsprobleme auftreten. Darum heißen solche Sätze auch auslegungsbedürftig (*exponibiles*). Bei komparativen Sätzen etwa ist darauf zu achten, ob jenes Dritte, worauf hin der Vergleich zwischen zwei Dingen erfolgt, in beiden Dingen, in nur einem der Dinge oder gar in keinem der beiden Dinge ist. Nur im ersten Fall handelt es sich um einen guten Vergleich. Im zweiten Fall ist jedoch gemeint: das eine ist gut, das andere schlecht. Und im dritten Fall ist gemeint: das eine ist weniger schlecht als das andere. Exklusive Partikel sind etwa: allein, wenige, ein einziger, nur. Solche Partikel können zum Subjekt oder zum Prädikat gehören. Exzeptive (ausnehmende) Partikel sind etwa außer, es sei denn usw. Ihre Aufgabe ist es, das Zusprechen eines Prädikates zum Subjekt einzuschränken. Restriktive Partikel schließlich sind etwa insofern, soweit als, etc. Sie bedeuten entweder eine Reduplikation, oder eine Spezifikation (Clauberg (1654), §§ 100–104).

[232] Zur modernen Variante dieser Idee vgl. genauer unten, Kapitel 6.

All diese hermeneutischen Regeln gelten primär für den deskriptiven Text (*oratio enunciativa*). Aber es gibt auch nicht-deskriptive Texte. In diesem Fall muss der gute Interpret klar erkennen können, ob im Text eine Handlung vorgeschrieben oder erzählt wird, ob gefragt, gefordert oder etwas erwünscht wird. Er muss, mit modernen Worten, den *Sprechakt* der Rede oder des Textes identifizieren können. Wenn dieser Sprechakt den Sinn einer nicht-deskriptiven Rede verdunkelt, sollte sie auf ihre deskriptive Fassung (also ihren propositionalen Gehalt) reduziert werden.[233]

Endlich weist Clauberg darauf hin, dass der gute Interpret die richtigen Vorbereitungen treffen muss, um eine gute Textinterpretation liefern zu können. Dazu gehört das Anfertigen kurzer Argumentationsanalysen der Primärtexte sowie von Indizes der wichtigsten Themen des Textes. Diese Textanalysen und Exzerpte dienen der Erinnerung an die Primärtexte (*libri primarii*). Sie verhindern, dass die Lehren großer Autoren nur aus Sekundärliteratur (*libri secundarii*) gelernt werden. Man darf auch als Interpret nie den Kontakt zu den Quellen (*fontes*) verlieren, sondern muss sich stets auf die Quellen beziehen. Darum müssen die Exzerpte auch immer wieder gelesen werden

Zur Vorbereitung eines guten Textverständnisses gehört nicht nur methodisch angeleitetes Lesen, sondern auch die Teilnahme an öffentlichen oder privaten Interpretationskursen von Doktoren, die sich mit den Texten auskennen. Da aber die Zahl der Bücher auf dieser Welt kaum noch überblickt werden kann (wie Clauberg bereits Mitte des 17. Jahrhunderts beklagt!), muss man die Lektüre sorgfältig auswählen: nur die guten oder besten Bücher zu einem Themenbereich sollten studiert werden. Diese Bücher sollten jedoch alle mindestens dreimal gelesen werden.[234] Zu diesem hermeneutischen Themenbereich gehört auch die Frage, wie der Interpret mit Hilfe anderer Personen seine Interpretation stützen kann – zum Beispiel mit Hilfe von Schülern, Gegnern, anderen gleichwertigen Autoren, Rezensenten, Kommentatoren, Interpreten, Korrektoren, Kritikern und Übersetzern. Auch in diesem Kontext gibt es viele hilfreiche Regeln. Im Fall der Kritiker und Korrektoren beispielsweise muss beachtet werden, ob sie eine exzellente Reputation haben und selbst exzellente Gründe für ihre Interpretation beibringen. Viele kleine Korrektoren und Kritiker erfüllen diese Bedingung nicht. Sie sind wie schlechte Ärzte, die eine Medizin verabreichen wollen, damit aber eine Wunde aufreißen. Und es ist klar, dass der Interpret eher Schüler als Gegner des Autoren konsultieren wird. So wird man zum

[233] Dies gilt auch für die figurative Rede: Damit der Sinn figurativer Reden klarer zu Tage tritt, sind sie auf ihre buchstäbliche Version zu reduzieren, und zwar dadurch, dass die Worte in ihrer ursprünglichen Bedeutung substituiert werden (vgl. dazu Clauberg (1654), §§ 90–91).

[234] Clauberg (1654), §§ 6–11.

Beispiel, wie Clauberg bemerkt, aus Ramus nichts für die Aristoteles-Interpretation und aus den Anti-Cartesianern nichts für die Descartes-Interpretation gewinnen.[235]

Kommen wir aus der Perspektive dieser hermeneutischen Details noch einmal kurz auf Claubergs – zu Recht gefeierte – Formulierung des Prinzips der Nachsicht zurück, wie sie sich im vorletzten (13.) Kapitel seiner Hermeneutik (in Teil III seiner *Logik*) findet.[236] Clauberg gibt hier, genauer betrachtet, vier allgemeinste Regeln für den guten Interpreten an: (i) Stehen mehrere Interpretationen zur Verfügung, wähle die gütigeren; (ii) berücksichtige alle Auslegungsgründe; (iii) lasse mehrere Bedeutungen des Textes gelten, wenn sie gleich wahrscheinlich sind; (iv) verurteile den Text nicht ohne guten Grund und bestrafe einen geringen Irrtum nicht durch eine überscharfe Zurückweisung. Im Sinne von Regel (i) ist jener Sinn vorzuziehen, der dem Text keine Absurdität zuschreiben muss; und derjenige Sinn ist zurückzuweisen, der mit der verhandelten Sache unvereinbar oder für den Autor weniger ehrenvoll ist. Regel (i) ist ein Gebot der Gesetze der Menschlichkeit, der Klugheit in Rechtsfragen, und der christlichen Nachsicht. Der Verdacht, dass der Interpret, wenn er Regel (i) folgt, allzu sehr für den Autor Partei ergreift und sich sogar auf dessen Irrtümer einlässt, wird am besten dadurch ausgeräumt, dass man nach Regel (ii) alle hermeneutischen Auslegungsgründe berücksichtigt.[237] Doch ist es auch möglich, dass sich keine von mehreren Auslegungsmöglichkeiten hermeneutisch vorziehen lässt; dann muss Regel (iii) gelten.

Clauberg kommt an dieser Stelle noch einmal auf den Fall zu sprechen, dass durch keine der genannten hermeneutischen Maßnahmen eine Auslegung vermieden werden kann, die dem Autor einen Widerspruch, eine Falschheit oder eine Absurdität zusprechen muss. In diesem Fall ist die

[235] Vgl. Clauberg (1654), §§ 71–73. In Hinsicht auf die Kommentatoren stellt sich vor allem die Frage, wann man sie heranzieht – bevor oder nachdem man selbst eine Interpretation versucht hat. Da gibt es geteilte Meinungen. Doch ist die Gefahr groß, dass der Interpret sich zu sehr von den Kommentatoren beeinflussen lässt, wenn er sie als erstes konsultiert; darum sollte er dies erst nach einer ersten eigenen Interpretationsrunde tun. Zur Konsultation von Interpreten ist bereits insofern genug gesagt worden, als natürlich gute andere Interpreten konsultiert werden sollten (was ein guter Interpret ist, wurde und wird hier seinerseits gerade erörtert) (§§ 74–75). Wie steht es mit der Interpretation von Übersetzungen von Schriften in andere Sprachen? Der gute Interpret wird zunächst die Schriften in der Originalsprache studieren, aber er wird die Übersetzung auch mit dem Originaltext vergleichen. Tatsächlich kann eine Übersetzung, wenn sie gleichsam paraphrasierend ist (und wenn sie möglichst vom Autor gebilligt wurde), den Sinn eines Textes klarer zum Ausdruck bringen als der Originaltext. Auch kann der Interpret, wenn er über verschiedene Editionen und Übersetzungen verfügt, durch geeignete Vergleiche, Korrekturen etc. die bestmögliche Version zu rekonstruieren versuchen und dadurch die bestmögliche Interpretation erreichen.

[236] Vgl. oben, S. 96.

[237] Clauberg (1654), §§ 86–87.

Sache gemäß Regel (iv) mit nüchternen Worten in nacktem Stil zu behandeln. Attacken auf die Person sowie herbes Vokabular sind zu vermeiden. Der gute Interpret sollte den Fehler moderat darstellen und begründen.[238]

Wie wir gesehen haben, ist die Formulierung jener allgemeinen hermeneutischen Regeln, die in Buch III, Kapitel 13 der *Logik* Claubergs als Prinzip der Nachsicht oder des Wohlwollens gekennzeichnet werden, keineswegs die erste Stelle im Text der allgemeinen Hermeneutik, an der eine interpretative Rationalitätsunterstellung markiert wird. Vielmehr hat Clauberg zuvor immer wieder auf verschiedene Rationalitätsunterstellungen für ein angemessenes Interpretieren hingewiesen, die sich insbesondere einerseits auf die Rationalität und Konsistenz des Textes, andererseits auf die Rationalität, Vernunft und Wahrhaftigkeit des guten Autors beziehen.[239] Der besondere Schwerpunkt der Formulierungen in III 13 scheint demgegenüber zu sein, dass diese Rationalitätsunterstellungen nunmehr *auch aus der Sicht des Interpreten* formuliert werden. Aus dieser Perspektive *ist es ein Gebot der Menschlichkeit und ein Zeichen des Wohlwollens auf Seiten des Interpreten,* wenn er die zuvor genannten Rationalitätsunterstellungen für jede Interpretation vornimmt. Und aus dieser *ethischen Einstellung* heraus sollte der gute Interpret unabweisbare Fehler im Text nüchtern, moderat und ohne Argumente ad personam darstellen.

Claubergs allgemeine Hermeneutik in seiner *Logica Vetus et Nova, Pars III* besticht nicht nur durch ihre glasklare Formulierung und Strukturierung der vielen hermeneutischen Empfehlungen, und auch nicht nur dadurch, dass diese Empfehlungen konsequent auf ein möglichst wissenschaftliches, d. h. an Evidenz und explanatorischem Potential orientiertes unbestechliches Urteil des Interpreten ausgerichtet sind. Besonders bewunderungswürdig und interessant ist darüber hinaus, wie klar Clauberg *drei verschiedene Rationalitätsunterstellungen* (in Bezug auf Autor, Text und Interpreten) unterscheidet und das intime methodologische Zusammenspiel dieser Rationalitätsunterstellungen nachweist.[240]

[238] Zum Beispiel sollte er den Fehler, wenn möglich, eher einem Lapsus des Gedächtnisses, als einem intellektuellen Defekt zurechnen; oder einer Täuschung durch einen anderen Autor, anstatt der Absicht, den Leser zu täuschen; oder eher einer Sinnestäuschung als einer fehlerhaften Schlussfolgerung, oder zumindest noch eher einer Schwäche des Intellekts, als einer Schlechtigkeit des Willens, vgl. Clauberg (1654), §§ 88–89.

[239] Vgl. oben, (RA 1)–(RA 3) und (RT 1)–(RT 2).

[240] Zu einer systematisch tiefer reichenden Konzeption von Rationalitätsunterstellungen und der Rolle des Prinzips der Nachsicht im Verstehen vgl. unten, Abschnitt 8, bes. S. 385–389.

2.2. Zur Hermeneutik der Aufklärung

Mit Dannhauer und Clauberg haben wir paradigmatische und führende Vertreter eines frühneuzeitlichen Projekts der allgemeinen Hermeneutik kennengelernt, das theoretisch und methodologisch bemerkenswert weit entwickelt war. Im Rahmen unserer Studie sollen vor diesem Hintergrund noch einige jener Hermeneutiken der Aufklärung kurz beleuchtet werden, die weitere interessante Aspekte aufweisen.

Rund ein halbes Jahrhundert nach Clauberg entwarf der Philosoph und Jurist Christian Thomasius eine allgemeine Hermeneutik, der er unter anderem eine aufschlussreiche Definition des Interpretierens voranstellt: „Die Auslegung (*interpretatio*) ist hier nichts anderes als eine deutliche und in wahrscheinlichen Muthmassungen gegründete Erklärung desjenigen, was ein anderer in seinen Schriften hat verstehen wollen, und welches zu verstehen etwas schwer oder dunckel ist."[241] Und dabei geht es um die „Geschicklichkeit, die von anderen vorgelegte Wahrheit oder Irrthümer zu begreifen und zu verstehen."[242] Drei Punkte sind an dieser Definition bemerkenswert: Der Interpret soll anhand von Schriften klären, was der Autor meint; er soll den Text verstehen, gleich ob er wahr oder falsch ist,[243] also den semantischen Gehalt des Textes erfassen; und er kann seine Auslegung methodologisch höchstens auf wahrscheinliche Gründe stützen. Verstehen ist demnach wie bei Clauberg ein Lesen des Geistes, und das heißt ein Erfassen des semantischen Gehaltes der Gedanken des Autors anhand des Erfassens der Bedeutung seiner Schriften, und dieses Lesen des Geistes kann im besten Falle hohe Wahrscheinlichkeit, aber keine epistemische Sicherheit für sich beanspruchen.

Thomasius kritisiert allerdings die Überfülle der einzelnen Interpretationsregeln, die in der Hermeneutik des Mittelalters und der Frühen Neuzeit angehäuft worden waren. Seiner Meinung nach kommt der professionelle Interpret mit nur fünf Regeln aus:

(1) Man soll die sozialen Hintergründe und mentalen Einstellungen des Autors studieren.
(2) Man soll die expliziten Ziele des Autors für die Abfassung seiner Schrift beachten.
(3) Man soll den umgebenden Text sowie Parallelstellen in anderen Schriften heranziehen und eine Auslegung wählen, die alle Texte als möglichst widerspruchsfrei erscheinen lässt.

[241] Thomasius (1691), 3. Hauptstück, 25, 163f.
[242] Thomasius (1691), ibid. 149, 155.
[243] Gegenstand der Hermeneutik ist die „Meinung an und vor sich selbst…, mag sie nun wahr seyn oder nicht", Thomasius (1691), ibid. 63, 85.

(4) Im Falle alternativer Deutungen soll man jene wählen, die mit der Vernunft des Interpreten übereinstimmt, die also selbst nicht unvernünftig ist.
(5) Eine angemessene Interpretation muss auch mit den Grundregeln, die im Text selbst formuliert werden, konsistent sein.[244]

Auffällig an diesen Regeln ist vor allem, wie facettenreich das logische Rationalitätskriterium eingesetzt wird: eine angemessene Auslegung soll den Text selbst, aber auch den Text im Verhältnis zu weiteren Schriften des Autors, zu seinen mentalen Einstellungen und Zielen beim Schreiben und schließlich auch die Interpretation selbst einschließlich des Interpreten als vernünftig erscheinen lassen. Auch Clauberg war bereits, wie wir gesehen haben, von differenzierten Rationalitätsunterstellungen ausgegangen. Bei Thomasius ist jedoch, wie es scheint, das Nachsichtsprinzip der Sache nach grundsätzlicher formuliert als jemals zuvor: *Alle* intellektuellen Aktivitäten und Texte des Autors sollen als weithin widerspruchfrei erscheinen, und diese Rationalität soll auch mit der Rationalität und Widerspruchsfreiheit des Interpreten übereinstimmen. Thomasius steht an der Schwelle der Einsicht, dass in einer angemessenen Interpretation die Rationalität des Interpreten, des Textes und des Interpretanden auf der grundlegendsten Ebene konvergieren müssen.[245]

Im weiteren Verlauf des 18. Jahrhunderts wird die frühmoderne Hermeneutik weiterentwickelt, aber zum Teil in einen umfassenderen theoretischen Rahmen gestellt.[246] Deutlicher noch als Thomasius betont Christian Wolff in seiner Hermeneutik[247], dass die Interpretation von Büchern auf die Untersuchung des Geistes des Autors (*investigatio mentis auctoris*) zielt. So explizit wie kein Hermeneutiker vor ihm geht Wolff vom *Autorenintentionalismus und vom Lesen des Geistes als Grundmodell des Verstehens* aus. Interessant ist ferner, dass Wolff (allem Anschein nach erstmals ausdrücklich) zwischen Verstehen (*intelligere*) und Interpretieren (*interpretari*) unterscheidet: das Verstehen ist das alltägliche schnelle Erfassen dessen, was

[244] Vgl. Thomasius (1691), ibid. 181–191. Dazu Schenk (1996), 33–40, der im übrigen hervorhebt, wie eng auch Thomasius die Hermeneutik an die Logik (die Vernunftlehre) bindet. Schenk geht jedoch nicht auf die interessanten allgemeinen Aspekte der pietistischen Hermeneutik ein.

[245] Scholz (1999), 46–47 betrachtet diese Regeln nur zum Teil als Ausdruck der Rationalitätsunterstellung. So versteht Scholz zum Beispiel die erste Regel als Vorschrift, empirische Kenntnisse über den Autor einzuholen. Zur vierten Regel bemerkt Scholz zu Recht, dass hier das Prinzip der Nachsicht auch für eine Evaluation von Interpretationshypothesen eingesetzt wird.

[246] Vgl. z.B. die Übersicht bei Schenk (1996) und Bühler, Madonna (1995) sowie Bühler, Madonna (1996).

[247] Vgl. dazu genauer Bühler, Madonna (1995), 54–56.

ein Text bedeutet oder was ein Sprecher meint; das Interpretieren dagegen ist die Kunst des Auslegens dunkler oder sehr schwieriger Stellen und Äußerungen. Daher kann der Interpret gegebenenfalls auch den Autor besser verstehen als dieser sich selbst. Das Prinzip der Nachsicht wird von Wolff als die Unterstellung formuliert, dass jeder verständliche Text mit Urteilsvermögen geschrieben worden ist, das heißt nicht verbreitet widersprüchlich ist und keine problematischen Folgerungsbeziehungen enthält.[248]

Auch Crusius knüpft in seiner Logik[249] an Thomasius an, wenn er unter deutlicher Verwendung des Modells des Verstehens als Lesen des Geistes den Begriff des Auslegens als „Inbegriff des analytischen Nachdenkens über Worte und Texte" und näherhin als „richtige Erklärung des wahren Verstandes gewisser Zeichen der Gedancken, und zwar insonderheit der Worte" kennzeichnet.[250] Und ähnlich wie Thomasius fordert Crusius vom guten Interpreten die Präsumptionen, dass der Autor sich nicht selbst widerspricht, dass er deutlich und nicht mehrdeutig redet, und dass er dasjenige sagt, was seinen Zielen entspricht.[251] Über Thomasius hinaus empfiehlt Crusius allerdings die beiden Präsumptionen,

- dass der Autor verstanden werden will (d. h. dass er eine kommunikative Absicht bei der Textproduktion hat), und
- dass er dasjenige sagt, was seinem mentalen Zustand entspricht (d. h. dass er wahrhaftig ist).[252]

Die kommunikative Absicht, die eine grundsätzliche Interpretierbarkeit des Textes unterstellt, und die Wahrhaftigkeit im Abfassen eines Textes sind Rationalitätsunterstellungen, die von Crusius zusätzlich in die allgemeine Hermeneutik eingebracht werden.

In Halle, einer Hochburg der Aufklärung im 18. Jahrhundert, arbeiteten neben Thomasius und Wolff eine Reihe weiterer Hermeneutiker – namentlich August Hermann Francke, Joachim Lange und Johann Jacob Rambach – die sich auf die Hermeneutik der Bibelauslegung (die *hermeneutica sacra*) konzentrierten und weniger das Projekt der allgemeinen Hermeneutik vorantrieben. Diese Autoren waren dem Pietismus verpflichtet und brachten aus pietistischer Perspektive (im Anschluss an einige Andeutun-

[248] Vgl. dazu auch Madonna (1994), besonders die knappe und gute Zusammenfassung ibid. 42.
[249] Crusius (1747).
[250] Vgl. Crusius (1747), § 628.
[251] Vgl. Crusius (1747), § 636.
[252] Vgl. Crusius (1747), ibid. Die Wahrhaftigkeit des Autors war als hermeneutische Unterstellung auch schon bei Clauberg angedeutet worden.

gen bei Luther[253]) einen neuen Aspekt in die Hermeneutik ein, der sich als grundlegend erweisen sollte – auch für die allgemeine Hermeneutik. Die pietistischen Hallenser Hermeneutiker leugnen nicht, dass es möglich ist, mit Hilfe angemessener Interpretationsmaximen den objektiven Sinn der Bibel zu erfassen, doch insistieren sie zugleich darauf, dass damit ein umfassendes Verständnis der Bibel noch nicht erreicht sei. Denn nur Gläubige, die über das angemessene religiöse Empfinden verfügen, haben einen optimalen Zugang zur Bibel. Das heißt für die pietistischen Hermeneutiker genauer, dass Texte und Reden auch einen emphatischen Sinn haben, der aus dem Affekt resultiert, mit dem der Text oder die Rede verfasst ist. Ein optimales Verstehen erfasst sowohl den semantischen Gehalt als auch – durch Nacherleben – den Affekt, der mit dem Text oder der Rede einhergeht. Dies gilt primär für den religiösen Affekt, der mit der Bibel einhergeht und zum Beispiel bei den Interpreten das Nachempfinden des Leidens Jesu hervorrufen sollte. Doch gilt dies den pietistischen Hermeneutikern zufolge nicht nur für den religiösen Affekt, sondern auch für natürliche Affekte und daher für Affekte, die mit nicht-religiösen Schriften einhergehen. Wohl zum ersten Mal in der Geschichte der Hermeneutik nach Platons *Ion* und Quintilians kurzen Bemerkungen in der *Institutio Oratoria* wird damit wieder die Empathie als ein grundlegendes Modell des Verstehens anerkannt und gekennzeichnet.[254]

Der von Georg Friedrich Meier verfasste *Versuch einer allgemeinen Auslegungskunst* hat sich keiner besonderen Aufmerksamkeit erfreut und gilt als wenig originell.[255] Ihm wird allenfalls bescheinigt, die hermeneutischen

[253] Es gibt tatsächlich bereits bei Luther Bemerkungen, die in dieselbe Richtung weisen. In seiner ersten Psalmenvorlesung weist Luther nämlich darauf hin, dass niemand Gottes Güte richtig erfassen kann, wenn er sie nicht zuvor selbst erfahren hat, und dass niemand zum Beispiel die Beschreibung von Zerknirschung in einem Psalm richtig verstehen kann, der diesen Zustand nicht aus eigener Erfahrung kennt. Generell gilt nach Luther: „Keiner spricht in angemessener Weise über einen Text der Schrift oder versteht ihn richtig, der ihm nicht affektiv gleichgestimmt ist, so dass er innerlich empfindet, was er äußerlich hört und spricht“ (vgl. Köpf (1999), 28–29 mit Belegen).

[254] Vgl. Bühler, Madonna (1995), 56–61. Barth (1996), 89–91 zeigt dies exemplarisch an der Hermeneutik Semlers. Rambach (Schüler von Francke und Schwiegersohn von Lange) war in seiner Hermeneutik, die zu einem kanonischen hermeneutischen Text des 18. Jahrhunderts wurde, stark von Francke und Lange beeinflusst und übernahm insbesondere auch deren Affektenlehre und das empathische Verstehensmodell. Ferraris (1996), 44 spricht in diesem Kontext zu Recht von einer „hermeneutics of feelings“, geht jedoch fehl in der Annahme, dass die pietistische Hermeneutik die psychologische Ausrichtung der späteren romantischen Hermeneutik auf den Geist des Autors antizipiere. Zur Rolle der Empathie im Verstehen im Sinne einer mentalen Simulation vgl. genauer unten, Abschnitt 8.1, S. 338–340 sowie 8.5, S. 388f.

[255] Vgl. dazu genauer Scholz (1994) (zur Einschätzung Meiers durch Zeitgenossen und spätere Hermeneutiker bes. 158–169), ferner die ausgezeichnete Einführung von Bühler, Madonna (1996), besonders LXXII.

Regeln strenger als bisher aus dem Prinzip der Nachsicht abzuleiten[256] und dabei, wie schon sein Lehrer Baumgarten, das Prinzip der Nachsicht als den entscheidenden Grundsatz der Hermeneutik überhaupt zu bezeichnen.[257] Darüber hinaus beruht Meiers Hermeneutik jedoch auf einer theoretie-strategischen Idee, die vom späten 19. Jahrhundert an prominent und einflussreich werden sollte. Meier geht davon aus, dass die allgemeine Auslegungskunst (also die Hermeneutik) Regeln entwickelt, durch deren Befolgung die Bedeutungen aus ihren Zeichen erkannt werden können. Diesem epistemologischen Ansatz entsprechend schlägt Meier eine allgemeine Zeichendefinition vor, in der die epistemische Funktion der Zeichen betont wird: „Ein Zeichen ist ein Mittel, wodurch die Würklichkeit eines anderen Dinges erkannt werden kann."[258] Das Ding, das von einem Zeichen bezeichnet wird, heißt auch die bezeichnete Sache oder die Bedeutung des Zeichens. Der theoretische Teil der allgemeinen Auslegungskunst handelt zunächst von der Auslegung aller Zeichen und dann von der Auslegung aller Reden. Dass in der Auslegung aller Zeichen die Bedeutungen aus ihren Zeichen erkannt werden, heißt nach Meier, dass die Zeichen der Erkenntnisgrund der bezeichneten Sache sind. Und die Erkenntnis einer Sache aus ihren Zeichen setzt voraus, den Zusammenhang der bezeichneten Sache mit ihren Zeichen klar einzusehen. Der allgemeine Zeichen-Ausleger muss also die Zeichen, die bezeichneten Sachen und den Zusammenhang zwischen Zeichen und bezeichneten Sachen erfassen.

Es lässt sich schwer bestreiten, dass Meier im Rahmen seiner Theorie von der Auslegung aller Zeichen vor allem an natürliche Zeichen im modernen Sinne denkt. Denn natürliche Zeichen werden von den entsprechend bezeichneten Sachen (und nur von diesen Sachen) kausal hervorgebracht. Kennen wir also einen allgemeinen Zusammenhang der Form, dass jedes A-Ding von einem B-Ding (und nur von einem B-Ding) kausal hervorge-

[256] Diese Ableitungsversuche gehen mit der Behauptung und Begründung der Wissenschaftlichkeit der Hermeneutik einher, vgl. Meier (1757), §§ 1, 2, 4. Allerdings kann die Hermeneutik nach Meier allenfalls zu wahrscheinlichen Thesen gelangen, nicht zu unumstößlich wahren Einsichten (wie u. a. schon von Thomasius und Baumgarten behauptet), vgl. Meier (1757), § 242. Darauf weist unter anderem der Zusatz „bis das Gegenteil erhellet" in der Formulierung des Prinzips der Nachsicht hin, vgl. Bühler, Madonna (1996), LXIII.

[257] Peter Szondi (1975) hat der Hermeneutik von Johann Martin Chladenius (vgl. Chladenius (1742), in seinem einflussreichen Buch eine ausführliche Analyse gewidmet (27–97). Dessen Schrift erschien 15 Jahre vor Meiers *Versuch einer allgemeinen Auslegungskunst.* Szondis entscheidender Grund für die Behandlung von Chladenius ist seine falsche Annahme (formuliert in offensichtlicher Unkenntnis der Hermeneutiken von Dannhauer und Clauberg), dass Chladenius als erster Autor das Projekt einer allgemeinen Hermeneutik ins Auge gefasst hat. Chladenius vertritt in semantischer Hinsicht einen ausgesprochen psychologistischen Ansatz und ist daher in theoretischer Hinsicht weniger interessant als viele andere Vertreter einer *hermeneutica universalis* zu (und vor) seiner Zeit.

[258] Meier (1757), § 2.

bracht wird, und erkennen wir ein einzelnes A-Ding, so haben wir damit einen Erkenntnisgrund zur Verfügung, der uns auf das Vorkommen (die Erkenntnis) eines B-Dinges schließen lässt. Die Bedeutungen der Zeichen sind meist nichts weiter als ihre eindeutigen Ursachen, und das Erfassen der Bedeutungen von Zeichen ist nichts weiter als das Erfassen kausaler Beziehungen. Allerdings hat Meier einen etwas allgemeineren Begriff natürlicher Zeichen im Blick. Für ihn ist X natürliches Zeichen für Y nicht nur dann, wenn Y und nur Y die Ursache für X ist. sondern auch dann, wenn X die Ursache für Y ist, oder wenn X der Zweck von Y bzw. Y der Zweck von X ist, oder wenn X ein Abbild von Y ist.[259] Doch letztlich will Meier, wie in der Forschung zu Recht betont worden ist, kausale Relationen, Zweck-Mittel-Beziehungen und Zeichenbeziehungen auf eine Stufe stellen und sieht daher keine relevanten Unterschiede zwischen der Erkenntnis dieser drei Relationen.[260]

Die Auslegungskunst im engeren Sinne entwickelt Regeln, durch deren Befolgung der Sinn aus der Rede (also speziell aus sprachlichen Zeichen) erkannt werden kann.[261] Ist das Zeichen insbesondere sprachlich (also eine Rede) und damit willkürlich, so ist seine Bedeutung der Sinn des sprachlichen Zeichens, den Meier seinerseits als eine Reihe von Vorstellungen auffasst.[262] Dabei gilt aber weiterhin die allgemeine Zeichendefinition: Sprachliche Zeichen sind natürliche Zeichen (im modernen Sinne) für die Vorstellungen des Sprechers, durch die sie kausal hervorgerufen werden.[263] Die Bedeutung sprachlicher Zeichen zu erfassen, heißt nach Meier also, den Geist des Sprechers oder Autors zu lesen.[264] Wenn der Interpret dasselbe

[259] Vgl. dazu Bühler, Madonna (1996), LXVIIf.

[260] Vgl. dazu Bühler, Madonna (1996), LXVIII. Bühler und Madonna bezeichnen Meiers Ausführungen über die Auslegung natürlicher Zeichen als befremdlich (aus moderner Sicht). Doch ist damit das für uns Befremdliche nicht genau genug lokalisiert. Denn nicht Meiers Theorie der Auslegung natürlicher Zeichen für sich genommen ist befremdlich (Meier denkt nämlich im Wesentlichen an eine kausale Erkenntnis aus Symptomen, die ja in vielen Wissenschaften vorkommt und erfolgreich ist); befremdlich ist vielmehr die enge theoretische Verknüpfung zwischen der Auslegung natürlicher und repräsentationaler (willkürlicher) Zeichen, die Meiers Hermeneutik zugrunde liegt. Der allgemeine Zeichenbegriff wird von Meier weiter differenziert. So sind Zeichen demonstrativ, wenn sie gleichzeitig mit der bezeichneten Sache auftreten. Meier nennt als Beispiele den erhöhten Pulsschlag als Zeichen für Aufregung und gesprochene Worte als Zeichen für unsere Gedanken. Erinnerungszeichen dagegen verweisen auf vergangene Sachen, wie zum Beispiel Narben oder Grabmäler. Und Vorzeichen verweisen auf zukünftige Ereignisse, wie etwa Anzeichen für eine beginnenden Krankheit oder für einen Wetterumschwung. Auch diese Beispiele stammen von Meier selbst.

[261] Vgl. Meier (1757), § 1.

[262] Ibid. § 103.

[263] Vergleicht man die Definition des allgemeinen Zeichens in § 7 und des sprachlichen Zeichens in § 104, so springt die enge Beziehung zwischen beiden Defitionen unmittelbar ins Auge.

[264] Das Lesen der Gedanken des Autors ist nach Meier sogar das entscheidende Ziel der

denkt wie der von ihm interpretierte Autor, so ist das Ziel der Auslegung erreicht.[265]

Die *theoretische Assimilation der Auslegung von natürlichen und sprachlichen Zeichen* wird bei Meier auch dadurch gestützt, dass die natürlichen Zeichen von Gott produziert sind. Zeichen, die für Menschen natürlich sind, sind also von Gott aus gesehen willkürlich und haben durchaus einen Urheber. Aus dieser Perspektive werden dann auch das Modell des Verstehens als Lesen des Geistes und das Prinzip der Nachsicht (Billigkeit) als Interpretationsprinzipien für sämtliche Zeichen formuliert. Ziel der Auslegungskunst bleibt, dass Interpreten und Autoren dasselbe denken, und zwar nicht nur im Falle sprachlicher (also repräsentationaler) Zeichen, sondern auch im Falle natürlicher Zeichen. Im Falle natürlicher Zeichen gilt es, die Gedanken und Absichten Gottes als des Zeichenproduzenten zu erfassen. Ebenso gilt ganz allgemein: „Die hermeneutische Billigkeit (*aequitas hermeneutica*) ist die Neigung eines Auslegers, diejenigen Bedeutungen für hermeneutisch wahr zu halten, welche mit den Vollkommenheiten des Urhebers der Zeichen am besten übereinstimmen, bis das Gegenteil erwiesen ist."[266] Wenn Gott der Urheber ist (also im Falle natürlicher Zeichen), müssen seine überragende Weisheit, Güte und Macht angenommen werden. Menschlichen Urhebern von Zeichen sollten dagegen Originalität, Wahrhaftigkeit, Gründlichkeit, Verständlichkeit und Gemütsgröße unterstellt werden (in diesem Falle: bis das Gegenteil erwiesen ist).[267]

Meiers entscheidende theoriestrategische Idee ist es also, eine allgemeine Zeichentheorie zu entwerfen, die sowohl eine Theorie natürlicher Zeichen (im modernen Sinne) als auch eine Theorie sprachlicher Zeichen umfasst, und auf dieser Grundlage eine einheitliche Theorie der Auslegung von Zeichen vorzulegen, die sich auf natürliche wie auf repräsentationale Zeichen bezieht. Diese Idee dürfte nicht zuletzt auf der – in der Aufklärung verbreiteten – Überzeugung beruhen, dass auch die Naturerkenntnis eine Art von Auslegung der Natur sei.[268] Meiers historische hermeneutische Leistung

Textinterpretation: „Für Meier ist also...die Erkenntnis der Autorenintention Ziel der Auslegung" (vgl. Bühler, Madonna (1996), LXX).

265 Meier (1757), § 128. Der Interpret soll dementsprechend auch die Absicht erfassen, mit der der Zeichenproduzent das Zeichen gebraucht (ibid. § 17).

266 Meier (1757), § 39. An Meiers Begriff der Vollkommenheit knüpft später Gadamer an, vgl. dazu Scholz (1999), Abschnitt 20.

267 Meier (1757), § 96. Natürlich bietet Meier auch eine Fülle spezieller Interpretationsregeln. Zum Erfassen des unmittelbaren Redesinns muss der Interpret z. B. die Sprache des Autors kennen, den außersprachlichen Kontext berücksichtigen, die Ergebnisse der Textkritik beachten und Parallelstellen aus anderen Texten des Autors heranziehen (ibid. §§ 132–142). Damit nimmt Meier also einige der traditionellen *media interpretandi* auf.

268 Vgl. Madonna (1994), der dazu bemerkt (31 f.): „Wie auch viele andere Denker der Aufklärung konzipierte Wolff die hermeneutische Erkenntnis in Analogie zur Naturerkennt-

besteht darin, dass er erstmals die beiden großen hermeneutischen Theoriestränge der Antike (also die Hermeneutik natürlicher Zeichen und die Hermeneutik repräsentationaler Zeichen), die bis dahin getrennt voneinander verfolgt wurden,[269] auf systematische und rigorose Weise miteinander zu verbinden sucht.[270] Der historische Hintergrund dieses Versuches war vermutlich das Wolffsche axiomatische Wissenschaftsbild, dem Meier nachweislich verpflichtet war. Diesem Bild zufolge hat jede Wissenschaft (also auch die wissenschaftliche Hermeneutik) von allgemeinen und unumstößlichen Grundsätzen auszugehen und diese Grundsätze fortlaufend zu spezialisieren.[271] Meiers hermeneutischer Ansatz wurde später in der Semiotik von Peirce an weiter entwickelt und hat sich bis heute als historisch wirkungsmächtig erwiesen.[272]

Doch kann man bereits bei Meier (ähnlich wie bei Augustin) studieren, dass dieser Ansatz mit hohen theoretischen Kosten verbunden ist. Die allgemeine Zeichendefinition führt schon bei Meier, ähnlich wie später bei vielen modernen Semiotikern, zu der weitreichenden These, dass die ganze Welt aus Zeichen bestehe.[273] Diese These ist eines der wichtigsten Indizien dafür, dass die allgemeine Zeichendefinition gerade das Spezifische des Verstehens als Erfassen der semantischen Gehalte von Gedanken und Sprachen verschleiert. Die naturgesetzlichen Relationen, die zwischen natürlichen Zeichen und ihren Ursachen (also den Dingen, auf die sie verweisen) bestehen, werden nicht mehr von den Abbildungsrelationen unterschieden, die im Falle semantisch gehaltvoller Zeichen auftreten: Repräsentationalität wird auf Naturgesetzlichkeit reduziert. Dadurch wird auch das Prinzip

nis...Vom berühmten Vergleich Galileis der Natur mit einem mit mathematischen Zeichen geschriebenen Text bis zur Idee Meiers, die Welt sei ein System aus von Gott hervorgebrachten Zeichen, und die allgemeine Hermeneutik sei die Wissenschaft von der Interpretation dieser Zeichen, erstreckt sich in der Neuzeit die Geschichte von Verknüpfungen der Hermeneutik mit der Naturerkenntnis."

[269] Abgesehen von Augustins zeichentheoretischen Ideen, vgl. oben, S. 80f.

[270] So auch Beetz (1996), 22f., der darin auch die besondere Originalität der Hermeneutik Meiers erblickt (obgleich Beetz auch auf Augustin als Vorläufer verweist). Dass diese Konzeption jedoch „epochemachend" (24) ist und „aus triftigen Gründen" erfolgt, dass es ferner ein bemerkenswerter Fortschritt sein soll, dass bei Meier „die Textauslegung zum Derivat der Naturauslegung" wird (23), ist aus moderner geist-theoretischer Perspektive nicht nachvollziehbar. Scholz (1994) sieht dagegen vor allem in Meiers Fassung des Prinzips der Nachsicht (oder der Billigkeit) die große hermeneutische Leistung Meiers – genauer darin, dass Meier neben Baumgarten der erste Hermeneutiker war, der dieses Prinzip zum obersten Grundsatz der allgemeinen Hermeneutik erhoben hat.

[271] Vgl. zu Meiers Bild von einer wissenschaftlichen Hermeneutik die informativen Ausführungen in Bühler, Madonna (1996), LV – LXI.

[272] Vgl. dazu genauer unten, Abschnitt 5.1, S. 199–202 mit einer entsprechenden Kritik an dieser Strategie.

[273] Meier (1757), § 35.

der Nachsicht verändert, denn die Beziehungen zwischen Zeichen und bezeichneter Sache sind nicht rational, sondern naturgesetzlich. Das Prinzip der Nachsicht kann daher genau genommen nicht mehr eine Rationalitätsunterstellung, sondern nur noch eine Wahrheitsunterstellung für kausale Beziehungen sein.[274] Und die Hermeneutik wird zu einer *scientia universalis*, die sowohl die verstehenden Wissenschaften (im modernen Sinne) als auch die Naturwissenschaften umfasst – fast im Sinne der von Leibniz verfolgten Strategie, eine *mathesis universalis* zu entwerfen. Damit wird die Hermeneutik trivialisiert und letztlich als eine Disziplin, die gegenüber der naturwissenschaftlichen Erkenntnisweise etwas Spezifisches aufweist, zum Verschwinden gebracht.[275] Meiers allgemeine Auslegungskunst fällt daher hinter die schon bei Dannhauer und Clauberg erreichten hermeneutischen Einsichten zurück.[276]

[274] Meier formuliert diesen Punkt so, dass eine Auslegung natürlicher Zeichen falsch ist, wenn aus ihr folgen würde, dass die natürlichen Zeichen zweideutig sind (vgl. dazu Scholz (1994), 179–180). Das Billigkeitsprinzip ist hier also tatsächlich eine Wahrheitsunterstellung, die mit der Eindeutigkeit natürlicher Zeichen zu tun hat. Das ist verständlich, wenn man bedenkt, dass die Eindeutigkeit natürlicher Zeichen bedeutet, dass die Zeichen eine eindeutige Ursache haben, auf die daher dann auch aus dem Zeichen epistemisch geschlossen werden kann. Das hat jedoch mit einer Rationalitätsunterstellung wenig zu tun. Es ist gerade der Rahmen der Theorie der natürlichen Zeichen, der das Billigkeitsprinzip verfremdet. Dieser Aspekt schmälert die überschwängliche Einschätzung von Meiers Billigkeitsprinzip durch Scholz (1994) ein wenig.

[275] Daran ändern auch die differenzierten Ausführungen Meiers in den §§ 103–248 nichts. In einem einzigen Paragraphen seiner Auslegungslehre scheint Meier der Sache nach auf den spezifischen Status der semantischen Gehalte hinzuweisen (vgl. § 118). Dort bemerkt er nämlich, dass, weil Autoren lügen oder die Unwahrheit sagen können, eine hermeneutische Wahrheit nicht die logische, metaphysische oder ethische Wahrheit impliziert (auch das Umgekehrte gilt nicht). Aber es ist bezeichnend, dass Meier nicht registriert, dass dieser Punkt mit seiner leitenden Zeichendefinition inkompatibel ist. Denn diese Zeichendefinition erlaubt es nicht zu sagen, dass ein Zeichen etwas bezeichnet, auch wenn das Zeichen falsch ist.

[276] Diese Einschätzung lässt sich in der bisherigen Literatur nicht finden, vgl. z. B. die Darstellung bei Scholz (1994) und Scholz (1999), 51–60. Wenn etwa Joisten (2009) schreibt: „So hat die Hermeneutik Meiers, die nun mit einem universalen Anspruch auftritt, alles Bedeutungshafte zum Gegenstand, das sowohl sprachlicher als auch nicht-sprachlicher Natur sein kann" (90), so ist das höchstens in Meiers eigener Vorstellung richtig, der Sache nach jedoch falsch, weil Meier gerade über das Bedeutungshafte im strikten Sinne (also semantische Gehalte von Repräsentationen) überhaupt nicht spricht (ob es sich nun um sprachliche oder nicht-sprachliche Repräsentationen handelt). Und wenn Joisten résumiert: „Dannhauer, Chladenius und Meier vollziehen zusammengenommen den ersten Schritt zur Etablierung der Hermeneutik als einer eigenständigen philosophischen Disziplin" (93), dann ist diese These in Hinsicht auf Dannhauer mit Sicherheit korrekt (allerdings sollten auch Autoren wie Clauberg und Thomasius erwähnt werden); in Hinsicht auf die psychologistische Hermeneutik des Chladenius ist die These dagegen mehr als zweifelhaft; und in Hinsicht auf Meiers allgemeine Auslegungskunst ist sie eindeutig falsch. Wenn Scholz (1994) von einem der „beachtenswertesten Beiträge" zum Projekt der allgemeinen Hermeneutik spricht (158) und betont, dass Meier „ein Ehrenplatz in der Geschichte der Hermeneutik gebührt" (163) und

Diese Tendenz ist – um ein zweites Beispiel zu nennen – auch bei Meiers Zeitgenossen Johann Heinrich Lambert zu erkennen. Die grundlegende Zeichendefinition, die Lambert seiner Semiotik voranstellt, lautet: „Ein Zeichen bedeutet schlechthin die dadurch vorgestellte Sache, so fern es willkürlich ist, das will sagen, so fern es mit der Sache keine solche Aehnlichkeit habe."[277] Unter Vorstellungen versteht Lambert im Anschluss an Locke primär sinnliche Erfahrungen, aus denen dann sekundär auch Begriffe gebildet werden können. Die externen Objekte erzeugen in uns sinnliche Eindrücke (Vorstellungen oder Begriffe), an die wir uns mit Hilfe der Zeichen, die mit den sinnlichen Eindrücken korreliert sind, erinnern können.[278] Dieser Vorgang betrifft nicht nur einzelne Vorstellungen und Zeichen, sondern auch Relationen zwischen Vorstellungen und den korrelierten Zeichen. Zeichen sind also nach Lambert epistemische Werkzeuge, mit deren Hilfe wir unsere Erkenntnis der externen Welt fördern können. Der Erkenntnisgewinn besteht jedoch nicht nur in einer besseren Erinnerung an früher empfangene sinnliche Eindrücke anhand ihrer Zeichen, sondern auch in einer wissenschaftlichen Erkenntnis, die über die sinnliche Erfahrung hinausgeht.[279] Hier greift Lambert auf die *ars inveniendi* zurück, wie sie von Leibniz und Wolff konzipiert worden war. Diese Erfindungskunst beruht darauf, dass man der Analyse und Kombination einfacher gegebener Vorstellungen und Begriffe neue Erkenntnisse entnehmen kann, und zwar im wesentlichen durch einen Vergleich ihrer Gemeinsamkeiten und Unterschiede. Aus dieser Perspektive entsteht offensichtlich das Problem, dass natürliche Sprachen als Zeichenmengen nicht immer zuverlässig sind und daher eine wissenschaftliche Idealsprache entwickelt werden sollte, und diesem Problem widmet sich Lambert wie schon Leibniz in aller Ausführlichkeit.

Doch auch Lamberts Semiotik, als eine auf wissenschaftliche Erkenntnis zielende *ars inveniendi,* enthält die problematische Tendenz, das Verstehen und Erkennen, also das Erfassen von semantischen Gehalten sprachlicher Zeichen mit dem Wissen um die externe Welt zu verschmelzen. Hermeneutik als Kunst der Auslegung der Bedeutungen von Zeichen wird zu einem zentralen Bestandteil der Welterkenntnis, und aus dieser Perspektive müssen – ganz im Sinne der semiotischen Tradition – nicht nur sprachliche repräsentationale Zeichen, sondern auch natürliche Zeichen (im modernen Sinne) in den Blick genommen werden. Doch drohen damit das Verstehen als kognitives Verfahren und die Hermeneutik als wissenschaftliche Disziplin

„beachtenswerte Einsichten in die Methodologie der Auslegung" erreicht hat (1965), dann ist dieses Lob in seiner Uneingeschränktheit nicht ganz nachvollziehbar.

[277] Lambert (1764), Semiotik § 61.

[278] Lambert (1764), Semiotik § 18.

[279] Lambert (1764), Dianoiologie, §§ 602, 606.

im Sinne der antiken und frühneuzeitlichen Positionen ihren autonomen Status zu verlieren. Dieses theoretische Problem lässt sich auch an Lamberts Zeichendefinitionen erkennen. Seine erkenntnistheoretische Zeichendefinition setzt voraus, dass die Zeichen wie bei Meier wahr sind, d. h. eine zuverlässige Korrelation mit bestimmten Dingen in der Welt aufweisen.[280] Die bereits in der Antike und in der frühen Neuzeit erarbeitete Einsicht, dass man Bedeutungen von sprachlichen Zeichen unabhängig von ihrer Wahrheit oder Falschheit, also unabhängig von der Zuverlässigkeit ihrer Korrelation mit Dingen in der externen Welt erfassen kann und dass dies die Kernaufgabe der Hermeneutik ist, geht verloren. Überdies lässt Lamberts Zeichendefinition im Dunklen, ob die Bedeutungen der Zeichen mentale Elemente (die Vorstellungen und Begriffe) oder die vorgestellten Sachen selbst sind. Und schließlich bleibt offen, in welchem Verhältnis Zeichen und Vorstellungen in Hinsicht auf die repräsentationale Funktion zueinander stehen.

[280] Vgl.dazu Simon (1996), der allerdings das entscheidende theoretische Defizit der Semiotik Lamberts nicht klar herausarbeitet. Doch diskutiert Simon aufschlussreiche Passagen bei Lambert, die belegen, dass Lambert nicht klar zwischen der Referenz und der Bedeutung von Zeichen unterscheidet (vgl. z. B. ibid.57–59).

KAPITEL 3: HERMENEUTIK BEI SCHLEIERMACHER, DILTHEY UND WEBER

Schleiermacher und Dilthey gelten als Klassiker der Hermeneutik und zum Teil immer noch fälschlicherweise als Vertreter einer subjektivistischen Hermeneutik. Es wird im folgenden darauf ankommen, ihre spezifischen hermeneutischen Leistungen genauer herauszuarbeiten und auch den Soziologen Max Weber für seinen Beitrag zur Hermeneutik zu würdigen.

1.1. Schleiermachers allgemeine Hermeneutik

Schleiermacher[281] wurde lange Zeit dafür gefeiert, dass er gegenüber den traditionellen speziellen Hermeneutiken wie etwa der Kunst der Bibelauslegung (*hermeneutica sacra*) oder der juristischen Hermeneutik das Projekt einer universalen Hermeneutik entworfen und entwickelt hat.[282] Diese Einschätzung beruft sich unter anderem auf Schleiermachers eigene Be-

[281] Textgrundlage für die folgenden Bemerkungen zu Schleiermacher ist hauptsächlich Schleiermacher (1996), *Hermeneutik,* S. 945–991 (im Folgenden mit SH abgekürzt). Dieser Text basiert auf der von F. Lücke aus Schleiermachers Nachlass und Vorlesungsnachschriften 1838 herausgegebenen Schrift *Hermeneutik und Kritik,* konzentriert sich aber auf Scheiermachers Entwurf zur Vorlesung von 1819, der zweifelsfrei echt und datiert ist, und lässt spätere Randbemerkungen Schleiermachers sowie die von Lücke beigebrachten Ergänzungen und Änderungen weg (die Ausgabe Schleiermacher (1977) (5. Aufl. 1993) dagegen druckt den vollen von Lücke erstellten Text unverändert nach). Zum Teil wird auch nach der Ausgabe Schleiermacher (1974) zitiert (abgekürzt HK). Wenn auf Zusätze in Schleiermacher (1977) zurückgegriffen wird, steht der Seitenangabe ein F voran. Wenn dasselbe in Bezug auf Schleiermacher (1974) geschieht, steht der Seitenangabe ein K voran.

[282] Vgl. dazu SH 945. Dass es sich dabei um eine Legende handelt und dass Schleiermacher in dieser Hinsicht keine Pionierrolle gespielt hat, wurde zum Beispiel zu Recht von Scholz (1999), 68–70 betont. Dilthey hat viel zu der Legendenbildung beigetragen (zu den entsprechenden Belegen für die Entstehung und Verfestigung der Legende (unter anderem durch Gadamer) vgl. insbesondere die Überlegungen von Scholz (2001). Danneberg (1998) hat gezeigt, in wie hohem Maße Schleiermachers Hermeneutik auf andere zeitgenössische Hermeneutiken Bezug nimmt, die bisher kaum untersucht worden sind. Häufig wird Vico als Pionier der Hermeneutik angesehen, vgl. z. B. Pompa (1996). Hausherr (1996) weist darauf hin, dass in hermeneutischer Hinsicht neben Vico auch Herder ein Vorläufer von Schleiermacher war. Interessanterweise zeigt Hausherr, dass Vico und Herder in ihren hermeneutischen Überlegungen von einem Modell des Einfühlens ausgegangen sind. Indem er aber Schleiermacher mit Vico und Herder in eine Reihe stellt, nämlich als Gruppe der Vorläufer von Dilthey, arbeitet er nicht deutlich genug heraus, dass Schleiermacher gegenüber Vico und Herder ein anderes Modell des Verstehens benutzt, nämlich das Modell der Rationalisierung.

merkungen,[283] beruht aber angesichts der Entwicklung einer *hermeneutica universalis* seit Dannhauer und Clauberg schlicht auf historischer Ignoranz.

Schleiermacher war also nicht der erste Hermeneutiker, der das Projekt einer allgemeinen Hermeneutik ins Auge gefasst hat. Wenn er insbesondere betont, dass sich die Hermeneutik nicht speziell auf literarische Texte, sondern auf beliebige sprachliche Äußerungen und Texte richtet[284], dann geht er auch damit nicht über die Ansprüche der universellen Hermeneutik der Frühen Neuzeit und der Aufklärung hinaus. Dennoch lässt sich bei Schleiermacher in der Ausrichtung der Hermeneutik ein neuer Akzent entdecken: Der Hermeneutik gelten nicht mehr primär, wie in der Tradition, die dunklen und schwierigen Stellen eines Textes oder einer Rede als interpretationsbedürftig, sondern vielmehr sämtliche Texte und Äußerungen, sofern man sie genau verstehen will. Schleiemacher unterstellt offenbar, dass sich viele Texte und Äußerungen in einem ersten Zugriff schnell und anstrengungslos verstehen lassen, dass sie sich durch stärkere hermeneutische Bemühungen jedoch oft auch genauer und besser verstehen lassen: Auslegung als Kunst ist erforderlich, wenn man etwas genau verstehen will (was nicht immer der Fall ist).[285]

Entsprechend postuliert Schleiermacher eine Stufenfolge von alltäglichem zu kunstmäßigem Verstehen („Auslegung").[286] Die erste Stufe findet sich „täglich auf dem Markt und in den Straßen" und ist „fast geistlos und mechanisch" – ein schnelles, anstrengungsloses und meist erfolgreiches Verstehen (das *Parsen,* wie es heutzutage heißt). Die zweite Stufe entspricht der Art von Interpretation, wie sie an Schulen und Universitäten üblich

[283] Im Jahre 1819 schreibt Schleiermacher: „Die Hermeneutik als Kunst des Verstehens existirt noch nicht allgemein sondern nur mehrere specielle Hermeneutiken" (HK 75). Zugleich deutet er jedoch an, dass er zumindest einige Varianten früherer Hermeneutiken gekannt hat: „Es ist schwer der allgemeinen Hermeneutik ihren Ort zuzuweisen. Eine Zeitlang ist sie allerdings als Anhang der Logik behandelt worden, aber als man alles Angewandte in der Logik aufgab, mußte auch dies aufhören" (ibid.).

[284] Dazu können zum Beispiel auch „gemeine Gespräche", Briefe oder Zeitungsartikel gehören (HK 1930).

[285] Vgl. SH 945, 948f., 955. Schleiermacher wendet sich in diesem Kontext gegen die Tradition der klassischen Hermeneutik, nur die dunklen Stellen eines Textes für interpretationsbedürftig zu halten. Die „strengere Praxis" der Interpretation hält demgegenüber alle Teile und Sätze eines Textes für prinzipiell interpretationsbedürftig (vgl. z. B. Joisten (2009), 100). Doch gilt für Schleiermacher auch: „Wo das Reden ohne Kunst ist, bedarf es zum Verstehen auch keiner" (SH 946). Die kunstmäßige Auslegung achtet auf das Kunstvolle der Rede, und dazu – das zeigt Schleiermachers Hinweis auf die Rhetorik in diesem Kontext (ibid.) – gehören nicht nur Originalität und Klassizität, sondern auch rhetorische und poetische Formen, also eine „Kritik" des Textes nicht lediglich im Sinne der Textkritik. Diese Hinweise zeigen, inwiefern Schleiermachers Hermeneutik am Ende doch auf literarische und andere hochwertige Texte zielt.

[286] Vgl. HK 123–124.

ist – nach Schleiermacher nicht viel mehr als eine Sammlung von Textobservationen, also eine Art unsystematischer Hermeneutik. Was Schleiermacher (zu Unrecht) vermisst und daher selbst ausarbeiten möchte, ist eine dritte Stufe des Auslegens: eine systematische Kunstlehre des Auslegens, die eine explizite Methodik der Interpretation als eines wissenschaftlichen Verfahrens liefert. Damit visiert Schleiermacher zwar nicht eine Theorie des Parsens an, doch ist seine These, die Kunstlehre der Auslegung könne das Verstehen in all seinen Erscheinungsformen vertiefen, eine spezifische Pointe seiner Hermeneutik.

Schleiermacher engt allerdings den Gegenstand der Hermeneutik gegenüber vielen Vertretern der Hermeneutik der Aufklärung ein, indem er nur sprachlich verfasste Gebilde als Objekte der Hermeneutik zulässt. Natürliche Zeichen und nicht-sprachliche Kunstwerke (etwa Bilder oder technische Artefakte) gehen über die „bestimmten Grenzen der Hermeneutik“ hinaus.[287] Diese theoriestrategische Vorentscheidung scheint unter anderem von Schleiermachers wissenschaftstheoretischer Bestimmung der Hermeneutik motiviert zu sein.[288] Er geht dabei von der antiken Dreiteilung der Wissenschaften in Logik (= Dialektik), Physik und Ethik aus, die um 1800 noch weithin akzeptiert wurde, und interpretiert mit Kant die Logik als Theorie der Form der Verstandesgesetze, die Physik als Wissenschaft von den Naturgesetzen und die Ethik als Wissenschaft von Vernunft und Geist – also als Geisteswissenschaft jenseits bloßer logischer Denkregeln.

Naturwissenschaften und Geisteswissenschaften können spekulativ und empirisch betrieben werden. Spekulativ sind sie auf das Wesen von Natur bzw. Geist ausgerichtet, empirisch treten sie als Naturkunde und Geschichtskunde in Erscheinung. Zwischen spekulativer und empirischer Natur- und Geisteswissenschaft sind jedoch technische und kritische Disziplinen positioniert. Die kritischen Disziplinen beurteilen empirische Erscheinungen anhand der spekulativ entwickelten Ideen, die technischen Disziplinen enthalten Anweisungen darüber, wie die empirischen Erscheinungen im Blick auf die spekulativ entwickelten Ideen durch Individuen produziert werden sollten. Die kritische Disziplin, die sich auf Texte und Reden bezieht, ist die Grammatik; die technische Disziplin, die sich mit der Produktion von angemessenen Texten und Reden beschäftigt, ist die Hermeneutik. Der entscheidende neue Gesichtspunkt ist hier, dass die Hermeneutik als Theorie der Geisteswissenschaften an einer spekulativen Theorie

[287] Vgl. HK 152. Die Kritik von Scholz (1999), 70 an dieser Einengung ist aus geist-theoretischer Sicht problematisch (vgl. dazu die Kritik an der semiotisch ausgerichteten Auslegungslehre bei Meier und Lambert oben, S. 115–118).

[288] Vgl. dazu Scholz (2001), 271–272.

des Geistes ausgerichtet werden soll – einer Theorie des Geistes, die im wesentlichen bestimmt, welche Merkmale für den Geist spezifisch sind.[289]

Die grundlegendste und wohl am ausführlichsten diskutierte hermeneutische Unterscheidung, die Schleiermacher vorgeschlagen hat, ist die *Differenz zwischen grammatischer und psychologischer Auslegung.*[290] Die grammatische Auslegung richtet sich auf die „Gesammtheit der Sprache", die psychologische Auslegung dagegen auf das „gesammte individuelle Denken ihres Urhebers." Schleiermacher unterscheidet entsprechend auch zwei Formen des Verstehens: Das *grammatische Verstehen,* mit dem wir auf Reden als „herausgenommen aus der Sprache" zugreifen, und das *psychologische Verstehen,* mit dem wir auf Reden als Ausdruck von „Thatsachen im Denkenden" zugreifen (Schleiermacher scheint den Ausdruck „Rede" sowohl für mündliche als auch für schriftliche Äußerungen (Texte) zu verwenden; von diesem Verständnis wird jedenfalls im Folgenden ausgegangen)[291].

Viele moderne Kommentatoren haben die Theorie des psychologischen Verstehens als originelle Leistung Schleiermachers angesehen und aus dieser Perspektive zugleich eine Kritik an der Überbetonung des Individuellen in Schleiermachers Hermeneutik entwickelt. Einige neuere Kommentatoren ziehen überdies die Unterscheidungen zwischen dem Erfassen objektiven Sinns und dem empathischen Einfühlen oder zwischen *langue* (sprachlicher Typ) und *parole* (sprachliches token) heran, um Schleiermachers Unterscheidung zwischen grammatischem und psychologischem Verstehen zu erläutern. Und die Kategorie des psychologischen Verstehens wird fast durchweg zum Anlass genommen, um Schleiermacher gegenüber den Vorwurf einer hermeneutischen Konzentration auf individuelles Einfühlen und subjektives, unwissenschaftliches Verstehen zu wiederholen und zu verstär-

[289] Dieser Vorschlag liegt auch dem Konzept einer modernen Hermeneutik zugrunde, von dem die vorliegende Studie ausgeht, vgl. oben, Einleitung Abschnitt 1, Grundsätze G1 – G5.

[290] Scholz (2001), 278 spricht zu Recht vom „massgeblichen Organisations- und Gliederungsprinzip der Schleiermacherschen Hermeneutikkonzeption." SH führt diese beiden Formen des Auslegens in der Einleitung ein und diskutiert sie in den folgenden beiden Hauptabschnitten gesondert und ausführlicher. Allerdings spricht Schleiermacher hier nicht von psychologischer, sondern von technischer Auslegung. Meist werden diese beiden Bezeichnungen in der Literatur zu Schleiermacher gleichgesetzt (in den üblichen Einführungen in die Literaturtheorie wird der Ausdruck „technische Auslegung" meist gar nicht erwähnt). Aber es ist wichtig zu beachten, dass Schleiermacher von technischer Auslegung spricht und sie später auch von der psychologischen Auslegung noch unterscheidet (s. u.). Denn der Terminus „technische Auslegung" weist nicht auf subjektives unwissenschaftliches Verstehen hin.

[291] Vgl. SH 946. Die Forschung weist darauf hin, dass Schleiermacher auch hier keine echte Pionierarbeit geleistet hat, sondern zum Beispiel mit seinem Konzept von grammatischem Verstehen weitgehend die Philologie der Aufklärung systematisiert und mit dem Konzept der psychologischen Auslegung auf Autoren wie Friedrich Ast und Friedrich Schlegel zurückgreift, vgl. Nowak (2002), 199f.

ken.[292] Dabei wird oft außerdem auf Schleiermachers zusätzliche – angeblich ebenfalls subjektivistische – These hingewiesen, dass die Auslegungskunst „auf dem Sprachtalent und dem Talent der einzelnen Menschenkenntnis beruht."[293]

Diese Lesart ist vor allem durch Gadamers einflussreiche Schleiermacher-Interpretation in *Wahrheit und Methode* in den Mittelpunkt der Diskussion gerückt worden.[294] Gadamer bezeichnet die Konzeption der psychologischen Auslegung mit großem Nachdruck als Schleiermachers „Eigenstes" und sieht in seiner Lektüre der hermeneutischen Schriften Schleiermachers ausdrücklich von den „an sich sehr geistvollen Ausführungen zur grammatischen Interpretation" ab.[295] Die psychologische Auslegung ist nach Gadamer „ein Sichversetzen in die ganze Verfassung des Schriftstellers, ein Nachbilden des schöpferischen Aktes",[296] ein „unmittelbares Erraten", das letztlich auf Kongenialität beruht.[297] Das vernünftige Begreifen einer Rede soll damit „durch das Gefühl, also ein unmittelbares sympathetisches und kongeniales Verstehen, überschritten werden".[298] Diese „isolierende Beschreibung des Verstehens" zielt nach Gadamer daher nicht auf die Rede als sachliches, sondern als ästhetisches Gebilde.[299] Letztlich repräsentiert Schleiermachers Hermeneutik daher in Gadamers Augen eine „ästhetische Metaphysik der Individualität".[300] Diese Lesart entwickelt alle Ingredienzien, die für einen Großteil des modernen Verständnisses der Hermeneutik Schleiermachers leitend geworden sind: Die Betonung des Primats der psychologischen Auslegung und ihre theoretische Isolierung von der grammatischen Auslegung; das Verständnis der psychologischen Auslegung als Einfühlen und Sich-Hineinversetzen in die Gedankenwelt großer Autoren; das Herausstreichen der Gefühlskomponente im Gegensatz zu rationalen Aspekten des Verstehens; die Fokussierung auf das Individuelle und die Individualität; endlich die Subjektivität (individuelle Kongenialität) und Unwissenschaftlichkeit (Erraten) der psychologischen Auslegung. Wohlwollende Schleiermacher-Interpreten nach Gadamer haben daher verzweifelt nach einer „Vermittlung" des sogenannten subjektiven oder individuellen Aspektes mit dem

[292] Vgl. z. B. Szondi (1975), 167 f. Szondi betont wie etwa auch M. Sexl (2004), 135, dass vor allem Dilthey und die Lebensphilosophie das psychologische Verstehen bei Schleiermacher als entscheidendes Moment seiner Hermeneutik betrachtet und weiterentwickelt haben. Siehe auch Nowak (2002), 203; Grondin (1991), S. 93 f.; Ineichen (1991), S. 126 f.

[293] Vgl. SH 949.

[294] Vgl. Gadamer (1965), 172 ff.

[295] Vgl. Gadamer (1965), 174 f.

[296] Vgl. Gadamer (1965), 175.

[297] Vgl. Gadamer (1965), 177.

[298] Vgl. Gadamer (1965), 179.

[299] Vgl. Gadamer (1965), 175.

[300] Vgl. Gadamer (1965), 178.

sogenannten objektiven oder allgemeinen Aspekt der Hermeneutik gesucht und behaupten zum Beispiel, bei Schleiermacher sei das „individuelle Allgemeine" der zentrale Gegenstand des Verstehens.[301] Doch ist diese Lesart genauer betrachtet wenig hilfreich und verfehlt entscheidende Aspekte und Stärken der Hermeneutik Schleiermachers.[302]

Einer der Gründe, in Schleiermachers allgemeiner Hermeneutik eine Fokussierung auf das psychologische Verstehen zu sehen, ist sicherlich Schleiermachers grundlegende Prämisse, dass Reden „gewordene Gedanken" der Autoren sind, also „die äußere Seite des Denkens" darstellen. Das Verstehen ist grundsätzlich die „Umkehrung des Redens", d. h. soll das Denken aufschlüsseln, das dem Reden zugrunde liegt und in ihm zum Ausdruck kommt. Bereits diese grundlegenden Prämissen werden Schleier-

[301] Vgl. Frank (1977). Dabei verknüpft Frank das Grammatische bei Schleiermacher mit dem Allgemeinen und das Psychologische mit dem Individuellen, das den Text und seine Bedeutung stets transzendiert. Es bleibt jedoch dunkel, was genauer es heißen soll, dass Schleiermacher das individuelle Allgemeine im Blick hat (auch bei Jahraus (2004), 254–257, der Franks Interpretation zustimmt, wird dieser Punkt nicht klar – Formeln wie „Einheit in der Differenz" (ibid. 257) sind nicht eben hilfreich). Die transzendentale Interpretation, die Frank in der langen Einleitung seiner Ausgabe von SH (vgl. oben Anm. 281) vorlegt, lässt sich am Text von SH und den späteren Randbemerkungen Schleiermachers mit keinem Wort belegen. Kimmerle hat demgegenüber die These vertreten, dass Schleiermacher in der Entwicklung seiner Hermeneutik zunächst das grammatische Verstehen und erst später zunehmend das psychologische Verstehen in den Mittelpunkt gestellt hat, vgl. H. Kimmerle, Einleitung in: Schleiermacher (1974). Danneberg (1998) schlägt eine ganz andere Erklärung der „so augenfälligen Betonung des Individuellen, des Eigentümlichen, in Schleiermachers Hermeneutik" (98) vor. Demnach hat Schleiermacher das Prinzip der grammatisch-historischen Auslegung von zeitgenössischen (in der Forschung bisher völlig unbeachteten) Hermeneutikern übernommen, zum Beispiel von Carl August Gottlieb Keil (um 1800). Die grammatische Auslegung geht von der üblichen Bedeutung der einzelnen Wörter im Text aus. Die historische Auslegung ermittelt darüber hinaus jedoch die Gedanken des Autors – und dies ist eine historische Tatsache. Darum hat die historische Auslegung zu berücksichtigen, welche Bedeutung die Wörter zur Abfassungszeit des Textes hatten, von welchen Überzeugungen der Autor selbst ausging, in welchem Sinne zeitgenössische Leser den Text verstehen mussten und wie der Zusammenhang der Wörter im historischen Kontext verstanden wurde. Keil zum Beispiel geht so weit zu behaupten, dass die historische Auslegung auch Widersprüche im Text stehen lassen und nicht aufgrund des Prinzips der Nachsicht bereinigen soll. Das Problem für Schleiermacher war Danneberg zufolge, dass die Anwendung der grammatisch-historischen Interpretationsmethode auf das Neue Testament die Gefahr in sich birgt, dass auch die Offenbarungsschrift des Christentums lediglich als ein historischer, kontextgebundener Text erscheint, der weder etwas Göttliches noch etwas Innovatives an sich hat. Schleiermacher hat sich deshalb nach Danneberg genötigt gesehen einzugestehen, dass Texte auch begriffsbildende und innovative begriffliche Kraft aufweisen können und der Ausleger diesen Aspekt erfassen muss. Danneberg ist der Auffassung, dass Schleiermacher diesen inhärenten Konflikt nicht hat lösen können und seine Hermeneutik daher ein Torso geblieben ist.

[302] Eine der rühmlichen neueren Ausnahmen ist der Artikel von Scholz (2001), in dem der Verfasser darauf hinweist, dass Schleiermacher den semantischen Holismus im Auge gehabt hat und dass dies eine wichtige originelle Einsicht Schleiermachers ist. Diese Deutung wird allerdings von Scholz nur sehr kurz und allgemein formuliert.

macher häufig als theoretische Einengung des Verstehens von Texten auf das Entschlüsseln der Autorenintention und damit auf einen psychologischen, subjektiven und individuellen Sachverhalt angekreidet.[303] Nüchtern betrachtet legt sich Schleiermacher mit diesen Bemerkungen jedoch lediglich auf das Lesen des Geistes als Grundmodell des Verstehens fest und betont die Expressivität menschlicher Gedanken in sprachlichen Zeichen.[304] Es ist nicht eine der Schwächen, sondern einer der Vorzüge seiner Hermeneutik, dieses zentrale Grundmodell in aller wünschenswerten Klarheit artikuliert zu haben.[305]

Dieses Grundmodell des Verstehens, das – wie wir gesehen haben – auch in vielen Hermeneutiken seit der Frühen Neuzeit vertreten wurde, ergibt sich bei Schleiermacher folgerichtig aus seiner wissenschaftstheoretischen Bestimmung der Hermeneutik und ihrer Verbindung zur spekulativen Theorie des Geistes. Im übrigen lässt sich für Schleiermacher die informative und kommunikative Rolle sprachlicher Rede theoretisch an dieses Grundmodell anschließen, denn er betont die vermittelnde Funktion der Sprache für die „Gemeinschaftlichkeit des Denkens".[306] Für alle sozialen Wesen und besonders für Menschen mit ihren hoch differenzierten sozialen Organisationen

[303] Vgl. z.B. Geisenhanslüke (2003). Autoren, die Gadamers empathistischer Lesart kritisch gegenüber stehen, betonen gleichwohl die individualistische Ausrichtung der psychologischen Interpretation (vgl. z.B. Jung (2001), 61–63; Grondin (1991), 95f.; Joisten (2009), 102). Die individualistische Ausrichtung enthält jedoch kein theoretisches Problem (vgl. unten, S. 129). Gadamers Schleiermacher-Lesart hat zum Teil auch kreative moderne Literaturwissenschaftler beeindruckt. So identifiziert zum Beispiel Gerard Genette, dem wir so großartige und scharfsinnige strukturalistische Analysen des modernen Romans (Proust!) verdanken, die Hermeneutik umstandslos mit der Methode psychologischen und subjektiven Einfühlens: die „hermeneutische Wiederaufnahme des Sinns" besteht demnach „im intuitiven Zusammenklang zweier Bewusstseinsträger". Der „hermeneutischen Literaturwissenschaft" bleibt es deshalb vorbehalten, die „lebendige Literatur" (sc. die Literatur, die dem Literaturwissenschaftler kulturell noch nahe genug ist, um nicht ihren Sinn zu verlieren) in „kritischem Bewusstsein nachzuerleben". Leider beschreibt Genette als einer der bedeutendsten Strukturalisten den literaturwissenschaftlichen Strukturalismus vor dem Hintergrund dieser verfehlten Stilisierung von Hermeneutik als ein auf Objektivität zielendes Verfahren, das vornehmlich auf kulturell entfernte Literatur anzuwenden sei, die für den Interpreten bereits ihren Sinn verloren habe. Generell gibt es nach Genette eine komplementäre Aufteilung von Interpretationsarten für jedes Werk: „Ein- und demselben Werk gegenüber würde die hermeneutische Literaturwissenschaft die Wiederaufnahme des Sinns und das Nachschaffen von innen heraus vertreten, die strukturale Literaturwissenschaft Distanz und intelligible Rekonstruktion" (vgl. Genette (1996), bes. 201–207). Aus Sicht der modernen Geist-Theorie kann nichts falscher sein als diese Gegenüberstellung; insbesondere wird mit Genettes Überlegungen auch der wahre und interessante Kern des Strukturalismus verfehlt.

[304] Es handelt sich daher genauer um das Modell des Verstehens als Erfassen unserer sprachlich verfassten Gedanken, vgl. z. B. F 77. Die zu verstehenden Gehalte und Bedeutungen sind für Schleiermacher propositional.

[305] Vgl. zu diesem Grundmodell genauer oben, Einleitung Abschnitt 2, S. 42.

[306] Vgl. SH 946.

und persönlichen Umgangsweisen ist es trivialerweise von der größten Bedeutung, dass sie ihren Geist (ihre Absichten und Überzeugungen) wechselseitig lesen können, und zwar anhand der expressiven Zeichen, die von vielen geistigen Zuständen gewöhnlich kausal hervorgerufen werden.

Darüber hinaus ist es wichtig, sich daran zu erinnern, dass Schleiermacher psychologische und grammatische Auslegung wechselseitig voneinander abhängig macht und sie daher theoretisch eng miteinander korreliert.[307] Ein angemessenes Verstehen sprachlicher Äußerungen und Texte umfasst für Schleiermacher stets beides, das grammatische wie das psychologische Verstehen („das Verstehen ist nur im Ineinander dieser beiden Momente"[308]). Schleiermachers Konzepte von grammatischer und psychologischer Auslegung können nur vor dem Hintergrund dieser theoretischen Verschränkung angemessen nachvollzogen werden. Eine exklusive Konzentration auf die psychologische Auslegung, wie sie Gadamer vorgenommen hat, wird daher der Komplexität und Raffinesse der Hermeneutik Schleiermachers nicht gerecht. Wir können vorerst festhalten: Dieselben methodischen Prinzipien, denen das Verstehen von Äußerungen unterliegt, regieren nach Schleiermacher auf der elementarsten Ebene auch das Verstehen des Geistes.[309] Da das Einfühlen im Falle des Verstehens von Texten kaum eine Rolle spielt, folgt bereits aus dieser noch vagen Feststellung, dass das Einfühlen als Methode des Verstehens aus der Perspektive der grundlegenden hermeneutischen Prämissen Schleiermachers theoretisch unmaßgeblich ist.

Wie bereits erwähnt, richtet sich das grammatische Verstehen auf die Gesamtheit der Sprache. Damit ist aber nicht nur eine äußerliche Gesamtheit einer natürlichen Sprache im Sinne ihres gesamten Wortschatzes und ihrer schulgrammatischen Regeln gemeint. Der Ausdruck „Grammatik" im Rahmen des grammatischen Verstehens ist bei Schleiermacher sehr viel weiter gefasst als die Gesamtheit der grammatischen Syntax, Wort- und Satzlehre, obgleich das grammatische Verstehen die Kenntnis dieser Schulgrammatik natürlich voraussetzt und anwenden muss.[310] Grammatik im weiteren hermeneutischen Sinne umfasst nämlich auch die Kenntnis der „Denkinhalte"

[307] Diese Verschränkung wird mittlerweile in der Literatur auch ausdrücklich betont, vgl. z. B. Jung (2001), 62–64; Joisten (2009), 103.

[308] Vgl. SH 946f.

[309] Damit ist nicht ausgeschlossen, dass sich grammatisches Verstehen und psychologisches Verstehen vor dem Hintergrund dieser Gemeinsamkeit in gewisser Weise auch unterscheiden (s. u. S. 130f.).

[310] Nach Schleiermacher muss diese Anwendung zu einem recht frühen Zeitpunkt der Textinterpretation erfolgen: Am Anfang steht die interpretatorische Bestimmung der formellen Elemente, die die Sätze und Satzelemente verbinden (Konjunktionen, Präpositionen usw.) (SH 971). Diese Verbindung muss normalerweise als organische, nicht als bloß mechanische Aneinanderreihung aufgefasst werden (SH 972).

der Sprache, also der semantischen Relationen einer Sprache.[311] Wir müssen diesen Hinweis mit weiteren Bemerkungen Schleiermachers zusammenführen, die darauf verweisen, dass einzelne Worte, Phrasen, Sätze und Reden nur in einem größeren semantischen Zusammenhang verstehbar werden. Dieser größere Zusammenhang kann die gesamte Sprache, aber auch eine einzelne Schrift oder ein semantisches Wortfeld sein.[312] Wenn wir all diese Thesen zusammennehmen, so wird deutlich, dass Schleiermacher die Gesamtheit einer Sprache, aber auch die kleineren Gesamtheiten einzelner Reden aus der Perspektive eines semantischen Holismus beschreibt: die Bedeutungen einzelner Wörter, Phrasen, Sätze und Textteile sind durch ihre semantischen Relationen zu Elementen größerer semantischer Bereiche bestimmt (im maximalen Fall zur Gesamtheit der jeweiligen natürlichen Sprache).[313] Das grammatische Verstehen eines Textes besteht also vornehmlich im Erfassen des semantischen Netzes, das der Text aufspannt, vor dem Hintergrund einer möglichst umfassenden Kenntnis des semantischen Netzes der gesamten Sprache. Dazu gehört für Schleiermacher allerdings auch das Erfassen der „formellen" (also: syntaktischen) Elemente der Sprache, deren Funktion es ist, größere Teile einer Rede aus kleineren zusammenzusetzen. Das Erfassen der Syntax steht im Rahmen der grammatischen Auslegung aber im Dienste der grundlegenden Erfassung der semantischen Gehalte. Zusammenfassend formuliert der 2. Kanon der grammatischen Interpretation: „Der Sinn eines jeden Wortes an einer gegebenen Stelle muss bestimmt werden nach seinem Zusammensein mit denen, die es umgeben."[314]

Die semantische Kenntnis einer natürlichen Sprache wird offenbar von den Menschen, die diese Sprache meistern, zu einem erheblichen Teil geteilt und ist insofern öffentlich – andernfalls wäre, wie Schleiermacher des öfteren betont, ein Verstehen der Reden anderer Menschen im Rahmen der grammatischen Auslegung nicht möglich. Denn diese semantische Kenntnis formt und prägt die einzelnen Reden einzelner Sprecher und Schriftsteller.[315] Daraus folgt insbesondere auch, dass die grammatische Auslegung eines einzelnen Textes eine semantische Kenntnis voraussetzt, die von Aus-

[311] Vgl. F 77.

[312] „Zerlegt man eine Rede in ihre einzelnen Teile, so ist jeder etwas Unbestimmtes. Also jeder einzelne Satz, aus allem Zusammenhange gerissen, muß ein Unbestimmtes sein" (F 101 f.). Wir müssen einsehen, wie „sich die Rede in der Gesamtheit der Sprache…verhält" (SH 956); jede „Rede ist nur zu verstehen aus der Totalität der Sprache" (SH 947, vgl. auch 958). Dasselbe gilt aber auch für einzelne Passagen innerhalb einer einzelnen Schrift und relativ auf die einzelne Schrift (SH 960) und für einzelne Wörter relativ auf ihr semantisches Umfeld, ihren „Sinn" (zweiter Kanon des grammatischen Verstehens, SH 970).

[313] Das Auftreten holistischer Thesen in Schleiermachers Hermeneutik wird zu Recht auch von Scholz (2001), Abschnitt 7.1, S. 279–282 betont.

[314] SH 970.

[315] Vgl. SH 948, 958.

leger und Schriftsteller weitgehend geteilt wird.[316] In diesem Sinne setzt die grammatische Auslegung eine allgemeine – nämlich semantische – sprachliche Kenntnis voraus und beruht auch in ihren interpretativen Vorschlägen auf der Kenntnis der allgemeinen – nämlich öffentlichen, epistemisch geteilten – semantischen, holistisch organisierten Relationen der jeweiligen Sprache. Aber zugleich geht es der grammatischen Auslegung nach Schleiermacher auch um etwas Individuelles – nämlich jeweils um eine einzelne Rede, deren ganz spezifisches semantisches Netz gerade zu ermitteln ist und folglich den primären Gegenstand der grammatischen Auslegung bildet.[317] Die Methode des grammatischen Verstehens ist vom Umfang und der Spezifizität der zu verstehenden Rede unabhängig – es kann sich um kunstlose Reden handeln, die von vielen Menschen geäußert werden, aber auch um kunstvolle Reden, die einzigartig und insofern – ontologisch gesprochen – tatsächlich individuell sind.

Schleiermacher stellt unmissverständlich klar, dass die Spezifizität einer Rede die Wissenschaftlichkeit und Objektivität des grammatischen Verstehens (soweit diese annäherungsweise erreichbar sind) in keiner Weise einschränkt, im Gegenteil: Gerade die einzigartige kunstvoll gestaltete Rede enthält jene Standards, die ein annäherungsweise objektives grammatisches Verstehen ermöglichen:

- Kohärenz und Widerspruchslosigkeit,[318]
- „quantitatives Verstehen", also die rechte logische Unterscheidung von Haupt- und Nebengedanken,[319]
- qualitatives Verstehen, also die korrekte Erfassung des Sprechaktes (so dass etwa nicht Ironie und Ernst verwechselt werden),[320]
- die Interpretation der „formellen Elemente" (logische Satzverbindungen und Verbindungen von Satzelementen),[321]

[316] Siehe den ersten Kanon der grammatischen Auslegung, SH 961.

[317] Insbesondere muss auch ein einzelner Text als Ganzes erfasst werden (SH 960). Dieser Punkt wird auch dadurch geltend gemacht, dass es im grammatischen Verstehen einer Rede u. a. darauf ankommt, die Einheit der Rede zu erfassen (SH 987f.). Darum ist vor der Einzelinterpretation eine kursorische Lektüre der gesamten Schrift erforderlich (SH 960). Generell geht es dem grammatischen Verstehen darum, die Rede „als herausgenommen aus der Sprache" und als „Ort, in welchem sich eine gegebene Sprache auf eine eigentümliche Weise gestaltet" (SH 946f.) auszulegen – also in der Tat gerade als eine einzelne, individuelle Sprachgestaltung.

[318] Vgl. z. B. einen frühen Aphorismus von 1805: „Zwei entgegengesetzte Maximen: 1.) Ich verstehe alles bis ich auf einen Widerspruch oder Nonsens stoße, 2.) ich verstehe nichts was ich nicht als nothwendig einsehe und construiren kann" (K 31).

[319] Vgl. SH 956, 960, 978.

[320] Vgl. SH 956, F 98.

[321] Vgl. SH 971.

- die Unterscheidung zwischen eigentlicher und uneigentlicher bzw. zwischen allgemeiner und besonderer Bedeutung von Worten, Phrasen oder Sätzen,[322]
- die objektiv geschichtliche Nachkonstruktion, also die interpretative Einsicht, wie die jeweils einzelne Rede in der Gesamtheit der Sprache spezifisch positioniert ist, auch in epistemischer Hinsicht,[323] und
- die objektiv divinatorische Nachkonstruktion, also die interpretative Prognose, wie diese einzelne Rede die allgemeine Sprache einschließlich ihrer epistemischen Dimension voranbringen wird.[324]

Im Rahmen der objektiv geschichtlichen Nachkonstruktion darf die grammatische Auslegung, falls es erforderlich und hilfreich ist, auch über die gegebenen einzelnen Reden hinausgehen und Parallelstellen sowie größere Passagen aus anderen Schriften des Autors heranziehen,[325] ja sogar im Falle der Hauptgedanken „Schriften Anderer, welche sich anschließen durch die Identität der Schule und der Absicht".[326] Diese Erweiterung sowie auch ein Vergleich mit früheren Leistungen auf demselben Gebiet sind offenbar für die objektiv divinatorische Nachkonstruktion notwendig.

Zwei wichtige Punkte gehen aus diesen Überlegungen Schleiermachers hervor. Zum einen sind, wie bereits angedeutet, allgemeines und individuelles semantisches Verstehen in der grammatischen Auslegung auf unproblematische Weise miteinander verschränkt, insofern jeweils einzelne Reden und ihre einzigartigen semantischen Netze grammatisch auszulegen sind, und zwar im Rahmen einer öffentlichen geteilten semantischen Kenntnis sowie im Verhältnis zu dem schon erreichten anerkannten sprachlich-epistemischen Niveau. Und zum zweiten ist das grammatische Auslegen einer spezifischen Rede Schleiermacher zufolge das rationale (zum Beispiel auch logisch inspirierte, auf Kohärenz zielende) Nachkonstruieren der Rede auf der Basis des semantischen Holismus. Die grammatische Auslegung ist für Schleiermacher nicht ein Einfühlen, sondern eine Rationalisierung der zu interpretierenden Rede. Dabei werden universelle Rationalitätsstandards benutzt, die zur Objektivität der Interpretation beitragen. Genau diese theoretische Vermittlung zwischen individuellen und allgemeinen Aspekten

[322] Vgl. SH 963–4.
[323] Vgl. SH 956.
[324] Ibid. Die berüchtigte – und zu Unrecht umstrittene – Divination ist also nach Schleiermacher auch ein Element der grammatischen Auslegung. Auch Köppe, Winko (2008), 24 sehen die zentrale Funktion der Divination darin, die Ergebnisse der psychologischen und grammatischen Interpretation miteinander zu verbinden, und das heißt eben: die einzelne Rede auf die Gesamtheit der Sprache zu beziehen.
[325] Vgl. SH 970, 977f., 982.
[326] Vgl. SH 978.

des grammatischen Auslegens ist auch ein Kennzeichen der modernen Idee der verstehenden Rationalisierung.[327]

In SH spricht Schleiermacher von der zweiten Form des Verstehens teils als *psychologischer Auslegung* (vor allem in der Einleitung[328]), teils als *technischer Auslegung.*[329] Erst später unterscheidet er zwischen technischer und psychologischer Auslegung, und wir werden diese Unterscheidung berücksichtigen müssen. Die psychologische Auslegung versteht die Rede „als Tatsache im Denkenden", wie Schleiermacher programmatisch, aber ein wenig ungenau erklärt.[330] Denn genauer gesagt betrachtet die psychologische Auslegung die (mündliche oder schriftliche) Rede als „gewordenen Gedanken" und damit als die „äußere Seite des Denkens",[331] also als Produkt des Denkens und expressives Zeichen von Gedanken. Die psychologische Auslegung zielt auf eine genetische Rekonstruktion der Rede, die auf die Gedankenreihe des Autors zurückgreift – vom ersten gedanklichen Entwurf über eine ausgearbeitete Komposition bis hin zum vollendeten Werk.

Wichtig ist dabei zunächst, sich daran zu erinnern, dass die Gedanken, von denen Schleiermacher hier spricht, stets – um im modernen Jargon zu reden – propositional gehaltvoll sind und nur deshalb verstanden werden können: „Die Rede ist als Tatsache des Geistes nicht verstanden, wenn sie nicht als Sprachbezeichnung verstanden ist".[332] So kann man die Gedanken (die mentalen Tatsachen), die zu einer Rede werden und sich verstehen lassen, auch „innere Rede" nennen.[333] Diese grundlegende Kennzeichnung der psychologischen Auslegung lässt keinen theoretischen Spielraum für ein Element des Gefühls in jenen mentalen Tatsachen, die Gegenstand des psychologischen Verstehens sein können. Schleiermacher lässt in der Tat keinen Zweifel daran, dass die einzige Möglichkeit, den Geist anderer Menschen zu lesen, im Rahmen der Hermeneutik darin besteht, seine Äußerungen und Schriften zu verstehen: „Woher soll ich den Menschen kennen als nur durch seine Rede, zumal in Beziehung auf diese Rede?"[334] Auslegung des Textes und Verstehen der Autorenintention sind auf der elementarsten Ebene

[327] Vgl. dazu unten, Rückblick Abschnitt 1, S. 477f. Zur modernen Unterscheidung zwischen dem Verstehen als rationaler Rekonstruktion und als einfühlender Simulation vgl. genauer unten, Abschnitt 8.1, S. 338f.

[328] Vgl. z. B. SH 947f.

[329] Vgl. SH 987ff.

[330] Vgl. SH 946.

[331] Ibid.

[332] Vgl. SH 947.

[333] Vgl. SH 946.

[334] Vgl. F 171.

„dasselbe, nur von einer anderen Seite gesehen".[335] So bilden insbesondere die Einheit eines Werkes und die Grundzüge seiner Komposition, den „gemeinsamen Anfang" der grammatischen und technischen Auslegung.[336] Die Einheit eines Werkes und die Grundzüge seiner Komposition können nur in der grammatischen Textauslegung ermittelt werden und lassen sich dann auch als das gedankliche Thema auffassen, das den Autor bewegt hat zu schreiben und das seine eigentümliche Natur offenbart.[337] Denn „Gedanke und Sprache gehen überall ineinander über, und die eigentümliche Art den Gegenstand aufzufassen geht in die Anordnung und somit auch in die Sprachbehandlung über".[338] Die eigentümliche Art den Gegenstand aufzufassen ist hier offenbar eine propositionale mentale Tatsache im Denker, die psychologisch (technisch) auszulegen ist, während Anordnung und Sprachbehandlung Strukturen der Rede sind, die grammatisch auszulegen sind. Beide Aspekte haben insbesondere eine „eigentümliche", also individuelle Seite.

Die Bemerkungen, die Schleiermacher im kurzen zweiten Abschnitt von SH über die technische Auslegung im allgemeinen macht, deuten also klarerweise darauf hin, dass die psychologische Auslegung sich auf der grundlegenden Ebene derselben Methode bedienen muss wie die grammatische Auslegung, d. h. darauf zielt, modern formuliert, die propositional gehaltvollen Gedanken des Autors im Rahmen eines semantisch-holistischen Ansatzes auf dieselbe Weise rational nachzukonstruieren wie einzelne Schriften des Autors.[339] Die technische Auslegung hat daher wie die grammatische Auslegung eine allgemeine und eine individuelle Seite (die allgemeine Seite der technischen Auslegung besteht darin, dass jeder Denker, insofern er propositional gehaltvolle Gedanken denkt und innerlich redet, auf jenes holistische semantische Sprachnetz zurückgreifen muss, das er mit den anderen SprecherInnen seiner Sprache weitgehend teilt[340]). Schleiermacher kennzeichnet also auch das Verstehen (Lesen) des Geistes im wesentlichen

[335] Vgl. SH 988.
[336] Vgl. SH 987.
[337] Ibid.
[338] Vgl. SH 989.
[339] Scholz (2001), 281 spricht an diesem Punkt ganz richtig von einem Holismus des Denkens und des Geistigen – nur dass dieser Holismus im Kern ebenfalls ein semantischer Holismus ist. Der semantische Holismus der Sprache in Hinsicht auf die Bedeutung sprachlicher Rede ist korreliert mit dem semantischen Holismus des Geistes in Hinsicht auf die semantischen Gehalte der Gedanken.
[340] „Der Einzelne ist in seinem Denken durch die (gemeinsame) Sprache bedingt und kann nur die Gedanken denken, welche in seiner Sprache schon ihre Beziehungen haben. Ein anderer neuer Gedanke könnte nicht mitgeteilt werden, wenn er nicht schon auf in der Sprache bestehende Beziehungen bezogen wäre. Dies beruht darauf, dass das Denken ein inneres Sprechen ist" (F 78).

als Rationalisierung und nicht als Empathie. Das Verfahren des Einfühlens im Sinne der Empathie ist im Schleiermacherschen Modell der psychologischen Auslegung nicht nur nicht dominant, es wird sogar vollständig zurückgedrängt. Ferner ist die psychologische Auslegung nach Schleiermacher methodologisch gesehen nicht individueller und nicht weniger allgemein als die grammatische Auslegung.[341] Das psychologische Verstehen im Sinne der Theorie-Theorie ist darauf ausgerichtet, das Netz propositional gehaltvoller mentaler Episoden bestimmter Personen *rational* zu rekonstruieren. Dieses Verfahren ist objektiv, d. h. unterliegt durchaus öffentlich zugänglichen Adäquatheitsbedingungen, erfasst aber zugleich natürlich nur das semantische Netz einer *individuellen* Person. Wir versetzen uns damit tatsächlich in die mentale Struktur anderer individueller Personen so weit wie möglich hinein, aber nicht in ihr subjektives Erleben, sondern in ihre rationale semantische Struktur, die sich im Prinzip objektiv ermitteln lässt. Exakt dasselbe gilt von der grammatischen Auslegung einer einzelnen Schrift. Tatsächlich ist die Individualität von Autoren, Gedankenwelten und Texten, auch ihre Innovativität, mit einer objektiven, rationalisierenden, holistischen Interpretation durchaus vereinbar. Denn auch wenn die Gedankenwelt eines Autors allein ihm eigen sein mag (in dem doppelten Sinne, dass es seine Gedanken sind, und dass das semantische Netzwerk, das hiner der Gesamtheit seiner Gedanken steht, als Ganzes singulär ist), so werden doch viele Teile des semantischen Netzwerkes von Gedankenwelten anderer Menschen geteilt (denn die Bedeutungen sind öffentlich), und jedes spezielle semantische Netzwerk kann rational, logisch und somit objektiv analysiert werden.[342]

Diese Bemerkungen gelten uneingeschränkt auch von der divinatorischen Variante des psychologischen Verstehens, mit der die Kommentatoren so viele Schwierigkeiten haben, weil sie angeblich zu subjektiv ist. Auch das divinatorische Verstehen, sofern es nicht objektiv, sondern psychologisch ist,[343] hat nichts mit dem Erfassen des psychologischen Modus, der Stimmung, des phänomenalen Bewusstseins, der Gefühle nach ihrer Erlebnisseite hin (also mit Empathie im geist-theoretischen Sinne) zu tun. Divinato-

[341] Demgegenüber wird in der Forschung nahezu ausschließlich betont, dass für Schleiermacher die psychologische Interpretation individuell, die grammatische Auslegung dagegen universell ist. Vgl. zusammenfassend etwa Jung (2001), 60–61: Joisten (2009), 102f.

[342] Insofern kann man eine weitgehende Rationalisierung der Gedanken anderer Menschen, also ein möglichst vollständiges Sich-Einlassen auf die konsistente Gedankenwelt einer anderen Person, auch als eine Art von Einfühlen betrachten. Aber diese Art des Einfühlens muss unterschieden werden von der Empathie im Sinne der Simulation des Erlebens eines Gefühls. Aus dieser Perspektive ist auch klar, dass die Unterscheidung zwischen psychologischer und grammatischer Auslegung mit der Unterscheidung zwischen sprachlichen types und tokens nicht das Geringste zu tun hat.

[343] Vgl. SH 956f.

risch ist eine Auslegung nach Schleiermacher, insofern sie eine äußere oder innere Rede daraufhin auslegt, welches Entwicklungspotential sie relativ auf die bisherige Ausgangslage enthält. Die divinatorische Auslegung enthält also eine sprachliche, stilistische und epistemische Prognose über die Wirkungsmacht von gegebenen Reden, ob sie nun Gedanken (mentale Tatsachen) oder äußerliche Reden sind.[344] Dabei kann auch die komparative Methode helfen, um das Spezifische und Eigentümliche der Gedanken oder Schriften eines Autors herauszufinden – indem man nämlich die Gedanken und Schriften des Autors mit formal und sachlich ähnlichen Gedanken sowie mit Schriften anderer Autoren vergleicht (den zu verstehenden Autoren also „als ein allgemeines setzt") und dann mit Hilfe dieses Vergleiches „das Eigentümliche findet".[345]

Diese Hinweise deuten allerdings auch an, welche spezifischen Aspekte die psychologische Auslegung bei aller methodischen Gemeinsamkeit mit der grammatischen Auslegung aufweist. Denn einer dieser Aspekte ist es gerade, das Eigentümliche an einem Autor und im besten Falle seine Originalität zu verstehen. Wie (im Einklang mit der Forschungsliteratur) bereits betont, bezieht sich Schleiermachers Hermeneutik zwar grundsätzlich auf das Verstehen beliebiger Texte und nicht zum Beispiel speziell auf das Verstehen literarischer Texte, doch liegt sein Hauptaugenmerk auf der Auslegung, d. h. auf dem Verstehen als Kunstfertigkeit.[346] Das kunstmäßige Auslegen ist aber nicht nur dadurch gekennzeichnet, dass wir einen Text, eine Äußerung, einen Autor oder einen Sprecher genau verstehen wollen und jeden Text (nicht nur dunkle Stellen) als interpretationsbedürftig betrachten, sondern hat auch eine objektive Seite. Denn „einige Reden haben für die Auslegekunst einen Nullwert"[347] – nämlich jene, die weder originell noch klassisch sind, d. h. weder eine originelle gedankliche Leistung des Autors ausdrücken noch die Ansichten über ihren Gegenstand im Vergleich zum bisherigen state of the art voranbringen. Originalität und Klassizität sind, wie Schleiermacher betont,[348] komparative Kriterien, aber die Auslegungskunst beschäftigt sich vornehmlich mit Reden, die möglichst viel an Originalität oder Klassizität aufweisen, und am liebsten mit Reden, die beides im maximalen Sinne aufweisen und daher „genialisch" sind.[349] Im Verstehen wollen wir, wenn möglich, unter anderem auch einen einzelnen

[344] Vgl. SH 956 f.

[345] Vgl. SH 990.

[346] Vgl. SH 948 f.

[347] Vgl. SH 950.

[348] Ibid.

[349] Damit formuliert Schleiermacher einen interessanten objektivistischen Geniebegriff, der mir in einschlägigen Darstellungen oft nicht ausreichend beachtet und gewürdigt zu werden scheint. So reproduziert zum Beispiel Gadamer (1965) 52 ff., 88 ff. lediglich die übliche An-

Autoren als Person würdigen können, weil er Klassisches oder Originelles oder beides gedacht und geschrieben hat (im letzteren Fall wollen wir ihn als Genie würdigen können). Dies tun wir typischerweise in der psychologischen Auslegung. Dafür ist zum einen eine grammatisch-psychologische Auslegung seiner Reden im Vergleich zu anderen Schriften über den entsprechenden Gegenstandsbereich oder im selben literarischen Genre erforderlich. Aber zusätzlich können wir uns auch für den genetischen Aspekt einer originellen Gedankenkette oder Rede interessieren – also dafür, wie diese Gedanken und ihre Fixierung in der Rede im Rahmen der Biographie des Autors mit Notwendigkeit zustande gekommen sind,[350] d. h. wie sie aus seiner Lebenstätigkeit und seinem persönlichen Umfeld hervorgegangen sind. Dieses Art von Verstehen ist typischerweise psychologisch: „Die Aufgabe der psychologischen Auslegung für sich betrachtet ist im allgemeinen die, jeden gegebenen Gedankenkomplex als Lebensmoment eines bestimmten Menschen aufzufassen".[351]

Schleiermacher unterscheidet in diesem Kontext genauer zwischen der psychologischen Auslegung (nun in einem engeren Sinne) und der technischen Auslegung: die Gedanken eines Denkers können einerseits noch im Fluss sein und andererseits schon eine bestimmte Form und Darstellung erhalten haben. Psychologische Auslegung im engeren Sinne richtet sich auf Ersteres, technische Auslegung im engeren Sinne auf Letzteres.[352]

Wichtig ist aber vor allem, dass auch diese spezielle Ausrichtung der psychologischen und technischen Auslegung von Schleiermacher auf Leben und Umstände einer bestimmten Person nicht als unbestimmtes Sich-Hinein-Versetzen oder empathisches Einfühlen im modernen Sinne beschrieben wird. Der oft zitierte Satz „Die divinatorische (sc. Methode) ist die, welche indem man sich selbst gleichsam in den anderen verwandelt, das individuelle unmittelbar aufzufassen sucht"[353] darf nicht vorschnell im Sinne der Empathie und mentalen Simulation gelesen werden (wie es im Anschluss an Gadamer meist geschieht). Wir müssen uns vielmehr zunächst ansehen, wie die psychologische Auslegung (deren Teil die (subjektive) divinatorische Methode ist) nach Schleiermacher konkret beschaffen ist, wenn sie sich speziell auf die Lebensumstände und die Genese von Gedanken einzelner Autoren richtet.

sicht, im 19. Jahrhundert habe sich der idealistisch-romantische Begriff von Genialität als unbewusster künstlerischer Produktion verbreitet.

[350] Vgl. SH 989.

[351] Vgl. F 178.

[352] Vgl. F 178f., F 181ff., bes. F 185.

[353] Vgl. SH 990.

Zuallererst ist noch einmal daran zu erinnern, dass dies nicht ohne die komparative Methode möglich ist, nach der ein objektiver, rationaler Vergleich der Gedanken eines Autors mit anderen Autoren anzustellen ist.[354] Ein weiterer Aspekt dieser Form von Verstehen ist das „vollkommene Verstehen des Stils“, denn jeder Schriftsteller hat seinen eigenen Stil.[355] Wenn Schleiermacher sagt, der spezifische Stil eines Autors könne nicht begrifflich, sondern nur in der Anschauung erfasst werden,[356] so heißt das (ähnlich wie bei Kant) zunächst nur, dass es sich um ein Erfassen von etwas Einzelnem handelt, das gleichwohl sprachlich beschrieben werden kann. Und wie erfasst man nun die Eigentümlichkeit des Stils? Zum Beispiel dadurch, dass man die Eigentümlichkeit der Komposition und der Sprachbehandlung erfasst, und das gilt für Gedanken wie für ihren äußeren Ausdruck, die Rede.[357] Dazu gehört, dass man das entscheidende Thema eines Werkes bestimmt („Die erste (sc. psychologische) Aufgabe also ist die Einheit des Werkes als Tatsache im Leben des Verfassers“[358]) oder Briefe der Autoren liest, in denen „die Tatsachen ihres Gemütes“ zum Ausdruck kommen.[359] Kurz, die Bestimmung der Genesis von Gedanken und des „Vorstellungsmaterials des Verfassers“[360] muss nach Schleiermacher stets durch Auslegung geeigneter Werke erfolgen, die ihrerseits immer auch technisch ist,[361] und solche Werke stehen nicht immer zur Verfügung (z. B. bei Platon mehr als bei Aristoteles[362]). Das Modell des Personenverstehens, das Schleiermacher hier vor Augen hat, ist also schlicht das möglichst maximale Durchrationalisieren der Absichten und Überzeugungen der Person anhand ihrer Äußerungen und Schriften, insbesondere auch in Hinsicht auf die Genese dieser Gedanken.[363] Es ist überaus bezeichnend, dass Schleiermacher die Individualität eines Menschen geradezu definiert durch die Konsistenz seiner Gedanken (es ist diese Konsistenz, die eine rationalisierende Interpretation der Gedanken von Personen ermöglicht):

„Ein Mensch ist aber nur in so fern ein Individuum, als alles in ihm zusammenhängt, einen Mittelpunct hat und sich gegenseitig bestimmt und erklärt. Nehmt ihm

[354] Vgl. SH 990 f.
[355] Vgl. F 174.
[356] Ibid.
[357] Vgl. F 174
[358] Vgl. F 175, 185.
[359] Vgl. F 179.
[360] Vgl. F 182.
[361] Vgl. F 196 f.
[362] Vgl. F 181, allgemein SH 957.
[363] Nur ganz nebenbei merkt Schleiermacher an, dass ein angemessenes psychologisches Verstehen auch Ton und Stimmung erfassen muss, in der ein Text geschrieben wird (F 225).

irgend ein Theil seiner Grundsätze, seiner Meinungen, seiner Art sich auszudrücken, so hat er sein charakteristisches verloren."[364]

Das zentrale Resultat der vorstehenden Analyse der Schleiermacherschen Hermeneutik ist, dass Schleiermacher die Methode des Verstehens nicht als einfühlende subjektive Empathie, sondern als wissenschaftsfähige Rationalisierung im Blick auf holistisch organisierte semantische Netzwerke betrachtet hat.

3.2 Dilthey und die Weiterentwicklung der Hermeneutik Schleiermachers

Dilthey gilt als Klassiker des hermeneutischen Denkens. Seine Werke werden oft als eine Weiterentwicklung der Schleiermacherschen Hermeneutik gesehen, die deren Ansatz zugleich erweitert und verengt. Dieser Lesart zufolge versucht Dilthey die Hermeneutik zu einer allgemeinen Grundlagenwissenschaft für Geisteswissenschaften zu erweitern, die es ermöglichen soll, die Geisteswissenschaften von den Naturwissenschaften methodisch abzugrenzen und den Eigenwert der Geisteswissenschaften herauszustellen. Andererseits engt Dilthey aus Sicht dieser Deutung Schleiermachers komplexen Begriff des Verstehens auf das psychologische Verstehen und sogar auf die divinatorische Variante des psychologischen Verstehens ein, vernachlässigt das grammatische Verstehen, d. h. den allgemeinen Aspekt des Verstehens, und gibt der Idee des Verstehens damit eine entschieden subjektivistische Prägung.[365] Diese Lesart orientiert sich freilich meist eher an prägnanten, aber selektiv herausgegriffenen Kernsätzen in Diltheys Schriften, so zum Beispiel an Diltheys Deutung der Divination als „Nachfühlen fremder Seelenzustände" und an seiner Bestimmung der kunstmäßigen Auslegung als rein individueller Kraft des Auslegers, als „Werk der persönlichen Kunst", deren vollkommene Handhabung durch die „Genialität des Auslegers bedingt ist", die ihrerseits auf „Verwandtschaft beruht, gesteigert durch eingehende Beschäftigung mit dem Leben des Autors und ständiges Studium".[366]

[364] Schleiermacher (1984 ff.) I/2, 172.
[365] Gadamer hat dieser Lesart in Gadamer (1965), 205–211 einen prägnanten und zugespitzten Ausdruck verliehen. Für Gadamer ist der Übergang von der psychologischen, am Modell des Nacherlebens orientierten Grundlegung der Geisteswissenschften zur hermeneutischen, am Modell des Verstehens von Geschichte orientierten Grundlegung der Geisteswissenschaften das zentrale Problem, mit dem Dilthey letztlich nicht zurechtgekommen ist.
[366] Vgl. Dilthey (1966).

Sogar wenn Dilthey ähnlich wie Schleiermacher festlegt: „Wir nennen den Vorgang, in welchem wir aus Zeichen, die von außen sinnlich gegeben sind, ein Inneres erkennen, *Verstehen*", wird diese Definition vor dem Hintergrund von Diltheys Beschreibung der Divination als Erkennen eines unbestimmten Inneren gewertet. Und wenn Dilthey behauptet, dass „das Werk eines großen Dichters oder Entdeckers, eines religiösen Genius oder eines echten Philosophen immer nur der wahre Ausdruck seines Seelenlebens sein" könne und dass „in der Sprache allein das menschliche Innere seinen vollständigen, erschöpfenden und objektiv verständlichen Ausdruck" finde, so dass sich die Auslegung auf Schriften zu konzentrieren habe, so wird diese Behauptung von vielen modernen Kommentatoren als Indiz für eine psychologische Interpretation von Kunst als Lebensausdruck gewertet, die die transindividuelle Bedeutung der Kunstwerke unterschätzt. Man beklagt, dass Diltheys Lehre des Verstehens sich ganz auf das psychologische Moment des Nachfühlens konzentriere, das rational nicht mehr ausweisbar sei, und dass damit die Frage nach dem objektiven Gehalt des einzelnen Textes verlorengehe und das philologische Moment der Auslegung verschwinde.[367]

Auch diese Lesart ist wesentlich von Gadamer beeinflusst worden. Nach Gadamers Auffassung hat Dilthey unter dem Einfluß der historischen Schule versucht, die romantische Hermeneutik, wie sie unter anderem von Schleiermacher vertreten worden ist, auf die Hermeneutik der Geisteswissenschaften und insbesondere auch auf das Verstehen der Universalgeschichte zu übertragen.[368] Diltheys Rekurs auf das Erlebnis und die Ähnlichkeit von historischem Interpreten und Interpretanden als letzte Voraus-

[367] Neben verbreiteten Einführungen in die Hermeneutik wie etwa von Jung (2001) oder einschlägigen Einführungen in die Literaturtheorie wie etwa von Geisenhanslüke (2003) betont beispielsweise Ineichen Diltheys Fokussierung auf innere Erfahrung und ein inneres Gewahrwerden im Rahmen der Überlegungen zum Status der Geisteswisenschaften (vgl. Ineichen (1981)). Ineichen versteht freilich Diltheys Bemerkungen zum Gewahrwerden des Inneren anhand äußerer Zeichen als Gewahrwerden „seelischer Regungen" und kritisiert dann diese Position als einseitige „subjektiv-psychologische Lehre vom Erleben" (ibid. 199). Aber diese Einseitigkeit ist nicht Diltheys Position, sondern Ineichens eigener Interpretation geschuldet, denn für Dilthey erfasst die innere Erfahrung auch die Gehalte, und nicht nur den psychologischen Modus unseres Seelenlebens. H. P. Rickman, der Übersetzer der Schriften Diltheys ins Englische, hat Diltheys Begriff des Nacherlebens (fälschlich) mit „empathy" übersetzt. Deshalb sind auch viele englischsprachige Leser davon ausgegangen, dass Dilthey das geisteswissenschaftliche Verstehen im wesentlichen als Empathie (Einfühlen) betrachtet. Diese Lesart ist in systematischer Weise in die klassische moderne Wissenschaftstheorie eingegangen, vgl. z. B. Ernest Nagels Darstellung des Verstehens als einfühlende Identifikation in seinem äußerst einflussreichen Buch Nagel (1961), 484.

[368] „Es ist das Problem des Übergangs von der *psychologischen* zur *hermeneutischen* Grundlegung der Geisteswissenschaften, das hier den entscheidenden Punkt darstellt" (Gadamer (1965), 211).

setzungen der Erkenntnis geschichtlicher Zusammenhänge ist für Gadamer eine Variante eines zentralen Postulats des spekulativen Idealismus (nämlich zur Identität von Bewusstsein und Gegenstand). Vor allem aber macht dieser Rekurs in Gadamers Augen die historische Erkenntnis von einer psychologischen Erkenntnis des Individuellen abhängig, in der „unmittelbare Gewissheit" und „ein nicht weiter auflösbares Innesein" ohne Differenz von Akt und Inhalt vorherrscht.[369] Zwar verweist Gadamer auf Diltheys deskriptive Psychologie, um anzudeuten, dass für Dilthey Erlebnisse auch zum Gegenstand klassifikatorischer Erkenntnisse werden können, aber insgesamt erweckt er den Eindruck, als habe Dilthey auf der Basis dieses intuitionistisch-empathischen Konzepts von Erleben, das sogar noch enger zu sein scheint als Schleiermachers Begriff der psychologischen Auslegung, die Grundlegung aller und insbesondere der historischen Wissenschaften aufbauen wollen. Und es ist genau diese Lesart, die Gadamer anschließend als Grundlage für seine zentrale Kritik am Unternehmen Diltheys dient – dass nämlich die romantische Hermeneutik das Verstehen der Universalgeschichte auf der Basis historischen Materials, wie es die historische Schule gefordert hatte, theoretisch nicht einholen kann.[370]

Zweifellos hat Dilthey stärker als Schleiermacher den Aspekt des Innewerdens eigener seelischer Zustände, der „inneren Erfahrung" im Gegensatz zur äußeren Erfahrung der externen Welt, in verschiedenen theoretischen Zusammenhängen betont. Der entscheidende Grund dafür ist bei Dilthey erkenntnistheoretischer Natur. Man muss die zentralen Überlegungen Diltheys in diesem Kontext jedoch genauer fassen, bevor man sein Konzept der geisteswissenschaftlichen Methode vorschnell einer rein subjektivistischen, ja idealistischen Vorstellung von den Grundlagen der Erkenntnis in den Geisteswissenschaften zuschlägt.

Einige der erkenntnistheoretischen Überlegungen bei Dilthey vermitteln auf den ersten Blick den Eindruck, dass er eine empiristische Position verteidigt, die dem phänomenalistischen Empirismus des Wiener Kreises (zum Beispiel der Position von Carnap in *Der logische Aufbau der Welt*) ähnlich

[369] Vgl. Gadamer (1965), 209.

[370] Vgl. dazu insgesamt den Abschnitt *Diltheys Verstrickung in den Historismus* in Gadamer (1965), 205–228. Es gibt freilich auch Dilthey-Interpretationen, die die psychologische Komponente der Hermeneutik Diltheys nicht in den Mittelpunkt stellen. Paradigmatisch dafür sind zum Beispiel die Arbeiten von Landgrebe, Habermas und Bollnow in Rodi/Lessing (1984). Auf der anderen Seite des Sprektrums stehen die naturalistischen Hermeneutiker, die keinen methodischen Gegensatz zwischen Naturwissenschaften und Geisteswissenschaften sehen und die Geisteswissenschaften auf das Muster deduktiv-nomologischer Erklärungen festlegen wollen. Ein prägnantes Beispiel dafür ist das Buch von Albert (1994), in dem Dilthey als Vorläufer der naturalistischen Hermeneutik beschrieben wird. Die Replik von Fritjof Rodi (1995) ist zwar berechtigt, bleibt aufgrund des fehlenden geist-theoretischen Hintergrundes aber zu blass.

ist und den Zugriff auf innere Sinnesdaten und andere mentale Episoden als Basis aller Erkenntnis betrachtet.[371] Aber dieser Eindruck täuscht. Dilthey hat eher ein vorwissenschaftliches reflexives Gewahrsein unserer selbst in einem phänomenalen Raum im Auge, in dem ein Bezug auf die Welt immer schon vorhanden ist (anders als im Falle der Sinnesdaten der positivistischen Phänomenalisten), obgleich dieser Weltbezug noch nicht thematisiert ist und auf dieser Stufe auch nicht thematisiert werden kann. Im Jargon der modernen Bewusstseinstheorien ist hier die Rede von der Empfindung, ein phänomenales Selbst zu sein.[372] Diese grundlegende Ebene des phänomenalen Bewusstseins wird von Dilthey in der *Einleitung in die Geisteswissenschaften*[373] als Prinzip der Phänomenalität artikuliert. Mit einem zweiten Prinzip, dem Prinzip der Selbstreflexion, bezieht sich Dilthey dann auf die Explikation und Artikulation der Empfindung des phänomenalen Selbst, die in eine Theorie des Seelischen mündet. Erst auf dieser Ebene wird nach Dilthey die Differenz zwischen Seele und Welt explizit, und zwar vor allem anhand der Erfahrung eines externen Widerstandes gegen die Realisierung unseres Willens.[374]

Die Theorie des Seelischen, die in der *Einleitung* anvisiert ist, wird dann von Dilthey einige Jahre später im Detail vorgelegt.[375] Hier verfolgt Dilthey das Programm einer anti-naturalistischen Psychologie, die eine neutrale Beschreibung und Analyse der Struktur seelischer Phänomene liefern soll, wie sie uns in der Empfindung des phänomenalen Selbst gegeben sind. Psychologische Gesetzmäßigkeiten (z. B. assoziativer Natur) spielen hier keine Rolle, zumindest nicht als Grundlagen der Psychologie.[376] Wichtig ist aber vor allem, dass Dilthey die innere Erfahrung, die für diese Form der Psychologie mobilisiert werden muss, als *Erlebnis* kennzeichnet – aber in einem ganz spezifischen Sinn. Das Erlebnis umfasst nämlich als Gegenstand auch repräsentationale mentale Zustände, die auf die externe Welt bezogen sind,

[371] So z. B. Ineichen (1981), 194.

[372] Vgl. dazu und zu den folgenden Bemerkungen die sehr hilfreiche Studie von Makkreel (1992). Dieses Buch hat unter anderem das große Verdienst, die Interpretation des Verstehensbegriffes als Empathie (Einfühlen) bei Dilthey mit exzellenten Gründen zurückzuweisen. Allerdings interpretiert auch Makkreel Diltheys Hermeneutik nicht aus der Perspektive der modernen Theorie des Geistes, sondern beschränkt sich in systematischer Hinsicht weitgehend auf eine Paraphrase, deren Diktion offenbar der von Dilthey gepflegten Diktion möglichst nahe kommen soll.

[373] Dilthey (1922–1931), Bd.1 (1922).

[374] Ibid. Buch 4.

[375] Dilthey (1922–1931), Bd.5 (1924) (*Die geistige Welt*).

[376] Dieser Punkt wird von Mantzavinos (2005), 6–8 bemängelt. Mantzavinos weist darüber hinaus mit Recht darauf hin, dass Diltheys deskriptive Psychologie der Gefahr des Solipsismus nicht entgeht. Allerdings sollte nicht übergangen werden, dass es aus geist-theoretischer Sicht immerhin bemerkenswert ist, dass Dilthey auf das Problem der Erkenntnis des phänomenalen Bewusstseins aufmerksam gemacht hat.

und nicht nur rein innerliche seelische Phänomene. Das Erlebnis ist freilich fokussiert auf unsere innere Einstellung gegenüber der repräsentierten externen Welt. Insofern umfasst das Erlebnis sowohl die innere wie die äußere Erfahrung im alten Diltheyschen Sinn. Hinzukommt noch, dass Erlebnisse nach Dilthey kontextuell sind, d. h. dass sie zum Teil auch durch Rekurs auf externe Faktoren zu erklären sind.

Für Dilthey ist das Verstehen im Rahmen dieser Psychologie die Beschreibung von Erlebnissen in Form eines spezifischen Zusammenhanges (einer spezifischen Struktur) des Seelenlebens und bezieht sich dabei auch auf externe Umstände und repräsentationale Bezüge der Erlebnisse auf die Welt. Verstehen in diesem Sinne ist also alles andere als ein undifferenziertes, diffuses, irrationales und gleichwohl selbstgewisses Nach- oder Einfühlen, sondern hat den Status einer differenzierten Analyse innerer repräsentationaler Episoden und der sie begleitenden seelischen Einstellungen.[377]

Wie viele Interpreten zu Recht hervorgehoben haben, entwickelt Dilthey erst in seinen späteren Schriften eine detailliertere hermeneutische Perspektive, allerdings durchaus auf dem Boden der Erlebnis-Theorie und der verstehenden Psychologie.[378] Dieser hermeneutische Ansatz ist gegenüber der *Einleitung* und der verstehenden Psychologie vornehmlich durch drei theoretische Verschiebungen ausgezeichnet, mit denen nachhaltige Konsequenzen für Diltheys Konzept vom Verstehen und von der geisteswissenschaftlichen Methode verbunden waren.

Die erste dieser Verschiebungen geht von der Einsicht aus, dass viele Elemente unseres Erlebens und insbesondere des Erlebens anderer Personen *nicht* direkt zugänglich sind. Diese Überlegung führt Dilthey zu einer Bekräftigung des Schleiermacherschen Grundmodells vom Verstehen als Lesen des Geistes anhand expressiver Zeichen (die von Dilthey oft „Ausdrücke" und später „Objektivationen" genannt werden):

> „Wir nennen den Vorgang, in welchem wir aus Zeichen, die von außen sinnlich gegeben sind, ein Inneres erkennen, *Verstehen*"[379] und „die Kunstlehre des Verstehens schriftlich fixierter Lebensäußerungen ist Hermeneutik".[380]

Dies gilt, wie Dilthey gegenüber Schleiermacher hinzusetzt, *auch für das Verstehen von Gefühlen*, das ebenfalls ein „indirektes Verfahren ist, das

[377] So besteht denn auch das Hauptproblem der Erkenntnistheorie für Dilthey darin, „die Natur des unmittelbaren Wissens um die Tatsachen des Bewusstseins und Verhältnis' derselben zu dem …fortschreitenden Erkennen" zu klären (Dilthey (1922–1931) I, 118).

[378] Vgl. vor allem Dilthey (1900).

[379] Dilthey (1922–1931), VII 309, vgl. V, 318, 322.

[380] Dilthey (1922–1931), V 332f.

durch den Ausdruck hindurch geht".[381] Daher „beruht die Auffassung der Struktur des seelischen Lebens auf der Auslegung der Werke, in denen der Zusammenhang des seelischen Lebens ganz zum Ausdruck kommt."[382] Aus dieser Perspektive kritisiert Dilthey ausdrücklich die reine psychologische Introspektion als verstehende Methode: „Das Verstehen dieses Geistes ist nicht psychologische Erkenntnis. Es ist der Rückgang auf ein geistiges Gebilde von einer ihm eigenen Struktur und Gesetzmäßigkeit."[383] Es ist dieses Modell des indirekten Geist-Lesens, das bei Dilthey als ein grundlegendes Motiv für die hermeneutischen Wende zur Geschichte betrachtet werden kann: „Der Mensch erkennt sich nur in der Geschichte, nie durch Introspektion".[384] Dabei ist auffallend, dass Dilthey einerseits betont, dem Verstehen gehe es um das Einzelne (z. B. auch den einzelnen Menschen), aber zugleich damit auch um „Strukturen und allgemeine Gesetzmäßigkeiten". Das Verstehen hat einerseits „immer ein Einzelnes zu seinem Gegenstand", und dies gilt insbesondere von einzelnen Personen, deren „Geheimnis um ihrer selbst willen zu immer neuen und tieferen Versuchen des Verstehens reizt", nicht zuletzt weil „der Einzelne in der geistigen Welt ein Selbstwert ist, ja der einzige Selbstwert, den wir zweifellos feststellen können"[385]. Andererseits erreicht dieses Verstehen „seine höchste Vollkommenheit, sowohl in der Ausschöpfung des Gehalts dessen, was verstanden werden soll, als in Rücksicht auf die Allgemeingültigkeit des Wissens von ihm, in der Auslegung oder Interpretation."[386]

Es ist die Trias Leben (= Seelisches – Ausdruck – Verstehen), mit deren Hilfe der späte Dilthey das Modell des Verstehens als Lesen des Geistes anhand seiner expressiven Zeichen meist kennzeichnet. Diese triadische Struktur gilt in Diltheys Augen bemerkenswerterweise auch für das Selbstverstehen, das ebenfalls nur anhand von Zeichen erfolgen kann: die Methoden des Verstehens anderer und des Selbstverstehens sind weitgehend identisch.[387] Wenn man die Idee des Verstehens als Lesen des Geistes anhand von expressiven Zeichen und den Anti-Psychologismus zusammendenkt, dann ist die naheliegendste Lesart der Überlegungen Diltheys, dass das nicht-psychologische Verstehen geistiger Gebilde gerade das Erfassen der Gehalte

[381] Dilthey (1922–1931), VI 318.
[382] Dilthey (1922–1931) VII, 322.
[383] Dilthey (1922–1931) VII, 85, vgl. ibid. 84.
[384] Dilthey (1922–1931) VII 279, vgl. ibid. 250. Entsprechend verwahrt sich Dilthey auch gegen eine enge psychologische Interpretation des Nacherlebens und betont ausdrücklich, dass das Nacherleben als Modell des Verstehens nicht mit dem Einfühlen verwechselt oder identifiziert werden darf (ibid. VII, 215).
[385] Dilthey (1922–1931) VII, 212.
[386] Dilthey (1922–1931) VII, 309, vgl. ibid. 217 und V, 319.
[387] Dilthey (1922–1931) VII, 86 f.

von Ausdrücken und mentalen Episoden ist (von Gehalten war im zuletzt angeführten Zitat die Rede, ebenso wie in Diltheys Forderung, im Verstehen „jedem Erlebnis seinen Gehalt abzugewinnen").[388] In diesem Kontext ist Diltheys Hinweis interessant, dass vor allem im elementaren Verstehen einzelner Sätze der Zusammenhang zwischen Lebensäußerung und dem Geistigen so eng ist, dass man nicht vom einen auf das andere schließen muss.[389] In der Tat ist ja der Gehalt (d. h. die Bedeutung) zum Beispiel eines Satzes gewöhnlich identisch mit dem Gehalt des Gedankens, den der Satz ausdrückt.

Wie lässt sich aber nun dem späten Dilthey zufolge insbesondere die *Vermittlung von Einzelnem und Allgemeinem* (oder Objektivem) im Gegenstandsbereich des Verstehens genauer verstehen? Dieser Frage können wir uns nähern, wenn wir die zweite theoretische Verschiebung in der Hermeneutik des späten Dilthey betrachten, die zu einer neuen Beschreibung des seelischen Zusammenhanges und der seelischen Struktur führt – einer Struktur, deren Erfassung ursprünglich Aufgabe der verstehenden Psychologie sein sollte. Dilthey betont an vielen Stellen, dass der Einzelne stets in einem größeren Zusammenhang, genauer – und das ist wichtig – „in einer Sphäre von Gemeinsamkeiten erlebt, denkt und handelt".[390] Dies gilt insbesondere auch für das Sprechen: „Ehe das Kind sprechen lernt, ist es schon ganz eingetaucht in das Medium von Gemeinsamkeiten".[391] Wenn Dilthey in diesem Zusammenhang vom objektiven Geist spricht, dann nicht im Sinne Hegels, sondern – viel angemessener als Hegel – im Sinne der Gesamtheit von Lebensäußerungen als Ausdrücken des Geistigen. So kann er allgemein feststellen:

> „Jede einzelne Lebensäußerung repräsentiert im Reich dieses objektiven Geistes ein Gemeinsames. Jedes Wort, jeder Satz, jede Gebärde oder Höflichkeitsformel, jedes Kunstwerk und jede historische Tat sind nur verständlich, weil eine Gemeinsamkeit den sich in ihnen Äußernden mit dem Verstehenden verbindet … nur in einer Sphäre von Gemeinsamkeit versteht er".[392]

Dilthey unterscheidet in diesem Kontext zwischen elementarem und höherem Verstehen. Das elementare Verstehen ist das Verstehen einer einzelnen Lebensäußerung, das höhere Verstehen richtet sich auf einen umfassenden Lebenszusammenhang, und vornehmlich in diesem Fall geht es um eine „Mannigfaltigkeit der Lebensäußerungen einer anderen Person" und

[388] Dilthey (1922–1931) VII, 290f.
[389] Dilthey (1922–1931) VII, 207f.
[390] Dilthey (1922–1931) V, 211.
[391] Dilthey (1922–1931) VII, 208.
[392] Dilthey (1922–1931) VII, 146f.

„dem inneren Zusammenhang, der ihr zugrundeliegt".[393] Aber sobald eine einzelne Lebensäußerung Verständnisprobleme bietet, müssen wir ihre Beziehungen zu anderen Lebensäußerungen in Betracht ziehen und vom elementaren zum höheren Verstehen übergehen.[394] Wir müssen insbesondere Widersprüche beseitigen, die sich dem Verstehen in den Weg zu stellen scheinen:

> „Wenn im Ergebnis des Verstehens eine innere Schwierigkeit oder ein Widerspruch mit sonst Bekanntem auftritt, wird der Verstehensversuch zur Prüfung geführt... So entsteht ... die Aufgabe, andere Lebensäußerungen heranzuziehen oder auf den ganzen Lebenszusammenhang zurückzugehen, um eine Entscheidung über unseren Zweifel zu erreichen."[395]

Im Prinzip ist also eine einzelne Lebensäußerung stets durch ihren kohärenten Zusammenhang mit anderen Lebensäußerungen bestimmt.

Unter dem Einfluss der Theorie der Intentionalität von Husserl kennzeichnet Dilthey diesen Zusammenhang jetzt aber auch als Menge semantischer Relationen und betrachtet ihn in diesem Sinne als vornehmlichen Gegenstand des Verstehens:

> „Der Zusammenhang des Erlebens in seiner konkreten Wirklichkeit liegt in der Kategorie der Bedeutung. Diese ist die Einheit, welche den Verlauf des Erlebten oder Nacherlebten in der Erinnerung zusammennimmt, und zwar besteht die Bedeutung desselben nicht in einem Einheitspunkte, der jenseits des Erlebnisses läge, sondern diese Bedeutung ist in diesen Erlebnissen als deren Zusammenhang konstituierend enthalten".[396]

Es ist die Bedeutung von Sätzen, Umgangsformen oder auch Artefakten[397], die nach Dilthey nun den Kern jener Gemeinsamkeit zwischen Interpreten und Interpretanden ausmacht, die das gegenseitige Verstehen trägt.[398] Auf dieser Grundlage kann Dilthey schließlich auch das Verhältnis von Individuellem und Allgemeinem im Gegenstandsbereich des Geistigen klären. Denn einerseits kann sich das Verstehen weiterhin auf die Gehalte der mentalen Episoden einzelner Personen richten und erkunden, was sie als diese einzelnen Personen denken. Aber zugleich kann dies nur geschehen anhand der Interpretation der Bedeutungen ihrer geistigen Produkte – ihrer Äuße-

[393] Dilthey (1922–1931) VII, 207.
[394] Dilthey (1922–1931) VII, 210.
[395] Ibid.
[396] Dilthey (1922–1931) VII, 210, 146f., 239.
[397] Im Fall von Artefakten ist ihre Bedeutung ihr Zweck, vgl. Dilthey (1922–1931) VII, 209.
[398] Dilthey (1922–1931) VII, 209.

rungen und Werke. Über diese Bedeutungen sind die einzelnen Personen auch „in geschichtlichen Beziehungen verwebt“[399]:

„Jedes einzelne Individuum ist zugleich ein Kreuzungspunkt von Zusammenhängen, welche durch die Individuen hindurchgehen, in denselben bestehen, aber über ihr Leben hinausreichen und die durch den Gehalt, den Wert, den Zweck, der sich in ihnen realisiert, ein selbständiges Dasein und eine eigene Entwicklung besitzen.“[400]

Der propositionale semantische Gehalt wissenschaftlicher oder künstlerischer Werke kann natürlich im Verstehen nicht nur auf die Meinungen der Verfasser, sondern auch auf den Gehalt anderer Werke bezogen werden und damit unabhängig von den Intentionen der Autoren eine eigenständige kulturelle oder wissenschaftliche Rolle spielen. Dilthey sagt zum Beispiel über die Literaturwissenschaft, dass

„der Gegenstand, mit dem die Literaturwissenschaft oder Poetik zu tun hat, ganz unterschieden ist von psychischen Vorgängen im Dichter oder seinen Lesern. Es ist hier ein geistiger Zusammenhang realisiert...Es sind nicht die inneren Vorgänge in dem Dichter, sondern ein in diesem geschaffener, aber von ihm ablösbarer Zusammenhang.“[401]

Wenn wir die Bedeutung eines Textes als Ausdruck der mentalen Zustände des Autors verstehen wollen und somit die Bedeutung und die propositionalen Gehalte, die mit dem Text verbunden sind, in ein größeres semantisches Netz konsistent einordnen wollen, dann müssen wir weitere Äußerungen und Texte des Autors einbeziehen. Ein Text und seine Bedeutung ist jedoch nicht nur ein expressiver Ausdruck des Seelenlebens des Autors, sondern steht auch in einem geschichtlichen Zusammenhang mit anderen Texten und deren Bedeutungen. Er reagiert auf andere Texte oder lässt sich zumindest von außen in eine logische Beziehung zu Texten anderer Autoren bringen. Die rationale Rekonstruktion eines Textes kann den Holismus der semantischen Netze, in die er eingebunden ist, daher auch dadurch zur Geltung bringen, dass diese Rekonstruktion andere einschlägige Texte und deren Bedeutungen einbezieht, die von anderen Autoren produziert wurden. Auf diese Weise lässt sich das Verstehen des Textes auf den historischen Kontext ausdehnen. Es ist klar und trivial, dass dadurch die Bedeutung des ursprünglichen Textes eine Dimension gewinnt, die sie von den Gehalten der mentalen Zustände des Autors entfernt. Diese Extension des Verstehens kann so weit gehen, dass das verstehende Erschließen des Textes durch

[399] Dilthey (1922–1931) VII, 204.
[400] Dilthey (1922–1931) VII, 141.
[401] Dilthey (1922–1931) VII, 208, vgl. VIII 78f.

Einbeziehung vieler weiterer Texte von vielen weiteren Autoren auf eine rationale Rekonstruktion führt, für die die mentalen Zustände der einzelnen Autoren gänzlich unerheblich werden. Unter methodischen Gesichtspunkten wird dabei das Verfahren der Interpretation *nicht* geändert.[402]

Im Rahmen dieser zweiten theoretischen Verschiebung spezifiziert Dilthey also sein Grundmodell des Verstehens als Lesen des Geistes anhand expressiver Zeichen dadurch,

(a) dass sich das Verstehen nun auf die Bedeutungen der Zeichen und dementsprechend auf die Gehalte der korrelierten geistigen Zustände richtet,
(b) dass diese Bedeutungen und Gehalte einen Zusammenhang bilden,
(c) dass dieser Zusammenhang als semantisches Netz im Geist des Subjekts verstanden werden kann, aber auch im Kontext der Gehalte anderer Werke ein eigenständiges semantisches Profil gewinnen kann, und
(d) dass das Verstehen als Erfassen semantischer Relationen umso mehr gelingt, je umfassender und konsistenter der Zusammenhang der Bedeutungen und Gehalte rekonstruiert werden kann.

Vor diesem Hintergrund wird auch der Begriff des Geistes differenziert. Der Geist ist und bleibt für Dilthey zum einen die Menge der mentalen Episoden einer Person, aber zum anderen ist er als objektiver Geist das Ensemble der Bedeutungen geistiger Produkte des Menschen (in verschiedenen Bereichen wie Sprache, Kultur und Kunst). Im heutigen Jargon formuliert könnte man sagen, dass Dilthey den Geist nun als repräsentationalen Geist fasst. Man kann sicherlich ohne Übertreibung behaupten, dass dieses Bild den Vorstellungen des Interpretationismus vom Verstehen im theorie-theoretischen Sinne recht nahe kommt.[403]

Die dritte und letzte Verschiebung führt zu einer Erweiterung des Gegenstandsbereichs der verstehenden Methode: Dilthey bezieht jetzt das menschliche Leben überhaupt, also den gesamten Bereich der Geschichte mit seinen menschlichen Handlungen und Kulturprodukten in seine hermeneutischen Überlegungen ein. Leben und Geschichte überhaupt, und nicht nur Texte, gelten ihm nun als Untersuchungsbereich der Geisteswisseschaften und ihrer verstehenden Methode:[404]

[402] Vgl. dazu auch die Diskussion des Autorenintentionalismus unten, Abschnitt 5.3, S. 219f.

[403] Vgl. unten, Abschnitt 8.5. Die Kritik von Mantzavinos (2005), 9–11, dass sich bei Dilthey kein klares Bild vom logischen Status des Verstehens abzeichne, ist daher unbegründet.

[404] Diese Erweiterung ist fast der einzige Punkt, den Scholz (2001), 74–81 an der Hermeneutik Diltheys positiv hervorhebt. Ansonsten kritisiert er – zweifellos zu Recht – die tatkräftige Mitarbeit Diltheys an der Legende um Schleiermachers angebliche Pionierleistungen

„Zusammenhang von Leben, Ausdruck und Verstehen (umfasst) nicht nur Gebärden, Mienen und Worte, in denen Menschen sich mitteilen, oder die dauernden geistigen Schöpfungen…oder die beständigen Objektivierungen des Geistes in gesellschaftlichen Gebilden…: auch die psycho-physische Lebenseinheit ist sich selbst bekannt durch dasselbe Doppelverhältnis von Erleben und Verstehen…So ist überall der Zusammenhang von Leben, Ausdruck und Verstehen das eigene Verfahren, durch das die Menschheit als geisteswissenschaftlicher Gegenstand für uns da ist. Die Geisteswissenschaften sind so fundiert in diesem Zusammenhang von Leben, Ausdruck und Verstehen."[405]

Es ist ein- und dieselbe Methode – das Verstehen nämlich – „vermittels deren wir Seelenleben, Historie und Gesellschaft studieren."[406] Der entscheidende Grund dafür ist Dilthey zufolge, dass wir auch den Elementen der historischen Realität Bedeutungen zusprechen können:

„Das eigentliche Reich der Geschichte ist zwar auch ein äußeres; doch die Töne, welche das Musikstück bilden,…der Gerichtssaal, in dem Recht gesprochen wird… haben nur ihr Material an der Natur; jede geisteswissenschaftliche Operation dagegen, die mit solchen äußeren Tatbeständen vorgenommen wird, hat es allein mit dem Sinne und der Bedeutung zu tun, die sie durch das Wirken des Geistes erhalten haben."[407]

Wenn das Verstehen ein Erfassen der Gehalte und Bedeutungen bestimmter Entitäten ist, dann mögen mentale Episoden, die einen semantischen Gehalt haben, und sprachliche Äußerungen, die eine semantische Bedeutung haben, wichtige Beispiele solcher Entitäten sein. Insofern aber auch andere kulturelle Produkte von rechtlichen Institutionen bis hin zu Produkten der Kunst eine Bedeutung haben, ist auch das Erfassen der Bedeutungen dieser historischen und sozialen Gegenstände ein Verstehen im technischen hermeneutischen Sinn und somit eine genuine Aufgabe der Geisteswissenschaften. Es sollte nicht übersehen werden, dass Dilthey in diesem Kontext ausdrücklich auch Handlungen im Gegenstandsbereich des Verstehens lokalisiert. Was wir an Handlungen verstehen können, ist der mit ihnen verbundene Zweck:

„Eine Reihe von Buchstaben in Zusammensetzungen zu Worten, die einen Satz bilden, ist der Ausdruck für eine Aussage. Eine Miene bezeichnet uns Freude oder

in der Hermeneutik und seine ebenso einflussreiche wie falsche Skizze der Geschichte der Hermeneutik. Tatsächlich ist es befremdlich, dass der große Theoretiker der Geschichtswissenschaft so oberflächlich und unwissenschaftlich mit der Geschichte der Hermeneutik (die ihm erklärtermaßen am Herzen lag) umgegangen ist.

[405] Dilthey (1922–1931) VII, 84 f.

[406] Dilthey (1922–1931) VII, 143 f.

[407] Dilthey (1922–1931) VII, 118.

Schmerz. Die elementaren Akte, aus denen sich zusammenhängende Handlungen zusammensetzen..., bezeichnen für uns die Anwesenheit gewisser Zwecke."[408]

Dilthey unterscheidet drei Klassen von Ausdrücken: Urteile und Theorien deskriptiver Art, Erlebnisausdrücke und – Handlungen. Er behauptet, dass es uns möglich ist, die Bedeutung von Handlungen zu verstehen, weil „nach dem Verhältnis, in dem sie zu einem Zweck steht, dieser in ihr gegeben ist. Der Bezug der Handlung zu dem Geistigen, das sich so in ihr ausdrückt, ist regelmäßig und gestattet wahrscheinliche Annahmen über dieses."[409] In der Geschichtswissenschaft ist nicht selten davon die Rede, dass gewisse historische Faktoren andere historische Faktoren beeinflusst haben. Dilthey bemüht sich nach Kräften, diesen historischen „Wirkungszusammenhang" von kausalen naturgesetzlichen Beziehungen abzugrenzen, die von den Naturwissenschaften untersucht werden:

„Dieser Wirkungszusammenhang unterscheidet sich von dem Kausalzusammenhang der Natur dadurch, dass er nach der Struktur des Seelenlebens Werte erzeugt und Zwecke realisiert...Ich nenne dies den immanent-teleologischen Charakter geistiger Wirkungszusammenhänge".[410]

Diltheys Ausweitung der Hermeneutik auf das Leben und die Geschichte allgemein ist sehr unterschiedlich interpretiert worden. Die Lebensphilosophen haben diese Ausweitung als Vorgriff auf lebensphilosophische Grundsätze betrachtet. Phänomenologen Heideggerianischer Provenienz sehen Dilthey mit diesem Manöver auf dem Weg zu Heideggers radikaler Hermeneutik der Faktizität. Und Habermas wittert in Diltheys Hermeneutik des Lebens und der Geschichte einen Vorgriff auf sein Konzept der Lebenswelt als unartikulierten gemeinsamen Hintergrund allen Verstehens und jeder Verständigung. Besonders einflussreich vor allem auf die deutsche Literaturwissenschaft und Geschichtswissenschaft ist auch hier Gadamer gewesen. Gadamers zentrale These und Kritik ist, dass Diltheys Versuch, die in-

[408] Dilthey (1922–1931) VII, 207.
[409] Dilthey (1922–1931) VII, 206.
[410] Dilthey (1922–1931) VII, 153). Mantzavinos (2005), 11–21 kritisiert den Anspruch der Geisteswissenschaften auf methodologische Autonomie bei Dilthey und späteren Autoren im wesentlich mit dem Hinweis, dass auch die Geisteswissenschaften Regularitäten untersuchen und die hypothetisch-deduktive Methode anwenden. Mantzavinos übersieht jedoch, dass man diese Thesen akzeptieren kann und dennoch eine methodologische Differenz zwischen Geistes- und Naturwissenschaften behaupten kann. Denn auch wenn der Nexus zwischen semantischen Entitäten oft (allerdings nicht immer) von Regularitäten geprägt ist und Interpretationen hypothetisch-deduktiv begründet werden, bleibt es dabei, dass Interpretationen stets auch normative Aspekte von semantischen Entitäten und ihrem Nexus erfassen, die kein Echo im Reich der Natur haben (wie einst Davidson formulierte).

dividualistisch und psychologisch ausgerichtete romantische Hermeneutik auf die Geschichte, insbesondere die Universalgeschichte zu übertragen und damit auch die Grundlagen der Geschichtswissenschaften methodisch zu entwickeln, gescheitert ist und scheitern musste. Für Gadamer ist die romantische Hermeneutik nicht das geeignete theoretische Instrumentarium, um das Phänomen des Verstehens von Geschichte einzuholen. Und weil die Geschichtswissenschaften und ihre Methode nach Gadamer für die Geisteswissenschaften grundlegend sind, steht damit Diltheys gesamter hermeneutischer Ansatz zur Disposition.[411]

Doch ist Gadamers Dilthey-Interpretation mehr als problematisch. Denn der theoretische Kern einer Anwendung der Hermeneutik auf die Geschichte, wie Dilthey ihn konzipiert hat, besteht darin, dass in organischer und folgerichtiger Weise nun auch (geschichtliche) Handlungen und soziale Institutionen als Träger von Bedeutungen und geistigen Gehalten angesehen werden. Und wenn Dilthey die semantische Dimension der Handlungen in ihren immanenten Zwecken sieht und den Wirkungszusammenhang zweckgerichteter Handlungen als immanent teleologisch kennzeichnet, dann nähert er sich der Einsicht, dass Handlungen über korrelierte Absichten identifiziert werden und insofern verstehbar sind, als die Gehalte dieser Absichten erfasst werden können. Und daraus folgt, dass der Zusammenhang von Handlungen, insofern sie Gegenstand des Verstehens sind, von rationaler und nicht von naturgesetzlicher Art ist.[412] Wenn Dilthey darüber hinaus auch sozialen Gebilden eine Bedeutung zuspricht und sie insofern ebenfalls zu Gegenständen des Verstehens macht, so ist zwar auch dieser Ansatz interessant, aber eine gute Theorie, wie sie mit der modernen Handlungstheorie und Sozialontologie heute vorliegt, stand Dilthey zur Begründung dieser Behauptung noch nicht zur Verfügung.[413]

[411] Ein weiterer zentraler Vorwurf Gadamers ist, dass Dilthey mit seiner individualistischen Hermeneutik weder das Verstehen der Universalgeschichte als ganzer (die von einzelnen Individuen nicht erfahren werden kann) noch die Geschichtlichkeit der geschichtlichen Erfahrung (die eine Reflexion auf die Standortgebundenheit des Interpreten der Geschichte involviert) einholen kann. Dass jedoch die Universalgeschichte als Ganze eine Einheit hat, ist eine höchst problematische Annahme; und die historische Standortgebundenheit ist ein triviales Faktum für jede Art von Theorienbildung (auch in den Naturwissenschaften und Sozialwissenschaften) und kann daher nicht als spezifisch für historische Wissenschaften betrachtet werden.

[412] Vgl. dazu auch die Diskussion von Webers Handlungskonzept im folgenden Abschnitt 3.3 sowie die systematischen Bemerkungen zur Handlungserklärung unten, Abschnitt 8.2, S. 351–356.

[413] Der Sozialontologie zufolge sind die beiden wesentlichen Arten sozialer Entitäten soziale Gruppen und Institutionen. Soziale Gruppen formieren sich über kollektive Überzeugungen; Institutionen als Regelsysteme beruhen u. a. darauf, daß eine Reihe von Personen einander als Träger gesellschaftlicher Funktionen anerkennen und behandeln. Die Existenz sozialer Entitäten, und damit die Gesellschaft, wird daher konstituiert durch kollektive in-

Wenn Dilthey gegenüber Schleiermacher das Moment des Nacherlebens, das ein Einfühlen einschließen kann, im Vorgang des Verstehens besonders herausgehoben hat, so dürfen wir diese Betonung also nicht vorschnell als Anzeichen für die Subjektivität und Irrationalität des Verstehens betrachten, vor allem wenn dabei der Begriff der Subjektivität undeutlich bleibt. Es gibt, wie zum Teil bereits angedeutet, eine Reihe von Indizien dafür, dass Dilthey nicht eine krass subjektivistische Position geisteswissenschaftlicher Erkenntnis und des Verstehens vertreten hat. Eines dieser Indizien haben wir schon genannt: Das Verstehen seelischer Zustände anderer Personen muss über ein Verstehen der expressiven Zeichen für diese seelischen Zustände erfolgen, aber diese Zeichen verweisen ihrerseits nicht nur auf psychologische Modi, sondern auch auf semantische Gehalte. Eine rationale Rekonstruktion semantischer Netze von mentalen Episoden ist zwar insofern subjektiv, als es sich tatsächlich um ein semantisches Netz mentaler Episoden eines bestimmten Individuums handelt, aber diese Subjektivität ist mit einer Erhebung zur methodischen Objektivität vereinbar.

Mit der Betonung des Nacherlebens bringt Dilthey allerdings noch eine besondere und interessante Pointe ins Spiel. Wir kommen dieser Pointe auf die Spur, wenn wir beachten, dass Dilthey bereits in seinen frühen Schriften sprachliche Äußerungen und Texte emphatisch als „Ausdruck des Lebens" verstanden hat. Dilthey macht unmissverständlich klar, was er damit meint: Das mentale Leben der Menschen ist nicht nur durch rein kognitive Akte („Denktätigkeit") bestimmt, sondern auch durch sein Wollen, sein Fühlen und seine Interessen. Ein Verstehen des „ganzen Menschen" zum Beispiel als Autor eines Textes und anhand dieses Textes enthält daher nicht nur das Erfassen des Gehalts seiner Meinungen anhand der Bedeutung des Textes, sondern auch ein Erfassen seiner Interessen, seiner spezifischen Perspektive auf die Welt und vor allem der Stimmung oder des Gefühls, die in dieser Perspektive zum Ausdruck kommen. Wie Dilthey treffend bemerkt: „Vorstellen, Wille, Fühlen sind in jedem status conscientiae enthalten und sind in jedem Augenblick des psychischen Lebens fortgehende Äußerungen desselben in seiner Wechselwirkung mit der Außenwelt." Diese Komplexität gilt es im Verstehen zu erfassen. Damit ist nicht etwa eine pragmatistische

tentionale Einstellungen (kollektive mentale gehaltvolle Zustände) (z. B.: eine Person kann kein Außenminister, ein Gegenstand kann keine Fahrkarte, ein Ereignis kann kein Banküberfall sein, ohne daß Personen, die an Interaktionen mit diesen Dingen beteiligt sind, der Überzeugung sind, daß es sich um Fälle von Fahrkarten, Außenminister oder Banküberfälle handelt, und ohne daß diese Personen die entsprechenden Entitäten als Außenminister, Fahrkarten oder Banküberfälle behandeln). Wichtige Bestandteile der Sozialontologie sind eine Theorie der kollektiven Intentionalität, eine Analyse des Regelfolgens, eine Typologie der Normen und eine Theorie der Formierungsmechanismen kollektiver Einstellungen (bes. die Machttheorie). Seminale Studien zur Sozialontologie sind unter anderem Searle (1995).

Wende der Hermeneutik angedeutet, die auf Heideggers Hermeneutik des Daseins vorausweist, wie man fälschlich angenommen hat.[414] Vielmehr macht Dilthey hier einen wichtigen und gegenüber Schleiermacher neuen theoretischen Punkt: Ein angemessenes Verstehen von propositional gehaltvollen mentalen Episoden oder von sprachlichen Texten muss nicht nur Gehalte und Bedeutungen, sondern auch den psychologischen Modus der mentalen Episoden und der Sätze in den Texten erfassen. Zum psychologischen Modus gehört z. B. der deskriptive („Vorstellung“) oder imperative Status („Wille“), aber natürlich auch das Gefühl, die Art des Erlebens, also die phänomenale Bewusstheit, die eine mentale Episode oder eine Rede fast immer begleiten. Damit wird jene Art von Subjektivität ins Spiel gebracht, die für das phänomenale Bewusstsein kennzeichnend ist. Und während das Erfassen von Interessen und Perspektiven in sprachlicher Form dargestellt werden kann, lässt sich die Ebene des Erlebens vielleicht durch einen sprachlichen Ausdruck kennzeichnen („Trauer“), aber der verstehende Nachvollzug hat hier nicht mehr die Form einer rationalen Rekonstruktion, sondern einer mentalen Simulation, die man traditionell Empathie nennt.

Selbst der simulative Nachvollzug dieser Form von Subjektivität ist jedoch methodisch nicht hoffnungslos subjektiv, denn auch Gefühle haben Gehalte, d. h. sind repräsentativ und lassen sich daher als Bestandteile im semantischen Netz ihrer Träger rational rekonstruieren. Dies hat Dilthey mit seinen Hinweisen auf die Verstehbarkeit der „Erlebnisse“ der Sache nach angesprochen. Mit seinem Hinweis auf jene Ebene des Geistes und daher auch des Nachfühlens, die wir heute psychologischen Modus nennen, protestiert Dilthey gegen die Engführung des Geistbegriffes, die Descartes verschuldet hat – nämlich die Einengung geistiger Tätigkeit auf das Denken und die Ausklammerung von Wille und Gefühl. Dilthey macht zu Recht geltend, dass diese Engführung des Geistbegriffes eine Engführung des Verstehensbegriffes nach sich zieht, die im Rahmen einer angemessenen hermeneutischen Theorie nicht hingenommen werden sollte. Wie bereits betont, wird allerdings in der Rede von der Trias von Erlebnis, Ausdruck und Verstehen, die eine so große Wirkung gehabt hat, der Begriff des Erlebnisses in einer weiten Bedeutung verwendet. Dilthey meint hier nicht nur das phänomenale Bewusstsein, sondern die gesamte Subjektivität, also phänomenales Bewusstsein, imperativer Modus und individuelle rationale semantische Netze – Gefühl, Wille und Vorstellung. Diese Auffassung von Subjektivität kommt auch in Diltheys Grundlegung der Psychologie zum Ausdruck, in der Intelligenz, Gefühl und Wille als die drei Kernbestandteile des gegliederten Seelenlebens aufgeführt werden.

[414] Jung (2001).

Für Dilthey ist diese komplexe Subjektivität mit ihrer semantischen Dimension das entscheidende Merkmal, das sich im Geist und in den Produkten des Geistes geltend macht. Durch dieses Merkmal unterscheidet sich der Geist und jedes geistige Produkt von Naturdingen. Daher können Geist und geistige Produkte nicht Gegenstand der Naturwissenschaften sein, sondern bleiben Untersuchungsobjekte der Geisteswissenschaften und ihres besonderen methodischen Verfahrens – des Verstehens. Diese Abgrenzung der Geisteswissenschaften ist, wie bereits bei Schleiermacher anvisiert, von einer Theorie des Geistes getragen und daher zweifellos wegweisend, auch wenn Dilthey sich über einige der wichtigsten methodischen Unterschiede zwischen Geistes- und Naturwissenschaften nicht völlig im klaren war.

Gewöhnlich wird angenommen, dass erst der späte Dilthey eine hermeneutische Wende vollzogen hat, die diesen wichtigen Punkt berücksichtigt. In der Tat betont der späte Dilthey stärker die geschichtliche Dimension des menschlichen Lebens, den „Charakter der Historizität geistigen Tuns." In Texten und anderen Kunstprodukten kommt dem späten Dilthey zufolge das Leben im ganzen zum Ausdruck. Die Idee des Lebens im ganzen ist verbunden mit der „Idee der Objektivation des Lebens." Diese hegelianisch klingenden Formulierungen eröffnen die Perspektive, einzelne Texte als Bestandteile einer historischen Objektivation zu sehen, also methodisch genau jene Extension des Verstehens vorzunehmen, die wir gerade beschrieben hatten. Es mag sein, dass Dilthey diese konservative und systematisch naheliegende Erweiterung seines hermeneutischen Programms explizit erst in seinen späten Jahren zum Ausdruck gebracht hat. Der Sache nach hat er dieses Verfahren jedoch selbst bereits in einer frühen Schrift praktiziert, nämlich in der berühmten und bewunderten Biographie *Leben Schleiermachers*. Denn in dieser Biographie interpretiert Dilthey Schleiermacher zwar individuell als bedeutsames Individuum, stellt sein Wirken und sein Werk aber zugleich als Kreuzungspunkt innerhalb einer geschichtlichen Epoche und damit eines größeren historischen Kontextes dar, wie er selbst anmerkt:

> „Der Hintergrund meiner Darstellung liegt in der großen Bewegung des deutschen Geistes, welche mit Lessing und Kant anhebt, mit Goethes, Hegels und Schleiermachers Tod endet. Aus den Bedingungen derselben, ihrem Zusammenhang und Charakter muss Schleiermachers geschichtliche Stellung verstanden werden."[415]

Mit dieser Haltung gegenüber der erweiterten Methode des Verstehens ist bereits vorgezeichnet, wie man das Verstehen der Bedeutung von Texten so darstellen kann, dass sich dieses Verstehen von den Meinungen, Absichten und Gefühlen des Autors weit entfernen kann und doch jenen spezifischen

[415] Dilthey (1922–1931) XIII/I, XXXVI.

methodischen Rahmen bewahrt, der für das geisteswissenschaftliche Verstehen gegenüber dem naturwissenschaftlichen Erklären kennzeichnend ist.

3.3 Max Webers Beitrag zur allgemeinen Hermeneutik

In den führenden Darstellungen zur Geschichte der Hermeneutik wird Max Weber so gut wie nie erwähnt, geschweige denn diskutiert oder gar gewürdigt.[416] Einer der Gründe dafür ist vermutlich die einflussreiche Weber-Interpretation von Habermas in der *Theorie des kommunikativen Handelns.* Habermas beschäftigt sich hier vornehmlich mit Webers Theorie der Rationalisierung im Rahmen einer Theorie der Moderne, also mit dem Prozess der gesellschaftlichen Rationalisierung in Westeuropa. Dieses Thema ist unter hermeneutischen Aspekten weniger interessant. Aber Habermas diskutiert auch Webers Theorie der Handlungen, um sie gegen das Konzept des kommunikativen Handelns[417] abzusetzen. Dabei macht Habermas geltend, dass Weber eine Engführung des Handlungsbegriffs vornimmt, indem er den Handlungsbegriff an die Zweckrationalität bindet und von der Idee eines einsamen atomistischen Aktors ausgeht.[418] Für Habermas steht fest, dass Weber mit dieser handlungstheoretischen Basis das soziale, kommunikative, auf Verständigung orientierte Handeln nicht einholen kann.[419] Doch ist der Begriff der Zweckrationalität nicht ausreichend für eine adäquate Interpretation der Weberschen Handlungstheorie. Und das von Habermas vorgeschlagene Kriterium der Verständigung (statt lediglich eines Verstehens) ist zu stark für einen angemessenen

[416] Ferraris (1996) ist einer der wenigen – tatsächlich der einzige mir bekannte – Hermeneutik-Historiker, der Weber einige Seiten widmet (122f.). Doch erfasst Ferraris den entscheidenden Punkt nicht. Er erwähnt lediglich, Weber habe in der Soziologie sowohl für kausale Erklärungen als auch für eine heuristische Verwendung von Werten plädiert. Dass die Soziologie nach Weber auch eine interpretative Dimension besitzt, die auf das Erfassen von Sinn zielt, und wie kausale Erklärungen und Sinnerfassung nach Weber in der Soziologie zusammenwirken können, wird von Ferraris mit keinem Wort angesprochen.

[417] Kommunikatives Handeln ist nach Habermas verständigungsorientiert, zielt also nicht lediglich auf angemessenes Verstehen, sondern auf theoretischen oder praktischen Konsens.

[418] Habermas nennt diesen Handlungsbegriff „monologisch gefasst", vgl. Habermas (1981) Bd.1, 378. Die zweckrationale Lesart des Weberschen Begriffs der Handlungsrationalität ist im übrigen weit verbreitet, vgl. z. B. Prewo (1979). Auch der einflußreiche Weber-Interpret Schluchter, der bei Weber verschiedene Abstufungen von Rationalität identifiziert, versteht die höchste Form von Rationalität bei Weber als Zweckrationalität, vgl. Schluchter (1979) (Habermas bezieht sich in seiner Weber-Analyse einige Male auf Schluchter).

[419] Vgl. Habermas (1981) Bd.1, Kap. II und die Zusammenfassung in der ersten Zwischenbetrachtung, ibid. 378–384.

Handlungsbegriff und stellt seinerseits eine Engführung des Handlungsbegriffs dar.

Weber hat epochemachende Beiträge zur Theorie des Verstehens geleistet.[420] Nicht umsonst gilt er als Begründer der Idee einer verstehenden Soziologie. Und diese Leistung beruht nicht zuletzt auf der Entfaltung eines geist-theoretisch orientierten Handlungsbegriffes, der sich keineswegs allein auf die Idee der Zweckrationalität stützt.[421] Diesen Punkt bekommt man nur in den Blick, wenn man berücksichtigt, dass das Verstehen von Handlungen stets ein metarepräsentationales Einstellen auf die Perspektiven anderer Personen und ein Erfassen des semantischen Holismus involviert, der die Gehalte von handlungskonstitutiven Absichten regiert. Der geist-theoretisch gefasste Handlungsbegriff, wie ihn Weber entwickelt hat, ist – wie die moderne Sozialontologie zeigen kann – sehr wohl in der Lage, soziales (wenn auch nicht kommunikatives) Handeln theoretisch einzufangen.

Es ist daher wichtig, sich genauer anzusehen, wie Weber die Idee des rationalen Handelns ausbuchstabiert. Weber geht davon aus, dass die Soziologie soziales Handeln erforscht. Handeln ist nun aber für Weber ein Verhalten, „das der Handelnde mit einem subjektiven gemeinten Sinn verbindet". Das Erfassen dieses subjektiv gemeinten Sinnes ist für Weber das Verstehen der Handlungen: „‚Handeln' heißt uns stets ein verständliches, und das heißt ein durch irgendeinen … gehabten oder gemeinten (*subjektiven) Sinn* spezifiziertes Sichverhalten zu Objekten".[422] Das Verstehen einer Handlung impliziert jedoch weder, dass die verstehende Person diese Absichten und Überzeugungen selbst unterschreibt, noch dass die verstehende Person diese Absichten und Überzeugungen nachfühlend selbst erleben (simulieren) kann. Der Hinweis auf den subjektiv *gemeinten* Sinn (und nicht lediglich auf den subjektiven Sinn) macht zu Genüge deutlich, dass es um jenen Sinn geht, der aus der Perspektive der zu verstehenden handelnden Person mit der Handlung verbunden ist.

Weber insistiert dabei jedoch darauf, dass das Erfassen des subjektiv gemeinten Sinnes stets das Erfassen des Sinnzusammenhangs involviert, in dem die zu verstehende einzelne Handlung steht: „Rational evident ist auf dem Gebiete des Handelns vor allem das in seinem Sinnzusammenhang rest-

420 Vgl. zum folgenden vor allem Weber (1988) (erste Publikation 1920).

421 Diese These wird im Rahmen einer kritischen Auseinandersetzung mit Prewo, Schluchter und Habermas ausführlich begründet in dem ausgezeichneten Aufsatz von Döbert (1989). Speziell zur Theorie der Idealtypen vgl. etwa Weinert (1996). Kritisch zu diesem Konzept äußert sich Papineau (1976).

422 Weber (1925), 405.

los und durchsichtig *intellektuell* Verstandene."[423] Es handelt sich also um eine „Erfassung des Sinn*zusammenhangs* (kursiv von M. W.), in den, seinem subjektiv gemeinten Sinn nach, ein aktuell verständliches Handeln hineingehört".[424] Einer der wichtigsten Aspekte, unter dem Weber diesen Sinnzusammenhang erläutert, ist die Struktur der (rationalen) Begründung.[425] Und eine der grundlegendsten Formen rationaler Handlungsbegründung ist die Zweckrationalität, die wir zwanglos mit dem Basisschema der Handlungsrationalisierung identifizieren können:

„Die unmittelbar verständlichste Art der sinnhaften Struktur eines Handelns ist ja das subjektiv streng rational orientierte Handeln nach Mitteln, welche (subjektiv) für eindeutig adäquat zur Erreichung von (subjektiv) eindeutig und klar erfassten Zwecken gehalten werden."[426]

Zudem betont Weber, dass es sich bei den zu verstehenden Sinnzusammenhängen stets um *rationale* Zusammenhänge handelt, und dass das Verstehen von Handlungen in der Soziologie daher auch selbst eine „rationalistische Methode" ist, die freilich als methodisches Instrument der Soziologie nicht mit der These verbunden ist, überall im Leben herrsche Rationalität und Vernunft vor.[427]

Weber unterscheidet auf dieser Grundlage das kausale Erklären von Einzelereignissen vom Verstehen von Handlungen als einem Erfassen des subjektiv gemeinten Sinns. Das kausale Erklären von Einzelereignissen ist ein Anführen weiterer Einzelereignisse (Ursachen) und der Verweis auf Regularitäten oder Naturgesetze, unter die die beiden Ereignisse subsumiert werden können. Verstehen von Handlungen ist ein Rationalisieren von Handlungen, d. h. ein Erfassen des Gehalts der Absicht, von der die Handlung individuiert wird, und ein Anführen einer weiteren gehaltvollen Absicht und einer gehaltvollen Meinung der Aktoren, in deren Licht die zu erklärende Handlung als rational (vernünftig) erscheint – also ein Argument der Form: „S tat H (wobei H durch eine Absicht individuiert ist), weil S H*

[423] Weber (1925), 2.

[424] Weber (1925), 4.

[425] Vgl. dazu ausführlich Döbert (1989),.228ff., der den interessanten und überzeugenden Versuch macht, eine moderne Konzeption der Rationalität, nämlich dass Rationalität durch die Begriffe der Begründung und des Grundes zu explizieren ist, bei Weber nachzuweisen. Döbert zeigt, dass dies insbesondere für die beiden rationalen Handlungstypen bei Weber (zweckrationales und wertrationales Handeln), aber in gewisser Weise auch für die beiden nicht-rationalen Handlungstypen (traditionales und affektuelles Handeln) gilt. Wichtig ist auch Döberts Hinweis auf die Unterscheidung formaler und materialer Rationalität, die sich bei Weber finden lässt.

[426] Weber (1925), 480. Zum Basisschema der Handlungsrationalisierung vgl. oben, Einleitung Abschnitt 2, S. 44.

[427] Weber (1925), 3.

erreichen wollte und der Meinung war, dass der Vollzug von H notwendig oder förderlich für das Erreichen von H* ist."[428]

Auf der Basis dieser handlungstheoretischen Grundlegung der verstehenden Soziologie geht Weber dann zur Bestimmung des Sozialen und dem Verstehen des Sozialen über. Dabei definiert er *soziales Handeln* als ein Handeln, welches „seinem von den Handelnden gemeinten Sinn nach auf das Verhalten anderer bezogen ist", d. h. als ein Handeln, das unter anderem daran ausgerichtet ist, wie der Aktor die Absichten und Handlungen anderer Aktoren versteht und erklärt.[429]

Handeln und insbesondere soziales Handeln ist näherhin *zweckrational bestimmt*, falls es durch Absichten und Meinungen des Aktors bestimmt

[428] Das ist das ausformulierte Basisschema der Handlungsrationalisierung, vgl. unten, Abschnitt 8.2, Schemata (REH 1) und (REH 2).

[429] Zum Folgenden vgl. Weber (1988). Die soziologischen Lesarten der verstehenden Soziologie Max Webers leiden oft an Defiziten, die vor dem Hintergrund einer geist-theoretischen Interpretation schnell deutlich werden. So bezeichnet zum Beispiel Michael Sukale in seinem neuen Weber-Buch das Verstehen im Sinne Webers als Erfassen der Handlungsmotive. Motive sind jedoch kausale Handlungsfaktoren, so dass das Verstehen zugleich als Identifizieren der Handlungsursachen erscheinen kann. Auf diese Weise möchte Sukale die Doppelfunktion von Verstehen und kausaler Analyse in der Soziologie, von der Weber in der Tat ausgeht, elegant erklären. Dabei schüttet er freilich das Kind mit dem Bade aus und reduziert fälschlich Webers Konzept des Sinnverstehen auf kausale Analysen (vgl. Sukale (2002), 401–423). Wilhelm Hennis untersucht Max Webers anthropologische Position, erwähnt aber mit keinem Wort Webers Konzept des rationalen Handelns, das für Weber zum Kern (zumindest) des (okzidentalen) Menschenbildes gehört (vgl. Hennis (1996)); und wenn Eric Voegelin über Max Webers Größe schreibt, dann ohne Webers Theorie des rationalen Handelns und des Handlungsverstehens auch nur zu erwähnen (vgl. Voegelin (1995)); vielmehr kritisiert er in einem Brief an Alfred Schütz vom 30.4.1951 Webers angebliche Einengung des Rationalitätsbegriffes auf Zweckrationalität und nimmt damit die spätere Kritik von Habermas und anderen vorweg. Kalberg betont in seiner Einführung in die Soziologie Max Webers zwar die enge Verbindung zwischen Verstehen und Sinn bei Weber, konzentriert sich aber vor allem auf den Gedanken einer Produktion von Sinn durch handelnde Menschen – ein Gedanke, der freilich bei Weber keine prominente Rolle spielt. Dass Verstehen ein Erfassen von Sinn ist, dass das Verstehen nur im Rahmen eines semantischen Holismus erläutert werden kann, und dass der semantische Holismus wesentlich durch rationale Relationen gekennzeichnet ist – diese Weberschen Einsichten werden von Kalberg nicht angesprochen. Irritierend ist auch, dass Kalberg Sinn, Motiv, Zweckrationalität, Wertrationalität und Affekt letztlich kaum zu unterscheiden scheint (vgl. Kalberg (2001), 43–49). Kaesler hat eine solide und anerkannte Einführung in das Denken Max Webers vorgelegt. Aber auch er kennzeichnet den Sinn als Gegenstand des Verstehens bei Weber auf merkwürdig schillernde Weise, nämlich in der dreifachen Weise des kulturellen, subjektiv gemeinten und funktionalen Sinn. Da Kaesler nur den kulturellen Sinn bei Weber mit einem größeren Sinnzusammenhang verbindet und Funktionalität und Sinn nicht scharf auseinanderhält, trennt er fälschlicherweise den für Weber fundamentalen Sinn (den subjektiv gemeinten Sinn) vom semantischen Holismus ab und verwischt damit auch Webers Begriff des Verstehens. Auch übergeht Kaesler die konstitutive Rolle der Rationalität für Sinnzusammenhänge, wie Weber sie postuliert hat, und kann deshalb beispielsweise nicht sehen, auf welche Weise Weber die Idealtypen als Typen optimaler Rationalität konzipiert und theoretisch als Bindeglied zwischen Verstehen und kausaler Analyse in der Soziologie einsetzt (vgl. Kaesler (2003), bes. 223–229).

ist, die auf eigene Zwecke und Mittel zur Realisierung dieser Zwecke ausgerichtet sind. Handeln und insbesondere soziales Handeln ist dagegen *wertrational bestimmt*, falls es durch Absichten und Meinungen des Aktors bestimmt ist, die den objektiven Eigenwert eines zu realisierenden Zweckes oder eines bestehenden Zustandes herausheben. Diese beiden Arten von Rationalität liegen allerdings nicht auf derselben Ebene. Die Zweckrationalität ist ein *Schema* oder eine Form von Rationalität – eben das Basisschema der Handlungsrationalisierung. Die Wertrationalität ist dagegen ein bestimmter *Gehalt* einer Vorstellung (einer Absicht, einer Überzeugung) und insofern ein ganz bestimmter Grund für das Handeln. Handeln und insbesondere soziales Handeln können nach Weber auch emotional (durch aktuelle Gefühle) oder traditional (durch eingelebte Gewohnheit) bestimmt sein; dabei ist diese Form der Bestimmung nach Weber eher eine Verursachung (es sei denn, es handelte sich um rationale Gefühle).

Weber betont jedoch, dass soziales Handeln gewöhnlich auch Regularitäten aufweist, d. h. Typen von Handlungen bestimmter Aktoren A werden von anderen Aktoren B in einer Weise verstanden und erklärt, die in einer regulären Weise zu typischen Handlungen der Aktoren B führen, die ihrerseits wiederum von Aktoren C auf eine Weise verstanden und erklärt werden mögen, die in einer regulären Weise zu typischen Handlungen der Aktoren C führt.

Die Soziologie erforscht daher soziales Handeln einerseits dadurch, dass sie soziales Handeln rational versteht, um zu klären, durch welche Gründe dieses Handeln bestimmt ist, und andererseits dadurch, dass sie die Regularitäten aufdeckt, von denen soziales Handeln in bestimmten Kontexten strukturiert ist („Typen des Ablaufs von (sozialem) Handeln"), um zu erforschen, durch welche Ursachen soziales Handeln bedingt ist. Soziologie ist demnach für Weber sowohl eine verstehende als auch eine kausal erklärende Wissenschaft. Insofern die Soziologie die verstehende Methode benutzt, kann sie das Ziel haben,

- den Gehalt der Absichten und Meinungen einzelner historischer Aktoren zu erfassen, oder
- den Gehalt der Absichten und Meinungen zu erfassen, die jene Handlungen individuieren, die die meisten Aktoren in einem bestimmten Kontext vollziehen, oder auch
- den Gehalt der Absichten und Meinungen zu erfassen, die die Aktoren typischerweise oder idealerweise in einer bestimmten Rolle im entsprechenden Kontext vollziehen.[430]

[430] Vgl. dazu die moderne Debatte um die Frage, ob Gründe auch Ursachen sind, und siehe

Die verstehende Soziologie hat jedoch nicht das Ziel, den objektiven oder wahren Sinn bestimmter Objekte zu erfassen (z. B. die wahre Bedeutung von Gesetzestexten, die wahren Werte in Handlungsweisen, die wirklich gültigen Schlußformen, oder die objektive Schönheit von Kunstwerken) – das ist ein wichtiger Unterschied zwischen verstehender Soziologie und Disziplinen wie Jurisprudenz, Ethik, Logik oder Ästhetik.

Interessant ist ferner, dass Weber, zum Teil als Antwort auf Georg Simmels These vom einfühlenden Charakter der verstehenden Soziologie, auch von einem Verstehen von Handlungen allein durch Erfassen der Affekte (Emotionen) spricht, die zu diesen Handlungen geführt haben. Diese Form des Verstehens ist nach Weber nur durch nachfühlende Simulation möglich. Diese Simulation kann mehr oder weniger gelingen, aber in jedem Fall werden die Affekte, obgleich einfühlend nacherlebbar, als Ursachen für Handlungen betrachtet und sind in dieser Funktion nicht im technischen Sinne verstehbar. Hingegen ist das Verstehen von logischen und mathematischen Operationen aufgrund des Erfassens der Bedeutung der logischen und mathematischen Operatoren sowie die Rationalisierung von Handlungen ohne nachfühlende Simulation und ohne Zustimmung zu den Handlungsgründen des Aktors nach Weber das (restlose) intellektuelle Verstehen von Operationen und Handlungen, das diese Operationen und Handlungen rational evident macht.

Dieses intellektuelle Verstehen einer Handlung wird verstärkt, d. h. geht in ein stärkeres Verstehen über, wenn die verstehende Person die Absichten und Überzeugungen des Aktors selbst unterschreibt oder diese Absichten und Überzeugungen nachfühlend selbst erleben (simulieren) kann. Dagegen sind Affekte und andere externe Faktoren für Handlungen sinnfremd, wenn sie weder einen Gehalt haben noch in einer Handlungsrationalisierung in den Gehalten ihrer Prämissen auftauchen (d. h. nicht „auf die Handlungen bezogen" sind). Sinnfremde Faktoren sind daher allenfalls Ursachen für Verhalten.

Es gibt nach Weber wichtige Standardfälle von soziologischen Erklärungen, in denen Verstehen und kausale Erklärung zusammenwirken. Einer dieser Standardfälle bezieht sich auf faktische Verhaltensabweichungen vom ideal rationalen Handeln. Insofern die Soziologie die verstehende Methode benutzt, kann sie nämlich das Ziel haben,

– den Gehalt der Absichten und Meinungen *einzelner* historischer Aktoren, zu erfassen;

dazu auch die erweiterten Schemata der Handlungserklärung (REU) und (REU)* unten, Abschnitt 8.2.

- den Gehalt der Absichten und Meinungen zu erfassen, die jene Handlungen individuieren, die *die meisten Aktoren* in einem Kontext K vollziehen; oder
- den Gehalt der Absichten und Meinungen zu erfassen, die die Aktoren *typischerweise* oder *idealerweise* in einer bestimmten Rolle in K vollziehen.

Der letzte Fall beruht auf Idealtypen von Menschen und ihren Handlungen, also auf Idealisierungen einer perfekten Handlungsrationalität. Erklärungen faktischer Abweichungen von Idealtypen bestehen typischerweise aus drei Teilen:

(a) In Kontext K wäre für jeden Aktor mit den Absichten A und den Überzeugungen M die Handlung H im idealen Sinne rational gewesen (Fixierung des Idealtypus).
(b) Aktor S hatte in K die mentalen Zustände A und M, handelte jedoch nicht in der Weise H, sondern in der Weise H^*.
(c) Es gab sinnfremde Faktoren, die bei S in K die Gründe A und M übertrumpften und bei S kausal zu H^* führten.

Daraus folgt für Weber, dass das Konzept der verstehenden Soziologie kein rationalistisches Vorurteil enthält, d. h. nicht die Annahme impliziert, dass Aktoren faktisch meist oder immer rational verstehbar handeln. Vor allem aber wird sichtbar, wie das Konzept der Idealtypen theoriestrategisch für die konsistente Überleitung vom rationalen Verstehen zur kausalen Analyse eingesetzt werden kann.

Ein zweiter wichtiger Standardfall einer soziologische Erklärung, in der Verstehen und kausale Erklärung zusammenwirken, bezieht sich auf die Erforschung soziologischer Regeln. Was ist eine soziologische Regel? Nach Weber ist eine Handlung oder Handlungsfolge sinnadäquat, wenn sie durch Prozesse des Verstehens rationalisiert werden kann. Eine Handlung H oder Handlungsfolge $H \rightarrow H^*$ in Kontext K ist kausal adäquat, falls es ein statistisches Gesetz gibt, das besagt, dass H in K mit hoher Wahrscheinlichkeit vollzogen wird, bzw. dass in K die Folge $H \rightarrow H^*$ mit hoher Wahrscheinlichkeit auftritt. Eine Folge <Absichten A, Meinungen M, Handlung H> bzw. <Handlung H, Handlung H*> ist eine soziologische Regel bzw. ein soziologischer Typus realen Geschehens genau dann, wenn diese Folge sowohl sinnadäquat als auch kausal adäquat ist. Ob eine Handlungsfolge eine soziologische Regel ist, und insbesondere ob sie kausal adäquat ist, kann nur durch empirische Erfahrung geklärt werden.

Auf diese Weise hat Weber grundlegende Schritte unternommen, um den Bereich der Handlungen und des Sozialen als einen genuinen Gegenstand des Verstehens und der Hermeneutik zu erobern.

KAPITEL 4: DAS PROJEKT DER PHILOSOPHISCHEN HERMENEUTIK

Die Philosophische Hermeneutik, die Gadamer im Anschluss an Überlegungen seines Lehrers Heidegger entwickelt hat, gilt immer noch weithin als avancierteste Form der modernen Hermeneutik. Die folgenden Kommentare zur Philosophischen Hermeneutik aus geist-theoretischer Sicht bemühen sich um eine sorgfältige Unterscheidung der bewahrenswerten Intuitionen von den anachronistischen Elementen der Philosophischen Hermeneutik.

4.1. Heideggers Programm einer Hermeneutik der Faktizität

Während, wie bereits angedeutet, Webers große hermeneutische Leistungen in Darstellungen der Geschichte hermeneutischer Theorien fast durchgehend übergangen werden, gibt es kaum ein Werk über Hermeneutik, in dem Heidegger nicht eine herausragende Stellung in der Geschichte der Hermeneutik zugesprochen wird.[431] Die radikale, revolutionäre und epochale Wendung, die Heidegger der Hermeneutik nach übereinstimmender Meinung der Experten gibt, besteht im Kern darin, dass er das Verstehen nicht mehr als einen Akt der Erfassung geistiger Gebilde auffasst, sondern als grundlegende Struktur des Vollzugs menschlicher Existenz. Aus dieser Perspektive wird das Verstehen als Paradigma des praktischen Weltverhältnisses des Menschen betrachtet, ja sogar – in *Sein und Zeit* – als zentrale Weise des menschlichen Seinsverständnisses, als *Existenzial des Daseins* (im Jargon Heideggers). Damit ist nach allgemeiner Meinung der Übergang zur *philosophischen Hermeneutik* vollzogen.

Bereits in frühen Schriften vor *Sein und Zeit* spricht Heidegger von einer „Hermeneutik der Faktizität".[432] Er lässt keinen Zweifel daran, dass er den Begriff der Hermeneutik hier anders verwendet als in der traditionellen Hermeneutik, denn gleich zu Beginn der Vorlesung von 1923 bemerkt er: „Im Titel der folgenden Untersuchung ist Hermeneutik nicht in der modernen Bedeutung und überhaupt nicht als noch so weit gefaßte Lehre von

[431] Vgl. z. B. Einführungen wie Grondin (1991/2001); Ineichen (1991); Jung (2001); Lessing (1999); Geisenhanslüke (2003).

[432] Im Sommersemester 1923 hielt Heidegger eine Vorlesung mit dem bezeichnenden Titel *Ontologie (Hermeneutik der Faktizität)*.

der Auslegung gebraucht."[433] Mit der Hermeneutik der Faktizität ist vielmehr gemeint, dass der Mensch der Welt primär nicht in einer theoretischen Einstellung, sondern jeweils in einem praktischen Lebenszusammenhang begegnet. Dieser Lebenszusammenhang stellt eine unhintergehbare Perspektive dar, die auf das Erfassen von Elementen der Welt durchschlägt und insbesondere bestimmt, was „bedeutend" (im Sinne von wichtig) ist. In dieser Weise bestimmt der zum Teil kontingente praktische Lebenszusammenhang, die Lebenspraxis mit all ihren Werten, Interessen und theoretischen Vorgriffen die „Bedeutungen". Fakten sind erst durch ihre lebenspraktische Bedeutsamkeit als Fakten zugänglich. Bedeutsamkeiten oder Bedeutungen konstituieren sich erst in praktischen Handlungskontexten. Dieses lebenspraktische Weltverhältnis nennt der frühe Heidegger *Verstehen* – ein praktisches Wissen im Umgang mit der Welt, ein Sich-Verstehen auf diesen praktischen Umgang und damit das charakteristische In-der-Welt-Sein des Menschen. Das Faktische wird zum „Ausdruck", zum genuinen Gegenstand des Verstehens – freilich eines praktisch-impliziten Verstehens, das nicht immer voll artikuliert werden kann. Entsprechend weist Heidegger der Hermeneutik als Theorie dieser Form des Verstehens die Aufgabe zu, „das je eigene Dasein in seinem Seinscharakter diesem Dasein selbst zugänglich zu machen."[434] Die Hermeneutik der Faktizität klärt den Menschen also über seinen Seinscharakter auf und ist in diesem Sinne eine Form der Ontologie.

In *Sein und Zeit* wird das Verstehen zu einem zentralen Existenzial, also einer Grundstruktur des Daseins (d.h. der menschlichen Existenz).[435] Das Verstehen wird jetzt in den ontologischen Kern des Daseins eingearbeitet, der darin besteht, Seiendes „in der Möglichkeit der Existenz" zu sein – ein Seiendes, das sich zu sich selbst verhält und sich auf seine Möglichkeiten hin entwirft: „Dasein ist Seiendes, das sich in seinem Sein verstehend zu sich selbst verhält". Für ein solches Seiendes begegnet die Welt primär als Umwelt oder als Zeug, also in einem Verweisungszusammenhang, der aus der Sorge um sich heraus festlegt, welche Bewandtnis es mit den Elementen der Welt hat. Die Sorge leitet das Verstehen als praktischen Umgang mit der Welt.

Ein wichtiges Element dieses grundlegenden Existenzials des Daseins ist die Befindlichkeit, das Gestimmtsein, von dem her das Dasein die Welt auslegt. Der Mensch als Dasein ist nach Heidegger in der Befindlichkeit auf ursprüngliche Weise vor sich selbst gebracht und hat sich immer schon gefunden. Mit der Befindlichkeit ist keine objektive Erkenntnis der Welt ver-

433 Heidegger (1988), 15.
434 Ibid.
435 Einschlägig sind hier die Paragraphen 7, 29–34 und 44.

bunden, wohl aber die Einsicht in die Geworfenheit des Menschen in die Welt.

Aus der Befindlichkeit heraus entwickelt Heidegger dann auch einen anderen zentralen Aspekt des Verstehens als Verhalten zu sich selbst und Deutung der Welt, nämlich das Sich-Entwerfen auf die eigenen Möglichkeiten hin: Dasein gilt ihm als eine Existenz im Modus des Worum-willen und des Zu-Sein. Auf dieser grundlegenden Ebene lässt sich von einer Vorstruktur des Verstehens sprechen, insofern Verstehen als Existenzial jeder objektiven Welteinstellung vorgelagert ist. Im Verstehen als Existenzial sind Subjekt und Objekt nicht scharf getrennt.

Die Auslegung bestimmt Heidegger als explizite Ausbildung des Verstehens. Auch hier handelt es sich aber nicht um eine theoretische Einstellung zur Welt, sondern um ein Umgehen mit etwas als einem bestimmten Ding. Die Auslegung erfolgt am Leitfaden des Etwas als Etwas, und zwar sehr häufig so, dass es um etwas mit einem „Worum-willen" geht. Heidegger spricht hier auch vom hermeneutischen „Als".

Wir müssen Heideggers genauere Entfaltung der Hermeneutik des Daseins nicht weiter verfolgen, um – im Anschluss an Heideggers eigene Einschätzung – konstatieren zu können, dass diese Theorie nichts mit Hermeneutik im klassischen Sinn und auch nichts mit einer modernen Theorie des Verstehens zu tun hat. Es handelt sich weder um eine revolutionäre Weiterentwicklung der klassischen Hermeneutik noch um eine interessante Vorwegnahme von Aspekten moderner Theorien des Verstehens.[436] Vielmehr wechselt Heidegger schlicht den Gegenstand der Untersuchung. Sein Begriff des Verstehens ist homonym gegenüber dem Begriff des Verstehens in klassischen und modernen Theorien des Verstehens. Dies gilt entsprechend auch vom Begriff der Bedeutung: Heidegger beruft sich nicht auf den Begriff semantischer Bedeutungen, sondern auf die Idee praktischer Bedeutsamkeit.[437]

Alles in allem bewegt sich Heidegger mit seiner Hermeneutik der Faktizität und des Daseins primär auf der Ebene faktischer Funktionalität. Wir sind als Menschen mit faktischen Funktionen ausgestattet und können diese Funktionalität in technischer und künstlerischer Produktion auch auf Dinge

[436] Erst recht liegt bei Heidegger keine Radikalisierung der klassischen Hermeneutik vor, wie einige Auoren behaupten (vgl. z. B. Ferraris (1996), 155–158).

[437] Das soll nicht heißen, dass Heidegger nicht vom Verstehen reden sollte. Er beruft sich ja tatsächlich auf eine der üblichen Verwendungsweisen von „Verstehen" (das Sich-auf-etwas-Verstehen). Es geht nicht darum, was das Verstehen wirklich ist, sondern nur darum, die Phänomene auseinander zu halten, von denen die Rede ist. Das Verstehen, von dem Heidegger redet, hat einfach nur wenig (wenn überhaupt irgend etwas) mit dem Verstehen zu tun, von dem die klassische Hermeneutik und die moderne Geist-Theorie sprechen.

in unserer Umwelt übertragen.[438] Auf dieser Ebene ist der indikative Modus unserer Repräsentationen noch nicht vom imperativen Modus geschieden, und der imperative Modus ist primär durch spezifische echte Funktionen von Verhalten und Dingen bestimmt. Aus dieser Sicht ist das Verstehen ein angemessener Umgang mit der Welt aufgrund faktischer Funktionen. Auch die Befindlichkeit ist eine Art von Verstehen als Existenzial, aber nicht im Rahmen faktischer Funktionalität, sondern im Rahmen des phänomenalen Bewusstseins und daher ebenfalls vortheoretisch und vorsprachlich. Damit betont Heidegger die unhintergehbare funktionale und affektive Perspektivität der Repräsentation. Verstehen als Metarepräsentation im geist-theoretischen Sinne hat in diesem Bild keinen systematischen Sitz.

Nicht wenige zentrale Analysen in *Sein und Zeit* rund um das Verstehen als Existenzial sind freilich problematisch. So ist es zum Beispiel keineswegs für Menschen charakteristisch, sich zu sich selbst zu verhalten – das gilt vielmehr schon für alle Tiere mit phänomenalem Bewusstsein (nach heutigem Wissenstand zumindest alle Säuger). Fast alle Tiere weisen darüberhinaus eine funktional und affektiv bestimmte Repräsentation der Welt auf. Insbesondere die Ungeschiedenheit von indikativem und imperativem Modus der Repräsentationen ist bei Tieren verbreitet. Für Menschen ist demgegenüber gerade kennzeichnend, dass sie die grundlegende Perspektivität ihrer Repräsentationen durch Abgleichung weit besser überwinden können als alle anderen Tiere, und das nicht zuletzt durch metarepräsentationale Fähigkeiten, also durch genuine Verstehensleistungen. Für Menschen ist Verstehen tatsächlich kennzeichnend, aber gerade nicht als Verstehen im Heideggerschen Sinn, sondern im klassischen und modernen hermeneutischen Sinn, also als Metarepräsentation – als die Fähigkeit, Repräsentationen anderer Wesen als Repräsentationen zu repräsentieren und den geistigen Standpunkt anderer Wesen erfassen zu können.[439] Das ist eine wesentliche Bedingung für die Entwicklung der Idee von der einen objektiven Welt.

Außerdem bleibt bei Heidegger unberücksichtigt, dass das Gestimmtsein ein Zustand speziell des phänomenalen Bewusstseins ist, und dass deshalb ein Verstehen der Befindlichkeit unterschieden werden muss von anderen Formen des Verstehens. Die meisten Formen des phänomenalen Bewusstseins, zum Beispiel Emotionen, sind im Gegensatz zu Stimmungen zudem repräsentational und weisen daher sehr wohl eine epistemische Seite auf. Offensichtlich ist außerdem, dass die enge theoretische Verbindung von Verstehen als Existenzial des Daseins und der Begegnung von Welt als Zeug in *Sein und Zeit* letztlich theoretisch undurchschaut bleibt. Denn Zeug als

[438] Zu faktischen und echten Funktionen vgl.genauer unten, Abschnitt 8.1, S. 331 f.

[439] Vgl. dazu genauer unten, Abschnitt 8.3.

Zuhandenheit (in Heideggers Terminologie) betont die faktischen (nichtmathematischen) Funktionen von Dingen, mit denen wir umgehen; doch auf welche Weise echte Funktionalität mit geistigen Zuständen zusammenhängt, muss selbst erst theoretisch geklärt werden. Und schließlich: Mit der Fähigkeit, sich auf die Zukunft hin zu entwerfen, spricht Heidegger zwar tatsächlich eine Vorform des Verstehens im metarepräsentationalen Sinne an – die Fähigkeit, multiple (mögliche, zum Teil sogar irreale) Weltmodelle zu entwerfen. Aber dieser Punkt hängt allenfalls lose mit perspektivischer Repräsentation und Befindlichkeit zusammen, so dass Heideggers Hermeneutik des Dasein aus heutiger Sicht ein unglückliches theoretisches Hybrid ist, in welchem Verstehen als Erfassen von Gehalten und Bedeutungen, Perspektivität unseres Blickes auf die Welt, bewusste Erlebnisfähigkeit als phänomenales Bewusstsein, echte Funktionalität und das Entwerfen multipler Weltmodelle miteinander vermengt werden.[440]

Zudem ist nicht erkennbar, wie Heideggers These vom Verstehen als Existenzial des Daseins eine theoretische Grundlage für die Theorie des Verstehens als Metarepräsentation sein könnte. Das phänomenale Bewusstsein (die Befindlichkeit als Stimmung) ist jedenfalls keine derartige Grundlage, und der funktionale Umgang mit der Welt könnte zwar, recht verstanden, eine der Grundlagen für Metarepräsentationen sein, aber nur deshalb, weil er eine Grundlage für einfache Repräsentationen ist. Doch selbst der Zusammenhang zwischen faktisch-funktionalem Verhalten und einfacher Repräsentation müsste genauer geklärt werden, als es bei Heidegger geschieht (tatsächlich gibt es bei Heidegger in dieser Hinsicht überhaupt keine Aufklärung).

Die Wende, die Heidegger dem Begriff des Verstehens gibt, konnte daher zur Entwicklung der modernen Hermeneutik nichts beitragen. Heideggers Hermeneutik der Faktizität und des Daseins ist überhaupt keine Theorie des Verstehens im Sinne der Hermeneutik. Dieser Punkt wird nicht immer gesehen, und dies ist ein Indiz für die theoretische Unsicherheit der gegenwärtigen Hermeneutiker.[441] So hat zum Beispiel der einflussreiche Literaturtheoretiker Peter Szondi Mitte der siebziger Jahre des 20. Jahrhunderts gegen die Philosophische Hermeneutik (in die er auch den Heidegger-Schü-

[440] Ein weiterer Punkt, der diese Diagnose bestätigt, ist Heideggers Umgang mit dem klassischen Problem des hermeneutischen Zirkels. Nach Heidegger ist der hermeneutische Zirkel ein ontologisches Existenzial des Daseins, insofern das Dasein als Sein-in-der-Welt für das Dasein ein Gegenstand der Sorge ist und damit eine zirkuläre Struktur aufweist. Wie Mantzavinos (2005), 40 mit Recht bemerkt, wird der hermeneutische Zirkel damit zu einer trivialen Beschreibung des Menschen und verliert seinen Status als Problem im Rahmen der klassischen Hermeneutik.

[441] Eine wohltuende Ausnahme sind die naturalistischen Hermeneutiker, etwa Albert (1994) oder Mantzavinos (2005).

ler Gadamer einbezog) opponiert und völlig zu Recht darauf bestanden, zum eigentlichen Geschäft der Hermeneutik zurückzukehren.[442] Aber Szondi hatte vor allem das Gefühl, dass die Hermeneutik wieder weniger philosophisch und mehr philologisch werden sollte. Mit Philosophie allgemein hat die Problematik der sogenannten Philosophischen Hermeneutik jedoch nichts zu tun – sondern eher damit, dass dieser Ansatz den Begriff des Verstehens mit zum Teil problematischen theoretischen Manövern in extravaganter Weise verändert hat.

Das zentrale Motiv für diese Verschiebung bei Heidegger kommt in dem weitreichenden Anspruch zum Ausdruck, dass die Philosophische Hermeneutik im Sinne Heideggers Verhältnisse beschreibt, die grundlegend für jedes andere und insbesondere das wissenschaftliche Weltverhältnis sind, und dass daher die Philosophische Hermeneutik als theoretische ontologische Disziplin jeder speziellen Wissenschaft, insbesondere auch jeder speziellen Wissenschaft, die sich mit dem Menschen beschäftigt (der Psychologie, der Anthropologie, der Biologie und auch der klassischen Hermeneutik), vorgelagert ist. Heidegger muss daher für die Philosophische Hermeneutik auch einen besonderen epistemischen Status in Anspruch nehmen – den Status einer transzendentalen Erkenntnis, die über die Bedingungen der Möglichkeit wissenschaftlicher Weltverhältnisse aufklärt.[443] Allerdings beruft sich Heidegger wie viele andere Autoren nach ihm (zum Beispiel Karl-Otto Apel) nicht auf Kants hartes Verständnis von Transzendentalität, demzufolge transzendentale Argumente verständlich machen sollen, wie wir uns auf eine objektive Welt beziehen können und inwieweit notwendige wissenschaften Thesen auf die Welt zutreffen können, sondern verwendet die abgeschwächte, weniger spezifische und daher weniger attraktive Idee von gewissen notwendigen Bedingungen für wissenschaftliche Erkenntnisse.

Wenn man im Geiste des Prinzips der Nachsicht sehr wohlwollend auf Heideggers Hermeneutik der Faktizität blicken möchte, könnte man in seiner Philosophischen Hermeneutik den Versuch identifizieren, die existenziale Vorstruktur des Verstehens genauer zu entschlüsseln.[444] Wenn das unter anderem heißen soll, dass es ein lohnendes theoretisches Unterfangen ist, epistemische Leistungen zu untersuchen, die für ein gelingendes Verstehen im klassischen hermeneutischen Sinn notwendig sind, dann lässt

[442] Vgl. Szondi (1975).

[443] Vgl. Heidegger (1988), 38, 45. Kritisch dazu etwa Albert (1994).

[444] So Scholz (2005), dessen wohlmeinende zentrale These ist: „Die an Heidegger anschließenden <sc. hermeneutischen> Konzeptionen thematisieren die „existenziale Vorstruktur des Verstehens“, während die traditionelle Hermeneutik vor allem „die rationale Vorstruktur des Verstehens“ und der Interpretation herausgearbeitet hat“ (ibid. 445).

sich diesem Versuch eine aussichtsreiche allgemeine Perspektive entnehmen. Diese Perspektive wird bis heute in zum Teil aufschlussreicher Weise verfolgt. Eines der Beispiele dafür sind die Studien zu metarepräsentationalen Fähigkeiten, die ohne Zweifel grundlegend für das Verstehen im klassischen hermeneutischen Sinne sind. Derartige Studien sind jedoch nicht von transzendentaler Art, sondern gehen davon aus, dass das Verstehen in diesem Kontext nicht als Methode, sondern als kognitive Fähigkeit betrachtet wird.[445] Daher sollte es im Kontext der Vorstruktur des Verstehens primär um kognitive Bedingungen des Verstehens gehen, die heute unter anderem von der kognitiven Psychologie auf erhellende Weise untersucht werden.

Heideggers eigene Version, notwendige Bedingungen aller Wissenschaften und insbesondere der klassischen Hermeneutik aufzuspüren, ist demgegenüber mit großen theoretischen Problemen belastet. Das vielleicht wichtigste dieser Probleme ist Heideggers Versuch, den Umstand, dass wir als Menschen primär mit dem Umgang mit Artefakten und sozialen Verhältnissen vertraut sind, als hinreichenden Grund dafür zu benutzen, repräsentationale Fähigkeiten (also das Geistige) auch theoretisch im wesentlichen auf der Basis praktischer und sozialer Fähigkeiten (also des Sozialen und Selbstbezüglichen) zu rekonstruieren. Diese Rekonstruktion ist zum Scheitern verurteilt, weil es nicht gelingen kann (und bis heute auch nicht gelungen ist), das Geistige vollständig auf das Soziale zurückzuführen. Der umgekehrte Weg ist weitaus aussichtsreicher und bislang auch erfolgreicher gewesen. Eines der Indizien dafür bei Heidegger selbst ist (wie bereits angedeutet), dass Heidegger sich in seiner Rekonstruktion genötigt sieht, sich etwa in Form von Zukunftsentwürfen oder Gestimmtheit auf geistige Ebenen zu berufen, die ihrerseits nicht auf sozialer Grundlage oder auf der Grundlage faktischer Funktionen theoretisch eingeführt werden können.[446] Doch der grundlegende Punkt ist, dass die menschliche Fähigkeit, die Gedanken und Zeichen anderer Menschen zu lesen und ihrem semantischen Gehalt nach zu erfassen, zu den Bedingungen sozialer Kooperation gehört, zu der auch die Einbettung in soziale oder artifizielle funktionale Zusammenhänge gehört.[447] Daher kann die Theorie des Verstehens im klassischen

[445] Mantzavinos (2005) insistiert zu Recht darauf, dass der kognitive und methodische Aspekt des Verstehens unterschieden werden sollten. Zu neueren Untersuchungen über kognitive Bedingungen des Verstehens vgl. z. B. die Arbeiten von Perner (1991) und Tomasello (2002), (2009), siehe unten, Abschnitt 8.3.

[446] Eine radikale Kritik der Hermeneutik der Faktizität bei Heidegger liefert auch Mantzavinos (2005), 22–36. Mantzavinos bezeichnet die Hermeneutik der Faktizität im Sinne einer existenzialen Analytik des Dasein mit einigem Recht als weitgehend trivial und banal; auch bemängelt er, dass Heideggers Analysen eine Verzerrung und Trivialisierung der Phänomenologie Husserls darstellen.

[447] Vgl. dazu die gegenwärtige Sozialontologie (siehe oben, Anmerkung 413).

und modernen hermeneutischen Sinne zu den theoretischen Grundlagen für jene Form des Verstehens gerechnet werden, die nach Heidegger ein Existenzial des Daseins ist, während das Umgekehrte nicht gilt.

Heideggers sogenannte Hermeneutik der Faktizität ist also alles in allem kein positiver Beitrag zur Entwicklung einer angemessenen Theorie des Verstehens. Der wichtigste Grund dafür ist, dass das Verstehen im Sinne Heideggers eine perspektivische Repräsentation und nicht ein metarepräsentationales Erfassen der Repräsentationen anderer geistiger Wesen ist. Heideggers Hermeneutik der Faktizität stellt nicht eine fruchtbare hermeneutische Problemverschiebung dar, sondern wechselt unter dem höchst missverständlichen Titel „Hermeneutik" den Untersuchungsgegenstand. Wenn überhaupt irgendetwas an Heideggers hermeneutischer Position für die Theorie des Verstehens im klassischen hermeneutischen Sinn interessant bleibt, dann ist es der Hinweis, dass es lohnend sein könnte, eine Untersuchung der Bedingungen des Verstehens in die Hermeneutik zu integrieren. Diese Untersuchung sollte jedoch nicht von vornherein als transzendental angesehen werden, sondern davon ausgehen, dass das Verstehen in diesem Kontext nicht als Methode, sondern als kognitive Fähigkeit betrachtet wird.[448]

4.2 Gadamer und die Philosophische Hermeneutik

Gadamers Buch *Wahrheit und Methode*[449] gilt als das einflussreichste hermeneutische Werk des 20. Jahrhunderts. Fast alle Kommentatoren erkennen in Gadamers Buch den tiefen Einfluss seines Lehrers Heidegger und sehen in *Wahrheit und Methode* den Kern der Philosophischen Hermeneutik.[450] Auf der anderen Seite ist der Eindruck entstanden, Gadamer habe Heideggers Projekt einer Hermeneutik der Faktizität wieder ein Stück weit zurückgedreht, weil er sich weitgehend auf die Hermeneutik von Kunst, Philosophie und Geschichte im Horizont der klassischen Tradition konzentriert.[451]

In der Tat zeichnet auch Gadamer selbst ein ambivalentes Bild der von ihm entwickelten Hermeneutik. Bereits in der Einleitung zu *Wahrheit und Methode* betont er, dass das Verstehen und Auslegen von Texten nicht nur ein Anliegen der Wissenschaft sei, sondern zur menschlichen Welterfahrung insgesamt gehöre. Gadamer macht diesen Punkt unter anderem am Aspekt

[448] Mantzavinos (2005) insistiert zu Recht darauf, dass der kognitive und methodische Aspekt des Verstehens unterschieden werden sollten.

[449] Vgl. Gadamer (1965).

[450] Vgl. z. B. die oben in Anm. 12–16 erwähnten Autoren.

[451] Vgl. z. B. Figal (2003).

der Wahrheit fest: „Im Verstehen der Überlieferung werden nicht nur Texte verstanden, sondern Einsichten erworben und Wahrheiten erkannt." Man hört Heidegger im Hintergrund, wenn Gadamer anmerkt, dass das Phänomen des Verstehens *alle* menschlichen Weltbezüge durchdringt: „Verstehen ist der ursprüngliche Seinscharakter des menschlichen Lebens selber."[452] Daher widersetzt sich das Verstehen Gadamer zufolge dem Versuch, sich auf eine wissenschaftliche Methode zurechtstutzen zu lassen. Für Gadamer ist es das zentrale Anliegen der Hermeneutik, eine Erfahrung von Wahrheit des wissenschaftlichen Kontrollbereichs aufzusuchen und auf ihre Legitimation hin zu befragen.

In konsequenter Umsetzung dieses Programms beschäftigt sich der erste Teil von *Wahrheit und Methode* mit der „Freilegung der Wahrheitsfrage an der Erfahrung der Kunst", d. h. mit dem Verhältnis zwischen der Wahrheit und dem Verstehen eines nicht-sprachlichen menschlichen Produkts. Gadamer beginnt seine Überlegungen im Anschluss an Hegel mit einer folgenreichen Engführung des Begriffes des Geistes, die eine Engführung der Idee der Geisteswissenschaften und ihrer Methoden nach sich zieht: Geist ist wesentlich an Bildung gebunden[453], also allgemein an eine Erhebung zur Allgemeinheit, eine Aufopferung der Besonderheit für die Allgemeinheit, und eine Befreiung von Begierden. Hermeneutisch gewendet ist „die Grundbewegung des Geistes, im Fremden das Eigene zu erkennen, in ihm heimisch zu werden, in die vorgegebene Substanz seines Volkes mit sprachlicher und sittlicher Tradition hineinzuwachsen".[454] Was die Geisteswissenschaften zu Wissenschaften macht, lässt sich daher nach Gadamer aus der Tradition des Bildungsbegriffes und insbesondere der humanistischen Tradition verstehen.[455] Dieser Ausgangspunkt dient sodann einer durchdringenden Kritik der „Erlebniskunst" und „Genieästhetik", die um 1800 nicht zuletzt unter dem Einfluss von Kants *Kritik der Urteilskraft* das Bild von der Kunst und vom verstehenden Zugang zu Kunstwerken zu prägen begann. Heute wird diese Entwicklung oft als Bruch mit dem handwerklich orientierten Begriff von Kunst empfunden, der mit der rhetorischen Wissenskultur verbunden war, wie sie seit der Antike bis zum Barock dominant war. Genau dies macht Gadamer kritisch geltend: „Nicht die Echtheit des Erlebnisses oder die Intensität des Ausdrucks, sondern die kunstvolle Fügung fester Formen und Sagweisen macht das Kunstwerk zum Kunstwerk."[456] Dieser „Werteverfall der Rhetorik" ist Gadamers Diagnose zufolge ein Effekt der

[452] Gadamer (1965), 246.
[453] Gadamer (1965) 9.
[454] Gadamer (1965), 11.
[455] Gadamer (1965), 15.
[456] Gadamer (1965), 67.

Lehre von der unbewussten Produktion des Genies – eine Lehre, die Gadamer heftig bekämpft.[457] Mit diesem Schachzug macht Gadamer zweifellos auf den wichtigen formalen und strukturellen Aspekt der Kunst aufmerksam,[458] aber zugleich trägt er dazu bei, eine wichtige und richtige Idee der Genieästhetik aus den Augen zu verlieren – dass nämlich die künstlerische Produktion Inhalte und Formen frei produziert und dass die Formen der Kunst, wenn sie denn zeitweise vorgegeben sind, doch im Dienste der Kunst selbst auferlegt sind. Dies gilt nämlich von der Produktion nicht-künstlerischer Texte, Bilder und Musikstücke nicht. Vor allem aber untergräbt Gadamers Geistbegriff die Möglichkeit, den Status der Geisteswissenschaften, das Verstehen im Rahmen der Geisteswissenschaften und ihrer Wahrheitsfrage auf angemessene Weise zu bestimmen.

Gadamers Kritik an der Erlebniskunst ist auch eine Kritik des ästhetischen Bewusstseins, das in klassischer Weise von Schiller zum Ziel der ästhetischen Bildung erhoben wurde – als Kultivierung des Spieltriebes, der eine Harmonie zwischen Formtrieb und Stofftrieb herstellen soll. Ästhetisches Bewusstsein verdeckt für Gadamer den Bezug der Kunst auf Wahrheit, weil es lediglich „in dem, was sie erfährt, die eigentliche Wahrheit (des Kunstwerkes) sieht."[459] Dabei wird nach Gadamer von allem abgesehen, was das Kunstwerk in seinen ursprünglichen „Lebenszusammenhang" stellt: seine Funktion, sein Zweck, sein Inhalt, sein Verhältnis zu religiösen oder moralischen Stellungnahmen. Das ästhetische Bewusstsein zeichnet das Kunstwerk gegenüber einem handwerklichen Produkt dadurch aus, dass es das Werk eines schöpferischen Genies ist, dessen Qualität sich darin geltend macht, dass es zu unendlichem Verweilen, Deuten und Genießen einlädt. Dieser klassische rezeptionsästhetische Zug wird nach Gadamer dem Kunstwerk nicht gerecht. „Es gilt daher, dem Schönen und der Kunst gegenüber einen Standpunkt zu gewinnen, der der geschichtlichen Wirklichkeit des Menschen entspricht...Die Erfahrung der Kunst darf nicht in die Unverbindlichkeit des ästhetischen Bewusstseins abgedrängt werden."[460] Kunst ist vielmehr Erkenntnis, und das Verstehen der Kunst ist daher Teilhabe an dieser Erkenntnis.

Damit aber stellt sich die Frage nach der Wahrheit der Kunst. Eine erste Antwort auf diese Frage entnimmt Gadamer der Ästhetik Hegels: Die

[457] Es lässt sich außerdem bezweifeln, dass der Geniebegriff, den Gadamer der Romantik zuschreibt, tatsächlich von allen führenden Autoren unterschrieben wurde, vgl. z. B. Schleiermachers ganz anderen Geniebegriff, wie er oben S. 133 mit Anm. 349 skizziert wird.

[458] Dabei findet man bei Gadamer keinerlei Hinweis auf die Einsichten des literarischen Strukturalismus oder etwa eines Roman Jacobson.

[459] Gadamer (1965), 79.

[460] Gadamer (1965), 92.

Kunst spiegelt die Geschichte der Weltanschauungen, die ihren eigenen historischen Wahrheitsgehalt haben, ohne in eine wissenschaftlich geprüfte Fortschrittsgeschichte eingebunden zu sein. Diese vage Idee soll dadurch genauer freigelegt werden, dass die Frage nach der Wahrheit auf die Geisteswissenschaften insgesamt ausgedehnt wird. Erst die Antwort auf diese allgemeinere Wahrheitsfrage soll die Frage nach der Wahrheit der Kunst endgültig beantworten helfen. Doch lässt sich bereits an dieser Stelle erkennen, dass Gadamer das Verstehen insofern auf Erkenntnis, Wahrheit und Weltbezug zu beziehen versucht, als die Gegenstände des Verstehens – zum Beispiel Kunst in allen ihren Formen – selbst Formen grundlegender Erkenntnisse (in Gestalt von Weltanschauungen) sind und ihr angemessenes Verstehen daher eine Form der Erkenntnis ist. Auf den ersten Blick sieht diese Idee recht schlicht aus. Sie scheint zum Beispiel weitaus direkter auf Texte aus der Mathematik und den Naturwissenschaften anwendbar zu sein. So ist es zum Beispiel mehr als klar, dass wenn Einsteins Abhandlungen zur allgemeine Relativitätstheorie tatsächlich Erkenntnis und Wahrheit darstellen, ein angemessenes Verstehen dieser Abhandlungen einen Erkenntnisgewinn darstellt. Doch anhand des Verstehens von Kunst möchte Gadamer auf einen spezifischen Fall hinweisen, der für seine gesamte Hermeneutik von Bedeutung ist: Der Wahrheit der Kunst können wir uns nur im Rahmen der Kunstgeschichte, also im Blick auf die große Tradition und Überlieferung der Kunst vergewissern

Gadamer beschließt seine Kritik am ästhetischen Bewusstsein und seine Überlegungen zur Wahrheit der Kunst mit Ausführungen zur Ontologie des Kunstwerkes, die er am Leitfaden der Idee des Spiels und der Darstellung des Spiels entwickelt. Die „Daseinsweise des Kunstwerks ist die Darstellung", die „Werke der Kunst sind das Dasein dessen, was durch sie dargestellt wird."[461] Dadurch, dass das Spiel in ein „Gebilde" verwandelt wird, also Struktur erhält, wird es ein Spiel der Kunst. Dieser Ansatz und die vielen arm-chair-Analysen etwa zum Begriff des Spieles sind in vielen Punkten unzureichend. Doch stellt sich Gadamer angesichts der Frage nach der Wahrheit der Kunst, also nach dem, was Kunst repräsentiert, zumindest der Aufgabe zu klären, was speziell künstlerische Produkte auszeichnet. Mit dem – nicht ganz glücklich gewählten – Leitfaden des Spieles weist er immerhin implizit auf den Aspekt der freien Schöpfung von Kunstwerken im Raum möglicher Welten hin. Dabei verdeckt Gadamer geschickt seine Anknüpfung an denjenigen Aspekt der von ihm so heftig kritisierten Genieästhetik, der für eine Bestimmung des Künstlerischen brauchbar sein könnte (nämlich das Freie und Spielerische) – ebenso wie er durch den Hin-

[461] Gadamer (1965), 127.

weis, dass etwa die Literatur ihre „Daseinsform" in der Lektüre oder das Bild im Anschauen hat, eine dünne Form der Rezeptionsästhetik durch die Hintertür wieder einzuführen scheint.

Der zweite Teil von *Wahrheit und Methode* ist dann der Entfaltung einer Hermeneutik der Geisteswissenschaften und damit der Frage nach der Wahrheit in den Geisteswissenschaften gewidmet – einer Hermeneutik, die der erste Teil von *Wahrheit und Methode* als Desiderat erwiesen hat. Vorentscheidend dafür ist Gadamers Ansicht, Verstehen sei grundsätzlich Verständnis und sogar Einverständnis. Die – letztlich problematische – Identifizierung von Verstehen, Verständnis und Einverständnis ist das Manöver, mit dem Gadamer die Orientierung auf Wahrheit in die Theorie des Verstehens integrieren will. Das Verstehen eines Textes zum Beispiel soll auf die Ermittlung der Wahrheit der im Text verhandelten Sache durch den Interpreten zielen[462]: „Das Ziel aller Verständigung und allen Verstehens ist das Einverständnis in der Sache".[463] Damit nimmt Gadamers Deutung des Verstehens und seiner Beziehung zur Wahrheit eine Gestalt an, die über das klassische Bild des Verstehens menschlicher Äußerungen und der von Menschen produzierten Texte weit hinaus führt. Diese Strategie wird von drei grundlegenden Prämissen motiviert.

Zum einen hält Gadamer den Historismus für eine verhängnisvolle Bewegung. Dem Historismus zufolge lässt sich die Besonderheit und Wissenschaftlichkeit der Geisteswissenschaften durch eine spezifische Methode begründen – das Verstehen. Die Sehnsucht der Historisten (und insbesondere Diltheys) nach Objektivität und Allgemeingültigkeit geisteswissenschaftlicher Arbeit bleibt nach Gadamer jedoch letztlich dem methodischen Ideal der Naturwissenschaften verpflichtet und ist den Geisteswissenschaften wesensfremd. Demgegenüber stellt Gadamer fest: „Es gibt keine eigene Methode der Geisteswissenschaften."[464] Die Geisteswissenschaften, die sich im 19. Jahrhundert entwickelt haben, beruhten vielmehr auf Herders Begriff der Bildung zum Menschen und verstanden sich als Sachwalter des Humanismus. Insofern für Gadamer der Geist, wie bereits erwähnt, wesentlich an Bildung gebunden ist, muss die Besonderheit der Geisteswissenschaften und ihre spezifische Leistung eher im Bereich der Bildung lokalisiert werden:

„Was die Geisteswissenschaften zu Wissenschaften macht, lässt sich eher aus der Tradition des Bildungsbegriffes verstehen als aus der Methodenlehre der modernen Wissenschaft. Es ist die *humanistische Tradition,* auf die wir zurückverwiesen wer-

[462] Gadamer (1965), 168.
[463] Gadamer (1965), 276.
[464] Gadamer (1965), 5. Für Grondin (1991), 138–140 ist der Anti-Historismus sogar das entscheidende und treibende Motiv der Hermeneutik Gadamers.

den. Sie gewinnt im Widerstand gegen die Ansprüche der modernen Wissenschaft eine neue Bedeutung".[465]

Allerdings betont Gadamer wie vor ihm viele einflussreiche Hermeneutiker, dass das Verstehen von Texten methodologisch zumindest dadurch ausgezeichnet ist, dass es auf einem hermeneutischen Zirkel beruht:

„Wer einen Text verstehen will ..., wirft sich einen Sinn des Ganzen voraus, sobald sich ein erster Sinn im Text zeigt ... Im Ausarbeiten eines solchen Vorentwurfs, der freilich beständig von dem her revidiert wird, was sich bei weiterem Eindringen in den Sinn ergibt, besteht das Verstehen dessen, was dasteht."[466]

Der Bezug auf den hermeneutischen Zirkel ist jedoch generell vage und wenig hilfreich für eine Charakterisierung der geisteswissenschaftlichen Methode. Sofern es sich um eine Anspielung auf das Testen von Interpretationsmethoden handelt, hat bereits Stegmüller in einem klassischen Artikel gezeigt, dass es sich um das komplexe Zusammenspiel zwischen Hypothesen und Hintergrundannahmen handelt, das für Geisteswissenschaften keineswegs spezifisch ist, sondern auch in Naturwissenschaften vorkommt.[467] Und sofern es sich um das Problem der Formulierung von Interpretationshypothesen handelt, ist nachgewiesen worden, dass es sich letztlich um ein empirisches Phänomen handelt, das mit dem praktischen Wissen (knowledge how) des schnellen Textverstehens (des Parsens) zusammenhängt.[468] In der vorliegenden Studie wird der hermeneutische Zirkel daher nicht weiter diskutiert.

Zum anderen geht Gadamer davon aus, dass die Gegenstände des Verstehens auf der grundlegendsten Ebene historische Gebilde sind – also Gebilde, die der Universalgeschichte angehören. Daher betrachtet er das Verstehen der Universalgeschichte und ihres inneren Zusammenhanges als Kern der Aufgabe der Geisteswissenschaften. Diese Form des Verstehens richtet sich nicht allein auf Texte, sondern auf das historische Geschehen selbst. Diesen Übergang vermisst Gadamer bei Schleiermacher, sieht ihn allerdings bei Droysen angedeutet und bei Dilthey weiter entwickelt. Schon Ranke gelten auch Familie, Volk, Staat und Religion als Ausdruck von Geist. „So hebt sich mittels des Ausdrucks die geschichtliche Realität in die Sphäre des Sinnhaften".[469] Und für Dilthey soll endgültig gelten: „Nicht nur die Quellen begegnen als Texte, sondern die geschichtliche Wirklichkeit selbst ist ein

[465] Gadamer (1965), 15.
[466] Gadamer (1965), 251.
[467] Vgl. Stegmüller (1986).
[468] Vgl. Mantzavinos (2007), 36–47
[469] Gadamer (1965), 204.

zu verstehender Text".[470] Diese umfassende Wirklichkeit kann freilich nicht mehr von einzelnen Menschen erfahren werden. Insofern trennt sich in der Historik das Verstehen von allen psychologischen Momenten.[471] Dieser hermeneutische Übergang zur Historik, zum Verstehen der Universalgeschichte, also der „Übergang von der psychologischen zur hermeneutischen Grundlegung der Geisteswissenschaften",[472] ist nach Gadamer von Dilthey nie klar konzeptualisiert worden.

Das dritte leitende Motiv der Philosophischen Hermeneutik übernimmt Gadamer in seiner allgemeinsten Fassung von Husserl und Heidegger: Die menschliche Welterschließung ist stets von einem Horizont oder Kontext geleitet, der nicht explizit thematisiert werden kann und dennoch die expliziten epistemischen Aktivitäten mitbestimmt.[473] Hatte der frühe Heidegger den Horizont noch als Bereich von Seinsmöglichkeiten gedeutet, so sieht Gadamer den jeweils gegebenen und unverfügbaren Horizont durch die Geschichte konstituiert. Es handelt sich aber nicht um den historischen Horizont, in den sich der Verstehende hineinversetzen muss oder den er gewinnen muss, um einen historischen Text angemessen zu erfassen. Vielmehr geht es Gadamer um den unverfügbaren Horizont, der für den Interpreten „in der Weise der Überlieferung da ist."[474] Jedes Verstehen, jede Interpretation ist daher von einem impliziten Vorverständnis geleitet, das letztlich der Übermacht der geschichtlichen Tradition geschuldet ist. Erst dieses Vorverständnis, also die Vorstruktur des Verstehens, die ihrerseits reflexiv nicht eingeholt werden kann, macht Wahrheit möglich.

Für Gadamer wird dieser zentrale Punkt vor allem dann deutlich, wenn wir uns verstehend der Universalgeschichte zuwenden. Wenn wir nämlich die Universalgeschichte verstehen wollen, wird unmittelbar klar, dass dieses Verstehen standortgebunden sein muss. Denn der Interpret gehört zusammen mit seinem Standpunkt und Standort selber der Universalgeschichte an. Historisches Verstehen kann daher nicht neutral und objektiv sein.[475] Die geschichtliche Erfahrung ist selber geschichtlich. Diese These

[470] Gadamer (1965), 186.

[471] Gadamer (1965), 210–211.

[472] Gadamer (1965), 211.

[473] Zum Begriff der Horizontes vgl. Gadamer (1965), 286–290. Jung (2001), 114 spricht mit Recht von einem „universalen Kontextualitätsprinzip." Der Horizont gehört für Gadamer zu den Bedingungen des Verstehens. Er kennzeichnet daher seine spezifische Fragestellung auch als transzendental (vgl. das Vorwort zur vierten Auflage von *Wahrheit und Methode* 1975, XVII). Doch handelt es sich nicht um Transzendentalphilosophie im Sinne Kants, sondern um den schlichteren (und letztlich problematischen) Anspruch, die Theorie des Verstehens im klassischen hermeneutischen Sinn in eine Theorie der Welterschließung einzubetten.

[474] Gadamer (1965), 288.

[475] Gadamer (1965), 220f.

„knüpft an den transzendentalen Sinn der Heideggerschen Fragestellung an. Durch Heideggers transzendentale Interpretation des Verstehens gewinnt das Problem der Hermeneutik einen universalen Umriß, ja den Zuwachs einer neuen Dimension. Die Zugehörigkeit des Interpreten zu seinem Gegenstande ... erhält nun einen konkret aufweisbaren Sinn, und es ist Aufgabe der Hermeneutik, die Aufweisung dieses Sinnes zu leisten.“[476]

Gadamer wendet sich damit ausdrücklich gegen einen zentralen Gedanken der Aufklärung – gegen den Gedanken, dass wir einen universalistischen Rationalitätsbegriff benutzen können, um uns aller unserer historisch bedingten Vorurteile zu entledigen, die Überlieferung zu entmachten und zur objektiven Wissenschaftlichkeit unseres Weltzugangs vorzustoßen, die an keine historische Autorität mehr gebunden ist.[477] Für Gadamer dagegen „sind die Vorurteile des Einzelnen vielmehr weit mehr als seine Urteile die geschichtliche Wirklichkeit seines Seins.“[478] Der unhintergehbare historische Horizont des Interpreten nimmt die Gestalt impliziter Vorurteile an, die der Tradition entstammen.

Allerdings stellt sich damit die zentrale hermeneutische Frage, welche Vorurteile im Verständnis der Universalgeschichte legitim sind. Gadamers Antwort ist, dass alle jene Vorurteile legitim sind, die damit verbunden sind, dass wir Teil einer klassischen Tradition sind. Zum Begriff des Klassischen bemerkt Gadamer:

„Klassisch ist, was der historischen Kritik gegenüber standhält, weil seine geschichtliche Herrschaft, die verpflichtende Macht seiner sich überliefernden und bewahrenden Geltung, aller historischen Reflexion schon voraus liegt und sich in ihr durchhält“.[479]

Im Rahmen der bewährten klassischen Tradition kann das Verstehen nicht von der Suche nach Einverständnis und Wahrheit getrennt werden. Aber jeder Interpret steht an einem jeweils eigenen Punkt der Geschichte, mit jeweils eigenen, traditionell bestimmten Vorurteilen:

„Eine jede Zeit wird einen überlieferten Text auf seine Weise verstehen müssen, denn er gehört in das Ganze der Überlieferung, an der sie ein sachliches Interesse nimmt und in der sie sich selbst zu verstehen sucht.“[480]

[476] Gadamer (1965), 249.
[477] Gadamer (1965), 255.
[478] Gadamer (1965), 261.
[479] Gadamer (1965), 271.
[480] Gadamer (1965), 280.

Für Gadamer liegt in dieser Struktur geschichtlichen Verstehens die Separation von einem Objektivitätsideal, wie es in den Naturwissenschaften üblich ist. Hier liegt seiner Auffassung nach der tiefste Grund für die Autonomie der Geisteswissenschaften.[481]

Die Ausschöpfung des wahren Sinnes eines Textes oder einer kulturellen Entität ist daher ein unendlicher Prozess, in dem das historische Denken seine eigene Geschichtlichkeit mitdenkt: Verstehen ist ein wirkungsgeschichtlicher Vorgang. Man kann den Bereich der legitimen Vorurteile, die jeder Interpret jeweils unhintergehbar mitbringt, seinen Horizont nennen. Und man könnte sagen, der Horizont des Interpreten gehe stets in seine Interpretation ein. Aber das wäre ungenau. In der Interpretation sucht der Interpret sich vielmehr mit dem im Text Gesagten ins Benehmen zu setzen und den Horizont des Textes mit seinem eigenen Horizont zu verschmelzen. So entsteht jeweils ein einziger Horizont der Interpretation, der sich freilich im Verlauf der Wirkungsgeschichte ständig wandelt: „Verstehen ist immer der Vorgang der Verschmelzung solcher vermeintlich für sich seiender Horizonte."[482] Das wirkungsgeschichtliche Bewusstsein, in welchem sich der Interpret der Geschichtlichkeit seiner Interpretation inne wird, ist jene Gemeinsamkeit, die die philologische und die historische Hermeneutik eint.[483] Hermeneutisch gewendet führt das wirkungsgeschichtliche Bewusstsein zu der Forderung, sich die jeweilig bestimmende historische Tradition klar zu machen, in der eine gegebene Interpretation steht.

Gadamers Hermeneutik ist zutiefst von einer anti-subjektivistischen Haltung getragen. Er konzipiert das Verstehen weniger als aktive Bemühung eines Subjekts, sondern eher als ein historisches Geschehen, das den Subjekten zustößt. Diese anti-subjektivistische Tendenz macht sich auch im dritten Teil von *Wahrheit und Methode* geltend, wo Gadamer der Hermeneutik eine „ontologische Wendung" geben möchte. Dort macht er den universalen Aspekt der Hermeneutik daran fest, dass das menschliche Weltverhältnis sprachlich und daher verständlich ist. „Sein, das verstanden werden kann, ist Sprache" – das ist einer meistzitierten Sätze aus *Wahrheit und Methode*.[484] Das geschichtlich Überlieferte ist aus der Perspektive dieser Sprachontologie „eins mit der Gegenwart seines Verstandenwerdens...Die spekulative Seinsverfassung, die der Hermeneutik zugrunde liegt, ist von dem gleichen universalen Umfang wie Sprache und Vernunft".[485]

[481] Für eine Kritik zu diesem Punkt vgl. Mantzavinos (2005), 61–63.
[482] Gadamer (1965), 289.
[483] Gadamer (1965), 323.
[484] Gadamer (1965), 449–452, bes. 450.
[485] Gadamer (1965), 452.

Gadamer hat mit seinem Entwurf einer Universalhermeneutik zweifellos wichtige und grundlegende Gesichtspunkte in die hermeneutische Theorienbildung eingebracht. Dazu gehören vor allem

- die Kontextualität und sprachliche Verfasstheit menschlicher Welterschließung;
- die Ausweitung des Feldes hermeneutischer Aktivität auf die Geschichte;
- die aus diesen beiden Punkten folgende Kontextualität des Verstehens von Geschichte;
- die komplexe Beziehung zwischen dem Kontext der zu interpretierenden Sache und dem Kontext des Interpreten (Verschmelzung und gelingende Anwendung);
- die Verpflichtung der Hermeneutik auf Bildung und Humanismus;
- die Lokalisierung der Geisteswissenschaften und ihrer spezifischen Leistung im Rahmen von Bildung und Humanismus;
- das Verhältnis von Interpretation und Wahrheit, und
- die reflexive Haltung als explizite Einsicht in alle genannten Punkte.

Diese Gesichtspunkte bleiben auch für eine geist-theoretisch ausgerichtete Hermeneutik von Bedeutung. Doch hat Gadamer nicht die begrifflichen und theoretischen Ressourcen entwickeln können, die es erlauben, die genannten Aspekte in eine überzeugende Synthese einzubringen und antimoderne Tendenzen (Ablehnung der Aufklärung, der methodengeleiteten Wissenschaftlichkeit des Verstehens und einer universalen Rationalität bei gleichzeitiger Betonung der Autorität von Tradition) zu vermeiden.

Die Kontextualität und sprachliche Verfasstheit unseres Weltzuganges ist bis heute ein heftig diskutierter Topos, der mittlerweile weitaus schärfere Konturen gewonnen hat als bei Gadamer:

> „Jede Konzeption der Wirklichkeit ist von der Grammatik und den Regeln des verwendeten sprach- und grundbegrifflichen Systems abhängig. Darin kommt dem Verhältnis von Sprache und Realität besondere Bedeutung zu. Vor diesem Hintergrund akzentuiert das vorliegende Buch den perspektivischen und interpretatorischen Charakter des menschlichen Welt-, Fremd- und Selbstverständnisses."

Dieser Anfangssatz eines neueren Buches mit dem Titel „Interpretationswelten"[486] ist ganz im Sinne Gadamers formuliert, diskutiert dann aber Themen, die dem postanalytischen Nachdenken über das Verhältnis von Geist, Sprache und Welt entspringen, zum Beispiel Realismus und Antirealismus, Skeptizismus und Idealismus, Referenz und Repräsentation, Reali-

[486] Vgl. Abel (1993), bes. 13.

tät und Relativität, und nicht zuletzt Kohärenz und Verstehen im Sinne des Davidsonianischen Interpretationismus. Es ist hier nicht der Ort, genauer darzustellen, wie die postanalytische Philosophie diese Probleme ausbuchstabiert. Doch lässt sich zumindest festhalten, dass auch die postanalytische Philosophie die Theorie des Verstehens in diesen Hintergrund einbettet. Wie bereits mehrfach erwähnt, besteht dieser Hintergrund im postanalytischen Denken hauptsächlich aus einer differenzierten Theorie des Geistes und seiner kognitiven Beziehung zur Welt, die Gadamers Ausrichtung des Geistbegriffes auf Bildung als eine inakzeptable Engführung erscheinen lässt. Die heutige Theorie des Geistes kann der Idee des Humanismus, die Gadamer mit Recht als grundlegend für die verstehenden Wissenschaften betrachtet, eine neue Wendung geben, die über das Herdersche Ideal der Bildung hinausgeht: Human ist das Geistige insofern, als es aus jenen Aspekten besteht, die den humanspezifischen Geist ausmachen und über den Geist der Tiere hinausgehen – Repräsentationalität mit semantischen Gehalten im propositionalen Sinn, syntaktisch strukturierte Sprachen, phänomenales Bewusstsein und entwickelte Metarepräsentationalität.[487] Aus dieser Perspektive können die Geisteswissenschaften und ihre spezifische Leistung jenseits von rein methodischen Aspekten charakterisiert werden, wie es Gadamer gefordert hatte – aber nicht durch Verweis auf traditionelle Bildung und Geschichtlichkeit, sondern durch ihre Bemühung, genau das humanspezifisch Geistige zu erfassen: Bedeutungen (auch Sinn genannt) und Erleben (die Ebenen des Gefühls).[488] Die Humanität und die Bedeutung der Geisteswissenschaften zu verteidigen, heißt heute vor allem, begründeten Widerstand gegenüber allen naturalistischen Versuchen zu leisten, das spezifisch Geistige auf Natur zu reduzieren.

Demgegenüber sind Geschichtlichkeit und historischer Kontext, die Gadamer als grundlegend für Geisteswissenschaften ansieht, genau betrachtet Kriterien ohne Trennschärfe.[489] Denn alle Wissenschaften sind in der einen oder anderen Weise untrennbar mit Geschichtlichkeit und historischen Kontexten verknüpft, die zum Teil innerhalb einer bestimmten Theorienbildung unverfügbar (also gegenüber expliziter Kritik immunisiert) sind. Selbst naturwissenschaftliche Theorienbildung erfolgt stets im Rahmen einer theoretischen Tradition und bildet häufig Paradigmen und Forschungsprogramme mit unverfügbaren Kernen aus. Die großen Naturwissenschaftler waren sich dessen stets bewusst, und die moderne Wissenschaftstheorie hat diesen Punkt ausführlich ausbuchstabiert und wissenschaftshistorisch belegt. Dies

[487] Vgl. dazu genauer unten, Abschnitte 8.2–8.5.

[488] Vgl. dazu unten, Abschnitt 8.1, sowie oben, Einleitung Abschnitt 2.

[489] Die Vagheit der zentralen Termini in Gadamers Ansatz ist auch in der Literaturwissenschaft häufig beklagt worden, vgl. z.B. Köppe, Winko (2008), 28f.

gilt auch für Sozialwissenschaften. Mehr noch, auch der Soziologe gehört der sozialen Geschichte selber zu, die er wissenschaftlich bearbeitet, ebenso wie der Evolutionstheoretiker der Evolution, die er erforscht. Es ist daher kein Spezifikum der Geisteswissenschaften, stets aus der Zugehörigkeit zu einem historischen Kontext und einer geschichtlichen Überlieferung heraus wissenschaftlich tätig zu werden. Vor allem aber wird an diesen Beispielen deutlich, dass die Bindung von Wissenschaften an historische Kontexte nicht notwendigerweise eine Distanz zu exaktem, methodisch angeleitetem und rationalem wissenschaftlichem Vorgehen impliziert. Gadamer grenzt das Besondere der Geisteswissenschaften falsch ein und zieht aus dieser falschen Eingrenzung falsche Konsequenzen.

Geschichte und Geschichtlichkeit sollen in Gadamers Universalhermeneutik noch eine andere theorie-strategische Funktion erfüllen, die sich bei genauerem Zusehen als äußerst fragwürdig erweist. Wie wir gesehen haben, ist die Geschichte (genauer die Universalgeschichte) für Gadamer der eigentliche Gegenstandsbereich der Geisteswissenschaften. Doch erläutert er nirgends genauer, was das im Einzelnen heißt. Letztlich bleibt unklar, was nach Gadamers Auffassung das zentrale Interpretandum des Verstehens ist.[490] Umso problematischer ist, dass Gadamer Dilthey vorwirft, diese Gegenstandsbestimmung der Geisteswissenschaften nicht klar und eindeutig vorgenommen zu haben. Dieser Vorwurf ist allerdings einer verzerrenden Lesart Diltheys geschuldet.[491] Dilthey hat sich zweifellos mit der historischen Schule auseinandergesetzt und die Geschichtswissenschaft als zentrale verstehende Geisteswissenschaft betrachtet, aber er hat niemals eindeutig sämtliche historischen *Ereignisse* als Gegenstände des Verstehens bezeichnet. Verstehen bleibt für Dilthey stets Verstehen von Ausdrücken – von Ausdrücken des psychologischen Inneren oder (später) fixierter sprachlicher Zeichen und allgemeiner des Lebens. Zwar ist nicht recht klar, was *Leben* hier genauer bedeuten könnte, aber Dilthey scheint sich damit doch abzusetzen von einem schlechten Hegelianismus, der die großen Strukturen der Universalgeschichte als Entäußerungen und Ausdrücke des Weltgeistes betrachtet. Mit Hegel ließe sich auch Geschichte als Gegenstand eines Lesens des Geistes kennzeichnen – nämlich als Lesen des Weltgeistes. Wenn man jedoch wie Dilthey die Weltgeist-Konzeption Hegels aufgibt, steht diese theoretische Option nicht mehr zur Verfügung. Wer wie Gadamer von Dilthey und von einer philosophisch fundierten Hermeneutik insgesamt den Übergang von der psychologischen zur hermeneutischen Grundlegung der Geisteswissenschaften einklagt, macht sich

[490] Vgl. dazu den instruktiven Aufsatz Scholtz (2003).
[491] Vgl. auch oben den Abschnitt 3.2. zu Dilthey.

einer folgenreichen Konfusion schuldig, wenn nun plötzlich welthistorische Ereignisse selbst und nicht nur geistige Zustände und geistige Produkte zu Objekten des Verstehens werden. Freilich gibt es einen guten Sinn, in dem einige Ereignisse der Geschichte zu genuinen Gegenständen des Verstehens werden können – ein Sinn, der weder Dilthey noch Heidegger noch Gadamer deutlich vor Augen stand, der jedoch von Max Weber klar erkannt wurde: Es sind nämlich Handlungen – sowohl Handlungen einzelner Menschen als auch kollektive Handlungen –, die ein genuiner Gegenstand des Verstehens sein können.[492] Hier rächt sich, dass Gadamer die Überlegungen Max Webers zur verstehenden Soziologie zwar erwähnt, aber nicht theoretisch zu würdigen weiß und letztlich lediglich wegen ihres ungeschichtlichen Objektivitätsanspruches kritisiert.[493] Das Verstehen von Geschichte und geschichtlichen Ereignissen lässt sich also in offensichtlicher Weise als Verstehen von einzelnen und kollektiven Handlungen historischer Personen rekonstruieren, wie es in der modernen Handlungstheorie konzeptualisiert wird. Verstehen von Geschichte verbleibt daher im Rahmen des allgemeinen geist-theoretischen Verstehensbegriffes und sprengt daher letztlich nicht den Rahmen der Idee von Verstehen, wie sie bereits von der klassischen Hermeneutik ins Auge gefasst wurde.

Ein weiteres grundsätzliches Problem wird von Gadamers Theorem zur *Verschmelzung historischer Horizonte* im Prozess des Verstehens von Geschichte aufgeworfen. Diese Verschmelzung wird von Gadamer so vage beschrieben und so ungenau gedacht, dass die Verschmelzung des zu interpretierenden historischen Horizontes mit dem historischen Horizont des Interpreten die unhintergehbare Subjektivität und Relativität jeden Interpretierens zu implizieren scheint. Mehr noch, durch diese Vagheit wird der Eindruck unterstützt, dass die unhintergehbare Perspektivität der Welterschließung und die unhintergehbare historische Relativität jeder Interpretation von Sinn eine gemeinsame Struktur anzeigen, die es gerechtfertigt erscheinen lässt, in beiden Fällen unterschiedslos von Verstehen und Interpretation zu sprechen. Diese mangelnde Differenzierung beschwört aber nun die Gefahr herauf, die zentrale und wichtige Mission, um die es Gadamer und der Hermeneutik gehen muss, nämlich die Rechtfertigung einer Beschäftigung mit dem humanspezifischen Geist und mit Humanität, gründlich zu verfehlen. Denn Welterschließung allgemein ist trotz ihrer generellen Perspektivität nun einmal nicht nur auf Geistiges ausgerichtet, und überdies teilen wir die perspektivische Welterschließung in Form der Repräsentationalität des Geistes mit vielen Tieren.

492 Vgl. oben, Abschnitt 3.3 und unten, Abschnitt 8.2, S. 351–356.
493 Gadamer (1965), 478–479.

Auch in diesem Punkt kann die moderne Theorie des Geistes ein schlüssigeres Bild anbieten, das zugleich die problematischen Konsequenzen des Gadamerschen Entwurfes vermeidet. Gadamer selbst hat dieses Bild mit seiner Idee von der Einheit des historischen Kontextes als Ergebnis vieler verstehender Verschmelzungen dunkel vorausgeahnt. Dem geist-theoretischen Bild zufolge sollten wir die Verschmelzung historischer Kontexte auf der grundlegendsten Ebene als den Prozess beschreiben, im Verstehen die semantischen Gehalte des zu verstehenden Gebildes mit den semantischen Gehalten der Gedanken und Reden des Interpreten in einen konsistenten Zusammenhang zu bringen. Aufgrund des Prinzips der Nachsicht ist dieser Prozess eine notwendige Bedingung für gelingendes Verstehen. Dieses Verfahren kann auch ausgedehnt werden auf andere Reden, Texte oder Handlungen, sowohl als Produkte der zunächst betrachteten Person (etwa eines Autors) als auch als Produkte anderer Personen. Eines der grundsätzlichen Missverständnisse Gadamers in seiner Beschreibung der Horizontverschmelzung ist die Annahme, dass dabei Rationalität und Objektivität keine Rolle spielen. Der gegenwärtigen Theorie des Geistes zufolge ist das Gegenteil der Fall. Eine basale universelle Rationalität muss für die Verschmelzung als konstitutiv angesehen werden, und die konsistente Angleichung von semantischen Netzwerken verschiedener semantisch gehaltvoller Gebilde ist stets ein Schritt in Richtung hin auf Objektivität.[494] Letztlich bleibt Gadamer dem klassischen Bild des Geistes verhaftet (wie etwa seine Rede von Vorurteilen anzeigt), demzufolge der Geist die nicht hintergehbare Brille und Vermittlungsinstanz ist, durch die wir allein die Welt erschließen können (diese Sicht wird heute manchmal Schema-Inhalt-Dualismus genannt). Das Verstehen ist dann ein besonders gewichtiger Spezialfall dieses Bildes, bei dem die Vermittlungsinstanz durch die übermächtige historische Tradition angereichert wird.

Im Rahmen der modernen Theorie des Geistes verliert der Geist jeoch seine klassische Vermittlungsfunktion. Das allgemeine Bild ist vielmehr, dass geistige Repräsentationen (Erschließungen der Welt) in der Tat unvermeidlich perspektivisch sind, dass diese Perspektiven aber durch verschiedene Prozesse der Abgleichung gemildert werden können und erst dadurch ein hypothetisches Bild von der einen objektiven Welt entstehen kann. Der wichtigste und effektivste Fall dieser Abgleichung ist gerade der Prozess der Angleichung verschiedener semantischer Netzwerke zum Beispiel im Bemühen um angemessenes Verstehen. In diesem Bild bleiben einfache Repräsentation als allgemeine Welterschließung und Verstehen als Metarepräsentation wie in der klassischen Hermeneutik konzeptuell unterschie-

[494] Vgl. dazu genauer unten, Abschnitt 8.5, S. 384–386.

den.[495] Vor allem aber gewinnt das metarepräsentationale Verstehen, das im Gegensatz zum perspektivischen Repräsentieren nach heutigem Wissensstand humanspezifisch ist und eng an das Meistern einer natürliche Sprache geknüpft ist, eine konstitutive Rolle für ein objektives Weltverhältnis.[496] Aus dieser Sicht bleibt Gadamer trotz all seiner anti-subjektivistischen Tendenzen einer subjektphilosophischen Auffassung von Geist verhaftet, die heute als überholt gelten muss. Die Art und Weise, wie die Theorie des Verstehens heute in der Theorie des Geistes verankert wird, ist also mit dem Bild von der Subjektivität, Relativität und der welterschließenden Funktion des Interpretierens, das von Gadamer gezeichnet wird, unvereinbar. Mehr noch, das neue Bild unterstützt massiv die Annahme, dass das Interpretieren als Metarepräsentation ein Verfahren ist, das in der sozialen Welt meist gelingt und daher als professionelles Verfahren der kunstmäßigen Auslegung auf einer Rationalität beruht, die in Gestalt methodischer Regeln ausbuchstabiert werden und zur Wissenschaftlichkeit des Interpretierens führen kann.[497]

[495] Die Vermengung der Ebenen von Welterschließung und Verstehen im hermeneutischen Sinne kritisiert zu Recht auch Peter Tepe in Tepe (2007), Zweites Buch, 363–375. Tepe weist darauf hin, dass eine weitere Ebenenvermengung auch in Gadamers Rede von der Applikation (Aktualisierung) der Interpretation und der Horizontverschmelzung steckt – nämlich die mangelnde Unterscheidung zwischen unwissenschaftlicher aneignender Interpretation und wissenschaftlicher kognitiver Interpretation. Von grundsätzlicher systematischer Bedeutung ist in diesem Kontext der Aufsatz Davidson (1983), in dem Davidson auf beeindruckende Weise zeigt, inwiefern letztlich Kohärenz auf Korrespondenz hinausläuft und wie verfehlt daher der traditionelle Antagonismus zwischen der Korrespondenztheorie und der Kohärenztheorie der Wahrheit ist.

[496] Einschlägig ist hier unter anderem Davidsons berühmter Aufsatz Davidson (1974), in dem er den Schema-Inhalt-Dualismus destruiert. Brandom pflegt in diesem Kontext folgende kleine Geschichte zu erzählen: Abraham Lincoln, ein Modallogiker früherer Zeiten (natürlich nicht der amerikanische Präsident) formulierte einst die Frage: „Wenn wir uns darauf einigen würden, auch den Schwanz Bein zu nennen, wie viele Beine würden dann Pferde haben?“ Seine Antwort war: Pferde würden immer noch vier Beine haben, denn man kann nicht die Anzahl der Beine von Pferden dadurch verändern, dass man die Art und Weise verändert, wie wir Wörter gebrauchen. Wir können nicht-linguistische Fakten nicht dadurch ändern, dass wir linguistische Fakten ändern. In der kontrafaktischen Situation, die Lincoln skizziert, würden die Wörter „Pferde haben fünf Beine“ eine Wahrheit ausdrücken, aber nur deshalb, weil sie nicht sagen würden, dass Pferde fünf Beine haben, und weil sie daher nicht mit dem Umstand in Konflikt geraten würden, dass Pferde immer noch vier Beine haben. Ein deutliches Indiz für diese grundlegende Verschiebung der Perspektiven auf Verstehen und Objektivität ist auch, dass heute die Frage des Realismus von einflussreichen Autoren (etwa Searle und Davidson) auf der Basis der Interpretationstheorie angegangen wird. Gelingendes metarepräsentationales Verstehen ist demnach die wesentliche Prämisse für eine Argumenation zugunsten des Realismus (vgl. z. B. Searle (1995), Kap.8). Vgl. im übrigen unten, Abschnitt 8.5, bes. S. 379f.

[497] Vgl. dazu unten, Abschnitt 8.5, S. 390f. Mantzavinos (2005), 48–69 kommt zu einer noch ungünstigeren Einschätzung des Gadamerschen Unternehmens. So versteht er zum Beispiel Gadamers Thesen zur Verschmelzung historischer Horizonte als epistemologisches Paradox,

Das Problem schließlich, wie eine Theorie des Verstehens mit der Wahrheitsfrage umgehen soll, ist interessant und wichtig. Insofern hat Gadamer zweifellos eine grundlegende Frage gestellt. Aber seine Theorie des Verstehens verfügt nicht über den systematischen Spielraum, um dieses Problem angemessen zu bearbeiten. Ein deutliches Indiz dafür ist seine unbefriedigende Antwort auf die Wahrheitsfrage, die darauf hinausläuft, legitime Vorurteile lediglich durch Zeitabstand und klassischen Status als Wahrheiten auszuzeichnen, die jenseits wissenschaftlicher Prüfbarkeit angesiedelt sind. Überdies birgt die Frage nach der Wahrheit der Interpretation die Gefahr in sich, Verstehen mit Verständigen und Einverständnis in der Sache zu verwechseln – eine Gefahr, der Gadamer nicht immer zu entgehen vermag. Aus der Sicht einer modernen Theorie des Verstehens und des Geistes ist der entscheidende Punkt hier, dass jedes Verstehen auf einer großen Anzahl gemeinsam für wahr gehaltener Gedanken und Sätze beruht und diese Gemeinsamkeit zu maximieren sucht. Das ist auch ein Aspekt jenes Phänomens, das Gadamer die Verschmelzung von Horizonten nennt und das der Historiker im wirkungsgeschichtlichen Bewusstsein reflektiert. Aus der Perspektive der gegenwärtigen Theorie des Geistes sind das wirkungsgeschichtliche Bewusstsein und die Orientierung auf Maximierung geteilter wahrer Auffassungen von Interpreten und Interpretanden zwei Seiten derselben Medaille. Erst wenn dieser Punkt klargestellt wird, werden Gadamers Thesen zur Wahrheitsfrage im Verstehen einerseits und zum wirkungsgeschichtlichen Bewusstsein andererseits theoretisch transparent und lassen sich systematisch miteinander verbinden. Die Wahrheit ist demnach nicht in der Weise mit der Interpretation verbunden, dass jede Interpretation letztlich auf die Wahrheit der interpretierten Gebilde zielt und die Wahrheit in den interpretierten Gebilden aufsuchen will, sondern nur in der Weise, dass die Wahrheitsunterstellung und die überwiegende Übereinstimmung der Wahrheitsannahmen auf seiten des Interpreten und Interpretanden eine notwendige Bedingung für gelingendes Interpretieren ist.[498]

das letztlich das Verstehen historischer Gebilde und Texte zu einem Mysterium macht. Auch bestreitet Mantzavinos vehement den universalistischen Anspruch, den Gadamer mit der Hermeneutik erhebt.

[498] Vgl. unten, Abschnitt 8.5, S. 385f. Gadamer bringt diesen Punkt selbst durch seinen Hinweis auf den Vorgriff der Vollkommenheit in der Interpretation ins Spiel. Dieser Vorgriff „besagt, dass nur das verständlich ist, was wirklich eine vollkommene Einheit von Sinn darstellt" (vgl. Gadamer (1965), 277f.). Aber Gadamer reflektiert den zentralen Status dieses Vorgriffs für das Verstehen nicht hinreichend. Im übrigen wird das Vollkommenheitsprinzip von Gadamer höchst unklar formuliert – ein Indiz dafür, dass Gadamer sich über die zentrale hermeneutische Funktion dieses Prinzips nicht im klaren war (wie vor allem Scholz (1999), 139f. nachgewiesen hat).

4.3. Eine moderne Verteidigung der Philosophischen Hermeneutik

Wenn sich die Anhänger der Philosophischen Hermeneutik, wie sie Gadamer entwickelt hat, über den gegenwärtigen Status der Hermeneutik äußern, ist gewöhnlich nicht zu erwarten, dass sie wesentlich über Gadamers Ansatz hinauskommen wollen, sondern dass sie Gadamers Philosophische Hermeneutik auch noch Jahrzehnte nach ihrem Auftreten mit guten Gründen verteidigen zu können glauben. So bemerkt zum Beispiel Jean Grondin:

„Gadamers Philosophie stellt wohl die jüngste originelle und ganzheitliche Hermeneutikkonzeption dar. Sie ist allgemein als einer der entscheidensten Beiträge zur Philosophie seit Heideggers *Sein und Zeit* gewürdigt worden. Gadamer führte erneut die Hermeneutik ins philosophische Gespräch, das nach dem zweiten Weltkrieg zunehmend internationales Ausmaß gewonnen hat. *Wahrheit und Methode* übte seit 1960 eine enorme Wirkung auf die Entwicklung der Philosophie aus.“[499]

Diese Einschätzung ist typisch für die Adepten der Philosophischen Hermeneutik. Es könnte interessant sein zu prüfen, welche Gesichtspunkte diese neueren Autoren an Gadamers Position besonders hervorheben und ob sie zumindest an einigen Punkten auch Kritik üben.

Im Rahmen der vorliegenden Untersuchung kann diese Prüfung nur exemplarisch an einem Beispiel durchgeführt werden. Dafür eignet sich die Einführung in die Philosophische Hermeneutik, die im Jahre 1991 von Jean Grondin, einem der einflussreichsten modernen Vertreter der Philosophischen Hermeneutik, veröffentlicht worden ist. Grondins Studie ist unter anderem auch deshalb von Interesse, weil sie sich nicht damit begnügt, Gadamers Position zu erläutern und zu rechtfertigen, sondern auch einen kurzen Abriss der Geschichte der Hermeneutik bietet. Es ist aufschlussreich, wie dieser historische Durchlauf von Grondin mit der Darstellung der Philosophischen Hermeneutik verknüpft wird.

Grondin macht von vornherein klar, dass er es für aussichtslos hält, die wichtigsten Entwicklungsschritte der klassischen Hermeneutik als teleologische Bewegung zu rekonstruieren, die auf die Philosophische Hermeneutik zuläuft. Doch betrachtet er es als zulässig, eine Leitfrage für den historischen Durchlauf zu bestimmen, deren systematische Bedeutung aus derjenigen hermeneutischen Position deutlich wird, die er für die fortgeschrittenste hält. Es ist illustrativ zu sehen, welchen Gesichtspunkt einer der besten modernen Kenner der Philosophischen Hermeneutik für eine frucht-

[499] So Grondin (1991), 160–161.

bare Rekonstruktion der Geschichte der Hermeneutik auswählt. Grondins Wahl fällt auf den

> „Universalitätsanspruch der Hermeneutik...Damit ist die Leitfrage unserer Untersuchung gewonnen: Welche Universalität beansprucht die jeweils untersuchte Gestalt der Hermeneutik und was für eine Universalität darf oder kann die heutige in Anspruch nehmen?"[500]

Zwar räumt Grondin ein, dass dieser Anspruch in der Geschichte der Hermeneutik auf unterschiedliche Weise formuliert worden ist, doch stellt er zugleich klar, dass seine Leitfrage der Ambition der Philosophischen Hermeneutik entspringt, eine philosophia prima zu sein und die großen Fragen der Philosophie auf neue Weise zu lösen. Denn wenn die Hermeneutik als generelle Theorie der menschlichen Welterfahrung aufgefasst wird und das Verstehen in den Perspektivismus der menschlichen Welterfahrung eingerückt wird (wie es Heidegger und Gadamer vorgeschlagen haben), dann stellt sich die Frage, ob es absolute, transhistorische, transkulturelle und in diesem Sinne universelle Wahrheiten geben kann.

Es zeigt sich jedoch schnell, dass die Leitfrage der Universalität der Hermeneutik so unspezifisch und inhaltsarm ist, dass sie der Geschichte der Hermeneutik keine klare oder erhellende Kontur geben kann. So behauptet Grondin zum Beispiel, dass Augustins Zeichenlehre und Hermeneutik insofern universell sei, als sie die Suche nach Verstehen als universelles menschliches Streben erweist. Dannhauers Hermeneutik sei dagegen insofern universell, als sie das erste Programm einer Hermeneutik darstellt, die sich nicht auf spezielle Arten von Texten beschränkt. Meiers Hermeneutik könne demgegenüber dadurch gekennzeichnet werden, dass sie von der Universalität alles Zeichenhaften ausgeht und damit auch natürliche Zeichen in den Bereich der Hermeneutik einbezieht. Die pietistische Hermeneutik im 18. Jahrhundert gehe dagegen vor allem von der Universalität des Affektiven aus, die sich im Verstehen der Affekte niederschlage, während bei Schleiermacher primär eine Universalisierung des Mißverständnisses zu beobachten sei, die darin bestehe, dass nicht nur, wie vor Schleiermacher, die dunklen und schwierigen Stellen von Texten und Reden, sondern prinzipiell alle Stellen als auslegungsbedürftig zu gelten haben. Die Historisten des 19. Jahrhunderts schließlich (vornehmlich Dilthey) hätten die Hermeneutik insofern universalisiert, als sie nach einer universellen geisteswissenschaftlichen Methode gesucht hätten, mit deren Hilfe die Objektivität und Wissenschaftlichkeit geisteswissenschaftlicher Interpretationen gesichert werden kann. Und die Universalisierung, die von der für Grondin höchsten Stufe

[500] Grondin (1991), 16.

der Hermeneutik, der Philosophischen Hermeneutik, vorgenommen wurde, sei die Ausweitung der hermeneutischen Fragestellung von der Methode des Verstehens in den Geisteswissenschaften auf die Form der menschlichen Welterfahrung überhaupt.

Diese (unvollständige) Skizze des – von Grondin vorgenommenen – Ritts durch die Geschichte der klassischen Hermeneutik[501] zeigt bereits, dass Grondins Leitfrage nur zu oberflächlichen und höchst divergenten Einschätzungen wichtiger historischer Varianten der Hermeneutik führt – zu Einschätzungen, die keinerlei theoretische Kohärenz aufweisen. Wenn die Leitfrage der Universalität der Hermeneutik das interessanteste Vorurteil (im Gadamerschen Sinne) sein soll, unter dem die Philosophische Hermeneutik die Geschichte der Hermeneutik aufschlüsseln kann, dann spricht dies nicht gerade für die Fruchtbarkeit der Philosophischen Hermeneutik im Blick auf die Geschichte der Hermeneutik.

Sehen wir uns nun an, wie Grondin die Hermeneutik Gadamers darstellt. Welche Gesichtspunkte hebt er an Gadamers Position als besonders originell und wegweisend hervor? Grondin betont zunächst, dass Gadamer sich entschieden gegen den Versuch der klassischen Hermeneutik und insbesondere der Hermeneutik des 19. Jahrhunderts wendet, den Geisteswissenschaften durch die Artikulation einer spezifischen Methode, des Verstehens, einen objektiven und wissenschaftlichen Status zu sichern. Dieses Bestreben setze nach Gadamer die Annahme voraus, die Ergebnisse von Interpretationen könnten dieselbe transhistorische Geltung gewinnen wie die Resultate der Naturwissenschaften. Es sei genau diese Annahme, die nach Gadamer das Wesen des Verstehens und Interpretierens verfehlt. Denn sie sei unvereinbar mit der unhintergehbaren Geschichtlichkeit des Interpreten und seiner Interpretationen. Grondin schreibt:

> „Es ist demnach Gadamers Ausgangsthese, dass sich der Wissenschaftscharakter der Geisteswissenschaften eher aus der Tradition des Bildungsbegriffes verstehen läßt als aus der Idee der modernen Wissenschaft."[502]

Grondin diskutiert Gadamers fragwürdige Begründung für diese Ausgangsthese nicht, obgleich doch leicht zu sehen ist, dass ein transhistorisches Festhalten an einer bestimmten Methode durchaus damit vereinbar wäre, dass ein Interpret je nach seiner eigenen historischen Situation und seinem theoretischen Hintergrund immer wieder neu und anders auf historische Texte blickt. Es gibt zum Beispiel gute Gründe dafür anzunehmen, dass antike, frühneuzeitliche und moderne Interpreten der aristotelischen

[501] Vgl. bei Grondin (1991) die Abschnitte I 6, II 1, II 3, III 2, IV 2–3, VI 6.
[502] Grondin (1991), 161.

Schriften denselben allgemeinen methodischen Regeln folgten, nämlich ihre Interpretationshypothesen durch zahlreiche Belegstellen und logische Konsistenz zu empfehlen. Gleichwohl hat man in der Antike, in der Frühen Neuzeit und im 20. Jahrhundert unter gänzlich unterschiedlichen Fragestellungen und theoretischen Voraussetzungen auf Aristoteles' Texte geschaut.

Für Grondin hat nach den Verirrungen der methodisch orientierten Hermeneutik erst Gadamer die hermeneutische Spezifität wiedergewonnen. Das ist zweifellos eine steile These. Diese Spezifizität kommt, wie Grondin hervorhebt, vornehmlich in folgenden Aspekten zum Vorschein:

(1) Geschichtlichkeit ist nicht eine Einschränkung, sondern ein Prinzip des Verstehens. Jede Interpretation geht notwendigerweise von Vorurteilen aus und sollte sich dieser Vorurteile lediglich bewusst werden. Erst diese – historisch je verschiedenen – Vorurteile können die zu interpretierende Sache zum Sprechen bringen.

(2) Es gibt allerdings sachangemessene und sachfremde Vorurteile, die dem Interpretieren zugrunde liegen können. Das Kriterium für diese Sachangemessenheit ist der zeitliche Abstand, also die Bewährung bestimmter Interpretationsansätze über eine längere Zeit hinweg.

(3) Jedes Verstehen, jede Interpretation unterliegt dem wirkungsgeschichtlichen Bewusstsein: Unser heutiges Bewusstsein ist von einer Wirkungsgeschichte geprägt, und zugleich gehört das Bewusstsein eben dieser Abhängigkeit wesentlich zum Prozess des Verstehens.

(4) Verstehen des Historischen ist immer zugleich Anwendung auf die Situation und die Fragen des Interpreten. Ein Nichtverstehen eines Textes etwa bedeutet wesentlich, dass der Text dem Interpreten nichts zu sagen hat. Das reine Erfassen der Bedeutung historischer Texte ganz unabhängig vom Fragen und Interesse des Interpreten, wie es die klassische Hermeneutik anstrebt, ist eine Fiktion.

(5) Es kann nach (1)–(4) keinen Fortschritt in der Interpretation geben, vielmehr nur Veränderung und Neuansatz. Denn einen Text der Vergangenheit zu verstehen heißt immer, ihn in unsere Situation zu übersetzen, in ihm eine sprechende Antwort auf Anfragen unserer Zeit zu hören.

(6) Interpretation ist daher stets eine Art von Dialog und Gespräch zwischen Autor und Interpret. Allerdings können Worte und Sprache das innere geistige Gespräch nie voll ausschöpfen und darstellen.

Grondin unterschreibt diese Behauptungen nicht nur uneingeschränkt,[503] er betrachtet sie auch als Ausdruck des Überschreitens der traditionellen Hermeneutik mit ihrer Fixierung auf die geisteswissenschaftliche Methodik hin zu einem zentralen Anliegen der Philosophie, insofern Verstehen und Sprache nun als Grundmerkmal menschlicher Faktizität darstellbar ist. Diese Ausweitung der Hermeneutik ist für Grondin auch ihre Befreiung und Universalisierung gegenüber traditionellen theoretischen Fesseln.[504] Allerdings ist klar, dass diese anspruchsvolle Befreiungs- und Universalisierungsthese aus den Punkten (1)–(6) allein keineswegs folgt. Man muss eine Prämisse hinzunehmen, die Grondin gleich zu Beginn seiner Studie ausdrücklich bekräftigt:

> „Was die Hermeneutik zum Status einer prima philosophia zu befördern vermag, ist wohl die virtuelle Allgegenwart des interpretatorischen Phänomens, die spätestens seit Nietzsches Einblick in den universellen Perspektivismus („es gibt gar keine Fakten, sondern nur Interpretationen") auf der Tagesordnung der Philosophie steht. Nietzsche ist wohl der erste moderne Autor, der den fundamentalen interpretativen Charakter unserer Welterfahrung ins Bewusstsein gehoben hat. Weit davon entfernt, sich auf die rein interpretativen Wissenschaften wie die Exegese, die Philologie oder das Recht zu beschränken, erstreckt sich der Horizont der Interpretation auf alle Wissenschaften und Orientierungshinsichten des Lebens."[505]

Es ist erstaunlich, wie uneingeschränkt Grondin den zentralen Thesen und Argumenten Gadamers mehr als drei Jahrzehnte nach dem Erscheinen von *Wahrheit und Methode* zustimmt. Allein zu Punkt (2) – dem einzigen Hinweis bei Gadamer, der die Beliebigkeit von Interpretationen einschränken soll – bemerkt Grondin (zu Recht), dass hier keine eindeutigen Kriterien für sachangemessene Vorurteile des Interpreten, sondern allenfalls vage Indizien genannt sind. Doch lässt er dieses erhebliche theoretische Defizit in seinen folgenden Ausführungen einfach auf sich beruhen. Dass die Punkte (1)–(3) in dieser Allgemeinheit Banalitäten sind, registriert Grondin ebenso wenig wie dass (4) und (5) keineswegs aus den Banalitäten (1) und (3) folgen. Und die Einsicht, dass die entscheidende Prämisse für die Hochschätzung der Philosophischen Hermeneutik als philosophia prima, nämlich dass das Interpretieren eine Form des perspektivischen Betrachtens der Welt ist, die repräsentationale Ebene mit der metarepräsentationalen Ebene gleichsetzt, scheint durch den Blickwinkel der Philosophischen Hermeneutik auf immer geblockt zu sein. Dabei ist es gerade das metarepräsentationale Verstehen,

[503] Vgl. Grondin (1991), 138–151.
[504] Grondin (1991), 157.
[505] Grondin (1991), 17.

das den Lebensalltag der Menschen durchdringt und ein Ferment sozialer Beziehungen ist.

Wenn man, wie es die modernen Vertreter der Philosophischen Hermeneutik im Anschluss an Heidegger und Gadamer tun, das Verstehen in theoretischer Hinsicht auf eine Stufe mit einfachen (repräsentationalen, also perspektivischen) Wahrnehmungen stellt, kann man die spezifischen Leistungen, die tiefe Verwurzelung und die Allgegenwart des Verstehens nicht angemessen identifizieren.

KAPITEL 5: VON DER SEMIOTIK ZUR POSTMODERNEN TEXTANALYSE

Semiotik, Strukturalismus und Diskursanalyse verstehen sich zwar unter anderem als textwissenschaftliche Ansätze, doch rechnen sie sich nicht mehr der Tradition der klassischen Hermeneutik zu. Ähnlich wie der poststrukturalistische und dekonstruktivistische Umgang mit Texten treten sie zum Teil mit einer explizit anti-hermeneutischen Attitüde auf. Ähnlich wie die Philosophische Hermeneutik haben diese Theorien die Textwissenschaften und Kulturwissenschaften in der zweiten Hälfte des 20. Jahrhunderts tiefgreifend geprägt und sollen daher im folgenden aus geist-theoretischer Perspektive einer kritischen Analyse unterzogen werden.

5.1. Semiotik

Die Semiotik sieht sich in eine Tradition eingebunden, die bis in die Anfänge westlichen Denkens zurückreicht. Seit der Spätantike wird der diagnostische Teil der Medizin als deren semeiotischer Teil bezeichnet.[506] Als neuzeitlicher Ursprung der Semiotik im Sinn einer eigenständigen philosophischen Theorie wird immer wieder John Locke und insbesondere das Kapitel XXI des *Essay Concerning Human Understanding* genannt. Der Begriff der Semiotik taucht auch bei anderen philosophischen Klassikern auf. Eines der Kapitel von Bolzanos Wissenschaftslehre ist mit ‚Semiotik' überschrieben, und Husserl schrieb einen Aufsatz zur Semiotik, der allerdings erst 1970 veröffentlicht wurde.

Die eigentlichen Begründer der modernen Semiotik sind aber Charles Sanders Peirce, Ferdinand de Saussure und Charles Morris. Peirce und de Saussure haben Ende des 19. Jh. unabhängig voneinander ein zeichentheoretisches Forschungsprogramm formuliert, das sie Semiotik bzw. Semiologie nannten. Der Soziologe Morris, ein Schüler George Herbert Meads, hat sich darum bemüht, soziologische und linguistische Forschungsinteressen in die Semiotik zu integrieren, und legte auf diese Weise die Grundlage für die Semiotik in der heute praktizierten Form.[507]

[506] Vgl. Noeth (2000), 2.

[507] Morris ist vor allem durch die von ihm geprägte Unterscheidung zwischen Semantik, Syntax und Pragmatik ein Begriff geworden. In Europa beschränkte sich das Interesse an der Semiotik zunächst auf die Linguistik, wie sie von de Saussure entworfen wurde. Stark von de Saussure beeinflusst wurden u. a. die Linguisten Louis Hjelmslev und Roman Jakobson.

Eine der Grundlagen der klassischen Semiotik ist ein konsequenter Anti-Cartesianismus. Für Peirce sind die *Kerngedanken des Cartesianismus*, dass

(i) die Philosophie mit einem radikalen Skeptizismus zu beginnen hat,
(ii) das Fundament des Wissens introspektiv im eigenen Bewusstsein gefunden werden kann,
(iii) nur der Rückgriff auf Gott Wissen ermöglicht, und
(iv) das Denken in Intuition und Deduktion besteht.

Diesen Prämissen hält Peirce die negativen Thesen entgegen, dass wir

(i)* alles Wissen der internen geistigen Welt durch hypothetische Überlegungen aus unserem Wissen über externe Fakten ableiten müssen,
(ii)* keine autonome intuitive Kraft haben, sondern jede unserer Kognitionen von vorherigen Kognitionen bestimmt ist,
(iii)* nur mittels Zeichen denken können, und
(iv)* keine Vorstellung vom absolut Unzugänglichen (d. h. vom Ding an sich) haben können.[508]

Die Semiotik versteht sich als *allgemeine Zeichenlehre*. Sie knüpft damit der Sache nach an jene Hermeneutiken der Aufklärung an (namentlich bei Georg Friedrich Meier und Heinrich Lambert – mit Augustin als Vorläufer), die versucht haben, die antike Lehre von den natürlichen Zeichen mit der klassischen Hermeneutik, also mit der Theorie der repräsentationalen und insbesondere der sprachlichen Zeichen, zusammenzuführen. So spricht ein neuerer Kommentator mit Recht von einer „inner dynamics of semiotics, which is to overcome the time-honoured division in the Western tradition between the verbal and the visual sign."[509]

Später hat die Semiotik aber Vertreter unterschiedlicher Disziplinen beeinflusst und auf diese Weise eine breite Wirkung erzielt, vgl. z. B. die Arbeiten der Kulturwissenschaftler Roland Barthes und Albert Greimas, des Philosophen Umberto Eco, der Literaturwissenschaftler der Tartuer-Moskauer Schule (insbesondere Juri Lotman) und des Psychologen Karl Bühler. Zudem werden zuweilen auch Vertreter der sog. ‚Postmoderne' wie Michel Foucault, Jacques Lacan und Julia Kristeva zum Kreis der Semiotiker gezählt. Trotz wechselseitiger Einflüsse kam es erst in der zweiten Hälfte des 20. Jahrhunderts zu einer erfolgreichen Synthese der von Peirce und de Saussure gegründeten Traditionen, und zwar insbesondere durch das Werk von Thomas Sebeok, eines Schülers von Morris, der stark von Roman Jakobson beeinflusst wurde. Sebeok gilt heute als Gründer der Zoo- und Biosemiotik. Eine seiner wichtigsten Quellen ist der Verhaltensforscher Jakob von Uexküll, der unter anderem durch den von ihm geprägten Begriff der ‚Umwelt' bekannt geworden ist.

[508] Peirce CP, 5.265.
[509] Vgl. Bann (1995), bes. 85 f.

Entsprechend wird auch der Begriff des Verstehens oder der Interpretation verallgemeinert – zu einer Vorstellung von *Decodierung*, die sich sowohl auf natürliche als auch auf repräsentationale Zeichen beziehen lassen soll. Die Semiotik handelt sich damit auch die grundsätzlichen Probleme ein, die mit einem solchen Versuch der Verallgemeinerung und theoretischen Fusion unvermeidlich verbunden sind. Denn dieser Versuch tendiert dazu, die Ebenen der Natur und des Geistes, deren Unterscheidung für jede angemessene Theorie des Verstehens zentral ist, weitgehend einzuebnen und insbesondere die Theorie der Repräsentation über Gebühr zu simplifizieren.

Diese Gefahr lässt sich beispielsweise an der grundlegenden Zeichendefinition erkennen, die von Peirce vorgeschlagen wurde:

„A sign, or representamen, is something which stands to somebody for something in some respect or capacity. It addresses somebody, that is, creates in the mind of that person an equivalent sign, or perhaps a more developed sign. That sign which it creates I call the interpretant of the first sign. The sign stands for something, its object. It stands for that object, not in all respects, but in reference to a sort of idea, which I have sometimes called the ground of the representamen."[510]

Die Zeichenrelation ist also nach Peirce, wie auch in der Literatur immer wieder betont wird, irreduzibel triadisch. Doch die angeführte Zeichendefinition ist aus verschiedenen Gründen problematisch. Die Formel „x steht für y" diskriminiert offensichtlich nicht zwischen Referenz und Bedeutung. Und der Adressat („somebody") des Zeichens wird dadurch gekennzeichnet, dass er einen Geist („mind") hat, in welchem ein Zeichen ein weiteres Zeichen erzeugt. Ebenso wird der Kontext des Für-Etwas-Stehens geisttheoretisch („in reference to a sort of idea") charakterisiert. Die Zirkularität dieser Definition ist offensichtlich: das Zeichen wird unter Bezug auf andere Zeichen erläutert, ja sogar unter Bezug auf Repräsentationen, die innerhalb der Semiotik eigentlich erst an letzter Stelle der Zeichenarten eingeführt werden. Vor dem Hintergrund der theoretischen Differenzierungen und Einsichten, die in der Hermeneutik von der Antike bis zu Max Weber erreicht worden sind, ist die von Peirce vorgeschlagene Zeichendefinition ein Rückschritt.

In einem späteren Text definiert Peirce – vermutlich aufgrund der Defizite der früheren Definition – den Begriff des Zeichens allgemeiner als

„alles, unabhängig von seiner Seinsweise, (…) was zwischen einem Objekt und einem Interpretanten vermittelt (…). Das Objekt und der Interpretant sind also

510 Peirce CP, 2.228.

lediglich die zwei Korrelate des Zeichens; das eine ist das Antezedens, das andere das Konsequens des Zeichens".[511] Der Interpretant ist die „eigentlich bedeutungstragende Wirkung eines Zeichens".[512]

Aber diese definitorische Verallgemeinerung hilft nicht weiter. Sie vermeidet zwar geist-theoretische Begriffe und wirkt nicht mehr zirkulär, verfällt dafür jedoch in das andere Extrem – nämlich in eine rein naturalistische Diktion. Denn die „Vermittlung" zwischen Objekt und Zeichen wird nunmehr lediglich in Begriffen von Antezedens und Konsequenz erklärt, und die Kennzeichnung des Interpretanten zeigt an, dass Bedeutungen auf gewisse kausale Wirkungen zurückgeführt werden können. Diese naturalistische Zeichendefinition kann daher der geist-theoretischen repräsentationalen Ebene des Verstehens und seiner spezifischen Gegenstände in keiner Weise Rechnung tragen.

Dieses Problem lässt sich auch an der semiotischen „Theorie" der Semiosis festmachen. Genauer interpretiert bezeichnet ein Zeichen Z nach semiotischer Vorstellung ein Objekt *aufgrund* der Tatsache, dass Z seine Interpretanten (also interpretierende Gedanken, Äußerungen, oder andere Wirkungen, die sich in der einen oder anderen Weise auf dasselbe Objekt beziehen wie Z) erzeugt:

> „Ein *Zeichen* ist irgendein Ding, das auf ein zweites Ding, sein *Objekt*, in Hinsicht auf eine Qualität in der Weise bezogen ist, dass es ein drittes Ding, seinen *Interpretanten*, in eine Relation zu demselben Objekt bringt, und zwar in der Weise, dass dieses dritte ein viertes Ding in derselben Form auf das Objekt bezieht, *ad infinitum*."[513]

Dass die Zeichen ihre Interpretanten erzeugen und dass Interpretanten selbst Zeichen sind, heißt zunächst einmal, dass die triadische Zeichenrelation nicht in abgeschlossener Form auftritt, sondern in einen *Zeichenprozess* (Semiosis) eingebunden ist: Zeichen ist nur, was einen Interpretanten erzeugt oder determiniert,[514] der seinerseits ein Zeichen ist, das interpretiert wird, etc. Wie Peirce selbst bemerkt, ist damit die Bedeutung eines Zeichens nur in

[511] Peirce (1986–1994) III, 410.

[512] Peirce (1991), 512.

[513] Peirce (1986–1994) I, 390. Wenn Peirce betont, dass damit nun auch „unbeschreibbare und unvergleichbare Gefühlsqualitäten", „einzelne Ereignisse oder Fakten" wie körperliche Reaktionen auf ein Zeichen (CP 5.7, 1905) und die „Veränderung von Gewohnheiten" zu den Interpretanten eines Zeichens gerechnet werden können (Peirce (1986–1994) III, 283 ff.), dann nimmt er wieder zirkulär auf geistige, ja sogar soziale Zeichen Bezug, die durch seine naturalistische Zeichendefinition nicht eingeholt werden können.

[514] Peirce selbst spricht meist von „Determination": Das Zeichen *determiniert* den Interpretanten, das Objekt auf eine bestimmte Weise zu *repräsentieren* (vgl. CP 1.541 f.). Zugleich geht er davon aus, dass der so determinierte Interpretant „cannot be a *definite* individual object" und dass die Zeichenrelation „consists in a *power* of the representamen to determine *some*

einer unendlichen Folge von Interpretanten konstituiert, und die Festlegung der Bedeutung eines Zeichen beruht auf einem infiniten Regress. Peirce postuliert daher einen letzten Interpretanten (*ultimate (final) interpretant*), der selbst keinen weiteren Interpretanten erzeugt, sondern eine Wirkung ist, die in Gefühlen, Handlungen oder einer Veränderung von Verhaltensgewohnheiten besteht.[515] Doch wenn hier die Gefühle, Handlungen und sozialen Gewohnheiten nur Beispiele für kausale Wirkungen allgemein sein sollen, dann haben wir eine unzureichende naturalistische Erklärung aller Zeichen vor uns. Wenn diese Beispiele dagegen paradigmatisch und zentral sein sollen, dann ist die Erläuterung der Zeichen wieder zirkulär, weil diese Beispiele ihrerseits nur geist-theoretisch in Form von Repräsentationen erklärt werden können.[516]

Dieselben Probleme lassen sich bei Charles Morris erkennen. Nach Morris lässt sich ein Zeichen in Verbindung mit drei anderen Elementen bestimmen:

„Z ist für ein Verhalten I ein Zeichen des Gegenstands D, sofern I eine Notiznahme von D aufgrund des Auftretens von Z ist"[517] (dabei ist I das Verhalten eines Interpreten IP).

interpretant to being a representamen of the same object" (ebd.). Das Zeichen bestimmt also einen bestimmten Interpretationsspielraum.

[515] Peirce bemerkt zunächst: „Now the bottom meaning of a sign cannot be the idea of a sign, since that latter sign must itself have a meaning which would thereby become the meaning of the original sign. We may therefore conclude that the ultimate meaning of any sign consists either in an idea predominantly of feeling or in one predominantly of acting and being acted on" (CP 5.7, 1905). Später fügt er den habit-change hinzu (CP 5.476).

[516] Darüber hinaus hat Peirce auch eine ‚stehende Bedeutung' von sprachlichen Ausdrücken („immediate interpretant", unmittelbarer Interpretant) postuliert. Mit dem unmittelbaren Interpretanten wird die Verwendung eines Zeichens restringiert, denn er stellt die „genetisch codierten, sozial validen oder individuellen Verbindungen" (Johansen, Larsen (2002), 133) dar, die ein Text enthält. Er ist die Summe der Interpretationen oder Übersetzungen, die das Zeichen bedeutungsvoll machen. Vom unmittelbaren Interpretanten unterscheidet Peirce den dynamischen Interpretanten, der die jeweils ‚verstandene' Bedeutung eines Zeichens ist und dem konkreten, durch die Äußerung induzierten Zeichen im Bewusstsein des Interpreten entspricht. Es gibt nach Peirce vier Formen des dynamischen Interpretanten, nämlich als Totalität von Gefühlen oder sinnlichen Qualitäten, als spontane „energetische" Aktion, als ein anderer Text, und schließlich als konventionelles Verhalten in Form der Befolgung einer Regel (Hoffmann (2001), 15 ff.). Genauso wie Peirce zwischen dem unmittelbaren und dem dynamischen Interpretanten unterscheidet, unterscheidet er auch zwischen dem unmittelbaren Objekt eines Zeichens (das mit Hilfe von Eigenschaften herausgegriffen wird, die durch das Zeichen repräsentiert werden), und dem dynamischen Objekt des Zeichens. Das dynamische Objekt ist die Ursache des Zeichens, die im Gegensatz zum unmittelbaren Objekt eines Zeichens durch unendlich viele verschiedene Zeichen repräsentiert werden kann. Das unmittelbare Objekt ist immer ein Aspekt des dynamischen Objekts, wenn auch vielleicht nur in Form einer irrtümlich gefassten Überzeugung. All diese Differenzierungsversuche können jedoch die schwerwiegenden Defizite der generellen Zeichendefinitionen nicht heilen.

[517] Vgl. Morris (1998), 57.

Dass ein Interpret IP in Gestalt seines Verhaltens I (des Interpretanten) von einem Gegenstand D (dem Designat) mittelbar anhand des Zeichens Z Notiz nimmt, ist ein Prozess, den auch Morris Semiose nennt. Morris deutet an, dass diese Begriffe sich in gewisser Weise gegenseitig definieren: Ein Ding ist nur Interpret, wenn es von etwas mittelbar Notiz nimmt, und etwas ist nur dann ein Zeichen, wenn es von einem Interpreten als Zeichen von etwas angesehen wird; und ein Interpretant ist ein von-etwas-Notiz-nehmen nur insofern, als es von etwas hervorgerufen wird, das als Zeichen fungiert.[518] Und doch bemerkt er wenig später:

> „Es sollte möglich sein, das mittelbar-Notiz-nehmen-von als einzigen Grundbegriff für einen axiomatischen Aufbau der Semiotik zu nehmen."[519]

Die Einführung der grundlegenden semiotischen Begriffe anhand dieses Grundbegriffes und der angeführten Zeichendefinition legt folgende Analyse nahe:

(a) X nimmt mittelbar von Y Notiz := Es gibt ein Z und ein V, so dass X mittels V aufgrund des Vorkommens von Z von Y Notiz nimmt.
(b) Wenn und nur wenn X mittels V aufgrund des Vorkommens von Z von Y Notiz nimmt, ist Z ein Zeichen von Y, V ein Interpretant (Verhalten) von X als Wirkung des Auftretens von Z, Y das Designat von Z und X ein Interpret von Z, der V manifestiert.

Eines der Probleme mit den Definitionen (a) und (b) ist, dass nicht ganz klar ist, was ein Designat ist. Zwar weist Morris darauf hin, dass ein Zeichen ein Designat haben kann, ohne auf einen Gegenstand zu referieren, und daher ist das Designat eines Zeichens nicht sein Referent; doch bestimmt Morris das Designat andererseits als eine Gegenstandsart oder Klasse von Objekten, so dass das Designat auch nicht ein semantischer (repräsentationaler) Gehalt zu sein scheint. Die von Morris angeführten Beispiele helfen hier auch nicht weiter: Ein Hund (als Interpret) nimmt mit dem Jagen (Verhalten) eines Eichhörnchens (Designat) aufgrund eines bestimmten Pfiffes (Zeichen) des Herrchens von eben dem Eichhörnchen Notiz; ein Reisender (Interpret) denkt (Verhalten) an eine bestimmte Gegend (etwa das Kattegat) (Designat), wenn er einen Brief (Zeichen) eines Freundes erhält. Sind dabei das Eichhörnchen und das Kattegat Referenten oder Gehalte von Pfiff bzw. Brief? Und sind sie nicht auch Designate des Verhaltens? Das ist anhand von (a) und (b) schwer zu entscheiden.

518 Ibid. 58.
519 Ibid. 59.

Ein weiteres Problem ist, dass der Grundbegriff „Notiz nehmen von" in (a) prima facie ein psychologischer Begriff ist, der einen repräsentationalen Zustand oder eine aktive Repräsentation beschreibt. Wäre das tatsächlich der Fall, so wäre die allgemeine Zeichendefinition von einer geist-theoretischen Repräsentationstheorie abhängig, so dass die semiotische Strategie, zuerst Zeichen allgemein und dann erst als Spezialfall sprachliche und repräsentationale Zeichen einzuführen, in einen Zirkel liefe. Das gilt umso mehr, als das Verhalten als Element der Semiose auch auf ein Designat gerichtet zu sein scheint. Morris versucht dieses Problem dadurch zu umgehen, dass er eine behavioristische Definition des Notiz-nehmens-von akzeptiert, schwächt dieses theoriestrategischen Zug jedoch zugleich durch die Bemerkung ab, dass die allgemeine Zeichentheorie offen lassen kann, was bei dem Akt der Notiznahme alles geschieht.[520]

Die *behavioristische Version der Semiotik* bei Morris macht immerhin klarer, was unter Interpreten und Interpretanten in der Semiose zu verstehen ist. Morris betrachtet Zeichen zunächst als Zeichen-Vehikel, also als Vorkommnisse, die erst im Verlauf der Semiose eine Bedeutung gewinnen. Interpreten sind Wesen, die auf ein Zeichen-Vehikel mit einem bestimmten Verhalten reagieren können. Interpretanten sind jene Verhaltensdispositionen des Interpreten, die in der Semiose aktualisiert werden. Und erst dadurch wird das Zeichen-Vehikel auf ein distales Objekt bezogen und gewinnt eine Bedeutung. Morris stellt mit seiner behavioristischen Semiotik eine Intuition klar, die implizit schon beim späten Peirce angelegt war und für die moderne Hermeneutik von einiger Tragweite ist: *Bedeutungen von Zeichen (ob von äußeren Zeichen oder inneren Gedanken) werden erst durch Reaktionen lebender Organismen auf Zeichen-Vehikel generiert.*[521] Doch bleibt es dabei, dass bei Morris (und erst recht bei Peirce) unklar ist, von welcher Art die bedeutungsgenerierende Reaktion ist. Es ist naheliegend anzunehmen, dass Wahrnehmungen involviert sind, die jedoch ihrerseits als semantisch gehaltvolle mentale Episoden betrachtet werden müssen, so dass, wie schon bemerkt, der Verweis auf die Verhaltensreaktion den behavioristischen Ansatz der Semiotik zirkulär macht. Vor allem aber unterscheidet Morris nicht zwischen Referenz und Bedeutung, d. h. er kann das Problem der Fehlrepräsentation nicht lösen.

Ein weiteres Indiz für eine grundlegende terminologische und damit auch sachliche Unklarheit ergibt sich aus Morris' Bemerkungen über die syntaktischen Beziehungen der Zeichen untereinander. Die syntaktische Zeichenrelation wird von Morris auch Implikation genannt – und sein Bei-

[520] Ibid. 59–60.

[521] Dieser Gedanke einer konsumerorientierten Semantik wird später von der Teleosemantik aufgenommen (vgl. dazu Wild (2010)).

spiel für eine Implikation ist, dass das Zeichen „Tisch" impliziert (und nicht designiert): „Möbelstück mit waagerechter Fläche". Was hier impliziert wird, ist Teil der Definition von „Tisch", also aus heutiger Sicht ein Aspekt des semantischen Gehalts (der Repräsentationalität), und hat mit Syntax nichts zu tun. Dass dieser Aspekt nicht zum Designat gehört, spricht dafür, dass das Designat, wie bereits bemerkt, weder ein Referent noch ein semantischer Gehalt ist. Aber was ist es dann?

An anderer Stelle erklärt Morris, dass der Bedeutungsbegriff unklar ist, weil er teils das Denotat (also den Referenten), teils das Designat und teils den Interpretanten zu bezeichnen scheint. Die Konsequenz für Morris ist:

> „Nicht die Semiotik beruht auf einer Theorie der „Bedeutung", sondern der Ausdruck „Bedeutung" ist mit Hilfe der Semiotik zu erklären."[522]

Doch wenn der Bedeutungsbegriff ein Spezialfall des Repräsentationsbegriffs (also des Begriffs des semantischen Gehalts) ist, d.h. wenn Bedeutungen semantische Gehalte sprachlicher Zeichen sind, wie die moderne Theorie des Geistes vorschlägt, dann scheinen die Grundlagen der Semiotik in Gestalt ihres axiomatischen Grundbegriffs den Bedeutungsbegriff schon in Anspruch zu nehmen.

Moderne Darstellungen der Semiotik schneiden nicht besser ab. Als eines von vielen Beispielen sei eine Einführung von Thomas Sebeok betrachtet, der nicht nur einer der führenden modernen Semiotiker ist, sondern sich beispielsweise gegenüber den Raisonnements eines Umberto Eco durch eine klarere und unverblümtere Sprache auszeichnet.[523] Sebeok geht von Peirces früher definitorischer Zeichen-Formel aus, wenn auch lediglich in der Kurzform „something which stands to somebody for something in some respect". Der Ausdruck „Stehen für etwas" wird dann aber nicht etwa genauer erläutert. Vielmehr bringt Sebeok in seiner Diskussion dieser Formel zunächst allgemeine Realismus-Probleme ins Spiel, die mit der Beziehung zwischen Zeichen und Objekt aufgeworfen werden. Dabei weist er unter anderem zustimmend auf Ideen von Jakob von Uexküll hin, der die Semiosis auf die Beziehung zwischen Beobachter und beobachtetem Gegenstand bezieht und entsprechende Merkzeichen (Wahrnehmungsepisoden) auf seiten des Beobachters von Wirkzeichen (Verhaltensimpulse) auf seiten der beobachteten Objekte unterschieden hat. Mit keinem Wort erwähnt Sebeok, dass damit natürlich repräsentationale Episoden in die Erläuterung der Beziehung zwischen Zeichen und Objekt allgemein eingehen. Und zur Erläu-

[522] Ibid. 69–70.
[523] Vgl. Sebeok (1999). Eine aktuelle und einschlägige Einführung ist auch Johansen, Larsen (2002).

terung des Interpretanten hat Sebeok lediglich eine exemplarische Liste von Interpretanten zum sprachlichen Zeichen „Pferd" beizusteuern – eine Liste, die von Synonymen, Unterarten, Übersetzungen in andere Sprachen über berühmte Pferdeschulen, Romane über Pferde bis hin zu wissenschaftlichen Essays führt. Diese Liste lässt uns jedoch in theoretischer Hinsicht ratlos zurück, weil es sich erneut durchweg um repräsentationale Zeichen handelt. Sebeok sieht darüber hinweg, dass seine allgemeine Zeichendefinition und seine Erläuterung dieser Definition zirkulär ist und keinerlei näheren Aufschluss bietet.[524]

Diese Situation wird auch dadurch nicht besser, dass die Zeichenrelation anschließend in Begriffen von sechs Faktoren beschrieben wird, die für die Semiotik zentral sind: Botschaft, Code, Sender (Quelle), Empfänger (Zielbestimmung), Kanal und Kontext. Wenn man sich die Beispiele ansieht, die Sebeok anführt, wird klar, dass die nachrichtentechnische Terminologie, die natürlich bei Sebeok an das Shannon-Modell anknüpft, lediglich metaphorisch verwendet wird.

Eine *Botschaft* ist diesem Modell zufolge ein Zeichen, oder eine Zeichenkette, die von einem Zeichenproduzenten, dem *Sender* oder der Quelle, zu einem Zeichenempfänger übertragen wird. Nach Sebeok sind Quelle und Empfänger lebende Organismen oder artifizielle Produkte lebender Organismen – von einzelnen Zellen und ihren molekularen Produkten bis hin zu einzelnen Menschen und Computern. Auf diesen verschiedenen Ebenen und den zahllosen Zwischenstufen finden der modernen Semiotik zufolge kommunikative Prozesse in Form der Produktion, Enkodierung, und Übermittlung von Botschaften (Zeichen) vom Zeichenproduzenten zum Zeichenempfänger statt, der seinerseits die Botschaft dekodiert, liest und interpretiert. Gern nimmt die Semiotik zum Beispiel die biologische Redeweise vom genetischen Code auf, der den Austausch von Botschaften auf zellulärer Ebene regelt. Doch während die Biologie diese Redeweise jederzeit durch eine nicht-semantische oder nicht-semiotische Terminologie ersetzen kann, ist eine allgemeine Zeichentheorie ihrem eigenen Anspruch nach verpflichtet nachzuweisen, dass die Rede vom genetischen Code und dem Austausch von Botschaften auf zellulärer Ebene irreduzibel ist und gegenüber der rein chemischen und biologischen Beschreibung dieser Prozesse einen zusätzlichen Erkenntnisgewinn markiert. Diesem Nachweis kommt die Semiotik aber nicht nach; mehr noch, ein führender Semiotiker wie Sebeok scheint nicht einmal zu realisieren, dass die Semiotik dieser Verpflichtung unterliegt.[525]

[524] Sebeok (1999), 11–14.

[525] Vgl. Sebeok (1999), 6–7. Es reicht nicht, die Irreduzibilität einfach nur zu behaupten:

Das zeigt sich beispielsweise an der Bemerkung Sebeoks, dass ein Code, der auf einem rein biologischen Niveau als Resultat einer neurobiologischen Transmutation von einer Art von Energie zu einer anderen Art von Energie (der Encodierung) beschrieben wird, zugleich definiert werden kann durch eine eindeutige Menge von Regeln, durch welche gewisse Botschaften von einer Repräsentation in eine andere Repräsentation konvertiert werden können.[526] Hier werden plötzlich geist-theoretische Begriffe wie „Repräsentation" und sogar soziale Begriffe wie „Regel" ohne jede weitere Erläuterung dazu benutzt, um rein physikalisch, chemisch und biologisch charakterisierbare Vorgänge zeichentheoretisch darzustellen.[527] Und wenn schließlich in der Semiotik die Decodierung als Rekonversion der Encodierung gekennzeichnet und als Interpretation (als ein Verstehen also) betrachtet wird, dann schleppt dieser Begriff von Interpretation alle Ungereimtheiten und Zirkularitäten mit, die auch dem Begriff des Codes und der Encodierung anhaften. Dieser semiotische Interpretationsbegriff dürfte kaum in der Lage sein, die großartige Entwicklung der Theorien des Verstehens und der Interpretation von der Antike bis hin zu Max Weber theoretisch zu bereichern.

Auch die semiotische Klassifizierung von Zeichen bestätigt diese Vorbehalte. Hier genügt es, kurz die sechs wichtigsten Arten von Zeichen durchzugehen, von denen die Semiotiker heute meist ausgehen: Signale, Symptome, Ikone, Indizes, Symbole und Namen. Genauer gesagt handelt es sich um Arten semiotischer Eigenschaften, von denen gegebene Zeichen mehrere oder sogar alle realisieren können.

Ein Zeichen ist ein *Signal*, insofern es auf natürliche oder konventionelle Weise eine gewisse Reaktion auf seiten des Zeichenempfängers hervorruft.[528] Dieser Definition zufolge ist jedes Zeichen, das einen kausalen Einfluss auf

„Semiosis on a superior level in the hierarchy of integrons <= semiotic codes, W. D.> is irreducible to that on a lower level" (ibid.7).

526 „A code <is> a set of unambiguos rules whereby messages are convertible from one representation into another." (Sebeok (1999), 9).

527 Die Unangemessenheit solcher arm-chair-Manöver ist mehr als offensichtlich. Dasselbe gilt für den Austausch von Botschaften zwischen Tieren, die, wie Sebeok betont, außer bei den Menschen sämtlich nicht-sprachlich sind. Es kommt hier sehr darauf an, um welche Arten von Botschaften es sich handelt. Viele Tiere haben einen repräsentationalen Geist. Sie produzieren daher unter anderem repräsentationale Zeichen und können solche subsprachlichen Zeichen auch verstehen – und zwar im geist-theoretischen Sinne. Andere Interaktionen zwischen Tieren operieren dagegen nicht auf einer repräsentationalen Ebene, und in diesem Fall wird die Rede vom Austausch von Botschaften metaphorisch und reduzierbar auf eine kausale nicht-repräsentationale Sprache. Das gilt erst recht, wenn vom kommunikativen Verhalten von Pflanzen die Rede ist (vgl. dazu etwa Perler, Wild (2005)).

528 Zwei Beispiele sind der Ausruf „Geh!" (für ein konventionelles Signal) und ein Startschuss für den Beginn eines Wettlaufs aus einer Pistole (für ein mechanisch-natürliches Signal). Vgl. Sebeok (1999), 22–24.

den Zeichenempfänger ausübt, ein Signal. Damit wird kaum ein Vorkommnis in der externen Welt aus der Menge der Zeichen ausgeschlossen. Die Definition ist daher nichtssagend. Die Beispiele für Signale dagegen beziehen sich erneut auf repräsentationale und sogar soziale Episoden, bei denen ein Verstehen der Repräsentation wesentlich ist. Die Beispiele sind daher nicht illustrativ für die Definition des Signals.

Wenn ein Zeichen X ein *Symptom* von Y ist, dann ist der Semiotik zufolge Y eine deterministische oder probabilistische Ursache von X. Symptome einer Sache sind also natürliche Zeichen dieser Sache – so wie Bärenspuren ein natürliches Zeichen für die Präsenz von Bären sind.[529] Die Symptome werden demnach ähnlich nichtssagend definiert wie die Signale. Sebeok versucht den Begriff des Symptoms jedoch dadurch anzureichern, dass er auf den antiken Ursprung dieser Idee im Begriff des Krankheitssymptoms hinweist.[530] Zweifellos sind Krankheitssymptome unter anderem natürliche Zeichen für Krankheiten. Aber die enge theoretische Bindung von Symptomen (natürlichen Zeichen) an Krankheitssymptome und ihre Interpretation in der Medizin suggeriert eine falsche Assoziation – nämlich dass Symptome Zeichen sind, die von einem Beobachter auch interpretiert werden (können). Diese Assoziation ist jedoch mit natürlichen Zeichen (Symptomen) nicht verbunden. Symptome und das, wofür sie natürliche Zeichen sind, lassen sich hinreichend allein in Begriffen von Kausalität bestimmen. Natürlich kann ein Beobachter eines Symptoms, der von der entsprechenden kausalen Beziehung weiß, auf die Ursache des Symptoms schließen. Aber das ist ein zusätzliches repräsentationales Faktum, das nicht in das Definiens eines Symptoms eingeht. Und es ist terminologisch unsauber, von einer Interpretation von Symptomen zu sprechen, wie es die Semiotiker gewöhnlich tun[531] – so als hätten Symptome eine Bedeutung neben ihrer Referenz, die interpretiert werden könnte. Bedeutung und Referenz sind semantische Begriffe; aber Symptome sind nicht in semantischen, sondern in kausalen Begriffen definiert. Die angestrebte Anreicherung des Symptomsbegriffs wird also um den hohen Preis einer Zirkularität erkauft.

Ein Zeichen X ist eine *Ikone*, also ein ikonisches Zeichen von Y, insofern X eine topologische Ähnlichkeit mit Y aufweist. Bilder und Diagramme eines Dinges sind die zentralen Beispiele für ikonische Zeichen.[532] Die Ähnlichkeit einer Raumstruktur ist ebenso wie die kausale Beziehung eine Re-

[529] Vgl. Sebeok (1999), 24–28.
[530] Vgl. Sebeok (1999), 50–53.
[531] Vgl. Sebeok (1999), 54–60.
[532] Meist werden in der modernen Semiotik auch Metaphern als ikonische Zeichen betrachtet – aber das beruht nur auf einer Ignoranz führender Metapherntheorien. Vgl. dazu unten, Abschnitt 9.5.

lation, in deren Definition eine repräsentationale Ebene nicht eingeht und die daher auch nicht definitorisch an einen repräsentationalen Interpreten gebunden werden darf.[533]

Ein *Index* ist ein Zeichen, das im gleichen engen Raum-Zeit-Intervall auf das Bezeichnete verweist und in diesem Sinn direkt mit dem Bezeichneten zusammenhängt. Ein hinweisender Finger ebenso wie ein deiktisches Pronomen oder andere deiktische Gesten sind Beispiele für Indizes. Das Problem ist, dass diese allgemeine Definition sowohl für bestimmte Symptome (also nicht-repräsentationale natürliche Zeichen) als auch für vorsprachliche Repräsentationen sowie sprachliche Ausdrücke gilt, und dass die Semiotiker auch beide Arten von Beispielen anführen (die deiktische Geste setzt zum Beispiel die allerersten Anfänge von geteilter Aufmerksamkeit voraus). Es macht jedoch einen großen theoretischen Unterschied, ob wir von simultaner Kausalität in einem engen Raumintervall oder von Repräsentationen reden, die zur gleichen Zeit und in demselben engen Raumintervall mit dem repräsentierten Ding auftreten. Typischerweise wird dieser Unterschied in der Semiotik überspielt.[534]

Mit den restlichen beiden Zeichenarten oder besser Zeicheneigenschaften nimmt die Semiotik die üblichen semantischen Eigenschaften (Referenz und Bedeutung) in den Blick. Ein Zeichen ist nämlich ein *Name*, insofern es auf Gegenstände oder Klassen von Gegenständen referiert, und es ist ein *Symbol*, insofern es eine Intension (also eine Bedeutung) hat.[535] Sebeok weist darauf hin, dass nicht nur Menschen, sondern auch andere Tiere Gesten oder Laute verwenden, die Namen und Symbole sind (genauer müsste die These lauten, dass Menschen und andere Tieren auch nicht-sprachliche Namen und Symbole verwenden). Aber man sieht in seiner Darstellung keine explizite Reflexion darauf, dass man mit der Diskussion dieser beiden Zeichenaspekte die Ebene der repräsentationalen Zeichen erreicht und dass man diese Diskussion daher in einer ambitionierten Zeichentheorie, wie sie die Semiotik sein will, mit einer angemessenen Repräsentationstheorie unterfüttern muss (eine Theorie, die den Gründervätern der Semiotik noch nicht zur Verfügung stand).[536]

[533] Es ist bezeichnend, dass einige Autoren, wie etwa Eco, diese Definition von ikonischen Zeichen als zu einfach ansehen und darauf bestehen, dass ikonische Zeichen kulturell kodiert sind. Aber dieser Vorschlag geht erneut nur um den Preis einer Zirkularität oder eines Verzichts auf Erläuterung durch, denn Kulturen können nur in geist-theoretischen und sozialen Begriffen beschrieben werden. Vgl. Sebeok (1999), 81–92.

[534] Vgl. Sebeok (1999), 31–33, 61–80.

[535] Vgl. Sebeok (1999), 33–37, 106–125.

[536] So ist es insbesondere auch erforderlich, die These von der Symbolverwendung bei nicht-humanen Tieren (genauer die These, dass es auch nicht-sprachliche Symbole gibt, und zwar sowohl bei Menschen als auch bei anderen Tieren) durch eine ausgearbeitete Theorie der vorsprachlichen Repräsentation zu untermauern (und nicht lediglich durch einige Hinweise von Biologen), wie sie heute beispielsweise in Gestalt der Teleosemantik zur Verfügung steht.

Wenn sich die modernen Semiotiker mit jenen Namen und Symbolen theoretisch auseinandersetzen, die zu natürlichen Sprachen gehören, dann diskutieren sie vor allem das Verhältnis der linguistischen zur semiotischen Theorie der Sprache. Diese theoretische Engführung, die jeden Blick auf moderne Semantik oder kognitive Psychologie ausblendet, ist vermutlich dem Erbe de Saussures geschuldet, der als weiterer Gründervater der Semiotik gilt. Denn de Saussures Sprachtheorie wird gewöhnlich als Linguistik betrachtet.

Zwei der wichtigsten sprachtheoretischen Grundlagen, die de Saussure vorgeschlagen hat, sind die Unterscheidung zwischen *parole* und *langue* sowie das Prinzip der Differenz. *Parole* ist nach de Saussure die Menge mündlich oder schriftlich gebrauchter sprachlicher Zeichen, *langue* hingegen ist das System der Phoneme, Morpheme, Wörter und Sätze einer natürlichen Sprache samt ihrer Formen und Kombinationsregeln. De Saussure betont, dass die *parole* an den Gebrauch einzelner Zeichen gebunden ist und das „Individuelle“ der Sprache ausmacht, während die *langue* den wesentlichen und sozialen Aspekt der Sprache ausmacht. Die *parole* besteht also aus sprachlichen *tokens,* die *langue* aus sprachlichen *types* samt ihrer syntaktischen und semantischen Regeln, die in einer Sprachgemeinschaft gelten. De Saussure plädiert entschieden für eine theoretische Privilegierung der *langue*, weil sie die Norm für alle Elemente der *parole* darstellt.

Oft wird behauptet, de Saussure habe an sprachlichen Zeichen Signifikant und Signifikat (Bezeichnendes und Bezeichnetes) unterschieden und die Arbitrarität des sprachlichen Zeichens betont. Genauer betrachtet scheint de Saussure jedoch auch den Referenten des Signifikanten von dessen Signifikat unterschieden zu haben. So ist für de Saussure nur die Verbindung zwischen Signifikant und Signifikat arbiträr, nicht aber die Verbindung zwischen Signifikant und Referent, die er als konventionell bezeichnet.[537] Und wie später Wittgenstein wendet sich de Saussure ausdrücklich gegen eine simplifizierende Auffassung von Sprache (das „augustinische

[537] Die Andeutung der absolut grundlegenden Unterscheidung zwischen Referenz und Bedeutung bei de Saussure wird häufig übersehen (vgl. jedoch z. B. Albrecht (2000), 129), nicht zuletzt weil de Saussures Sprachtheorie vor dem Hintergrund der Semiotik gesehen wird, die nicht zu einer klaren Unterscheidung zwischen Referenz und Bedeutung vorgestoßen ist. So ist diese Unterscheidung zum Beispiel weder im sogenannten semiotischen Dreieck Signifikant – Signifikat – Interpret noch in der späteren Differenzierung von Sender, Empfänger und Botschaft abgebildet. So kommt es, dass auch de Saussure meist als Theoretiker angesehen wird, der lediglich Signifikat und Signifikant unterschieden hat (vgl. z. B. die kurze Einleitung von Bernd Stiegler zum Abschnitt „Strukturalismus“ in Kimmich, Renner, Stiegler (Hrg.) (1996), 189–195 sowie viele weitere Darstellungen (etwa Jahraus (2004). S. 124 f.). Einige Autoren wie zum Beispiel Eco versuchen immerhin, eine Unterscheidung zwischen Referent und Signifikat einzuführen, scheinen allerdings das Signifikat mit Vorstellungsbildern zu identifizieren (was natürlich aus heutiger Sicht ein theoretischer Missgriff ist, vgl. Eco (1977), 28).

Modell", wie es Wittgenstein nennen sollte), das allein die Verbindung zwischen Signifikant und Referent in Rechnung stellt und aus dieser Verbindung die Bedeutung des Signifikanten (also das Signifikat) ableiten will. Wohlwollend interpretiert ist damit der Sache nach die Unterscheidung von Referenz und Bedeutung sprachlicher Zeichen berücksichtigt. Doch wird diese Unterscheidung bei de Saussure terminologisch nicht klar fixiert und erhält nicht das sprachtheoretische Gewicht, das ihr zusteht.

In diesem Zusammenhang spielt auch das *Prinzip der Differenz* eine entscheidende Rolle, denn es soll die theoretische Aufgabe übernehmen, die im simplifizierenden Sprachmodell von der Referenz ausgefüllt werden sollte – nämlich zu erklären, wie Bedeutungen (Signifikate) zustandekommen und worin sie bestehen. Die Formel *In der Sprache (langue) gibt es nur Differenzen (différences)*, die für de Saussure eine so grundlegende Rolle spielt, drückt den Gedanken des *Sprachholismus* aus – also die Idee, dass sich die Identität jedes einzelnen Zeichens einer natürlichen Sprache im wesentlichen aus seiner Differenz zu allen anderen Zeichen dieser Sprache ergibt. Das ist der entscheidende Grund dafür, dass die theoretische Untersuchung der Sprache sich nach de Saussure auf die *langue* und die Differenzen der Elemente der sprachlichen types konzentrieren sollte und ihre Referenz außer acht lassen kann. *Langue* als geschlossenes (d. h. von der Referenz separiertes) strukturelles System gilt als zentraler Gegenstand der Linguistik. Die bekannte Formel „Die Sprache ist eine Form und nicht eine Substanz"[538] bringt diese Ausrichtung schlagwortartig zur Geltung.

Das Prinzip der „Differenz" und die Auffassung von Sprache als Form wird freilich bei de Saussure beunruhigend ambivalent beschrieben. Denn es gibt verschiedenartige sprachliche Differenzen, von Lautdifferenzen über syntaktische Differenzen bis hin zu semantischen Differenzen, und entsprechend gibt es phonologische, syntaktische und semantische Sprachformen. Es ist nicht klar und scheint auch de Saussure selbst nicht völlig klar gewesen zu sein, in welchem Sinne der Sprachholismus, die Rede von der Sprache als Form und das Differenzprinzip gemeint sind. Diese Klärung ist jedoch für eine angemessene Theorie der Sprache und des sprachlichen Verstehens von grundlegender Bedeutung.[539] Von dieser Klärung hängt es letztlich auch ab, wie das Verhältnis der modernen Semiotik zur modernen Linguistik im generativen Paradigma einzuschätzen ist.[540]

[538] De Saussure (1967), 146.

[539] Zur Unterscheidung von semantischem Holismus, psychologischem Modus und syntaktischen Strukturen vgl. oben, Einleitung, Abschnitt 2, S. 36f.

[540] Sebeok (1999), 112 weist mit Recht darauf hin, dass die Linguistik im Sinne der generativen Grammatik wenig Notiz von der Semiotik genommen hat. Darüber hinaus hat auch die

Wenn sich die Semiotik der Sprache zuwendet, geht sie gewöhnlich davon aus, dass dafür die Unterscheidung zwischen nicht-sprachlichen und sprachlichen Zeichen grundlegend ist.[541] Doch besteht dabei die Gefahr, diese Unterscheidung zu trivialisieren. Wenn wir davon ausgehen, dass die meisten Menschen über grammatikalische und sprachliche Kompetenz verfügen und als Sprecher natürlicher Sprachen wissen, welche Zeichen zu einer natürlichen Sprache gehören, dann ist die Unterscheidung zwischen sprachlichen und nicht-sprachlichen Zeichen banal. Interessant wird es erst, wenn genauer bestimmt werden soll, was sprachliche Zeichen gegenüber nicht-sprachlichen Zeichen auszeichnet. Wenn man hier jedoch weiter kommen will, wird schnell klar, dass es auf einer grundlegenderen Ebene um eine angemessene, theoretisch gestützte Unterscheidung zwischen repräsentationalen und nicht-repräsentationalen Zeichen geht. Denn zwar sind alle sprachlichen Zeichen repräsentational (in dem Sinne, dass sie eine propositional fassbare Bedeutung haben), aber nicht alle repräsentationalen Zeichen sind sprachliche Zeichen. Diese Aspekte müssen ihrerseits die Grundlage für eine angemessene Theorie des Verstehens sein.

Wie bestimmt also die Semiotik die Besonderheiten sprachlicher Zeichen und folglich des Verstehens sprachlicher Zeichen? Der Vorschlag, der sich bei Peirce abzeichnet, scheint nicht über die traditionelle Theorie hinauszugehen. Sprachliche Zeichen sind Symbole und daher im Rahmen des *semiotischen Dreiecks* zu verorten, d. h. sie sind Laut- oder Schriftzeichen, die ein Signifikat (d. h. einen Inhalt, eine Bedeutung) und einen Referenten haben. Und die Beziehung zwischen Zeichen (als Form, also Laut oder Schrift) und seiner Bedeutung ist arbiträr und konventionell: einerseits kann aus der Form des Zeichens nicht auf seinen Inhalt geschlossen werden (und auch nicht umgekehrt aus dem Inhalt auf die Form), andererseits ist die Beziehung zwischen Form und Inhalt des Zeichens kulturell weitgehend stabil.[542] Eine Interpretation sprachlicher Zeichen muss von dem Erfassen ihrer Signifikate ausgehen und kann erst auf dieser Grundlage die Referenten ermitteln.

Diese Kennzeichnung sprachlicher Zeichen geht nicht nur nicht über die Einsichten der traditionellen Semantik und Hermeneutik hinaus, sondern fällt sogar hinter sie zurück. So finden wir bei Peirce zum Beispiel keinerlei

modernen Semantik keine theoretisch interessanten Verbindungen zur Semiotik feststellen können.

541 Vgl. z. B. Sebeok (1999), 107.

542 Einigen Peirce-Interpretationen zufolge geht Peirce nicht nur von einer Arbitrarität und Konventionalität, sondern auch von einer Art Assoziativität sprachlicher Zeichen aus, derzufolge Form und Inhalt eines Zeichens so gespeichert sind, dass die Form des Zeichens seinen Inhalt assoziiert und umgekehrt.

Hinweise auf Rationalitätsunterstellungen für Interpretationen sprachlicher Zeichen, auf den semantischen Holismus sprachlicher Zeichen oder auf eine Verknüpfung von Semantik und Hermeneutik mit der Theorie des Geistes.[543] Bei Peirce gibt es also keinen zusätzlichen theoretischen Aufschluss über sprachliche Zeichen (oder allgemeiner über repräsentationale Zeichen) und die Art ihrer Interpretation.

In modernen semiotischen Ansätzen scheint die Situation nur unwesentlich besser zu sein. Was man beispielsweise bei Sebeok zu sprachlichen Zeichen und Sprachen allgemein findet, geht von der bekannten (oben erwähnten) Formel bei Peirce aus, führt dann zu einer Reihe verschiedener semiotischer Dreiecke, die eine implizite Unterscheidung zwischen Referenz und Bedeutung enthalten, ohne sie auf hilfreiche Weise zu erläutern, und endet schließlich mit der These, dass sprachliche Zeichen die Konstruktion von Weltmodellen ermöglichen und insofern modellerzeugende Systeme sind, sowie dass natürliche Sprachen durch eine Syntax ausgezeichnet sind.[544] Der zweite dieser Hinweise ist sicherlich richtig, aber nicht neu, und der erste Hinweis ist falsch, weil es nachweislich die kognitive Fähigkeit der Konstruktion von (zum Teil irrealen) Weltmodellen und die daran anschließende Fähigkeit zur Metarepräsentation ist, die das Meistern natürlicher Sprachen und das Verstehen sprachlicher Symbole allererst ermöglichen (wie die kognitive Psychologie gezeigt hat).[545]

Wie unkritisch und unreflektiert Sebeok vorgeht, wird zum Beispiel daran ersichtlich, dass er das Dreiecksmodell von Ogden und Richards aus dem Jahre 1923, in dem sowohl die Referenz als auch die sogenannte Symbolisierung (die Weise, wie ein Zeichen mit seiner Bedeutung verknüpft ist) als kausale Relationen gekennzeichnet werden, ohne kritischen Kommentar auflistet. Das gilt auch für die Erwähnung des Modells von Shannon und Weaver, das ja ebenfalls exklusiv in Begriffen von Kausalität und Ereigniswahrscheinlichkeiten beschrieben werden kann.[546] Derartige Modelle können die Art von Repräsentationalität, die für semantische (propositionale) Gehalte von Gedanken, Äußerungen und Texten kennzeichnend ist, und die der spezifische Gegenstand von Interpretation und Verstehen ist, auf keine Weise theoretisch einholen und sind daher für eine angemessene Sprachtheorie und Theorie sprachlichen Verstehens unzulänglich. Es ist

[543] Zu den Rationalitätsunterstellungen der klassischen Hermeneutik vgl. z. B. die Hermeneutik Claubergs (siehe oben, Abschnitt 2.1), zum semantischen Holismus die Hermeneutik Schleiermachers (siehe oben, Abschnitt 3.1), und zur Verbindung zwischen Hermeneutik und Theorie des Geistes Dilthey (siehe oben, Abschnitt 3.2).

[544] Vgl. z. B. Sebeok (1999), 105–127.

[545] Vgl. z. B. Perner (1991).

[546] Vgl. Sebeok (1999), 119–120.

bezeichnend, dass Semiotiker diesen offensichtlichen Punkt nicht zu sehen vermögen.

Aufschlussreich ist in dieser Hinsicht auch ein Blick in gängige semiotische Lehrbücher, etwa Umberto Ecos Einführung in die Semiotik.[547] Eco beginnt mit der Darstellung des Shannon-Modells der Kommunikation, das auf naturalistische Weise den Informationsbegriff auf Ereigniswahrscheinlichkeit reduziert und die geistige Ebene überhaupt nicht ins Spiel bringt. Das Empfangen von Botschaften hat im Rahmen dieses Modells nichts mit Verstehen zu tun. Zwar beteuert Eco, dass die Semiotik über dieses Modell hinausgeht und insbesondere den Begriff des Sinnes von Zeichen nicht auf die Codierung im Sinne des Shannon-Modells reduzieren will, und so widmet Eco dem Begriff der Konnotation (also des Sinns in Freges Terminologie) ein ganzes Kapitel.[548] Doch enthält dieses Kapitel lediglich Unterscheidungen verschiedener Konnotationen, zum Beispiel Konnotation als Begriffsbedeutung, als ideologische Definition, als emotionale Konnotation, als Konnotation aus rhetorischen Figuren, oder als Konnotation durch Übersetzung in ein anderes semiotisches System. Worin sich Konnotationen von Denotationen (also Referenz) unterscheiden und inwiefern hier eine spezifisch geistige Ebene ins Spiel kommt, bleibt jedoch vollständig dunkel. Tatsächlich stellt Eco sogar ausdrücklich fest:

> „Die strenge Definition dieser Größen (u. a. *Signifikat (Bedeutung), Denotation, Konnotation)* ist eine so schwierige Aufgabe, dass man behaupten kann, dass weder die Linguistik, noch die Informationswissenschaften, noch die Semiotik im allgemeinen diese bis jetzt mit befriedigender Exaktheit definiert haben".[549]

Diese Aussage ist zwar richtig, was die genannten Disziplinen angeht, doch übergeht Eco jene Disziplinen, in denen eine Repräsentationstheorie ausgearbeitet worden ist, die eine befriedigende Terminologie bereitstellt (Psychologie und Philosophie). Die Vernachlässigung der fundamentalen Differenz zwischen nicht-repräsentationalen und repräsentationalen Zeichen und die fehlende Unterfütterung der Sprach- und Interpretationstheorie durch eine anspruchsvolle Repräsentationstheorie und Semantik haben dazu geführt, dass die Semiotik keine ernstzunehmende Konkurrentin mehr für die gegenwärtig führenden Sprachtheorien und Interpretationstheorien ist.

Wie tief die theoretische Konfusion reicht, mit der die Semiotik seit ihrer Entstehung bis heute belastet ist, zeigt sich vor allem auch an ihrem Anspruch, eine Grundlagendisziplin zu sein, die sich ganz allgemein mit der

[547] Eco (1988).
[548] „Die Welt des Sinns", ibid. 65–144.
[549] Eco (1988), 69.

Erschließung der Welt beschäftigt (in diesem Anspruch trifft sie sich mit der Philosophischen Hermeneutik). Es geht der Semiotik um die Bedingungen, unter denen die Realität zu etwas wird, das für uns verständlich ist. Diese theoretische Orientierung lässt sich der Semiotik zufolge am besten durch den Zeichenbegriff bündeln. Daher tritt die Semiotik als allgemeine Theorie der Zeichen auf und geht dabei von drei grundlegenden Annahmen aus:

(1) Alles, was verstanden werden kann, ist ein Zeichen.
(2) Es gibt einen einheitlichen Begriff des Zeichens, der die Praxis des Verstehens vollständig erklärt.
(3) Das Verstehen von Zeichen ist die Form, in der Menschen und andere Tiere sich die Welt erschließen.

Diese erkenntnistheoretische Dimension der Semiotik wird bereits von Peirce mit allem Nachdruck entwickelt: Zeichen haben eine grundlegende epistemische Funktion. Peirce definiert ein Zeichen auch als „something by knowing which we know something more."[550] Zeichen vermitteln uns Wissen, weil sie für etwas anderes *stehen*. Sie erlauben ihren Benutzern, Hypothesen über das zu bilden, was das Zeichen repräsentiert, bzw. auf was es referiert. Peirce versucht Kants Idee der „Vermitteltheit" oder „Bedingtheit" aller Erkenntnis durch seinen Zeichenbegriff zu verallgemeinern: Alle Erkenntnis ist durch Zeichen vermittelt. Wie bei Kant ergibt sich daher auch bei Peirce die Schwierigkeit, das Objekt als unabhängig von seinen möglichen Repräsentationen anzusehen und ihm zugleich jede Eigenständigkeit abzusprechen.[551]

[550] Peirce 1931–58, 8.332 zitiert nach Johansen, Larsen 2002.

[551] Peirce spricht oft so, als wäre das Objekt etwas Eigenständiges und Unabhängiges. So sagt er einmal im Zusammenhang mit einer Definition von Zeichen als „Mittel der Kommunikation": „Als *Mittel* steht das Zeichen wesentlich in einer triadischen Beziehung zu seinem Objekt, das es bestimmt, und zu seinem Interpretanten, den es bestimmt. In seiner Beziehung zu seinem Objekt ist das Zeichen *passiv*; das heißt, seine Übereinstimmung mit dem Objekt ist durch eine Wirkung auf das Zeichen hervorgebracht, wobei das Objekt unberührt bleibt. In seiner Beziehung zum Interpretanten, auf der anderen Seite, ist das Zeichen *aktiv*, indem es den Interpretanten determiniert, ohne selbst dabei berührt zu werden" (Peirce (1867–1893/1893–1913) II, 544). Peirce ist jedoch kein naiver Realist. Wir haben seiner Auffassung nach keinen unmittelbaren Zugang zu den Dingen dieser Welt. *Was* der Gegenstand eines Zeichens ist, ist ausschließlich im Interpretanten repräsentiert. Der Interpretant stellt in diesem Sinne eine Interpretation des Zeichens dar, eine Interpretation dazu, was das Zeichen bezeichnen soll. Die bereits erwähnte Unterscheidung des „dynamischen" und des „unmittelbaren Objektes" lässt sich nach Peirce für eine Lösung dieses erkenntnistheoretischen Problems verwenden: Auf der einen Seite ist das Objekt des Zeichens „ziemlich unabhängig vom Zeichen"; „yet we may and indeed must say that the object of a sign can be nothing but what that sign represents it to be. Therefore, in order to reconcile these apparently conflicting truths, it is indispensable to distinguish the *immediate* object from the *dynamical* object"

In diesem epistemologischen Rahmen versteht sich die Semiotik bis heute als grundlegende Untersuchung all dessen, was wir über die Welt wissen können. Dabei geht es unter anderem darum, einen allzu naiven epistemologischen Realismus zu bekämpfen. So bemerkt Sebeok:

„Semiotics is not about the „real" world at all, but about complementary or alternative actual models of it and – as Leibniz thought – about an infinite number of anthropologically conceivable possible worlds. Thus semiotics never reveals what the world is, but circumscribes what we can know about it; in other words, what a semiotic model depicts is not „reality" as such, but nature as unveiled by our method of questioning. It is the interplay between „the book of nature" and its human decipherer that is at issue."[552]

Niemand wird bestreiten wollen, dass in diesen Sätzen Probleme angeschnitten werden, die zu den unabweisbaren ewigen Fragen der Philosophie gehören. Doch ist erheblicher Zweifel daran angebracht, ob die Semiotik zur Beantwortung dieser Fragen etwas Substantielles beitragen kann. Der entscheidende Punkt ist hier, dass die epistemologische Aufgabe der Semiotik durch die allgemeine Zeichentheorie nicht befördert werden kann. Das heißt genauer, dass die Theorie nicht-repräsentationaler Zeichen, also natürlicher (etwa indexikalischer oder ikonischer) Zeichen für eine kantianische Untersuchung der Bedingungen unserer Erkenntnismöglichkeiten unerheblich ist. Denn nicht-repräsentationale Zeichen sind lediglich in kausale Relationen oder Ähnlichkeitsbeziehungen eingebunden. Es ist denn auch bezeichnend, dass bereits Peirce in seiner oben zitierten Bemerkung keineswegs davon spricht, dass Zeichen allgemein uns die Welt erschließen können. Vielmehr sagt er mit Bedacht, dass wir mehr wissen können aufgrund unseres Wissens von Zeichen, d. h. aufgrund einer hoch entwickelten Repräsentation nicht-repräsentationaler Zeichen. Ähnlich bestimmt auch Sebeok die grundlegende welterschließende Aufgabe der Semiotik unter Rekurs auf anthropologisch konzipierbare Weltmodelle, in denen die Entschlüsselung der Zeichen durch Menschen eine zentrale Rolle spielt. Auch nach Sebeok muss also die semiotisch angeleitete Welterschließung aus Zeichen notwendig auf zuverlässige menschliche Repräsentationen der Welt zurückgreifen. Aus der Perspektive dieser grundlegenden theoretischen Ambition der Semiotik

(Peirce (1867–1893/1893–1913) II, 477). Das „unmittelbare Objekt" ist das „Objekt, wie es repräsentiert wird", und das „dynamische Objekt" ist das „Objekt an sich" oder das „real wirksame" Objekt (Peirce (1985), 151, 155). In einem einzelnen Erkenntnisakt zu *erkennen* ist immer nur das unmittelbare Objekt, so wie es jeweils durch Zeichen in einem Interpretanten repräsentiert wird. Das dynamische Objekt kann durch kein Zeichen „ausgedrückt" werden, das Zeichen „kann es nur *indizieren* und es dem Interpreten überlassen, durch *Kontexterfahrung* (*collateral experience*) herauszufinden", was gemeint ist.

552 Sebeok (1999), 4.

müsste daher die Theorie repräsentationaler Zeichen die Grundlagentheorie der Semiotik bilden. Tatsächlich aber wird gerade diese Theorie in der Semiotik sträflich vernachlässigt und auf unterkomplexem Niveau behandelt.

Wenn die Semiotik ihre eigenen Ambitionen ernst nehmen will, sollte sie sich an die heute führenden Repräsentationstheorien, Semantiken und Interpretationstheorien anschließen, vor deren Hintergrund das Realismusproblem am besten und tiefsten diskutiert werden kann.[553] Stattdessen muss man bislang eine fast komplette Abschottung der Semiotik von diesen Ansätzen registrieren.

Auf der Grundlage dieser Überlegungen und Einschätzungen zur Semiotik kann abschließend auch ein kurzer Kommentar zu der schon bei Peirce formulierten und in vielen postmodernen Kontexten aufgenommenen These formuliert werden, dass die Welt aus Zeichen besteht und daher ein Text ist. Wenn damit auf natürliche Zeichen angespielt wird, ist diese These banal, sofern man annimmt, dass die Welt größtenteils aus kausal verbundenen Dingen oder Ereignissen besteht, die zuweilen gewisse Ähnlichkeiten miteinander aufweisen. Und sofern in dieser These auf repräsentationale Zeichen angespielt wird, ist die These eklatant falsch. Es wäre daher besser, diese These aus dem Arsenal der Semiotik zu streichen.

5.2. Strukturalismus

Wie bereits in der Einleitung bemerkt, konzentriert sich die vorliegende Studie auf Ansätze der allgemeinen Hermeneutik. Wenn im folgenden der Strukturalismus als Theorie der Literatur, also der – wie wir sagen können – literarische Strukturalismus, diskutiert wird,[554] dann deshalb, weil er zwei Aspekte des Verstehens stark gemacht hat, die auch für eine allgemeine moderne Hermeneutik wegweisend sind. Diese Aspekte waren allerdimgs in der Geschichte der Hermeneutik nicht unumstritten, denn es handelt sich um die Analyse sprachlicher Strukturen als einer zentralen Bedingung des Textverstehens und um die Wissenschaftlichkeit des Textverstehens.[555]

[553] Vgl. unten, Abschnitt 8.1–8.5, sowie Rückblick, Abschnitt 2.

[554] Zu den Spielarten des Strukturalismus in verschiedenen Disziplinen vgl. etwa Wahl (Hrg.) (1981). Ein informativer Überblick über Programm und historische Entwicklung des Strukturalimus wird in Selden (Hrg.) (1995), 33–253 („Structuralism: Its Rise, Influence, and Aftermath") geboten. Zur Entwicklung des Struktualismus in Deutschland vgl. neuerdings Müller, Lepper, Gardt (Hrg.) (2010).

[555] Da die Hermeneutik und Technik des Verstehens in der Zeit vor der Entstehung des Strukturalismus von den Strukturalisten als unwissenschaftlich eingeschätzt wurden, nahmen sie zuweilen eine anti-hermeneutische Attitüde ein.

Wir haben gesehen, wie der erste dieser Aspekte in Gestalt der grammatischen und rhetorischen Analyse von Texten im Verlauf der historischen Entwicklung der Hermeneutik allmählich zurückgedrängt wurde. Doch ist er nicht gänzlich aus dem Blick geraten. So hat zum Beispiel Schleiermachers Begriff der grammatischen Auslegung den Zugriff auf formale Strukturen von Texten bewahrt, ist jedoch umfassender angelegt, so dass das rein strukturelle Moment nicht mehr klar hervortritt.[556] Das hermeneutische Verdienst des literarischen Strukturalismus ist, dass er die Bedeutung der formalen Textanalyse für eine Theorie des Verstehens wieder deutlich herausgearbeitet hat.[557]

Die zweite hermeneutische Leistung des literarischen Strukturalismus ist eine neu formulierte und epistemologisch reflektierte Betonung der Wissenschaftlichkeit des strukturalistischen Textverstehens.[558] Die grundlegende Idee war, dass alle Wissenschaften in ihrem jeweiligen Gegenstandsbereich nicht lediglich mechanische Konglomerate, sondern strukturell geordnete einheitliche Systeme untersuchen und das Ziel haben, deren innere Strukturen ausfindig zu machen. Entsprechend sollten wissenschaftliche Theorien begriffliche Systeme darstellen, die in ein Netz interner Korrelationen eingebunden sind.

Einer der theoretischen Hintergründe des Strukturalismus ist de Saussures Linguistik. Bedeutsam für den Strukturalismus war de Saussures Unterscheidung zwischen *parole* und *langue*, aber auch sein Prinzip der Differenz.[559] De Saussure geht nicht vom Begriff der Struktur aus, scheint aber mit seinem Differenzprinzip der Sache nach vor allem semantische Strukturen im Blick gehabt zu haben. Für den Strukturalismus waren allerdings primär andere Arten von Textstrukturen relevant.[560]

Dieser Punkt wird deutlicher, wenn wir uns an einen zweiten theoretischen Hintergrund des Strukturalismus erinnern, nämlich an den Struk-

[556] Vgl. oben Abschnitt 3.1, S. 126 f.

[557] Die Hervorhebung des syntaktischen Aspekts (im scharfen Sinn der modernen Logik) im strukturalistischen Blickwinkel mag einseitig wirken. Meist wird darauf hingewiesen, dass der Strukturalismus auch einen semiotischen Hintergund hat und vor allem auch sogenannte semantische Strukturen untersucht (vgl. z. B. Köppe, Winko (2008), 47–50). Das ist sicherlich zutreffend und dürfte vor allem auf de Saussures unklaren Strukturbegriff zurückgehen. Aus moderner semantischer und geist-theoretischer Sicht ist die strukturalistische Vermengung von Syntax und Semantik und der Bezug auf eine problematische Hintergrundtheorie wie die Semiotik sehr unglücklich. Der aus heutiger Sicht entscheidende Gesichtspunkt (und die entscheidende hermeneutische Leistung) bleibt der Fokus des Strukturalismus auf die syntaktische Ebene (nicht nur die grammatische, sondern auch die poetische Syntax) und der Beitrag des Erfassens dieser syntaktischen Strukturen für das Verstehen von (poetischen) Texten.

[558] Vgl. dazu etwa Köppe, Winko (2008), 51 f.

[559] Vgl. dazu den vorhergehenden Abschnitt 4.1, S. 203 f.

[560] Zu de Saussures Linguistik als Hintergrund für den literarischen Strukturalismus und insbesondere den Ansatz von Jakobson vgl. Attridge (1995).

turalismus, der von Claude Lévi-Strauss anhand einer umfassenden Untersuchung vieler verschiedener Mythen entwickelt wurde. Eines der Resultate dieser Untersuchung war, dass die Mythen trotz ihrer enormen inhaltlichen Heterogenität gemeinsame Strukturen aufweisen. Sie können in einzelne Einheiten (Mytheme) aufgelöst und nach universellen Regeln (einer Art mythologischer Grammatik) wieder kombiniert werden. Ähnliches gilt nach Lévi-Strauss für den Totemismus und die Verwandtschaftssysteme in archaischen Stämmen. Lévi-Strauss selbst hat versucht, diese universellen Strukturen, etwa die Strukturen von Mythen, ihrerseits als einen Code aufzufassen, der gegenüber der buchstäblichen Bedeutung der einzelnen Mythen die tiefere Bedeutung als Botschaft aller Mythen anzeigt. Aber man kann diese Form des Strukturalismus auch so lesen, dass z. B. Mythen Strukturen aufweisen, die mit ihrer buchstäblichen Bedeutung nichts zu tun haben, weil sie auf einer ganz anderen und tieferen Ebene angesiedelt sind.

Diese Idee ist von den Formalisten auf die Analyse von Texten übertragen worden.[561] Der Formalismus als Frühform des Strukturalismus ist also an Strukturen von Texten als Mengen von Relationen zwischen Elementen interessiert, aber in der Weise, dass die Bedeutungen (die semantische Dimension) der Elemente irrelevant sein soll, weil die semantisch unterschiedlichen Elemente gegeneinander austauschbar sind. Wer in einem bestimmten Märchen zum Beispiel die Rolle des Helfers, des Gegenspielers oder des Helden spielt, und wie die Funktion des Konflikts oder des glücklichen Endes ausgefüllt wird, ist unerheblich. Der für eine Theorie des Verstehens entscheidende Punkt daran ist, dass diese Strukturen die Bedeutung der Elemente in einem konkreten Märchen nicht tangieren. Für den formalistischen Strukturalismus, der auch später noch betrieben wurde, besteht das Verstehen eines Textes primär im Erfassen und Klassifizieren seiner allgemeinen Strukturen, Relationenmengen und kombinatorischen Prinzipien. Diese Orientierung erinnert an das Erfassen der grammatischen Strukturen von Texten, das in den antiken Hermeneutiken noch als Teil des Textverstehens aufgefasst wurde, in der frühneuzeitlichen Theorie des Verstehens jedoch durch die striktere Unterscheidung von Grammatik und Hermeneutik aus der hermeneutischen Theorienbildung ausgelagert worden war.

Der nach-formalistische Strukturalismus hat zwar wie der Formalismus versucht, Strukturen von Texten in den Blick zu nehmen, die spezifisch literarisch oder poetisch sind, doch steht dahinter auch in diesem Fall eine allgemeinere Idee vom interpretierenden Textzugang. Ein prominen-

[561] Vgl. jedoch demgegenüber Genettes (verfehlte) Kennzeichnung des Strukturalismus, siehe oben Anm. 303.

tes Beispiel dafür ist die Poetik von Roman Jakobson, der oft als eigentlicher Begründer des literarischen Strukturalismus betrachtet wird.[562] Für Jakobson ist die Poetik ein Teilgebiet der Linguistik, und Linguistik ist seiner Auffassung nach die Wissenschaft von der Struktur der Sprache.[563] Dabei versteht Jakobson Linguistik als eine Theorie, die alle wichtigen Sprachfunktionen erfassen soll. Im Rahmen der verschiedenen Sprachfunktionen können dann unterschiedliche sprachliche Strukturen untersucht werden.

Jakobsons allgemeines Kommunikationsmodell enthält sechs Elemente: Ein *Sprecher* (1) übermittelt über einen *Kanal* (2) eine *Botschaft* (3) im Rahmen eines *Kontexts* (4) und in einem *Code* (5) an einen *Hörer* (6). Dieses Modell bringt offenbar die sechs bekannten Kernelemente der semiotischen Kommunikationstheorie ins Spiel.[564] Doch Jakobson ordnet diesen Elementen Formen von Sprachfunktionen in Gestalt von Sprechakten zu. Der Kontext (4) verweist auf die Referenz der Äußerung, d. h. auf den deskriptiven Sprechakt. Der Sprecher (1) ist mit dem expressiven (emotiven) Sprechakt, der Hörer (6) mit dem appellativen (konativen) Sprechakt verbunden.[565] Die Sprechakte sind Formen des psychologischen Modus einer Äußerung, der vom Sprecher mit seiner Äußerung verbunden wird und vom Hörer verstanden werden muss. Der wesentliche Punkt ist hier, dass das Verstehen des psychologischen Modus vom Verstehen des Gehalts oder der Bedeutung der Äußerung unterschieden werden soll. Es scheint bei Jakobson der Code (5) zu sein, der auf das Erfassen der Bedeutung der Äußerung verweisen soll – mit der spezifischen Nuance, dass diese Bedeutung auf bestimmte Weise vom Sprecher verschlüsselt (codiert) wird und vom Hörer entschlüsselt (decodiert) werden muss. Der Kanal (2) bezieht sich auf die – metasprachlich formulierte – Bemühung, den Kontakt zwischen Sprecher und Hörer zu prägen – beispielsweise den Kontakt herzustellen,

[562] Das ist einer der Gründe dafür, Jakobson als exemplarischen Vertreter des literarischen Strukturalismus zu behandeln. Zur Übersicht über die verschiedenen Schulen des literarischen Strukturalismus und deren wichtigster Vertreter vgl. Albrecht (2000). Als eine der Keimzellen des literarischen Strukturalismus gilt der Prager linguistische Zirkel, der sich im Oktober 1926 an der Prager Karls-Universität zum ersten Mal traf und zu dessen vier Gründungsmitgliedern Roman Jakobson gehörte. Jakobson hat in einem auf Tchechisch geschriebenen Papier von 1929 auch zum ersten Mal den Terminus „Strukturalismus“ für die Prager Bewegung verwendet (vgl. Dolezel (1995), bes. 37).

[563] Jakobson (1979), 84.

[564] Vgl. oben S. 199.

[565] Diese Zuordnung der drei wichtigsten Sprechakte, wie sie bei Bühler und später zum Beispiel bei Searle diskutiert werden, ist natürlich (allzu) schematisch, und sie ist zugleich ungenau. Denn eine *Äußerung* eines Sprechers (oder auch ein *Text* eines Autors) kann einen oder mehrere dieser Sprechakte realisieren, und einige Äußerungen realisieren primär oder gar exklusiv jeweils einen dieser Sprechakte.

aufrechtzuerhalten, zu verlängern, abzukürzen oder zu beenden (phatische Sprachfunktion nach Jakobson). Dabei wird zuweilen auch der Code thematisiert.

Diese fünf Elemente des Jakobsonschen Kommunikationsmodells artikulieren zweifellos wichtige Aspekte der Kommunikation und des Verstehens. Insbesondere betonen sie weit stärker als die hermeneutische und semiotische Tradition die sprachliche Funktion der Sprechakte, die für jede Theorie des Verstehens grundlegend sind. Doch haben die bisher genannten fünf Elemente nur insofern mit dem spezifischen Aspekt von Strukturen zu tun, als im Verfahren des Decodierens implizit semantische Strukturen erfasst werden müssen. Insoweit lässt sich in diesem Modell noch keine spezifisch strukturalistische Pointe und schon gar nicht eine revolutionäre Wende in der Auffassung des Verstehens von Äußerungen und Texten erkennen. Insbesondere perpetuiert Jakobsons Modell die semiotische Vernachlässigung der semantischen (repräsentationalen) Dimension von Kommunikation und Verstehen. Das wird zum Beispiel an der Kennzeichnung des Codes deutlich. Denn die Idee des Codes und der Decodierung wird bei Jakobson zu allgemein formuliert, um das Erfassen der semantischen Gehalte trennscharf kennzeichnen zu können. Nicht nur die Bedeutung einer Äußerung muss nämlich vom Hörer decodiert werden, sondern auch ihr psychologischer Modus. Darüber hinaus ist die Idee des Verstehens als eines Decodierens nur dann angemessen, wenn der Code auf ein *Verfahren* der Entschlüsselung verweist. Die Decodierung ist unter diesem Aspekt metasprachlich (also auch metarepräsentational), denn sie wird formuliert als sprachliche Äußerung über die zu decodierende Äußerung. In Jakobsons Terminologie liegt hier eine metalinguale Sprachfunktion vor. Doch erläutert Jakobson weder die semantische Dimension des Codes noch die Methode des Decodierens genauer. Wir erhalten weder in der traditionellen Semiotik noch bei Jakobson einen präziseren theoretischen Aufschluss über das, was kommuniziert und verstanden werden kann, geschweige denn über die Methode des Encodierens und Decodierens sprachlicher Einheiten.

Es bleibt noch das Element der Botschaft (3) in Jakobsons Kommunikationsmodell zu besprechen. Es ist dieses Element, an das Jakobson die *poetische Sprachfunktion* ankoppelt, die jedoch bei Jakobson nicht mehr ein Element der allgemeinen Theorie der Textanalyse und Kommunikation ist.[566]

Niemand hat so deutlich zum Ausdruck gebracht, dass der Strukturalismus keine einheitliche theoretische Gestalt hat, sondern eher eine Tätigkeit

[566] Vgl. dazu genauer unten, Kap. 9, insbesondere Abschnitt 9.4 zum Verstehen poetischer Strukturen.

als eine Doktrin ist, wie Roland Barthes. Gegenüber Jakobsons literarischem Strukturalismus mit seinem Fokus auf poetische Strukturen geht Barthes von einem allgemeineren Verständnis von Strukturalismus aus. Die strukturalistische Tätigkeit besteht nach Barthes im Kern darin, „ein ‚Objekt' derart zu rekonstituieren, dass in dieser *Rekonstitution* zutage tritt, nach welchen Regeln es funktioniert (welches seine ‚Funktionen' sind)."[567] Zerlegung und Arrangement sind daher die beiden fundamentalen Operationen der strukturalistischen Tätigkeit.[568] Dabei knüpft Barthes ausdrücklich an de Saussures linguistische Grundgedanken an. Insbesondere teilt er de Saussures einseitige Prämisse, dass ein angemessenes Verständnis von Sprache von ihrer referentiellen Funktion gänzlich absehen kann. Die Auffassung, Sprache beruhe wesentlich auf Referenz, bezeichnet Barthes als eine Naturalisierung der Sprache, gegen die er sich immer wieder kritisch gewendet hat. Auf der anderen Seite verallgemeinert Barthes den Grundgedanken des Strukturalismus so radikal, dass die Gefahr zunehmender Verschwommenheit nicht von der Hand zu weisen ist. Ob es sich um funktionale Strukturen in Gesellschaften oder poetische Strukturen in Märchen, um Formen musikalischer Komposition oder Arten sprachlicher Syntax, um Gestalten archäologischer Monumente oder um phonetische Formen handelt, stets sieht Barthes Strukturen realisiert, die der Strukturalist durch Analyse und Synthese produktiv und schöpferisch so nachvollzieht, dass seine Rekonstitution zusätzliche Einsichten gewährt. Und Barthes sieht offensichtlich auch keine Probleme, statt von Strukturen von Funktionen oder von Regeln zu reden und sogar zu behaupten, dass die strukturelle Rekonstruktion ihren Gegenständen eine zusätzliche Bedeutung verleiht.

Diese radikale Allgemeinheit der Beschreibung strukturalistischer Tätigkeiten birgt zwar die Gefahr in sich, dass die wichtige Unterscheidung zwischen semantischen, syntaktischen und poetischen (allgemeiner: künstlerischen und ästhetischen) Strukturen verlorengeht, sie weist bei Barthes jedoch andererseits auch eine interessante Pointe auf. Insofern nämlich diese Tätigkeiten gerade aufgrund strukturalistischer Analysen unterschiedliche Bedeutungen ihrer Untersuchungsobjekte enthüllen können, eröffnen sie die Möglichkeit, nicht nur Texte und mentale Zustände, sondern viele weitere kulturelle Gegenstände mit verstehbaren Bedeutungen verknüpft zu sehen – etwa Bilder, Werbung (in bildlicher und sprachlicher Form), Mode, Handlungen, Konventionen, Rituale und andere kulturelle Praktiken.[569]

[567] Vgl. zum Folgenden vor allem Barthes (1966).

[568] Diese Beschreibung erinnert in ihrer Allgemeinheit an die Universalität der analytisch-synthetischen Methode, die seit Aristoteles über zwei Jahrtausende hinweg das methodologische Denken Europas beherrscht hat.

[569] Als Kulturkritiker hat Barthes die strukturalistische Methode auf viele verschiedene

Diese Erweiterung des Blicks über Sprache und Texte hinaus auf andere Gegenstände mit semantischer Dimension ist ein wichtiger theoriestrategischer Fortschritt, der – in einem neuen systematischen Rahmen – an Einsichten von Dilthey und Weber anknüpft.[570]

Auch hat Barthes als einer der ersten Sprachtheoretiker darauf hingewiesen, dass die unhintergehbare Mehrdeutigkeit von Texten ihrer Intertextualität geschuldet ist. Auch dies ist eine wichtige Einsicht, die in den späteren intertextuellen Literaturtheorien in den Mittelpunkt des Interesses gestellt wurde. Barthes unterscheidet in diesem Zusammenhang zwischen Werk und Text. Das Werk verstehen wir als Produkt des Autors, den Text dagegen verstehen wir im Kontext anderer Texte – von Texten, die zum größten Teil von vielen verschiedenen Autoren verfasst wurden. Aus dieser intertextuellen Ambiguität folgt im übrigen keineswegs eine Beliebigkeit der Interpretationen, denn im Rahmen jeder einzelnen Interpretation können die wissenschaftlichen Kriterien für angemessene Interpretationen voll in Kraft bleiben.

Barthes hat entschieden dafür plädiert, auch im Falle von Texten die Kategorie des Sinns durch die Kategorie der Funktionalität sprachlicher Zeichen zu ersetzen – eine Funktionalität, die nur in der strukturalistischen Analyse zutage trete. Natürlich bleibt Barthes nicht bei diesen allgemeinen Plädoyers auf der einen Seite und konkreten Analysen spezieller Texte und anderer kultureller Gegenstände auf der anderen Seite stehen. Er entwirft vielmehr im theoretischen Raum zwischen diesen beiden Aspekten detaillierte strukturalistische Theorien.[571]

Wenn wir auf Jakobson und Barthes als zwei Hauptvertretern des Strukturalismus zurückblicken, so fällt auf, dass der Strukturalismus sich offiziell als ein Zugang zu Texten präsentiert, der sowohl von der Referenz als auch vom verstehbaren Sinn (der Bedeutung) von Texten und anderen kulturellen Entitäten abzusehen trachtet und sich ganz auf ihre vielfältigen Strukturen konzentriert. Aber wenn man sich Jakobsons und Barthes Einzelanalysen

einzelne kulturelle Elemente angewendet und dabei zum Teil auch die ideologischen Aspekte zu enthüllen versucht, die einige dieser Elemente transportieren. Vgl. z. B. die Artikel in Barthes (1964).

570 Wenn man sich einzelne strukturalistische Analysen im Bereich der Kulturkritik ansieht, die Barthes vorgelegt hat, gewinnt man freilich den Eindruck, dass die Strukturen, die Barthes aufdeckt, überwiegend semantische Strukturen und Mehrdeutigkeiten sind. Von Syntax, Grammatik und linguistischer Tiefengrammatik ist wenig zu entdecken. Auch in diesem Fokus auf semantische Strukturen folgt Barthes, wie es scheint, den Arbeiten de Saussures.

571 Ein Beispiel dafür ist seine strukturalistische Analyse der Narration, in der er drei Ebenen unterscheidet: die Narration selbst (mit ihrem kommunikativen und situativen Aspekt) auf der höchsten Ebene, darunter (interessanterweise) die Handlungen, und auf der untersten Ebene die Funktionen (kardinale und katalytische Funktionen) sowie Indizes (bezogen z. B. auf Charaktere, Gefühle, Atmosphäre, Lokalisation in Raum und Zeit).

ansieht, kann man den Eindruck gewinnen, dass diese Beschreibung eine Übertreibung ist. Zweifellos weisen Zeichen, und insbesondere sprachliche Zeichen, innerhalb bestimmter kultureller Kontexte verschiedene Funktionen auf, die sich nicht unbedingt einer Interpretation der buchstäblichen Bedeutungen erschließen. Aber die Analyse dieser Funktionen setzt gewöhnlich ein Verstehen und Rekonstruieren der buchstäblichen Bedeutungen (des buchstäblichen Sinns) voraus oder ist gar ein Bestandteil der funktionalen Analyse. Letztlich muss es immer um das Erfassen von Bedeutungen der Texte im Rahmen sprachlicher Strukturen gehen. Der Strukturalismus betont lediglich – dies allerdings mit vollem Recht –, dass die Bedeutungen von Texten nicht von ihren speziellen Strukturen und ihren Beziehungen zu anderen Texten unabhängig sind und dass Textbedeutungen daher gewöhnlich weder eindeutig noch objektiv sind.

Ein besonders wichtiger Aspekt, den der Strukturalismus wohl zum ersten Mal ausdrücklich herausgearbeitet hat, ist der Hinweis auf die Interaktion zwischen sprachlichen Strukturen und semantischen Gehalten von sprachlichen Einheiten. Allerdings wird diese Interaktion im Strukturalismus noch in den traditionellen Begriffen von Form und Inhalt diskutiert. Auf dieser Grundlage kann die Interaktion zwischen dem, was man sprachliche Strukturen nennt, und der semantischen Dimension von Sprache nicht wirklich begriffen werden. Wir haben jedoch gesehen, dass in vielen konkreten strukturalistischen Analysen ein semantischer Aspekt sprachlicher Strukturen selbst zum Vorschein kommt. Das gilt für viele Analysen von Roland Barthes, aber implizit auch für jene strikten Strukturen, die von den Formalisten oder von Strukturalisten wie Genette diskutiert werden.[572] In jedem Fall hat der Strukturalismus einer angemessenen Theorie der Kommunikation und des Verstehens die wichtige theoretische Aufgabe mitgegeben, das Verhältnis zwischen sprachlichen Strukturen und semantischen Gehalten genauer zu klären.[573]

5.3. Diskursanalyse und Verstehen

Foucaults Konzept der Diskursanalyse wird meist als eigenständige Variante einer postmodernen Theorie des Textzugangs betrachtet. Freilich

[572] Vgl. dazu als Beispiele die Analysen des Verstehens poetischer Strukturen unten, Abschnitt 9.4, und insbesonere des Verstehens von Metaphern in Abschnitt 9.5.

[573] Zweifellos ist – historisch gesehen – der Strukturalismus als anti-hermeneutische Position angetreten, die zugleich die Textinterpretation zu einer objektiven Wissenschaft machen wollte (vgl. dazu z. B. Jahraus (2004), 269 ff.). Aber diese Positionierung war hauptsächlich dem falschen Eindruck geschuldet, dass die klassische Hermeneutik sich auf sub-

wird dabei selten ein klarer Diskursbegriff verwendet. Diskurse gelten als „Komplexe bestimmter Redeweisen und ihrer instutitionellen Bedingungen",[574] aber wie diese diskursiven Redeweisen nach Foucault spezifisch bestimmt werden, bleibt fast immer dunkel. Eine der wichtigsten Besonderheiten des diskursanalytischen Zugangs zu Texten wird darin gesehen, dass Foucault die Mystifizierung des Subjekts attackiert und sich damit angeblich gegen die romantische Hermeneutik wendet. Der Sinn einer Aussage ist demnach für Foucault nicht definiert durch die in ihr enthaltenen Intentionen, sondern durch ihre Position in einer Diskursformation, die durch das Verfahren der Diskursanalyse ermittelt werden kann.[575] Es ist die diskursive Praxis eines bestimmten Kontextes, die darüber bestimmt, was in einem Text zum Vorschein kommt und was verborgen bleibt. Außerhalb des diskursiven und damit auch historischen Kontextes gibt es keinen eindeutigen oder ursprünglichen Sinn von Texten. Insbesondere vermag deshalb auch die Intention des Autors einen von ihm produzierten Text nicht mit einer eindeutigen Semantik auszustatten. Der von Foucault proklamierte *Tod des Subjekts* beruht auf der These, dass Texte wie Monumente und nicht wie Dokumente behandelt werden sollten. Monumente sind, wie die Archäologie zeigt, im Gegensatz zu Dokumenten dadurch ausgezeichnet, dass sie ohne Rücksicht auf die Intentionen ihrer (meist unbekannten) Produzenten analysiert werden können und müssen. Foucault spricht daher in diesem Zusammenhang auch von einer Archäologie des Wissens. Tatsächlich wird in der diskursanalytisch orientierten Theorie des Textzuganges die Vorstellung vom einzelnen Werk als einer Ganzheit und einem konsistenten Zusammenhang sowie die Zuordnung des Werkes zum Autor zurückgewiesen.[576] Damit verlieren auch Gesichtspunkte wie Autonomie, Kreativität und Originalität von Texten und Autoren erheblich an Gewicht. Der Autorenintentionalismus und das Modell vom Verstehen als Lesen des Geistes werden aufgegeben.

jektive assoziative Einfühlung als Interpretationsverfahren konzentriert (so auch die richtige Einschätzung von Tepe (2007), Buch 2, Kap. 15). Viele Literaturtheoretiker sehen bis heute strukturalistische und interpretatorische Textzugänge als exklusive Alternativen (z. B. Frank (1990)); einige versuchen aber auch, zwischen beiden Verfahren eine Brücke zu schlagen. Wenn man dabei allerdings unklare Begriffe verwendet und zum Beispiel weder zwischen Referenz und Bedeutung noch zwischen verschiedenen Arten von Textstrukturen unterscheidet, sind diese Versuche nicht hilfreich (ein abschreckendes Beispiel findet sich bei Jahraus (2004). Kap.13).

[574] Vgl. z. B. die Bemerkung von Kimmich in: Kimmich, Renner, Stiegler (Hrg.) (1996), 226.

[575] Vgl. z. B. Kammler (2005), 32.

[576] In seinem Artikel „Was ist ein Autor?" (vgl. Foucault (1996)) betreibt Foucault den Tod des Autors dadurch, dass er den Autor in (vier verschiedene) Diskurse über den Autor auflöst und zugleich bereits die Fruchtbarkeit der Unterstellung einer Einheit des Werkes bezweifelt.

Eines der wichtigen theoretischen Motive, das Foucault in seine Einschätzung des Umgangs mit Texten einbringt, wird in den gängigen Darstellungen seltener erwähnt. Es handelt sich um den machtanalytischen Hintergrund der Diskurstheorie und die These von der intrinsischen Verknüpfung von Wissen, diskursiven Formationen und Macht.[577] Diese These hat bei vielen Anhängern Foucaults zu der Überzeugung geführt, dass alle oder doch die meisten Diskurse subtile Unterdrückungsmechanismen sind.

Unter archäologischen Gesichtspunkten (im Foucaultschen Sinne) untersucht die *Diskurstheorie* die Formen und Regeln der historischen Entstehung und Entwicklung von Erkenntnisfeldern. Dies gilt insbesondere auch von der Hermeneutik als Erkenntnisfeld. Auch aus dieser wissenschaftstheoretischen und wissenschaftshistorischen Perspektive lässt sich nach Foucault geltend machen, dass es „die" Hermeneutik nicht gibt, sondern dass historische Formen des Textverstehens stets nur im Rahmen historischer Formen von diskursiven Praktiken auftreten. Und wenn man bedenkt, dass nach Foucault die unterschiedlichen Erkenntnisfelder der Humanwissenschaften selbst erst innerhalb diskursiver Praktiken geschaffen und geprägt werden, kann man zusätzlich behaupten, dass es auch „die" Texte nicht gibt, sondern jeweils nur historische Formen von Texten innerhalb von bestimmten Diskursformationen. Foucaults Diskurstheorie scheint daher auf den ersten Blick die Zweifel an universellen Bedeutungen und Strukturen von Texten und auch am Projekt einer allgemeinen Hermeneutik substantiell zu untermauern.[578] Doch dieser Eindruck täuscht.

Stellen wir zunächst noch einmal klar, dass es mit dem Autorenintentionalismus und der Unterstellung einer grundsätzlichen semantischen Stabilität vereinbar bleibt, dass Texte im Zuge einer Interpretation von ihrer Bindung an die Intentionen ihrer Produzenten gelöst werden.[579] Zur Begründung dieses Hinweises reicht als Grundlage im wesentlichen bereits der semantische Holismus, wie ihn die traditionelle Hermeneutik ins Auge gefasst hatte. Wenn der frühe Foucault und viele seiner Interpreten behaupten, dass der Verzicht auf das Erfassen der Autorenintention und der Tod des Subjekts gleichbedeutend sind mit der Negation der Interpretation und der Notwendigkeit einer konsequenten anti-hermeneutische Strategie, dann ist das eine extravagante These, die einer genaueren Prüfung nicht standhält. Der semantische Holismus begründet die Möglichkeit, davon zu reden,

[577] Vgl. jedoch den Hinweis von Kimmich in: Kimmich, Renner, Stiegler (Hrg.) (1996), 229f.

[578] Es wird allgemein anerkannt, dass der New Historicism als neuere amerikanische Bewegung der Interpretation von Literatur insbesondere an die diskurstheoretisch orientierte Literaturwissenschaft anknüpft, vgl. z. B. Greenblatt (1991); Veeser (Hrg.) (1994).

[579] Vgl. unten, Abschnitt 8.5, S. 386f.

dass die Bedeutung von Texten im semantischen Zusammenhang mit vielen anderen und auch mit vielen verschiedenen Texten rekonstruiert werden kann. Der interpretierte Text gewinnt daher je nach dem intertextuellen Kontext, der zu seiner Interpretation herangezogen wird, eine unterschiedliche Bedeutung. Aber diese Bedeutungen sind tatsächlich unterschiedlich, d.h. in ihrer Unterschiedlichkeit natürlich auch notwendigerweise semantisch stabil; andernfalls könnten wir nicht einmal diese Unterschiedlichkeit konstatieren. Der Tod des Subjekts und die Ablösung der Textinterpretation vom Erfassen der Intentionen und Überzeugungen des Autors berühren die grundlegende Funktion hermeneutischer Zugänge zu Texten in keiner Weise. Das von der traditionellen Hermeneutik identifizierte und theoretisch erläuterte Verfahren der Interpretation bleibt auch für diesen Fall intakt. Dies gilt übrigens auch für den strukturalistischen Zugang, denn was für semantische Stabilität und Flexibilität gilt, ist auch für strukturelle Stabilität und Flexibilität zutreffend.

Aus dieser Perspektive wird klar, dass die traditionelle Hermeneutik problemlos eine der beiden wichtigsten Varianten der *Intertextualitätstheorie* auffangen kann, nämlich jener Variante, die davon ausgeht, dass jeder Text intendierte und markierte Verweise auf andere Texte enthält, denen die Textinterpretation nachzugehen hat, und dass dadurch jeder einzelne Text in der Interpretation in eine Reihe anderer Texte eingebettet wird.[580] Die zweite, angeblich radikalere Variante der Intertextualitätstheorie ist dadurch ausgezeichnet, dass sie auch die Gesellschaft als Text auffasst und insofern Literatur und Gesellschaft zusammendenken möchte. Der sogenannte Intertext ist dann der Rahmen, in den ein einzelner Text eingebettet ist und zu dem sowohl literarische als auch gesellschaftliche Texte gehören.[581] Dieser Ansatz wurde unter anderem durch die semiotische Idee motiviert, dass alles, was uns gegeben ist (also z. B auch die Gesellschaft), die Form von Zeichensystemen aufweist. Aus der Sicht der modernen Theorie des Geistes beruht diese zweite Variante der Intertextualitätstheorie allerdings auf einer schlichten Konfusion. Daraus, dass nahezu alles, was uns in der Welt entgegentritt, sprachlich beschreibbar ist und uns insofern mittels sprachlicher Zeichen epistemisch zugänglich wird, folgt natürlich nicht, dass alles, was uns in der Welt entgegentritt, selbst eine Reihe sprachlicher Zeichen (ein Text) ist. Texte oder allgemeiner Zeichen (wenn es sich

[580] Für diese Variante stehen u.a. Gerard Genette und Karlheinz Stierle, vgl. z.B. Stierle (1996a).

[581] Diese Variante ist vor allem von Julia Kristeva entwickelt worden und von der französischen Tel Quel-Gruppe (der auch Derrida angehörte) aufgenommen worden (vgl. dazu den bekannten grundlegenden Aufsatz Kristeva (1996), in dem Kristeva erstmals den Begriff „Intertextualität" prägte.

nicht nur um natürliche Zeichen wie etwa Bärenspuren als Zeichen für die Anwesenheit von Bären handelt) sind stets repräsentational, aber nicht alle, sondern vergleichsweise wenige Dinge in der Welt sind repräsentational.

Kommen wir jetzt zum machtanalytischen Aspekt der Diskursanalyse.[582] Foucault siedelt die Analytik der Macht in der Tat auf sehr fundamentalen Ebenen an. Die fundamentalste dieser Ebenen besteht aus einer Vielzahl von individuellen Kräfteverhältnissen oder lokalen Machtrelationen. Foucault ist nicht daran interessiert zu untersuchen, welche Individuen auf andere Individuen Macht ausüben, oder welche sozialen Gruppen und Klassen Macht auf andere soziale Gruppen und Klassen ausüben. Vielmehr möchte er so präzise wie möglich beschreiben, welche Formen oder Strukturen bestimmte Machtrelationen in bestimmten historischen Situationen annehmen – und zwar unabhängig davon, in welcher Weise diese Formen von den Individuen abhängen, zwischen denen die Machtrelationen bestehen.[583]

Die *Machtanalytik* hat lediglich narrative Ambitionen. Sie möchte beschreiben und erzählen, welche Verschiebungen marginaler oder dramatischer Art sich historisch zugetragen haben. Darüber hinaus erhebt die Analytik der Macht keinerlei explanatorische Ansprüche. Ihrer narrativen Bescheidenheit entspricht vielmehr die Überzeugung, dass das Spiel der Machtformen kontingent und daher auch nicht erklärbar ist. Insbesondere hält Foucault weder intentionale noch funktionale (also systemtheoretische) Erklärungsmuster für angemessen. Allianzdispositiv und Sexualdispositiv sind gute Beispiele globaler (struktureller) Machtbeziehungen. Es sind in der Tat keine Systeme, deren Entwicklung systemtheoretisch zu beschreiben wäre, sondern es handelt sich um globale Strukturen, in die sich spezifische Machtformen „einfügen". Ihre Entstehung wird nicht kausal erklärt; stattdessen wird ihre Struktur beschrieben und die Geschichte ihrer kontingenten Verschiebungen, Brüche und Spannungen erzählt. Alle Machtformen und Machtstrategien sind zwar ontologisch auf instanziierende Individuen verwiesen, diese Individuen bleiben jedoch für die Machtanalytik theoretisch gleichgültig, weil ihre konkreten Eigenschaften weder narrativ noch explanatorisch eine systematische Rolle spielen. Aus dieser Perspektive lässt sich die These, dass die Macht nicht an Subjekte und nicht einmal an Individuen gebunden ist, auch in der Weise reformulieren, dass die Macht in der Machtanalytik so traktiert werden kann, als wäre sie nicht an Subjekte gebunden. Es handelt sich daher hier nicht um einen ontologischen, sondern nur um einen explanatorischen Tod des Subjekts.

[582] Vgl. zum Folgenden Detel (2005), Kap. 1.
[583] Foucault (1983), 115, 114.

Diese Idee gilt uneingeschränkt auch für Diskursformationen. Wenn man sich die Diskurstheorie Foucaults nüchtern ansieht, so wird klar, dass sich von dieser Theorie her zwar ein interessanter neuer Blick auf viele Texte ergibt, dass sich daraus jedoch kein radikal anti-hermeneutischer Umgang mit Texten ableiten lässt. Wenn wir der These vom Tod des Subjekts eine explanatorische Wende geben und sie von allen ontologischen Konnotationen befreien, können wir nämlich auch den Status und das Verhältnis von Diskursanalyse, Diskursen und Diskursformationen auf eine ontologisch harmlose Weise interpretieren. *Diskurse* sind Redeweisen, die in bestimmten historischen Kontexten verbreitet sind und deren Beschreibungen einige typische Fragen zu beantworten versuchen, etwa

- von welcher Art von Dingen gesprochen wird;
- mit welcher Art von Prädikaten über Dinge gesprochen wird;
- welche Arten von Sätzen mit Wahrheitswerten belegt werden;
- welche Machtformen mit den Sprachformen intrinsisch verbunden sind;
- welche Wissensformen und Rationalitätsstandards verwendet werden;
- welche Art des Selbstverhältnisses mit dieser Sprachpraxis verbunden ist;
- in welche globalen Machtdispositive sich die Sprachpraxis strukturell einordnet; und
- welche Vorstellungen vom guten Leben im Spiel sind.[584]

Es sind diese und ähnliche Fragen, die die Blickrichtung der *Diskursanalyse* bestimmen. Es handelt sich um eine Analyse, deren Fragestellungen die Suche nach großen intelligiblen historischen Strukturen leiten, von der Foucaults wissenschaftshistorisches Programm bestimmt ist. Die Diskursanalyse ist das methodische Instrument, mit dem Foucault sich auf die Suche nach den großen historischen Strukturen macht. Und der Gegenstand dieser Analyse sind historisch vorfindbare Texte, also überlieferte Formen praktizierter Rede, die natürlich von menschlichen Individuen produziert und tradiert worden sind. In einer ersten Annäherung könnte man sagen, dass *Diskurse* im technischen Foucaultschen Sinne Formen praktizierter Sprache sind, die unter einem bestimmten Prädikat oder unter

[584] Man gewinnt häufig den Eindruck, dass Foucault den Diskursbegriff trivialisieren möchte – vielleicht um die Diskursanalyse nicht von vornherein unnötig einzuschränken. „Die Diskurse über den Sex“ z. B. vermehren oder verändern sich in bestimmten Zeiten (z. B. im 19. Jahrhundert), wie es bei Foucault heißt, und in dieser Redeweise scheinen Diskurse nicht viel mehr zu sein als Formen praktizierter Sprache. Aber die *Analyse* der Diskurse bringt diese Formen praktizierter Sprache unter Prädikate und Beschreibungen, die eine reiche Struktur aufweisen – z. B. „Geständnisritual“ oder *scientia sexualis*.

einer bestimmten Beschreibung betrachtet werden – etwa Formen praktizierter Sprache, insofern auf sie die Beschreibung „Geständnisritual“ oder *scientia sexualis* zutrifft. Diese Beschreibung wird aber erst durch die Diskursanalyse ausgearbeitet.

Formen praktizierter Sprache können offensichtlich unter den verschiedensten Aspekten analysiert werden – z. B. unter syntaktischen, semantischen, grammatischen, logischen oder pragmatischen Aspekten. Diese verschiedenen Formen der Analyse subsumieren historische Formen praktizierter Sprache unter eine bestimmte Beschreibung. In derselben Weise versucht die Foucaultsche Diskursanalyse bestimmte historische Formen praktizierter Sprache unter bestimmten Arten von Aspekten zu analysieren. Insofern also bestimmte historisch überlieferte Äußerungen oder Texte diese Liste von Fragen zu beantworten gestatten, werden sie im Rahmen der Diskursanalyse als Diskurse betrachtet. Auf diese Weise entpuppt sich die Foucaultsche Diskursanalyse als eine spezifische Analyse praktizierter Sprache, die durch ihre Analyse bestimmte historisch spezifische Diskurse untersucht und damit zugleich allererst konstituiert. Die Diskurse sind daher nichts weiter als Bündel abstrakter Eigenschaften von Formen praktizierter Rede – Eigenschaftsbündel, die sich freilich im Kontext einer fruchtbaren Diskursanalyse zu größeren einheitlichen Strukturen formieren lassen, die Foucault *Diskursformationen* nennt. Die Diskursformationen repräsentieren, trotz der Kontingenz ihrer Verschiebungen und inneren Strukturen, einen der wichtigsten *intelligiblen* Aspekte, die sich der Foucaultschen Analytik erschließen.

Die Diskursanalyse setzt jedoch offensichtlich eine angemessene semantische Interpretation praktizierter und verschriftlichter Rede voraus. Foucault könnte die großen kontingenten historischen Strukturen, etwa die Diskursformation der Renaissance oder das Sexualdispositiv, in historischen Texten nicht entdecken, wenn er diese Texte nicht zunächst angemessen verstanden hätte. Dasselbe gilt für jene linguistischen Gebilde, die Foucault *énoncés* nennt, die weder Sätze noch Propositionen im gewöhnlichen Sinne sind, sondern historisch formulierte Sätze, insofern sie unter einem der genannten Aspekte betrachtet werden – und zwar im Rahmen der diskursanalytischen Interpretation. So wie nämlich die Diskursanalyse erst eine verbreitete praktizierte Redeweise *im ganzen* als Diskurs herausstellt, so stellt sie *an* dieser Redeweise auch erst die *énoncés* heraus. Dazu müssen aber auch die *énoncés* vorgängig angemessen interpretiert werden, und zwar in einem handfesten buchstäblichen und historischen Sinn. Genauer formuliert sind beide Ebenen eng aufeinander bezogen: die Herausstellung der *énoncés* und ihrer Ordnungen bedeutet nichts anderes als das Herausarbeiten bestimmter Diskurse.

Die Diskursanalyse achtet insbesondere auf große, kontingente Brüche oder Transformationen – also auf Formen praktizierter Sprache, die plötzlich von einer neuen Art von Dingen mit einer neuen Art von Prädikaten sprechen und mit neuen Formen der Macht verbunden sind, die ferner neue Wissensformen und Rationalitätsstandards verwenden und eine neue Art des Selbstverhältnisses deutlich machen, kurz: in der neue *énoncés* auftauchen. Und die Diskursanalyse geht davon aus, dass diese allgemeinen, diskursiven Gesichtspunkte aus der Binnenperspektive der gesprochenen Diskurse nicht etwa Gegenstand des Redens sind, sondern nur als implizite Strukturen oder Regeln dieser Reden präsent sind – dass diese Regeln oder Strukturen dann aber aus der Außenperspektive der Diskursanalyse gerade explizit und deutlich gemacht werden, und zwar in einem theoretischen Rahmen, der weniger auf eine Bedeutungserklärung als auf eine Regel- oder Strukturanalyse zielt. Es ist diese Art von Analyse, unter der bestimmte Formen praktizierter Sprache zu Diskursen werden, d. h. als Diskurse angesehen werden können.

Aus dieser Lesart von Diskursanalyse folgt kein detailliertes Konzept des Verstehens von Texten. Wohl aber folgt der Vorschlag, Texte unter anderem auch unter dem Gesichtspunkt zu interpretieren, in welcher Weise sie auf jene großen diskursiven Formationen und Machtdispositive bezogen sind, in die sie unvermeidlich historisch eingebettet sind. Dieser Vorschlag ist interessant und vernünftig, doch setzt er ein gutes Verstehen der einschlägigen Texte im klassisch hermeneutischen Sinn voraus. Wie anders sollte man zum Beispiel anhand historischer Dokumente herausfinden können, welche neuen Merkmale das christliche Geständnisritual in der Beichte aufwies oder welche Rolle die neu entwickelte mathematische Statistik in der Biopolitik des 19. Jahrhunderts spielte?

Eines der theoretischen Defizite des gängigen Verständnisses von Diskursen und Diskursanalyse ist ein falsches Verständnis jener intimen Beziehung von Wissen, Diskursen und Macht, die Foucault mit Recht proklamiert hat. Der Kern des Missverständnisses ist die Auffassung, dass aus der intrinsischen Verschränkung von Wissen und Macht folgt, dass alle Formen des Wissens, insbesondere sprachliche Vokabulare und wissenschaftliche Theorien, eo ispo restriktiv und repressiv sind und daher immer wieder subversiv unterlaufen und dekonstruiert werden müssen. Der zentrale und korrekte Punkt der Machttheorie Foucaults ist demgegenüber gerade, dass die Macht zwar zuweilen, *aber nicht notwendigerweise repressiv ist.* Der *Grundbegriff* der Macht muss frei sein von einer begrifflichen Bindung an Unterdrückung und illegitime Herrschaft, und er muss Raum machen für die Idee, dass Machtrelationen allererst Handlungsspielräume eröffnen können, und zwar für alle Personen, die von

Machtrelationen betroffen werden. Wir können diese Idee durch das Konzept der *regulativen Macht* erläutern. Eine Person übt regulative Macht über eine andere Person aus, wenn sie diese andere Person dazu bringen kann, gewissen Regeln zu folgen, die konstitutiv (im technischen Sinne Searles) für den Vollzug von Handlungen sind. Auf diese Weise erhält eine Person erst dadurch, dass Macht auf sie ausgeübt wird, einen größeren Handlungsspielraum, und in diesem Sinne auch größere Freiheit. Dieser neue Handlungsspielraum kann sich zweifellos gegen die Präferenzen, Bedürfnisse oder objektiven Interessen der handelnden Person richten, aber er kann sie auch fördern.

Wir können diese Idee unmittelbar auf den Fall der Produktion von Wissen und wissenschaftlichen Theorien anwenden. Denn diese Produktion erfolgt ebenfalls nach Regeln, die Foucault meist Wahrheitsspiele nennt – logische, mathematische und methodologische Regeln, wie sie die traditionelle Wissenschaftstheorie schon immer diagnostiziert hat. Die Befolgung dieser Regeln ist konstitutiv für wissenschaftliches Handeln. Die spezifische regulative Macht, die beispielsweise die Lehrer an Schulen und Universitäten auf die Studierenden ausüben, um sie dazu zu bringen, diesen Regeln zu folgen und sie ihrerseits zu tradieren und Wissenskulturen zu erzeugen, ist folglich intrinsisch mit wissenschaftlichem Handeln verbunden. Die Macht, mit der das Wissen (genauer die Wissensproduktion) verbunden ist, kann dann zweifellos repressiv sein und ist auch häufig genug repressiv, aber sie ist nicht notwendigerweise repressiv – sie kann auch produktiv sein und den Präferenzen, Bedürfnissen oder objektiven Interessen der Unterworfenen dienen. Insbesondere kann sie die Fähigkeit und Freiheit, wissenschaftlich produktiv zu werden, allererst aktivieren und befördern. Die Forderung, *jede* Form von Wissensproduktion immer wieder subversiv zu unterlaufen, ist daher absolut überzogen und beruht auf einem krassen Missverständnis der Foucaultschen Position. Repressive regulative Macht sollten wir natürlich dekonstruieren, aber produktive Machtformen sollten wir fördern.[585]

Foucaults Diskursanalyse begründet also, recht betrachtet, keine antihermeneutische Wende in der Theorie des Textverstehens, und sie stellt auch keine theoretische Grundlage für die radikale Bestreitung des Autorenintentionalismus dar – so wenig wie für die These, dass die meisten Texte Werkzeuge der Unterdrückung sind. Der besondere Gesichtspunkt, den die Diskursanalyse hervorhebt, ist lediglich, dass eine umfassende Einbettung eines Textes in viele andere Texte, aber auch in größere Diskursformationen und Machtdispositive zu einem besseren Textverstehens führen kann. Eine

[585] Vgl. dazu genauer Detel (2005), Kap. 1.

solche Einbettung setzt Textverstehen im klassischen hermeneutischen Sinne voraus, schraubt allerdings das Gewicht der Autorenintention zurück.

5.4. Poststrukturalistische und dekonstruktivistische Textinterpretation

Wenn schon der Strukturalismus keine genuine hermeneutische Position im klassischen oder philosophischen Sinn mehr ist, dann gilt dies erst recht vom Poststrukturalismus und Dekonstruktivismus. Denn diese Positionen wenden sich explizit und zum Teil mit erheblichem Pathos gegen alle hermeneutischen Strategien des Zuganges zu Texten. Doch gerade aufgrund dieser scharfen Opposition gehören auch Poststrukturalismus und Dekonstruktivismus zur Geschichte der Hermeneutik – ihrem eigenen Selbstverständnis und Anspruch nach als Totengräber der klassischen Hermeneutik und als Theoretiker einer neuen Art von Umgang mit Texten. Der Poststrukturalismus samt seiner diskurstheoretischen und metaphysikkritischen Unterfütterung war in den letzten Jahrzehnten in den Humanwissenschaften äußerst einflussreich und wurde als ein faszinierendes Denkmodell betrachtet, das „die derzeit oberste Spitze einer etwa zweihundertjährigen Denktradition" darstellt.[586]

Das Verhältnis von *Poststrukturalismus* und *Dekonstruktivismus* zum Strukturalismus lässt sich, folgt man den gängigen Darstellungen der Literaturtheoretiker, unterschiedlich beschreiben. Der Poststrukturalismus baut auf den Grundlagen des Strukturalismus auf, aber kritisiert und verändert, radikalisiert und überwindet ihn auch.[587] Im Resultat sehen die meisten Literaturtheoretiker im Poststrukturalismus jedoch – zweifellos mit Recht – den Versuch eines weitgehenden Bruches mit allen vorangehenden Theorien zum Umgang mit Texten. Derrida schreibt in einer Passage seiner *Grammatologie,* in der er zum ersten Mal den Begriff der Dekonstruktion verwendet:

„Die „Rationalität" – aber vielleicht müsste auf dieses Wort aus dem Grunde, der am Ende dieses Satzes sichtbar wird, verzichtet werden –, die eine derart erweiterte und radikalisierte Schrift beherrscht, stammt nicht mehr aus einem Logos. Viel-

[586] Frank (1987), 23, vgl. Jahraus (2004), 319. Rorty (1995) betont, dass der Poststrukturalismus keine einheitliche Bewegung ist und insbesondere von Foucault und Derrida auch nicht so wahrgenommen wurde. Doch geht Rorty davon aus, dass Dekonstruktion und Postrukturalismus im engen Sinne, d. h. als eine Form von *literary criticism,* eine beschreibbare Kontur haben. In diesem Sinne sind auch die folgenden Bemerkungen gemeint.

[587] Vgl. z. B. Jahraus (2004), 318f. Manfred Frank (1984) spricht vom Neostrukturalismus, um dieses vielschichtige Verhältnis anzudeuten.

mehr beginnt sie mit einer Destruierung und, wenn nicht Zerschlagung, so doch der De-Sedimentierung, der Dekonstruktion aller Bedeutungen, deren Ursprung in der Bedeutung des Logos liegt."[588]

Die grundlegenden Überzeugungen, von denen der Poststrukturalismus im Anschluss an die Idee der Dekonstruktion ausgeht, machen den Bruch mit der hermeneutischen Tradition mehr als deutlich: Texte haben keine feste Bedeutung und keine feste Struktur, denn – erstens – die Bedeutung ist in einem Zeichen nicht unmittelbar präsent, sondern hängt auch davon ab, was das Zeichen selbst nicht ist, d. h. hängt ab vom Verhältnis (der „Differenz") des Zeichens zu einer offenen, unabgeschlossenen Menge anderer Zeichen, und – zweitens – die Bedeutung eines Zeichens verändert sich in der Zeit, d. h. unterliegt im zeitlichen Prozess des Sprechens, Kommunizierens und Schreibens einer ständigen kontinuierlichen oder diskontinuierlichen Veränderung. Daher muss die Interpretierbarkeit und Verstehbarkeit von Texten radikal in Frage gestellt werden. Diese „Negation" von Interpretation beruht auf einem grundsätzlichen Zweifel an bisher leitenden Kategorien der Interpretationstheorie und Literaturtheorie – Sinn, Bedeutung, Subjekt, Autor und Geschichtlichkeit. Aus dieser Perspektive muss die Unterstellung der Hermeneutik und des Strukturalismus, dass Texte einen Sinn und eine Struktur haben, die sich prinzipiell auch in ihrem Verhältnis zueinander entschlüsseln lassen, geradezu als Form eines ideologischen Vorurteils gelten. Daher kann es dem Poststrukturalismus zufolge auch keine wissenschaftliche Behandlung von Texten geben – es gibt keine (wissenschaftliche) Kunst der Auslegung, keine wissenschaftliche Form der strukturellen Untersuchung von Texten – Literaturwissenschaft, Literaturtheorie und Theorien des Verstehens sind aussichtslose Projekte, die einfach fallengelassen werden sollten. Aus diesen Gründen ist der Poststrukturalismus seinem Selbstverständnis nach nicht eine weitere Variante der Textwissenschaft, sondern eine Negation aller Textwissenschaft und Literaturtheorie.[589]

[588] Derrida (1983), 23.

[589] Vgl. die ähnliche Zusammenfassung der leitenden poststrukturalistischen Ideen bei Köppe, Winko (2008), 97f. Der Dekonstruktivismus ist in den Schriften seines wichtigsten Vertreters, Jaques Derrida, niemals zusammenhängend dargestellt worden. Im folgenden orientiere ich mich daher vor allem an der hilfreichen Darstellung von Culler (1988) (ähnlich wie zum Beispiel auch Habermas in seinem Kommentar zu Derridas Denken in Habermas (1988)) sowie an der ausgezeichneten Einführung von Kimmerle (2008). Hilfreich gerade für die vorliegende Studie ist auch das Buch von Bertram (2002), das vor allem die Beziehung zwischen Hermeneutik und dekonstruktivistischem Textzugang in ihren Gemeinsamkeiten und Differenzen diskutiert. Allerdings leidet dieser Klärungsversuch daran, dass die Philosophische Hermeneutik als Paradigma der modernen Hermeneutik überhaupt betrachtet wird und der Verstehensbegriff in einem allzu traditionellen Sinn an den hermeneutischen Zirkel gebunden wird.

Man könnte sagen, dass der Strukturalismus das Zeichen (den Signifikanten) vom Referenten getrennt hat und dass der Poststrukturalismus darüber hinaus das Zeichen auch noch von seinem Signifikat trennt.[590] Die Bedeutung eines Zeichens ist dem Poststrukturalismus zufolge, wie bereits erwähnt, niemals eindeutig, sondern unabgeschlossen komplex und vielschichtig. In jedem Zeichen und Text können wir die Spuren vieler anderer Zeichen und Texte entdecken – zum Teil jener Zeichen und Texte, die sie auszuschließen versuchen, um ihre eigene Identität zu wahren.

Dies gilt dem Poststrukturalismus zufolge auch für natürliche Sprachen allgemein. Natürliche Sprachen haben keine linguistisch erfassbare Struktur und lassen sich nicht auf eine bestimmte Semantik beziehen, sondern gleichen eher grenzenlosen Netzen von flexiblen, sich ständig verändernden Strukturen und Bedeutungen – Netzen, in denen es einen beständigen Austausch und ein ununterbrochenes Zirkulieren von sprachlichen Elementen gibt, die ihrerseits nie fest definiert, sondern von allen anderen veränderlichen Elementen des Netzes durchdrungen sind. Die Unterstellung von Hermeneutik und Strukturalismus, es gäbe natürliche Sprachen mit festen linguistischen Strukturen und Semantiken, ist demnach eine metaphysische Fiktion. Daher ist auch die traditionelle Voraussetzung, es gäbe feste Texte, von denen man annehmen könnte, sie seien von Autoren produziert worden mit der Absicht, bestimmte Botschaften oder Inhalte zu übermitteln (zum Teil mit Hilfe von poetischen Formen), nichts weiter als eine metaphysische Illusion – Texte dieser Art gibt es einfach nicht.

Das heißt jedoch nicht, dass der Poststrukturalismus nicht bestimmte Vorstellungen vom Umgang mit Texten hätte. Viele Texte treten zwar gleichsam mit dem Anspruch auf, eine bestimmte Botschaft in bestimmten Formen zu kommunizieren, enthalten jedoch zugleich mehr oder weniger versteckte Hinweise, die genau diesen Anspruch untergraben. Wenn wir Texte lesen, können wir diesen Spuren nachgehen. Wir können Aspekte eines Textes aufgreifen, die auf den ersten Blick eher marginal zu sein scheinen (einen nebensächlichen Begriff, eine Fußnote, eine beiläufige Anspielung), von denen sich jedoch zeigen lässt, dass sie im Widerspruch zur dominanten Logik des Textes stehen – zu seiner buchstäblichen Bedeutung, zu seiner leitenden Begrifflichkeit, zu seiner offiziellen poetischen Struktur, zur Stringenz seiner Argumentation, gegebenenfalls zur Teleologie seiner Erzählung. Interpretationen von Texten sollten daher nicht von der Maxime ausgehen, jeden gegebenen Text möglichst widerspruchsfrei zu rekonstruieren, sondern vielmehr im Gegenteil sensibel bleiben für die offenen und versteckten Widersprüche der Texte. Sie sollten den Spuren dieser Widersprü-

[590] Vgl. Eagleton (1994), 111.

che nachgehen und sie offenlegen, ohne sie glätten zu wollen.[591] Mit dieser *Spurensuche* aktualisieren wir nach poststrukturalistischer Auffassung Teile des unabgeschlossenen strukturellen und semantischen Netzes, in die jeder Text eingewoben ist und die mit der Vorstellung bestimmter fester Strukturen und Semantiken unvereinbar sind. Wir aktualisieren in dieser Spurensuche allerdings stets nur einige dieser spannungsreichen Aspekte des Textes. Und weil dieses Netz unabgeschlossen ist, gibt es unabgeschlossen viele verschiedene Möglichkeiten, diese Spurensuche durchzuführen.

Doch gibt es keine festen Regeln für die Selektion bestimmter dieser Aspekte. Die poststrukturalistische Spurensuche ist nicht eine Form des Interpretierens, sondern der „Reskription", des kreativen Nachschreibens, das eher einem freien, kontingenten Spiel mit den zahllosen Möglichkeiten des Umgangs mit Texten denn einem Nachvollzug der offiziellen Logik des Textes gleicht. Die Durchführung dieser Art von freier nachschreibender Spurensuche ist dem Poststrukturalismus zufolge die eine der beiden grundlegenden Formen einer *Dekonstruktion* von Texten.[592]

Einer der hermeneutischen Aspekte, die im Rahmen dieses Bildes vom Umgang mit Texten wichtig wird, ist der Anteil des Lesers am Sinn des Textes.[593] Dabei geht es nicht lediglich um die traditionelle These, dass die Interpretation eines Textes unter anderem auch von den verschiedenen Erwartungen und Voraussetzungen abhängt, die von unterschiedlichen Interpreten mitgebracht werden. Vielmehr ist die stärkere Behauptung gemeint, dass die Leser durch ihre Interpretation dazu beitragen, die Bedeutung des Textes erst zu produzieren: Leser sind nicht mehr bloße Konsumenten, sondern Co-Produzenten (der Bedeutung) des Textes, den sie interpretieren

[591] So fordert uns Roland Barthes zu Beginn von *Die Lust am Text* auf, uns ein Wesen vorzustellen, das keine Angst hat, sich zu widersprechen, und den Vorwurf des „Illogismus" aushalten kann. Dieser Außenseiter – so fährt Barthes fort – existiert: als Leser von Texten, insofern er Lust am Text empfindet. Diese Einstellung gilt auch für zentrale Begriffe und deren Explikation. Wie problematisch eine Dekonstruktion im Einzelfall sein kann, zeigt das Beispiel einer Nietzscheanischen Dekonstruktion des Kausalitätsbegriffes, die Culler anführt ((1988), 96). Im Vergleich zu Analysen der Kausalität in der modernen Wissenschaftstheorie und Metaphysik ist die von Culler angeführte Dekonstruktion des Kausalitätsbegriffes eine peinlich dilettantische arm-chair-Analyse ohne jedes theoretische Gewicht.

[592] Culler und Rorty machen darauf aufmerksam, dass der Dekonstruktivismus zum einen eine Kritik an den großen metaphysischen begrifflichen Gegensätzen und Metaphern ist, die angeblich das gesamte abendländische Denken beherrscht haben, und zum anderen eine Methode der Interpretation von Texten als Suche nach verborgenen semantischen Aspekten von Texten (Culler (1988), 183 f., Rorty (1993), 104–146).

[593] Natürlich ist die Betonung des Leseranteils keine Erfindung des Dekonstruktivismus, sondern wurde in der Tradition der Rezeptionsästhetik schon immer hervorgehoben. Als eines von vielen Beispielen seien hier die Arbeiten von Hans Robert Jauß genannt, der insbesondere auch die Literaturgeschichte unter diesem Gesichtspunkt reorganisieren möchte, vgl. etwa Jauß (1996).

(eine These, die uns zum ersten Mal in der klassischen Semiotik begegnet ist).[594] So schreibt Barthes, dass eine Poetik oder Literaturwissenschaft uns nicht vermitteln kann, wie wir Texten eindeutige Bedeutungen zuweisen können, sondern wie wir die Logik der Erzeugung von Texten herausfinden sollen.[595]

Der poststrukturalistische Umgang mit Texten versteht sich also nicht nur als radikale Opposition gegenüber der klassischen Hermeneutik, sondern gibt auch ausdrücklich jeden Anspruch der Textinterpretation auf Wissenschaftlichkeit und jede Verpflichtung des Interpreten auf ein Prinzip der Nachsicht auf. Diese anti-hermeneutische Einstellung scheint auf allgemeineren postmodernen Vorstellungen zu beruhen, in denen die Welt als kontingent, unbegründbar, instabil, vielgestaltig, variabel und unbestimmt betrachtet wird. Insbesondere weist die Welt in der postmodernen Sichtweise eine Vielzahl verschiedener Kulturen und Interpretationen auf, die ein Festhalten an klassischen Konzepten der Objektivität von Wahrheit, Normen, Realität und Verstehen obsolet machen.[596]

Ein weiteres zentrales Element der Dekonstruktion beruht auf einer Variante der Differenz-Theorie von de Saussure, die Derrida in einer spezifischen Weise aufnimmt und radikalisiert (d. h. vom Rest ihres verborgenen Logozentrismus befreit):

> „Man muss vor jeder Trennung von Sprache und Sprechen, von Code und Botschaft usw. (mit allem, was dazugehört) eine systematische Produktion von Differenzen, die Produktion eines Systems von Differenzen – eine différance – annehmen, aus deren Wirkungen man eventuell durch Abstraktion, und indem man bestimmten Motivationen folgt, eine Linguistik der Sprache und eine Linguistik des Sprechens herausschneiden können wird."

Für Derrida ist die différance

> „eine Struktur oder eine Bewegung, die sich nicht mehr von dem Gegensatzpaar Präsenz/Absenz her denken lässt. Die différance ist das systematische Spiel der Differenzen, der Spuren von Differenzen, der Verräumlichung, mittels derer sich die

[594] Insbesondere bei Morris, siehe oben S. 195–197.

[595] Vgl. Barthes (1967), 8; Barthes (1987), 8. Diese semantische Aktivität des Lesers wird zuweilen nicht nur aufgrund der Offenheit (oder gar Widersprüchlichkeit) von Texten betont, sondern auch aufgrund ihrer (zum Teil gezielten) Lückenhaftigkeit, die vom Interpreten auszufüllen ist – und eben auf unterschiedliche Weise ausgefüllt werden kann. Das ist die vornehmliche Rolle, die beispielsweise Wolfgang Iser dem Leser zuweist. Iser ist einer der führenden Literaturtheoretiker, die die aktive Rolle des interpretierenden Lesers theoretisch ausgearbeitet haben, vor allem mit seinem Konzept des impliziten Lesers, den Iser als textuelle Struktur auffasst, die eine Bedingung dafür ist, dass ein Text seine semantische Wirkung überhaupt entfalten kann, vgl. Iser (1972), Iser (1976).

[596] Vgl. Eagleton (1996), VII.

Elemente aufeinander beziehen. Diese Verräumlichung ist die zugleich aktive und passive Herstellung der Intervalle, ohne die die „vollen" Ausdrücke nicht bezeichnen, nicht funktionieren würden."[597]

Wir müssen diesem Bild zufolge die großen metaphysischen Gegensätze als mehr oder weniger angemessen motivierte Konstruktion aus der différance betrachten, und nicht umgekehrt. Mit der Neuschöpfung des Wortes *différance* will Derrida darauf hinweisen, dass es im Verstehen von Texten nicht lediglich darum geht, die Bedeutung eines Zeichens durch seine Differenz zu anderen Zeichen im Sinne eines semantischen Holismus zu erkennen. Denn damit wäre die Möglichkeit fester Bedeutungen von Zeichen vereinbar – eine Möglichkeit, die Derrida gerade bestreitet. Die différance eines Zeichens bedeutet vielmehr eine Abgrenzung von Zeichen, die anderswo stattfindet und dabei nicht fassbar ist. Daher gibt es für Derrida keine gegebene „Präsenz" der Bedeutung von Zeichen.[598] Und daher bleibt auch der Versuch, die Bedeutungen von Zeichen eines Texes festzustellen, notwendigerweise unabgeschlossen: Stets ist es möglich, die Spur einer Bedeutung in neuen Kontexten aufzufinden. Die Spuren von Zeichenbedeutungen sind dabei das Resultat eines Verweisungsspiels, das die Zeichen von sich her aufweisen (die Dissemination).[599]

Einer interessanten neueren Deutung zufolge[600] ist Derridas leitende Vorstellung der différance die *Idee des Bedeutungsgeschehens*, also des Prozesses, in dem ein Text eine Bedeutung erst gewinnt. Das Bedeutungsgeschehen lässt sich seinerseits durch drei Zeichenaspekte genauer charakterisieren: die différance, die Spur und die Wiederholung. Diese Zeichenaspekte müssen vorausgesetzt werden, wenn man das Bedeutungsgeschehen erklären will.

Derrida geht zwar von de Saussures Gedanken aus, dass ein Zeichen nur in seiner Differenz zu anderen Zeichen besteht, macht jedoch geltend, dass man dies nur dann verstehen kann, wenn man auf den dynamischen Prozess der Differenzierung zurückgreift, der die Differenzen erst konstituiert. Diesen Differenzierungsprozess nennt Derrida différance. Er liegt den gegeben Differenzen und Zeichen stets voraus.[601] Darüber hinaus lassen

[597] Derrida (1986), 67–70.

[598] Vgl. z. B. Derrida (1986), 56; Derrida (1976), 299–301.

[599] Vgl. z. B. Derrida (1986), 56, 67–68; Derrida (1976), 29–52, und allgemein Derrida (1990).

[600] Vgl. Bertram (2002), 81–157.

[601] Vgl. dazu auch Kimmerle (2008), Kap.IV, der auf den kulturgeschichtlichen Hintergrund von Derridas Substitution des Buchstabens a für e im französischen Wort *différence* hinweist. Jedenfalls weist die französische Endung *ance* auf einen Prozess hin, der eine Unentschiedenheit zwischen Aktiv und Passiv enthält (wie etwa in *mouvance*). Wenn Derrida darauf hinweist, dass die différance vielfältig und vieldeutig, doch weder Wort noch Begriff, weder Ursprung noch Nicht-Ursprung ist (vgl. Kimmerle (2008), 83 f.), dann womöglich deshalb, weil die différance allen semantischen Wortbildungen vorausliegt. Daher scheint die dif-

sich Zeichen als Spuren anderer Dinge auffassen, zum Beispiel indem sie materialisiert werden. Aber als Spuren sind sie ihrerseits differenziert von anderen Spuren und verweisen daher nicht materiell-kausal, sondern strukturell auf andere Spuren, die allerdings meist nicht direkt zugänglich sind und daher verschwunden zu sein scheinen. Doch die Differenzierung von Spuren ist ihrerseits ohne Wiederholung des entsprechenden Zeichens unmöglich. Zu den Identitätsbedingungen von Zeichen allgemein – so könnte man diese Überlegungen in eine heute geläufigere Sprache übersetzen – gehört es, dass Zeichen (Spuren) iterierte und iterierbare Zeichen-Vehikel sind. Nur dadurch können sie bestimmte, von anderen unterschiedene Zeichen von etwas anderem sein. Da ferner die Differenzierung von Spuren ihrerseits holistisch organisiert ist und niemals alle Elemente des holistischen Netzes vor Augen stehen können, verlieren sich die Spuren, und die Spurensuche kann nie endgültig abgeschlossen werden. Dies gilt umso mehr, als der Prozess des Verstehens und Interpretierens nicht als Erfassen gegebener Bedeutungen von Zeichen gedacht werden darf, sondern als Teil einer dynamischen Bewegung begriffen werden muss, innerhalb derer die Differenzen und damit die Bedeutungen erst entstehen. Hinter dieser Diagnose steht auch der Widerstand gegen das verbreitete Bild von Sprache als einer Menge von linguistischen Regeln, die für alle Sprecher, die miteinander kommunizieren wollen, verbindlich sind.

Dieses Bild wird durch eine Kritik an der klassischen Zeichentheorie und durch den Entwurf einer neuen Zeichentheorie unterfüttert. Die grundlegende Vorstellung der klassischen Zeichentheorie ist nach Derrida, dass Zeichen stets von intentionalen Aktoren produziert werden, um auszudrücken, was der Aktor meint. Zeichen erhalten ihre Bedeutung also von der Bedeutung der Gedanken der Zeichenproduzenten und können erst mittels dieser Bedeutung auf Gegenstände referieren.[602] Texte als Reihen von Zeichen müssen in der Interpretation daher auf diese semantische Tiefendimension hin befragt werden. Nach Derrida hingegen muss die Oberfläche der Texte betrachtet werden – also Zeichenfolgen, die nicht notwendigerweise tun, was die Autoren wollen, sondern in verschiedenen Vorkommnissen und Kontexten Verschiedenes bedeuten können. Denn, so suggeriert Derrida,

– Intentionen spielen für Sprache keine Rolle;

férance sprachlich nicht beschreibbar zu sein. Das wäre allerdings ein Fehlschluss, denn es ist nicht inkonsistent, Prozesse sprachlich zu beschreiben, die zur Etablierung von sprachlicher Kompetenz beitragen (Linguistik und kognitive Psychologie sind mit derartigen Beschreibungen ebenso befasst wie die philosophische Semantik).

[602] Historisch gesehen sind diese Vorstellungen allerdings nicht Teil der klassischen Semiotik bei Peirce oder Morris.

- kennzeichnend für Zeichen ist primär ihre Iterierbarkeit als Bedingung für sprachliche Kommunikation;
- die Iterierbarkeit schriftlicher Zeichen ist das grundlegende Modell für die Iterierbarkeit von Zeichen allgemein;
- Zeichen und ihre Bedeutungen sind daher unabhängig von Zeichenbenutzern und Zeichenproduzenten.[603]

Zugleich beruft sich der Poststrukturalismus zur Begründung seiner These vom dekonstruktivistischen Textumgang, wie unter anderem von einigen Literaturtheoretikern betont wurde,[604] auch auf weitreichende philosophische Annahmen, die angeblich vor allem von Foucault und Derrida artikuliert worden sind. Der diskurstheoretische Hintergrund des Poststrukturalismus ist insbesondere von Derrida durch einen an Heidegger angelehnten umfassenden Angriff auf die traditionelle Metaphysik – die sogenannte *Metaphysik der Präsenz* – ergänzt worden. Diese Metaphysik hat nach Derridas Auffassung alle bisherigen Theorien der Zeichen, der Bedeutungen, der Texte und der Interpretation – also die gesamte Geschichte der Hermeneutik vor dem Poststrukturalismus, ja die gesamte westliche Kultur – fundiert, durchdrungen und beherrscht.[605] Daher fallen mit dieser Metaphysik auch alle die von ihr abhängigen Theorien in sich zusammen. Historisch gesehen hat Derrida dabei vornehmlich den Platonismus im Auge.

Die *dekonstruktivistische Kritik der traditionellen Metaphysik* ist die zweite grundlegende Form der Dekonstruktion und enthält mehrere Elemente. Nach der Diagnose des Dekonstruktivismus ist die semantische Kernidee der traditionellen Metaphysik, dass die Bedeutung einer Äußerung oder auch eines Textes etwas Mentales ist, das dem Bewusstsein des Sprechers oder Autors präsent ist, so dass Sprecher oder Autoren einen unmittelbaren epistemischen Zugriff auf Bedeutungen und Gehalte haben, der zudem eine apriorische infallible Erkenntnis darstellt. Daraus folgt unter anderem eine theoretische Priorität des Mentalen vor Rede und Schrift: Rede und Schrift dienen hauptsächlich dazu, die Gedanken eines geistigen Wesens auszudrücken. Das Telos der Sprache und des Denkens ist dem Platonismus zufolge ferner die Eindeutigkeit. Derrida ist der Meinung, dass die traditionelle westliche Philosophie eine differenzierte, voll ausgebildete Metaphysik etabliert hat, um den direkten epistemischen Zugriff auf eindeutige semantische Gehalte und Bedeutungen zu erklären.

603 Vgl. Derrida (1976a).

604 Vgl. z.B. Geisenhanslüke (2003), 90f.; Culler (1988), 99–122; siehe auch Kimmerle (2008), 21–23 und Kap. III („Das Unternehmen der Dekonstruktion der Metaphysik").

605 Vgl. Rorty (1995), 169f. Wie Rorty mit Recht betont, ist der Dekonstruktivismus diejenige Form des *literary critcism*, die bislang am meisten von der Philosophie geleitet ist.

Diese platonistische Erklärung soll auf der fundamentalen metaphysischen Behauptung beruhen, dass es hinter und jenseits des kulturellen Wandels etwas gibt, dessen Explikation die Pflicht und zentrale Aufgabe der Philosophie ist, eine fixierte Präsenz jenseits der Reichweite des Spiels, wie Derrida formuliert. Diese Präsenz wurde unterschiedlich interpretiert, als Gott, intrinsische Natur der Dinge, Weltgeist, Materie, universelles moralisches Gesetz, oder Struktur des menschlichen Denkens. Dieser Diagnose zufolge ist die traditionelle westliche Metaphysik logozentrisch – sie glaubt an eine transzendente Wirklichkeit oder ein transzendentes Wesen, das die Grundlage und der Bezugspunkt all unseres Denkens, Sprechens und Theoretisierens ist – eine Grundlage, die all unserem Denken und Sprechen vorausliegt, vom Spiel der sprachlichen Differenzen unberührt bleibt und jenseits aller Sprachspiele angesiedelt ist. Die traditionelle Metaphysik macht sich nach Derrida eines naiven Realismus schuldig, der den Anspruch erhebt, den (epistemischen) Gottesstandpunkt einnehmen und durch das Auge Gottes auf die Welt blicken zu können.

Dieser Logozentrismus der traditionellen Metaphysik hat nach Derrida eine Art von pythagoreischer Kontur gewonnen. Der *metaphysische Logozentrismus* geht nämlich vom Postulat fundamentaler Gegensätze aus, mit denen die Welt kategorisiert werden soll (z. B. Bedeutung/Form, Seele/Körper, Intuition/Ausdruck, Präsenz/Absenz, Philosophie/Literatur, wörtlich/metaphorisch, Kultur/Natur, geistig/sinnlich, transzendental/empirisch, zentral/marginal). Dabei ist jeweils das erste Element der Gegensatzpaare das bessere und höhere, das zugleich dem Logos und der Vernunft zuzurechnen ist. Die Gegensätze von Bedeutung und linguistischer Form oder von Geist und Ausdruck, die für die dekonstruktivistische Interpretationstheorie so wichtig sind, werden also in die Liste metaphysischer Gegensatzpaare eingearbeitet. Aus diesem metaphysischen Hintergrund folgt für Derrida auch das traditionelle Bild von Interpretation und Verstehen eines Textes – als Versuch, die eindeutige semantische Präsenz hinter ihren Erscheinungsformen, die Bedeutung jenseits der linguistischen Form, die Gedanken des Autors oder Sprechers jenseits der Rede oder Schrift auszumachen. Mit der Dekonstruktion des metaphysischen Logozentrismus fällt für Derrida dann auch das traditionelle Bild des Textverstehens, und darum ist die dekonstruktivistische Theorie und Methode des Umgangs mit Texten eng an die metaphysische Dekonstruktion gebunden.

Einen metaphysischen Gegensatz zu dekonstruieren heißt unter anderem nachzuweisen, wie er in den Texten, in denen er formuliert und propagiert wird, zugleich unterminiert und zerlegt wird, oder wie er mit einem anderen Status oder einer anderen theoretischen Rolle versehen werden kann als im System der metaphysischen Werte, oder wie er eher als Metapher denn als wörtlich zu nehmende Struktur zu verstehen ist.

Aus dieser Skizze geht hervor, dass das poststrukturalistische Denkmodell verschiedene Elemente enthält, und zwar vornehmlich

(i) eine Kritik der Metaphysik der Präsenz;
(ii) insbesondere die Kritik des Logozentrismus;
(iii) eine machtanalytische Darstellung traditioneller metaphysischer Konzepte;
(iv) die Betonung der Rolle des Lesers als Produzent des Sinns interpretierter Texte;
(v) den Anti-Subjektivismus (kein Primat des Subjekts und des Mentalen als Gegenständen des Verstehens);
(vi) die Offenheit und Akzeptanz gegenüber Widersprüchen, marginalen Aspekten, argumentativen und assoziativen Nebenwegen in Texten;
(vii) eine semantische Offenheit von Texten (Intertextualität);
(viii) den Primat der différance für die Bedeutungskonstitution;
(ix) den Primat der Schrift als Gegenstand der Textanalyse; und
(x) die Unabhängigkeit der Bedeutungen von Zeichen gegenüber den Autorenintentionen.

Das vielleicht wichtigste theoretische Motiv, das Foucault den dekonstruktivistischen Poststrukturalisten geliefert haben soll, geht aus dem machtanalytischen Hintergrund der Diskurstheorie und aus Foucaults These von der intrinsischen Verknüpfung von Wissen und Macht hervor, die wir im vorangehenden Abschnitt bereits diskutiert haben.[606] Die Dekonstruktion lässt sich aus dieser Perspektive als permanente subversive Untergrabung der unvermeidlich an Macht und Gewalt gebundenen Diskurse auffassen und stellt das einzige Verfahren dar, die tiefsten Machtstrukturen aufzuspüren und zu unterminieren. Von hier aus gesehen scheint der dekonstruktivistische Poststrukturalismus eine befreiende politische Funktion auszuüben, und tatsächlich lässt sich dieser Gestus der semantischen und strukturellen Befreiung in vielen poststrukturalistischen Texten wahrnehmen. Wie Rorty nicht müde wird zu betonen, betrachten die Dekonstruktivisten wissenschaftliche Theorien, theologische Annahmen, Kunstprodukte, philosophische Positionen und moralische Regeln gleichermaßen als Beispiele unserer Fähigkeit, uns durch den Gebrauch neuer Worte ständig selbst neu zu erschaffen.[607] Diese Perspektive soll eine Humanität repräsentieren, die weit-

[606] Vgl. jedoch Kimmich in: Kimmich, Renner, Stiegler (Hrg.) (1996), 229f.
[607] Vgl. z. B. Rorty (1993).

gehend von Autorität befreit ist und allen Produkten menschlicher Kreativität gleichermaßen Respekt zollt. In diesem Rahmen haben ein Autor und die biographischen Bedingungen seines Werkes keinen systematischen Sitz mehr.

Wie lassen sich diese Elemente auf der Grundlage der Einsichten kommentieren, die die traditionelle Hermeneutik sowie die moderne Geist-Theorie und Semantik erarbeitet haben? Die politische Diagnose der Gewalt aller Diskurse ist, wie bereits angedeutet, durch Foucaults Überlegungen nicht gedeckt. Das wäre nur dann der Fall, wenn Foucault behauptet und begründet hätte, dass Macht sowohl intrinsisch mit Diskursen und Wissen verbunden ist als auch wesentlich repressiv ist. Letzteres wird jedoch von Foucault ausdrücklich bestritten, und zwar völlig zu Recht.[608]

Vor allem aber ist mehr als offensichtlich, dass die Kernthese des Poststrukturalismus, dass es keine festen Bedeutungen von Worten, Sätzen und Äußerungen gibt, weil jedes dieser Elemente in ein unabgeschlossenes strukturelles und semantisches Netz eingewoben ist, sich von der Idee des semantischen Holismus absetzen möchte und doch zugleich an sie anknüpft. Derridas Bemerkungen zur différance sind eine Artikulation einer bestimmten Ebene des semantischen Holismus – jener Ebene nämlich, auf der dieser Holismus bereits in natürliche Sprachen und ihre Verwendung eingebaut ist, bevor sprachtheoretische und semantische Unterscheidungen an die Sprachen herangetragen werden. Damit scheint der Umstand verschleiert zu werden, dass ein semantischer Holismus stets auf einem dynamischen Prozess der Bildung und Neubildung semantischer Netzwerke beruht.

Die Idee, dass Sprachen und Gedanken auf einem semantischen Holismus beruhen, dessen Netzwerk auch in seiner Genese untersucht werden sollte, ist gewiß nicht falsch.[609] Doch wird diese Idee im Poststrukturalismus auf metaphorische und exzentrische Weise radikalisiert, so dass das Bild eines unüberschaubaren und ständig sich wandelnden semantischen Netzes entsteht, in dem lediglich ein großes herakliteisches Fließen vonstatten geht. Dabei wird übersehen, dass die Rekursivität der Syntax und Grammatik natürlicher Sprachen zwar zu einer potentiell unendlichen Flexibilität sprachlicher Konstellationen führt, dass jedoch Verstehensprozesse mit endlichen Konstellationen operieren können. Vor allem aber ist klar (und wurde bereits von Platon betont), dass nicht alle semantischen Elemente zugleich flexibel gehalten werden können, weil dann Äußerungen und schriftliche Zeichen aufhören würden, Sprachen zu realisieren. Nur auf der Grundlage weitgehender (wenn auch nicht vollständiger) semantischer Konsistenz und

[608] Vgl. den vorangehenden Abschnitt 5.3, S. 224f.

[609] Vgl. dazu die Art und Weise, wie dieser Punkt vom Interpretationismus ausbuchstabiert wird (siehe unten, Abschnitt 8.5, S. 380–386).

Stabilität können Interpretationsprobleme überhaupt artikuliert werden, Widersprüche entdeckt und ihre Spuren verfolgt werden.[610] Diese semantische Stabilität, die auch in der Linguistik und kognitiven Psychologie nachgewiesen wurde, nehmen die Poststrukturalisten in ihren eigenen Arbeiten und Überlegungen selbst auch stets in Anspruch.[611]

All das heißt natürlich nicht, dass Worte, Sätze und Äußerungen Bedeutungen haben, die eindeutig und ein für allemal fixiert sind. Der Poststrukturalismus sitzt – ihm selbst undurchschaut – einer jener fundamentalen binären Oppositionen auf, die er so sehr bekämpft, nämlich der Opposition zwischen radikaler semantischer Fixierung und radikaler semantischer Flexibilität. Diese Opposition ließe sich ihrerseits leicht dekonstruieren. Denn ein hohes Ausmaß an semantischer Übereinstimmung und Stabilität kann durchaus mit der grundsätzlichen Veränderbarkeit jedes einzelnen semantischen Elements vereinbar sein.[612] Das Gelingen gegenseitigen Verstehens bleibt nun einmal ein verbreitetes Faktum, das jede seriöse Bedeutungstheorie erklären können muss. Einige einflussreiche Varianten der modernen Semantik liefern anspruchsvolle Erklärungen des Gelingens von Kommunikation, ohne auf das Sprachbild einer Menge verbindlicher linguistischer Regeln (das vom Poststrukturalismus so heftig kritisiert worden ist) zurückgreifen zu müssen.[613]

Es bleibt, wie bereits angedeutet, auch mit den herkömmlichen hermeneutischen Leitideen und der Unterstellung einer grundsätzlichen semantischen Stabilität vereinbar, dass Texte im Zuge einer Interpretation von ihrer Bindung an Intentionen von Autoren gelöst werden können.[614] Wir dürfen jedoch nicht übersehen, dass der Poststrukturalismus nicht nur von einem unendlich flexiblen und instabilen Status von Bedeutungen, sondern

[610] Vgl. unten, Abschnitt 8.5, S. 386.

[611] Der beschlagene Historiker Foucault beispielsweise interpretiert ständig historische Texte und beansprucht durchaus, korrekte Interpretationen zu liefern. So könnte er etwa die Diskursformation („Episteme“) der Renaissance nicht entdecken, würde er nicht in der Lage sein, viele Texte der Renaissance in einem historisch informierten Sinne angemessen zu verstehen; und er wäre niemals in der Lage gewesen, die theoretische Verschiebung, die Platon den Diskursen über den Eros verliehen hat, angemessen zu beschreiben, hätte er nicht den *Lysis*, das *Symposion* und den *Phaidros* aufmerksam gelesen und gut verstanden. Außerdem möchte Foucault mit seinen Untersuchungen durchaus bestimmte Botschaften kommunizieren – seine eigene Sprache, in der er seine Untersuchungsergebnisse präsentiert, muss also ein hohes Maß an semantischer Stabilität aufweisen. Dasselbe gilt von den Arbeiten Derridas.

[612] Hans-Harald Müller hat in seiner literaturtheoretischen Analyse des Dekonstruktivismus ein Komplementaritätstheorem aufgestellt, dass der hier vetretenen Auffassung zumindest nahe kommt: Hermeneutische und dekonstruktivistische Textanalysen lassen sich nicht auseinander ableiten, sondern sind unabhängig voneinander, setzen einander jedoch oft voraus und sind insofern komplementär zueinander (vgl. Müller (1993), bes. 105f.).

[613] Vgl. dazu genauer unten, Abschnitt 8.5, S. 379f.

[614] Vgl. oben S. 219f. und unten, S. 386f.

zumindest in seiner dekonstruktivistischen Variante auch von der verbreiteten Widersprüchlichkeit aller Texte ausgeht, die zwar verdeckt und verschleiert wird, die sich jedoch der dekonstruktivistischen Spurensuche erschließen kann. Dies ist eine besonders prekäre These, denn verbreitete (wenn auch nicht vollständige) Rationalität und Widerspruchslosigkeit ist eine notwendige Voraussetzung eines jeden Textzugangs. Zeichenfolgen, die überwiegend widersprüchlich sind, verlieren den Status der Verstehbarkeit. Die Unterstellung verbreiteter Widersprüchlichkeit von Texten ist aber auch intern widersprüchlich, denn die dekonstruktivistische Spurensuche muss unter anderem von einem buchstäblichen Verständnis der untersuchten Texte ausgehen, und schon das buchstäbliche Verständnis ist unvereinbar mit verbreiteter Widersprüchlichkeit von Texten. Daher bleibt die Forderung, Widersprüchlichkeiten in Texten in einem begrenzten Ausmaß zu konstatieren und auszuhalten, mit der herkömmlichen Hermeneutik vereinbar und setzt im übrigen die Anwendung des logischen Konzepts von Widersprüchen voraus.

Die folgende Beschreibung gilt als gute Kennzeichnung der Dekonstruktion:

„If in the process of deciphering a text in the traditional way we come across a word that seems to harbor an unresolvable contradiction, and by virtue of being one word is made sometimes to work in one way and sometimes in another and thus is made to point away from the absence of a unified meaning, we shall catch at that word. If a metaphor seems to suppress its implications, we shall catch at that metaphor. We shall follow its adventures through the text and see the text coming undone as a structure of concealment, revealing its self-transgression, its undecidability."[615]

Die ersten Sätze lassen sich mit klassischer Hermeneutik, Metapherntheorie und ein wenig spätem Wittgenstein deuten.[616] Der letzte Satz dagegen folgt nicht aus den vorhergehenden Sätzen und klingt wie eine typisch dekonstruktivistische Übertreibung. Wenn zum Beispiel Culler betont, dass der Dekonstruktivmus die textliche Logik von literarischen Texten erkunden will, so klingt dies prima facie recht traditionell.[617]

Auch das Hervorheben der produktiven Rolle des Lesers von Texten in Hinsicht auf die Bedeutung der Texte lässt sich traditionell-hermeneutisch rekonstruieren und muss nicht auf der Ebene eines unreflektierten Kons-

[615] Vgl. G. Spivak in der Einleitung zu ihrer englischen Übersetzung von Derridas *Grammatologie,* Baltimore/London 1976, LXXX, zitiert nach Rorty (1995), 184.

[616] Autoren wie Searle und Fish denken, wenn man Wittgenstein hat, braucht man Derrida eigentlich nicht mehr, vgl. z. B. Fish (1982).

[617] Vgl. Culler (1988). Siehe auch Rorty Bemerkung, dass der Dekonstruktivmus in einem Text erkunden möchte, „what is really going on" (Rorty (1995)).

truktivismus beschrieben werden, wie es in den meisten dekonstruktivistischen Analysen der Fall zu sein scheint. Denn natürlich gehen die Bedeutungen oder semantischen Gehalte von Gedanken, Äußerungen und Texten auch aus der interpretativen Aktivität hervor, und die Interpreten müssen ihre Deutungen immer wieder an die semantischen Produkte der Interpretanden adjustieren.[618]

Man hat den Dekonstruktivismus dadurch zu kennzeichnen versucht, dass der Dekonstruktivismus zwar gewöhnlich Interpretationshypothesen über einen Text aufstellt, dass dabei aber Randbedingungen aufgegeben werden, die für die Hermeneutik grundlegend sind, etwa dass relevante Aspekte des Textes herausgegriffen werden sollten, dass Interpretationshypothesen rational begründet werden sollten und Texte konsistent interpretierbar sind.[619] Doch genau genommen würde das radikale Aufgeben dieser Randbedingungen aus der Perspektive der Theorie des Geistes dazu führen, dass Laute und Schriftzeichen keine Sprachen mehr instanziieren würden – die Dekonstruktivisten hätten unter ihren eigenen Prämissen buchstäblich nichts mehr zu sagen.[620]

In Wirklichkeit versuchen die Dekonstruktivisten in ihren Schriften jedoch, einen bestimmten Textzugang zu beschreiben, den sie ihren Lesern auch empfehlen möchten. Die Texte der Dekonstruktivisten möchten etwas zu verstehen geben und eine bestimmte Umgangsweise mit Texten exemplarisch vorführen. Diese Aktivitäten können aber nicht ihrerseits dekonstruktivistisch eingeholt werden. Vielmehr scheinen wir als Leser dekonstruktivistischer Texte gehalten zu sein, die Texte der Dekonstruktivisten möglichst angemessen zu verstehen – und zwar auf die gewöhnliche hermeneutische Weise. Die besten Einführungen in den Dekonstruktivismus bestehen keinesfalls aus Dekonstruktionen der dekonstruktivistischen Texte.

In einer neueren Analyse des Dekonstruktivismus wird allerdings eine erwägenswerte alternative Deutung vorgeschlagen, deren Konsequenzen hermeneutisch instruktiv sind.[621] Gegenstand dieser Analyse ist Derridas Aufsatz *Signatur Ereignis Kontext*, in dem Derrida sich primär mit Austins Sprechakttheorie auseinandersetzt, die klassische Zeichenkonzeption kritisiert und seine eigene Auffassung von Zeichen skizziert.[622] Der alternativen Deutung zufolge unterlaufen Derrida dabei eine Reihe von Missverständnissen. So verwechselt er zum Beispiel im Rahmen seiner Erläuterung der grundlegenden Iterierbarkeit von Zeichen die Produktion stets neuer

[618] Vgl. unten, Abschnitt 8.5, S. 385.
[619] Vgl. z. B. Köppe, Winko (2008), 122.
[620] Zu einer sprachphilosophischen Kritik des Dekontruktivismus vgl. auch Searle (1994).
[621] Vgl. Bux, Greif (2002).
[622] Vgl. Derrida (1976), 124–154.

Zeichen-tokens desselben Zeichentyps mit dem wiederholten Vorkommen desselben Zeichen-tokens.[623] Diese Konfusion hat Konsequenzen für die These der Beziehung von Zeichen und Sprecher- oder Autorenintention: zwar ist die Konstitution von Zeichen-types unabhängig von Sprecher- oder Autorenintentionen, aber die Bedeutung einzelner Zeichen-tokens kann durchaus von diesen Intentionen abhängen. Im übrigen ist Derridas Bild von der herkömmlichen Zeichentheorie anachronistisch. Abgesehen von Grice und seinen Anhängern geht man heute nicht davon aus, dass den Zeichen durch Akte des Meinens Bedeutung verliehen wird, sondern dass Interpreten, die über Intentionen verfügen, an Laut- und Schriftfolgen wie an Gehirnzustände anderer Wesen hypothetisch einen Interpretationsapparat herantragen, der diese Dinge im besten Fall zu verstehbaren Zeichen macht.

Derridas grundlegende These, dass Zeichen ganz unabhängig von Zeichenbenutzern und Zeichenproduzenten in der Welt vorhanden sind, dass sie ferner vor aller Benutzung unseren Zugriff auf die Welt durch nicht-rationale Einschränkungen prägen und dass sie uns dabei auch ihre Entstehungsbedingungen verstellen und die Einschränkungen unseres Denkens verbergen, ist also nicht gerade überzeugend begründet, sondern beruht auf einer fragwürdigen Metaphysik der Zeichen. Und doch ist es gerade diese These, die ihrerseits das Unternehmen der Dekonstruktion begründen soll. Denn die Dekonstruktion zielt auf die Entschlüsselung der hinter unserem Rücken wirkenden Einschränkungen aller Diskurse.

Doch möglicherweise – das ist die entscheidende alternative Deutung des dekonstruktivistischen Vorgehens – schreibt Derrida selbst seine Texte nicht mit jenem Wahrheits- und Verstehensanspruch, den er ansonsten ja kritisiert. Vielleicht geht er davon aus, dass auch seine eigenen Texte nicht-wahrheitsförmige Reproduktionsbedingungen haben, dass also seine Texte wie alle anderen Texte nicht durch Stringenz und Wahrheit, sondern durch herausfordernde Widersprüchlichkeit, gezielte Ambivalenz und schillernde Rhetorik Interesse, Akzeptanz und Verbreitung finden:

„Das Funktionieren der Absicht dieses Textes (sc. *Signatur Ereignis Kontext*), Intentionen zu desavouieren und den grundlegenden schriftlichen Charakter aller Zeichen zu behaupten, beruht auf der Fehlkonstruktion von Zeichen, in der die Geste des Textes manifest wird… Wenn sich das Wort „Zeichen" in diesem Text platziert, indem es changierend zwei Bedeutungen einnimmt, und es ihm des Weiteren gelingt, im Dunkeln zu lassen, dass diese Bedeutungen verschieden sind, und wenn dieses Changieren an einer zentralen Stelle des vorgeblichen Argumentes stattfindet, dann ist dieser Text reproduktiv erfolgreich…Offensichtlich ist er

[623] Vgl. ebenso auch Searle (1977).

es sogar dann, wenn sich dieses Changieren aufweisen lässt und Derrida widerlegt wird. Searle, Habermas und wir haben uns bemüht, Derrida zu widerlegen, und damit Zeichenfolgen aus seinem Text zitiert und in neue Kontexte gestellt – kurz: iteriert. So pflanzt sich *Signatur Ereignis Kontext* im philosophischen Diskurs fort – unabhängig davon, ob dieser Text eine wahre Aussage über Zeichen macht. Wenn er es schafft, andere philosophische Modelle zu inspirieren und qua Originalität und kontroverser Thesen in der Diskussion zu bleiben, wird sein mangelnder Wahrheitsgehalt ihm nicht zum Verhängnis – schlicht und einfach, weil Wahrheit nicht zu den Reproduktionsbedingungen eines philosophischen Textes gehört.“[624]

Es gibt Hinweise darauf, dass Derrida auch das Verfassen und Verstehen seiner eigenen Texte in diesem Sinne dekonstruktivistisch verstanden hat. Aber wenn es so sein sollte, dann wäre damit ein zynisches und im übrigen falsches Bild von der Abfassung und Rezeption von Texten gezeichnet.[625] Denn sowohl der Autor als auch der Leser eines Textes muss diesen Text auf einer grundlegenden Ebene bereits verstanden haben, wenn man die eher marginalen und verdeckten Aspekte des Textes *als solche* ins Spiel bringen bzw. identifizieren und verfolgen möchte. Wenn wir gute Gründe haben, Aspekte eines Textes zu betonen und für wichtig zu halten, die aus der Perspektive des Textzentrums als marginal oder als Abzweigung anzusehen sind, so fällt dieser Versuch nicht aus der üblichen Methode des Verstehens heraus, sondern ändert nur eine bisher akzeptierte Interpretation *im Rahmen derselben Methode.* Wenn wir gute Gründe haben zu sagen, dass ein Text keine einheitliche widerspruchlose Bedeutung hat, sondern in verschiedene semantische Bedeutungen und Bedeutungselemente auseinanderfällt, so ist auch in diesem Fall schwer zu sehen, dass diese Attitüde einen methodischen Bruch mit der klassischen Hermeneutik oder mit einem modernen interpretationistischen Begriff des Verstehens darstellt. Denn offensichtlich muss die Unterstellung einer gewissen universellen Rationalität bereits akzeptiert sein, wenn man semantische Bruchstellen in Texten überhaupt verdeckt andeuten oder identifizieren will.[626]

[624] Bux, Greif (2002), 32f.

[625] Ein illustratives Beispiel für die Wirksamkeit dieses Bildes ist das eindrucksvolle Buch von Biagioli (1993). Vgl. dazu genauer kritisch Detel (2002).

[626] Zur Kritik des Dekonstruktivismus vgl. auch Tepe (2007), Buch 2, Kap. 18. Tepe bemängelt – zu Recht – vor allem die Distanzierung von jeder Wissenschaftlichkeit und den Übergang zu einer spekulativen, weltanschaulich ausgerichteten Arbeit an Texten sowie die Preisgabe des Sinn-Objektivismus (vgl. z. B. 537). Genauer formuliert artikuliert Tepe Toleranz gegenüber Weltanschauungen, kritisiert jedoch den impliziten Widerspruch zwischen weltanschulich-spekulativem Denken und einem Wahrheits- und Missionsanspruch im Dekonstruktivismus. Zur Kritik an der radikalen These von der durchgreifenden semantischen Unbestimmtheit aller Texte vgl. ibid. Abschnitt 18.3.

Kommen wir zum Abschluss zur dekonstruktivistischen Diagnose, dass die traditionelle Metaphysik der Präsenz jenes falsche Verständnis von Bedeutungen inspiriert, das die Dekonstruktivisten methodisch untergraben wollen[627]. Das Problem mit dieser Diagnose ist, dass die Bedeutungstheorie, der die westliche Metaphysik angeblich Genüge tun wollte, von keiner ernstzunehmenden modernen Semantik vertreten wird, und dass es sehr fraglich ist, ob sie überhaupt jemals vertreten wurde. Ähnliches gilt von dem naiven Realismus, den die Dekonstruktivisten der westlichen Philosophie unterstellen.[628] Und schließlich: „die" westliche Metaphysik gibt es nicht, schon gar nicht „die" Metaphysik der Präsenz.

Derrida hat ähnlich wie Heidegger vor allem antike Autoren wie Platon und Aristoteles im Blick, von denen die verbreitete Metaphysik des Nominalismus (auf den die dekonstruktivistische Diagnose natürlich nicht zutrifft) bekämpft worden ist. Diese beiden Autoren betrachten semantische Relationen in Sprachen jedoch als Hypothesen über die Welt. Sie behaupten dabei, dass die Welt aus strukturierten Dingen besteht und dass man philosophisch zwischen strukturierten Dingen und ihren Strukturen unterscheiden muss. Das ist metaphysisch harmlos und rechtfertigt den bombastischen Titel „Metaphysik der Präsenz" nicht.[629] Aus dieser Perspektive ist der Kampf der Dekonstruktivisten gegen die gesamte traditionelle Metaphysik weitgehend ein Kampf gegen Papiertiger.

Auch das dekonstruktivistische Wüten gegen die großen metaphysischen Gegensatzpaare, die unser bisheriges Denken angeblich fest, unbewusst und vor allem unbegründet im Griff haben, erweist sich als fragwürdig. Viele dieser Gegensatzpaare sind Bestandteile detaillierter Theorien, die zur Deutung der Welt in einem fallibilistischen Geist vorgeschlagen und daher oft auch kontrovers diskutiert wurden. Zwei der gegenwärtig wichtigsten Beispiele sind die Unterscheidungen zwischen Natur und Kultur und zwischen Körper und Geist. Ob diese Unterscheidungen überhaupt getroffen werden sollten, und wenn ja wie, und – wenn das Wie geklärt ist – auf welche Weise die Relationen zwischen diesen Bereichen dargestellt werden sollten, ist seit

[627] Wie wir im vorangehenden Abschnitt gesehen haben, beruht die dekonstruktivistische Sicht der machtanalytischen Hintergründe von Text- und Literaturproduktion (oben Punkt (iii)) auf krassen Missverständnissen der Foucaultschen Machtanalytik und Diskursanalyse. Diesen Punkt brauchen wir daher an dieser Stelle nicht noch einmal aufzugreifen.

[628] Man muss feststellen, dass zum Beispiel Derrida oft mit der simplifizierenden semiotischen Unterscheidung zwischen Signifikant und Signifikat operiert (etwa in der *Grammatologie*), also nicht einmal die von Frege erstmals klargestellte Differenz von Referenz und Bedeutung (von Extension und Intension) berücksichtigt.

[629] Zu einer neuen Interpretation von Platon und Aristoteles (im Rahmen einer Arbeit zur modernen Eigenschaftsontologie), die ihnen mit guten Gründen eine Ontologie im Lichte der Sprache zuschreibt, vgl. Becker, A.: *Diskursiver Platonismus*, Habilitationsschrift Frankfurt/Main 2011.

längerem ein Gegenstand äußerst detaillierter und komplexer theoretischer Debatten.

Hinter der dekonstruktivistischen Zurückweisung einer „Metaphysik der Präsenz" lassen sich allerdings auch Motive entdecken, die theoretisch akzeptabel sind und sich auch in Foucaults Denken wiederfinden: wir sollten den naiven Realismus vermeiden, den semantischen Holismus für natürliche Sprachen verteidigen, begriffliche Schemata nicht als vermittelnde Medien für unseren Zugang zur externen Welt auffassen und einräumen, dass es keinen direkten Zugang zu Bedeutungen gibt. Diese Intuitionen sind wichtig und richtig – nur dass der Dekonstruktivismus à la Derrida nicht die richtige Antwort auf diese philosophischen Forderungen ist. Es gibt heute bessere theoretische Alternativen, um diesen Intuitionen Rechnung zu tragen.

Beispielsweise kann – um diese Alternativen zumindest sehr grob zu umreißen – eine Art *minimaler Realismus* aus dem Faktum abgeleitet werden, dass Sprecher natürlicher Sprachen einander oft erfolgreich interpretieren können.[630] Der minimale Realismus, auf den ich hier anspiele, wird zuweilen *Kantianischer Physikalismus* genannt. Diese Position behauptet, dass die intrinsische Natur der externen Welt außerhalb unserer epistemischen Reichweite ist. Was die Naturwissenschaften beschreiben, ist nur die Weise, wie wir mit unserer epistemischen Ausstattung kausal mit der Welt verbunden sind – die kausal- relationale Natur der Dinge. Und die weitere These ist, dass alles, was wir sonst noch wissen, auf der kausal- relationalen Natur der Dinge superveniert.[631] Ferner weisen die heute verbreiteten externalistischen Bedeutungstheorien die Idee eines unmittelbaren Zugangs zu Bedeutungen zurück und machen Raum für die Einsicht, dass Gehalte mentaler Episoden und Bedeutungen linguistischer Entitäten von Interaktionen repräsentationaler Wesen untereinander und mit ihrer Umwelt abhängen. Und moderate Versionen des epistemologischen Kontextualismus können erklären, in welcher Weise Wissensansprüche unter anderem dadurch konstituiert werden, dass sie auf Rechtfertigungsmethoden beruhen, die ihrerseits historisch kontextuell sind.[632] Searles allgemeiner Hinweis, dass Derridas metaphysischer Anti-Fundamentalismus weder originell noch neu ist, trifft den Kern der Sache.[633]

Eine andere Form eines modernen reflektierten Realismus ist Crispin Wrights minimalistische Wahrheitstheorie. Die Mindestanforderungen für

[630] Dieses Argument wurde in verschiedenen Varianten präsentiert, zum Beispiel von Searle und Davidson. Vgl. Searle (1995), Kapitel 8; Davidson (1983) und Davidson (1997).

[631] Vgl. z. B. Jackson (1998).

[632] Vgl. Williams (1991); Detel (2003).

[633] Vgl. Searle (1977), Searle (1983).

die Anwendung des Wahrheitsprädikats, die von C. Wright formuliert werden, umreißen, was in den Diskursen, die diesen Anforderungen genügen, mit Realität gemeint ist – etwa dass sie stabil ist (einmal wahr, immer wahr), dass wahre Aussagen ihr entsprechen (die Korrespondenzplatitüde, ausgedrückt im Zitattilgungsschema der Wahrheit), und dass sie unabhängig davon ist, was wir begründet glauben.[634] Dem cognitive command zufolge (wie ihn Crispin Wright versteht) räumen wir einen Dissens in bestimmten Diskursen dadurch aus, dass wir das Zustandekommen der konfligierenden Meinungen überprüfen, zum Beispiel anhand kognitiver oder physiologischer Theorien. In jedem Fall führt der cognitive command über die Sprache hinaus zu einem explanatorischen Blick auf die Welt.[635]

Keine dieser alternativen Theorien impliziert freilich jenen Idealismus, Anti-Rationalismus oder radikalen epistemologischen Relativismus, den sich die Dekonstruktivisten auf ihre Fahnen geschrieben haben. Insbesondere zeigt bereits die traditionelle Hermeneutik, dass alle Sprecherinnen natürlicher Sprachen basale Formen der Rationalität teilen müssen, die mit dem radikalen Relativismus unvereinbar sind. Dieser hermeneutische Rahmen, und nicht der Dekonstruktivismus, muss auch heute die Perspektive sein, von der aus die tieferen philosophischen Intuitionen, die hinter jeder Theorie des Verstehens oder des Umgangs mit Texten stehen, rekonstruiert werden müssen.

Der überragende Einfluss des poststrukturalistischen Denkens[636] zeigt sich in vielen Bereichen, beispielsweise auch auf dem Feld der Wissenschaftsgeschichte. In der Interpretation der Wissenschaftsgeschichte bemühen sich poststrukturalistisch orientierte Autoren gewöhnlich um den Nachweis, dass die Wissenschaften und ihre Geschichte nicht von universellen Rationalitätsstandards geleitet sind, sondern allerlei kontingenten und kontextuellen Einflüssen unterliegen, die irreduzibel sind. Darin pflichten poststrukturalistisch orientierte Wissenschaftshistoriker den Sozialkonstruktivisten bei. Doch müssen sich diese Interpreten zugleich auf bestimmte Deutungen der von ihnen untersuchten wissenschaftshistorischen

[634] Zum letzteren Punkt vgl. Wrights Argument, dass aus *Es ist wahr, dass p, gdw p* folgt *Es ist nicht wahr, dass p, gdw es wahr ist, dass nicht-p;* dass dies aber nicht gilt, wenn „wahr" durch „gerechtfertigt behauptbar" ersetzt wird.

[635] Vgl. Wright, C. (1992).

[636] Angesichts der schweren Mängel dieser Position, wie sie im Vorhergehenden skizziert worden sind, ist dem abschließenden Urteil von Köppe, Winko (2008), 120 voll zuzustimmen: „Die Gründe für die Erfolge, die der Dekonstruktion in der Literaturwissenschaft insbesondere der 1980er und 1990er Jahre beschieden waren, dürften daher kaum in der *wissenschaftlichen* Attraktivität des dekonstruktivistischen Theorien- und Methodenrepertoires liegen; Erklärungen müssen hier wohl eher wissenschaftssoziologische, politische oder allgemein kulturelle Faktoren berücksichtigen."

Texte einlassen und fühlen sich gehalten, diese Deutungen auch zu belegen. Damit geraten sie in ein unaufhebbares methodisches Dilemma. Dieses Dilemma wird im Exkurs 2 anhand eines ausgewählten Beispieles anschaulich gemacht.

Unsere Diskussion von vier Theorien des Umgangs mit Texten, die im 20. Jahrhundert enorm einflussreich waren, zeigt im ganzen, dass von diesen Theorien nur der Strukturalismus für eine moderne Theorie des Verstehens von einiger Bedeutung ist. Denn der Strukturalismus hat zu Recht geltend gemacht, dass das Verstehen von Texten maßgeblich auf ein Erfassen der Textstruktur zurückgreifen muss, und dass sich darauf zum Teil auch der wissenschaftliche Anspruch des Textverstehens gründet. Semiotik, Poststrukturalismus und Dekonstruktivismus haben die Hermeneutik dagegen nicht entscheidend voranbringen können. Der Grund dafür ist nicht, dass diese Positionen zu viel an Philosophie enthalten (wie vor allem Literaturtheoretiker zuweilen vermutet haben), sondern dass sie zu viel an schlechter und überholter Philosophie enthalten. Die Semiotik hat vergeblich versucht, die Hermeneutik in eine Theorie der Semiose, also des Verstehens natürlicher Zeichen einzubetten, und Poststrukturalismus wie Dekonstruktivismus können dem Verstehen von Texten nur um den Preis inakzeptabler theoretischer Kosten seinen genuinen Gegenstandsbereich (das Reich der semantischen Gehalte und Bedeutungen) entreißen.

Allerdings: Wie die Philosophische Hermeneutik mit ihrer Reflexion über das Verstehen des Fremden und mit ihrer These von der Horizontverschmelzung im Verstehen eine wichtige hermeneutische Frage aufgeworfen hat, die über die traditionelle Hermeneutik hinausführt, so hat auch der Poststrukturalismus eine weiterführende Frage aufgeworfen, die sich auf die Dynamik der Formierung von Bedeutungen bezieht und auf die Vermutung zielt, dass Interpreten mit verstehenden Akten auf diese semantische Dynamik Einfluss nehmen. Damit wird ein Problem formuliert, dass ebenfalls den theoretischen Rahmen der traditionellen Hermeneutik sprengt und in einer angemessenen Hermeneutik in einer Weise gelöst werden muss, die über die bloße Formulierung der genannten Vermutung hinausgeht. Denn weder die Philosophische Hermeneutik noch der Poststrukturalismus verfügen über die begrifflichen und theoretischen Ressourcen für eine angemessene Bearbeitung dieser neuen Gesichtspunkte.[637]

[637] Vgl. dazu genauer unten, Kapitel 10.

KAPITEL 6: VERSTEHEN ALS LOGISCHE ANALYSE

Wie wir in den beiden vorangehenden Kapiteln gesehen haben, konnten diejenigen Positionen, die im 20. Jahrhundert das Nachdenken über den angemessenen Umgang mit Texten und Reden weitgehend dominiert haben (von der Semiotik und Philosophischen Hermeneutik bis zum Poststrukturalismus und Dekonstruktivismus), die Theorie des Verstehens nicht entscheidend voranbringen, auch wenn sie einige interessante, aber vage Intuitionen entwickelt haben. Es ist bemerkenswert, dass sich zeitgleich mit der Entfaltung dieser Positionen im Rahmen der neu entwickelten formalen Logik und des logischen Empirismus eine neue Variante der Hermeneutik herausgebildet hat. Ihr Kern ist eine Theorie des Verstehens der logischen Form sprachlicher Sätze. Das Verstehen wird hier also als logische Analyse von Satzformen aufgefasst. Eine *Hermeneutik der logischen Formen* geht davon aus, dass es ein wichtiger Bestandteil des Verstehens sprachlicher Gebilde ist, ihre verschiedenen Formen zu erfassen. Diese grundlegende Annahme wurde, wie wir gesehen haben, auch von einigen Positionen der klassischen Hermeneutik unterstützt. Doch hatte die klassische Hermeneutik dabei primär grammatische, rhetorische und poetische Formen im Blick. Und die disziplinäre Trennung von Hermeneutik und Grammatik, die sich im Verlauf des 17. Jahrhunderts vollzog, hat dazu geführt, dass das Problem des Erfassens sprachlicher Formen aus der Hermeneutik als Theorie des Erfassens von semantischen Gehalten der Gedanken, Reden und Texte ausgelagert wurde.[638]

Die traditionelle Analyse logischer Formen war, wie wir in Kapitel 1 gesehen haben, ein elementarer Bestandteil der aristotelischen Syllogistik, die bis zur Mitte des 19. Jahrhunderts die führende logische Theorie blieb. Spätere logische Theorien, etwa die Aussagenlogik, die von den Stoikern entwickelt wurde, und viele Varianten der mittelalterlichen Logik haben substantiell zur logischen Analyse von einfachen und komplexen Sätzen beigetragen. Hier handelt es sich um Theorien der formalen Logik im engeren Sinn. Und es ist vermutlich fair zu sagen, dass sich zwischen der klassischen formalen Logik und der Hermeneutik in der Zeit von Aristoteles bis zur Mitte des 19. Jahrhunderts keine engeren theoretischen Verbindungen hergestellt haben. Zwar wurde die Hermeneutik, wie wir gesehen haben, vor

[638] Vgl. oben Abschnitt 2.1, S. 92. In der modernen Hermeneutik hat vor allem der Strukturalismus das Erfassen sprachlicher Formen in den Mittelpunkt seiner Theoriebildung gestellt, vgl. oben Abschnitt 5.2.

allem in der Frühen Neuzeit zum Teil als Bestandteil der Logik angesehen, doch wurde die Logik dabei nicht mehr lediglich als formale Logik betrachtet.

Bereits Aristoteles und die Stoiker haben jedoch darauf hingewiesen, dass die formale Logik und ihre Analyse der logischen Formen wesentlich auf dem speziellen Erfassen der Bedeutungen der logischen Zeichen beruhen.[639] Insofern handelt es sich bei der logischen Hermeneutik um einen Spezialfall von Hermeneutik. Unter hermeneutischem Gesichtspunkt ist daher nicht die Hermeneutik ein spezieller Teil der Logik, sondern die Logik (genauer die logische Hermeneutik) ist ein Bestandteil der allgemeinen Hermeneutik.

Von der Mitte des 19. Jahrhunderts an begann ein rasanter Aufschwung der formalen Logik, der schnell über die klassische formale Logik hinausführte und seine Erfolgsgeschichte bis heute fortsetzen konnte. Im Rahmen der neuen formalen Logik wurde auch eine neue Semantik und logische Hermeneutik umrissen. Diese neue logische Hermeneutik wurde ihrerseits in den logischen Empirismus integriert – also in jene philosophische Position, deren Aufstieg zu Beginn des 20. Jahrhunderts begann und die zu einem der einflussreichsten, wenn nicht dem einflussreichsten philosophischen Paradigma des 20. Jahrhunderts werden sollte. Im logischen Empirismus wurde die logische Hermeneutik nicht nur weiter entwickelt, sondern auch als Element eines umfassenderen hermeneutischen Verfahrens betrachtet, das in einer logisch-semantischen Analyse der Bedeutungen sprachlicher Gebilde (und insbesondere auch wissenschaftlicher Hypothesen und Theoreme) bestand und zur zentralen wissenschaftlichen Methode der Formalwissenschaften erklärt wurde. Obgleich die logischen Empiristen so gut wie nie von Hermeneutik gesprochen haben und weit davon entfernt waren, die Geisteswissenschaften und ihre interpretatorischen Bemühungen als wissenschaftliche Verfahren anzuerkennen, haben sie dennoch der logischen Hermeneutik zum Durchbruch verholfen und sie zu einem umfassenderen Verfahren der semantischen Analyse ausgebaut.

Diese Variante der Hermeneutik ist in keiner der bisherigen Darstellungen zur Geschichte der Hermeneutik berücksichtigt worden. Das ist umso bedauerlicher, als gerade die logische Hermeneutik in ihrer klassischen wie in ihrer modernen Variante einen Gesichtspunkt deutlich macht, der für eine moderne Theorie des Verstehens von grundlegender Bedeutung ist. Dieser Gesichtspunkt hängt mit dem Verhältnis des Verstehens sprachlicher Formen und Inhalte zusammen, d. h. mit der Beziehung des Verstehens von Syntax und des Verstehens von Semantik.

[639] Vgl. oben, Abschnitt 1.2, S. 67–69.

Das folgende Kapitel ist der modernen logischen Hermeneutik gewidmet, also der Theorie des Verstehens logischer Zeichen und logischer Satzformen. Dafür soll zunächst einer der Meilensteine der modernen Semantik und logischen Hermeneutik skizziert werden, in dem erstmals in klarer Weise zwischen Referenz und Bedeutung unterschieden wird. Diese Unterscheidung war eine der grundlegenden Voraussetzungen der logischen Hermeneutik und ihrer Verallgemeinerung zur Theorie der logischen Analyse als Theorie des Verstehens logischer Formen. Es handelt sich um Freges berühmten Aufsatz „Über Sinn und Bedeutung" aus dem Jahre 1892. In den weiteren Abschnitten dieses Kapitels wird umrissen, wie die logische Hermeneutik in der modernen Logik und Mathematik genauer beschaffen ist und wie die logischen Empiristen die neue logische Hermeneutik zu einer allgemeineren Hermeneutik der logischen Form als logischer Analyse ausgebaut haben.[640]

6.1. Frege und das Verstehen logischer Formen

Die Historiker der Logik sind sich darin einig, dass Gottlob Freges Arbeiten der wichtigste und grundlegendste Beitrag zur Entwicklung der modernen Logik gegen Ende des 19. Jahrhunderts gewesen sind. So wird Freges Aufsatz *Über Sinn und Bedeutung* in der modernen Sprachtheorie oft als erste klare *Unterscheidung von Referenz* (die von Frege als Bedeutung bezeichnet wird) *und Bedeutung* (die von Frege als Sinn bezeichnet wird) gewertet.[641] Doch war diese Unterscheidung, wie wir gesehen haben, bereits in vielen Varianten der klassischen Hermeneutik bekannt.[642] Dennoch ist es wichtig, sich Freges Argumentation anzusehen, denn sie bildete eine der wichtigsten Grundlagen für die Semantik und Hermeneutik des logischen Empirismus, und sie leistet in Hinsicht auf die Unterscheidung von Referenz und Bedeutung mehr, als es die klassische Hermeneutik vermocht hat.

Frege eröffnet seine zentrale Argumentation in diesem Aufsatz mit der These, dass ein Zeichen, insbesondere ein Eigenname, einerseits eine Bedeutung, andererseits einen Sinn hat. Die Bedeutung ist der Gegenstand, auf den sich das Zeichen bezieht; der Sinn ist die Art, wie das Zeichen (uns) gegeben ist. Die Eigennamen „Abendstern" und „Morgenstern" haben bei-

[640] Wichtige allgemeine Literatur zur Übersicht: Ayer (1971), Beaney (Hrg.) (2007), Coffa (1991), Jackson (1998), Soames (2003), Strawson (1992), Urmson (1956).

[641] Vgl. Frege (1892).

[642] Vgl. zu Frege z. B. die grundlegenden Arbeiten von Michael Dummett: Dummett (1973), Dummett (1978), Dummett (1981), Dummett (1991), Dummett (1993). Ferner: Evans (1981), Wright (1983).

spielsweise die Bedeutung „Venus“ und den Sinn „der Stern, der abends (bzw. morgens) an der und der Stelle steht“.

Freges Begründung für diese grundlegende These ist ebenso prägnant wie berühmt: Wir behaupten zuweilen Sätze der Form „a = a“ und „a = b“, wobei „a“ und „b“ Eigennamen sind. Dabei ist der Satz „a = a“ aus logischen Gründen wahr, aber der Satz „a = b“ wird häufig als empirischer Satz und damit als Ausdruck echter empirischer Erkenntnis verstanden. Dieses Faktum wäre unmöglich, wenn die Identität eine Relation zwischen Gegenständen wäre, denn dann müßten die Sätze „a = a“ und „a = b“ beide aus logischen Gründen wahr sein. Es kann sich auch nicht um eine Identität zwischen den Lautgestalten oder Schriftzeichen handeln, denn dann wäre der Satz „a = b“ falsch. Das genannte Faktum läßt sich vielmehr nur dann erklären, wenn die Identität eine Identität des Gegenstandsbezuges (also der Bedeutung) der Zeichen ist, und wenn die Zeichen „a“ und „b“ zugleich einen unterschiedlichen Sinn haben. Daher müssen Bedeutung und Sinn von Eigennamen unterschieden werden.

Frege betont, dass wenn der Sinn eines Eigennamens gegeben ist, damit noch nicht notwendigerweise seine Bedeutung gegeben ist; insbesondere ist nicht sicher, ob der Eigenname überhaupt eine Bedeutung hat. Eine vollständige Erkenntnis der Bedeutungen durch Angabe jedes Sinnes, der zu ihr gehört, ist allerdings unmöglich (denn Bedeutungen sind im Prinzip unendlich vielfältig beschreibbar). Doch gibt es im allgemeinen regelmäßige Verknüpfungen zwischen Zeichen und Sinn sowie zwischen Sinn und Bedeutung (sofern es eine Bedeutung gibt). Generell gilt nach Frege eine Prioritätsthese, die sich als historisch wirkungsmächtig erweisen sollte: Wir können die Bedeutung eines Zeichens nicht angeben, ohne seinen Sinn zu kennen. Wenn wir beispielsweise den Sinn von „London“ nicht kennen, können wir weder entscheiden noch wissen, auf welchen Gegenstand sich dieser Ausdruck beziehen könnte.[643]

[643] Frege diskutiert auch zwei kompliziertere Fälle – zunächst Ausdrücke über Ausdrücke in direkter („gerader“) Rede: In Sätzen, in denen Worte einer anderen Person zitiert werden, bedeuten die Zitate die Worte der anderen Person, und erst diese Worte haben ihre gewöhnliche Bedeutung. Im vom Vater geäußerten Satz „Die Kleine hat eben ‚Mama‘ gesagt“ bedeutet zum Beispiel der vom Vater geäußerte Ausdruck „‚Mama‘“ das Wort (der Kleinen) „Mama“, und dieses Wort der Kleinen, also „Mama“, bedeutet Mama. Die zweite Komplikation betrifft die indirekte („ungerade“) Rede: In Sätzen mit dass-Klauseln werden die Worte anderer Personen indirekt zitiert. Dabei geben die dass-Klauseln genauer den Sinn der Worte anderer Personen wieder. Die Worte der dass-Klauseln bedeuten also das, was der Sinn derselben Worte in direkter Rede ist. Im Satz „Peter hat gesagt, dass Barbara musikalisch ist“ bedeutet zum Beispiel die dass-Klausel den Sinn des direkten Satzes „Barbara ist musikalisch“, denn der Sinn dieses Satzes ist gerade, dass Barbara musikalisch ist. Frege sagt in beiden Fällen nicht, was der Sinn der zitierten Worte im einzelnen ist. Im Fall der direkten Rede ist der Sinn von „‚Mama‘“ ungefähr: das Wort, das die Kleine, auf ihre Mama blickend, an diesem Ort zu

Eine weitere grundlegende Behauptung, die Frege in diesem Aufsatz verteidigt, ist der *Grundsatz des Anti-Psychologismus*: Semantischer Sinn und psychologische Vorstellung müssen streng unterschieden werden. Verstehen als Erfassen des Sinns ist daher nicht einfach ein Erfassen psychologischer Episoden. Denn Vorstellungen sind, wie Frege ausführt, innere Bilder, die aus Erinnerungen an Sinneseindrücke und eigene Tätigkeiten entstanden sind. Vorstellungen sind subjektiv, insofern sie mentale Episoden jeweils einer bestimmten Person sind, und sie sind individuell, insofern sie raumzeitlich bestimmbare Episoden sind. Der Sinn von Zeichen ist dagegen nicht subjektiv, sondern vielen Menschen gemeinsam („öffentlich") und daher nicht ein mentaler Zustand eines bestimmten Subjekts. Frege fügt hinzu, dass damit nicht ausgeschlossen ist, dass auch Vorstellungen verschiedener Personen denselben Sinn (also denselben semantischen Gehalt) haben. Doch erörtert er die Frage nach der Beziehung von Wörtern und Vorstellungen mit jeweils demselben Sinn nicht näher. Die Theorie des Geistes spielt für Freges Semantik noch keine wichtige theoretische Rolle.

Der Sinn eines Satzes ist nach Frege der Gedanke, der ihn begleitet, d. h. genauer der objektive Sinn des Gedankens, der den Satz begleitet, während die Bedeutung eines Satzes sein Wahrheitswert ist. Zur Begründung führt Frege ein Austauschkriterium ins Feld: Der Austausch bedeutungsgleicher Teile eines Satzes ändert die Bedeutung (und damit den Wahrheitswert) des Satzes nicht, kann aber sehr wohl den Gedanken, der den Satz begleitet, ändern. Beispielsweise ist der Gedanke des Satzes „Der Morgenstern ist ein Planet" verschieden vom Gedanken des Satzes „Der Abendstern ist ein Planet", obgleich der zweite Satz aus dem ersten durch Austausch bedeutungsgleicher Teile entsteht. Darum kann der Gedanke, der einen Satz begleitet, nicht die Bedeutung, sondern muss der Sinn des Satzes sein.

Im übrigen betont Frege, dass die Frage nach der Bedeutung (also nach der Referenz im modernen Sinne) von Sätzen berechtigt ist, denn wir behaupten Sätze, und wir halten sie oft für wahr oder falsch. Dabei kommt es uns meist auf den Wahrheitswert der Sätze an. Insofern kann Freges Auffassung zufolge das Streben nach Wahrheit als Forderung betrachtet werden, zur Bedeutung überzugehen. Die Frage nach dem Wahrheitswert ist daher die Frage nach der Bedeutung des Satzes.

Wenn die Bedeutung eines Satzes sein Wahrheitswert ist, dann muss das Austauschkriterium auch für Sätze und ihre Teilsätze gelten. Das ist tatsächlich der Fall. Denn wenn Teilsätze eines Satzes durch andere Sätze mit demselben Wahrheitswert ersetzt werden, bleibt der Wahrheitswert

dieser Zeit gesagt hat. Ähnlich ist im Falle der dass-Klausel der Sinn ungefähr: der Satz, den diese bestimmte Person an diesem Ort zu dieser Zeit gesagt hat.

des gesamten Satzes erhalten (ausgenommen ein Austausch in indirekter Rede, also in dass-Klauseln, aber das ist ein Sonderfall). Demnach haben alle wahren und alle falschen Sätze dieselbe Bedeutung, d. h. beziehen sich auf dasselbe – alle wahren Sätze beziehen sich nämlich auf das Wahre, alle falschen Sätze dagegen auf das Falsche. Sätze vermitteln uns daher nur dann Erkenntnis, wenn wir sowohl ihren Sinn als auch ihre Bedeutung kennen.[644]

Neben Eigennamen und Sätzen haben Frege zufolge auch generelle Prädikatoren (Ausdrücke wie „Herz", „Auto" oder „Berg") Bedeutung und Sinn. Die Begründung ist analog zum Fall der Eigennamen. Wenn wir die beiden Sätze

(a) Ein x ist ein Lebewesen mit Herz dann und nur dann, wenn x ein Lebewesen mit Herz ist.
(b) Ein x ist ein Lebewesen mit Herz dann und nur dann, wenn x ein Lebewesen mit Niere ist.

miteinander vergleichen, dann wird niemand den tautologischen Satz (a) bezweifeln, aber Satz (b) war einst eine empirische Entdeckung. Und doch beziehen sich die beiden generellen Prädikatoren „Lebewesen mit Herz" und „Lebewesen mit Niere" nach (b) auf dieselbe Klasse von Lebewesen. Sie haben also dieselbe Bedeutung (dieselbe Referenz in moderner Ausdrucksweise), aber einen unterschiedlichen Sinn (eine unterschiedliche Bedeutung in moderner Ausdrucksweise). Frege behauptete, der Sinn eines generellen Prädikators ist der entsprechende Begriff.

Damit hatte Frege nicht nur, wie in der traditionellen Hermeneutik, (zu Recht) behauptet, sondern auch überzeugend begründet, warum der Sinn von wichtigen Arten sprachlicher Ausdrücke – also das, was wir wissen, wenn wir den Ausdruck verstehen – nicht in seinem Bezug auf externe Dinge in der Welt (nicht in seiner Referenz, modern formuliert) bestehen kann. Doch hat Frege keine nähere Explikation des Sinns von Ausdrücken geliefert. Er bemerkt lediglich, der Sinn eines Ausdrucks sei die Art und Weise, wie seine Referenz präsentiert werde.

So wichtig Freges Begründung der Differenz von Sinn und Bedeutung für die moderne logische Hermeneutik war, noch grundlegender war sein

[644] Auf den ersten Blick scheint es vielleicht nahezuliegen, das Ereignis p als Bedeutung des Satzes „p" anzusehen (z. B. zu sagen, das Ereignis, dass Caesar ermordet wurde, sei die Bedeutung des Satzes „Caesar wurde ermordet" – das, worauf dieser Satz sich bezieht). Aber es ist schwierig, auf spezifische Ereignisse unabhängig von ihrer sprachlichen Beschreibung zuzugreifen (jedenfalls wenn wir nicht dem naiven Realismus huldigen). Daher ist es nicht unvernünftig, das Wahre und das Falsche als die beiden möglichen Bedeutungen von Sätzen anzusehen.

neues *Verständnis der logischen Form* wichtiger Arten von deskriptiven Sätzen (also von Aussagen).

Bereits bei Frege wird die logische Hermeneutik, also die Theorie des angemessenen Verstehens von logischen Konstanten, zur Methode der logischen Analyse ausgebaut, also zu einer Theorie des angemessenen Verstehens der logischen Form von Sätzen. Die *logische Analyse* trat ihrerseits in ein neues Verhältnis zur grammatischen Hermeneutik, also der Theorie des angemessenen Verstehens von grammatischen Formen. Denn die logische Analyse trat mit dem Anspruch auf, die grammatische Hermeneutik zu verbessern und ein genaueres Verstehen sprachlicher Formen zu liefern als die grammatische Hermeneutik. Aus der Perspektive der logischen Analyse verschleiert die traditionelle Grammatik oft die wahren Sprachformen oder bietet lediglich ambivalente Deutungen an. Zugleich war die logische Analyse nach Auffassung führender Proponenten im logischen Empirismus ein interpretatives Verfahren, weil diese Form der Analyse die angemessene Übersetzung eines gegeben Satzes einer natürlichen Sprache in eine genauere logische Form involviert – eine logische Form, deren Verstehen zum Erfassen der tatsächlichen Bedeutung des gegebenen Satzes wesentlich beiträgt.[645]

Einige Beispiele können die Stoßrichtung der logischen Analyse erläutern helfen. So hat Frege eine logische Analyse von Zahlaussagen wie etwa

(i) Gadamers Buch *Wahrheit und Methode* hat sechs Exkurse.

vorgeschlagen, die davon ausgeht, dass Zahlaussagen Aussagen über einen Begriff sind[646], so dass (i) zu übersetzen ist in

(ii) Der Begriff *Exkurs in Gadamers Buch „Wahrheit und Methode"* hat sechs Instanzen.

Zum angemessenen Verstehen von (i) gehört es dieser logischen Analyse zufolge, dass in (i) nicht die Eigenschaft, sechs Exkurse zu haben, von Gadamers berühmtem Buch prädiziert wird (wie es der dekompositionalen

[645] Damit unterschied sich die logische Analyse deutlich von anderen historisch etablierten Formen der Analyse, namentlich von der dekompositionalen Analyse, die in der Ermittlung der kleinsten Bestandteile eines komplexen Gegenstandes (oder Satzes) besteht, und von der regressiven Analyse, die ein Verfahren ist, sich von gegebenen Theoremen einer Theorie zu den ersten Prinzipien oder Axiomen der Theorie zurückzuarbeiten (vgl. dazu Beaney (2009), Abschnitt 1.1). Dekompositionale und regressive Analysis wurden bereits in der Antike betrieben und bei Aristoteles mit der Analytik der Syllogistik zu einem einheitliche Verfahren verschmolzen (vgl. dazu Detel (2006)).

[646] Vgl. Frege (1884).

grammatischen Analyse entsprechen würde), sondern dass von dem Begriff *Exkurs in Gadamers Buch „Wahrheit und Methode“* der Begriff zweiter Ordnung *sechs Instanzen haben* prädiziert wird. Auf dieselbe Weise wären zum Beispiel auch

(iii) Geflügelte Pferde existieren nicht.
(iv) Gott existiert.

zu übersetzen in

(v) Der Begriff *geflügeltes Pferd* hat keine Instanz.
(vi) Der Begriff *Gott* hat genau eine Instanz.

Die Übersetzung (v) von (iii) zeigt zum Beispiel, dass wir (iii) nicht so verstehen sollten, dass über einen nicht-existierenden Gegenstand (mittels eines Ausdrucks, der auf nichts referiert) gesprochen wird, sondern in dem ontologisch viel unproblematischeren Sinne, dass von Instanzen bestimmter Begriffe die Rede ist.

Ähnlich hat Gilbert Ryle in einem Aufsatz über systematisch missverständliche Ausdrücke[647] betont, dass etwa die Sätze

(vii) Unpünktlichkeit ist tadelnswert.
(viii) Jones hasst den Gedanken, in ein Krankenhaus gehen zu müssen.

zu verstehen sind im Sinne von

(ix) Jede Person, die unpünktlich ist, verdient es, von anderen Personen dafür getadelt zu werden, unpünktlich gewesen zu sein.
(x) Jones fühlt sich gestresst, wenn er daran denkt, dass er in ein Krankenhaus gehen muss.

Mit anderen Worten, wir müssen (vii) und (viii) nicht so verstehen, dass in diesen Sätzen über Dinge wie Unpünktlichkeit oder Gedanken die Rede ist, die nicht beobachtbar sind und daher als abstrakte Entitäten ontologisch postuliert werden müssten. Die Übersetzungen (ix) und (x) sind ontologisch weitaus unverfänglicher.

Diese Art der logischen Analyse wurde nun aber durch Freges allgemeineres Verständnis der logischen Form von Aussagen entscheidend voran-

[647] Ryle (1932).

gebracht.[648] Denn nachdem klargestellt war, worin die logischen Formen von Sätzen bestehen, konnte genauer angegeben werden, welche Form von Übersetzung (und damit welche Form von Verstehen) die logische Analyse annehmen kann.

Für Frege ist die logische Form von Aussagen eine Art von mathematischer Funktion, also einer Zuordnung von Elementen einer Definitionsmenge D zu Elementen einer Wertemenge W, derart dass jedem Element von D genau ein Element aus W zugeordnet ist. Nach der traditionellen Grammatik hat ein Satz wie „Maria singt" die Subjekt-Prädikat-Form, wobei „Maria" ein Substantiv und „singt" eine finite Verbform ist. Nach Frege müssen wir als grundlegende Wortarten Ausdrücke, die sich auf genau einen Gegenstand beziehen (singuläre Termini, später Nominatoren genannt), von Ausdrücken, die sich auf eine Klasse von Gegenständen beziehen (generelle Termini, später Prädikatoren genannt) unterscheiden. Und unter den Prädikatoren gibt es einstellige und mehrstellige Prädikatoren (wie den einstelligen Prädikator „intelligent" und den zweistelligen Prädikator „lieben"). Jeder Prädikator kann als eine mathematische Funktion aus der Definitionsmenge der Gegenstände (bezeichnet durch Nominatoren) in die Wertemenge der Wahrheitswerte (wahr, falsch) aufgefasst werden. Frege bezeichnete Prädikatoren daher auch als ungesättigte Ausdrücke und schrieb sie in der Form P(x) (etwa: intelligent (x) oder lieben (x,y)), um anzudeuten, dass sie eine oder mehrere Leerstellen enthalten, die mit einem oder mehreren Nominatoren (von Frege auch Argumente genannt) gefüllt werden müssen, damit ein Satz herausspringt, der wahr oder falsch ist.

Diese – auf den ersten Blick seltsam anmutende – Idee lässt sich recht einfach erläutern. Wie zum Beispiel die mathematische Funktion $f(x) = x^2$ eine allgemeine Zuordnung aus der Definitionsmenge der reellen Zahlen in die Wertemenge der positiven reellen Zahlen ist und durch Einsetzen eines bestimmten Argumentes, zum Beispiel 3, den Wert 9 liefert (denn $f(3) = 9$), so ist zum Beispiel der Prädikator „intelligent (x)" eine mathematische Funktion aus der Definitionsmenge der Menschen in die Menge der Wahrheitswerte, die sich allgemein so definieren lässt: intelligent (x) = wahr, falls x intelligent ist, und intelligent (x) = falsch, wenn x nicht intelligent ist. Zum Beispiel ergeben sich die Einsetzungen: intelligent (Aristoteles) = wahr, intelligent (George Bush) = falsch. Wir betrachten hier die Werte der Funktion „intelligent (x)" an den beiden Stellen Aristoteles und George Bush.

[648] Diese Theorie wurde in Freges grundlegendem ersten Buch, der *Begriffsschrift,* ausformuliert (siehe Frege (1879)). Vgl. dazu z. B. Beaney (1996) (vor allem Kap. 5 zu Analyse und Definition); Dummett (1981), 28–30, 62–6 zu alternativen Analysen; 667–9, 680, 683 zu Bedeutungsanalysen; Mendelsohn (2005) (bes. Kap. 2).

Aussagen wie „Heinrich bewundert Margot“ und „Margot wird von Heinrich bewundert“ haben nach der traditionellen Grammatik unterschiedliche Formen. Der erste Satz ist ein Aktiv, der zweite ein Passiv. Ferner ist im ersten Satz „Heinrich“ das Subjekt, „bewundert“ das Prädikat und „Margot“ das Akkusativ-Objekt, im zweiten Satz ist „Margot“ das Subjekt, „wird bewundert“ das Prädikat und „von Heinrich“ ein präpositionales Objekt. Nach Freges funktionaler Analyse dagegen haben beide Sätze dieselbe funktionale Form, nämlich „bewundern (x,y)“, mit den Einsetzungen x = Heinrich und y = Margot. In diesem Fall verschleiert die grammatische Analyse der sprachlichen Form die Tatsache, dass beide Sätze dieselbe grundlegende logische Form haben. Der Unterschied zwischen dem grammatischen Aktivsatz und dem grammatischen Passivsatz löst sich im Rahmen der logischen Hermeneutik auf.

Die funktionale Analyse lässt sich auch auf aussagenlogische Formen anwenden, wie sie seit den Stoikern diskutiert worden waren. Denn die aussagenlogischen Konstanten lassen sich als Wahrheitsfunktionen aus der Definitionsmenge der Paare von Wahrheitswerten in die Wertemenge der einfachen Wahrheitswerte auffassen. Die Semantik von „und“ und damit die Bedeutung der Aussageform „p und q“ ist zum Beispiel die Wahrheitsfunktion:

(w,w) → w, (w,f) → f, (f,w) → f, (f,f) → f;

die Semantik von „wenn – dann“ und damit die Bedeutung der Aussageform „wenn p, dann q“ ist die Wahrheitsfunktion:

(w,w) → w, (w,f) → f, (f,w) → w, (f,f) → w;

und die Semantik des weichen „oder“ und damit die Bedeutung der Aussageform „p oder q“ ist die Wahrheitsfunktion:

(w,w) → w, (w,f) → w, (f,w) → w, (f,f) → f.

Auch die aussagenlogischen Formen von deskriptiven Sätzen haben also logische Formen, die bestimmte mathematische Funktionen sind.

Endlich lassen sich auch quantifizierte Sätze (darunter auch die syllogistischen Sätze) funktional analysieren. Nach der traditionellen Grammatik haben auch Sätze wie „Einige (bzw. alle) Politiker lügen“ oder „Einige (bzw. alle) Politiker belügen alle Wähler“ eine Subjekt-Objekt-Form (im zweiten Satz ergänzt durch ein Akkusativ-Objekt), wobei in beiden Fällen der komplexe Name „einige (bzw. alle) Politiker“ das Subjekt ist. Nach Freges funktionaler

Analyse stecken in diesen Sätzen jedoch Quantoren (der Allquantor „für alle x gilt" und der Existenzquantor „es gibt mindestens ein x, so dass gilt") und Pädikatoren, die auch in diesen Fällen als mathematische Funktionen aufgefasst werden. Die logische Form dieser Sätze trennt nicht das Subjekt „einige (bzw. alle) Politiker" vom Prädikat „belügen" und im zweiten Fall zusätzlich von dem Akkusativobjekt „alle Wähler", sondern die Quantoren vom Rest der im Satz auftretenden Ausdrücke. Denn ein Prädikator, aufgefasst als eine bestimmte mathematische Funktion, wird nicht nur durch Einsetzung von Nominatoren an seinen Argumentstellen x, y..., sondern auch durch Voranstellen von Quantoren (also durch Bindung der Argumentstellen durch Quantoren) in wahre oder falsche Sätze überführt. Der Satz „Alle lügen" hat also zum Beispiel die logische Form „Für alle x gilt: lügen (x)", und der Satz „Einige lügen" hat die logische Form „Es gibt mindestens ein x, so dass gilt: lügen(x)". Und die allgemeine funktionale Analyse solcher Sätze ist:

(1) „Für alle x gilt: P (x)" (wobei „P" ein einstelliger Prädikator ist) = wahr, wenn „P" auf alle Elemente im Definitionsbereich zutrifft, andernfalls ist die Aussage falsch; und
(2) „Es gibt mindestens ein x, so dass gilt: P (x)" = wahr, wenn „P" auf mindestens ein Element im Definitionsbereich zutrifft, andernfalls ist die Aussage falsch.

Darüber hinaus deckt die funktionale Analyse der beiden Sätze „Alle Politiker lügen" und „Einige Politiker lügen" auf, was in der grammatischen Analyse verborgen bleibt, nämlich dass im ersten Satz eine wenn-dann-Form, im zweiten Satz dagegen eine und-Form steckt. Denn der erste Satz hat die logische Form: „Für alle x gilt: wenn Politiker (x), dann lügen (x)." Der zweite Satz hat hingegen die logische Form: „Es gibt mindestens ein x, so dass gilt: Politiker (x) und lügen (x)." Und schließlich kann Freges funktionale Analyse im Gegensatz zur Syllogistik auch mehrstellige Prädikatoren in die Theorie der logischen Form und damit in die logische Hermeneutik integrieren. Ein Satz wie „Einige Politiker belügen alle Wähler" enthält demzufolge eine doppelte Quantifikation (also zwei Quantoren) und hat die logische Form: „Es gibt mindestens ein x, so dass für alle y gilt: Politiker (x) und Wähler (y) und belügen(x,y)."[649]

Aus dieser einheitlichen Theorie der logischen Formen als bestimmter Arten von mathematischen Funktionen folgt, dass die Theorie grammatischer Formen eine Reihe verschiedener Fehler enthält. Sie geht zum Beispiel von Wortarten wie Substantiv, Verb und Adjektiv aus, die quer zur Unter-

[649] Eine gute Erläuterung dazu findet sich in Carl (1994), bes. 60–72, 109–12.

scheidung von Nominatoren und Prädikatoren liegt, denn Substantive sind zum Teil Nominatoren, zum Teil Prädikatoren, und Verben sind wie Adjektive Prädikatoren. Ferner wird nicht zwischen ein- und mehrstelligen Prädikatoren unterschieden, sondern im Falle von Verben zwischen transitiven und intransitiven Verben, während im Falle von Adjektiven die Komparative die zweistellige Struktur darstellen. Außerdem unterstellt die traditionelle Grammatik, dass, wie man heute auch sagt, in quantifizierten Sätzen komplexe Nomen wie „alle (bzw. einige) Politiker" Satzkonstituenten sind, also zum Beispiel als Subjekte oder Objekte auftreten, und verschleiert die Differenz zwischen Allquantifikationen und Existenzquantifikationen. Und die traditionelle Grammatik liefert keine einheitliche Analyse von Sätzen, die mehrstellige Prädikatoren enthalten.

Diesen Beispielen ließen sich viele weitere hinzufügen. Eine logische Analyse, die stets als paradigmatisch empfunden wurde, ist Bertram Russells sogenannte *Theorie der Kennzeichnungen* – eine „Theorie", die letztlich eine logische Analyse von Sätzen darstellte, die Kennzeichnungen enthalten,[650] wie etwa

(xi) Der gegenwärtige König von Frankreich ist musikalisch.

Da es gegenwärtig (und wohl auch auf absehbare Zeit in der Zukunft) keinen König von Frankreich gibt, scheint es im Fall von (xi) nicht klar zu sein, worauf die Kennzeichnung *der gegenwärtige König von Frankreich* referiert. Und daher ist weder klar, ob dieser Satz überhaupt falsch ist, noch was er genauer bedeutet. Russell schlug daher folgende logische Analyse von (xi) vor:

(xii) Es gibt einen und nur einen König von Frankreich, und dieser König ist musikalisch.

Diese logische Analyse kann ihrerseits in die folgende Fregesche logische Form überführt werden:

(xiii) $\bigvee x\,(K(x) \wedge \bigwedge y\,(K(y) \supset y = x) \wedge M(x))$
(mit: $K(x)$ = x ist König von Frankreich; $M(x)$ = x ist musikalisch).

Da nach der von Frege etablierten Logik aus (xiii) unter anderem $\bigvee x\, K(x)$ (also: es gibt einen gegenwärtigen König von Frankreich) logisch folgt und diese Folgerung definitiv falsch ist, müssen auch (xii) und (xiii) falsch sein.

650 Russell (1905); ferner Hylton (2007; Neale (Hrg.) (2005).

Der entscheidende Punkt ist also, dass Freges logische Analyse unter anderem die These begründete, dass das angemessene Verstehen der sprachlichen Formen auch ein angemessenes Verstehen der logischen Formen enthalten muss, dass aber das Verstehen der logischen Formen nicht mehr an der traditionellen grammatischen Analyse und auch nicht mehr an der syllogistischen oder stoischen Analyse orientiert werden sollte, sondern an einer einheitlichen funktionalen Analyse, wie sie von Frege eingeführt worden ist. Die grundlegende sprachliche Form ist demnach die logische Form, und die logische Form ist im Kern eine mathematische Funktion (allgemein oder an bestimmten Stellen).

Allerdings bleibt festzuhalten, dass auch die logischen Formen in Freges Sinne nicht völlig frei von semantischen Gehalten (also von Bedeutungen) sind. Um welche mathematischen Funktionen es sich im Falle logischer Formen im einzelnen handelt, wird nach wie vor durch den semantischen Gehalt bestimmt – etwa die Funktion „intelligent (x)" durch die Bedeutung von „intelligent", oder die Funktion „und" durch die alltägliche Bedeutung von „und". Das Verstehen der logischen Formen von Aussagen nach Freges neuer logischer Hermeneutik umfasst daher nicht nur die Einsicht, dass logische Formen auf bestimmte mathematische Funktionen zurückgehen; vielmehr involviert Freges logische Hermeneutik auch das Erfassen der Bedeutung des Ausdrucks „mathematische Funktion" sowie der Bedeutung der einzelnen mathematischen Satzfunktionen. Dieser semantische Aspekt der Funktionen, mittels derer sich die logischen Formen darstellen lassen, wird dadurch in den Hintergrund gedrängt, dass die Definitionsmengen und Wertemengen der Funktionen, die sich als logische Formen darstellen lassen, ausschließlich durch semantische Referenz bestimmt sind. Im Rahmen einer logischen Hermeneutik als Teil einer Theorie des Verstehens reicht der Hinweis auf die referentielle Seite der logischen Formen in Freges Sinne aber nicht aus.

Freges Theorie der logischen Formen und ihre Weiterentwicklung durch andere einflussreiche Autoren wie zum Beispiel Bertrand Russell legte den Eindruck nahe, dass die grammatische Analyse der Sprachformen durch eine Analyse der logischen Formen ersetzt werden sollte und dass die natürlichen Sprachen zumindest für wissenschaftliche Zwecke durch eine *Begriffsschrift* ergänzt werden sollten, die auf der Analyse logischer Formen beruht und uns hilft, die grundlegenden Sprachformen natürlicher Sprachen besser zu erfassen und zu verstehen. Dieses Programm hat zu drei Entwicklungen geführt, die der logischen Hermeneutik zusätzliche Impulse gaben und für die Entwicklung einer modernen Hermeneutik bedeutsam waren. Erstens wurde im Rahmen der neuen formalen Logik das Programm einer künstlichen formalen Sprache definiert und ausgeführt, in dem unter anderem die Syntax scharf von der Semantik getrennt wurde. Damit konnte die Idee der logischen Formen von Sprache zur Idee einer semantikfreien Syntax radikalisiert und das Verstehen als Erfassen der Syntax auf neue Weise definiert werden. Zweitens wurde die Semantik weiter entfaltet – also die Theorie derjenigen Dinge, die wir wissen müssen, wenn wir etwas verstehen. Wie wir im bisherigen Durchlauf durch die Geschichte der Hermeneutik immer wieder gesehen haben, beeinflusst die Entwicklung der Semantik stets auch die Hermeneutik. Denn die Semantik spezifiziert, was es ist, das vom Verstehen erfasst wird. Und drittens haben die logischen Empiristen das Verfahren der Analyse logischer Formen zu einem Verfahren der Analyse von Bedeutungen alltagssprachlicher Satztypen sowie wissenschaftlicher Axiome und Theoreme erweitert (in der ordinary language philosophy einerseits und einer neuen Wissenschaftstheorie andererseits). Diese semantischen Analysen wurden im logischen Empirismus als die charakteristische Methode der Formalwissenschaften betrachtet. Auf diese Weise erhielt die Hermeneutik als Theorie des Verstehens (also der semantischen Analyse) zwar nicht ausdrücklich, aber der Sache nach einen zentralen systematischen Sitz im logischen Empirismus. Man kann sagen, dass das Verstehen der logischen Formen als logische Analyse im logischen Empirismus als Grundlage der Formalwissenschaften aufgefasst wurde.

Die drei genannten Entwicklungen und ihre Bedeutung für die moderne Hermeneutik sollen in den restlichen Abschnitten dieses Kapitels skizziert werden.

6.2. Syntaktisches und semantisches Verstehen in der formalen Logik

Die Trennung von Syntax und Semantik in der formalen Logik stand im Dienst einer möglichst transparenten Darstellung der logischen Sprache, der Voraussetzungen, der Theoreme und der Beweisverfahren in der Logik. Dafür sollte die Logik und auch jede andere wissenschaftliche Theorie in Form einer Axiomatisierung und Kalkülisierung dargestellt werden.[651]

[651] Die Darstellung bezieht sich lediglich auf einige Grundlagen der Standard-Theorie der klassischen Logik. Wer mit der klassischen formalen Logik vertraut ist, kann den Rest dieses Kapitels getrost überspringen. Wer die klassische formale Logik nicht kennt und sich in die dargestellten Details nicht einarbeiten möchte, sollte zur abschließenden Zusammenfassung dieses Kapitels und sodann zum nächsten Kapitel übergehen.

Unter der *Axiomatisierung* einer Theorie verstand man eine Auswahl weniger Sätze (der Axiome) dieser Theorie, aus denen alle anderen Behauptungen der Theorie abgeleitet werden konnten.[652] Die Axiome sollten natürlich keinen logischen Widerspruch enthalten, und kein Axiom sollte aus anderen Axiomen logisch folgen.

Ein *Kalkül* einer Theorie enthält die Axiomatisierung der Theorie, geht aber darüber hinaus. Eine Theorie als Kalkül darzustellen, hat vor allem das Ziel, den Aufbau der Theorie möglichst explizit und transparent zu machen. Die vollständige Transparenz einer Theorie verlangt nicht nur eine Axiomatisierung der Theorie, sondern auch eine Darstellung ihrer Syntax und Semantik. Die *Syntax* gibt im Wesentlichen die Zeichen und Zeichenfolgen der Theoriesprache an. Die *Semantik* liefert die Bedeutung dieser Zeichen und Zeichenfolgen. Ein Kalkül enthält demnach folgende Teile:

(1) Die Syntax, die ihrerseits aus folgenden Elementen besteht: (i) die Angabe der sprachlichen Zeichen (das Alphabet), (ii) die Angabe der Formregeln zur Bildung zulässiger Zeichenfolgen (die wohlgeformten Formeln oder Sätze), (iii) die Angabe der Deduktionsregeln in M (Formen der Erzeugung von Sätzen aus anderen Sätzen), (iv) die Angabe des Axiomensystems (die Axiomatisierung), und (v) die Deduktion der Theoreme (aus (iv) gemäß (iii)).

(2) Die Semantik, die ihrerseits aus folgenden Elementen besteht: (i) die Zuordnung von Bedeutungen zu allen Zeichen der Syntax (semantische Interpretation der Syntax), (ii) den Nachweis, dass die semantische Interpretation die Axiome wahr macht (ob die semantische Interpretation also ein semantisches Modell des Axiomensystems und damit der gesamten Theorie ist), (iii) den Nachweis, dass das Axiomensystem (und damit die gesamte Theorie) unter dem angegebenen semantischen Modell widerspruchsfrei ist, und (v) die Prüfung, ob das Axiomensystem unter dem angegebenen semantischen Modell vollständig ist (d. h. alle Theoreme der Theorie auch zu deduzieren gestattet).

Aus dieser Skizze der Ideen von Axiomatisierung und Kalkülisierung geht hervor, dass es die übergeordnete Struktur des Kalküls ist, für welche die

[652] Ein wenig genauer: Die Axiomatisierung einer Satzmenge M ist eine Einteilung von M in zwei Mengen A und B derart, dass gilt: (i) A und B sind Teilmengen von M (A ist Teilmenge von M, falls jedes Element von A auch Element von B ist); (ii) $A \cup B = M$ (d. h. ihre Mengenvereinigung macht M aus; (iii) A und B sind disjunkt (d. h. ihr Mengenschnitt ist leer); (iv) Jeder Satz aus B folgt logisch aus Sätzen in A. Dann heißt A Axiomensystem von M, jeder Satz aus A Axiom von M, B die Menge der Theoreme von M und M selbst axiomatisiert (oder axiomatisierte Theorie).

scharfe Unterscheidung zwischen Syntax und Semantik grundlegend ist. Und die scharfe Unterscheidung der Syntax und Semantik bedeutete vor allem, dass die Syntax in allen ihren Elementen vollständig semantikfrei konzipiert wurde. Die Syntax beschreibt die reine Form der Sprache; erst die Semantik bringt den Inhalt dazu. Diese Konzeption von Syntax und Semantik hat die späteren Theorien der Bedeutung und des Verstehens maßgeblich beeinflusst und soll daher anhand eines einfachen Beispiels illustriert werden. Das Beispiel ist ein aussagenlogischer Kalkül:

Der aussagenlogische Kalkül K

1. Syntax von K

1.1 Das *Alphabet* von K enthält folgende Zeichen (dabei sind die Buchstaben „A", „B" und „C" metasprachliche Namen für Formeln des Kalküls und stehen daher nicht in Anführungszeichen):

(a) A, B, C… (Schemabuchstaben),
(b) ¬, ⊃ (logische Zeichen),
(c) (,) (Klammern).

1.2 *Sätze* (*wohlgeformte Formeln*) von K sind Zeichenfolgen von K, die folgenden Regeln genügen:
(a) Jeder Schemabuchstabe ist ein Satz in K,
(b) Sind A und B Sätze in K, so sind auch ¬ A und (A ⊃ B) Sätze in K.

1.3 *Axiome* von K sind Sätze aus K, die eine der folgenden Formen haben:

A1 A ⊃ (B ⊃ A)
A2 (A ⊃ (B ⊃ C)) ⊃ ((A ⊃ B) ⊃ (A ⊃ C))
A3 (A ⊃ B) ⊃ (¬ B ⊃ ¬ A)

1.4 Die *Deduktionsregel D* von K lautet: Aus den Sätzen der Formen A und (A ⊃ B) kann man den Satz der Form B gewinnen.

1.5 *Syntaktischer Beweis, syntaktische Ableitung, Deduktion von weiteren Sätzen in K:*

(i) Eine Formel B ist *syntaktisch bewiesen,* wenn wir eine Reihe von Sätzen aus K hinschreiben können, deren letzter Satz B ist und für die gilt, dass jeder ihrer Sätze entweder Axiom von K ist oder aus vorherigen Sätzen durch Deduktionsregel D gewonnen ist.

(ii) Eine Formel B ist *syntaktisch abgeleitet* aus Formeln A, wenn wir eine Reihe von Sätzen aus K hinschreiben können, deren letzter Satz B ist und für die gilt, dass jeder ihrer Sätze entweder Axiom von K ist oder eine der Formeln A ist oder aus vorherigen Sätzen durch Deduktionsregel D gewonnen ist.

An diesem Punkt könnten die Deduktionen von Theoremen in Gestalt von syntaktischen Beweisen und Ableitungen beginnen. Im Rahmen der Syntax würde es sich jedoch nur um Zeichenfolgen handeln, die noch keinerlei Bedeutung hätten. Die unter 1. eingeführte Syntax ist in dem Sinne bedeutungsfrei, dass weder das Alphabet noch die Verknüpfung der Zeichen des Alphabets noch die Axiome irgendeine Bedeutung haben. Daher könnten wir z. B. im Rahmen der Syntax noch nicht sagen, ob es sich bei den Axiomen um aussagenlogisch wahre Sätze bzw. um aussagenlogisch gültige Schlüsse handelt. Allerdings haben natürlich die Ausdrücke „Deduktionsregel“, „syntaktischer Beweis“ und „syntaktische Ableitung“ eine Bedeutung, nämlich gerade jene, die in 1.4 und 1.5 angegeben wird.

Es ist interessant und galt als bedeutende Klärung im Aufbau einer formalen Sprache, dass es auf der Grundlage einer semantikfreien Syntax tatsächlich rein syntaktische Beweise und Ableitungen geben kann. Hier ist jeweils ein Beispiel für einen syntaktischen Beweis und eine syntaktische Ableitung (die kursiv gesetzten Bemerkungen weisen auf die jeweilige syntaktische Begründung dafür hin, dass wir die entsprechende Zeile hinschreiben dürfen):

(A) Behauptung: Die Formel $A \supset A$ kann in K bewiesen werden.
Beweis:
(1) $A \supset ((B \supset A) \supset A)$
Axiom A1 (B durch B ⊃ A ersetzt)
(2) $(A \supset ((B \supset A) \supset A)) \supset ((A \supset (B \supset A)) \supset (A \supset A))$
Axiom 2 (B durch B ⊃ A und C durch A ersetzt)
(3) $(A \supset (B \supset A)) \supset (A \supset A)$
Durch D aus (1) und (2) gewonnen
(4) $A \supset (B \supset A)$
Axiom A1
(5) $A \supset A$
Durch D aus (3) und (4) gewonnen.

(B) Behauptung: Die Formel $A \supset B$ kann in K aus der Formel $\neg A$ abgeleitet werden.
Beweis:

(6) $\neg A \supset (\neg B \supset \neg A)$
Axiom A1 (A durch ¬ A und B durch ¬ B ersetzt)
(7) $\neg A$
Prämisse
(8) $(\neg B \supset \neg A)$
Durch D aus (6) und (7) gewonnen
(9) $(\neg B \supset \neg A) \supset (A \supset B)$
Axiom 3 (A durch B und B durch A ersetzt)
(10) $A \supset B$
Durch D aus (8) und (9) gewonnen.

Auf diese Weise können zahllose weitere Formeln syntaktisch bewiesen oder abgeleitet werden. Syntaktische Beweise und Ableitungen zeigen lediglich, dass wir im angegebenen Kalkül gewisse wohlgeformte Formeln nach den angegeben syntaktischen Beweis- oder Ableitungsstrukturen gewinnen können.

Was heißt es nun zum Beispiel, die syntaktische Deduktion (A) (1)–(5) oder die syntaktische Ableitung (B) (6)–(10) zu verstehen? Dafür ist es offenbar erforderlich, die syntaktischen Regeln zu verstehen und anzuwenden. Diese Regeln besagen, welche Zeichen überhaupt vorkommen dürfen, welche Zeichenfolgen wohlgeformt sind, welche wohlgeformten Zeichen als gegeben betrachtet werden dürfen (die Axiome), und wie wir weitere wohlgeformte Formeln gewinnen können. Doch enthalten diese Regeln *nicht* eine Angabe dessen, was die Elemente des Alphabets (die Buchstaben A, B, C... und die Zeichen ⊃ und ¬) bedeuten. Allerdings müssen wir in der Lage sein,

- die 10 Formeln als wohlgeformt zu klassifizieren,
- diese Formeln als Vorkommnisse von (Teilen) der Axiome zu identifizieren,
- die Übergänge zwischen den Teilen als Vorkommnisse der Deduktionsregel zu erfassen, und
- den gesamten Beweis als Beispiel eines syntaktischen Beweises bzw. einer syntaktischen Ableitung zu identifizieren.

In diesen vier Fällen handelt es sich um das Erfassen von reinen Strukturen, genauer um das Hineinlesen von syntaktisch definierten Strukturen in gegebene Zeichenfolgen. Und dieser Vorgang ist unabhängig von der Bedeutung der verwendeten Zeichen aus dem Alphabet der Syntax. Dieses Erfassen von reinen Strukturen lenkt unsere Aufmerksamkeit auf einen Punkt, der für die Theorie des Verstehens wichtig ist: Ein Teil des Verstehens besteht im Erfassen reiner Strukturen. Dabei muss es sich allerdings nicht notwendigerweise um syntaktische Strukturen im Sinne der formalen Logik handeln. Es kann es sich beispielsweise auch um die Lautgestalt oder die Gestalt schriftlicher Zeichen handeln, aber auch um poetische Formen.

Damit wir in der Logik die syntaktisch gewonnenen Formeln aber auch als logisch wahr oder gültig auszeichnen können (was das eigentliche Ziel der formalen Logik ist), muss die Semantik des Kalküls angegeben werden.

2. Semantik von K

Die Semantik der Aussagenlogik gibt die Bedeutung der logischen Junktoren an und wird aus der sprachlichen Funktion der Junktoren entwickelt. Dafür werden grundlegende aussagenlogische Konstanten (die Junktoren) als Wahrheitsfunktionen definiert. Das heißt zum Beispiel:

(1) Die Negation „nicht" (¬) ordnet einem wahren Satz den Wert falsch und einem falschen Satz den Wert wahr zu (denn wenn der Satz „p" wahr ist, ist „nicht p" falsch, und wenn der Satz „p" falsch ist, ist „nicht p" wahr).
(2) Die Konjunktion „und" (∧) ordnet zwei wahren Sätzen den Wert wahr zu, in allen anderen Fällen den Wert falsch (denn wenn die Sätze „p" und „q" wahr sind, dann ist auch der Satz „p und q" wahr, aber wenn mindestens einer der beiden Sätze falsch ist, dann ist der Satz „p und q" falsch).
(3) Die Disjunktion „oder" (∨) ordnet zwei falschen Sätzen den Wert falsch zu, in allen anderen Fällen den Wert wahr (denn wenn die Sätze „p" und „q" falsch sind, dann ist auch der Satz „p oder q" falsch, aber wenn mindestens einer der beiden Sätze wahr ist, dann ist auch der Satz „p oder q" wahr).
(4) Die Implikation „wenn – dann" (⊃) ordnet zwei Sätzen den Wert falsch zu, wenn der erste Satz wahr und der zweite falsch ist, in allen anderen Fällen den Wert wahr (denn wenn der Satz „p" wahr und der Satz „q" falsch, dann ist auch der Satz „wenn p, dann q" falsch, aber wenn beide Sätze wahr oder beide falsch sind oder der erste falsch, der zweite wahr ist, dann ist auch der Satz „wenn p, dann q" wahr).[653]

[653] Unter (2) und (3) tauchen Zeichen auf (∧, ∨), die unter 1.1 in K nicht erwähnt werden. Man kann eine logische Syntax aber durch syntaktische Definitionen erweitern, zum Beispiel indem man unter 1.1 hinzufügt: (d) (i) $p \wedge q := \neg (p \supset \neg q)$; (ii) $p \vee q := \neg p \supset q$; (iii) $\neg\neg p := p$. Eine etwas formalere Darstellung, die die Junktoren deutlicher als Wahrheitsfunktionen beschreibt, ist:

(i) Die Negation „nicht" (¬) ist eine Wahrheitsfunktion N aus der Menge der Wahrheitswerte {w,f} (w = wahr, f = falsch) in dieselbe Menge, die folgende Zuordnung vornimmt: N(w) = f, N(f) = w.
(ii) Die Konjunktion „und" (∧) ist eine Wahrheitsfunktion K aus der Menge der Paare von Wahrheitswerten {(w,w), (w,f), (f,w), (f,f)} in die Menge der Wahrheitswerte {w,f}, die folgende Zuordnung vornimmt: K(w,w) = w, K(w,f) = K(f,w) = K(f,f) = f.
(iii) Die Disjunktion „oder" (∨) ist eine Wahrheitsfunktion D aus der Menge der Paare von

Eine etwas andere und kürzere, aber gleichwertige Darstellung dieser aussagenlogischen Semantik (beschränkt auf Negation und Implikation) wäre die folgende:

(Df 1) Eine einstellige Funktion V heißt *Bewertung*, falls gilt (dabei ist „gdw" eine Abkürzung von „genau dann, wenn"):
- (i) Definitionsbereich von V ist die Menge der Sätze von K, Wertebereich die Menge {w,f}
- (ii) V (¬ A) = w gdw V (A) = f, und V (A ⊃ B) = w gdw V (A) = f oder V (B) = w

Man kann dann offenbar sagen:

(T1) V ist für beliebig viele Sätze von K definiert.

Im Anschluss an die Angabe der Bedeutungen der aussagenlogischen Konstanten (der Junktoren „nicht", „wenn – dann", gegebenenfalls auch „und" sowie „oder") kann man definieren:

(Df 2)
- (i) Ein Satz A in K heißt *erfüllbar* gdw eine Bewertung V mit V (A) = w existiert.
- (ii) A heißt *aussagenlogisch wahr*, wenn alle Bewertungen A erfüllen.
- (iii) Ein Schluss A_1, …, A_n ⊢ B heißt *aussagenlogisch gültig*, wenn für jede Bewertung V mit V (A_1) = … =V (A_n) = w auch V (B) = w gilt.

Ein Satz ist also, mit anderen Worten, erfüllbar, wenn es mindestens eine Verteilung von Wahrheitswerten auf seine Teilsätze gibt, die ihn wahr macht; und ein Satz ist aussagenlogisch wahr, wenn jede mögliche Verteilung von Wahrheitswerten auf seine Teilsätze ihn wahr macht. Wenn wir unter dieser Semantik die drei Axiome durchrechnen, zeigt sich, dass sie aussagenlogisch wahr sind. Mit (Df1) und (Df2) ist folglich ein semantisches Modell für die Syntax von K angegeben.[654]

Wahrheitswerten {(w,w), (w,f), (f,w), (f,f)} in die Menge der Wahrheitswerte {w,f}, die folgende Zuordnung vornimmt: D(w,w) = D(w,f) = D(f,w) = w, D(f,f) = f.

(iv) Die Implikation „wenn – dann" (⊃) ist eine Wahrheitsfunktion I aus der Menge der Paare von Wahrheitswerten {(w,w), (w,f), (f,w), (f,f)} in die Menge der Wahrheitswerte {w,f}, die folgende Zuordnung vornimmt: I(w,w) = w, I(w,f) = f, I(f,w) = I(f,f) = w.

[654] Für das Axiom A1, also die Formel A ⊃ (B ⊃ A), sieht dieses einfache Durchrechnen mit Blick auf Df1 (ii) beispielsweise so aus.

(a) Erste Wahrheitsannahme: w ⊃ (w ⊃ w) = w ⊃ w = w; zweite Wahrheitsannahme: w ⊃ (f

Es bleiben im Rahmen der Semantik unseres Kalküls noch zwei Punkte zu klären: Wir müssen zeigen, dass Kalkül K zum einen widerspruchsfrei und zum anderen vollständig ist. Es ist nicht weiter schwer, Widerspruchsfreiheit nachzuweisen. Aber die Vollständigkeitsbehauptung ist sehr stark – sie ist tatsächlich die stärkste Behauptung, die man über einen Kalkül überhaupt machen kann. Denn wir müssen ja beweisen, dass wir im Kalkül K *jeden* der unendlich vielen aussagenlogisch wahren Sätze und *jeden* der unendlich vielen aussagenlogisch gültigen Schlüsse, die es gibt und die wir als endliche Wesen natürlich nicht alle faktisch beweisen oder ableiten können, im Prinzip in K beweisen oder ableiten könnten! Dass die Semantik der Aussagenlogik einen derart starken Beweis wie den Vollständigkeitsbeweis ermöglicht, haben die Vertreter der modernen formalen Logik als einen exzellenten Grund dafür angesehen, an der Idee der Kalkülisierung und damit an der scharfen Trennung zwischen Syntax und Semantik festzuhalten.

Die Beweise der Widerspruchsfreiheit und Vollständigkeit von Kalkül K werden in Exkurs 3 angegeben. Hier sieht man im Detail, dass das Verstehen eines solchen Beweises lediglich auf dem Verstehen der aussagenlogischen Semantik und dem angemessenen Erfassen der syntaktischen Strukturen beruht. Es wird niemanden verwundern, dass der Vollständigkeitsbeweis ein wenig länger und komplizierter ist.

Viele Logiker, Mathematiker und Wissenschaftstheoretiker, die mit der modernen formalen Logik vertraut sind, tendieren dazu, das Verhältnis von Syntax und Semantik generell nach dem Vorbild der Logik zu interpretieren: Sie sehen auch eine mathematische Syntax als semantikfrei an und nehmen an, dass erst die Angabe semantischer Interpretationen und die Auszeichnung semantischer Modelle die Semantik ins Spiel bringt. Diese Sicht der Dinge ist jedoch mehr als problematisch. Denn wir können die Syntax eines mathematischen Kalküls meist nicht allein aufgrund des Erfassens reiner Strukturen verstehen. Wir müssen nämlich auch die Bedeutung elementarer mathematischer Ausdrücke (etwa „Menge", „=") und elementarer mathematischer Operationen (z. B. „partielle Integration") kennen. Zudem muss auch die logische Semantik vorausgesetzt werden, und es muss uns klar sein, was logisch gültige Deduktionsregeln sind. Kurz, wir müssen über recht umfangreiches semantisches Wissen zu mathematischen und logischen Grundbegriffen verfügen. Ohne dieses Wissen könnten wir die Syntax mathematischer Kalküle nicht angemessen verstehen.

Jenseits der technischen Details der modernen formalen Logik und insbesondere so komplizierter Beweise, wie es der Vollständigkeitsbeweis für

$\supset$ w) = w $\supset$ w = w; dritte Wahrheitsannahme: f $\supset$ (w $\supset$ f) = f $\supset$ f = w; vierte Wahrheitsannahme: f $\supset$ (f $\supset$ f) = f $\supset$ w = w; in allen vier möglichen Fällen kommt also w heraus, d. h. das Axiom A1 ist nach (Df2) (ii) aussagenlogisch wahr.

Kalkül K ist, können wir, insgesamt gesehen, dem Aufbau eines logischen Kalküls mit seiner strikten Trennung von Syntax und Semantik einige Einsichten der logischen Hermeneutik entnehmen, die auch für die allgemeine Theorie des Verstehens von Belang sind. Zunächst ist klar, dass das Verstehen von Beweisen innerhalb der Semantik des Kalküls (etwa des Vollständigkeitsbeweises) mit dem Erfassen der rein syntaktischen Strukturen nicht auskommt. Diese Art des logischen Verstehens beruht in jedem einzelnen Schritt der Beweise auf dem vorgängigen Verstehen der Bedeutung der logischen Zeichen, also der Semantik des Kalküls. Dieses logische Verstehen erweist sich als Spezialfall des Verstehens im Sinne der klassischen Hermeneutik und modernen Theorie des Geistes: ein Erfassen von semantischen Gehalten, jedoch speziell von logischen Zeichen.

Ferner bildet die radikal semantikfreie Syntax logischer Kalküle einen exzellenten Hintergrund, um zu erkennen, dass das Erfassen reiner Strukturen ein wichtiger und unentbehrlicher Bestandteil des sprachlichen Verstehens ist. Dieses Erfassen ist seinerseits, isoliert genommen, keine Form des Verstehens – zumindest dann nicht, wenn das Verstehen, wie in der Tradition der wissenschaftlichen Hermeneutik und auch in der logischen Hermeneutik, ein Erfassen semantischer Gehalte ist. Das Erfassen reiner Strukturen wie etwa syntaktischer Strukturen im Sinne der formalen Logik ist vielmehr eine Art von struktureller Klassifizierung.

Auch in Prozessen des Verstehens natürlicher Sprachen und ihrer Elemente gibt es ein Erfassen reiner Strukturen – zum Beispiel, wie bereits kurz erwähnt, das Erfassen der Strukturen von Laut- und Schriftzeichen unabhängig von ihrer Semantik. Im Fluss von Äußerungen und Texten müssen wir imstande sein, die Äußerungen und Texte nach unterschiedlichen Laut- und Schriftzeichen zu gliedern. Aber es ist von zentraler Bedeutung, sich daran zu erinnern, dass das Erfassen logischer und grammatischer Formen, wie es von der logischen Hermeneutik beschrieben werden soll, nicht lediglich ein Erfassen reiner Strukturen ist. Denn das Erfassen logischer und grammatischer Formen ist, wie wir gesehen haben, nicht semantikfrei. Wir müssen die Bedeutung logischer Konstanten verstehen, um logische Formen zu erfassen, und wir müssen die Bedeutung grammatischer Formen verstehen, um grammatische Formen zu erfassen.

Eines der Resultate unserer Diskussion der logischen Hermeneutik scheint also das Folgende zu sein: Das Erfassen der Syntax von logischen Kalkülen involviert ebenso wie das Erfassen logischer und grammatischer Formen von Elementen natürlicher Sprachen ein Verstehen im klassischen hermeneutischen Sinn – nämlich ein Erfassen der Bedeutungen (der semantischen Gehalte) jener Ausdrücke, von denen die logischen, grammatischen und mathematischen Sprachformen geprägt werden. Doch liegt die Semantik dieser syntaktischen Sprachformen auf einer allgemeineren Ebene als die Semantik jener Ausdrücke, die jeweils für die Variablen der Sprachformen substituiert werden dürfen.

6.3. Logische Analysen im logischen Empirismus

Der *logische Empirismus* verstand sich als eine Erneuerung des klassischen Empirismus mit den Mitteln der formalen Logik. Die Empiristen haben stets darauf beharrt, dass die sinnliche Erfahrung die einzige oder doch zumindest die grundlegende Form unserer Erkenntnis der externen Welt ist, und daran hält auch der logische Empirismus fest. Diese empiristische Grundthese enthält wissenschaftstheoretische Probleme, die bis zum Ende des 19. Jahrhunderts ungelöst geblieben waren. Der Empirismus kann das Verfahren der Naturwissenschaften gut erklären, doch der Status der Mathematik, der Philosophie und der normativen Wissenschaften (wie Ethik oder politische Theorie) blieb rätselhaft – allerdings nach Auffassung der logischen Empiristen aus unterschiedlichen Gründen. Der wissenschaftliche Status der Mathematik galt als unbestreitbar, aber das mathematische Wissen ließ sich nicht auf sinnliche Erfahrung zurückführen. Im Falle der normativen Disziplinen (Ethik, politische Theorie, Ästhetik, interpretative Disziplinen) zweifelten die logischen Empiristen generell an ihrer Wissenschaftlichkeit und glaubten, dass diese Tätigkeiten anders bestimmt werden müssen.

Ernste Sorgen haben sich die logischen Empiristen um den Zustand der Philosophie zu Beginn des 20. Jahrhunderts gemacht. Sie haben die Transzendentalphilosophie verworfen, weil sie die Möglichkeit synthetisch-apriorischer Sätze nicht einsehen konnten. Sie haben den objektiven Idealismus Hegels und seiner Epigonen verworfen, weil die idealistischen Spekulationen auf ein dunkles, unzugängliches Gedankengebäude hinauszulaufen schienen, das allenfalls einem elitären Kreis von Eingeweihten nähergebracht werden konnte, die allerdings nichts anderes zu tun in der Lage waren als den mysteriösen Jargon Hegels nachzureden. Und sie haben eine Reihe der wichtigsten traditionellen philosophischen Probleme als Scheinprobleme betrachtet und zu entlarven versucht. Vor allem aber haben die logischen Empiristen darauf bestanden, dass philosophische Thesen und Theorien klar, durchsichtig, überprüfbar und kritisch diskutierbar sein müssen – und zwar im Prinzip von jedem normalsinnigen Menschen.[655] Allerdings schien

[655] Dieses alte Motiv der Aufklärung gewann für die logischen Empiristen zu Beginn des 20. Jahrhunderts eine spezifisch politische Dimension, weil es eingebettet werden konnte in die entstehende demokratische Arbeiterbewegung des Sozialismus. Mit ihrer Kampfschrift „Die wissenschaftliche Weltauffassung" haben einige der wichtigsten Gründungsväter, Car-

der große Fortschritt der empirischen und mathematischen Wissenschaften der Philosophie immer mehr Gegenstandsbereiche zu entreißen. Umso mehr musste über eine neue Standortbestimmung der Philosophie und ihrer spezifischen Methoden nachgedacht werden. Das Selbstverständnis der Philosophie war neu zu bestimmen.

Die logischen Empiristen haben sich mit hoher theoretischer Energie der Lösung dieser Probleme verschrieben. Und das wichtigste Werkzeug, das sie dabei einsetzten und von dem sie Problemlösungen erwarteten, war die neu entwickelte formale Logik. In diesem Rahmen gewannen die Semantik und die logische Analyse eine zentrale philosophische Bedeutung. Aus hermeneutischer Perspektive – die von den logischen Empiristen nicht ausdrücklich eingenommen wurde – sollte sich die logische Analyse als eine spezifische Variante des Verstehens als Erfassen von semantischen Gehalten erweisen.

Eine der grundlegendsten Ideen der logischen Empiristen bestand darin, ein Kriterium für sinnvolle Sätze aufzustellen, das es erlaubt, die Logik und allgemeiner die formalen Wissenschaften in den Empirismus zu integrieren und die Überprüfbarkeit aller sinnvollen Sätze zu sichern. Dieses *Sinnkriterium* wurde in einer allgemeinen Fassung auf zwei Thesen verteilt:

(1) Unterscheidung zwischen analytischen und synthetischen Aussagen: Analytische Aussagen sind wahr oder falsch aufgrund der Bedeutung der Ausdrücke, die in ihnen vorkommen, d. h. sie sind keine Beschreibungen der empirischen Welt, sondern Beschreibungen unserer Benutzung von Symbolen. Darum sind analytische Aussagen notwendig, gewiss und nicht durch Erfahrung widerlegbar.[656] Synthetische Aussagen dagegen sind wahr oder falsch aufgrund der Beobachtung der empirischen Welt, d. h. sie sind Aussagen über Erfahrungstatsachen, also Hypothesen, die wahr oder wahrscheinlich sein können, aber nicht endgültig gewiss und daher durch Erfahrung widerlegbar sind.
(2) Kriterium für (wissenschaftlich) sinnvolle Aussagen: Alle (wissenschaftlich) sinnvollen Aussagen sind entweder analytisch oder synthetisch: Sinnvolle Aussagen in diesem Sinne können wahr oder falsch sein; in jedem Falle sind sie jedoch kritisch überprüfbar.

nap, Neurath und Hahn, den logischen Empirismus ausdrücklich auf die Aufklärung bezogen und in den Dienst der sozialistischen Bewegung gestellt.

[656] Eine typische analytisch wahre Aussage ist „Menschen sind Lebewesen“, für deren Überprüfung wir nicht auf die Welt, sondern nur auf die Bedeutung der Wörter „Mensch“ und „Lebewesen“ schauen müssen. Logisch wahre Aussagen sind Spezialfälle analytisch wahrer Aussagen, denn logisch wahre Aussagen sind schon aufgrund der Bedeutung ihrer logischen Konstanten wahr.

Diesem Sinnkriterium zufolge sind ästhetische Urteile, religiöse Programme, ethische und politische Urteile (also normative Sätze) sinnlos. Dies gilt auch für viele Aussagen der traditionellen Philosophie, also unter anderem für modale Sätze, in denen modale Ausdrücke wie Notwendigkeit, Möglichkeit oder Kontingenz vorkommen. Denn alle diese Sätze sind weder analytisch noch synthetisch. An dieser Konsequenz wird deutlich, dass das Sinnkriterium nicht eine Analyse des Sinnbegriffs (also des Bedeutungsbegriffs) im semantischen und hermeneutischen Sinne ist, denn natürlich haben zum Beispiel ästhetische oder politische Sätze eine Bedeutung, die wir gewöhnlich verstehen können. Vielmehr sind sinnvolle Sätze im Sinne des Sinnkriteriums Sätze, die wir verstehen *und* nach Regeln der wissenschaftlichen Methodologie überprüfen können. Sinnvolle Sätze nach (1) und (2) können wir also – je nach dem Ergebnis der Überprüfung – begründet als akzeptabel oder widerlegt betrachten.

Die Unschuld gegenüber der modalen und normativen Sprache war aufgrund des Sinnkriteriums endgültig verloren. Damit stellte sich aber die Aufgabe zu klären, in welcher Weise wir normative und modale Sätze in Übereinstimmung mit dem Sinnkriterium angemessen verstehen können. Aus der logischen Hermeneutik der formalen Logik entwickelte sich im logischen Empirismus daher auf der Grundlage des Sinnkriteriums eine Hermeneutik wichtiger Satztypen. So haben die logischen Empiristen zum Beispiel die *modalen Sätze* logisch interpretiert. Ihrer Auffassung nach ist zum Beispiel ein Satz der Form

(i) Es ist notwendig, dass p,

zu verstehen im Sinne von

(ii) Satz „p“ ist analytisch wahr.

Und der Satz

(iii) Es ist möglich, dass p,

wurde interpretiert im Sinne von

(iv) Satz „p“ ist weder analytisch wahr noch analytisch falsch.

Moralische oder politische Sätze (also normative Sätze) wurden dagegen in Sätze über faktische persönliche Einstellungen und Präferenzen übersetzt. Die logischen Analysen (Interpretationen) *moralischer Satzformen*, die von logischen Empiristen im Einklang mit dem Sinnkriterium vorgeschlagen wurden, sind besonders beeindruckende Beispiele dieses interpretativen Verfahrens. Ein Satz der Form

(v) Handlung H ist in Umständen U richtig (formuliert von einer Sprecherin S)

bedeutet demnach zum Beispiel:

(vi) (a) S hat eine positive Einstellung zu H unter U;
(b) S empfiehlt anderen Menschen, H unter U zu vollziehen;
(c) S ist entschlossen, unter allen U-ähnlichen Umständen selbst H zu vollziehen und dies anderen Menschen zu empfehlen.

Ein Satz der Form

(vii) Handlung H war unter U richtig, weil Sachverhalt p besteht (formuliert von Sprecherin S gegenüber einem Adressaten A)

bedeutet:

(viii) (a) wie (a)–(c) aus (vi);
(b) Der Statz „p" (der p beschreibt) ist geeignet, bei A dieselbe Einstellung gegenüber H hervorzubringen, wie sie S nach (a) hat.

Und ein Satz der Form

(ix) Dass Person S die Handlung H unter U für richtig hält, ist wirklich (moralisch) richtig (formuliert von Person S*),

bedeutet:

(x) S* teilt die positive Einstellung von S gegenüber H unter U.

Die logischen Empiristen haben betont, dass diese logischen Analysen (Interpretationen) von moralischen Satzformen nicht auf einen moralischen Relativismus oder Neutralismus hinauslaufen. Denn die Interpretationen (v)–(x) implizieren nicht, dass für eine Person, die diese logischen Analysen akzeptiert, keine Handlung richtig oder falsch ist oder jede Handlungsweise gleichermaßen richtig oder falsch ist. Denn diese Person wird spezifische Einstellungen gegenüber Handlungen in bestimmten

Umständen haben. Die logischen Analysen (v)–(x) implizieren auch nicht, dass Handlungen, die irgend jemand für richtig hält, auch wirklich richtig sind, denn nicht alle Adressaten von ethischen Urteilen werden mit der Sprecherin in ihren Einstellungen gegenüber Handlungen übereinstimmen. Normative Aussagen haben den logischen Empiristen zufolge also durchaus eine wichtige gesellschaftliche Funktion, aber sie sind nicht wissenschaftlich prüfbar oder gar entscheidbar. Die Behauptung, dass modale und normative Sätze in der skizzierten Weise interpretiert werden können, galt selbst als analytisch wahrer Satz, d. h. als eine korrekte Bedeutungsangabe.[657]

Aus dem Sinnkriterium konnten die logischen Empiristen eine neue *Standortbestimmung der Philosophie* ableiten. Dem Sinnkriterium zufolge gibt es einerseits empirische Wissenschaften, deren Theorien aus synthetischen Sätzen bestehen, und andererseits formale Wissenschaften, deren Theorien aus analytischen Sätzen bestehen. Genuine Philosophie produziert analytische Sätze, betreibt also logische (und damit semantische) Analyse der Sprache. Die Philosophie spekuliert nicht über die Welt, sondern hat ausschließlich interpretative Aufgaben und Ziele. Sie ist also zu den formalen Wissenschaften zu rechnen und daher prinzipiell in der Lage, ihre Probleme entweder als Scheinprobleme zu entlarven oder endgültig zu lösen. Die Philosophie hat es, im Gegensatz zu den empirischen Wissenschaften, wesentlich mit der Analyse der Bedeutungen sprachlicher Ausdrücke und insbesondere wissenschaftlicher Aussagen zu tun. Die logische Hermeneutik, also die Analyse der Bedeutungen logischer Konstanten, die mit Frege begonnen hatte, aber auch die oben skizzierte Reformulierung modaler und normativer Aussagen waren für die logischen Empiristen Beispiele von Bedeutungsanalysen.

Die logischen Empiristen leiteten aus ihrem Sinnkriterium aber auch eine neue *Standortbestimmung der Mathematik* ab. Dabei griffen sie vor allem auf die Arbeiten von Frege und Russell zurück. Denn Frege und Russell versuchten – dem ersten Eindruck nach mit großem Erfolg – zu zeigen, dass sich die Axiome der wichtigsten mathematischen Theorien aus Theoremen der formalen Logik deduzieren ließen. Dieses Programm der Zurückführung der Mathematik auf die Logik hieß *Logizismus.* Mit dem Logizismus schien der schlimmste Pfahl im Fleisch des Empirismus, die Unmöglichkeit

[657] Die skizzierten logischen Analysen normativer Satzformen repräsentieren den Umriss einer non-kognitivistischen Ethik. Vgl. dazu Ayer (1967), Kap. 6. (die grundlegende Analyse moralischer Urteile innerhalb des logisch-empiristischen Programms); Stevenson (1944) (das grundlegende Werk zur non-kognitivistischen Ethik); Hare (1952) (eine höchst einflussreiche Version einer non-kognitivistischen Ethik, die auch rekonstruiert, was es bedeutet, moralische Urteile zu begründen).

der Integration der Mathematik in den Empirismus, endlich auf elegante Weise entfernt werden zu können. Auch die Mathematik ist demnach eine Formalwissenschaft, d.h. besteht im Kern aus analytischen Sätzen, die letztlich durch formale Logik gerechtfertigt werden müssen und können.

In wissenschaftstheoretischer Hinsicht haben die logischen Empiristen nach verbreiteter Auffassung eine einheitswissenschaftliche Methodologie vertreten, deren Leitbild das Vorgehen der empirischen Naturwissenschaften sein sollte. Man spricht hier gern vom *Szientismus*. Aber diese Einschätzung ist zu einseitig. Denn zugleich haben die logischen Empiristen auf der Grundlage ihrer Unterscheidung zwischen analytischen und synthetischen Sätzen der Bedeutungsanalyse einen spezifischen methodischen Status zugeschrieben, der sich ihrer Auffassung nach grundsätzlich von der Methodologie der Physik unterscheidet. Wenn wir die Analyse der Bedeutungen von Symbolen Verstehen nennen (wie dies in der Theorie des Geistes geschieht), dann lässt sich feststellen, dass die logischen Empiristen zwar nicht explizit, aber der Sache nach dem Verstehen einen spezifischen – gegenüber der Arbeitsweise der Naturwissenschaften autonomen – methodischen Status innerhalb der Formalwissenschaften eingeräumt haben. In diesem Sinne haben die logischen Empiristen die logische Hermeneutik, die mit der formalen Logik verbunden ist, zu einer *formalen Hermeneutik* erweitert. Die formale Hermeneutik beschreibt die Methode der Formalwissenschaften (also die logische Analyse) im Rahmen einer Theorie des angemessenen Verstehens von Sätzen gemäß dem Sinnkriterium.

Allerdings hielten die logischen Empiristen es nicht für nötig, diesen Status genauer zu untersuchen oder tiefer (z.B. in einer Theorie des Geistes) zu fundieren. Und sie haben die Bedeutungsanalyse im Sinne der logischen Analyse (zu Unrecht) niemals mit einer Hermeneutik im klassischen Sinne, also mit einer allgemeinen Theorie des Verstehens als Erfassen der Bedeutung von Texten, Äußerungen und Gedanken in Verbindung gebracht. Nicht nur die logische, sondern auch die formale Hermeneutik erweist sich damit als eine Hermeneutik mit eingeschränktem Gegenstandsbereich. Doch ist schwer bestreitbar, dass logische und formale Hermeneutik als Bestandteil der Hermeneutik im klassischen Sinn betrachtet werden können.

Es ist daher nicht verwunderlich, dass die logischen Empiristen auch der Grundlage jeder Hermeneutik, der Semantik, viel Aufmerksamkeit schenkten. Wir müssen uns daher ansehen, wie die *Semantik im logischen Empirismus* weiterentwickelt wurde.

Einige der wichtigsten Grundbegriffe der Semantik wurden im logischen Empirismus direkt dem Aufbau der neuen formalen Logik entnommen, insbesondere der scharfen Unterscheidung zwischen Syntax und Semantik, wie sie oben in Abschnitt 6.2 im Detail dargestellt wurde. Dies gilt z.B.

für den Begriff der Interpretation und des semantischen Modells. Interpretationen sind demnach Angaben der Bedeutungen für die Elemente des syntaktischen Alphabets formaler Sprachen, und semantische Modelle sind jene Interpretationen, die die syntaktisch formulierten Axiome der formalen Sprachen wahr machen.[658]

Im Falle natürlicher Sprachen dagegen, für die sich eine so klare Unterscheidung zwischen Syntax und Semantik wie in der Logik nicht durchführen lässt, sind die logischen Empiristen von der grundlegenden Idee ausgegangen, dass die Bedeutung deskriptiver Sätze durch ihre Wahrheitsbedingungen angegeben werden kann. Die Wahrheitsbedingung eines Satzes sagt uns nicht, ob der Satz wahr oder falsch ist, sondern was der Fall sein müßte, wenn er wahr sein soll. Die Bedeutung eines Satzes zu verstehen heißt demnach, die Wahrheitsbedingungen des Satzes zu kennen – also zu wissen, unter welchen Bedingungen der Satz wahr wäre. Der Satz „Obama ist ein erfolgreicher Präsident" ist zum Beispiel wahr genau dann, wenn die Bedingung, dass Obama ein erfolgreicher Präsident ist, erfüllt ist. Und genau das ist es, was der genannte Satz bedeutet. Daraus folgt, dass auch die Falschheitsbedingungen zur Bedeutung von deskriptiven Sätzen gehören. Einen Satz angemessen zu verstehen heißt demnach auch zu wissen, unter welchen Bedingungen er falsch wäre. Die Semantik, die mit dieser Kernidee arbeitete, heißt entsprechend *wahrheitskonditionale Semantik*. Und daher könnte man von einer *wahrheitskonditionalen Hermeneutik* reden. Die logischen Empiristen unterfüttern die formale Hermeneutik mit einer wahrheitskonditionalen Hermeneutik.[659]

Die wahrheitskonditionale Semantik sieht auf den ersten Blick überaus einfach aus. Aber eine genauere Ausformulierung ist mit Problemen verbunden. Die logischen Empiristen haben sich zum Beispiel gefragt, wie die Wahrheitsbedingungen von Sätzen zugänglich sind – d. h. wie wir sie epistemisch erfassen können. Das ist eine hermeneutische Frage – denn die Wahrheitsbedingungen von Sätzen sollen ja deren Bedeutungen sein. Die allgemeine Antwort der logischen Empiristen für den Fall synthetischer Sätze lautete: Ein Satz S ist synthetisch (faktisch bedeutungsvoll) genau dann, wenn die Methode der Verifikation von S bekannt ist (d. h. wenn bekannt ist, welche Beobachtungen zur Akzeptanz oder Verwerfung von S führen würden).[660]

[658] Interpretation bedeutet in diesem logischen Kontext lediglich das Zuschreiben einer Bedeutung für die Syntax, nicht ein Erfassen dieser Bedeutung.

[659] Vgl. dazu die grundlegenden Analysen in Ayer (1967).

[660] Die Verifikation ist dabei grundsätzlich nicht faktisch (d. h. bezieht sich nicht auf faktische, sondern auf theoretisch denkbare Beobachtungen).

Man hat dann versucht, diese Antwort ihrerseits genauer zu fassen. Ein erster Explikationsvorschlag lautete zum Beispiel: Satz S ist synthetisch genau dann, wenn es endlich viele Beobachtungssätze E_i gibt, so dass gilt: $E_i \Rightarrow S$ (d. h. S ist aus den E_i logisch ableitbar). Nach diesem Vorschlag hätten allerdings unbeschränkt generelle Aussagen, Aussagen über die Vergangenheit oder Aussagen, die Naturgesetze beschreiben, keine Bedeutung, denn diese Aussagen können nicht aus endlich vielen Beobachtungsaussagen abgeleitet werden. Daher ging man zu einem zweiten Explikationsvorschlag über: Satz S ist synthetisch gdw es endlich viele Beobachtungssätze E_i gibt, so dass gilt: $S \Rightarrow E_i$.[661]

Diese und weitere Explikationsversuche decken ein grundlegendes Defizit der wahrheitskonditionalen Semantik auf. Hier wird offenbar versucht, die Bedeutung von Sätzen und das Verstehen dieser Bedeutung unter Rückgriff auf ein Verfahren zu definieren, das die Akzeptanz des Satzes begründen kann. Doch ist klar, dass eine Bestimmung des Verifikationsverfahrens, das auf logische Beziehungen zwischen Sätzen (zu denen auch der Satz gehört, dessen Bedeutung erst definiert werden soll) zurückgreift, voraussetzen muss, dass die beteiligten Sätze bereits eine feste Bedeutung haben – andernfalls könnten logische Beziehungen nicht ermittelt werden (und natürlich muss auch die logische Semantik vorausgesetzt werden). Die wahrheitskonditionale Semantik, wie sie im logischen Empirismus angelegt wurde, zielt also nicht auf eine Explikation von Bedeutungen allgemein, oder auch nur auf Bedeutungen aller deskriptiven Sätze, sondern lediglich auf etwas, was man ihre wissenschaftliche Bedeutung nennen könnte – das, was wir wissen müssen, um begründen zu können, warum wir die entsprechenden Sätze für wahr oder falsch halten sollten. Die wahrheitskonditionale Semantik der logischen Empiristen kann also nicht die Grundlage einer allgemeinen Semantik sein. Denn sie ist lediglich auf das Erfassen jener Bedingungen beschränkt, die uns Gründe dafür liefern, dass wir die entsprechenden Sätze für wahr bzw. falsch halten sollten.

Die wahrheitskonditionale Semantik erzeugt noch eine Reihe weiterer Probleme. So ist zum Beispiel die Gleichsetzung von Bedeutungen und Wahrheitsbedingungen auf wahrheitswertdefinite Sätze beschränkt, gilt also etwa nicht für Fragen, Befehle oder Versprechen. Man mag darauf hinweisen, dass diese semantische Idee auf das Sinnkriterium und insbesondere

[661] Auch dagegen gibt es einen durchschlagenden Einwand: Bei Widerlegungsversuchen von S wird stets die Existenz weiterer Randbedingungen A_j vorausgesetzt, d. h. stets gilt nur $A_j, S \Rightarrow E_i$ (aus der Falschheit eines E_i folgt dann nur $\neg (A_j \wedge S)$). Daher sagte man dann: Satz S ist synthetisch gdw es endlich viele Beobachtungssätze E_i und Randbedingungen A_j gibt, so dass gilt: (1) $A_j, S \Rightarrow E_i$; (2) nicht $A_j \Rightarrow E_i$. Die weiteren, noch diffizileren Vorschläge brauchen hier nicht mehr erwähnt zu werden.

auf synthetische Sätze zugeschnitten ist, die als wissenschaftlich entscheidbar und somit als wahrheitswertdefinit (als fähig, wahr oder falsch zu sein) zu betrachten sind. Doch ist dann die Reichweite dieser Semantik und der entsprechenden Hermeneutik erheblich eingeschränkt. Wir wüssten dann zum Beispiel lediglich, was es heißt, deskriptive Sätze (also Aussagen) zu verstehen. Noch gravierender ist das Problem, dass die semantische Kernidee der logischen Empiristen nichts über die Bedeutung einzelner Wörter zu sagen vermag. Der Einbau dieser Fälle hat sich als schwierig erwiesen.[662]

Trotz all dieser und anderer Probleme war die grundlegende semantische Idee der logischen Empiristen insofern bedeutsam, als sie den Versuch darstellte, Bedeutungen theoretisch auf Wahrheit und Falschheit zurückzuführen – mit der Unterstellung, dass die Begriffe von Wahrheit und Falschheit einfacher und leichter zugänglich sind als der Begriff der Bedeutung oder des semantischen Gehalts. Zugleich war damit auch der Versuch verbunden anzudeuten, in welcher Weise das Verstehen als Erfassen von Bedeutungen mit dem Erkennen der Tatsachen in der Welt zusammenhängen könnte. Diese beiden Versuche definierten, auch wenn sie im logischen Empirismus noch mislangen, wichtige und interessante Aufgaben für künftige Formen von Semantik und Hermeneutik. Die wahrheitskonditionale Semantik und das Modell des Verstehens als Erfassen von Wahrheits- und Falschheitsbedingungen blieb ein einflussreiches semantisches und hermeneutisches Forschungsprogramm.

Es war vor allem einer der Hauptvertreter des logischen Empirismus, Rudolf Carnap, der die wahrheitskonditionale Semantik ein Stück weiterentwickelte.[663] Carnap schlug nämlich eine raffiniertere Bestimmung von Bedeutungen (die auch Intensionen genannt wurden) vor. Er ging zunächst von einem einfachen Modell einer Welt aus: Die *Welt* ist eine Ansammlung von singulären Tatsachen und daher durch eine Zustands-

[662] Im Lager der analytischen Philosophie war es vor allem Michael Dummett, der der Idee einer wahrheitskonditionalen Semantik und der Konzeptualisierung des Verstehens als Erfassen von Wahrheitsbedingungen entschiedenen und anhaltenden Widerstand entgegensetzte. Zum Teil war dieser Widerstand durch Dummetts semantischen Anti-Realismus motiviert, der das Bivalenzprinzip bestreitet. Dummetts eigene Semantik geht davon aus, dass „Bedeutung“ ein kognitiver Term ist und darauf verweist, was ein Sprecher wissen muss, wenn er die Bedeutung eines Ausdrucks erfassen will. Dummetts zentrale Idee ist, die Bedeutung von Sätzen aus der Perspektive des Verstehensbegriffes und des verifikationistischen Verständnisses von Wahrheit zu formulieren. Demnach besteht das Verstehen eines Satzes in der Fähigkeit, zu erkennen, was als methodische Verifizierung, also als Methode und Prozedur des Nachweises seiner Wahrheit zählen kann. Das Erkennen dieser Methode muss effektiv vorliegen; insofern ist das Verstehen als Erfassen der Bedeutung nach Dummett manifest. Vgl. dazu zum Beispiel Dummett (1976), 110f., ferner dazu und zu den Problemen dieses Ansatzes Rössler (1990).

[663] Vgl. z. B. Carnap (1934), Carnap (1942) und Carnap (1947); dazu Coffa (1991); Mormann (2000).

beschreibung charakterisierbar. Eine (zutreffende) *Zustandsbeschreibung der Welt* in einer bestimmten Sprache ist schlicht die Konjunktion (also die und-Verbindung) aller atomaren (d. h. nicht-zusammengesetzten) Sätze dieser Sprache, die die singulären Tatsachen der Welt erschöpfend und konsistent (also widerspruchsfrei) beschreiben (inklusive der negativen Sätze, die sagen, was in der Welt nicht der Fall ist). Damit kann der Begriff der Wahrheit eingeführt werden: Ein Satz ist dann wahr (für unsere Welt), wenn er in der zutreffenden Zustandsbeschreibung vorkommt. Eine abweichende Zustandsbeschreibung, die in der zutreffenden Zustandsbeschreibung nicht vorkommt und nicht widersprüchlich ist, beschreibt dagegen Carnap zufolge eine Ansammlung von Zuständen, in denen sich eine andere als unsere aktuelle Welt befinden könnte. Eine solche Welt heißt mögliche Welt. Die Beschreibung einer möglichen Welt beschreibt Sachverhalte, die der Fall sein könnten, aber nicht notwendigerweise in unserer Welt der Fall sind (die modale Sprache ist hier, genau betrachtet, reduziert auf eine nicht-modale Sprache, in der nur von Zustandsbeschreibungen die Rede ist).

Auf dieser begrifflichen Grundlage definiert Carnap schließlich logische Wahrheit und Bedeutung (Intension). Ein Satz heißt logisch oder analytisch wahr genau dann, wenn er in jeder Zustandsbeschreibung wahr ist (d. h. wenn er in allen möglichen Welten und unserer aktualen Welt wahr ist). Zwei Sätze „p" und „q" sind material äquivalent genau dann, wenn der Satz „p genau dann wenn q" wahr ist (d. h. wenn „p" und „q" sich auf dasselbe beziehen, d. h. dieselbe Referenz oder Extension haben). Insbesondere sind zwei Sätze „p" und „q" logisch äquivalent, wenn ihre materiale Äquivalenz „p genau dann, wenn q" logisch wahr ist. Und zwei Sätze haben dieselbe Intension (d. h. dieselbe Bedeutung) genau dann, wenn sie logisch äquivalent sind (d. h. wenn sie in allen möglichen Welten dieselbe Referenz oder Extension haben). Von hier aus kann man zu Prädikatoren (Allgemeinbegriffen) übergehen, indem man die Prädikatoren als offene Sätze auffasst und analog für sie logische Äquivalenz und Intensionsidentität definiert. Von Eigennamen wie „Sokrates" wurde behauptet, dass sie überhaupt keine Bedeutung, sondern lediglich eine Referenz (eine Extension) haben. Die Referenz (Extension) von „Sokrates" ist zum Beispiel Sokrates, und mehr müssen wir nicht wissen, um diesen Eigennamen angemessen zu verwenden und zu verstehen. Damit hat Carnap den wahrheitskonditionalen Bedeutungsbegriff im Rahmen der logisch-empiristischen Semantik vor allem mit Hilfe der Idee möglicher Welten genauer und zugleich über Sätze hinaus auf Prädikatoren und Nominatoren ausgedehnt.

Montague hat Carnaps grundlegende Idee durch die These reformuliert, dass zwei Ausdrücke intensionsgleich sind (d. h. dieselbe Bedeutung haben), falls sie in allen möglichen Welten extensionsgleich sind.[664] Diese Reformulierung zeigt sehr schön, dass Carnap die Bedeutungen (Intensionen) auf die Begriffe der Referenz (Extension) und der möglichen Welt zurückführt. Wenn das richtig ist, dann – so behauptet Montague zu Recht – ordnet die Intension (Bedeutung) eines Ausdrucks A jeder möglichen Welt die Extension von A zu, d. h. die Intension (Bedeutung) von A legt für jede mögliche Welt die Klasse derjenigen Individuen fest, die in dieser möglichen Welt unter A fallen (d. h. auf die A in dieser möglichen Welt zutrifft). Intensionen sind demnach darstellbar als mathematische Funktionen mit dem Definitionsbereich der Menge aller möglichen Welten und dem Wertebereich der Menge aller Teilmengen von Individuen (= Extensionen) in möglichen Welten. Damit hat Montague den Begriff der mathematischen Funktion, der von Frege bereits zur Bestimmung der grundlegenden logischen Formen verwendet worden war, zur Beschreibung von Bedeutungen (Sinn bei Frege) herangezogen.

Gegenüber dem Ausgangspunkt in Freges Aufsatz *Über Sinn und Bedeutung* wurde die wahrheitskonditionale Semantik von Carnap und Montague, wie es scheint, ein erhebliches Stück vorangebracht. Damit sollte auch das Programm, Bedeutungen letztlich vor allem auf Referenz und Wahrheit zurückzuführen, zusätzlich gestützt werden. Jede wahrheitskonditionale Semantik, die nicht eine rein extensionale Theorie ist, d. h. sich allein auf den Grundbegriff der Referenz stützen will, steht vor dem Problem, wie auf der Basis extensionaler Begriffe der Bedeutungsbegriff bestimmt werden kann. Wir haben gesehen, dass Carnap und Montague mit der Idee möglicher Welten arbeiten, um diesen Übergang zu Wege zu bringen.

Doch ist es zweifelhaft, ob diese Idee tatsächlich entscheidend zu einer angemessenen Semantik und Hermeneutik beitragen kann. Sind Bedeutungen durch die Vorstellung von Extensionsgleichheit in allen möglichen Welten erhellend bestimmt? Begreifen wir besser, was zum Beispiel die Bedeutung des Ausdrucks „Baum“ ist, wenn wir erfahren, dass diese Bedeutung darin besteht, dass „Baum“ in unserer Welt und in allen alternativen Welten, die sich aus unserer Welt von irgendeinem bestimmten Zeitpunkt an auf kontingente Weise hätten entwickeln können, auf dieselbe Extension, also die Menge aller Bäume, referiert? Das scheint eher nicht der Fall zu sein. Und ist es eine aufschlussreiche Bestimmung des Verstehens der Bedeutungen eines sprachlichen Ausdrucks, wenn wir erfahren, dass dieses Verstehen darin besteht zu erkennen, dass der Ausdruck sich in allen mögli-

[664] Vgl. Montague (1972).

chen Welten auf dasselbe bezieht wie in unserer Welt? Das scheint ebenfalls nicht der Fall zu sein. Auffällig ist, dass die logisch-empiristische Semantik eine zentrale Einsicht Schleiermachers und Diltheys unberücksichtigt lässt – dass nämlich Semantik und Hermeneutik an eine substantielle Theorie des Geistes angeschlossen werden sollten und dass erst aus dieser Perspektive klar werden kann, dass semantische Verhältnisse im Kern auf rationale und normative Weise organisiert sind. Man kann aber auch leicht sehen, warum logische Empiristen dieser Einsicht nicht folgen konnten. Sie haben die normative Sprache aus der Wissenschaft verbannt und die zu ihrer Zeit dominante behavioristische Theorie des Geistes akzeptiert, derzufolge das Geistige aus Verhaltensdispositionen besteht und daher nicht anders organisiert ist als die nicht-geistige Natur.

Es bleiben noch einige weitere Aspekte nachzutragen, die für die logisch-empiristische Semantik und Hermeneutik kennzeichnend sind. Aus Carnaps Semantik folgt (wie Carnap selbst betont hat): Synthetische Sätze und Prädikatoren (geschrieben als offene Sätze) sind synonym (= bedeutungsgleich), falls aus ihnen dieselbe Menge von empirischen Sätzen logisch hergeleitet werden kann. Die Bedeutung von Sätzen und Prädikatoren konnte daher auch auf inferentielle Weise beschrieben werden – auch dies eine Idee, die historisch wirkungsmächtig werden sollte. Demnach verstehen wir Sätze und Prädikatoren umso angemessener, je mehr empirische (offene) Sätze wir aus ihnen herleiten können.

Aus Montagues Semantik scheint etwas folgen (wie Montague selbst betont hat), das als *Intensionalitätsprinzip* bezeichnet wurde: Die Festlegung der Intensionen oder Bedeutungen von Elementen natürlicher Sprachen geht der Bestimmung ihrer Extensionen (= Referenz) voran. Denn die Extension eines Ausdrucks A ist die Intension von A für *unsere Welt* – die Extension ist der Wert der Intensionsfunktion an der Stelle *unserer* Welt. Wir müssen daher, wie es scheint, zuerst wissen, was ein Ausdruck bedeutet, bevor wir wissen können, worauf er sich in der Welt bezieht: die Kenntnis der Intension eines deskriptiven Ausdrucks geht der Kenntnis seiner Extension voran. Damit sollen Intensionen auf der einen Seite definitorisch auf Extensionen in allen möglichen Welten zurückgeführt werden, auf der anderen Seite aber für die Festlegung der Extensionen bereits vorausgesetzt werden. Hier macht sich erneut das Problem geltend, dass die Montague-Semantik unter hermeneutischem Aspekt nicht hilfreich ist, denn sie erhellt die Methode des Erfassens von Bedeutungen (Intensionen) nicht.

Die logisch-empiristische Semantik enthält im übrigen eine Reihe weiterer wichtiger Grundsätze, die zum Teil an Überlegungen von Frege anknüpften und für die weitere Entwicklung der modernen Semantik prägend werden sollten. Dazu gehören vor allem

(a) der Anti-Psychologismus, der bestreitet, dass Bedeutungen von Ausdrücken aus Vorstellungen, also mentalen oder geistigen Zuständen bestehen, die dem Individuum, das sie hat, eigen und daher grundsätzlich etwas Privates sind,
(b) die These von der Öffentlichkeit der Bedeutungen sprachlicher Zeichen, u. a. mit dem Hinweis, dass viele Personen einem Ausdruck dieselbe Bedeutung zuordnen und sich erst auf dieser Grundlage verständigen können,
(c) die These vom abstrakten Status der Bedeutungen: Bedeutungen sind abstrakte Gegenstände, also theoretische (= unbeobachtbare, in ihrer Bedeutung theorieabhängige) Entitäten, die von der Semantik auf ähnliche Weise postuliert werden wie z. B. Quarks oder Strings als theoretische Entitäten in der Physik, und
(d) der Internalismus der Semantik: das Erfassen oder Verstehen von Bedeutungen ist ein bestimmter mentaler Zustand, der lediglich die Existenz desjenigen Individuums voraussetzt, das diesen Zustand hat.

Die wahrheitskonditionale Semantik ist noch mit einem weiteren substantiellen Problem konfrontiert. Dieses Problem betrifft ihren Grundbegriff, nämlich den Wahrheitsbegriff. Es gibt und gab bereits damals verschiedene Wahrheitstheorien, und nicht alle diese Theorien sind für eine wahrheitskonditionale Semantik vorteilhaft. Wenn man zum Beispiel einen verifikationistischen Wahrheitsbegriff vertritt, demzufolge diejenigen Sätze wahr sind, auf deren Akzeptanz sich die einschlägigen Experten einigen, dann würde diese Akzeptanz die Bedeutung von Sätzen ausmachen, und das ist wenig überzeugend. Oder wenn man die Zitattilgungstheorie der Wahrheit bevorzugt, derzufolge Wahrheit durch die Formel „Satz „p" ist wahr genau dann wenn p der Fall ist" definiert und damit eliminiert werden kann, dann wird die Gleichsetzung von Bedeutungen und Wahrheitsbedingungen zu einer leeren Phrase, die uns buchstäblich nichts sagt.

Darum haben die logischen Empiristen die Wahrheitstheorie begrüßt, die von Alfred Tarski vorgeschlagen wurde. Man hatte den Eindruck, dass diese Theorie die beste bisher vorgelegte Wahrheitstheorie ist und elegant in eine wahrheitskonditionale Semantik integriert werden kann. In Tarskis Wahrheitstheorie sollte es um eine Definition der Wahrheit und nicht um Kriterien der Wahrheit gehen – darum, was wir unter Wahrheit verstehen, nicht darum, wie wir über den Wahrheitswert einer Aussage entscheiden. Und die Wahrheitsdefinition dieser Wahrheitstheorie sollte zwei Bedingungen erfüllen: Sie muss Widerspruchsfreiheit gewährleisten, d. h. sie muss die bekannten semantischen Antinomien vermeiden. Und sie muss im Einklang mit unserem alltäglichen Verständnis von Wahrheit stehen, das sich beschreiben lässt durch die Formel, „(Der Satz) s ist wahr genau dann, wenn p", beispielsweise, „(Der Satz) „snow is white" ist wahr genau dann, wenn Schnee weiß ist". Dabei ist „s" ein Name eines Satzes (im einfachsten Fall: „p" = s), mit dem wir den Satz zitieren oder über ihn sprechen können.

Die erste dieser Bedingungen legt die Tarski-Theorie der Wahrheit offenbar auf einen nicht-verifikationistischen Wahrheitsbegriff fest. Die zweite Bedingung bezieht sich auf die bekannte Lügner-Antinomie. Diese Antinomie ist keineswegs eine logische Spielerei; sie verweist vielmehr auf ein grundlegendes Problem des Wahrheitsbegriffes: Wenn in einer natürliche Sprache L die üblichen logischen Gesetze gelten, und wenn L neben ihren gewöhnlichen Ausdrücken auch Namen dieser Ausdrücke und semantische Ausdrücke wie „wahr" und „falsch" enthält, die in L auf Sätze von L angewandt werden, dann lässt sich die Lügner-Antinomie leicht konstruieren.[665]

Tarskis Problemdiagnose zufolge kann man das Problem vermeiden, wenn man die Sprache L in zwei verschiedene Sprachstufen aufspaltet: Im Kontext einer Wahrheitstheorie sind zwei Sprachen zu unterscheiden: eine Objektsprache L, über die gesprochen wird und für die eine Wahrheitsdefinition gegeben werden soll, und eine Metasprache L*, in der gesprochen wird und in der auch die Wahrheitsdefinition formuliert werden soll. Die Ausdrücke „wahr" und „falsch" gehören stets einer Metasprache an, in der über eine Objektsprache gesprochen wird. Die Ebenen von Objekt- und Metasprache dürfen nicht vermischt werden. Durch diese Maßnahme wird die Lügner-Antinomie geblockt.[666] Die Konsequenz daraus ist allerdings, dass die Wahrheitsdefinition auf eine bestimmte Sprache beschränkt werden muss (d.h. wir reden künftig von der Wahrheit-in-L, wobei L eine bestimmte Sprache ist) und dass semantische Ausdrücke wie „wahr" und „falsch" stets einer Metasprache relativ auf eine Objektsprache angehören.

Tarski betrachtet die Zitattilgungstheorie der Wahrheit als ein brauchbares Adäquatheitskriterium für den Wahrheitsbegriff. Für Tarski sind daher die Formeln „s ist wahr genau dann wenn p" bzw. „‚p' ist wahr genau dann wenn p" nicht Angaben darüber, was einen Satz der Objekt-

[665] Die Lügner-Antinomie lässt sich so formulieren:
Gelte (L) „S" = „‚S' ist falsch" (Diese Gleichsetzung folgt z. B. aus der Aussage „Die Aussage, die ich gerade behaupte, ist falsch"). Nach dem Bivalenzprinzip ist jede Aussage wahr oder falsch. Es folgt:

(1) Sei „S" wahr; es folgt mit (L): „"S" ist falsch" ist wahr, also: „S" ist falsch.
(2) Sei „S" falsch; es folgt mit (L): „‚S' ist falsch" ist falsch, also: „S" ist wahr.
Aus (1) und (2) folgt:
(3) „S" ist wahr genau dann, wenn gilt: „S" ist falsch.

[666] Denn die Prämisse der Antinomie erhält dann die harmlose Form „S*" = „‚S' ist falsch in L" wobei „S*" ein Satz der Metasprache, „S" ein Satz der Objektsprache L ist und folglich beide *nicht* als identisch behandelt werden dürfen (denn der Ausdruck „falsch" gehört L nicht an).

sprache wahr macht, sondern Zitate von Sätzen der Objektsprache auf der linken Seite der Formel und ein Gebrauch von Sätzen in der Metasprache (diese Formeln heißen T-Äquivalenzen oder T-Theoreme, mit T als Abkürzung für „truth"). Demnach lassen sich T-Theoreme auch als Übersetzungen von Sätzen der Objektsprache in Sätze der Metasprache lesen (dabei können Meta- und Objektsprache sowohl identisch als auch verschieden sein).

Ein T-Theorem ist also für Tarski nicht bereits selbst eine Wahrheitsdefinition, sondern ein Adäquatheitskriterium für jede Wahrheitsdefinition: Der Ausdruck „wahr-in-L" wird nur dann angemessen gebraucht, wenn für alle Sätze der Objektsprache L T-Theoreme behauptet werden können. Und eine Definition des Wahrheitsbegriffes für L in der Metasprache L* ist nur dann angemessen, wenn (selbstverständlich in L*) T-Theoreme für alle Sätze aus L aus der Wahrheitsdefinition logisch folgen.

Die Wahrheitsdefinition selbst, die Tarski vorschlägt, hat also nicht die Form einer T-Theorems – aber sie greift auf T-Theoreme zurück. Man kann sich Tarskis Kernidee am besten anhand von Sprachen klarmachen, die nur endlich viele Sätze enthalten:

Enthielte die Objektsprache L, für die wir Wahrheit definieren wollen, nur endlich viele singuläre Sätze S_1, …, S_n, dann hätte eine adäquate Wahrheitsdefinition nach Tarski die folgende Form: X ist wahr gdw (a) für X = „S_1" gilt S_1, (b) für X = „S_2" gilt S_2, und… und (n) für X = „S_n" gilt S_n.

Wenn wir also beispielsweise eine sehr eingeschränkte Sprache S* hätten, die nur vier Sätze enthält, nämlich (i) „Emilie ist höflich", (ii) „Emilie ist klug", (iii) „Johannes ist ein Rüpel" und (iv) „Johannes ist dumm", dann hätte die vollständige Wahrheitsdefinition für S* (relativ auf Sprache S") nach Tarski einfach folgende Gestalt:

1. „Emilie ist höflich" ist wahr gdw Emilie höflich ist.
2. „Emilie ist klug" ist wahr gdw Emilie klug ist.
3. „Johannes ist ein Rüpel" ist wahr gdw Johannes ein Rüpel ist.
4. „Johannes ist dumm" ist wahr gdw Johannes dumm ist.

Natürliche Sprachen enthalten allerdings schon aufgrund der wahrheitsfunktionellen Verknüpfungen *unendlich* viele singuläre Sätze, und auch die Quantifikation kann über unendlich viele Variablen laufen. Die Lösung dieses Unendlichkeitsproblems ist die zentrale technische Herausforderung für eine Verbesserung der Definition für endliche Sprachen und damit für eine angemessene Definition der Tarski-Wahrheit. Doch lässt sich bereits an dem einfachen Fall endlicher Sprachen ablesen, dass Tarskis Wahrheitstheorie die Semantik nicht in dem Sinne voranbringt, dass sie uns näheren Aufschluss über unseren Weltbezug (die Wahrheit) und die Bedeutungen gibt. Das sieht man an wenigstens drei Aspekten: Erstens, elementare Referenzbeziehungen und damit ein Bezug auf Gegenstände in der Welt gehen als Voraussetzungen in die Theorie ein; zweitens, Bedeutungen haben Priorität gegenüber Wahrheit, denn die Wahrheitsdefinition beruht darauf, dass die Symbole des Vokabulars der Objektsprache bereits eine Bedeutung haben; und drittens, die Metasprache bezieht sich nach Voraussetzung insgesamt auf die Welt.

Die wahrheitskonditionale Semantik und Hermeneutik des logischen Empirismus sind also einer Reihe schwerwiegender Einwände ausgesetzt. Ihr Anwendungsbereich ist beschränkt, die Explikation des Bedeutungsbegriffs ist unbefriedigend, und der eingearbeitete Wahrheitsbegriff Tarskis macht die Semantik letztlich zirkulär. In Exkurs 4 wird zu Details der Wahrheitstheorie Tarskis für den quantifizierten Fall Material bereit gestellt, dessen Studium die soeben formulierte Einschätzung stützen kann. Im folgenden Abschnitt werden wir kurz noch auf ein methodisches Problem der logisch-empiristischen Hermeneutik hinzuweisen haben.

6.4. Logische Konstruktion und Verstehen

Wir haben gesehen, welche Schwierigkeiten es den logischen Empiristen bereitet hat zu erläutern, was die Bedeutung eines synthetischen Satzes ist und was es heißt, einen synthetischen Satz zu verstehen. Wie haben die logischen Empiristen aber die Produktion analytischer Sätze, also die hermeneutische Analyse der Bedeutungen von Sätzen näher gekennzeichnet? Ein verbreiteter Vorschlag war, die hermeneutische Analyse eines Satzes als logische Konstruktion dieses Satzes zu beschreiben und die logische Konstruktion als Grundmodell eines analytischen Satzes anzusehen, der die Bedeutung eines seiner Teilsätze angibt und damit dessen Interpretation artikuliert. Tatsächlich wurde die logische Konstruktion eines Satzes „p“ als Übersetzung von „p“ in einen anderen Satz „q“ verstanden, der dieselbe Bedeutung wie „p“ hat, seinerseits aber besser verständlich ist. Dass Bedeutungsangaben eine Art von Übersetzung und Interpretation sind, war eine Idee, die in späteren Semantiken wieder aufgegriffen wurde.

Wie erläutern die logischen Empiristen nun die *logische Konstruktion* genauer? Die grundlegende Idee, wie sie zum Beispiel von Ayer artikuliert wurde, scheint einfach zu sein: Die logische Konstruktion eines Ausdrucks „A“ besteht in der Angabe eines Verfahrens, für jeden Satz „p“, der „A“ enthält, eine angemessene Übersetzung in einen Satz „q“ anzugeben, der „A“

nicht enthält. Wann ist jedoch „q“ eine angemessene Übersetzung von „p“? Das ist den logischen Empiristen zufolge dann der Fall, wenn die beiden Sätze „p“ und „q“ synonym sind. Doch diese Antwort hilft auch nicht weiter, wenn man unter Synonymität, wie üblich, Bedeutungsgleichheit versteht. Daher haben die logischen Empiristen vorgeschlagen, Synonymität ihrerseits allein durch Rückgriff auf Logik zu definieren.

Dieser Vorschlag sieht so aus, dass zunächst definiert wird, was es heißt, dass zwei Sätze äquivalent sind: Zwei Sätze p und q sind äquivalent genau dann, wenn für jeden Satz r gilt: Wenn es einen Satz s gibt mit s, p ⇒ r, so gilt auch s, q ⇒ r; und wenn es einen Satz s gibt mit s, q ⇒ r, so gilt auch s, p ⇒ r.

Auf dieser Grundlage wird bestimmt, was es heißt, dass zwei Sätze synonym, also bedeutungsgleich sind: Zwei Ausdrücke „A“ und „B“ sind synonym (d. h. bedeutungsgleich) genau dann, wenn gilt: Wenn „p“ ein Satz ist, in dem „A“ vorkommt, und wenn der Satz „q“ aus „p“ dadurch entsteht, dass „A“ durch „B“ ersetzt wird, dann sind „p“ und „q“ äquivalent (dasselbe gilt, wenn „B“ in „p“ vorkommt und durch „A“ ersetzt wird).

Anschließend wird der Begriff einer Gebrauchsdefinition ins Spiel gebracht: Eine Gebrauchsdefinition eines Symbols „x“ ist die Angabe eines Verfahrens, für jeden Satz „p“, in dem „x“ vorkommt, einen Satz „q“ anzugeben derart, dass (a) „q“ weder „x“ noch Synonyme von „x“ enthält, und (b) „p“ und „q“ synonym sind.

Zum Schluss wird die logische Konstruktion definiert: „y“ ist logisch konstruiert aus (oder rückführbar auf) „x_1“,…,„x_n“ genau dann, wenn es eine Gebrauchsdefinition für das Symbol „y“ gibt, die auf die Ausdrücke „x_1“,…,„x_n“ zurückgreift.

Die logische Konstruktion ist demnach nicht eine ontologische, sondern eine linguistische Kategorie. Sie beruht auf geeigneten Definitionen und logischen Beziehungen und liefert Bedeutungen für „y“ in Begriffen der Ausdrücke „x_1“,…,„x_n“.

Es ist fair zu sagen, dass die logische Konstruktion eine methodische Anweisung für ein angemessenes Verstehen sprachlicher Ausdrücke ist. Die logische Konstruktion ist also ein zentraler Bestandteil der formalen Hermeneutik. Aber ist dieser hermeneutische Vorschlag überzeugend? Betrachten wir einige Beispiele von logischen Analysen, die von den logischen Empiristen selbst angegeben wurden. Die ersten beiden Beispiele betreffen die logischen Konstruktionen eines materiellen Gegenstandes und eines Selbst, d. h. die Angabe der Bedeutungen der Ausdrücke „materieller Gegenstand“ und „Selbst“ (dabei weist „(G) =“ darauf hin, dass eine Gebrauchsdefinition vorliegt):

(1) y ist ein *materieller Gegenstand* = (G) y ist eine Menge $\{x_i\}$ von Sinnesdaten derart, dass (a) alle x_i derselben Ähnlichkeits-Äquivalenzklasse angehören und (b) die Intensitätsveränderung der x_i parallel erfolgt.[667]
(2) y ist ein *Selbst*: = (G) y ist eine Menge von Sinnesdaten x derart, dass alle x derselben Äquivalenzklasse von organischen Sinnesdaten angehören.[668]

Dabei wird angenommen, (i) dass jedes organische Sinnesdatum zu genau einem Körper (d.h. zu genau einem materiellen Gegenstand) gehört, (ii) dass zwei Sinneserfahrungen zur Sinnesgeschichte desselben Selbst gehören genau dann, wenn ihre Gehalte organische Sinnesdaten desselben Körpers sind und dass daher (iii) die Zugehörigkeit zur Sinnesgeschichte desselben Selbst eine Äquivalenzrelation ist. Diese Definitionen sollen Gebrauchsdefinitionen sein. Nennen wir etwa das G-Definiendum „p", das G-Definiens „q", so kommt in „q" weder der Ausdruck „materieller Gegenstand" bzw. „Selbst" noch ein Sinnesorgan von ihm vor, und jeder Satz, der mit Hilfe von „p" ableitbar ist, soll auch mit Hilfe von „q" ableitbar sein.

Diese Form der logischen Konstruktion wurde bereits vor Ayer von Rudolf Carnap angewendet und zunächst als Quasi-Analyse bezeichnet.[669] Die begriffliche Basis der wissenschaftlichen Konstitution sind nach Carnaps frühem Standpunkt phänomenalistische („eigenpsychische") Begriffe, die Elementarerlebnisse (=Sinnesdaten) beschreiben, die ihrerseits unzerteilbar sind (z.B. eine Rotempfindung). Dabei wird noch nicht ein Begriff von Ich oder Subjekt, ebenso wenig ein Begriff von Gegenstand oder Objekt vorausgesetzt. Diese Begriffe sollen allererst konstituiert (d. h. logisch konstruiert) werden. Die theoretische Basis des gesamten Konstruktionsverfahrens ist extrem schmal: Sie besteht aus einem einzigen undefinierten Begriff, der (partiellen erinnerten) Ähnlichkeitsempfindung, die über Zeitpunkte im Erlebnisstrom definiert ist.

Man mag die einzelnen Beispiele für die Quasi-Analyse oder logische Konstruktion als verstehende Bedeutungsangaben wenig überzeugend finden, doch lässt sich hinter dieser Idee von Verstehen ein interessanter Vorschlag entdecken. Dieser Vorschlag wird zum Beispiel in einem kurzen Artikel von Carnap artikuliert, in dem er bereits von logischer Analyse anstelle von Quasi-Analyse spricht:

[667] Vgl. Ayer (1967), 53, 58–59, 63–68, 140–141.
[668] Vgl. Ayer (1967), 125–128, 141.
[669] Vgl. Carnaps erstes großes Werk: Carnap (1928): §§ 1–2 zur logischen Konstruktion, §§ 38–9 zur Definition, §§ 69–74 zu Analyse, Quasi-Analyse und Synthese.

„The logical analysis of a particular expression consists in the setting-up of a linguistic system and the placing of that expression in this system.“[670]

Einen sprachlichen Ausdruck verstehen (also logisch zu analysieren), heißt demnach, diesem Ausdruck seinen semantischen Platz in einem reichen semantischen Netzwerk zuzuweisen. Diese hermeneutische Idee sollte sich als wegweisend erweisen.[671]

Die Beispiele von logischen Konstruktionen (Analysen), also von Bedeutungsanalysen (Verstehensprozeduren), wie sie dem logischen Empirismus zufolge für Formalwissenschaften und ihre Produktion analytischer Sätze typisch sind (von der logischen über die formale bis zur ethischen Hermeneutik), machen klar, dass die Bedeutungsangaben zwar jeweils vorgeschlagen werden, dass sie aber nicht durch ein methodisches Verfahren gerechtfertigt werden können. Denn letztlich ist es unüberprüfbar, ob aus den beiden Bestandteilen der Gebrauchdefinitionen dieselben Sätze ableitbar sind, ohne die Bedeutungsgleichheit dieser Bestandteile schon zu unterstellen. Und aus heutiger Sicht ist offensichtlich, dass die skizzierten Bedeutungsangaben für die Begriffe eines materiellen Gegenstandes und eines Selbst mehr als angreifbar sind. Mittels welcher Methode lässt sich zwischen alternativen Bedeutungsangaben unterscheiden? Welche von mehreren möglichen Übersetzungen und Interpretationen sollte bevorzugt werden? Eine angemessene Hermeneutik muss auf diese Fragen eine methodische Antwort bereit halten. Diese Forderung erfüllt die Hermeneutik des logischen Empirismus in ihren verschiedenen Bereichen nicht. Die genannten Beispiele machen vielmehr deutlich, welches für die logischen Empiristen das implizite Kriterium für angemessene logische Konstruktionen (also Bedeutungsangaben) war, nämlich die Konsistenz mit dem Sinnkriterium. Das Sinnkriterium operierte als grundlegendes Dogma der logischen Hermeneutik. Das Problem ist, dass – wie wir gesehen haben – das Sinnkriterium seinerseits keineswegs als akzeptable Analyse des Bedeutungsbegriffs oder des Verstehens gelten kann.

[670] Vgl. Carnap (1936), bes. 143.

[671] Vgl. dazu Goodman (1977) (Kap 5 zur Quasi-Analyse in Carnap's *Aufbau*); ferner Leitgeb (2007).

KAPITEL 7: INTERKULTURELLE, NATURALISTISCHE UND KOGNITIVE HERMENEUTIK

In jüngerer Zeit sind hermeneutische Entwürfe vorgeschlagen worden, die sich – ähnlich wie die vorliegende Studie – gegen den Einfluss der postmodernen anti-hermeneutischen Auffassungen, aber zum Teil auch gegen die Philosophische Hermeneutik wenden. Diese Vorschläge sollen im folgenden Kapitel dargestellt und geprüft werden. Es handelt sich um die interkulturelle, naturalistische und kognitive Hermeneutik.

7.1. Interkulturelle Hermeneutik

Die sogenannte Interkulturelle Hermeneutik scheint heute immer stärker in den Vordergrund zu rücken und wird von ihren Vertretern zum Teil als epochaler hermeneutischer Neuanfang gefeiert.[672] Die Interkulturelle Hermeneutik präsentiert sich als Wiedergeburt der Hermeneutik nach der Vorherrschaft anti-hermeneutischer Strategien, grenzt sich aber zugleich scharf gegen die klassische Hermeneutik und insbesondere gegen Gadamer ab, dem in Gestalt seiner These von der Horizontverschmelzung ein eurozentristischer Standpunkt vorgeworfen wird. Die interkulturellen Hermeneutiker monieren, dass Gadamer eine Hermeneutik vertreten hat, die davon ausgeht, dass der Interpret den Interpretanden intellektuell und kulturell vereinnahmt und daher das Fremde in seiner Eigenart als Fremdes weder verstehen noch würdigen kann. Betrachtet man die Versuche, das Programm der Interkulturellen Hermeneutik auszubuchstabieren, jedoch genauer, so zeigt sich, dass die interkulturellen Hermeneutiker die Leistungsfähigkeit der klassischen Hermeneutik unterschätzen und ihr als wissenschaftlicher Methode nichts hinzuzufügen haben. Allenfalls in Gestalt einer „Reflexion auf Verstehen als interkulturelle Praxis", die heute politisch immer wichtiger wird und deren Gelingen oft über Krieg und Frieden entscheidet, kann die Interkulturelle Hermeneutik einen neuen Gesichtspunkt ins Spiel bringen.[673] Vielleicht lässt sich geltend machen, dass das Fremde traditionell eher als das Störende empfunden wurde, das beseitigt werden muss, während es heute als etwas gilt, das gerade in seiner Fremdheit zu

[672] Vgl. dazu den instruktiven Artikel von Horstmann (1999), 427–448.
[673] So das überzeugende Resultat der genauen Analyse von Horstmann (1999).

bewahren und zu erhalten ist und womöglich auch eine verborgene Seite in uns selbst repräsentiert, die wir nicht unterdrücken sollten.[674] Doch wenn man sich ansieht, wie die Vertreter der Interkulturellen Hermeneutik diesen Umstand theoretisch aufarbeiten wollen, dann zeigt sich, dass es bisher weder Einigkeit noch durchgearbeitete Konzepte dazu gibt.

So wird zum Beispiel betont, die neue Interkulturelle Hermeneutik sei eine Hermeneutik komplementärer Optik – eine Hermeneutik der Distanz, die gerade nicht von der Gemeinsamkeit eines Traditionszusammenhanges ausgehe. Zuweilen verbleibt man auch ganz in der Distanzierung gegenüber Gadamers Hermeneutik, bestimmt die Interkulturelle Hermeneutik also weitgehend ex negativo. Einige Autoren propagieren eine Vermittlung zwischen Philosophischer und Interkultureller Hermeneutik, ohne freilich zu expliziten methodologischen Konzepten vorzustoßen. Andere Autoren neigen zu der Auffassung, dass jeder Versuch, das Fremde zu verstehen, dem Fremden Gewalt antut und es zum Verschwinden bringt. Auch wird geltend gemacht, dass das Fremde uns weniger in Gestalt von Äußerungen und Texten – den paradigmatischen Gegenständen der klassischen Hermeneutik – als vielmehr in Form kultureller Praktiken entgegentritt. Dabei wird die alte Frage wiederbelebt, wie es mit dem Verhältnis der Kulturen zueinander steht. Hier wird neuerdings auch wieder betont, dass die verschiedenen Kulturen nicht hermetisch gegeneinander abgeschlossen seien, sondern in Wechselbeziehungen zueinander stünden. Weder vollständige Identität noch vollständige Diversität sei gegeben, und Interpretation sei bei vollständiger Identität unnötig, bei vollständiger Diversität unmöglich; es müsse vielmehr, wie bereits Schleiermacher betont habe, ein Minimum an Gemeinsamkeit geben. Allerdings müsse die Interpretation des Fremden konsequent von der Gleichrangigkeit von Interpreten und Interpretanden ausgehen. Aufgrund dieser Thesen verfestigt sich der Eindruck, dass die Interkulturelle Hermeneutik methodologisch nichts Neues zu bieten hat.[675] Vor allem scheint die Interkulturelle Hermeneutik bislang eher große und vage Thesen zu propagieren, aber noch nicht den Status einer gründlichen Theorie erreicht zu haben.[676] Mit gut gemeinten Phrasen, die in ihrer Vag-

[674] Vgl. Horstmann (1999), 429.

[675] Zu Belegen und genaueren Ausführungen in dieser Richtung siehe Horstmann (199). Horstmann scheint allerdings nach wie vor die Hermeneutik Gadamers als avancierteste Form der Hermeneutik im Blick zu haben, wenn er die – sicherlich korrekte – These vertritt, dass die Interkulturelle Hermeneutik über die bisherige Hermeneutik methodologisch nicht hinauskommt. Diese Grundlage ist jedoch aus heutiger Sicht, wie wir gesehen haben, recht problematisch. Statt dessen sollte der Interpretationismus als heute attraktivste Form einer externalistischen Interpretationstheorie zum Ausgangspunkt genommen werden.

[676] Insofern sind der Vorbehalt und die Empfehlung, die H.H. Müller artikuliert hat („der Begriff *Interkulturelle Hermeneutik* ist zunächst einmal nicht mehr als ein big word, und

heit durchaus auch etwas politisch Gefährliches enthalten können, sollte man sich in diesem so wichtigen Feld jedoch nicht begnügen.

Allerdings muss eingeräumt werden, dass Gadamers zentrale Thesen unter anderem deshalb problematisch sind, weil sie aufgrund ihrer Ambivalenz leicht missverstanden werden können. Die von Gadamer proklamierte Standortgebundenheit des Interpreten, die Verwiesenheit des Interpreten auf die Tradition, die Identifizierung des Interpretierens mit der Suche nach Wahrheit und die Verschmelzung der Horizonte von Interpret und Interpretand als Ziel einer gelingenden Interpretation könnten zumindest bei oberflächlicher Lektüre durchaus im Sinne einer traditionsgebundenen Eliminierung aller kulturellen Differenzen und eines universellen Wahrheitsanspruches gelesen werden. Doch reicht es nicht, diese Ambivalenz nur zu beklagen. Vielmehr muss dieser Aspekt der Philosophischen Hermeneutik auf der Basis einer ausdifferenzierten modernen Hermeneutik geprüft werden.

In der systematisch weit entwickelten frühneuzeitlichen Hermeneutik beispielsweise wird, wie wir gesehen haben, meist davon ausgegangen, dass die menschliche Vernunft in allen Menschen und Kulturen dieselbe ist – sowohl bei Interpretinnen als auch bei Interpretanden. Die Anerkennung des Prinzips der Nachsicht enthält in vielen klassischen Hermeneutiken eine ähnliche Konklusion. Und auch Schleiermacher scheint von einer gemeinsamen Rationalität aller Menschen auszugehen, die mobilisiert werden muss, wenn Verstehen erfolgreich sein soll.

Der semantische Holismus, der in der traditionellen Hermeneutik immer wieder vertreten wurde, könnte eine der Grundlagen sein, um die Frage der Vergleichbarkeit und Verschiedenheit von Kulturen und ihren Sprachen auf annehmbare Weise zu beantworten.

Inwieweit Interpretinnen und Interpretanden Überzeugungen und eine basale Rationalität teilen müssen und wie weit sie sich voneinander entfernen dürfen, damit Verstehen noch gelingen kann, muss theoretisch untersucht werden. Es könnte sich beispielsweise herausstellen, dass wir nur auf der Basis spezifischer, theoretisch präzise angebbarer Gemeinsamkeiten das Andere, Fremde, die Differenzen und Unterschiede wahrnehmen, identifizieren und verstehen können.[677] Und es muss betont werden, dass dies auch der gängigen Praxis der Interpretation entspricht. Selbst die Poststrukturalisten, Dekonstruktivisten und Vertreter der Interkulturellen Hermeneutik

man sollte von der Interkulturellen Hermeneutik nicht anders als von einer langfristig zu erarbeitenden theoretischen Konzeption sprechen“ (vgl. Müller (1987), 586)) mehr als berechtigt. Die Idee wäre freilich, diese Konzeption auf der Grundlage des Interpretationismus zu erarbeiten.

[677] Vgl. unten, Abschnitt 8.5, S. 386.

folgen dieser Praxis. Auch sie müssen – man möchte sagen trivialerweise – ein bestimmtes gelingendes Verständnis gegebener Texte oder Kulturen immer schon in Anspruch nehmen, um das Andere, Fremde und Verborgene in den Blick nehmen zu können. Eine der wesentlichen Voraussetzungen dafür ist, strikt zwischen Verstehen und Verständigen zu unterscheiden, wie es in der klassischen Hermeneutik noch üblich war, während moderne Denker wie Gadamer und Habermas dazu tendieren, beides zu identifizieren.

Eine letzte zentrale theoretische Konfusion muss noch angesprochen werden – eine Konfusion, die Gadamer und die Interkulturelle Hermeneutik teilen. Hier geht es um das Verhältnis von Interpretation und Kultur, oder, in Begriffen der Gadamer-Hermeneutik formuliert, um das Verhältnis des Verstehens von Texten und von Geschichte. Die Vertreter der Interkulturellen Hermeneutik betonen zu Recht, dass es uns nicht nur um ein angemessenes Verstehen mehr oder weniger fremder Äußerungen, Gedanken oder Texte gehen muss, sondern auch um ein angemessenes Verstehen mehr oder weniger fremder kultureller Praktiken. Gadamer betont zu Recht, dass nicht nur das Verstehen von Kunstwerken, sondern auch das Verstehen der Universalgeschichte wichtig ist. Aber weder Gadamer noch die Vertreter der Interkulturellen Hermeneutik verfügen über eine Theorie, die es ihnen möglich machen würde, diesen Hinweis transparent zu machen. Es bleibt letztlich auch hier bei seichten Proklamationen. Den Überlegungen Diltheys, vor allem aber dem Konzept der verstehenden Soziologie bei Max Weber können wir die Einsicht entnehmen, dass wir mit der Rede über Kulturen und Geschichte zur Ebene des Verstehens von Handlungen und sozialen Gebilden übergehen.[678] Die theoretische Konfusion bei Gadamer und den Vertretern der Interkulturellen Hermeneutik besteht darin, dass sie diesen Übergang nicht erkennen und daher auch nicht theoretisch fundieren können.

Die Interkulturelle Hermeneutik bleibt, alles in allem gesehen, im Programmatischen stecken und kommt über Proklamationen und Anklagen nicht hinaus. Doch wirft sie immerhin eine Frage auf, die in der klassischen Hermeneutik in dieser Schärfe nicht gestellt worden ist und die von einer modernen Hermeneutik beantwortet werden muss – die Frage nämlich, welche Gemeinsamkeiten und welche Distanz zwischen Interpret und Interpretand, zwischen einem zu verstehenden Satz und seiner interpretierenden Übersetzung bestehen müssen, damit auch semantische Gebilde, die von den Sprachen der Interpreten weit entfernt sind, angemessen verstanden werden können. Der Umriss einer akzeptablen Antwort lässt sich einigen Passagen in klassischen Hermeneutiken bereits entnehmen: Interpret und

[678] Vgl. oben, Abschnitt 3.3.

Interpretand müssen über dieselbe logische Hermeneutik verfügen, und der Interpret muss sich so umfassend wie möglich in den semantischen Holismus jener Sprache, Kultur und historischen Situation einarbeiten, in deren Kontext der zu interpretierende Text gehört.

7.2. Naturalistische Hermeneutik

Seit der Mitte des 20. Jahrhunderts hat sich eine hermeneutische Gegenströmung gegen die Philosophische Hermeneutik und postmoderne Kritik der klassischen Hermeneutik entwickelt, die auf Wissenschaftlichkeit des professionellen Interpretierens pocht und damit an die klassische Hermeneutik von der Antike bis Max Weber sowie an die logische Hermeneutik anknüpft. Ein prominentes Beispiel dafür ist die monumentale *Allgemeine Auslegungslehre*, die wenige Jahre nach dem Erscheinen von *Wahrheit und Methode* von Emilio Betti publiziert wurde.[679] Betti betrachtet das Problem der Hermeneutik unter dem Aspekt der klassischen Differenz zwischen Subjektivität und Objektivität. Gegenüber Gadamer macht Betti eine Form des semantischen Realismus geltend, demzufolge Sinngehalte in den Objektivationen des menschlichen Geistes faktisch vorliegen und daher von methodisch angeleiteten Interpreten trotz unterschiedlicher subjektiver Blickwinkel prinzipiell objektiv erfasst werden können.[680] Dabei muss namentlich auf den sinnhaften Zusammenhang und seine Kohärenz geachtet werden.[681] Doch soll der Interpret die fremden Gedanken in seiner Auslegung zugleich in seinen eigenen Geisteshorizont einbeziehen und ihn auf diese Weise nachkonstruieren.[682] Die unvermeidliche Spontaneität und Subjektivität, die diesem Kanon zufolge ein Aspekt der Interpretation ist, muss mit dem Moment der Objektivität vermittelt werden: aufgrund der Kongenialität des Interpreten lässt sich in einer guten Interpretation eine Art Angleichung der Sinnadäquanz zustande bringen, in der „die eigene lebendige Aktualität in innerste Abstimmung und Harmonie mit der Botschaft zu bringen" ist.[683] So vage diese Kanones formuliert sein mögen, so wichtig war doch Bettis Idee, dass die Verknüpfung der semantischen Netze des Interpretanden und des Interpreten in der Interpretation die Objektivität und Wissenschaftlich-

[679] Siehe Betti (1967) und die kürzere, einführende Schrift Betti (1962), die einen Überblick über Bettis zentrale Ideen gibt.

[680] Vgl. den ersten Kanon der Auslegung von der hermeneutischen Autonomie des Objektes eines jeden Verstehen (Betti (1962), 14f. und Betti (1967), § 16.

[681] Kanon des sinnhaften Zusammenhangs (Betti (1962), 15–18; Betti (1967), § 16a.

[682] Kanon der Aktualität des Verstehens (Betti (1962), 19f.; Betti (1962), § 17.

[683] Vgl. Betti (1967), 232 und die Diskussion des Kanons der hermeneutischen Entsprechung ibid. §§ 17a-17b.

keit der Interpretation nicht notwendig ausschließt – auch wenn Betti noch nicht über das theoretische Rüstzeug verfügte, um dieser Idee Substanz zu verleihen.[684]

Neben den Arbeiten Bettis hat es in den 60er und 70er Jahren des 20. Jahrhunderts zahlreiche Studien zum Problem der Verwissenschaftlichung der Literaturwissenschaften gegeben, die auch für das allgemeinere Problem der Wissenschaftlichkeit der Interpretation relevant waren. In einer eingehenden Untersuchung dieser Studien, die sich in präskriptive und deskriptive Ansätze unterscheiden lassen, kommen Danneberg und Müller allerdings zu einer insgesamt negativen Einschätzung dieser Arbeiten.[685] Doch postulieren sie ein interessantes Rahmenkonzept für eine *wissenschaftliche Methodik der Literaturwissenschaft*, das sich an einem anerkannten allgemeinen Ziel literaturwissenschaftlicher Interpretationen orientiert, nämlich dem Ziel, angemessene von unangemessenen Interpretationen zu unterscheiden. Notwendige Bedingung für das Erreichen dieses Zieles ist es, dass der zu interpretierende Text für die genannte Unterscheidungsmöglichkeit eine diskriminierende Rolle spielt. Und die schwächste Vorschrift, die diese notwendige Bedingung erfüllt, ist:

> „Zu jeder (literatur)wissenschaftlichen Interpretation eines Textes soll eine Klasse intersubjektiv kontrollierbarer Argumente angegeben werden ... Die Akzeptation bereits eines einzigen Arguments aus der Gesamtklasse potentieller Gegenargumente stellt einen Grund für die Modifikation oder Korrektur (Zurückweisung) der vorgeschlagenen Interpretation dar."[686]

Es ist nicht schwer zu sehen, dass diese Vorschrift eine wohlüberlegte Variante des hypothetisch-deduktiven Verfahrens ist.

[684] Einer der Gründe dafür war die gänzliche Unklarheit damaliger Theoretiker (wie man u. a. auch an Gadamer sieht) über den Gegenstand des Verstehens, nämlich die „Sinnhaftigkeit". So definiert Betti die *sinnhafte Form* als „einheitlichen Strukturzusammenhang, in dem mehrere wahrnehmbare Elemente aufeinander bezogen sind, und zwar ein solcher, der geeignet ist, das Gepräge eines Geistes zu bewahren, der ihn geschaffen hat oder den er verkörpert" (Betti (1962), 8). In Betti (1967), § 3a werden die sinnhaltigen Formen unter Rückgriff auf Erinnerungsbilder bestimmt – ein Manöver, das das grundlegende Defizit von Bettis Konzept des Sinns natürlich nicht heilt. Im übrigen ist aber die Energie bewundernswert, mit der Betti die Anwendung seiner Kanones auf die wichtigsten Bereichshermeneutiken nachzuweisen sucht (vgl. Betti (1976), Kap. IV–IX).

[685] Müller und Danneberg kommen zu dem Resultat, dass die präskriptiven Arbeiten „bislang den Nachweis schuldig geblieben sind, dass sie prinzipiell realisierbar sind, dass sie in der literaturwissenschaftlichen Praxis versuchsweise erprobt wurden und dass sie zur Anleitung der praxis angemessener als andere sind." Die deskriptiven Ansätze enthalten Müller und Danneberg zufolge „zwar eine Menge nützlicher Einsichten in das faktische Argumentationsverhalten von Literaturwissenschaftlern, leisten jedoch keinen Beitrag zur Verwissenschaftlichung der Literaturwissenschaft" (vgl. Müller, Danneberg (1979), 188).

[686] Vgl. Müller, Danneberg (1979), 190.

In jüngster Zeit wird dieser Ansatz manchmal als *naturalistische Hermeneutik* bezeichnet. Allerdings ist der Ausdruck „naturalistisch" in diesem Zusammenhang ein wenig irreführend, weil er eine reduktionistische Position suggeriert,[687] die in der naturalistischen Hermeneutik gewöhnlich nicht vertreten wird. Wenn man die bisher vorgelegten Arbeiten anschaut, schält sich zunächst ein gemeinsamer Kern heraus – nämlich in der Tat die These, professionelles Interpretieren verfahre gewöhnlich nach der hypothetisch-deduktiven Methode, die auch in anderen Wissenschaften, insbesondere in den Naturwissenschaften, Anwendung finde und in allen Disziplinen den Kern der wissenschaftlichen Methode ausmache.[688] Mit dieser These ist das Eingeständnis vereinbar, dass es im allgemeinen Rahmen des hypothetisch-deduktiven Verfahrens auch methodische Unterschiede zwischen Geisteswissenschaften und Naturwissenschaften geben könnte.

Ein gutes Beispiel für diese Position ist eine der frühesten Arbeiten, die diesen Ansatz entwickelt haben – ein Artikel, der von Dagfinn Føllesdal vor mehr als drei Jahrzehnten verfasst wurde.[689] Føllesdal betrachtet die Hermeneutik als generelle Methode der Interpretation von (menschlichen) Handlungen und den Produkten dieser Handlungen. Zu diesen Handlungen gehören auch Sprechakte. Die zentrale These ist, dass die hermeneutische Methode die hypothetisch-deduktive Methode in ihrer Anwendung auf bedeutungstragende Entitäten und Phänomene (*meaningful material*) ist.[690]

[687] Die zentrale naturalistische Intuition ist, dass wir Teil einer einheitlichen Natur sind. Diese Intuition wird durch den überwältigenden Erfolg der Naturwissenschaften in den letzten Jahrhunderten gestützt. Und hinter dieser Intuition steht der Wunsch, unsere unterschiedlichen Selbstbeschreibungen auf biologischer, mentaler und sozialer Ebene zu vereinheitlichen. Die Naturalisten sind insbesondere davon überzeugt, dass sich das Problem der mentalen Verursachung außerhalb eines naturalistischen Ansatzes nicht lösen lässt. Man unterscheidet gewöhnlich drei Spielarten des Naturalismus. Der ontologische Naturalismus behauptet, dass alles, was es gibt, Teil der einen – einheitlichen – Natur ist. Dabei gilt all das als Teil der Natur, was Gegenstand der Naturwissenschaften ist – also im Wesentlichen der etablierten Physik, Chemie und Biologie. Der methodologische Naturalismus fordert, alle Phänomene (also auch mentale und soziale Phänomene) mit naturwissenschaftlichen Methoden zu beschreiben und zu erklären. Der intentionale Naturalismus schließlich geht davon aus, dass sich alle Vokabulare, also auch unser Vokabular zur Beschreibung mentaler und kultureller Phänomene, auf eine naturalistische Weise reformulieren lässt. Vgl dazu neben vielen anderen Arbeiten Reuter (2003).

[688] Vgl. vor allem Abel, Th. (1948/1953), Albert (1994), Böhm (2005), Føllesdal (1979), Føllesdal (1982), Føllesdal (2001), Gigerenzer (2000), Göttner (1973), Kanitscheider, Wetz (Hrg.) (1998), Livingston (1988), Livingston (1993), Mantzavinos (2005).

[689] Vgl. Føllesdal (1979).

[690] Dabei sind bedeutungstragende Entitäten all jene Entitäten, die die Überzeugungen und/oder Werte eines Akteurs ausdrücken (ibid. 320). Genaugenommen ist diese These stärker als das, was im Text begründet wird. Føllesdal räumt an anderer Stelle ein, dass er nur behauptet, *auch* die hypothetisch-deduktive Methode finde typischerweise in Interpretationsprozessen Anwendung (ibid. 328, siehe auch 331).

Die *hypothetisch-deduktive Methode* wird in der üblichen Weise gekennzeichnet. Am Anfang steht die Formulierung von Hypothesen; dann erfolgt eine Ableitung von Konsequenzen aus diesen Hypothesen (mit Hilfe weiterer Annahmen, Theorien, Gesetze etc.). Schließlich werden die Hypothesen geprüft, indem man verifiziert, ob die Konsequenzen mit dem zur Verfügung stehenden empirischen Material (zu dem auch Belege über einzelne Handlungen und Äußerungen gehören können) und mit unserem bisherigen (etablierten) Überzeugungssystem übereinstimmen. Wenn verschiedene Hypothesenmengen (Theorien) ähnlich oder gleich gut bestätigt sind, kommen in der Auswahl der Hypothesen pragmatische Kriterien – insbesondere ‚Einfachheitskriterien' – ins Spiel.[691]

Ein zweites Ziel dieser Arbeit ist, die Argumente zurückzuweisen, die zeigen sollen, dass die hypothetisch-deduktive Methode nicht die allgemeine Methode der Hermeneutik sein kann.[692] Die wichtigsten Unterschiede zwischen Naturwissenschaften und Geisteswissenschaften sieht Føllesdal darin, dass der Einfluss der Interpretationstheorie auf die Struktur des Belegmaterials in den Geisteswissenschaften erheblich größer ist als in den Naturwissenschaften, und dass Rationalitätsunterstellungen zwar in Interpretationen von Handlungen eine zentrale Rolle spielen, nicht aber in nomologischen Erklärungen der Naturwissenschaften.[693]

Auch in einigen neueren Arbeiten aus dem Umkreis des Kritischen Rationalismus wird das Programm einer naturalistischen Hermeneutik propagiert.[694] Doch setzen sich die Autoren hauptsächlich kritisch mit den Defiziten der klassischen Hermeneutik auseinander und kommen über sehr

[691] Føllesdal (1979), 321. Als exemplarische Demonstration diskutiert Føllesdal fünf Vorschläge für die Interpretation der Figur *des Fremden* aus Henrik Ibsens *Peer Gynt* (fünfter Akt), die man in einschlägigen literaturwissenschaftlichen Texten findet – mit dem Ziel zu zeigen, dass zumindest vier dieser fünf Interpretationen nach der hypothetisch-deduktiven Methode vorgehen (322ff.). Allerdings ist nicht klar, ob Føllesdal die literaturwissenschaftliche Praxis zu beschreiben beansprucht oder behauptet, man sollte oder könnte die Interpretationshypothesen hypothetisch-deduktiv evaluieren.

[692] Dazu gehören die Behauptungen, dass die hypothetisch-deduktive Methode eine spezifisch naturwissenschaftliche Methode ist, ferner dass sie voraussetzt, dass der Forscher keinen Einfluss auf den Untersuchungsgegenstand hat – was jedoch in den Sozialwissenschaften der Fall ist, und dass sie keinen Raum für die Möglichkeit lässt, dass der betreffende Forscher Teil der untersuchten Gesellschaft ist.

[693] Wir unterstellen nach Føllesdal in Handlungserklärungen, dass der betreffende Akteur ein rationaler Akteur im Sinne der Entscheidungstheorie ist, dass er die Transitivität von Präferenzen beachtet, dass seine Präferenzen über die Zeit hinweg konsistent sind oder Präferenzänderungen begründbar sind, dass er sich um seine Zukunft kümmert, und dass er die Überzeugungen und Präferenzen anderer Personen im Sinne der Spieltheorie für seine Handlungsentscheidungen beachtet (ibid. 333–335). Eine genauere Untersuchung zu diesem Topos legt Føllesdal in Føllesdal (1982) vor (es handelt sich im Kern um eine Ausarbeitung der Position Davidsons).

[694] Vgl. vor allem Albert (1994), Böhm (2005).

allgemeine und programmatische Bemerkungen zur naturalistischen Hermeneutik nicht hinaus. So weit man sehen kann, scheinen diese Bemerkungen auf einen schärferen hermeneutischen Naturalismus hinzudeuten, als er sich in Føllesdals Arbeiten abzeichnet. Denn als theoretische Basis der Hermeneutik wird eine Analyse der tatsächlich ablaufenden Verstehensprozesse eingefordert, die diese Prozesse kausal erklären soll.[695] Zudem wird betont, dass auch Handlungen kausal erklärt und nicht rationalisiert werden sollten, denn Gründe können Ursachen sein. Kausale Handlungserklärungen liegen vor, wenn die Gründe und Absichten des Akteurs für sein Verhalten korrekt identifiziert sind und man einen gesetzesartigen Zusammenhang zwischen Gründen und Absichten dieses Typs und einem Verhalten dieses Typs kennt. Handlungserklärungen sind als Kausalerklärungen demnach deduktiv-nomologische Erklärungen.[696] Darum sollte man von einer grundlegenden Einheit der wissenschaftlichen Methode ausgehen, die unabhängig vom jeweiligen Gegenstandsbereich ist.[697]

Wohlwollend betrachtet ist die Idee hypothetisch-deduktiver Begründungen von Interpretationen bereits in einigen Regeln der klassischen Hermeneutik angelegt. Wenn die klassischen Hermeneutiker beispielsweise darauf hinweisen, dass Interpretationen an Parallelstellen aus dem auszulegenden Text und an sonstigen Äußerungen oder anderen Texten desselben Autors orientiert sein sollen, so kann man diese Empfehlung so verstehen, dass aus einer bestimmten gewählten Textinterpretation folgen muss, dass auch Parallelstellen oder andere Äußerungen und Texte des Autors sich in diese Interpretation integrieren lassen können. Ist das nicht der Fall, so ist

[695] Vgl. z. B. Albert (1994), 99–100. Dazu passt auch der vage Hinweis, dass es nur graduelle und kontinuierliche Übergänge von tierischem zu menschlichem Verhalten gibt (ibid. 103). Ähnlich äußert sich Böhm (2005), 162f. Dabei bleibt freilich gänzlich unklar, inwiefern eine kausale, kognitionswissenschaftliche Erklärung von interpretativen Prozessen eine Grundlage für die Methode des Verstehens bilden könnte.

[696] So bemerkt Albert (1994), 110: „Dass eine Erklärung sinnvollen Verhaltens sich nicht darauf beschränken kann, sinnhafte Elemente in den betreffenden Verhaltensweisen aufzusuchen und daran anknüpfend das betreffende Verhalten in irgendeiner Weise – durch teleologische Rationalisierungen oder gar durch emotionalen Nachvollzug – mehr oder weniger ‚verständlich' erscheinen zu lassen, dürfte von der Logik der Erklärung her ohne weiteres klar sein. Wenn für die Erklärung solchen Verhaltens verstehende Verfahrensweisen eine Rolle spielen, dann dadurch, dass sie dabei helfen, solches Verhalten und darüber hinaus kausal relevante sinnhafte Komponenten dieses Verhaltens zu *identifizieren.* Dass es sich dabei jeweils um kausal relevante Komponenten handelt, muss sich aber aus entsprechenden Gesetzmäßigkeiten ergeben."

[697] Wenn Böhm allerdings hinzusetzt, dass jegliche Regeln und Ergebnisse der Interpretation fallibel sind und nicht a priori gerechtfertigt werden können (Böhm (2005), 163) und dass Interpretationshypothesen – wie alle anderen wissenschaftlichen Hypothesen auch – dem „Objektivitätskriterium der intersubjektiven Nachprüfbarkeit" unterliegen (ibid. 164), dann würden auch die meisten klassischen Hermeneutiker (und ganz gewiss Føllesdal) zustimmen.

die gewählte Interpretation falsifiziert. Zweifellos bringt der hermeneutische Naturalismus diesen Punkt erst zu begrifflicher Klarheit, und das ist ein bemerkenswertes Verdienst. Doch der Vergleich des hermeneutischen Naturalismus mit der klassischen Hermeneutik bringt auch ein Defizit dieses Naturalismus zum Vorschein. Denn die klassischen Hermeneutiker bauen in die Methode des Verstehens meist auch ein rationales Konsistenzkriterium ein. Die generelle Idee, die hier aufscheint, ist zu sagen, dass eine gewählte Interpretation eines Textes dann bestätigt ist, wenn aus ihr mögliche Interpretationen von Parallelstellen und anderen Texten folgen derart, dass alle Interpretationen zusammengenommen dem Autor eine möglichst konsistente Position zuschreiben. Hermeneutische Naturalisten wie Føllesdal behaupten dagegen lediglich, dass das hypothetisch-deduktive Verfahren nicht nur auf naturgesetzlich organisiertes, sondern auch auf rational organisiertes Material anwendbar ist, ohne jedoch die rationale Organisation des Materials im Falle des Verstehens in die Beschreibung der Methode des Verstehens einzuarbeiten.[698]

Die bislang ausführlichste und anspruchsvollste Studie zur naturalistischen Hermeneutik ist kürzlich von Mantzavinos vorgelegt worden.[699] Mit der Verteidigung eines *methodologischen Naturalismus* wiederholt und untermauert diese Studie zunächst ältere Konzepte der naturalistischen Hermeneutik. Denn dem methodologischen Naturalismus zufolge ist die hypothetisch-deduktive Methode, wie sie erfolgreich in den Naturwissenschaften ausgearbeitet und angewendet wurde, auch in allen anderen wissenschaftlichen Bereichen gültig, also auch in Sozial- und Geisteswissenschaften. Mit dem methodologischen Naturalismus ist auch nach Mantzavinos vereinbar, dass es in unterschiedlichen Wissenschaften verschiedene Sprachen, verschiedene Forschungsstile und verschieden strukturierte Gegenstandsbereiche gibt. Der methodologische Naturalismus impliziert hingegen, dass Philosophie gegenüber anderen Wissenschaften keine theoretischen Fundamente liefert und keine epistemologischen Privilegien hat, sondern vielmehr die Ergebnisse anderer Wissenschaften zu beachten hat.[700] Und die Anwendung der hypothetisch-deduktiven Methode läuft nicht zwangsläufig auf deduktiv-nomologische Erklärungen hinaus, sondern kann auch auf singuläre Tatsachen und nicht-nomologische Bereiche angewandt werden, ohne dabei auf Gesetzeshypothesen zu rekurrieren. Diese

[698] Zur Kombination der Anwendung einer hypothetisch-deduktiven Prüfung und eines logischen Konsistenzkriteriums in Interpretationen vgl. unten, Abschnitt 8.4.

[699] Vgl. Mantzavinos (2005).

[700] Diese Thesen geraten allerdings mit dem Vorhaben in Konflikt, der Hermeneutik und den Praktiken des Verstehens aus philosophischer Sicht die hypothetisch-deduktive Methode und kausale Erklärungen dringend zu empfehlen.

Methode kann daher sowohl auf Kausalzusammenhänge als auch auf Bedeutungszusammenhänge erfolgreich angewandt werden.[701] Sie erlaubt folglich eine angemessene methodische Kennzeichnung des Verstehens im Sinne eines mentalen Prozesses.[702]

Doch auch wenn die hypothetisch-deduktive Methode als Methode des Verstehens nicht notwendigerweise auf nomologische Zusammenhänge zurückgreift, beruht sie nach Mantzavinos oft auf dem Erfassen von Invarianzen im Bereich semantisch gehaltvoller Entitäten wie Handlungen und Texten. Die zentrale Idee ist, dass Handlungen und Textproduktionen auf Motive, Intentionen, Gründe oder Entscheidungen zurückgehen können. Wenn der Zusammenhang zwischen einem dieser Faktoren und dem Verhalten und insbesondere der Textproduktion regulär beobachtbar ist und somit eine Invarianz darstellt (bei verschiedenen Personen, aber auch im Verhalten ein- und derselben Person), kann man einen kausalen Nexus zwischen mentalen Zuständen und Handlungen postulieren, der seinerseits gegebenenfalls weiter erklärt werden kann.[703] Diese Invarianz muss aus mindestens einer möglichen Beschreibungsperspektive des entsprechenden Verhaltens und dem entsprechenden spezifischen Vokabular (zu dem auch das mentale Vokabular gehören kann) empirisch feststellbar sein (Einzeldinge sind ja stets unter vielen verschiedenen Perspektiven beschreibbar). Wenn diese Invarianzen für alle Personen gelten, sind sie – wie Mantzavinos sagt – genetisch, wenn sie für eine bestimmte soziale Gruppe gelten, sind sie kulturell, und wenn sie nur für eine Person gelten, sind sie personell. Mit Hilfe der Feststellung von Invarianzen zwischen mentalen Zuständen und Verhalten oder Textproduktion können Erklärungen von Verhalten oder Textproduktion also im besten Fall in kausale Erklärungen transformiert werden.

Das Verstehen als Methode kann jedoch auch auf einzelne Handlungen und Texte gerichtet sein. In diesem Fall können natürlich keine Invarianzen entdeckt werden. Vielmehr handelt es sich nach Mantzavinos um rationale Rekonstruktionen, die keine Erklärungen, sondern Beschreibungen von

[701] Was Bedeutungszusammenhänge genauer sind, wird leider nicht erläutert. Handelt es sich zum Beispiel um semantische Relationen oder um Relationen semantisch gehaltvoller mentaler Zustände?

[702] Mantzavinos macht allerdings keinen Unterschied zwischen Kausalerklärungen und nomologischen Erklärungen. Auch scheint er zu unterstellen, dass Kausalerklärungen immer deduktiv-nomologische Erklärungen sind und umgekehrt, dass ferner wissenschaftliche Erklärungen immer Kausalerklärungen sind und dass schließlich jedes Naturgesetz ein Kausalgesetz ist. Die Darstellung beruht daher in diesem Kontext auf einer Simplifikation.

[703] Das Verhältnis von Invarianzen, Naturgesetzen und kausalen Relationen bleibt unklar. Wenn man zum Beispiel eine Regularitätstheorie der Naturgesetze vertritt (eine sehr verbreitete Position), gibt es hier keine relevanten Unterschiede.

Tatsachen rund um einzelne Handlungen und Texte sind – Beschreibungen der Art, dass eine einzelne Handlung von einer bestimmten Person und niemand anderem vollzogen wurde, dass ferner diese Person dabei die Absicht hatte, ein bestimmtes Ziel zu erreichen und glaubte, die Handlung sei dafür notwendig oder sogar hinreichend, dass die Person außerdem gewisse Gründe dafür hatte, die Absicht zu entwickeln, und dass schließlich der Zusammenhang zwischen Gründen, Absicht und Handlung ein rationaler Bedeutungsnexus war. Diese „Beschreibungen" kommen dem Basisschema der rationalen Handlungserklärung bemerkenswert nahe.[704]

Auch im Falle rationaler Rekonstruktionen einzelner Handlungen und Texte lässt sich die hypothetisch-deduktive Methode anwenden: Die naturalistische Hermeneutik betrachtet nach Mantzavinos die einzelnen Elemente dieser Beschreibung als Hypothesen, die sich anhand empirischer Daten zu den postulierten Gründen und Absichten und deren Konsequenzen testen lassen. Diese Tests können auf humanwissenschaftlichen Techniken beruhen (zum Beispiel Sammlung von Äußerungen oder von Zeugen, Quellenkritik, Untersuchung der Glaubwürdigkeit der Zeugen); aber auch naturwissenschaftliche Techniken vor allem der Kognitionswissenschaften lassen sich in diese Tests einbeziehen (etwa Untersuchungen von Gehirnaktivitäten bei Wahrnehmung von etwas Sinnvollem oder Sinnlosem).[705] Im Prinzip können daher auch rationale Rekonstruktionen angemessen oder unangemessen, wahr oder falsch sein.

Die naturalistische Hermeneutik hat sich Mantzavinos zufolge nicht nur mit dem Verstehen als Methode, sondern auch mit dem Verstehen als einer bestimmten Art des Wissens von sinnvollen Handlungen oder Texten zu befassen – also mit der *kognitiven Seite des Verstehens.* In diesem Kontext kann man untersuchen, nach welchen Naturgesetzen der mentale Prozess des Verstehens vor sich geht. So beginnt zum Beispiel die kognitive Psychologie neuerdings zu untersuchen, welche Besonderheiten die Wahrnehmung sozialer (sinnvoller) Prozesse aufweist.[706] Oder – um ein zweites Beispiel zu erwähnen – im Falle der Zuschreibung von mentalen Zuständen auf mimetischer oder symbolischer Basis lassen sich Invarianzen untersuchen und entdecken. Denn die Zuschreibung von mentalen Zuständen ist eine technische Fähigkeit, die meist automatisiert wird, unbewusst angewendet wird und keinesfalls stets oder auch nur oft auf Rationalitätsannahmen zurückgreift. Auch wenn falsche Meinungen zugeschrieben werden müssen, um Perso-

[704] Vgl. unten, Kap. 8.2, S. 351.
[705] Vgl. z. B. Gazzaniga et al. (2002), Kap. 4.
[706] Eines der Resultate scheint zu sein, dass es in den bisherigen Theorien eine Überschätzung der rationalen Konsistenz des Mentalen als Bedingung für ein Verstehen sozialer Akteoren gibt (McClelland, Rumelhart 1986; Holland et al. 1986).

nen zu verstehen, oder wenn man pathologisch gestörte Personen verstehen will,[707] lassen sich meist keine Rationalitätsunterstellungen verwenden. Die rationalistisch orientierte Volkspsychologie hat also große Lücken und muss theoretisch ergänzt werden, und zwar auf der Basis nomologischer Erklärungen. Daher kann natürlich auch in Untersuchungen zu den kognitiven Aspekten des Verstehens die hypothetisch-deduktive Methode eingesetzt werden.[708]

Es gibt eine Reihe von Gründen dafür, der naturalistischen Hermeneutik eine hohe Plausibilität zuzubilligen. Zu diesen Gründen gehören der Eindruck vieler erfahrener Interpreten, dass die professionelle Textauslegung in den letzten Jahrhunderten durchaus zunehmenden wissenschaftlichen Erfolg und Fortschritt aufzuweisen hat, ferner die schwer zu bestreitende Prämisse, dass erklärende Gründe auch Ursachen sein können und insofern über Invarianzen (allgemeinen Regularitäten) mit ihren Effekten verbunden sind, und nicht zuletzt der Umstand, dass klassische und moderne Hermeneutik detaillierte methodische Vorschläge entwickelt haben, die eine kontrollierte Überprüfung und Diskussion vorgeschlagener Deutungshypothesen ermöglichen. Zu diesen Vorschlägen gehört sicherlich auch die Anwendbarkeit der hypothetisch-deduktiven Methode, die von der naturalistischen Hermeneutik so stark betont wird.[709] Zweifellos sind die Interpretationen komplexer und raffinierter Handlungen, Texte und Reden etwa in juristischen Bewertungen, Rhetorik und Literatur durch die verfügbaren Daten erheblich unterbestimmter als zum Beispiel physikalische Theorien durch physikalische Daten aus Beobachtungen und Experimenten, doch handelt es sich hier lediglich um graduelle Unterschiede.

Die naturalistische Hermeneutik scheint zuweilen davon auszugehen, dass Erklärungen unter Rückgriff auf Naturgesetze (sogenannte nomolo-

[707] Hier ist auch die Autismus-Forschung wichtig.

[708] Ähnliches gilt nach Mantzavinos auch für das Verstehen von Texten, das ein komplexer Prozess ist. Eine der Ebenen des Textverstehens ist zum Beispiel die Wahrnehmung von Zeichen, wobei diese Wahrnehmung eine interpretative Komponente hat. Der geschriebene Text hat die Bedeutung enkodiert, bevor das Parsen (die mentale Transformation des Textes in eine mentale Repräsentation mit kombinierter Bedeutung der Worte) beginnen kann (mehr dazu z. B. bei Pinker (1996) und Anderson (2007)). Meist wird im Verlauf des Parsens aus jedem Wort soviel Bedeutung wie möglich sofort heraus geholt (Unmittelbarkeit der Interpretation), dann wird eine semantische Zusammensetzung vorgenommen. Nur wenn es an diesem Punkt schwierig wird, muss schneller auf das Ganze des Textes eingegangen werden, und die Unmittelbarkeit der Interpretation geht verloren. Das Parsen ist ein nomologischer Vorgang, der sich hypothetisch-deduktiv untersuchen und kausal erklären lässt. Man kann auch (hypothetisch-deduktiv) untersuchen und (kausal) zu erklären versuchen, wie die kognitiven Prozesse weiterlaufen, wenn das Parsen abgeschlossen ist und der Text umfassender interpretiert wird. Und man kann entsprechend auch die Kreativität der Interpretation untersuchen (dazu Turner (2001)).

[709] Vgl. dazu unten, Kap. 8.4 und 9.1.

gische Erklärungen) die einzig genuinen Erklärungen sind. Doch gibt es auch Hinweise darauf, dass Erklärungen lediglich auf Invarianzen (also auf allgemeine Regularitäten) zurückgreifen. Wenn man freilich Kausalität in Begriffen von Regularitäten bestimmt (wie es in der Regularitätstheorie der Kausalität der Fall ist), statt eine Notwendigkeitstheorie der Kausalität zu vertreten, besteht kein zentraler Unterschied zwischen Erklärungen aufgrund von Invarianzen und nomologischen Erklärungen.

Mantzavinos schlägt darüber hinaus vor, den Rationalitätsbegriff als vorwissenschaftlich einzustufen und letztlich aus der Hermeneutik als Theorie des wissenschaftlichen Verstehens zu eliminieren. Zur Begründung weist er unter anderem darauf hin, dass das rationale Erklären viele Aspekte an Handlungen, Meinungen oder Absichten nicht zu erfassen vermag und daher durch nomologische Erklärungen ergänzt werden muss. Darüber hinaus liefern die Kognitionswissenschaften jede Menge guter Handlungserklärungen, ohne dabei den Akteuren Rationalität unterstellen zu müssen. Ganz allgemein werden Mantzavinos zufolge kognitive Prozesse, die zum Verstehen als einer Form des Wissens führen, in den Kognitionswissenschaften rein nomologisch beschrieben und erklärt, d. h. greifen nicht auf semantisch gehaltvolle Entitäten zurück.

Es ist allerdings zweifelhaft, ob rationale Rekonstruktionen von Handlungen mittels Hinweis auf Wünsche und Überzeugungen lediglich Feststellungen einzelner Fakten und nicht Antworten auf Warum-Fragen – und damit überhaupt kein Erklärungen – sind. Man könnte zum Beispiel geltend machen, dass in diesen Erklärungen eine normische Invarianz im Spiel ist, derzufolge Menschen gewöhnlich so handeln, wie es vor dem Hintergrund ihrer Wünsche und Überzeugungen rationalerweise zu erwarten ist. Aus der Formulierung dieser normischen Invarianz lässt sich jedoch, wie es scheint, der Rationalitätsbegriff nicht herausstreichen, ohne diese Prämisse zunichte zu machen.[710]

Die Eliminierung des Rationalitätsbegriffes aus der Theorie des Verstehens (und damit aus der Semantik) kann daher zur Zeit höchstens als naturalistische Hoffnung betrachtet werden. Ob es gelingen kann oder auch nur sinnvoll ist, die Rationalität aus der Hermeneutik zu verbannen, kann keineswegs als ausgemacht gelten. Kognitionswissenschaften und auch Matzanvinos selbst machen bislang recht ausgiebig vom Rationalitätsbegriff Gebrauch. Überdies spricht vieles dafür, dass eine angemessene Beschreibung des Mentalen und der semantischen Gehalte nur unter Rückgriff auf eine Form der Rationalität (vielleicht auch allgemeiner der Normativität)

[710] Vgl. dazu genauer unten, Abschnitt 8.2, S. 355 f.

möglich ist.[711] Viele Varianten der naturalistischen Hermeneutik und viele kognitionswissenschaftliche Theorien postulieren tatsächlich Hypothesen über semantische Gehalte oder mentale Entitäten und greifen dabei zumindest implizit auch auf normative Relationen zurück.[712]

Sollte die naturalistische Hermeneutik in der von Mantzavinos verteidigten Variante also (im Gegensatz zu Føllesdal, jedoch im Einklang mit Albert) ihren Naturalismus unter anderem darin begründet sehen, dass das Verstehen auf wissenschaftliche Weise nur nomologisch beschrieben und erklärt werden kann, dann ist diese These angesichts der gegenwärtigen Forschungslage in der Theorie des Geistes und in der Semantik nicht übermäßig plausibel.[713]

Die naturalistische Hermeneutik, wie sie von Mantzavinos vorgelegt wurde, konfrontiert uns jeoch in jedem Fall mit berechtigten und schwierigen Forderungen. Zum einen sollte eine moderne Hermeneutik sorgfältig die kognitiven und methodischen Aspekte des Verstehens voneinander unterscheiden. Die moderne Hermeneutik muss daher – gegebenenfalls unter Heranziehung von Linguistik und kognitiver Psychologie – eine Darstellung der kognitiven Voraussetzungen des Verstehens enthalten. Ferner sollte sie sich auch der Analyse des schnellen automatischen Verstehens (des Parsens) widmen. Und schließlich ist zu klären, inwieweit rationale Erklärungen zum Beispiel durch Verweis auf gute Gründe genauer mit einer parallelen nomologischen Erklärung einhergehen könnten.[714]

[711] Vgl. dazu unten, Abschnitt 8.4, S. 375 f., sowie Anm. 192.

[712] Häufig geht es beispielsweise in der kognitiven Psychologie um den Nachweis der psychischen Realität semantischer Strukturen – wobei die Art dieser Strukturen nicht gestestet, sondern vorausgesetzt und herkömmlichen Semantiken entnommen wird. Man vergleiche etwa die einschlägigen Kapitel bei Anderson (2007) zum syntaktischen und semantischen Parsen.

[713] Die meisten Arbeiten zur naturalistischen Hermeneutik scheinen ontologisch zu einer typen-physikalischen Identitätstheorie des Mentalen zu neigen, ohne diesen Punkt freilich ausdrücklich zu diskutieren. Die typen-physikalische Identitätstheorie des Mentalen gilt allerdings heute weithin nicht mehr als eine optimale Strategie in der Theorie des Geistes.

[714] Man könnte erwägen, auch die kognitive Poetik (Cognitive Poetics) als Variante der naturalistischen Hermeneutik zu betrachten. Doch handelt es sich bei der kognitiven Poetik eher um ein theoretisch begrenztes Unternehmen, das das Zusammenspiel zwischen der Struktur poetischer (allgemeiner literarischer) Texte und der Wirkung dieser Struktur auf beobachtbares Verhalten der Leser mit kognitionswissenschaftlichen Methoden untersuchen will (eine gute Zusammenfassung des Ansatzes findet sich bei Köppe, Winko (2008), 300–309). Wie Köppe und Winko zu Recht betonen, lassen sich die traditionellen hermeneutischen Methodenlehren durch die kognitive Poetik keinesfalls ersetzen (ibid. 308). Der grundlegende Beitrag der kognitiven Psychologie zu einer modernen Hermeneutik kann erst in einer systematischen Untersuchung diskutiert werden. Dies gilt auch von der kognitiven Linguistik, die häufig als eine der Rahmentheorien der kognitiven Poetik genannt wird (ibid. 303 f.).

7.3. Hermeneutik und die kulturwissenschaftliche Wende der Geisteswissenschaften

Seit geraumer Zeit wird eine *kulturwissenschaftliche Wende der Geisteswissenschaften* proklamiert. Der Kern dieser Wende soll darin bestehen, dass die Untersuchungsgegenstände der Geisteswissenschaften primär als Produkte kultureller Praktiken aufzufassen sind. Aus dieser Perspektive werden Texte erst im Kontext ihres gesamten kulturellen Kontextes verständlich. Die Geisteswissenschaften müssen daher in eine allgemeine Kulturwissenschaft überführt werden, die sämtliche Aspekte von Kulturen untersucht[715] und daher einen interdisziplinären Rahmen abgibt, unter dem sich alle Einzelwissenschaften, die sich bisher mit bestimmten Aspekten der Kultur befasst haben, miteinander integriert werden können.

Diese Orientierung bringt es mit sich, dass unterschiedliche Aspekte von Texten in Augenschein genommen werden. So sollten etwa die medialen Bedingungen der Textproduktion untersucht werden (materialer Aspekt), aber auch – eher traditionell – die semantische Ebene, allerdings mit einem besonderen Fokus auf der Ermittlung des kulturell Fremden (semantischer Aspekt). Auch wird die Textperformanz betont, derzufolge ein Text als Ergebnis gewisser (gegebenenfalls ritualisierter) Praktiken aufgefasst werden kann (pragmatischer Aspekt), und schließlich soll es auch um die kulturellen Funktionen gehen, die von Texten ausgeübt werden (funktionaler Aspekt).[716] Ganz allgemein bleibt im kulturwissenschaftlichen Zugriff auf Texte eine diskursanalytische und poststrukturalistische Orientierung leitend, ergänzt durch eine kritische Haltung gegenüber dem Eurozentrismus und dem Szientismus. Mit dieser kulturwissenschaftlichen Wende wird das Programm einer Modernisierung und Internationalisierung der Geisteswissenschaften verbunden.[717]

[715] Vgl. Göller, Recki, Konersmann, Schwemmer (2005), bes. 20.

[716] Vgl. dazu die ausgezeichnete Übersicht bei Köppe, Winko (2008), 234–252.

[717] „Mittlerweile geht man…davon aus, dass die Kulturwissenschaften die Geisteswissenschaften abgelöst haben, wobei sie – wissenschaftspolitisch vorangetrieben – zur „Modernisierungschiffre“ wurden“ (Bachmann-Medick (2007), 9). Vgl. z. B. auch die „Denkschrift“ Frühwald et al. (1996) (dazu oben Anm. 28); Nünning, Nünning (Hrg.) (2008); Hansen (1993); Böhme, Matussek, Müller (2000); Schößler (2006). Was dabei überwunden werden soll, ist freilich ein Zerrbild von Geisteswissenschaft, wie sie in der modernen Geist-Theorie verstanden wird: ein Zerrbild, das vom Geist in einem einheitlichen, eurozentristischen Sinn ausgeht und fremde Kulturen ausschließt. Das ist, theoretisch gesehen, ein Papiertiger. Einer der wichtigsten Vorläufer dieser kulturwissenschaftlichen Wende der Geisteswissenschaften war der New Historicism, der in den achtziger Jahren des 20. Jahrhunderts vor allem an amerikanischen Universitäten entstand und mit einer historischen Kontextualisierung literarischer Texte die Besonderheit und zugleich das für ihre Zeit Typische herausarbeiten

Die Kulturwissenschaft beansprucht insbesondere einen theoretischen Primat vor der Theorie des Geistes: Wir können demnach

> „‚Geist' nur erforschen, wenn wir die ‚Kultur', in der er sich formt, zur Kenntnis genommen haben. [...] Geisteswissenschaftliche Forschung bedarf daher einer kulturwissenschaftlichen Analyse symbolischer Grammatiken, wenn sie sich nicht einem naiven Verständnis individueller Subjektivität ausliefern will."[718]

Aus geist-theoretischer Sicht spricht nichts gegen die Bemühung, nicht nur die semantische Ebene, sondern auch faktische Funktionen und mediale Bedingungen von Textproduktionen zu untersuchen. Dadurch kann ein angemessenes Verstehen von Texten gefördert werden. Doch sind funktionale Erklärungen selbst keine Form des Verstehens, und dies gilt meist auch für Hinweise zu notwendigen materialen Bedingungen der Textproduktion. Nur wenn die Funktionen und materialen Bedingungen einer Textproduktion in den semantischen Gehalt der Autorenintention eingehen, werden sie in die semantische Ebene und damit in das Verstehen im geist-theoretischen Sinn integrierbar.

Das – vielfach konstatierte – Kernproblem der sogenannten kulturwissenschaftlichen Wende ist jedoch, dass die Verfechter dieser Wende bisher der Analyse des Kulturbegriffes, auf den sie zurückgreifen, kaum Beachtung geschenkt haben.[719] Daher lässt sich auch nur schwer bestimmen, welche Beziehung die kulturwissenschaftlichen Analysen zur hermeneutischen Methode des Verstehens aufweisen. Ob es sich wirklich um eine entscheidende wissenschaftshistorische Wende handelt, bleibt daher im Rahmen der Kulturwissenschaften weitgehend unklar. Und das bedeutet auch, dass prima facie schwer zu sehen ist, in welcher Art von Kontinuität oder Diskontinuität die kulturwissenschaftliche Arbeit zur interpretatorischen Arbeit im geist-theoretischen Sinne steht. Einer der Gründe dafür ist sicherlich, dass die Bestimmungen des Kulturbegriffs Legion sind. So wird denn auch von Kulturwissenschaftlern offensiv behauptet, dass „die Vielgestaltigkeit der Reden über Kultur, [...] jede Präzisierung einer Fragestellung unmöglich [macht]."[720] Im folgenden soll kurz skizziert werden, dass man bei diesem – eher deprimierenden – Befund nicht stehen bleiben muss.

wollte. Die Vertreter des New Historicism betrachten Literatur als kontingentes Resultat historischer Faktoren ohne eigene Autonomie und fassen Kultur und Geschichte als Text auf.

[718] Vgl. Schwemmer (2005), 3; Benthien/Velten (2002), 13.

[719] Vgl. dazu den instruktiven Aufsatz Vogel (2007).

[720] Siehe Schwemmer (2005), 45. Zuweilen trauen sich Literaturwissenschaftler, die zu Kulturwissenschaftlern geworden sind, auch Definitionen des Kulturbegriffs, mit dem sie arbeiten wollen, durchaus zu: „Als ‚Kultur' definieren wir die Integrations- und Interpretationsleistung menschlicher Tätigkeit, ihre Repräsentation durch Rituale und Zeremonien, ihre Beglaubigung durch Erzählungen von Ursprung und Gründung... Kultur wurde immer

Abgesehen von universalistischen Kulturbegriffen, die Kulturen mit der Gesamtheit menschlicher sozialer Leistungen gleichsetzen und daher wenig analytische Trennschärfe besitzen, lassen sich immerhin einige Gruppen von spezifischeren Kulturbegriffen unterscheiden. *Epistemische Kulturbegriffe* bestimmen Kultur als Bestand gemeinsamen Wissens in einer sozialen Gruppe[721] oder als Zeichensysteme (im Extremfall Texte), die primär der Vermittlung und dem Austausch von Information dienen.[722] *Semantische Kulturbegriffe* betrachten Kulturen als Systeme von Bedeutungen, z. B. als selbstgesponnene Bedeutungsgewebe.[723] *Soziale Kulturbegriffe* sehen Kulturen im Kern als Gesamtheit sozialer Regeln in einer Gruppe oder Gemeinschaft an.[724] Zu diesem Kulturkonzept gehören auch Auffassungen, die die Orientierungsleistungen von Kulturen betonen und zum Teil Kulturen sogar als Orientierungssysteme definieren, die festschreiben, was in einer sozialen Gruppe als selbstverständlich gilt.[725] Die sozialen Kulturbegriffe sind zweifellos die umfassendsten Konzepte und scheinen auch der kulturwissenschaftlichen Wende der Geisteswissenschaften zugrunde zu liegen. Wie immer die sozialen Kulturbegriffe genauer bestimmt werden mögen, ihr gemeinsamer Kern scheint zu sein, dass menschliche Praktiken das Zentrum von Kulturen ausmachen – allerdings nicht beliebige Praktiken, sondern Praktiken, die in Lehr- und Lernkontexten tradiert werden. Diese Idee liegt auch den kontroversen Debatten um das Vorkommen von Kulturen unter Tieren zugrunde. Denn zwar besteht kaum ein Zweifel daran, dass in tierischen Gemeinschaften Praktiken vorkommen, doch ist umstritten, ob diese Praktiken in Lehr- und Lernkontexten tradiert werden.[726] Im Folgenden wird eine Analyse des Kulturbegriffes vorgeschlagen, die als Grundlage für eine Diskussion der Analyse von Kulturen aus hermeneutischer Sicht dienen soll. Auf dieser Basis kann dann auch die Proklamation einer kulturwissenschaftlichen Wende der Geisteswissenschaften evaluiert werden.

Beginnen wir mit einem kursorischen Blick auf einige Beispiele. Einer vegetarischen Essenskultur etwa gehören Personen an, die bestimmte Überzeugungen zum Fleischkonsum teilen, die ferner gewissen Praktiken der

in ihrer ‚symbolischen Form' wahrgenommen und erkannt" (Scherpe (2001), 9). Hier werden in unklaren logischen Verhältnissen soziale Integration, Interpretation (wohl im hermeneutischen Sinne), Praktiken und Ursprungserzählungen als zentrale Elemente von Kulturen genannt. Das entscheidende Tradierungsmerkmal fehlt. Praktiken wie etwa Rituale werden als Repräsentationen (sic!) nicht nur von sozialer Integration, sondern auch von Interpretationsleistungen bezeichnet. Das ist verwirrend.

[721] Altmayer (2004), 167.

[722] Posner, (1991).

[723] Geertz (1987).

[724] Käser (1997), 37.

[725] Thomas (1993).

[726] Vgl. z. B. Perler, Wild (Hrg.) (2005); Vogel (2007).

Essenszubereitung folgen und sich schließlich darum bemühen, diese Überzeugungen und Praktiken innerhalb und außerhalb ihrer eigenen Gruppe sanktionsgestützt durchzusetzen und zu tradieren. Die meisten Kunststile sind ebenfalls Kulturen, denn Kunststile bestehen gewöhnlich nicht nur aus künstlerischen Techniken (z. B. Maltechniken oder Kompositionstechniken), sondern auch aus geteilten Hintergrundüberzeugungen (z. B. im Rahmen des Naturalismus in der Malerei oder der Zwölf-Ton-Technik in der Musik) sowie aus typischen Tradierungs- und Vermittlungsprozeduren (die z. B. bei den Expressionisten andere waren als in den Malwerkstätten der frühen flämischen Malerei). Auch die antike Geometrie lässt sich als eine Kultur im oben skizzierten Sinne ansehen. Sie beruhte auf der Hintergrundüberzeugung, dass Wissen in einer Analyse von Gegenstandsbereichen in seine einfachsten Elemente sowie in geeigneten Synthesen dieser Elemente besteht, und dass außerdem Kreis und Gerade die einfachsten Elemente des geometrischen Kontinuums sind. Die geometrische Praktik ist daher der Beweis mit Zirkel und Lineal. Jeder vorgelegte Beweisversuch wird vor dem Hintergrund des geometrischen Wissensbegriffes bewertet und kritisch geprüft. Und in Schulen und Universitäten ist über zwei Jahrtausende hinweg diese Methode mit ihren wichtigsten Spezialfällen gelehrt, tradiert und durchgesetzt worden.[727]

Eine *Kultur* besteht demnach, wie es scheint, (i) aus Praktiken, die kumulativ tradiert werden können. (ii) Diese Tradierung muss über soziales Lehren und Lernen erfolgen. (iii) Die Form dieses Lernens muss imitativ sein, denn nur diese Form des Lernens erlaubt das Tradieren und Kumulieren von Innovationen. (iv) Das Lehren beruht stets auf Machtrelationen, die allerdings nicht notwendigerweise repressiv sind. (v) Kulturelle Praktiken sind zudem stets mit anderen kulturellen Praktiken holistisch vernetzt und (vi) beruhen meist auf tradierten Hintergrundüberzeugungen, die die Ausführung der Praktiken leiten. *Kulturen einer sozialen Gruppe* lassen sich also bestimmen als Ensembles von Praktiken, die von den Gruppenmitgliedern performiert werden und die Bedingungen (i)–(vi) erfüllen. Kulturen in diesem Sinne sind weder durch räumliche Zusammenhänge noch durch ethnische oder nationale Kontexte spezifiziert, sondern durch historische, lerntheoretisch rekonstruierbare Tradierungsketten.

Diese Erläuterung des Kulturbegriffs muss durch eine begriffliche Analyse von Praktiken gestützt werden. Das Verhalten von Personen ist eine *Praktik* nur dann, wenn es *korrigierbar* und *tradierbar* ist. Die Korrektur eines Verhaltens setzt voraus, dass es eine Regel, einen Standard oder eine Regularität gibt, denen das Verhalten in bestimmten Situationen gewöhn-

[727] Vgl. dazu genauer Detel (2009a).

lich in einer Gemeinschaft genügt. Falls ein Verhalten in der entsprechenden Situation davon abweicht, besteht das Korrigieren darin, auf die entsprechende Person so einzuwirken, dass ihr Verhalten künftig mit höherer Wahrscheinlichkeit der geltenden Regel, dem Standard oder der Regularität genügt. Ist das der Fall, so ist damit das Verhalten bereits an diese Person tradiert. Auf diese Weise ist zunächst auf allgemeine Weise erläutert, was es heißt, dass eine Praktik auf Korrektur- und Tradierungsmechanismen beruht.

Diese Überlegung muss und kann näher ausbuchstabiert werden. Die Korrektur- und Tradierungsmechanismen einer Praktik beruhen meist auf Sanktionen, die von den korrigierten Personen positiv oder negativ evaluiert und im Gedächtnis gespeichert werden. Eine Praktik, die in einer Gemeinschaft durch Sanktionen tradiert und in Kraft gesetzt ist, können wir als soziale Norm dieser Gemeinschaft betrachten. Und wenn diese soziale Norm sprachlich formuliert oder sogar schriftlich fixiert ist, können wir sie als soziale Regel ansehen, die einen semantischen Gehalt hat. Wenn eine Person den semantischen Gehalt einer Regel verstanden und die Regel daher kognitiv implementiert hat, kann sie dieser sozialen Regel folgen oder sie übertreten. Die Tradierungsmechanismen setzen ein imitatives Lernen voraus sowie die Macht gewisser Personen, andere Personen mit Hilfe von Sanktionen dazu zu bringen, ihr Verhalten auf gegebene Standards, Normen oder Regeln auszurichten.[728]

Wir haben damit die grundlegenden Merkmale (i)–(iv) von Kulturen aus der Analyse von Praktiken entwickelt. Diese Analyse zeigt, dass wir Praktiken nur unter Rückgriff auf ein reiches mentales Vokabular beschreiben können. *Wahrnehmen* und *imitatives Lernen* sind kognitive und damit mentale Fähigkeiten; die Wirksamkeit von *Sanktionen* beruht auf positiven und negativen Gefühlen, und *Machtrelationen* involvieren Absichten, Handlungen und rationale Bewertungen (eine Person gibt zum Beispiel Machtansprüchen nur dann nach, wenn sie es alles in allem gesehen vernünftig und vorteilhaft findet, nachzugeben).[729] Wenn man die holistische Vernetzung und die Hintergrundüberzeugungen (also die möglichen Merkmale (v) und (vi) von Kulturen) hinzunimmt, dann dürfte offensichtlich sein, dass Kulturen theoretisch nur unter Rückgriff auf das Geistige erläutert werden können. Von einem theoretischen Primat der Kultur über den Geist kann im Ernst nicht die Rede sein.[730] Dies gilt erst recht, wenn man,

[728] Vgl. dazu genauer Detel (2008).

[729] Vgl. dazu genauer Detel (2005), 11–20.

[730] Der theoretische (und das heißt auch explanatorische) Primat der Geist-Theorie gegenüber der Kulturtheorie ist in letzter Zeit auch durch Tomasellos Kulturtheorie unterstrichen worden (vgl. Tomasello (2002)).

wie die meisten Kulturwissenschaftler, soziale Handlungen als Bestandteile von Kulturen betrachtet. Max Weber hat zum Beispiel eine Handlung als sozial bezeichnet, wenn der Handelnde seine Handlung von seinem Verstehen der Absichten anderer handelnder Personen abhängig macht.[731] Und die Sozialontologie definiert gemeinsame soziale Handlungen mit Rückgriff auf kollektive Absichten. Auch hier ist also die geistige Ebene substantiell im Spiel.[732]

Der theoretische Primat des Geistes gegenüber der Kultur schließt nicht aus, dass die Art und Weise, wie sich mentale Zustände im einzelnen formieren und ausrichten, auch durch kulturelle Kontexte geprägt wird. Doch grundlegende mentale Fähigkeiten wie das Repräsentieren, das Bewerten durch elementare Gefühle, das Speichern im Gedächtnis, das imitative Lernen oder das Metarepräsentieren sind – wie vor allem die kognitive Psychologie im einzelnen gezeigt hat – unabhängig von allen kulturellen Kontexten gegeben.

Da die grundlegenden Elemente von Kulturen Entitäten sind, die mentale Eigenschaften haben, ist die wissenschaftliche Erforschung von Kulturen wesentlich (wenn auch sicherlich nicht ausschließlich) an das Verstehen im hermeneutischen Sinne gebunden – also auf das Erfassen der semantischen Gehalte und der Gefühlsmomente kultureller Gebilde. Diese Folgerung ist nicht an die absurde oder allenfalls metaphorische Prämisse gebunden, dass Kulturen Texte sind, sondern kann auf einsichtiger geist-theoretischer Grundlage erreicht werden.

Auf dieser Grundlage kann aber auch der nicht-mentalen Einbettung geistiger Produkte (wie etwa von Texten) in kulturelle Kontexte eine präzise Wendung gegeben werden, und zwar auf drei verschiedenen Ebenen. Zum einen werden Menschen oft auf bestimmte Praktiken konditioniert. Zwar ist die Konditionierung, wie wir gesehen haben, nicht ohne mentale Fähigkeiten erklärbar, aber wenn Praktiken und soziale Normen erst einmal etabliert sind, können sie als Rahmenbedingungen für die geistige Produktion wirken, d. h. sowohl Spielräume als auch Beschränkungen für geistige Produkte definieren. Zum anderen können geistige Produkte und Produktionen kausale materielle Bedingungen haben und unbeabsichtigte Nebenwirkungen zeitigen. Und schließlich können geistige Produkte und Produktionen in einer Gemeinschaft, wie bereits bemerkt, auch echte Funktionen erfüllen. Die Regentänze der Hopi – um ein in der Wissenschaftstheorie überstrapaziertes Beispiel zu nehmen – lassen sich mental dadurch erklären, dass die Hopi Regen herbeiwünschen und glauben, dass die Regentänze baldigen

[731] Vgl. Weber (1988).

[732] Vgl. zum Beispiel die Arbeiten von Raimo Tuomela, etwa Tuomela (1995) sowie oben, Anm. 413.

Regen zumindest wahrscheinlicher machen, doch stellen sie auch eine antrainierte Praktik bestimmter Tanzfiguren und Gesänge dar, die erst definieren, was Regentänze sind und wie sie auszuführen sind. Darüber hinaus setzen sie unter anderem körperliches Geschick und Surplus-Zeit voraus, und sie erfüllen die echte Funktion, das Zusammengehörigkeitsgefühl des Stammes zu stärken.

Die Einbettung geistiger Produkte und Produktionen in kausale, funktionale und praktische Zusammenhänge kann aufschlussreich sein und zur wissenschaftlichen Erforschung dieser Produkte und Produktionen gehören, doch sind sie nicht Gegenstände des Verstehens im engen hermeneutischen Sinn, sondern beruhen auf kausalen Erklärungen, funktionalen Analysen und der Einsicht in strukturelle Beschränkungen durch Praktiken. Auf dieser Grundlage können wir der Forderung einer Erweiterung von Geisteswissenschaften zu Kulturwissenschaften eine Deutung geben, die wissenschaftstheoretisch gestützt ist[733] und auf einem klaren Konzept von Kultur beruht.

Dieser Deutung zufolge ist eine kulturwissenschaftliche Transformation der Geisteswissenschaften nicht anti-hermeneutisch ausgerichtet, sondern bewahrt den hermeneutischen Zugriff, erweitert ihn aber um weitere Forschungsperspektiven: Neben der hermeneutischen Erfassung der semantischen Gehalte und gegebenenfalls der Gefühlsmomente kultureller Einheiten sollte auch deren Einbettung in Praktiken und soziale Normen sowie in kausale und funktionale Zusammenhänge erforscht werden. Das – so ließe sich vorschlagen – wäre der nachvollziehbare Kern der Forderung, die Geisteswissenschaften methodologisch und inhaltlich zu Kulturwissenschaften zu erweitern.[734]

7.4. Hermeneutischer Intentionalismus und kognitive Hermeneutik

Im Strukturalismus, in der Philosophischen Hermeneutik, vor allem aber in Diskursanalyse und Poststrukturalismus ist die klassische hermeneutische

[733] Vgl. unten, Abschnitte 8.2 und 8.4.

[734] Vgl. dazu auch unten, Abschnitt 9.3. Diese Sicht auf die Kulturwissenschaft macht sowohl die antiwissenschaftliche Attitüde mancher Kulturwissenschaftler als auch das revolutionäre Pathos vieler Anhänger der kulturwissenschaftlichen Wende der Geisteswissenschaften obsolet. Dass der kulturwissenschaftliche Zugriff mit der Annahme einer universellen Rationalität vereinbar ist, wird gezeigt in Detel (2009a). Im übrigen ist es eine Sache, mit Recht zu betonen, dass Kulturen und geistige Produkte auch von materiellen Gegebenheiten abhängen, die in der Forschung berücksichtigt werden sollten, es ist jedoch eine ganz andere Sache, daraus den falschen Schluss zu ziehen, dass sich die „Dichotomie zwischen Natur und Geist ... zersetzt hat" (Benthien, Velten (2002), 12; vgl. z. B. auch Kittler (2000), 15). Für

Auffassung, dass der Autor eines Textes eine wichtige Bezugsgröße in jeder Textinterpretation sein muss, entschieden zurückgewiesen worden. Doch hat diese Auffassung in neuerer Zeit wieder gewichtige Vertreter gefunden, und zwar sowohl in der Philosophie als auch in der Literaturtheorie.[735] Dieser hermeneutische Intentionalismus (man spricht auch von Neohermeneutik) reiht sich mit der naturalistischen und kognitiven (erklärenden) Hermeneutik in jüngere Versuche ein, die Dominanz des poststrukturalistischen und dekonstruktivistischen Umgangs mit Texten zurückzudrängen.[736]

diese unbegründete und unbegründbare These wird oft das überholte und wissenschaftlich uninformierte Buch von Snow (1967) herangezogen. Vgl. dazu den Artikel O'Hear (1996a). Trotz einer klugen und historisch informierten Diskussion des Ansatzes von Snow bleibt die Argumentation von O'Hear insofern altertümlich, als die Beziehung zwischen der naturwissenschaftlichen und literarischen (geisteswissenschaftlichen) Kultur aus der Perspektive der Wertfreiheit analysiert wird, ohne jeden Bezug auf die moderne Geist-Theorie.

[735] Vgl. etwa Bühler (1995a) sowie Bühler (1993). Ferner Jannidis u. a. (Hrg.) (1999). Der hermeneutische Intentionalismus wir zuweilen auch mit dem Konzept des impliziten Autors verbunden. Zur Geschichte und präzisen Definition dieses Konzepts und den damit zusammenhängenden Varianten des hermeneutischen Intentionalismus vgl. vor allem die ausgezeichnete Arbeit von Müller, Kindt (2009a) sowie die umfassende Studie Müller, Kindt (2006). In dieser Studie untersuchen die Autoren zunächst die Entstehungsgeschichte dieses Begriffes seit seiner Einführung durch Wayne C. Booth im Jahre 1961 und weisen insbesondere auf den Zusammenhang der Idee des impliziten Autors mit der poststrukturalistischen Debatte um den Tod des Autors hin: Nach dem Tod des empirischen Autors für die Textinterpretation soll der Autor zumindest im „Textinnern" erhalten und auf diese Weise ein Bestandteil des literaturwissenschaftlichen Diskurses bleiben. Aufgrund der extremen Ambivalenz des Begriffes des impliziten Autors unternehmen Müller und Kindt eine systematische Rekonstruktion, nicht zuletzt auch in seiner Beziehung zu alternativen Konzepten wie dem Autormodell von Umberto Eco, Wolfgang Isers „impliziten Leser" oder Wolf Schmids „abstrakten Autor". Im Ergebnis schlagen Müller und Kindt vor, das Konzept des impliziten Autors als postulierten oder hypothetischen Autor im Rahmen des hypothetischen Intentionalismus zu verwenden, d. h. als intentionale Entität, der die Bedeutung des Textes allein aufgrund innertextlicher Belege zugeschrieben werden kann. Zu einer radikalen Kritik des Konzepts vgl. Zipfel (2001), bes. 120.

[736] Vgl. dazu neuerdings z. B. Köppe, Winko (2008), Kap. 8 sowie Bühler (1995a); Carrol (2001); Hermnerén (2003); Jannidis u. a. (Hrg.) (1999); Levinson (2002); Stecker (2006); Spoerhase (2007), Müller, Kindt (2009a). Die Rehabilitation des hermeneutischen Intentionalismus wurde bereits zwei Jahrzehnte zuvor in einer ausführlichen und gründlichen (fast 70seitigen) Untersuchung von Müller und Danneberg vorbereitet (vgl. Müller, Danneberg (1983)). Im ersten Teil ihrer Untersuchung prüfen Müller und Danneberg, ob die hermeneutisch-intentionalistische Identitätsthese (zur Identität der Bedeutungen von Text und Autorenmeinung) fünf Adäquatheitsbedingungen erfüllt (das wurde von den Gegnern des hermeneutischen Intentionalismus stets bestritten). Zu diesen Bedingungen gehört, dass die Identitätsthese all das zu berücksichtigen hat, was als Bedeutung eines literarischen Werkes relevant ist, und dass der aus literarischen Texten bestehende Anwendungsbereich einer Bedeutungs- und Interpretationskonzeption so groß wie möglich sein sollte, und diese Konzeption sollte die literaurwissnschaftliche Praxis widerspiegeln. Außerdem sollte der Interpretationsrelativismus vermieden werden. Müller und Danneberg kommen nach sorgfältiger Prüfung der kontroversen Diskussion um die Erfüllbarkeit dieser Bedingungen zu dem Resultat, dass der hermeneutische Intentionalismus „weder schlechthin inadäquat noch so inakzeptabel ist wie die Literaturwissenschaft vermutet" (ibid.137). Ähnlich wie konkurrierende literaturwissen-

Der *hermeneutische Intentionalismus* geht von einigen ebenso einfachen wie plausiblen Annahmen aus: Texte sind Artefakte, die von Menschen produziert werden, zum Teil im Rahmen von langwierigen Prozessen; als Artefakte weisen Texte eine bestimmte Komposition auf, die ihre Teile in eine nicht-kontingente Ordnung bringt. Die Produktion von Texten ist eine Handlung und folglich ein Verhalten, das mit mindestens einer Absicht, meist jedoch mit mehreren Absichten korreliert ist. Ein Autor kann mit der Produktion eines Textes zum Beispiel die Absichten verfolgen, Geld zu verdienen, Aufmerksamkeit zu erregen, andere Autoren zu provozieren oder seine persönlichen Probleme zu verdrängen. Doch fast immer ist auch die Absicht im Spiel, den Lesern des Textes etwas verstehen zu geben. Einen Text zu verstehen heißt daher unter anderem auch, die Autorenintention zu erfassen, die zur Produktion des Textes geführt hat. Das bedeutet genauer zweierlei: einerseits die Information zu erfassen, die der Autor mit seinem Text kommunizieren will, und andererseits den geistigen Zustand zu erfassen, aufgrund dessen der Autor den Text produzierte. Oft, wenn auch nicht immer, wird dabei der semantische Gehalt des Textes mit dem semantischen Gehalt der Autorenintention übereinstimmen oder sich zumindest überlappen.[737]

Einige Autoren unterscheiden zwischen einem hypothetischen Intentionalismus und einem starken Intentionalismus. Der *hypothetische Intentionalismus* schreibt dem Autor jene Intention zu, die sich aus der Interpretation des Textes allein als beste Hypothese unter dem Prinzip der Nachsicht ergibt, und ermittelt somit die Äußerungsbedeutung. Methodisch gesehen kann sich der hypothetische Intentionalist daher auf den Text

schaftliche Konzeptionen auch weist der hemeneutische Intentionalisus vielmehr Vor- und Nachteile auf. Im zweiten Teil ihrer Untersuchung diskutieren Müller und Danneberg dann Möglichkeiten der Verbesserung des hermeneutischen Intentionalismus – auch hier mit dem Resultat, dass dieser Ansatz hinsichtlich seiner Optimierungsheuristik keineswegs schlechter dasteht als andere Ansätze. Die abschließende These ist, „dass alle Versuche, die intentionalistische Konzeption als logisch oder empirisch falsch zu erweisen, bislang keinen Erfolg gehabt haben und wohl auch wenig aussichtsreich sind" (ibid.398). Kein Wunder – repräsentiert der hermeneutische Intentionalismus doch eine Variante des mind-reading, das – wie wir gesehen haben – aus traditionaller wie heutiger Sicht ein Grundmodell des Verstehens ist.

[737] In seiner umfassenden und lehrreichen Studie zu den methodologischen Grundlagen einer philologischen Hermeneutik geht Spoerhase nicht zu Unrecht davon aus, dass literarische Texte auf der grundlegendsten Ebene Äußerungsakte des Autors sind (vgl. Spoerhase (2007)). Aus dieser Perspektive unternimmt Spoerhase einen großangelegten und überzeugenden Versuch, den Autorenintentionalismus zu rehabilitieren. Seiner Auffassung nach erweist sich „der Rückgriff auf den Autor dort als notwendig, wo erstens die Historizität und zweitens die Normenkonformität literarischer Artefakte im hermeneutischen Prozess eine Rolle spielen" (Spoerhase (2007), 6). Den Aspekt der Normenkonformität diskutiert Spoerhase vor allem unter dem Aspekt der hermeneutischen Billigkeit, also dem Prinzip der Nachsicht.

und zeitgenössische Informationen zu Text und Autor beschränken.[738] Der *starke Intentionalismus* dagegen möchte erfassen, was der Autor tatsächlich intendierte, d. h. möchte die Sprecherbedeutung ermitteln. Der starke Intentionalist muss sich daher in methodischer Hinsicht auch mit der Evidenz beschäftigen, die unabhängig vom gegebenen Text vorliegt, etwa mit weiteren Äußerungen oder Texten des Autors.[739]

Man hat sich gefragt, ob der hypothetische Intentionalismus tatsächlich noch eine Variante des hermeneutischen Intentionalismus ist. Schließlich beschränkt sich der hypothetische Intentionalismus auf die Bedeutung der Äußerungen und Texte und scheint eine davon unabhängige Information über die Autorenintention nicht ins Spiel bringen zu müssen. In einer tiefer angelegten Theorie der Bedeutung und des Verstehens wird jedoch deutlich, dass das Verstehen der Äußerungsbedeutung eine Hypothese über die mentale Ebene des Autors einführen muss. Denn auch Äußerungen oder Texte lassen sich letztlich nur verstehen, wenn sie als zustimmende Äußerungen aufgefasst werden können. Eine Sprecherin äußert einen Satz zustimmend, wenn sie den Satz *für wahr hält,* d. h. wenn sie *meint,* dass etwas der Fall ist (gleichgültig ob das, was die Sprecherin für wahr hält, auch tatsächlich wahr ist oder nicht). Die Beobachtung, dass eine Sprecherin einen Satz für wahr hält, impliziert die hypothetische Unterstellung, dass sie in dieser Hinsicht eine bestimmte *Meinung* hat – sogar auch dann, wenn der *Gehalt* ihrer Meinung, ebenso wie die *Bedeutung* des von ihr geäußerten Satzes, noch nicht bekannt ist.[740]

Dennoch geht der starke Intentionalismus über den hypothetischen Intentionalismus hinaus. Denn der hypothetische Intentionalismus ist am Ziel, wenn der semantische Gehalt des Textes und der entsprechenden Autorenintention erfasst ist. Wenn allerdings das weitergehende Ziel ins Auge gefasst wird, das Zustandekommen des Textes und seiner Strukturen zu erklären, bedarf es des starken Intentionalismus. Denn die Kenntnis der Sprecherintention ist zumindest eine notwendige Bedingung für das Erklären

[738] Hier ist die Definition von Levinson, dem führenden Vertreter des hypothetischen Intentionalismus: „Given this notion <i. e. the notion of the implied author>, then instead of speaking of beliefs and attitudes that would be *reasonably attributed* to the actual author on the basis of the work conceptually grasped, we can speak of the beliefs and attitudes that just straightforwardly *belong* to the implied author – he or she being a construction tailor-made to bear them" (vgl. Levinson (1996), bes. 229). Zu einer präzisen Diskussion und plausiblen Verteidigung der beiden Varianten vgl. den zweiten Teil der Arbeit von Müller, Kindt (2009a) sowie die ausführlichere Studie Müller, Kindt (2006). Zu einer Rekonstruktion verschiedener Varianten des hypothetischen Intentionalismus vgl. auch Spoerhase (2007), 123 ff.

[739] Ein instruktives und vorbildliches Beispiel für eine hermeneutisch-intentionalistische Interpretation im starken Sinne ist Müller (1993) (vgl. die Kurzbeschreibung bei Köppe, Winko (2008), Abschnitt 8.5).

[740] Vgl. auch unten, Abschnitt 8.5.

des Textes im skizzierten Sinne. Wenn demnach das Verstehen eines Textes im starken Sinne genommen wird, so dass das Textverstehen das Erklären des Zustandekommens und der Strukturen des Textes impliziert, wird der starke Intentionalismus methodisch unentbehrlich.[741]

Es ist mehr als offensichtlich, dass der hermeneutische Intentionalismus nahtlos in das Modell vom Verstehen als Lesen des Geistes eingebettet werden kann, das sowohl in der klassischen Hermeneutik als auch in der modernen Theorie des Geistes grundlegend ist. Mit diesem Modell ist ein Primat mentaler Repräsentationen vor nicht-mentalen repräsentationalen Zeichen verbunden, was dem schwer zu bestreitenden empirischen Befund entspricht, dass viele Tiere und nicht-sprechende menschliche Säuglinge repräsentationale Gedanken haben.[742] Zudem geht der hermeneutische Intentionalismus davon aus, dass Texte und Gedanken einen semantischen Gehalt haben, der im großen und ganzen stabil ist. Andernfalls wäre gelingendes Verstehen vor allem im Bereich des schnellen Parsens (das von der Philosophischen Hermeneutik ebenso außer acht gelassen wird wie vom Poststrukturalismus) und insbesondere schnelle soziale Kommunikation unerklärbar.

All das bedeutet jedoch nicht, dass der hermeneutische Intentionalismus sich darauf festlegen müsste, dass das Erfassen der Autorenintention das einzige Ziel des Text- und Äußerungsverstehens sei, oder dass Texte und Äußerungen eine feste, vom Interpreten gänzlich unabhängige Bedeutung haben, oder schließlich dass die Text- und Äußerungsbedeutung in jedem Interpretationskontext identisch bleibt. Eine Textinterpretation kann viele Dinge in den Blick nehmen, von werkimmanenten ästhetischen Qualitäten (wie vom New Criticism und insbesondere den Yale critics eingefordert wurde) über gesellschaftliche Bezüge (wie etwa in Bourdieus Theorie des literarischen Feldes, in der die Literatur als soziale Tatsache betrachtet wird) bis hin zur Einbettung von Texten in eine allgemeinere Kultur (wie sie in der kulturwissenschaftlichen Wende der Literaturwissenschaft zum Ausdruck kommt, die vom New Historicism vorbereitet wurde). Der hermeneutische Intentionalismus bestreitet die Legitimität und Fruchtbarkeit derartiger Ansätze keineswegs, beharrt jedoch darauf, dass dafür gewöhnlich eine angemessene intentionalistische Interpretation vorausgesetzt werden und daher grundlegend bleiben muss. Ferner geht der hermeneutische Intentionalismus nicht an der ebenso offensichtlichen wie wichtigen Tatsache vorbei, dass jede Interpretation eines Textes oder einer Äußerung in

[741] Vgl. dazu das Manifest zur Erklärenden Hermeneutik, das u.a. in der Sektion *Erklärende Hermeneutik* der von Peter Tepe herausgegebenen Online-Zeitschrift *Mythos-Magazin* unter http://erklaerendehermeneutik/manifest_deutsch.pdf veröffentlicht wurde.

[742] Vgl. z. B. Perler, Wild (Hrg.) (2005), Perner (1991).

der Sprache des Interpreten formuliert werden muss. Das bedeutet, dass das semantische Netzwerk, das der Interpret mitbringt, mit dem semantischen Netzwerk, das hinter dem Text oder der Äußerung steht, konsistent verbunden werden muss (damit geht keine wesentliche Einschränkung der Wissenschaftlichkeit oder Objektivität des Interpretierens einher, denn die beiden genannten semantischen Netzwerke müssen in weiten Teilen übereinstimmen). Und daraus folgt auch, dass die interpretative Anbindung des Textes an zeitgenössische oder vergangene Texte anderer Autoren unter bestimmten Parametern (zum Beispiel Genre, Literaturprogramm, soziale Bezüge) den Text an neue semantische Netzwerke adaptieren und die Interpretation entsprechend adjustieren muss. An diesem Punkt kann sich die ermittelte Textbedeutung tatsächlich von der Autorenintention ein Stück weit entfernen, obgleich die Autorenintention damit nicht unerheblich wird, sondern weiterhin gewichtig in die resultierende Gesamtinterpretation eingeht. Aus der Perspektive der modernen Theorie des Geistes hat der hermeneutische Intentionalismus also zu Recht ein wesentliches Moment der klassischen Hermeneutik rehabilitiert und ausbuchstabiert.[743]

Jüngst ist im deutschen Sprachraum in Gestalt der *kognitiven Hermeneutik* ein weiterer interessanter hermeneutischer Ansatz vorgelegt worden. Die kognitive Hermeneutik teilt mit der naturalistischen Hermeneutik unter anderem die Überzeugung, dass die verstehende Methode und insbesondere das Interpretieren von Texten eine wissenschaftliche und explanatorische Form annehmen kann,[744] und mit dem hermeneutischen Intentionalismus

[743] Wenn Köppe, Winko (2008), 143 in ihrer Übersicht als die drei zentralen offenen Probleme des hermeneutischen Intentionalismus aufführen, dass der verwendete Rationalitätsbegriff präzisiert, der Verstehensbegriff genauer charakterisiert sowie das Verhältnis von Verstehen und Erklären geklärt werden müsste, so übersehen sie, dass diese drei Aufgaben im Rahmen der gegenwärtigen Theorie des Geistes und Verstehens im wesentlichen bereits erledigt worden sind (vgl. unten, Kap. 8). Zu einer aktuellen Diskussion des hermeneutischen Intentionalismus vgl. auch den Artikel von Axel Bühler „Zweifel am Erklärungspotential von Absichten", in: Mythos-Magazin, Juni 2010, unter http://erklaerendehermeneutik/ab_absichten.pdf. Bühler verteidigt hier das interpretatorische Ziel der Feststellung von Autorabsichten. Dabei unterscheidet er zunächst verschiedene Formen des Anti-Intentionalismus, um dann zwei wichtige Arten der Begründung des Anti-Intentionalismus genauer zu prüfen und zu widerlegen..

[744] Der vielleicht engagierteste und dezidierteste Vertreter der These von der Wissenschaftlichkeit und Objektivität des Verstehens im 20. Jahrhundert war Betti (1962). Bettis Hermeneutik ist ausschließlich methodologisch orientiert, operiert jedoch eher auf der Ebene der Subjektivität/Objektivität-Differenz als mit einem Bezug auf Poppers hypothetisch-deduktives Verfahren oder auf die Theorie des Geistes, deren moderne Variante sich erst rund ein Jahrzehnt nach dem Erscheinen des Buches von Betti zu formieren begann. Eine der zentralen Thesen Bettis verteidigt einen semantischen Realismus und wehrt sich entschieden gegen die Behauptung, die Bedeutung von Texten werde von den Interpreten in den Text hineingelegt (auch in diesem Punkt konnte Betti noch nicht auf die Unterstützung des semantischen Realismus zurückgreifen, die heute von der kognitiven Psychologie geliefert wird (zu

die Überzeugung, dass es bei der Interpretation von Texten auch darum geht, die Absichten des Autors zu erfassen. Zugleich bietet die kognitive Hermeneutik jedoch mehr theoretischen Spielraum für eine Integration normativer Aspekte des Verstehens und seiner spezifischen Gegenstände, als es in der naturalistischen Hermeneutik der Fall ist. Und dieser Ansatz präsentiert auch eine Verallgemeinerung der Idee der Autorenintention.[745] Die kognitive Hermeneutik versteht sich als allgemeine Hermeneutik, also als eine Theorie des Verstehens nicht nur von Texten, sondern auch von Äußerungen, nicht-sprachlichen Kunstformen und anderen Kulturprodukten.[746] Die Grundsätze der allgemeinen kognitive Hermeneutik können aber auch auf spezielle Bereiche wie etwa die Interpretation von Literatur heruntergebrochen werden.[747]

Die allgemeinen hermeneutischen Grundsätze werden in der kognitiven Hermeneutik anhand von Textwissenschaften entfaltet. Die Anwendung auf nicht-sprachliche Kulturprodukte wie Kunstbilder und Musik wird nur angedeutet. Auf der anderen Seite wird eine der wichtigsten Spezialisierungen der kognitiven Hermeneutik, nämlich die Anwendung auf die Interpretation literarischer Texte, in aller Ausführlichkeit präsentiert. Hier werde ich mich zunächst nur mit den Grundsätzen der allgemeinen kognitiven Hermeneutik befassen.

Zuvor möchte ich jedoch kurz darauf hinweisen, dass einige dieser Grundsätze von Livingston in seinem interessanten Essay zum Konzept des literarischen Wissens vorweggenommen worden sind.[748] Livingston geht davon aus, dass die Literaturwissenschaften ihren Maßstab grundsätzlich an den empirischen Naturwissenschaft zu orientieren haben:

„the present disciplinary framework is essentially underwritten by the rationality and conceptions of natural science and that this context has a decisive role in the attempt to establish the relative merits and demerits, successes and failures, of the different disciplines."[749]

Vor diesem Hintergrund macht Livingston auf ein schwerwiegendes verbreitetes Defizit in der literarischen Forschung aufmerksam – nämlich das

einem Überblick über Bettis Ansatz vgl. Ferraris (1996), 234–238 sowie oben, Abschnitt 7.2, S. 293 f.).

[745] Vgl. Tepe (2007).

[746] Ob auch einzelne und kollektive Handlungen dazugehören, wird nicht ganz klar.

[747] Tepe (2007) befasst sich ausführlich mit dem Spezialfall der Literaturtheorie. Das Buch ist daher weitgehend eine kognitiv orientierte Literatur-Hermeneutik. Zum folgenden vgl. auch Detel, W. (2010): „Hermeneutik und Erklärung", in: Mythos-Magazin Juni 2010, unter Zeitschrift http://erklaerendehermeneutik/wd_erklaerung.pdf.

[748] Vgl. Livingston (1988).

[749] Livingston (1988), 119.

Fehlen methodologischer Reflexion. Insbesonere wird nach Livingston übersehen, dass wissenschaftliche Textanalysen hypothetisch-deduktiv vorgehen:

„In short, at first glance it seems that many of the published findings of literary research do not appear to satisfy many of the most basic norms and principles of research. In the place of clear and well delimited hypotheses, posed as such, is a stream of assertions frequently couched in a language in which no effort is made to define central terms, and in which questions of testing, confirmation, and justification are left entirely up in the air."[750]

Recht verstanden können literarische Interpretationen, wie Livingston geltend macht, jedoch sukzessive verbessert werden:

„Critical opinion on the meaning of a given literary phenomenon presents one or more coherent conceptions, but none of these has accounted for certain additional evidence. A more comprehensive and coherent account, fitting this additional evidence into a pattern, is produced."[751]

Interessanterweise unterscheidet Livingston, wie später auch die kognitive Hermeneutik, zwischen der (unwissenschaftlichen) Ermittlung der Bedeutung literarischer Texte für uns und den (wissenschaftlichen) Erklärungen wichtiger Aspekte des Textes. Sinn stiftende Interpretationen sind zulässig, wenn es um Wertschätzung und interpretative Bedürfnisse des Lesers geht. Damit kommt man jedoch einem literarische Wissen nicht näher:

„How was it determined, one may protest, that literary critics should be trying to *explain* anything in the first place? Is not their properly humanistic task that of understanding, not explanation? What is wrong with this objection, and with the general approach it defends, is the fuzziness and incoherence of the notion of understanding it advocates, for insofar as such understanding is truly different from explanation it does not make a good candidate for knowledge in any strong, systematic sense of the word. It is granted, of course, that readers can and should „make meaning" out of literary texts; it would be a flagrant misreading of my perspective to think that I do not consider the interpretation and appreciation of literary works to be a valuable activity. But it is another question whether such activities should be considered genuine research."[752]

Dabei fasst Livingston unterschiedliche Erklärungen ins Auge – sowohl Erklärungen dafür, warum bestimmte Passagen im Text auftauchen,[753] als auch

[750] Livingston (1988), 232f.
[751] Livingston (1988), 235.
[752] Livingston (1988), 239.
[753] „Why did literary text say x about topic y?" (Livingston (1988), 233.).

dafür, warum es unterschiedliche Lesarten literarischer Texte gibt,[754] als schließlich auch dafür, wie sich eine zunächst unklar erscheinende Passage durch Vergleich mit anderen Belegen aufklären lässt.[755] Insbesondere weist Livingston auch auf die rationale Konsistenzforderung hin:

„The meaning of a passage in a work is particularly unclear, and thus anomalous in relation to the message that is clearly evidenced in the rest of the work. By going outside the work to other evidence relative to the life, corpus, sources, genre, or tradition, the sense of the passage can be amplified and seen to fit within the overall message."[756]

Auch in einem späteren Aufsatz[757], in dem es primär um den intentionalen Realismus geht, betont Livingston die explanatorischen und wissenschaftlichen Aspekte der Interpretation. Mit dem Hinweis auf eine Art von Realität semantischer Fakten, die in wissenschaftlichen Interpretationen erfasst werden, bestreitet Livingston ferner zu Recht sowohl das logisch-positivistische als auch das poststrukturalistische Wissenschaftsverständnis (generell und auch speziell für Interpretationen). Ferner wendet er sich gegen jede Art von Konstruktivismus der Textinterpretation. Vielmehr sind seiner Auffassung nach in der wissenschaftlichen Interpretation auch kausale Bedingungen und Folgen der Textproduktion in den Blick zu nehmen, so dass auch hier ein explanatorisches Potential der wissenschaftlichen Interpretation lokalisiert werden kann. In diesem Zusammenhang verteidigt er den Autorenintentionalismus, d. h. besteht auf der Anerkennung der Tatsache, dass Texte von Autoren absichtsvoll produziert werden. Im Rahmen von Handlungen wie der Textproduktion sind diese Absichten auch Ursachen, so dass der Autorenintentionalismus in das Schema einer kausalen Erklärung hineinfällt. Auch räumt Livingston erneut ein, dass jeder Interpret auch Rationa-

[754] „Instead of trying to discover the true meaning of a work – or even the broad range of its true meanings – the critic turns to the study of the determinants of its reception – be they historical, psychological, linguistic, political, or all of these" (Livingston (1988), 232f.).

[755] Ein früher Vertreter der erklärenden Hermeneutik war der österreichische Germanist Wilhelm Scherer (1841–1886). Scherer gilt als der führende und einflußreichste Positivist der frühen deutschen Literaturwissenschaft. Er fragte bereits nach dem „Warum" eines literarischen Textes – für Scherer ein Spezialfall der positivistischen Erforschung der Ursachen dessen, was geschieht. Warum begegnet uns Literatur in der vorhandenen Form und nicht in einer anderen Form? Warum hat Goethe den *Faust* so geschrieben wie er uns vorliegt und nicht anders? Scherer greift primär auf das Positive, also das Tatsächliche zurück, um diese Fragen zu beantworten. Er untersucht die Zeitumstände, die Traditionen, die Biographie des Autors, aber auch seine Psyche. Vgl. dazu Nottscheid, Müller, (Hrg.) (2005); König, Müller, Röcke (Hrsg.) (2000); Müller (2010a).

[756] Livingston (1988), 235.

[757] Vgl. Livingston (1993).

litätsunterstellungen anzunehmen hat. Möglicherweise geht er davon aus, dass normische Prämissen in jeder Interpretation vorauszusetzen sind

Wie Livingston geht auch die kognitive Hermeneutik von der Leitthese aus, dass *Hermeneutik als Erfahrungswissenschaft* möglich ist und konzipiert werden sollte.[758] Wie bereits erwähnt, gilt diese These auf der grundlegenden Ebene für Hermeneutik als Textwissenschaft (aus literaturtheoretischer Sicht ist die Textwissenschaft nur ein Teilgebiet der Literaturwissenschaft). Mit dieser Leitthese verbindet die kognitive Hermeneutik den Anspruch der Hermeneutik auf Wissenschaftlichkeit und Erklärungsfähigkeit, also auf eine wissenschaftliche Methodologie. Der Kern der erfahrungswissenschaftlichen Methode ist auch der kognitiven Hermeneutik zufolge die hypothetisch-deduktive Methode, also das Aufstellen von erklärenden Hypothesen und ihre Überprüfung durch Abgleichung der logischen Konsequenzen der Hypothesen mit verfügbaren Daten. Insofern der kognitiven Hermeneutik zufolge die Hermeneutik in diesem Punkt mit allen anderen Wissenschaften einschließlich der Naturwissenschaften übereinstimmt, vertritt die kognitive Hermeneutik auf dieser allgemeinen Ebene einen einheitswissenschaftlichen Standpunkt und kritisiert alle Versuche, den Geisteswissenschaften in Abgrenzung von den Naturwissenschaften eine radikale Autonomie zuzuschreiben.[759] In diesem Punkt schließt sie sich vielen Vertretern der naturalistischen Hermeneutik an.

Die kognitive Hermeneutik unterscheidet zwei textwissenschaftliche Leitfragen: die Frage, wie ein Text beschaffen ist, und die Frage, warum der Text so ist, wie er ist (diese Fragen lassen sich auch auf Äußerungen und Gedanken übertragen). Die erste Frage wird durch das beschreibende Interpretieren (auf der grundlegendsten Ebene die Basis-Analyse), die zweite durch das erklärende Interpretieren (auf der grundlegendsten Ebene die Basis-Interpretation) beantwortet.[760] Von der *kognitiven Interpretation* wird auf hilfreiche Weise das *aneignende Interpretieren* unterschieden, das auf den Umgang mit Texten unter lebenspraktischen Aspekten zielt. Das aneignende Interpretieren wird von der kognitiven Hermeneutik keineswegs diffamiert, sondern durchaus respektiert. Die kognitive Hermeneutik besteht allerdings darauf, dass das aneignende Interpretieren keine wissenschaftliche Form annehmen kann. Fragen wie „Was haben uns die sophokleischen Dramen heute noch zu sagen?" sind Fragen der aneignenden, nicht der kognitiven Interpretation.

[758] Vgl. Tepe (2007), 33. Die KH versteht sich als normative Regelhermeneutik, die gewisse Regeln empfiehlt, die ein wissenschaftliches Interpretieren von Texten gewährleisten.
[759] Vgl. Tepe (2007), 35–36.
[760] Vgl. Tepe (2007), 35.

Die *deskriptive Basis-Analyse* enthält verschiedene Aufgaben, von der Erfassung des Textwelt-Sinnes (zum Beispiel des dargestellten Handlungsverlaufes) über die Beschreibung der im Text auftretenden Motive und Themen, der stilistischen Verfahren, der Erzählhaltung des Textes bis hin zur künstlerischen Machart. Die meisten dieser Beschreibungen setzen theoretische Hintergründe und Kenntnisse voraus. Der kognitiven Hermeneutik zufolge kann die Basis-Analyse aber auch Schlussfolgerungen enthalten, die im Text nicht explizit formuliert werden, etwa das wahre Heiratsmotiv des Bräutigams.[761] Damit ist bereits der Übergang zur *Basis-Interpretation* vollzogen, die stets auf einer geleisteten Basis-Analyse operiert. Die Basis-Interpretation soll erklären, wie es dazu kam, dass der Text so ist, wie er der Basis-Analyse zufolge beschaffen ist. Damit wird nicht eine deterministische Festlegung der Textgestalt unterstellt. Vielmehr muss die erklärende Interpretation primär auf die Intentionen des Autors zurückgreifen (dabei ist der Autor im erweiterten Sinn gemeint, d. h. die Menge aller Personen, die auf die endgültige Textgestalt Einfluss genommen haben).

Die Autorenintention, auf die eine erklärende Interpretation zurückgreift, wird in der kognitiven Hermeneutik ausbuchstabiert als das Ensemble der Voraussetzungen und Konzepte des Autors, von denen seine Textproduktion geprägt ist – den *textprägenden Instanzen*. Im Falle von literarischen Texten gehören zu den textprägenden Instanzen zum Beispiel das Textkonzept (die künstlerische Gestaltungsidee, die dem Text zugrunde liegt), dem seinerseits ein Literaturprogramm zugrunde liegt (normative Vorstellungen darüber, wie Literatur aussehen sollte). Auch das Überzeugungssystem des Autors (auf der grundlegenden Ebene sein Weltbild) ist eine textprägende Instanz. Hypothesen über die textprägenden Instanzen lassen sich in einem ersten Schritt allein dem Text selbst entnehmen.[762]

Das Konzept der erklärenden Interpretation zeigt, dass die kognitive Hermeneutik Texte als Produkte absichtsvollen Handelns ansieht. Die kognitive Hermeneutik unterscheidet sich vom traditionellen Autorenintentionalismus aber dadurch, dass sie nicht nur die Absicht, sondern auch Hintergrundüberzeugungen des Autors als textprägend betrachtet und dass sie von Autoren im erweiterten Sinne spricht. Die Intertextualitätstheorie, die von Autorenintentionen absieht und Texte lediglich als Gewebe von Zeichen ansieht, lässt sich in einer milden Form in die kognitive Hermeneutik integrieren: Das Textmaterial, von dem ein Autor ausgeht, wenn er einen Text produzieren will, entstammt meist einer Tradition anderer Kontexte und Texte, die nicht mit seinen Intentionen und Überzeugungen zusam-

[761] Vgl. Tepe (2007), 50–54.
[762] Vgl. Tepe (2007), 55–69.

menhängen müssen. Aber die spezifische Form, die er seinem Text gibt, lässt sich nur unter Rückgriff auf die textprägenden Instanzen erklären.

Die kognitive Hermeneutik unterscheidet zwischen Erfahrungswissenschaften, die auf die Erkenntnis von Gesetzmäßigkeiten zielen, und Erfahrungswissenschaften, die primär an der Erklärung einzelner Sachverhalte interessiert sind. Die kognitive Hermeneutik rechnet sich selbst zur zweiten Gruppe von Erfahrungswissenschaften. Das Interpretieren von Texten ist deshalb nach Auffassung der kognitiven Hermeneutik in methodologischer Hinsicht den Naturwissenschaften gegenüber relativ eigenständig: Die Übereinstimmung besteht in der Anwendung der hypothetisch-deduktiven Methode, die Differenz in einer methodologisch eigenständigen Erklärung der Interpretation, die sich auf einzelne Texte richtet und deren Beschaffenheit durch Verweis auf textprägende Instanzen erklären will.

Genauer formuliert besteht die Eigenart der *Textwissenschaften* der kognitiven Hermeneutik zufolge darin, dass sie den Sinn von Texten (im Sinne Freges) erfassen will. Die kognitive Hermeneutik unterscheidet entsprechend den *Textsinn* (die Bedeutung eines einzelnen Textes und, als Textweltsinn, die Bedeutung der Vorgänge, die der Text beschreibt) und den *Prägungssinn* (der semantische Gehalt der textprägenden Instanzen).[763] Der Textsinn wird in der Basis-Analyse ermittelt, der Prägungssinn ist das Explanans der erklärenden Interpretation. Textsinn und Prägungssinn werden als objektive Größen aufgefasst: die kognitive Hermeneutik rehabilitiert die Position des *Sinn-Objektivismus* und distanziert sich methodisch vom Konzept des Verstehens als identifikatorischem Einfühlen.[764] Daneben weist die kognitive Hermeneutik auf einen *Kontextsinn* hin, also auf die Bedeutung des ideengeschichtlichen Kontextes eines gegebenen Textes, sowie auf den Relevanzsinn, also die aktuelle Bedeutung eines Textes, die aber nur in der nicht-kognitiven aneignenden Interpretation eine Rolle spielt.

Wenn man sich die Thesen der kognitiven Hermeneutik zur Methode des erklärenden Interpretierens genauer ansieht, gewinnt man den Eindruck, dass es sich überwiegend um rationale Erklärungen handelt – zum Teil um rationale Erklärungen von Absichten oder Handlungen, zum Teil auch um inferentielle und logische Erklärungen von Textteilen oder aus Textteilen. Der Textweltsinn muss zum Beispiel in Begriffen von rationalen Absichts- oder Handlungserklärungen beschrieben werden, während der Prägungssinn dem Text oft durch Schlussfolgerungen entnommen wird. Zugleich hat die erklärende Interpretation, die in ihrem Explanans unter anderem auf Intentionen und Überzeugungen des Autors zurückgreift, auch im ganzen die

[763] Vgl. Tepe (2007), 82.
[764] Vgl. Tepe (2007), 83–85 und umfassend 276–316.

Form einer Handlungsrationalisierung. Obgleich die unterstellten Rationalisierungen nicht genauer erläutert werden, gibt es Indizien dafür, dass die kognitive Hermeneutik die Basis-Analyse und die erklärende Interpretation als ein Erfassen normativer und rationaler Strukturen der verschiedenen Arten von Sinn auffasst. So unterschreibt die kognitive Hermeneutik zum Beispiel den Grundsatz der hermeneutischen Billigkeit oder wohlwollenden Interpretation, freilich nicht in der radikalen, etwa von Davidson vertretenen konstitutiven Variante, sondern als Menge grundlegender hermeneutischer Regeln. So sollten wir zum Beispiel in der ersten Phase der Textarbeit von der Widerspruchslosigkeit der Autorenintentionen und des Textsinnes sowie von der Zweckrationalität des Textweltsinnes und allgemeiner von Sinnhaftigkeit und Verstehbarkeit ausgehen,[765] und die kognitive Hermeneutik empfiehlt dem Interpreten die Bereitschaft, sich auf fremde Überzeugungssysteme einzulassen.

Man könnte sich allerdings in der Beschreibung der grundlegenden explanatorischen Verfahren, die der kognitiven Hermeneutik zufolge für kognitive Interpretationen gelten sollen, noch ein wenig mehr Klarheit wünschen.

Bei genauerer Betrachtung scheint das Grundmuster einer geisteswissenschaftlichen Erklärung der kognitiven Hermeneutik zufolge so auszusehen:

(LE) Sei T ein Text mit der Beschaffenheit B; sei S der Autor von T, TK ein Textkonzept, LP ein Textkonzept (Literaturprogramm) und MS ein Meinungssystem; dann enthält das Explanans der Erklärung dafür, dass T die Beschaffenheit B hat, folgende Prämissen:

(i) S akzeptiert TK sowie LP und geht von MS aus.
(ii) S meint, mit B von T grundlegende Aspekte von TK, LP und MS exemplarisch zur Geltung bringen zu können.
(iii) S möchte seinen Adressaten TK, LP und MS empfehlen.[766]

Dabei gilt:

(iv) Die in (i)–(iii) beschriebenen Sachverhalte sind mentale Zustände von S, die man auch als textprägende Instanzen beschreiben kann.
(v) Diese Zustände sind für S nicht immer und nicht notwendigerweise bewusst (in dem Sinne, dass sie nicht monitor-bewusst sind, d. h. dass

[765] Vgl. Tepe (2007), 153–159. Das Ziel der Verständlichkeit beim Autor und das Prinzip der Wahrheitsmaximierung hingegen darf der kognitiven Hermeneutik zufolge für literarische Texte nicht verwendet werden, vgl. Tepe (2007), 155.

[766] In der kognitiven Hermeneutik wird diese Erklärung manchmal zutreffend als Erklärung anhand der Positionsgebundenheit beschrieben, vgl. z. B. Tepe (2007), 145 f.

S sie nicht zu Gegenständen eigener mentaler Zustände zweiter oder höherer Ordnung macht).

(vi) Das Explanandum von (LE) hat die allgemeine Form: (K) T hat B.

Zunächst ist es wichtig zu sehen, dass (K) in (LE) unterschiedlich ausbuchstabiert werden kann, nämlich auch im Sinne von

(K)* S hat T mit B gestaltet.

(K)** Es war für S angesichts von (i)–(iii) aus (LE) vernünftig und rational, T mit B zu gestalten.

Klarerweise folgt (K) logisch aus (K)*, so dass (K)* als grundlegendes Explanandum angesehen werden sollte. Zusammen mit (K)* ist aber auch (K)** ein Aspekt des Explanandum von (LE). Das heißt: Die Prämissen (i)–(iii) begründen sowohl (K)* als auch (K)** und damit a fortiori auch (K).

Wenn dieser Eindruck richtig ist, dann ist (LE) eine Form eines praktischen Syllogismus, d. h. (mit (K)* als Explanandum) eine rationale Handlungserklärung im oben skizzierten Sinne, die als Prämissen Absichten und Überzeugungen der handelnden Person zitiert.[767]

Wenn man akzeptiert, dass (LE) auch (K)** mitbegründet, handelt es sich u. a. auch um eine Handlungsrationalisierung, in der mit (i)–(iii) aus (LE) Gründe (und nicht Ursachen) für (K)* und (K)** angegeben werden.

Wenn man die Form von (LE) weiter präzisieren will, muss man vor allem klären, welches Explanandum man wählen möchte und in welcher Weise (K)* und damit (K) aus (i)–(iii) folgen können (denn: (K) folgt nicht aus (K)**).

Es gibt an diesem Punkt vermutlich nur drei Möglichkeiten:

(a) Man betrachtet lediglich (K)** als Explanandum. Dann ist (LE) eine Handlungsrationalisierung und erklärt nicht, warum der Text die Beschaffenheit B hat oder warum der Autor den Text so gestaltet hat, sondern einzig und allein, warum letzteres für ihn vernünftig war. Das ist eine respektable Position, die auch von manchen Philosophen vertreten wird. Sie würde offenbar eine sehr weitgehende Besonderheit geisteswissenschaftlicher Erklärungen implizieren.

(b) Man geht davon aus, dass das Problem der mentalen Verursachung geklärt ist, d. h. man hat eine gute Theorie darüber, inwieweit mentale Zustände auch autonome Ursachen physischer Ereignisse sein können.

[767] Dieser Deutung der Form literaturwissenschaftlicher Erklärungen kommt Tepe (2007) mit Formulierungen auf S. 56 sowie mit dem Molière-Beispiel (S. 150 f.) sehr nahe (ich sehe diese Deutung an diesen Stellen sogar deutlich vertreten).

Dann muss man (LE) letztlich als nomologische Erklärung ansehen, die auf Naturgesetze rekurriert.

(c) Man geht davon aus, dass (i)–(iii) implizit eine weitere normische Prämisse enthält, nämlich

(P) Menschen handeln gewöhnlich rational, d. h. wenn sie X beabsichtigen und meinen, Y sei dafür notwendig oder förderlich, so führen sie nach Möglichkeit Y herbei.[768]

Da das Problem der mentalen Verursachung eines der schwierigsten ungelösten wissenschaftlichen Rätsel darstellt, mit denen wir gegenwärtig konfrontiert sind, sollte man vorerst nicht mit (b) operieren. Und da (c) stärker ist als (a) und (a) als Aspekt enthält, sieht Option (c) am aussichtsreichsten aus.

Aus diesen Überlegungen folgt zweierlei:

(A) Die Form einer geisteswissenschaftlichen Erklärung ist insofern dieselbe wie Formen von Erklärungen in anderen Wissenschaften, als auch in (LE) ein Explanandum aus geeigneten singulären Prämissen und einer Regularität logisch oder mit hoher Wahrscheinlichkeit gefolgert werden kann.

(B) Die Form einer geisteswissenschaftlichen Erklärung ist insofern gegenüber Formen von Erklärungen in Naturwissenschaften eine Erklärung besonderen Typs, als in (LE)
(i) nicht auf Naturgesetze rekurriert wird,
(ii) mentale Zustände als Antecedensbedingungen zitiert werden,
(iii) eine Handlungsrationalisierung begründet wird,
(iv) auf eine Regularität rekurriert wird, die eine Unterstellung einer allgemeinen Handlungsrationalität darstellt.

Die Aspekte (i)–(iv) scheinen einen recht wichtigen Unterschied zwischen geisteswissenschaftlichen Erklärungen und nomologischen oder funktionalen Erklärungen in den Naturwissenschaften zu markieren – trotz der Gemeinsamkeiten in (A) und in der hypothetisch-deduktiven Methodik.[769]

[768] Form (b) ist auch die Position von Axel Bühler. Ob (b) auch in KH vertreten wird, ist mir nicht klargeworden. Zu (c) und insbesondere der normischen Prämisse (P) vgl. auch unten, Abschnitt 8.2, (REU)* (3) (S. 356).

[769] In seinem zeitgleich erschienenen Kommentar zu diesen Überlegungen hat Peter Tepe generelle Zustimmung signalisiert, insbesondere zu der Diskussion der verschiedenen Varianten der Erklärungsform, die in der kognitiven Hermeneutik beschrieben wird, und zur Unterscheidung zwischen interner und externer Texterklärung. Doch weist er u. a. kritisch darauf hin, (i) dass die Rationalität, die in Texterklärungen unterstellt wird, in der kognitiven Hermeneutik etwas allgemeiner als Prämissen- oder Passungskonformität gekennzeichnet

Vor dem Hintergrund dieser Rekonstruktion der – am Autorenintentionalismus orientierten – Form der geisteswissenschaftlichen Erklärung stellt sich die Frage, ob der kognitiven Hermeneutik zufolge mit (LE) sowie mit (A) und (B) die einzige Form der Erklärung von Texten beschrieben ist. Viele Hinweise seitens der kognitiven Hermeneutik sprechen für eine positive Antwort auf diese Frage. Doch auf einigen Ebenen der Textinterpretation, zum Beispiel auf der Ebene des Text-Sinns, braucht man, wie schon erwähnt, rationale Erklärungen (etwa zum Handlungsablauf, zu leitenden Motiven oder überraschenden Entwicklungen in Dramen oder Romanen), die nicht direkt an die erweiterte Autorenintention angebunden sind, sondern eine Voraussetzung für Erklärungen der Form (LE) darstellen. Das heißt, dass bereits die Basis-Analyse (in der Terminologie der kognitiven Hermeneutik) rationale Erklärungen enthalten dürfte – Erklärungen, die nicht auf den Autor, sondern auf das in den Texten selbst dargestellte Geschehen zurückgreifen. Wir können somit *externe Texterklärungen* der Form (LE) von *internen Texterklärungen* im Rahmen der Basis-Analyse unterscheiden.[770]

Daraus folgen zwei weitere Klarstellungen, die meines Erachtens ausdrücklich formuliert werden sollten:

(a) Die hypothetisch-deduktive Methode muss sowohl zur Rechtfertigung externer Texterklärungen als auch zur Rechtfertigung interner Texterklärungen verwendet werden.

(b) In beiden Formen der Erklärungen muss die Angemessenheit von Texterklärungen auch die Einlösung von Rationalitätsunterstellungen umfassen.

Diesem Vorschlag zufolge müssen beide grundlegenden Formen von Texterklärungen sowohl hypothetisch-deduktiv als auch rational über Konsistenzkriterien getestet und gerechtfertigt werden.

wird (die sich auch auf die Wahl der Ziele bezieht), (ii) dass die Erklärungen zur Textbeschaffenheit definitiv auf Ursachen und nicht lediglich auf Rationalisierungen verweisen müssen, (iii) dass die Prämissen von Texterklärungen bis zu tiefen weltanschaulichen Prämissen (also zu anthropologischen und psychologischen Annahmen) reichen müssen, und (iv) dass die Texterklärung mit einem Blick auf Textkonzept, Literaturprogramm und Überzeugungssystem zu beginnen habe (vgl. Tepes Artikel „Zur Diskussion um die kognitive Hermeneutik“, in: *Mythos-Magazin* unter http://erklaerendehermeneutik/pt_diskussion.pdf. Das sind akzeptable Korrekturen. Wichtig bleibt, dass das Passungsprinzip letztlich ein allgemeines Rationalitätsprinzip ist und dass das Operieren mit diesem Prinzip in Texterklärungen mit dem Anspruch, nicht nur Gründe, sondern auch Ursachen für die Textbeschaffenheit zu liefern, theoretisch integriert wird.

[770] Vgl. Tepe (2007) 56, wo beide Ebenen nicht auseinander gehalten zu werden scheinen.

Viele Geisteswissenschaftler neigen meinem Eindruck nach dazu, Punkt (b) allenfalls für die externe Texterklärung, keinesfalls aber für die interne Texterklärung zu akzeptieren. Der Grund ist, dass viele literarische Texte Zustände oder Ereignisse darstellen, die nicht im oben skizzierten Sinne rational sind. Einer der Gründe dafür ist wiederum, dass sehr viele Menschen häufig irrational sind und dass es sehr oft eine literarische Pointe ist, Menschen und Geschehnisse in all ihrer Irrationalität vorzuführen (nicht zu reden von Fällen (etwa in der Lyrik), wo Unverständlichkeit und Widerspruch provokativ eingesetzt werden oder gar zum Literaturprogramm zählen). Ich kann diesen Einwand hier nicht diskutieren, möchte aber doch zumindest darauf hinweisen, dass die Verhältnisse verwickelter sind, als der Einwand suggeriert. Einer der Gründe dafür ist, dass wir Irrationalität, Widersprüchlichkeit und Unverständlichkeit nur auf der Grundlage überwiegender Rationalität, Konsistenz und Verständlichkeit registrieren können.[771]

Ich glaube daher, dass man sowohl an (a) als auch an (b) festhalten sollte (die kognitive Hermeneutik akzeptiert, wenn die bisherigen Überlegungen korrekt sind, (a) und (b) zumindest für externe Texterklärungen).

Dieses Resultat ist nicht nur deshalb wichtig, weil es eine – möglicherweise hilfreiche – Klarstellung darstellt, sondern auch weil es die relative Autonomie der verstehenden Wissenschaften erläutert und weil es als Einwand gegen den (falschen und unbewiesenen, aber dennoch weit verbreiteten) strengen Naturalismus verwendet werden kann – also gegen die These, dass am Ende aller Tage alles, was es am Geist und an der Gesellschaft zu beschreiben und zu erklären gibt, mit naturwissenschaftlichem Vokabular und dem Rekurs auf Naturgesetze beschreibbar und erklärbar sein wird.

Verstehende Wissenschaften richten sich aus der im Vorhergehenden – anhand der kognitiven Hermeneutik skizzierten – Perspektive auf die geistigen und sozialen Eigenschaften der Naturdinge, die nun einmal von anderer Art sind als physikalische Eigenschaften. Denn geistige und daher (wie die Sozialontologie zeigt) auch soziale Eigenschaften weisen nicht nur eine reguläre, sondern auch eine logische und rationale Struktur auf. Das ist die ontologische Grundlage für die besonderen Aspekte (i)–(iv) von (LE), die in (B) aufgelistet werden, sowie für die Thesen (a) und (b).

Diese Resultate sind – wenn die vorhergehenden Überlegungen in die richtige Richtung gehen – zumindest implizit im Konzept der kognitiven und erklärenden Hermeneutik enthalten und bilden einen Rahmen, dem eine moderne Hermeneutik zu genügen hat.

Die kognitive Hermeneutik ist noch aus einem anderen Grund interessant: Sie ist auf der elementarsten Ebene eine allgemeine Hermeneutik, wird

[771] Diesen Punkt macht Davidson in vielen seiner Arbeiten.

aber über weite Strecken exemplarisch in Gestalt einer speziellen Hermeneutik, nämlich der literaturwissenschaftlichen Hermeneutik entfaltet. So ergibt sich schon aus der Anlage der Theorie heraus eine glückliche Verbindung zwischen der allgemeinen und zumindest einer zentralen (wenn nicht sogar der zentralen) speziellen Hermeneutik. Für eine moderne Hermeneutik, die gegenüber dem allgemeinen Teil der kognitiven Hermeneutik eine umfassendere Gestalt annimmt, bleibt die schwierige Aufgabe unabweislich, sich anhand ihrer Anwendbarkeit auf spezielle Hermeneutiken überprüfen zu lassen. Wenn es insbesondere um das Verstehen von Literatur geht, könnte der spezielle Teil der kognitiven Hermeneutik dabei eine hilfreiche Rolle spielen.[772] Wir werden im neunten Kapitel auf diesen Aspekt zurückkommen.

[772] Ein weiteres Beispiel wäre die Hermeneutik der Musik, die gegenwärtig in attraktiver Form ausgearbeitet worden ist – die allerdings als Hermeneutik eines nicht-sprachlichen Mediums ganz besondere Integrationsprobleme mit sich bringt. Vgl. dazu Vogel (2001) sowie Vogel, Becker (2007).

TEIL II
PERSPEKTIVEN EINER MODERNEN HERMENEUTIK

KAPITEL 8: GEIST UND VERSTEHEN. EIN SYSTEMATISCHER GRUNDRISS

Im folgenden Kapitel soll die allgemeine Kennzeichnung von Geist und Verstehen, die in Abschnitt 2 der Einleitung skizziert worden ist, genauer ausbuchstabiert werden. Damit wird auch die Perspektive, von der die Interpretationen historischer Formen der Hermeneutik in den vorhergehenden sieben Kapiteln ausgegangen sind, präziser dargestellt. Zugleich soll deutlich werden, dass die meisten der skizzierten Einsichten, die im Verlaufe der Geschichte der Hermeneutik erreicht worden sind, in dem modernen Bild von Geist und Verstehen eingeholt werden können.

Wenn man von allegorischen Interpretationen und Ansätzen zu einer semiotischen Zeichentheorie absieht, hat sich die klassische Hermeneutik von Platon bis zu Max Weber den historischen Analysen zufolge, die in den ersten beiden Kapiteln vorgelegt worden sind, kontinuierlich auf das Konzept hin vorgearbeitet, das bereits in Abschnitt 2 der Einleitung kurz umrissen wurde. Dieses Konzept soll daher zu Beginn dieses Kapitels noch ein wenig genauer dargestellt werden. Daraus können dann einige Thesen zur Erklärungsweise und wissenschaftlichen Methode der Geisteswissenschaft entwickelt werden. Diese Überlegungen schließen an Einsichten der naturalistischen und kognitiven (erklärenden) Hermeneutik an, wie sie im siebten Kapitel skizziert worden sind.

Im dritten und vierten Kapitel haben wir die Semiotik, die Philosophische Hermeneutik und die poststrukturalistischen Vorschläge zum Umgang mit Texten kritisch diskutiert. Doch haben wir festgestellt, dass sich in diesen Ansätzen auch einige interessante Fragestellungen und Intuitionen entdecken lassen, die über die klassische Hermeneutik hinausführen. Dazu gehören im Rahmen der Semiotik vor allem die systematische Beziehung zwischen natürlichen und repräsentationalen Zeichen, im Rahmen der Philosophischen Hermeneutik die Ausdehnung des Gegenstandsbereiches der Hermeneutik auf die Geschichte, die Verbindung von Hermeneutik und Humanismus, die Beziehung von Verstehen und Wahrheit sowie die Rolle der Horizontverschmelzung in der Interpretation des Fremden, und schließlich aus der Perspektive des Poststrukturalismus die Kritik an gegebenen festen Bedeutungen und linguistischen Regeln, der Zweifel an der hermeneutischen Bedeutung der Autorenintentionen, der Hinweis auf die Dynamik der Formierung von Bedeutungen, das Problem der Widersprüchlichkeit von Texten, der Anteil des Lesers an der Formierung von Bedeutungen, und die Zweifel am naiven Realismus und der Vermittlungsrolle begrifflicher Schemata für unseren epistemischen Zugriff auf die Welt.

Wir haben gesehen, dass Semiotik, Philosophische Hermeneutik und poststrukturalistische Texttheorie nicht über die theoretischen Ressourcen verfügen, um diese Intuitionen auf den Punkt zu bringen, ohne Missverständnisse heraufzubeschwören, und einen integrativen Theorierahmen bereit zu stellen. Darum soll am Ende des folgenden Kapitels ein bestimmter Aspekt einer Variante der modernen Theorie des Geistes und des Verstehens skizziert werden, der die genannten Intuitionen auf paradigmatische Weise einzufangen vermag. Dafür müssen unter anderem einige Einsichten der logischen Hermeneutik mobilisiert werden, wie sie im sechsten Kapitel skizziert wurde.

Zum ersten der genannten Probleme kann jedoch schon an dieser Stelle Klarheit geschaffen werden, nämlich zum Verhältnis von natürlichen und repräsentationalen Zeichen in einer angemessenen Theorie des Verstehens. Bereits aus dem Überblick im 2. Abschnitt der Einleitung geht hervor, dass es keine akzeptable Option ist, repräsentationale Zeichen als Spezialfall von natürlichen Zeichen zu betrachten. Gleichwohl haben natürliche Zeichen in der modernen Theorie des Verstehens einen bestimmten systematischen Sitz. Denn die expressiven Zeichen (von Köperhaltungen über Gesten und Laute bis hin zu Sprache und Text), anhand derer wir allein einen verstehenden Zugriff auf den Geist gewinnen, sind nichts anderes als natürliche Zeichen von mentalen Zuständen. Denn diese expressiven Zeichen werden gewöhnlich von bestimmten mentalen Zuständen, und nur von diesen Zuständen, kausal hervorgerufen.

8.1. Die Grundbegriffe des Geistes und des Verstehens

Der Grundbegriff des Verstehens, wie er in Abschnitt 2 der Einleitung skizziert worden ist, greift auf einige begriffliche Konzepte zurück, die im folgenden Abschnitt noch genauer gefasst werden sollen.

Das Verstehen kommt, wie wir gesehen haben, nach Auffassung der gegenwärtigen Standardtheorie des Geistes nur unter Wesen vor, die einen Geist und damit mentale (= geistige) Zustände haben. Nur geistige Wesen können etwas verstehen. Und sie können nur andere geistige Wesen verstehen, also nur mentale Zustände geistiger Wesen und die von ihnen produzierten Zeichen. Der *allgemeine Grundbegriff des Verstehens* lässt sich daher folgendermaßen kennzeichnen: Lebewesen A *versteht* Lebewesen B, wenn A und B einen Geist haben und A einige mentale Zustände oder geistige Produkte (Zeichen) von B erfasst. Verstehen ist ein Lesen des Geistes oder geistiger Produkte, und zwar meist anhand weiterer geistiger Produkte (Zeichen). Dieser elementare Begriff des Verstehens ist auch die Grundlage für die meisten unterschiedlichen Verstehensbegriffe, die in einschlägigen Arbeiten vorgeschlagen worden sind.

Der elementare Begriff des Verstehens umfasst sowohl das *Selbstverstehen* als auch das *Fremdverstehen*. Mentale Zustände wie Ängste, Schmerzen, Absichten oder Überzeugungen mögen uns geistigen Wesen bis zu einem gewissen Grade direkt zugänglich sein, wenn sie in uns selbst vorkommen. Unsere *Autorität der ersten Person* befähigt uns oft zum Selbstverstehen, also zu erkennen, in welchen mentalen Zuständen wir jeweils sind. Das Fremdverstehen ist epistemologisch gesehen problematischer und muss auf die expressiven natürlichen Zeichen für mentale Zustände anderer Wesen zurückgreifen. Wir können den elementaren Verstehensbegriff also anreichern:

Lebewesen A *versteht* Lebewesen B *mental*, wenn A und B einen Geist haben und A einige mentale Zustände von B erfasst. Verstehen ist ein Lesen des Geistes, und zwar gewöhnlich anhand der expressiven Zeichen, die B produziert und die von B's mentalen Zuständen hervorgerufen werden. Sofern diese expressiven Zeichen zugleich informative Zeichen sind, d. h. mit externen Ereignissen korreliert sind, von denen B's mentale Zustände ausgelöst werden, *versteht* Lebewesen A das Lebewesen B *faktisch*, wenn A anhand des informativen Zeichens das Faktum erfasst, das den mentalen Zustand von B auslöst, der seinerseits B's Produktion des informativen Zeichens hervorruft. Diese Bestimmung soll *Grundbegriff des Verstehens* heißen.

Wie oben in der Einleitung (Abschnitt 2) erwähnt, sind mentale Zustände dadurch ausgezeichnet, dass sie echte Funktionalität, Repräsentationalität und Bewusstsein aufweisen können.

Faktische Funktionalität bezieht sich auf Funktionen im Sinne von adaptiven kausalen Folgen[773]: Ein Teil T eines Gegenstandes G – also ein Ding

[773] Faktische Funktionen müssen sorgfältig von mathematischen Funktionen unterschieden werden: Eine *mathematische Funktion* ist eine Zuordnungsvorschrift, die jedem Element einer gegebenen Menge A genau ein Element einer Menge B zuordnet; A heißt dann *Definitionsbereich*, B *Wertebereich* der Funktion (B kann verschieden von A, Teilmenge von A oder gleich A sein). Insbesondere heißt eine mathematische Funktion *umkehrbar eindeutig* (oder *1–1-Abbildung*), wenn jedem Element ihres Wertebereiches genau ein Element ihres Definitionsbereiches zugeordnet ist. Die mathematische Funktion $f(x) = x^2$ beispielsweise hat den Definitionsbereich der reellen Zahlen und den Wertebereich der positiven reellen Zahlen: sie ordnet jeder reellen Zahl ihre Quadratzahl eindeutig zu, denn keiner reellen Zahl kön-

in einer Menge, eine Eigenschaft eines Dinges oder ein Zustand eines Systems – hat die *faktische Funktion* F, falls F eine Eigenschaft von T ist, die einen Platz oder eine Rolle in einer Reihe von kausalen Vorgängen spielt, die zur Erhaltung von G beitragen.[774] Faktische Funktionen sind nicht 1–1-abbildbar auf ihre physischen Träger, d. h. ein- und derselbe Träger kann verschiedene faktische Funktionen realisieren, und ein- und dieselbe faktische Funktion kann durch verschiedene Träger realisiert werden.

Echte Funktionalität ist eine faktische Funktionalität, die evolutionär deshalb selektiert worden ist, weil sie systemstabilisierende kausale Wirkungen hat.

Repräsentationalität (also semantischer Gehalt) ist nicht nur eine natürliche Zeichenrelation. Vielmehr *repräsentiert* ein Gehirnzustand Z eines Lebewesens L den Umstand, dass p der Fall ist (d. h. Z hat den *semantischen Gehalt*, dass p der Fall ist), genau dann, wenn das Gehirn von L die echte Funktion hat, eine 1–1-Abbildung zwischen p und Z herzustellen (d. h. Z zu produzieren genau dann, wenn p der Fall ist). *Repräsentationen* dieser Art sind *komplex* insofern, als sie sowohl erfolgreiche Repräsentationen als auch Fehlrepräsentationen sein können.

Daraus folgt, dass Repräsentationen des menschlichen Gehirns wahr oder falsch sein können, d. h. veridische Normativität aufweisen. Darüber hinaus sind Repräsentationen aufgrund ihres semantischen Gehaltes auch rational vernetzt, d. h. sind logisch normativ. Außerdem haben sie eine rekursive syntaktische Struktur und einen psychologischen Modus.

Die allgemeinsten beiden psychologischen Modi sind die Geist-auf-Welt-Ausrichtung und Welt-auf-Geist-Ausrichtung. Meinungen weisen z. B. eine *Geist-auf-Welt-Ausrichtung* auf, denn wenn sie *nicht* erfüllt sind (d. h. wenn sie falsch sind), liegt dies an den Meinungen: die Meinungen sind nicht so, wie es die Welt verlangt. Man nennt diese Ausrichtung daher auch den *in-*

nen zwei verschiedene Quadratzahlen zugeordnet werden. Aber zwei verschiedenen reellen Zahlen (z. B. 2 und –2) kann dieselbe Quadratzahl (hier nämlich die 4) zugeordnet werden. Das verletzt die Eindeutigkeitsvorschrift für mathematische Funktionen nicht; das wäre nur dann der Fall, wenn einem x aus dem Definitionsbereich zwei verschiedene Werte zugeordnet wären. Im Falle einer 1–1-Abbildung (der Ausdruck „Abbildung" wird manchmal statt „Funktion" verwendet) haben verschiedene x aus dem Definitionsbereich stets auch verschiedene Werte. $f(x) = x^2$ ist daher keine 1–1-Abbildung, wohl aber zum Beispiel $f(x) = x$. Die entscheidende Idee einer mathematischen Funktion ist, dass sie eine Struktur ist, die im Wechsel der Werte für x und f(x) stets erhalten bleibt. Die Reihe der Wertepaare –2/4, –1/1, 0/0, 1/1, 2/4, 3/9, 4/16, 5/25 …ist eine permanente Veränderung der Werte von x und f(x), in der jedoch eine feste Beziehung oder Struktur stets erhalten bleibt, die gerade durch die Funktionsvorschrift $f(x) = x^2$ beschrieben wird.

[774] Man könnte ferner sagen: Wenn G ein Artefakt ist, heißt F *artifizielle Funktion,* wenn G ein natürliches System ist, heißt F *natürliche Funktion,* wenn G ein Lebewesen ist, heißt F *biologische Funktion,* und wenn F eine kulturelle Einheit ist, heißt F *kulturelle Funktion.*

dikativen Modus. Wünsche weisen beispielsweise eine *Welt-auf-Geist-Ausrichtung* auf, denn wenn sie *nicht* erfüllt sind (d. h. wenn sie nicht realisiert werden können), liegt dies an der Welt: die Welt ist nicht so, wie es die Wünsche verlangen. Man nennt diese Ausrichtung daher auch den *imperativen Modus.* Viele Repräsentationen haben zugleich einen indikativen und einen imperativen Modus, aber bei manchen Repräsentationen überwiegt auch einer dieser Modi.

Repräsentationalität involviert eine bestimmte Art von *Perspektivität.* Wir repräsentieren die Welt stets auf eine bestimmte Weise, die zum Teil mit unserem kognitiven Apparat zusammenhängt.

Bewusstsein ist genauer das phänomenale Bewusstsein, das – wie wir gesehen haben – nur eine von mehreren Formen des Bewusstseins ist. Mentale Zustände weisen ein *Subjekt-Bewusstsein* (oder *transitiven Bewusstsein)* auf, falls sie dazu beitragen, sinnliche Reize für eine vorteilhafte Verhaltenssteuerung auszunutzen. Mentale Zustände weisen dagegen ein *Zustandsbewusstsein* auf, falls sie mit einer Erlebnisqualität verbunden sind und dem Subjekt ermöglichen, zu fühlen oder zu wissen, wie es ist, in diesem Zustand zu sein.

Es gibt verschiedene Formen von Zustandsbewusstsein. Die wichtigsten sind

- das *phänomenale Bewusstsein*: Wahrnehmungen, die eine Erlebnisqualität aufweisen (z. B. Schmerzen fühlen, Musik genießen, Ekel empfinden, Angst haben);
- das *Monitorbewusstsein:* Gedanken über mentale Zustände (z. B. Zweifel über die Berechtigung eigener Meinungen haben, über die eigene Aggressivität bestürzt sein);
- das *Selbstbewusstsein*: ein Ich-Gefühl, das aus Gedanken über sich selbst als Person besteht (z. B. Gedanken darüber, welche Person man selbst sein will, was die eigene Person ausmacht, der Gedanke, dass man selbst es ist, der oder die etwas empfindet oder denkt), und
- das *Zugangsbewusstsein:* mentale Zustände, die für rationale Argumentationen und rationale Kontrolle von Handlungen durch die Aktoren selbst herangezogen werden können (z. B. Verwendung eigener Meinungen als Prämissen für logische Argumente oder für die Begründung von Handlungen oder Handlungszielen).

Alle Formen des Zustandsbewusstseins teilen zwei zentrale Merkmale: Sie sind *privat* in dem Sinne, dass jede Person einen privilegierten kognitiven Zugang zu ihren eigenen mentalen Zuständen hat, weil sie am besten und mit großer Sicherheit weiß, welche mentalen Zustände sie hat (*Autorität der ersten Person*). Und sie sind *perspektivisch* in dem Sinne, dass sie mit der Einnahme einer individuellen, ich-zentrierten Perspektive auf die Welt verbunden sind: zustandsbewusste Personen betrachten die Welt von ihrem eigenen raum-zeitlichen, evaluativen und kognitiven Standpunkt aus. Das *phänomenale Bewusstsein* ist überdies mit einer grundlegenden Form der Normativität verknüpft, der *affektiven Normativität.*

Expressive Zeichen mentaler Zustände und informative Zeichen können natürlich nicht phänomenal bewusst sein, aber sie sind *funktional und repräsentational.* Ihr semantischer Gehalt heißt meist *Bedeutung* oder *Sinn.* Daher sind sie wie mentale komplexe Repräsentationen *veridisch und logisch normativ.* Ihr psychologischer Modus heißt *Sprechakt,* und ihre rekursiv-syntaktische Struktur heißt *Grammatik.*

Auf dieser Grundlage kann der Grundbegriff des Verstehens angereichert werden: Lebewesen A *versteht* Lebewesen B *mental,* wenn A und B einen Geist haben und A die spezifische Funktionalität, Repräsentationalität oder auch Bewusstheit einiger mentaler Zustände von B sowie gegebenenfalls die Syntax, den psychologischen Modus und die Normativität dieser mentalen Zustände erfasst, und zwar gewöhnlich anhand der expressiven Zeichen, die B produziert und die von B's mentalen Zuständen hervorgerufen werden. Sofern diese expressiven Zeichen zugleich *informative Zeichen* sind, d. h. mit externen Ereignissen korreliert sind, von denen B's mentale Zustände ausgelöst werden, *versteht* Lebewesen A das Lebewesen B *faktisch,* wenn A die Bedeutung sowie gegebenenfalls die Grammatik, den Sprechakt und die Normativität des informativen Zeichens erfasst. Diese Form des Verstehens ist selbst eine Repräsentation, also eine Repräsentation einer Repräsentation und somit eine *Metarerpräsentation.* Diese Bestimmung soll *hermeneutischer Begriff des Verstehens* heißen.

Der hermeneutische Begriff des Verstehens ist auch auf Handlungen anwendbar. Denn Handlungen sind Verhaltensweisen, die mit Absichten korreliert sind und durch den semantischen Gehalt dieser Absichten individuiert und identifizierbar sind. *Handlungen zu verstehen* heißt auf der grundlegenden Ebene, den semantischen Gehalt der korrelierten Absicht zu erfassen.

Das Erfassen der mentalen Zustände fremder geistiger Wesen anhand des Verstehens der Bedeutungen und Sprechakte ihrer beobachtbaren expressiven Zeichen hat offensichtlich den Vorteil, dass die verstehenden Wesen angemessen auf die Geisteszustände fremder geistiger Wesen reagieren können, ohne erst ihr tatsächliches Verhalten abwarten zu müssen. Oft lässt sich nämlich anhand des Verstehens geistiger Zustände das entsprechende Verhalten prognostizieren, und das ist zweifellos nicht selten extrem vorteilhaft.

Mit dem Verstehen der informativen Zeichen im bisher beschriebenen Sinne ist noch ein anderer Vorteil verbunden. Denn mit diesem Verstehen erfassen wir nicht nur, in welchen mentalen Zuständen fremde geistige

Wesen sind, sondern auch, was sie über Zustände in der Welt fühlen oder sagen. Wenn wir informative Zeichen verstehen, teilen uns diese Zeichen auch etwas über die Welt mit – oft etwas, was wir selbst nicht repräsentiert haben. Wir können damit viel früher auf eine viel größere Menge von Zuständen in der Welt reagieren. Wenn ein Vogelschwarm den Warnruf eines Artgenossen versteht, dann heißt dies nicht nur, dass die Vögel im Schwarm erfassen, dass der Warner Angst vor dem Herannahen eines Fressfeindes hat, sondern zugleich auch, dass sich ein Fressfeind nähert, den sie selbst nicht bemerkt haben. Wenn Sebastian sagt, dass heute eine entscheidende und bedrückende Klimakonferenz in Paris stattgefunden hat und ich dies bisher nicht zur Kenntnis nehmen konnte, dann verstehe ich anhand dieses Satzes nicht nur, in welchem deprimierten Zustand Sebastian jetzt ist und dass er vielleicht meine Anteilnahme braucht, sondern ich weiß nun auch, dass diese Konferenz stattgefunden hat und ich mir ihre Resultate ansehen und daraus vielleicht meine eigenen Konsequenzen ziehen kann.

Das Verstehen ist also, salopp formuliert, in den grundlegenden Fällen meist ein Lesen des Geistes und zugleich ein Erfassen von Aspekten der Welt. Mit den letzten beiden Bestimmungen des Verstehens haben wir die *kommunikative Ebene* des Verstehens in den Blick genommen. Expressive und informative Zeichen mentaler Zustände können einem verstehenden Wesen zugleich anzeigen, welche Zustände mit welchen Gehalten bei anderen geistigen Wesen vorkommen *und* was in der Welt vorgeht.[775]

Die genauere Analyse kommunikativer Prozesse muss nach dem gegenwärtigen Stand der Theorienbildung nicht notwendigerweise auf das herkömmliche Sprachbild zurückgreifen, demzufolge die Sprache ein Set von linguistischen Konventionen ist und das Meistern einer Sprache voraussetzt, oder sogar darin besteht, diesen Konventionen zu folgen. Diesem traditionellen Bild zufolge können wir uns nur dann miteinander verständigen, wenn wir uns zuvor auf *geteilte linguistische Konventionen* (auf die gleichsam objektiven Bedeutungen linguistischer Ausdrücke) eingelassen haben. Zwar kann man nur schwer bestreiten, dass es *faktisch* linguistische Konventionen gibt, doch folgt daraus nicht, dass der Rückgriff auf linguistische Konventionen in der Semantik theoretische Priorität haben sollte, wenn es um die Erklärung der Möglichkeit von gelingender Kommunikation geht.[776]

Aus dieser – terminologisch strikter gefassten – Skizze des geist-theoretischen Verstehensbegriffs geht hervor, dass das Erfassen semantischer Gehalte mentaler Zustände und repräsentationaler Zeichen sowie das Erfassen phänomenal bewusster Zustände die zentralen Formen des Verstehens sind.

[775] Zu den genaueren Bedingungen gelingenden Verstehens und Kommunizierens vgl. unten Abschnitt 8.5 zum Interpretationismus.

[776] Vgl. dazu genauer unten Abschnitt 8.5 zum Interpretationismus.

Die beiden grundlegenden Formen des Verstehens sind also die rationale Rekonstruktion der semantischen Gehalte von Äußerungen, Gedanken oder Texten und das Nachempfinden des phänomenologischen Bewusstseins anderer Menschen. Diese beiden verschiedenen Formen des Verstehens wurden in den letzten beiden Jahrzehnten zum Gegenstand zweier konkurrierender Theorien des Verstehens – der *Theorie-Theorie* und der *Simulationstheorie.*[777] Beide Theorien sind vornehmlich an Formen des Verstehens orientiert, wie sie bei sprachmächtigen Wesen wie uns Menschen vorkommen.

Die *Kernidee der Theorie-Theorie* ist, dass das gewöhnliche Verstehen der mentalen Zustände anderer Personen, also die sogenannte *Volkspsychologie*, eine *Theorie* über diese mentalen Zustände enthält. Wir können der Theorie-Theorie zufolge die deskriptiven, explanatorischen und prognostischen Fähigkeiten von Menschen im psychologischen Bereich nur dann erklären, wenn wir diesen Menschen eine *Theorie* über psychologische Phänomene und insbesondere über mentale Zustände anderer Personen zuschreiben. Diese Theorie involviert *Metarepräsentationen*, d. h. *Gedanken zweiter Ordnung*: die Repräsentation, dass andere Personen etwas Bestimmtes repräsentieren, also den Gedanken, dass andere Personen bestimmte Gedanken haben. Und der entscheidende Grund, der für die Theorie-Theorie meist angeführt wird, bezieht sich auf das *Netz* dieser Zustände: Mentale Zustände können nur dann verstanden und zur Vorhersage von Verhalten dienen, wenn sie in ihrer Verbindung zu anderen mentalen Zuständen der entsprechenden Person betrachtet werden, und eine derartige Betrachtung hat die Form einer Theorie, die gerade möglichst umfassend das Netz aller mentalen Zustände einer Person oder einer Gruppe vor Augen führt. Zum Teil definieren diese Verbindungen erst den psychologischen Modus und individuieren den Gehalt der mentalen Zustände. Hätten diese Zustände nicht die Verbindungen zu anderen mentalen Zuständen, die sie faktisch haben, so hätten sie nicht den Gehalt, den sie haben, und wären nicht z. B. Wünsche oder Überzeugungen. In jedem Fall betrachten wir der klassischen Theorie-Theorie zufolge die Menschen in ihren mentalen Zuständen genau wie Steine oder Wolken aus der Perspektive der dritten Person. Die Aufgabe, die psychologischen Zustände einer anderen Person zu verstehen, ist prinzipiell nicht verschieden von der Aufgabe, das Verhalten von Sternen oder geologischen Formationen zu verstehen.[778]

[777] Vgl. zu diesem Thema die Arbeiten in zwei ausgezeichneten Sammelbänden: Davies, Stone (Hrg.) (1995); Carruthers, Smith (Hrg.) (1996).

[778] Die Theorie-Theorie wird daher zuweilen auch allgemeiner, und missverständlicher, „Theorie des Geistes" (oft auch in deutschen Texten „theory of mind", abgekürzt ToM) genannt. Damit soll jedoch auch nur angedeutet werden, dass das Verstehen anderer Personen

Eine der wichtigsten Versionen der Theorie-Theorie geht davon aus, dass all dies auch von wissenschaftlichen Begriffen, Theorien und Erkenntnissen und den Voraussagen mit Hilfe dieser Begriffe gilt. Wir verstehen theoretische Begriffe nur dann und können nur dann mit ihrer Hilfe Voraussagen machen, wenn wir im Rahmen einer Theorie die Verbindungen dieser Begriffe zu anderen Begriffen vor Augen haben. Wir verstehen den Begriff eines Quarks beispielsweise nur im Rahmen seiner Einbettung in ein Netz weiterer Begriffe einer geeigneten physikalischen Theorie. Die *wissenschaftstheoretische Variante* der Theorie-Theorie geht also von einer engen Analogie zwischen wissenschaftlicher Theorie und Volkspsychologie aus. Diese Analogie wird durch die Behauptung verschärft, dass wissenschaftliche und volkspsychologische *Erklärungen* im wesentlichen dieselbe Gestalt aufweisen, nämlich im einfachsten Falle die Gestalt deduktiv-nomologischer Erklärungen. Denn das Netz der Verbindungen unserer Begriffe wird aus *gesetzesartigen* Übergängen zwischen den Anwendungen der Begriffe im Netz gebildet.

Eine andere Version der Theorie-Theorie greift auf eine Analogie zwischen Volkspsychologie und theoretischer Linguistik zurück. Aus dieser Perspektive wird die Volkspsychologie in *kognitionswissenschaftlichen* Begriffen gedeutet. Verstehen und Voraussagen mentaler Zustände anderer Personen beruhen im wesentlichen auf intern etablierten Wissensstrukturen – typischerweise interne epistemische Prinzipien, Propositionen, Regeln oder Algorithmen. Die meisten dieser internen epistemischen Strukturen gelten als unzugänglich für ihre Träger. Die meisten volkspsychologischen Begriffe und Erklärungen beruhen also dieser Auffassung zufolge auf einer *impliziten, unbewussten Theorie*, die auch unbewusst evaluiert wird. Andere Varianten dieses Ansatzes gehen davon aus, dass in der Volkspsychologie zwar implizites Wissen und implizite Theorien die wichtigste Rolle spielen, dass dieses Wissen und diese Theorien aber im Prinzip zugänglich sind, d. h. bei Bedarf jederzeit zugänglich gemacht werden können und nur zeitweilig nicht im Fokus der Aufmerksamkeit stehen.

Ein dritte Variante der Theorie-Theorie schließlich behauptet, dass volkspsychologisches Verstehen und volkspsychologische Erklärungen nur ein *artikuliertes allgemeines Wissen* über den entsprechenden Bereich voraussetzen. Welche Gestalt dieses Wissen im einzelnen hat, insbesondere ob es sich um theoretisches oder wissenschaftliches Wissen handelt, und welche Form psychologische Erklärungen haben, wird in dieser Variante offen gelassen. Es kann sich auch um Wissen der Art handeln, wie es z.B.

und auch seiner selbst *die Form einer Theorie des Geistes dieser Personen (der anderen wie der eigenen)* annimmt.

im Kennen von Kochrezepten oder Höflichkeitsregeln zum Ausdruck kommt. Auf dieser Ebene könnte man auch von einer *Volksphysik* sprechen, die etwa die Grundsätze enthält, dass Bewegungen physischer Objekte kontinuierlich sind und dass zwei verschiedene physische Objekt nicht dieselbe Raum-Zeit-Stelle einnehmen können. Der Volksphysik zufolge sind diese Grundsätze nicht nur eine theoretische Beschreibung unseres praktischen Umganges mit physischen Objekten, sondern sind kognitiv implementiert und kausal für diese Praktiken verantwortlich. In ähnlicher Weise besitzen Menschen auch ein allgemeines elementares psychologisches Wissen, das aus sehr allgemeinen Faustregeln bestehen mag, das aber zugleich Beschreibungen, Erklärungen und Voraussagen mentaler Zustände anderer Personen ermöglicht.

Es gibt auch eine normative Variante der Theorie-Theorie – die *normative Theorie-Theorie*. Diese Variante operiert mit der Annahme, dass Interpretanden zum Teil nach normativen Kriterien denken, begründen und folgern. Die Interpreten müssen diese normativen Kriterien nicht selbst akzeptieren, aber es gehört zu ihrer deskriptiven Theorie über die mentalen Zustände der Interpretanden, dass diese mental nach gewissen normativen Kriterien operieren. Diese Theorie enthält *Normsätze*, die *feststellen*, dass gewisse Personen ihre Aktivitäten an gewissen Normen orientieren. Die Interpretanden werden dann als *kritische* Denker verstanden – als Denker, die nicht nur nach normativen Kriterien denken und begründen, sondern die ihr Denken auch selbst an der Anerkennung dieser Kriterien ausrichten. Die kritischen Denker führen nicht nur Gründe an – sie führen Gründe *als* Gründe an.

Die *Simulationstheorie* betont den methodologischen Unterschied zwischen wissenschaftlichen und volkspsychologischen Erklärungen. Sie geht davon aus, dass es für das Verstehen der psychologischen Zustände anderer Personen wesentlich ist, *dass wir Wesen zu verstehen suchen, die von derselben Art sind wie wir selbst* – nämlich *fühlende und denkende Wesen* in einer objektiven Welt. Diese Ähnlichkeit zwischen Interpreten und Interpretanden ermöglicht eine spezifische Methodologie des Verstehens. Eine Analogie könnte an dieser Stelle hilfreich sein: Wollten wir einen zukünftigen Zustand des Sonnensystems vorhersagen, so könnten wir auf eine astronomische Theorie zurückgreifen, die unter Verweis auf Naturgesetze und bestehende Randbedingungen den künftigen Zustand des Sonnensystems vorherzusagen gestattet. Aber wir könnten uns auch ein Modell, oder eine Simulation, des Sonnensystems bauen und von der Entwicklung dieses Modells die Vorhersage ablesen. Die Simulationstheorie operiert eher wie im zweiten Fall – mit Modellen und Simulationen psychologischer Zustände der Interpretanden *im Kopf der Interpreten*. Die Interpreten brauchen keine psychologische Theorie, um das Verhalten und die Gedanken anderer Personen vorherzusagen; sie können sich vielmehr *in die psychologischen Zustände anderer Personen hineinversetzen*, d. h. sich *simulativ mit den psychologischen Zuständen anderer Personen identifizieren* und aus dieser *simulativen Perspektive der ersten Person* die Vorhersage für die Interpretanden ablesen. Wenn mein Freund, mit dem ich gerade spazieren gehe, plötzlich wegrennt und ich dieses Verhalten verstehen will, reicht es der Simulationstheorie zufolge, wenn ich mir simulativ vorstelle, wie die Welt für meinen Freund kurz vor dem Wegrennen aussah und dann teste, wie ich reagiert haben würde: stelle ich mir vor, dass auch ich losgerannt wäre, wenn ich z. B. den Bären gesehen hätte, den er gesehen hat, so habe ich ihn im wesentlichen verstanden. Stelle ich mir dagegen vor, dass ich mich in dieser Situation tot gestellt hätte, so habe ich meinen Freund nur partiell verstanden – ich habe verstanden, warum er plötzlich scharf reagiert hat, aber ich habe seine Situation noch nicht hinreichend genau simuliert, um mir vorstellen zu können, dass auch ich lieber losgerannt wäre als mich tot zu stellen.

Der Simulationstheorie zufolge lassen sich also unsere eigenen mentalen Zustände und Prozesse als manipulierbare Modelle anderer Geister ansehen und handhaben. Die Simulation anderer Geister über eine Manipulation unseres eigenen Geistes wird typischerweise indexikalische Anpassungen enthalten, etwa Verschiebungen in der raum-zeitlichen Position, aber auch, wenn nötig, im persönlichen Blickwinkel, im Grad der Expertise oder in der Art des Charakters. Mit diesen Verschiebungen kann die Interpretin mentale Zustände annehmen, die von den Zuständen *abweichen*, die sie selbst in der imaginierten Situation haben würde. Auch können gewisse Generalisationen oder Faustregeln im Spiel sein – vor allem wenn Simulationen und deren Resultate auf zukünftige Zustände oder weitere Personen ausgedehnt werden sollen.

Die Simulationstheorie greift also in ihrer Darstellung des Verstehens von psychologischen Zuständen anderer Personen auf die Fähigkeit zurück, dass wir über eine Kenntnis unserer eigenen Überzeugungen, Wünsche und Urteile verfügen – dass wir also die *Autorität der ersten Person* besitzen, die darin besteht, dass wir wissen können, welche Gedanken *wir* haben *und* welche Gedanken und Reaktionen wir unter *anderen simulierten Bedingungen* haben *würden*. Allerdings hat die Simulationstheorie keine Erklärung dieser Autorität anzubieten, sondern setzt sie als gegeben voraus. Empirisch lässt sich die Simulationsfähigkeit im *Als-Ob-Spiel* (pretend play) bei Kindern unter drei Jahren eindeutig feststellen. In jedem Fall ist mit dieser Autorität der ersten Person *nicht* ein Zwei-Stufen-Modell von Repräsentation und Metarepräsentation verbunden: Es finden der Simulationstheorie zufolge im Falle von Akten des Verstehens normale Denkprozesse statt, aber diese Denkprozesse enthalten nicht Gedanken zweiter Ordnung – etwa Gedanken, die sich auf Gedanken anderer Personen richten. Und die Simulationstheorie hält sich diese theoretische Sparsamkeit zugute.

Die Vertreter der Simulationstheorie glauben über einen methodologischen Spielraum zu verfügen, über den die klassische Theorie-Theorie nicht verfügt: Wenn wir uns aus der Perspektive der ersten Person als *rationale Denker* und *fühlende Wesen* sehen können, die in vielen Situationen entscheiden können, *was zu tun ist*, dann kann diese *normative* Ebene unseres Denkens in die Simulation der mentalen Zustände anderer Personen integriert werden, und unser Verstehen kann dann auch darin bestehen, uns die Gedanken und Handlungen anderer Personen über eine Simulation *intelligibel* zu machen. Es macht dann auch *methodisch* einen *Unterschied* aus, ob wir Steine oder andere Menschen verstehen wollen. Die volkspsychologischen Erklärungen können einen normativen Status haben und Handlungsrationalisierungen sein. Wir können *unsere* Überzeugung, dass unter gewissen Umständen *vernünftigerweise* eine bestimmte Handlung *das ist, was zu denken, zu entscheiden oder zu tun ist*, als wichtiges Element von Simulationen ansehen. Das heißt auch, dass die Simulationstheorie nicht nur unsere Fähigkeit erklären kann, das Verhalten und die Gedanken anderer Personen vorherzusagen und zu erklären, sondern auch unsere Fähigkeit, emotionale Empathie zu entwickeln und ethische Evaluationen durchzuführen.

Eine der wichtigsten Fragen in diesem Kontext ist, ob sich Theorie-Theorie und Simulationstheorie wirklich so scharf voneinander unterscheiden, wie es viele ihrer Proponenten unterstellen. Man kann sich möglicherweise Bedingungen vorstellen, unter denen beide Theorien miteinander verkoppelt werden können. Diese Frage muss in der Folgestudie zu den systematischen Grundlagen der modernen Hermeneutik wieder aufgenommen werden. Einstweilen bleibt festzuhalten, dass Theorie-Theorie und Simulationstheorie zwei unterschiedliche Arten des Verstehens artikulieren.

8.2. Verstehen und Erklären

Von der zweiten Hälfte des 19. Jahrhunderts an hat man das Verstehen als spezifische Methode der Geisteswissenschaften vom Erklären als spezifischer Methode der Naturwissenschaften abzugrenzen versucht. Aus heutiger Sicht kann ein vertieftes Verstehen auch ein Erklären sein. Allerdings ist dieses Erklären von besonderer Art.

Die Naturwissenschaften suchen hauptsächlich nach Naturgesetzen. Tatsächlich können wir die *Natur* im allgemeinsten Sinne als den Bereich derjenigen Dinge, Zustände und Ereignisse bestimmen, deren Beziehungen und Entwicklungen lediglich durch Naturgesetze bestimmt sind. Der Begriff des Naturgesetzes ist allerdings alles andere als klar und wird daher seit langem heftig debattiert. An Beispielen für Naturgesetze besteht freilich kein Mangel. Hier drei Beispiele:

(a) Immer dann, wenn sich die Temperatur eines Gases ändert, ändert sich auch der Druck (bei gleichbleibendem Volumen).
(b) Alle Moleküle eines Gases haben dieselbe mittlere kinetische Energie.
(c) Jeder frei fallende Körper fällt in Erdnähe mit der Beschleunigung $\frac{1}{2} g t^2$.

Derartige Beispiele legen die These nahe, dass Naturgesetze *empirische Regularitäten* sind, also allgemeine Sätze der Form *Alle P's sind Q*, die sich auf beobachtbare P's und Q's beziehen. Aber es ist leicht zu sehen, dass nicht alle empirischen Regularitäten Naturgesetze sind:

(d) Immer dann, wenn im Opelwerk Rüsselsheim die 12-Uhr-Sirene ertönt, gehen mindestens zwanzig Mitarbeiter der Verwaltung an der Goethe-Universität zu Tisch.
(e) Immer dann, wenn jemand mordet und dabei ertappt wird, hat er in Deutschland eine Anklage vor Gericht zu erwarten.
(f) Alle japanischen Kaiser wurden vom Volk geehrt.

Die Beispiele (a) bis (c) sind unter anderem dadurch von den Beispielen (d) bis (f) unterschieden, dass die empirischen Regularitäten in (a) bis (c) keine zufälligen Korrelationen enthalten und überall im Universum gelten. Typischerweise lassen sich Naturgesetze durch mathematische Gleichungen beschreiben. Hinter Beispiel (a) steht zum Beispiel das Boyle-Mariotteschen Gesetz der klassischen Physik: Der Druck p eines Gases ist direkt proportional zu der Masse M der Gasmenge und umgekehrt proportional zu dem Volumen V des Behälters. Als Gleichung geschrieben:

$$P = \frac{M}{V} \bullet L \quad (P = \text{Druck}, M = \text{Masse}, V = \text{Volumen}, L = \text{Konstante})$$

Beispiel (b) lässt sich notieren durch die Gleichung

$$E = \tfrac{1}{2}\, m \bullet u \quad (m = \text{Masse}, u = \text{Geschwindigkeit})$$

Hinter Beispiel (c) steht das allgemeinere Naturgesetz: Der Kraftstoß $\int K dt$, den ein Körper A einem Körper B erteilt, ist das Maß für die Änderung des Impulses $m \bullet u$ von B in einer Zeit t. Als Gleichung geschrieben:

$$\int K dt = m (u_2 - u_1)$$

Derartige Gleichungen drücken mathematische Funktionen aus.

Diese Idee lässt sich auf den grundlegenden Fall von Naturgesetzen anwenden, denn hier stehen die Werte von physikalischen Eigenschaften ebenfalls in einer festen Relation oder Struktur zueinander, die durch eine mathematische Funktion dargestellt wird. Das Boyle-Mariottesche Gesetz ordnet zum Beispiel jedem Bruch aus den Werten für Masse und Volumen eindeutig einen bestimmten Wert des Drucks zu.

Naturgesetze sind also im grundlegenden Fall empirische Regularitäten, die mathematisch-funktional beschreibbare Strukturen oder Relationen (= Beziehungen) zwischen physikalischen Eigenschaften von Objekten sind, die in allem Wechsel der Werte dieser Eigenschaften konstant bleiben. Strukturelle Konstanz in ständiger Veränderung – das ist, ein wenig salopp formuliert – der Kern von Naturgesetzen.

Damit ist allerdings nur die strukturelle Seite der Naturgesetze beschrieben. Die Naturgesetze stiften aber auch eine *kausale Ordnung* im Universum. Von Kausalität reden wir, wenn bestimmte Zustände andere Zustände verändern. Dieser Aspekt ist bereits in der Idee von Naturgesetzen als strukturelle Stabilität in ständiger *Veränderung* enthalten. Kausale Veränderung kommt der Physik zufolge durch die Wirkung von Kräften zustande. Die vier Grundkräfte im Universum sind die Gravitation, die elektromagnetische Wechselwirkung, die schwache Wechselwirkung und die starke Wechselwirkung. Dem gegenwärtigen Wissenstand zufolge ist die Gravitation eine Folge der Raumkrümmung. Die anderen drei Grundkräfte kommen durch spezielle Wechselwirkungsteilchen zustande (die Bosonen): Die starke Wechselwirkung hält die Quarks zusammen und kommt durch Gluonen (elektrisch neutral und ohne Masse) zustande (ihre Reichweite ist auf den Atomkern beschränkt). Die elektromagnetische Wechselwirkung herrscht zwischen elektrisch geladenen Teilchen (z. B. zwischen Elektronen und Atomkern) und kommt durch Photonen (Lichtteilchen) zustande (sie hat eine große Reichweite). Und die schwache Wechselwirkung besteht zwischen allen Teilchen und auch zwischen nicht geladenen Leptonen (Neutrinos); sie kommt durch die W- und Z-Bosonen (mit großer Masse) zustande (ihre Reichweite ist sehr klein). Das komplexere Bild von Naturgesetzen ist demnach, dass es sich um empirische Regularitäten handelt, die mathematisch-funktional beschreibbare Relationen zwischen physikalischen Zuständen (Objekten mit physikalischen Eigenschaften) sind, derart dass diese strukturellen Relationen in allen Zustandsveränderungen, die kausal durch Kräfte zustande kommen, erhalten bleiben. Zustandsänderungen aufgrund von Naturgesetzen heißen daher *kausal*.[779]

Wenn wir Naturgesetze kennen, können wir viele natürliche Phänomene *kausal erklären, prognostizieren und manipulieren*. Darauf beruht auch die technische Anwendbarkeit der Naturwissenschaften. Wenn wir zum Beispiel das Boyle-Mariottesche Gesetz kennen und einen Behälter mit einem Gas vor uns haben, dann können wir etwa

- eine Erhöhung des Druckes des Gases mit einer Vergrößerung der Masse des Gases oder mit einer Verkleinerung des Volumens des Behälters erklären,
- prognostizieren, dass sich der Druck verkleinern wird, wenn wir das Volumen des Behälters erhöhen oder die Masse des Gases verkleinern,
- eine Erhöhung des Druckes des Gases gezielt mit einer Vergrößerung der Masse des Gases oder mit einer Verkleinerung des Volumens des Behälters technisch herstellen.

Erklärungen, Prognosen und technische Eingriffe in die Natur weisen also eine gemeinsame Struktur auf: Ein einzelnes Ereignis (z. B. die Erhöhung des Gasdruckes) wird erklärt, prognostiziert oder produziert, indem man auf ein früheres Ereignis (z. B. Vergrößerung des Gasmasse) und das entsprechende Naturgesetz (hier das Boyle-Mariottesche Gesetz) zurückgreift. Wenn wir uns zunächst auf Erklärungen beschränken, dann können wir also sagen: Ist A ein früheres, E ein späteres Ereignis und N ein Naturgesetz, das Ereignisse von der Art A und E verbindet, dann ist im grundlegendsten Fall der Satz „A, N ⇒ E“ eine *kausale Erklärung* von E. Dabei heißt A *Antezedensbedingung* (oder *Ursache*) und E *Explanandum* (oder *Wirkung*). Und der Pfeil steht für eine logische Deduktion. Daher nennt man kausale Erklärungen auch *deduktiv-nomologisch* oder kurz *DN-Erklärungen* („nomologisch“ kommt von griech. *nomos*, Gesetz).

Wir müssen nicht auf komplizierte physikalische Erklärungen zurückgreifen, um Beispiele für kausale Erklärungen zu finden. Wenn wir etwa sagen, dass dieser Faden riss (Explanandum), weil ein Gewicht an ihn gehängt wurde (Antezedensbedingung), und dass ein Faden immer dann reißt, wenn ein Gewicht seine Reißfestigkeit übertrifft (Naturgesetz), oder wenn wir sagen: Dieses Stück Holz ist über längere Zeit gerieben worden (Antezedensbedingung), und Reibung über einen längeren Zeitraum erzeugt Wärme (Naturgesetz), also hat dieses Stück Holz sich erwärmt (Ex-

[779] Diese Konzeption von Naturgesetzen und Kausalität ist vereinbar damit, dass es kausale Veränderungen aufgrund von Kräften gibt, die singulär sind, d. h. nicht unter empirische, mathematisch-funktional beschreibbare Regularitäten subsumierbar sind.

planandum); dann haben wir Beispiele einer DN-Erklärung vor uns. Wenn Astronomen erklären, warum der Mars gestern die Stellung S* einnahm (Explanandum), indem sie darauf hinweisen, dass er vor einem Jahr die Stellung S** innehatte (Antezedensbedingung), und dass aufgrund der Gravitationsgesetze und anderer Naturgesetze, die für die Planetenbewegungen unseres Sonnensystems eine Rolle spielen, gestern die Stellung S* erreicht werden musste, so ist auch das eine DN-Erklärung.

Betrachten wir dagegen folgende Beispiele von Erklärungen, die zum größten Teil in die Biologie und Ethnologie gehören:

(g) Vögel haben hohle Knochen, *damit* sie fliegen können.
(h) Die Hopi vollführen Regentänze, die den *Zweck* haben, die Bindung an den Stamm zu stärken.

In diesen Erklärungen ist von Zwecken die Rede, die in DN-Erklärungen keine Rolle spielen. Aber diese Zwecke sind keine Absichten. Vögel beabsichtigen nicht zu fliegen, sondern sie fliegen einfach, wenn sie können. Und auch die Hopi beabsichtigen mit ihren Regentänzen nicht, die innere Stammesbindung zu stärken, sondern Regen herbeizuführen. Diese Zwecke sind offenbar faktische (biologische bzw. kulturelle) Funktionen.[780] Erklärung (g) schreibt dem Umstand, dass Vögel hohle Knochen haben, eine biologische Funktion zu, nämlich die biologische Funktion, das Fliegen zu ermöglichen. Und Erklärung (h) schreibt den Regentänzen der Hopi eine kulturelle Funktion zu, nämlich die kulturelle Funktion, die Bindung der Stammesmitglieder an den Stamm zu stärken.

Wie können wir Erklärungen, in denen derartige Funktionen zugeschrieben werden, genauer kennzeichnen? Zweifellos sind auch hier kausale Verhältnisse im Spiel. Hohle Knochen gehören bei Vögeln zu den Ursachen dafür, dass sie fliegen können. Aber das ist nicht alles. Vielmehr ist auch gemeint: *Weil* hohle Knochen bei Vögeln die kausale Wirkung haben, dass sie fliegen können, haben Vögel hohle Knochen. Und dabei ist die Fähigkeit zu fliegen bei den allermeisten Vögeln eine notwendige Überlebensbedingung. Ähnlich haben die Regentänze der Hopi zweifellos die kausale Wirkung, die Stammesbindung zu stärken. Aber wir wollen zusätzlich behaupten: *Weil* Regentänze bei den Hopi die kausale Wirkung haben, die Stammesbindung zu stärken, vollführen die Hopi Regentänze. Und die innere Stammesbindung ist eine notwendige Bedingung für die Erhaltung des Stammes. In Erklärungen dieser Art gehen wir also auch von gewissen Systemen

[780] Zum Begriff faktischer und echter Funktionen vgl. etwas genauer oben, Einleitung, Abschnitt 2, S. 31 f. und 8.1, S. 331 f.

aus (Vögel, Stämme), die bestimmte Erhaltungsbedingungen haben. Die *funktionale Erklärung* einer Eigenschaft, eines Ereignis oder eines Zustandes Z in einem System ist also ein Argument der folgenden Art: Z ist eine der Ursachen für eine weitere Eigenschaft oder einen weiteren Zustand B des Systems, und B ist eine der Erhaltungsbedingungen des Systems. Genau in dieser kausalen Rolle besteht die *natürliche Funktion* des Zustands Z.

Auch Eigenschaften oder Zustände von Artefakten können der Form nach funktional erklärt werden:

(i) Im Kessel ist ein Sicherheitsventil angebracht, damit er nicht platzt.

Das Vermeiden von Überdruck und also eines Platzens ist zweifellos eine notwendige Bedingung für die ordnungsgemäße Erhaltung und das reibungslose „Funktionieren" des Kessel-Systems. Und das Sicherheitsventil ist eine der Ursachen für das Vermeiden von Überdruck. Daher wird es eingebaut. Das Sicherheitsventil hat keine natürliche, sondern eine *artifizielle Funktion*, die ihm von Ingenieuren zugewiesen wird. Aber es spielt eine ähnliche kausale Rolle wie Zustände mit natürlichen Funktionen. Artifizielle und echte Funktionen sind einander strukturell sehr ähnlich.

Der evolutionäre und historische Hintergrund faktischer Funktionen macht ein wichtiges Merkmal funktionaler Erklärungen verständlich, das sie von DN-Erklärungen abhebt. In DN-Erklärungen weisen wir nach, warum das, was geschah, geschehen *musste.* In funktionalen Erklärungen weisen wir dagegen nach, dass das, was geschah, eine positive Rolle für die Erhaltung gewisser Systeme spielte und spielt, ohne dass dies freilich geschehen musste. Denn die Evolution oder die Kultur hätte im Prinzip auch eine andere Lösung finden können. Nicht in allen Stämmen wird beispielsweise die Stammesbindung vornehmlich über Regentänze hergestellt, sondern z. B. auch durch gemeinsames rituelles Essen, bei dem die Beute unter alle Stammesmitglieder aufgeteilt wird, gleichgültig ob sie am Erjagen der Beute beteiligt waren oder nicht.

Wir sind jetzt in der Position, einen erweiterten Begriff von Natur sowie naturwissenschaftliche Vokabulare und Erklärungen zu bestimmen. Diese Bestimmung ist in vielerlei Hinsicht simplifiziert, aber sie ist für unsere Zwecke ausreichend – nämlich dafür, die Kennzeichen sprachlicher Repräsentationen und ihres Verstehens klar herauszuarbeiten.

Den allgemeinen Naturbegriff, den wir oben bereits eingeführt haben, müssen wir um den Aspekt der biologischen Funktionalität erweitern: *Natur* im allgemeinsten Sinne ist Bereich derjenigen Dinge, Zustände und Ereignisse bestimmen, deren Beziehungen und Entwicklungen durch Naturgesetze bestimmt sind und die gegebenenfalls biologische Funktionen aufweisen. Das *physikalistische Vokabular* ist die Grundlage der Sprache, in der wir Naturgesetze beschreiben und kausale Erklärungen (Prognosen) formulieren. Das *funktionalistische Vokabular* ist die Grundlage der Sprache, in der wir faktische Funktionen und funktionale Erklärungen (Prognosen) beschreiben. Das *naturwissenschaftliche Vokabular* besteht aus dem physikalistischen und dem funktionalistischen Vokabular. Und *naturwissenschaftliche Erklärungen* sind kausale oder funktionale Erklärungen, beschrieben im physikalistischen bzw. funktionalistischen Vokabular.

Auch das Verstehen kann mit Erklärungen verbunden sein. Insbesondere kann das Verstehen im Sinne einer rationalen Rekonstruktion als Antwort auf eine Warum-Frage betrachtet werden – und Erklärungen im allgemeinsten Sinne sind Antworten auf Warum-Fragen. Eine angemessene rationale Rekonstruktion entschlüsselt rationale Gründe einer Person für ihre mentalen Zustände und Äußerungen. Und in einem guten Sinn von Erklärung können wir den Umstand, dass eine Person bestimmte mentale Zustände hat oder bestimmte Sätze äußert, zumindest in manchen Fällen dadurch erklären, dass diese Person rationale Gründe dafür hat, in diesen mentalen Zuständen zu sein oder diese bestimmten Sätze zu äußern. Angenommen Barbara äußert den Wunsch, Philosophie studieren zu wollen; was könnte sie damit *meinen*, was ist der genauere *semantische Gehalt* ihres Wunsches? Das hängt z.B. davon ab, was sie unter Philosophie *genauer versteht*. Vielleicht will Barbara Ingenieurin werden und in einem großen Automobilunternehmen arbeiten (ein übergeordneter Wunsch), und sie hat festgestellt und sich die Meinung gebildet, dass diese Unternehmen von ihren Top-Managern einen weiten Bildungshorizont erwarten, der in Weiterbildungskursen gefördert werden soll – die Themen dieser Kurse sind z.B. der wissenschaftliche Status der Ökonomie, ökologische Fragen, Bewusstsein, und die Begründung ethischer Normen, und Barbara glaubt, dass diese Themen in der Wissenschaftstheorie, Naturphilosophie, Philosophie des Geistes und der Moralphilosophie gründlich behandelt werden. Und da sie letztlich als Ingenieurin den Posten einer Top-Managerin anstrebt, will sie Philosophie zumindest im Nebenfach intensiv studieren. Sie möchte im Übrigen Top-Managerin werden, um viel Geld zu verdienen, aber auch um Einfluss auf die Weiterentwicklung von umweltschonenden Elektro-Autos zu nehmen. Aufgrund einer solchen umfassenderen Interpretation wissen wir genauer, worauf Barbaras Wunsch, Philosophie zu studieren, hinausläuft – was der genauere Gehalt ihres Wunsches ist, und wie dieser Wunsch eingebettet ist in weitere Überzeugungen und Ziele, die sie hat. Aber diese rationale Rekonstruktion liefert zugleich Barbaras *rationale Gründe* für ihren Wunsch, Philosophie zu studieren. Im Verweis auf diese Gründe können wir die Frage beantworten, warum Barbara Philosophie studieren will – und das heißt, wir können diesen Studienwunsch *erklären.* Vertieftes Verstehen im Sinne einer rationalen Rekonstruktion *ist* eine Form der Erklärung.

Dasselbe gilt auch, wenn wir vertieft verstehen und somit erklären wollen, warum bestimmte Thesen in einem Text auftauchen, und das heißt manchmal (wenn auch nicht notwendigerweise), warum ein Autor in seinem Text eine bestimmte Behauptung macht. Im vierten Buch der aristotelischen *Metaphysik* steht die These T1, dass der Satz vom Widerspruch gültig ist (d. h. dass der Satz „$\neg(p \wedge \neg p)$“ (= „es gilt für keinen Satz „p“, dass „p und nicht-p“ wahr ist) logisch wahr ist). Aber dies wird an dieser Stelle nicht lediglich behauptet, sondern auch ingeniös begründet (vgl. Metaph. 1006a1–28). Eine rationale Rekonstruktion dieser Begründung zeigt, dass folgende weitere Thesen im Text stehen:

T2: T1 ist nicht beweisbar.
T3: Die Bestreitung von T1 ist widerlegbar.
T4: T1 ist also genauer nur indirekt (nicht direkt) beweisbar.

Und dann folgt die *Widerlegung der Bestreitung von T1* (also nach T4 der indirekte Beweis von T1):

(1) Wer T1 bestreitet, behauptet $p \wedge \neg p$ für mindestens ein p;
(2) Wer $p \wedge \neg p$ für mindestens ein p behauptet, sagt damit nichts („hebt die Rede auf“).
(3) Wer T1 bestreitet, sagt damit nichts.
(4) Wer nichts sagt, kann auch nichts bestreiten.
(5) Wer T1 bestreitet, kann nichts bestreiten.
(6) Wer T1 bestreitet, kann T1 nicht bestreiten
(7) T1 kann nicht bestritten werden.
(8) T1 ist wahr.

Die Thesen T2 – T4 sowie (1)–(7) begründen (8) und damit T1 auf überzeugende und rationale Weise. Zumindest folgt (8) und damit T1 logisch aus T2 – T4 und (1)–(7). Und damit können wir *verstehen und erklären*, warum T1 im Text von Metaph. IV auftaucht. Im besten Fall können wir damit auch verstehen und erklären, warum Aristoteles T1 behauptet hat und von T1 überzeugt war.

Vertieftes Verstehen kann also gute Erklärungen für mentale Zustände, Behauptungen oder Textteile liefern. Aber diese Erklärungen sind weder nomologische DN-Erklärungen noch funktionale Erklärungen. Denn ihre

Prämissen (also die rationalen Gründe, die sie aufdecken) greifen weder auf Naturgesetze noch auf faktische Funktionen zurück. Man nennt diese Argumente daher meist *rationale* oder *intentionale Erklärungen.* Diese Erklärungen verweisen auf die logischen und rationalen Beziehungen, die ihre Prämissen und Konklusionen *ihren semantischen Gehalten nach* aufweisen. Intentionale Erklärungen sagen uns demnach primär, warum es angesichts der Prämissen im Text, der zuvor gemachten Äußerungen oder der bereits vorhandenen mentalen Zustände (Absichten, Meinungen) *vernünftig ist* (d. h. *rationalerweise zu erwarten ist*), dass die zu erklärende These im Text auftaucht, oder dass die zu erklärende Behauptung gemacht wurde, oder dass der zu erklärende mentale Zustand in einer Person auftritt. Dieser normative Aspekt rationaler Erklärungen geht letztlich vor allem auf die Normativität semantischer Gehalte und ihrer Vernetzung zurück.[781] Halten wir also fest:

(RE) Eine *rationale Erklärung* (ein vertieftes Verstehen) von mentalen Zuständen, Behauptungen oder Textteilen besteht darin, rationale Gründe für das Auftreten dieser Zustände, Behauptungen oder Textteile aufzuführen und damit nachzuweisen, dass dieses Auftreten angesichts der aufgeführten Gründe rationalerweise zu erwarten war.

Im Falle der rationalen Erklärung von Textteilen handelt es sich im grundlegendsten Fall einfach um die Einsicht, dass diese Textteile aus anderen Textteilen logisch oder rational folgen (im besten Fall wird darüber hinaus im Text auch behauptet, dass dies so ist). Dies ist vor allem dann der Fall, wenn die Thesen deskriptiv sind, also den Wort-auf-Welt-Modus aufweisen. Dasselbe gilt auch für deskriptive Äußerungen. Im Fall einer intentionalen Erklärung von mentalen Zuständen, die den Welt-auf-Wort-Modus aufweisen (Wünsche, Absichten) nimmt die Erklärung eine andere Form an.

Im einfachsten Fall besteht eine Erklärung von Absichten, wie unsere Beispiele gezeigt haben, aus einem Hinweis auf eine weitere Absicht und eine Überzeugung der entsprechenden Person: Barbara liest Platon, weil sie Philosophie-Examen machen will (Absicht) und weil sie meint, dass die Platonlektüre für das Philosophie-Examen notwendig oder zumindest förderlich ist (Überzeugung). Dabei müssen jedoch die Absicht und die Überzeugung von ihren semantischen Gehalten her in einer geeigneten logischen Beziehung zueinander stehen: die Wahrheit der Überzeugung muss für die Verwirklichung der Absicht notwendig sein oder sie zumindest wahrscheinlicher machen. Die intentionale (rationale) Erklärung von Absichten

[781] Vgl. dazu oben, Einleitung Abschnitt 2, sowie unten, Abschnitt 8.4., S. 374 f. mit Anmerkung 805.

(also von bestimmten mentalen Zuständen) hat demnach im grundlegenden Fall folgende Form:

(REM 1)
(a) Person S beabsichtigt, dass Ziel Z zu realisieren,
(b) S glaubt, H zu tun sei ein Mittel zur Realisierung von Z; also
(c) S beabsichtigt, H zu vollziehen.

Die Folgerung von (a) und (b) auf (c) verweist auf rationale Gründe für (c) und ist demnach ein Verstehen und zugleich ein Erklären der Absicht von S. Die Prämissen (a), (b) und (c) sind *Gründe* für den Vollzug von H. Das heißt, die intentionale Erklärung von (c) weist primär nach, warum S angesichts von (a) und (b) *vernünftigerweise* die in (c) genannte Absicht entwickelt hat.

Dieses Basisschema-Schema einer intentionalen Erklärung ist allerdings genauer besehen noch zu einfach. Denn es kann viele Situationen geben, in denen die Bedingungen (a) und (b) des Basisschemas erfüllt sind und die Formierung der Absicht (c) dennoch unvernünftig zu sein scheint. Nehmen wir beispielsweise an, Schmidt will die schöne Wohnung im Schlossgraben beziehen und glaubt, dass es dafür gut wäre, den Mietvertrag zu unterschreiben. Nehmen wir aber zusätzlich an, dass eines der folgenden Fakten gilt: (i) Schmidt will nur eine niedrige Miete zahlen, die Miete der Wohnung im Schlossgraben erweist sich aber als sehr hoch, und Schmidt verzichtet lieber auf die Wohnung, als eine hohe Miete zu zahlen. (ii) Schmidt könnte die nette Vermieterin heiraten und auf diese Weise die Wohnung bekommen, ohne ein Mietverhältnis einzugehen; und er zieht diese Heirat dem Mietverhältnis vor. (iii) Die Wohnung ist zwar schön, aber es werden unangenehme, laute Nachbarn einziehen, und Schmidt geht letztlich lieber unangenehmen Nachbarn aus dem Weg, als in die schöne Wohnung einzuziehen. (iv) Schmidt weiß nicht, wie man einen Mietvertrag unterschreibt. (v) Schmidt wurde entmündigt und weiß zwar, wie man einen Mietvertrag unterschreibt, darf und kann aber keinerlei rechtsgültigen Vertrag unterschreiben. In allen diesen Fällen wäre es für Schmidt *nicht* vernünftig, die Absicht zu entwickeln, den Mietvertrag zu unterschreiben, obwohl er tatsächlich die schöne Wohnung im Schlossgraben beziehen will und glaubt, dass es dafür gut wäre, den Mietvertrag zu unterschreiben. Wir müssen das Basisschema der intentionalen Erklärung folglich erweitern und verfeinern. Dabei werden die genannten Fälle dadurch berücksichtigt, dass mehr Gründe (in Gestalt von mehr Prämissen) für die zu erklärende Absicht aufgeführt werden:

(REM 2)
(a) Person S hat die Absicht, Ziel Z zu realisieren.
(b) S glaubt, dass wenn sie H tut, sie damit auch Z realisieren kann.
(c) S glaubt in der Lage zu sein, Z zu realisieren und H zu vollziehen.
(d) S weiß, wie man Z realisiert und H vollzieht.
(e) S glaubt nicht, dass es etwas Besseres gibt als H zu vollziehen, um Z realisieren zu können.
(f) S glaubt nicht, dass der Vollzug von H Folgen hat, die schlimmer sind, als nicht Z realisieren zu können.
(g) S hat nicht die Absicht, ein Ziel zu realisieren, von dem sie weiß, dass es unvereinbar damit ist, Z zu realisieren, und das sie Z gegenüber vorzieht. Also
(h) S beabsichtigt, H zu vollziehen.

Auch bei diesem komplexen Schema der intentionalen Erklärung handelt es sich um ein Verstehen der Absicht, H zu vollziehen (vgl. (h)). Aber dieses Verstehen einer Absicht ist offenbar komplexer als im Falle des Basisschemas. Man kann diesen Unterschied anhand einer Differenzierung von einfachen Absichten als Ausdruck von Wünschen und komplexen Absichten als Ausdruck von Entscheidungen erläutern.

Wenn wir auf bestimmte Weise handeln *wollen*, kann dieser Wille zwei recht verschiedene Zustände einnehmen. Christine mag sich z. B. allerlei *wünschen* – z. B. Klavier zu spielen, auf dem Mond zu sein, oder ein Mann zu sein. Wünsche können realistisch, aber auch unerfüllbar sein. Wir können widerstreitende Wünsche haben, etwa den Wunsch, in den nächsten Jahren Astronomie in Göttingen zu studieren, *und* den Wunsch, eine diplomatische Ausbildung am Europa-Kolleg in Brügge zu machen. Und wir können zwei Wünsche haben, von denen der eine den anderen übertrumpft: wir können uns wünschen, allein ein Jahr lang in Frankreich zu leben, aber auch im nächsten Jahr die Beziehung zu unseren Freunden in Frankfurt zu intensivieren; wir wissen, der Wunsch, nach Frankreich zu gehen, überwiegt, aber dennoch wünschen wir uns nach wie vor eigentlich auch, die Beziehung zu unseren Freunden zu intensivieren.

Wenn wir uns dagegen *entschieden* haben, in bestimmter Weise zu handeln, dann haben wir zumindest für diese Situation Widersprüche, unrealistische Einstellungen und übertrumpfte Vorhaben beiseite geschoben. Wenn beispielsweise Christine sich entschieden hat, Klavier zu spielen, dann wünscht sie sich zweifellos, Klavier zu spielen – vielleicht weil sie den weiteren Wunsch hat, sich einen guten Ausgleich zu ihrer intellektuellen Arbeit zu verschaffen, und weil sie glaubt, dass das Klavierspiel ihr diesen Ausgleich verschafft. Aber wenn sie wirklich den *Entschluss* gefasst hat, Klavier zu spielen, dann muss sie darüber hinaus glauben, dass sie in der Lage sein wird, Klavier zu spielen, dass es ferner keinen besseren Ausgleich für sie gibt als Klavier zu spielen, und dass selbst ein erfolgreicher Versuch, Klavier zu spielen, nicht Folgen nach sich zieht, die ungünstiger für sie sind, als nicht Klavier zu spielen. Entscheidungen einer Person sind also jene Wünsche, von denen die Person annimmt, dass sie realistisch sind, dass sie alle anderen widerstreitenden Wünsche übertrumpfen und dass sie nicht allzu ungünstige Nebenfolgen haben. Entscheidungen können daher nur in Gestalt des komplexen Schemas der intentionalen Erklärung verstanden und erklärt werden.

Wir haben bereits gesehen, dass nicht nur mentale Zustände, Äußerungen und Texte, sondern auch *Handlungen* Gegenstände des Verstehens im bisher erläuterten Sinne sein können. Insbesondere können Handlungen auch vertieft verstanden und in diesem Sinne rational erklärt werden. Das Basisschema und das komplexe Schema der intentionalen (rationalen) Erklärung können in leicht abgewandelter Form herangezogen werden, um auch Handlungserklärungen darzustellen.

Im einfachsten Fall besteht eine Handlungserklärung, wie bereits erwähnt, aus einem Hinweis auf eine Absicht und eine Überzeugung des Aktors. Barbara liest Platon, weil sie Philosophie-Examen machen will (Absicht) und weil sie meint, dass die Platonlektüre für das Philosophie-Examen notwendig oder zumindest förderlich ist (Überzeugung). Meist wird das Basisschema für Handlungserklärungen analog zu Schema (REM 1) dargestellt:

(a) Person S beabsichtigt, dass Ziel Z zu realisieren, (b) S glaubt, Handlung H sei ein Mittel zur Realisierung von Z; also (c) S vollzieht H.

Genau genommen ist eine elementare Handlungserklärung aber eine Erweiterung der intentionalen (rationalen) Erklärung von Zuständen, Behauptungen oder Textteilen, weil sie zusätzlich den Übergang von einer Absicht zu einer Handlung darstellt:

(REH 1)
(a) Person S beabsichtigt, dass Ziel Z zu realisieren,
(b) S glaubt, Handlung H sei ein Mittel zur Realisierung von Z; also
(c) S beabsichtigt, H zu vollziehen; also
(d) S vollzieht H.

Die Folgerung von (a) und (b) auf (c) ist, wie wir gesehen haben, ein vertieftes Verstehen und damit eine rationale Erklärung der Absicht von S. Die Folgerung von (a), (b) und (c) auf (d) hingegen ist ein vertieftes Verstehen und damit eine rationale Erklärung der Handlung von S und heißt auch *praktischer Syllogismus.*[782] Die Prämissen (a), (b) und (c) sind *Gründe* für den Vollzug von H. Handlungserklärungen sind rationale oder intentionale Erklärungen, weil sie vor allem auf dem Verstehen des semantischen Gehalts der Intentionen und Meinungen sowie ihrer semantischen Vernetzung beruhen, von denen die zu erklärende Handlung begleitet und individuiert wird.

Im Alltag sind Handlungserklärungen im Sinne des Basisschemas (REH 1) sehr verbreitet. Man nennt sie daher auch *volkspsychologische Handlungserklärungen.* Wie (REM 1) ist auch das Basisschema-Schema (REH 1) der Handlungserklärung zu einfach, denn oft sind die Bedingungen (a) und (b) von (REH 1) erfüllt, ohne dass die Formierung der Absicht (c) und folglich der Handlungsvollzug (d) vernünftig zu sein scheint. Eines der oben skizzierten Beispiele können wir entsprechend umformulieren: Schmidt will die schöne Wohnung im Schlossgraben beziehen und glaubt, dass es dafür gut wäre, den Mietvertrag zu unterschreiben. Doch Schmidt will nur eine niedrige Miete zahlen, die Miete der Wohnung im Schlossgraben erweist sich aber als sehr hoch, und Schmidt verzichtet lieber auf die Wohnung, als eine hohe Miete zu zahlen. Oder Schmidt könnte die nette Vermieterin heiraten und auf diese Weise die Wohnung bekommen, ohne ein Mietverhältnis einzugehen; und er zieht diese Heirat dem Mietverhältnis vor. Oder die Wohnung ist zwar schön, aber es werden unangenehme, laute Nachbarn einziehen, und Schmidt geht letztlich lieber unangenehmen Nachbarn aus dem Weg, als in die schöne Wohnung einzuziehen. Oder Schmidt weiß einfach nicht, wie man einen Mietvertrag unterschreibt. Oder Schmidt wurde entmündigt und weiß zwar, wie man einen Mietvertrag unterschreibt, darf und kann aber keinerlei rechtsgültigen Vertrag unterschreiben. In allen diesen Fällen wäre es für Schmidt *nicht* vernünftig, den Mietvertrag unterschreiben (also diese Handlung zu vollziehen), obwohl er tatsächlich die schöne Wohnung im Schlossgraben beziehen will und glaubt, dass es dafür gut wäre, den Mietvertrag zu unterschreiben. Wir müssen also auch das Basis-Schema der Handlungserklärung verfeinern, um diese Fälle auszuschließen:

(REH 2)
(a) S hat die Absicht, Ziel Z zu realisieren.
(b) S glaubt, dass wenn sie Handlung H vollzieht, sie damit auch Z realisieren kann.
(c) S glaubt in der Lage zu sein, Z zu realisieren und H zu vollziehen.

[782] Ein *Syllogismus* ist eigentlich ein logisch gültiger Schluss in der aristotelischen formalen Logik, der *Syllogistik.* Rationale Erklärungen in der bisher dargestellten Form sind jedoch keine logisch gültigen Schlüsse.

(d) S weiß, wie man Z realisiert und H vollzieht.
(e) S glaubt nicht, dass es etwas Besseres gibt als H zu vollziehen, um Z realisieren zu können.
(f) S glaubt nicht, dass der Vollzug von H Folgen hat, die schlimmer sind, als nicht Z realisieren zu können.
(g) S hat nicht die Absicht, ein Ziel zu realisieren, von dem sie weiß, dass es unvereinbar damit ist, Z zu realisieren, und das sie Z gegenüber vorzieht. Also
(h) S beabsichtigt, H zu vollziehen; also
(i) S vollzieht Handlung H.

Das Basis-Schema und das verfeinerte Schema der Handlungserklärung geben nicht nur die grundlegende Form an, in der wir die Handlungen anderer Personen rationalisieren; in derselben Form rationalisieren wir vielmehr *auch unsere eigenen Handlungen* – entweder indem wir sie im nachhinein rechtfertigen, oder indem wir sie in Entscheidungen vorbereiten. Wenn wir diese Schemata auf unsere eigenen Handlungen anwenden, handelt es sich also neben der Rationalisierung eigener semantisch gehaltvoller mentaler Zustände und dem empathischen Selbstverstehen um eine dritte Form des *Selbstverstehens*, nämlich das *Verstehen eigener Handlungen.*

Die Schemata der Handlungsrationalisierung liegt auch der *Theorie der rationalen Wahl* (der sogenannten Entscheidungstheorie) zugrunde. Allerdings idealisiert die Theorie der rationalen Wahl diese Muster auf radikale Weise. Diese Theorie geht von einem einzigen Individuum aus und spricht ihm *ideale Rationalität* in folgendem Sinne zu: Der *rationale Aktor* hat *vollständig geordnete gewichtete Präferenzen,* verfügt über *vollständige Information* und besitzt einen *vollkommenen inneren Rechner.* Die Vollständigkeit der Information enthält unter anderem für jedes mögliche Ereignis das Wissen, wie wahrscheinlich sein Eintreten ist, unter der Voraussetzung, dass bestimmte andere Ereignisse bereits eingetreten sind (das Wissen umfasst also alle Naturgesetze). Der ideale rationale Aktor hat stets eine endliche Menge von Handlungsalternativen vor Augen. Er berechnet dann fehlerfrei für jede Alternative (die auch ein Unterlassen von Handlungen sein kann) die *Nutzenwerte* jeder ihrer möglichen Folgen unter Einbeziehung ihrer Eintrittswahrscheinlichkeit und daraus den *erwarteten Nutzen* jeder seiner Handlungsalternativen. Und natürlich wählt er die Handlung mit dem höchsten erwarteten Nutzen – darin besteht seine *ideale Rationalität.* Art und Gehalt der Präferenzen sind dabei unerheblich und können von Aktor zu Aktor variieren. Ideale rationale Aktoren verfolgen in diesem allgemeinen Sinn ihr Eigeninteresse – ob sie egoistische oder altruistische Ziele haben, ob sie Sünder oder Heilige sind, spielt dabei keinerlei Rolle. Die oben eingeführten Schemata der Handlungsrationalisierung erhalten dadurch eine entscheidungstheoretische Form:

(ET)
(a) Person S hat die Handlungsalternativen $x_1, \ldots, x_n$ vor sich;
(b) S glaubt, dass sie x_i vollziehen kann, und weiß, wie man x_i vollzieht;
(c) S verfügt über eine Präferenzordnung für alle Folgen jedes x_i;
(d) S kennt die Wahrscheinlichkeit des Eintritts aller Folgen der x_i;
(e) S kalkuliert den erwarteten Nutzen jedes x_i; das Vollziehen von x_k sei die Handlungsalternative mit dem höchsten erwarteten Nutzen; also
(f) S vollzieht x_k

Die Theorie der rationalen Wahl ist eines der wichtigsten theoretischen Fundamente der gegenwärtigen Ökonomie. Diese Theorie umgeht allerdings die Frage nach dem Status des entscheidungstheoretischen Schemas der Handlungserklärung, weil sie den Status des inneren Rechners nicht näher diskutiert. Wenn der innere Rechner ein kausaler Mechanismus ist, dann handelt es sich um eine kausale Erklärung. Wenn der innere Rechner ein Vernunftkriterium ist, dann hat das entscheidungstheoretische Erklärungsschema den Status einer Handlungsrationalisierung, also einer Form des Verstehens. Außerdem stellt sich die Frage, welchen Status die Präferenzen und die Evaluierung (Bewertung) von Ereignissen haben. Im Falle menschlicher Aktoren denken wir meistens an einen *subjektiven* Status, d. h. wir nehmen an, dass die Aktoren wissen oder fühlen, wie es ist, in einem bestimmten Zustand zu sein – wir nehmen insbesondere an, dass sie wissen oder fühlen, ob es angenehm oder unangenehm ist, in diesem Zustand zu sein. Aber im Prinzip gibt es auch nicht-subjektive Evaluierungen, die sich nur nach dem Kriterium der Überlebens- und Reproduktionswahrscheinlichkeit oder nach unbewussten Affekten richten, *ohne* dass man sagen könnte, dass dabei Empfindungen im Spiel wären.

Menschen sind offensichtlich keine rationalen Aktoren im idealen Sinne. Aber es ist kaum zu übersehen, dass der Begriff des rationalen Handelns in der Theorie der rationalen Wahl eine idealtypische Stilisierung des Begriffs des rationalen Handelns ist, der den Intuitionen der elementaren volkspsychologischen Handlungstheorie entspricht. Denn rational handeln wir den volkspsychologischen handlungstheoretischen Intuitionen zufolge dann, wenn wir wissen, was wir wollen, wenn wir eine wohldurchdachte Vorstellung von den wahrscheinlichen Folgen unserer Handlungen haben und wenn wir dementsprechend das wirksamste Mittel zur Durchsetzung unserer Ziele wählen. Die Theorie der rationalen Wahl macht es demnach möglich, von einem *idealen Handlungsverstehen* zu reden: Handlungen werden nach dem Ideal rationaler Wahl beurteilt und in diesem Sinne verstanden und rationalisiert. Abweichungen von diesem Ideal werden hingegen kausal erklärt.[783]

Wie bereits mehrfach betont, begründen rationale Erklärungen (ob von mentalen Zuständen, Äußerungen, Textteilen oder Handlungen) den bisher angeführten Erklärungsschemata zufolge genau genommen nicht, warum eine Person eine bestimmte Absicht (Meinung) hatte oder warum sie eine bestimmte Handlung vollzog, sondern nur, *warum es für eine bestimmte Person vernünftig war, eine bestimmte Absicht (Meinung) zu haben oder eine bestimmte Handlung zu vollziehen.* Erklärungen im strikten oder umfassenden Sinne sollten jedoch begründen, warum etwa mentale Zustände, Äußerungen, Textteile oder Handlungen *tatsächlich zustande gekommen sind.* Diese Vorkommnisse sind im umfassenden Sinn nur dann angemessen erklärt sind, wenn der Aktor nicht nur die in rationalen Erklärungen aufgelisteten Gründe für seine Handlung *hatte,* sondern wenn es auch diejenigen Gründe sind, *die ihn tatsächlich dazu brachten*, den entsprechenden mentalen Zustand einzunehmen, die Äußerung zu vollziehen oder die entsprechende Handlung auszuführen. Gründe können auch Ursachen sein. Die rationalisierende Erklärung sollte also möglichst zu einer Erklärung aus Ursachen ergänzt werden. Wir können dann von einer *umfassenden rationalen Erklärung* reden, die in folgendem Argumentationsschema besteht:

(REU)
(1) Person S hat die in den erweiterten Schemata der rationalen Erklärung genannten Gründe (a)–(g).
(2) S ist überzeugt, dass die Gründe (a)–(g) rationale (d. h. gute) Gründe für den Vollzug von H sind.
(3) Die Überzeugungen (1) und (2) von S sind zusammen eine hinreichende Ursache (= ein *Primärgrund*) für den Vollzug von H durch S; also
(4) S vollzieht H.

Dass Gründe auch Ursachen sein können, lässt sich noch klarer formulieren, wenn man annimmt, dass Gründe insofern zu Ursachen werden können, als das menschliche Verhalten im besten Falle einer allgemeinen Regularität unterliegt, derzufolge Menschen gewöhnlich so handeln, wie es vernünftigerweise zu erwarten ist (andernfalls würden sie alsbald Schaden nehmen). Man nennt diese Regularität manchmal auch *normische Prämisse.* Dieser Hinweis ist durchaus plausibel. Wir kommen damit zu einer Erweiterung von (REU):

[783] Max Weber hat diese Idee mit seiner Theorie der Idealtypen vorweggenommen.

(REU)*

(1) Person S hat die in den erweiterten Schemata der rationalen Erklärung genannten Gründe (a)–(g).

(2) S ist überzeugt, dass die Gründe (a)–(g) rationale (d.h. gute) Gründe für den Vollzug von H sind.

(3) Personen, die davon überzeugt sind, dass sie rationale Gründe für das Haben einer Absicht (Meinung) A oder den Vollzug einer Handlung H haben, haben gewöhnlich A oder vollziehen gewöhnlich H. Also

(4) S hat A oder vollzieht H.

(5) Die Überzeugungen (1) und (2) von S sind nach (1)–(4) zusammen eine hinreichende Ursache (= ein *Primärgrund*) für das Haben von A oder den Vollzug von H durch S.

Eine umfassende rationale Erklärung im Sinne von (REU)* ist eine Art von kausaler Erklärung, und sie ist sogar, wie naturwissenschaftliche Erklärungen, eine logische Folgerung des Explanandums aus Antezedensbedingungen und einer Regularität. Doch ist diese kausale Erklärung von besonderer Art. Denn die Erwähnung einer regulären Beziehung zwischen Gründen und mentalen Einstellungen bzw. Handlungen (3) bleibt nicht nur als semantischer Gehalt der Überzeugung zweiter Ordnung (2) im Spiel, sondern ist selbst eine *rationale* Relation. Es handelt sich zwar um eine Regularität, aber diese Regularität ist wohl kaum als Naturgesetze zu bezeichnen, sondern stellt eher ein allgemeines Rationalitätsprinzip dar. Zudem ist (2) *als semantischer Gehalt* dieser Überzeugung zweiter Ordnung auch eine entscheidende *Ursache* für das Auftreten mentaler Einstellungen oder den Handlungsvollzug. In (REU)* wird folglich von *mentaler Verursachung* gesprochen.

Das Verstehen im Sinne von Rationalisierungen behält gewöhnlich auch für die Konstruktion umfassender rationaler Erklärungen eine wichtige methodologische Funktion. Das Verstehen kann zwar aus eigener Kraft keine kausalen (rationalen) Erklärungen liefern, doch ist das Verstehen im bisher erläuterten Sinne gewöhnlich ein zentraler Bestandteil der Konstruktion solcher Erklärungen. Denn das Verstehen muss dafür herangezogen werden, *die möglichen Kandidaten für jene Gründe zu bestimmen, die letztlich zugleich die Ursachen des Explanandums umfassender rationaler Erklärungen sind.* Diese Kandidatenliste kann offensichtlich auf einer naturwissenschaftlichen Ebene nicht ermittelt werden.

Rationale Erklärungen werden in ihren verschiedenen Varianten in Begriffen geistiger, semantisch gehaltvoller Zustände und ihrer logischen Beziehungen formuliert. In diesem Sinne benutzen sie ein *intentionalistisches Vokabular,* nicht ein physikalistisches Vokabular. Dies gilt auch für umfassende rationale Erklärungen im Sinne von (REU)*, die allerdings zusätzlich die Möglichkeit bieten, das vertiefte Verstehen im Sinne einer Rationalisierung von mentalen Zuständen, Äußerungen, Textteilen oder Handlungen nicht nur für eine kausale Erklärung, sondern auch für eine Prognose des Auftretens solcher geistiger Ereignisse oder Zustände zu verwenden. Es dürfte klar sein, dass solche Prognosen für jedes geistige Wesen von ausschlaggebender Relevanz für die Planung des eigenen Handelns sind. Meist tritt hier eine Kombination des Verstehens der geistigen Zustände und Handlungen anderer Personen und des Verstehens eigener geistiger Zustände und Handlungen (also einer Form des Selbstverstehens) auf. Wir formieren unsere mentalen Zustände und planen unsere eigenen Handlungen im Lichte unseres vertieften Verstehens der mentalen Zustände und Handlungen anderer Personen. Damit haben wir die *grundlegendste Ebene sozialer Beziehungen* erreicht.[784]

Die Unterscheidung zwischen nomologischen, funktionalen und rationalen Erklärungen, die in diesem Abschnitt umrissen worden ist, wurde von Daniel Dennett auf interessante Weise in eine Theorie der physikalischen, funktionalen und rationalen Einstellung integriert.[785] Diese Theorie umfasst auch eine Analyse des Interpretierens (also des Verstehens), die mit der in diesem Abschnitt vorgetragenen Analyse übereinstimmt.[786] Dennett geht von der Frage aus, wie wir das Verhalten unterschiedlicher Systeme erklären und voraussagen können. Seine grundlegende Prämisse ist, dass wir beliebigen Systemen gegenüber unterschiedliche Einstellungen einnehmen können, nämlich die physikalische, funktionale und intentionale Einstellung. Diese Einstellungen sind ihrerseits gerade dadurch gekennzeichnet, dass wir bereit sind, das Verhalten von Systemen nomologisch, funktional oder rational zu erklären und zu prognostizieren. Damit behandeln wir auch die Systeme selbst als physikalische, teleologische oder intentionale Systeme. Doch werden diese unterschiedlichen Einstellungen in unterschiedlichen Fällen nicht alle gleichermaßen erfolgreich sein.

Die nomologischen Erklärungen, die vor allem in der Physik üblich sind, werden von Dennett als grundlegend betrachtet. Aber in vielen Fällen ist es vorteilhaft und zuweilen sogar unvermeidlich, funktionale Erklärungen anzustreben. Diese Erklärungen verzichten auf die Betrachtung des physikalischen Aufbaus der Systeme und der Wechselwirkung zwischen ihren Teilen aufgrund physikalischer Kräfte. Vielmehr konzentrieren sie sich auf das funktionale Design des Systeme, analysieren dessen Zusammensetzung und leiten daraus Verhaltensprognosen ab – nämlich, allgemein formuliert, dass teleologische Systeme sich so verhalten, wie ihr Verhalten funktional einge-

[784] So sieht es auch Max Weber.
[785] Vgl. Dennett (1987).
[786] Vgl. z. B. Dennett (1990).

richtet ist. Das funktionale Design von Systemen ist meist weniger komplex als der physikalische Aufbau, und daher sind funktionale Erklärungen unter anderem dann angezeigt, wenn wir zu wenig Daten über den physikalischen Aufbau zur Verfügung haben. In der intentionalen Einstellung schließlich schreiben wir Systemen Wünsche, Überzeugungen und andere intentionale Einstellungen zu. Wir behandeln sie als intentionale und damit auch als rationale Wesen. Verhaltensprognosen sind in diesem Fall dadurch möglich, dass wir annehmen können, dass intentionale Systeme meist das tun werden, was für sie zu tun rational ist. Die intentionale Struktur von Systemen ist im allgemeinen noch weniger komplex als das funktionale Design – zumal intentionale Strukturen faktisch nur bei jenen Entitäten auftreten, die ansonsten extrem komplexe funktionale und physikalische Strukturen aufweisen. Daher kann das Verhalten intentionaler Systeme auch dann (zum Beispiel im Alltag) prognostiziert werden, wenn auch über das funktionale Design wenige oder keine Daten verfügbar sind. Diese Hierarchie der drei möglichen Einstellungen führt umgekehrt zu der Tendenz, dass wir, wenn wir mit der intentionalen Einstellung explanatorisch oder prognostisch scheitern, nach Störungen suchen, die im funktionale Design liegen, und dass wir, wenn wir mit der funktionalen Einstellung explanatorisch oder prognostisch scheitern, nach Störungen suchen, die im physikalischen Aufbau liegen. Wenn wir zum Beispiel mit Blick auf das Programm (das funktionale Design) eines Computers nicht zurecht kommen, weil der Computer nicht tut, was er seinem Programm nach tun sollte, suchen wir nach Ursachen in der Hardware, also im physikalischen Aufbau. Und wenn ein Mensch irrational zu sein scheint, weil er nicht tut, was er seinen intentionalen Zuständen zufolge tun sollte, dann suchen wir nach Ursachen im funktionalen (biologischen oder psychischen) Design oder notfalls im physikalischen (oder physiologischen) Aufbau.

Damit ist nach Dennett auch impliziert, dass für die jeweiligen Einstellungen die Optimalität des jeweiligen Zustandes konstitutiv unterstellt werden muss. Für die physikalische Einstellung muss die nomologische Ordnung des betrachteten Systems unterstellt werden – das System darf nicht überwiegend chaotisch (im Sinne von kontingent) sein. Andernfalls könnten wir die physikalische Einstellung gar nicht einnehmen. Für die funktionale Einstellung muss entsprechend die Optimalität des Designs unterstellt werden, andernfalls könnten wir die funktionale Einstellung nicht einnehmen. Und für die intentionale Einstellung muss die überwiegende Rationalität des betrachteten Systems unterstellt werden, andernfalls könnte unsere Einstellung dem System gegenüber nicht intentional sein.[787]

[787] Dennett hat dieser Theorie zunächst einen bestimmten Antirealismus unterlegt – in dem Sinne, dass alle Systeme physikalisch und nur physikalisch sind, dass wir aber so tun können, als wäre ein System auch funktional oder intentional, wenn die entsprechende Einstellung zu

Als konstitutive Bedingung der Interpretierbarkeit und erfolgreichen intentionalen Verhaltensprognose lässt sich die Rationalitätsunterstellung nach Dennett im Sinne der Volkspsychologie spezifizieren: als die Unterstellung, dass das betrachtete System überwiegend wahre Meinungen und angemessene Wünsche hat und dass es die Dinge tut, von denen es meint, sie seien Mittel zur Realisierung seiner Wünsche.

8.3 Verstehen und Humanität

Es war vor allem Hans-Georg Gadamer, der den engen Bezug zwischen Hermeneutik, Geisteswissenschaften und Humanität betont hat.[788] Doch scheint er diesen Bezug ähnlich wie einige Klassiker der Hermeneutik (zum Beispiel Dilthey) hauptsächlich darin gesehen zu haben, dass sich Geisteswissenschaften und Hermeneutik mit den höchsten Produkten der Menschen beschäftigen, die traditionell in den Bereich der Bildung fallen – vor allem Sprache, Kunst, Religion und Philosophie. Auf der Grundlage der bisherigen Überlegungen in der vorliegenden Studie können wir der engen Verbindung zwischen Hermeneutik und Humanität jedoch eine neue und tiefere Wendung geben. Der Kern dieser Wendung besteht in der Einsicht, *dass das Verstehen selbst ein zentrales Fundament der Humanität ist, indem es sich erstens auf diejenigen Aspekte am Menschen richtet, die humanspezifisch sind, zweitens in dieser spezifischen Ausrichtung zu einer Grundlage menschenwürdiger sozialer Beziehungen wird und drittens eine wesentliche Bedingung humanspezifischer Leistungen wie Sprachbeherrschung und kumulative Kulturentwicklung ist.* Diese These lässt sich auch auf die Geisteswissenschaften übertragen. Sie beruht auf jenem geist-theoretischen Begriff des Verstehens, der in der vorangehenden Präsentation der Geschichte der Hermeneutik leitend gewesen und in Abschnitt 2 der Einleitung sowie in den ersten beiden Abschnitten dieses Kapitels genauer erläutert worden ist. Doch lässt sich die genannte Einsicht erst dadurch auf angemessene Weise plausibel machen, dass die *anthropologische Dimension dieses Verstehensbegriffs* genauer beschrieben wird. Diese Beschreibung macht zugleich deutlich, wie tief der Gegenstand der klassischen und zum größten Teil auch der gegenwärtigen hermeneutischen Ansätze, nämlich das Verstehen von Texten, Reden, Geschichte und anderen Kulturprodukten, in grundlegenden, evolutionär verankerten Interpretationsleistungen verankert ist. Im

erfolgreichen Prognosen führt. Später hat er eher realistisch argumentiert: Wenn die entsprechenden Einstellungen zu erfolgreichen Prognosen führen, dürfen wir annehmen, dass das Design oder die „rational patterns“ in den betrachteten Systemen auch vorliegen.

[788] Vgl. oben, Einleitung S. 19.

folgenden Abschnitt soll diese anthropologische Dimension der modernen Hermeneutik wenigstens in Umrissen skizziert werden.

Eine der Grundlagen dieser Skizze ist der Umstand, dass echte Funktionalität, Repräsentationalität und phänomenales Bewusstsein auch Eigenschaften *vorsprachlicher Formen von Geist* sind (das phänomenale Bewusstsein scheint allerdings ein limbisches System im Gehirn vorauszusetzen und kommt daher erst bei Säugern vor). Tatsächlich ist die Produktion vieler elementarer expressiver und informativer Zeichen tief in die Evolution der Tiere und in die kulturelle Entwicklung der Menschen eingebettet und hat sich daher über zahllose natürliche Selektionen und kulturelle Prüfungen bewährt. Diese Zeichen sind daher in hohem Grade verlässlich.

Doch ist zweifelhaft, ob es neben den Menschen andere Tiere gibt, die eine syntaktisch strukturierte Sprache sprechen und zur Metarepräsentation (dem Grundmodell des Verstehens) fähig sind.[789] Die bisherigen empirischen Befunde sprechen dafür, dass Sprache und Metarepräsentation humanspezifisch sind. Tatsächlich entwickeln sich sprachliche und metarepräsentationale Fähigkeiten bei menschlichen Kindern parallel und sind gewöhnlich im vierten Lebensjahr voll entfaltet. Soweit sich bisher sehen lässt, ist demnach *das Verstehen im Sinne des hermeneutischen Verstehensbegriffes humanspezifisch*. Im folgenden soll umrissen werden, wie die zur Zeit avancierteste Theorie (die von Michael Tomasello vorgelegt wurde) diesen Gedanken ausbuchstabiert.[790]

Diese Theorie soll eines der wichtigsten evolutionären Rätsel lösen helfen: Im Rahmen der Evolution sind Menschen erst seit ca. 6 Millionen Jahren von den großen Affen abgespalten, und genetisch stimmen Menschen mit den großen Affen zu 96 % bis 99 % des Erbmaterials überein. Die Paläontologie hat sogar gezeigt, dass Menschen bis vor 2 Millionen Jahren nur affentypische Fertigkeiten hatten und erste Kennzeichen für humanspezifische *kognitive* Leistungen erst vor 250.000 Jahren auftreten. Die genetischen Differenzen reichen allein nicht aus, um zu erklären, wie die Menschen nur durch evolutionären Anpassungsdruck in einem so kurzen Zeitraum zu kognitiven und kulturellen Leistungen fähig wurden, die weit über die Kapazitäten von Menschenaffen hinausgehen.

Die zentrale Hypothese zur Lösung des Rätsels besagt Tomasello zufolge, dass Menschen im Gegensatz zu allen anderen Wesen einen *biologischen Mechanismus der kulturellen Weitergabe entwickelt haben*, der weitaus schneller arbeitet als die organische Evolution. Dabei handelt es sich um eine humanspezifische Form der kulturellen Tradierung: die *kumulative*

[789] Zur Frage des Geistes bei Tieren vgl. Einleitung und Arbeiten (nebst umfangreichen Literaturangaben) in Perler, Wild (Hrg.) (2005).

[790] Vgl. Tomasello (2002).

kulturelle Evolution und Weitergabe, in der die *Erfindungsgabe* gepaart wird mit *zuverlässiger sozialer Weitergabe*, die eine Kumulation des Wissens und der Fertigkeiten ermöglicht (den sogenannten Wagenhebereffekt).

Nach Tomasellos experimentellen Forschungen haben spezifische *kognitive* Leistungen die kumulative kulturelle Evolution, und damit *Geschichte* in einem grundlegenden Sinne, ermöglicht. Nur Menschen haben *Formen des sozialen Lernens* entwickelt, die eine kumulative soziale Evolution ermöglichen, und zwar im wesentlichen Imitationslernen, Lernen durch Unterricht und Lernen durch Zusammenarbeit. Und diese Formen des sozialen Lernens werden ihrerseits durch eine *besondere menschentypische Kognition* ermöglicht: Die Fähigkeit, *ihre Artgenossen als ihnen selbst ähnliche Wesen zu verstehen*, d. h. als Wesen, die ein intentionales und geistiges Leben führen wie sie selbst. Die Gemeinsamkeit und Zusammenarbeit, die durch wechselseitiges Verstehen ermöglicht wird, steigert die Kreativität des Problemlösens erheblich. Es ist demzufolge eine *grundlegende Form des metarepräsentationalen Verstehens,* die als Explanans des skizzierten evolutionären Rätsels in Anschlag gebracht wird. Diese grundlegende Form des Verstehens lässt sich in der Ontogenese des Menschen nachweisen. Es zeichnet sich beispielsweise ab, dass menschliche Säuglinge von einem Alter von ca. 9 Monaten an in der Lage sind, am kognitiven Kollektiv ihrer sozialen Umgebung zu partizipieren und ihre Bezugspersonen intentional zu verstehen. Gleichwohl spielt auch die *Sprache* eine wichtige und spezifische Rolle. Nicht nur stellen sprachliche Klassifizierungen angehäuftes kanonisiertes Wissen dar, sondern linguistische Fähigkeiten gehen auch mit der Entwicklung metarepräsentationaler Fähigkeiten einher und ermöglichen die Entwicklung *verschiedener* Perspektiven auf *dasselbe* Objekt oder Ereignis, die Bildung abstrakter Kategorien und Metaphern und damit u. a. die kognitive Befreiung von Wahrnehmungssituationen.[791]

[791] Aus dieser Perspektive kritisiert Tomasello auch die modernen Kognitionswissenschaften. Denn die modernen Kognitionswissenschaften heben primär auf sog. „angeborene“ kognitive Fähigkeiten ab. Den Grund dafür sieht Tomasello in einer veralteten philosophische Dichotomie zwischen angeborenen und erworbenen Merkmalen, die einst fundiert war in Debatten zwischen klassischen Rationalisten und Empiristen. Kognitionswissenschaften denken auch heute immer noch nativistisch. Aus Darwinianischer Perspektive ist diese Dichotomie jedoch wenig hilfreich (auch wenn sie durch Debatten zur Rolle der Gene wiederbelebt wurde). Das Merkmal eines Organismus ist nicht durch eine quantitativ bestimmbare Abhängigkeit von zeitlosen Faktoren, sondern durch seine evolutionäre Vorgeschichte bestimmt. Die Natur wählt ontogenetische Pfade aus, die kulturell genutzt werden. Im Rahmen einer evolutionären Perspektive ist es daher besser, zu unterscheiden zwischen *individueller Entwicklung*, in der ein Organismus Dinge von *allein* kennt und lernt, und *kultureller Entwicklung*, in der ein Organismus Dinge kennt und lernt, die von Handlungen anderer Akteure, verstanden als intentionale und geistbegabte Akteure, abgeleitet sind. Dieser Ansatz läuft auf ein Modell *dualer Vererbung* hinaus: die Fähigkeit zu intentionalem Verstehen ist biologisch vererbt – sie kann nicht kulturell generiert sein, da Schimpansen und menschliche

Dieses Bild wird von Tomasello anhand einer Reihe von einzelnen Untersuchungen ausbuchstabiert. Die Schimpansen – die großen Affen, die am weitesten entwickelt sind – erweisen sich als kognitiv außerordentlich leistungsfähig. Zu welchen *zusätzlichen* kognitiven Leistungen sind Menschenkinder darüber hinaus in der Lage? Spezifisch schon für neugeborene und sehr kleine menschliche Säuglinge ist z. B. die *Nachahmung bestimmter Körperbewegungen* der Erwachsenen, besonders im Mund- und Kopfbereich, also die Anpassung bestimmter Formen eines natürlich bestimmten Verhaltens an eine *individuelle* Vorführung. Die Zunge herauszustrecken ist eine *natürliche* Fähigkeit, aber die *individuelle Art*, wie die Mutter es macht, wird imitiert. Dazu gehört auch die sogenannte *Protokonversation* mit den Versorgern: einander ansehen und berühren, Laute produzieren, Grundstimmungen ausdrücken *und* verstehen – eine *soziale* Interaktion, die eine Anpassung an den *emotionalen* Zustand der Versorger enthält. Entscheidend für die humanspezifische kognitive Entwicklung ist jedoch die sogenannte *Neunmonatsrevolution* bei menschlichen Säuglingen, die noch unabhängig vom Meistern einer natürlichen Sprache ist. Jüngere Säuglinge agieren *dyadisch*: sie manipulieren Gegenstände, ohne Artgenossen zu beachten; oder sie interagieren emotional mit Artgenossen, ohne Gegenstände zu beachten. *Aber ab einem Alter von 9 Monaten agieren sie triadisch*: sie beachten zugleich Artgenossen *und* Gegenstände und bilden so ein referentielles Dreieck zwischen Kind, Erwachsenem und Referenzobjekt. Die wichtigste Stufen dieser Entwicklung sind dabei genauer

- Die Prüfung der Aufmerksamkeit: Hantieren mit Gegenständen, Hochblicken zu Erwachsenem (Prüfung der Präsenz und der Aufmerksamkeitsrichtung) (9 –12 Monate).
- Das Verfolgen der Aufmerksamkeit: Aufmerksamkeit des Erwachsenen auf *entfernte* Gegenstände (z. B. Zeigen auf entfernte Gegenstände) wird mit Blicken verfolgt: Säuglinge stimmen sich auf die Aufmerksamkeit des Erwachsenen ein (11–14 Monate).
- Das Lernen der Aufmerksamkeitsausrichtung: Kinder bringen z. B. mit Zeigegesten andere (Erwachsene) dazu, sich auf die Aufmerksamkeit der Kinder einzustellen, d. h. auf dieselben entfernten Gegenstände zu schauen wie die Kinder (13–15 Monate).

Autisten, die diese Fähigkeit von sich aus nicht besitzen, sie auch in kultureller Umwelt nicht erwerben; die Fähigkeit zu kumulativer evolutionärer kultureller Entwicklung, die auf der die Fähigkeit zu intentionalem Verstehen beruht, wird dagegen im *historischen* Rahmen von Evolution *und* Ontogenese durch Imitationslernen und Kooperation tradiert.

Die letzten beiden Aufgaben verlangen (im Gegensatz zur ersten Aufgabe), dass die Kinder erkennen, *worauf* sich die gemeinsame Aufmerksamkeit richtet. In demselben Altersfenster können die Kinder plötzlich Bewegungen (z. B. ein Ball „jagt" gezielt einen anderen, ein Punkt bewegt sich durch Hindernisse auf einen anderen Punkt zu) von ihrem Ziel her deuten. Diese Fertigkeiten lassen sich bei keinem menschlichen Säugling unter 6–7 Monaten und bei keinem nicht-humanen Primaten (auch nicht im Erwachsenenalter) beobachten.

Man kann die neuen kognitiven Fähigkeiten, die sich in der Neun-Monatsrevolution menschlicher Kleinkinder manifestieren, auch so beschreiben, *dass menschliche Säuglinge im Alter von etwa 9 Monaten fähig werden, andere Menschen differentiell und verlässlich als intentionale Aktoren wahrzunehmen und empirisch zu klassifizieren – also als Aktoren, die ihre Aufmerksamkeit auf bestimmte Gegenstände richten oder ihr Verhalten auf bestimmte Ziele zulaufen lassen.* Nach Tomasello bedeutet dies, dass Kleinkinder erst dann an Interaktionen gemeinsamer Aufmerksamkeit teilnehmen, *wenn sie andere Personen als intentionale Akteure wie sie selbst zu verstehen beginnen.* Kleinkinder benutzen also nach dieser Diagnose zum Verstehen anderer Personen als intentionaler Akteure eine Analogie zum eigenen Selbst, d. h. eine vorgängige Selbsterfahrung, die mit äußerer Wahrnehmung korreliert ist und eine Simulation dieser Selbsterfahrung bei anderen Personen ermöglicht. Tomasello stützt sich demnach, im Rahmen der Forschungslandschaft zu mentalen Phänomenen, weder auf den Interpretationismus noch auf die Theorie-Theorie, sondern auf die *Simulationstheorie.* Kleinkinder nehmen das Verhalten anderer Personen im einfachsten Fall als gerichtet auf Ziele, die sie sich selbst vorstellen, selektiv wahr: ihr Aufmerksamkeitsfokus ist bei zielgerichtetem Verhalten anderer Personen eindeutig erhöht, *wenn* sie *selbst* in der gegebenen Situation dasselbe Ziel verfolgen oder verfolgen würden. Zum Beleg verweist Tomasello auf den Befund, dass Schimpansen und autistische Kinder trotz kultureller Umgebung deshalb keine Formen geteilter Aufmerksamkeit zeigen, weil sie sich nicht aufgrund von Selbsterfahrung mit anderen Personen identifizieren können, wie es gesunde humane Säuglinge ab einem Alter von 9 Monaten tun. Nur das biologisch vererbte Vermögen, andere Personen als intentionale Akteure zu verstehen, ermöglicht es den Menschenkindern, an der *kumulativen* kulturellen Weitergabe teilzunehmen, d. h. z. B. zu verstehen und zu benutzen, welche *Mittel* sich andere Personen ausgedacht haben, um bestimmte Ziele zu erreichen. Der entscheidende Punkt ist also, dass Menschen sich fast vom Beginn ihrer Biographie an mit Artgenossen tiefer *kognitiv identifizieren* können als andere Säugetiere und selbst Primaten. Diese Identifizierung besteht im *Verstehen, dass Artgenossen ähnliche geistige Wesen sind wie sie selbst*. Aber dadurch erfahren diese Kleinkinder auch *sich selbst* als intentionale Aktoren. Es dürfte auf der Hand liegen, dass diese Theorie denselben metarepräsentationalen Verstehensbegriff verwendet, wie er auch in der vorliegenden Studie zugrunde gelegt wird.

Tomasello schenkt der Neun-Monate-Revolution kognitiver Fähigkeiten humaner Säuglinge vor allem deshalb besondere Aufmerksamkeit, weil diese Revolution von sprachlichen Fähigkeiten unabhängig ist und daher die Differenz zwischen Menschen und anderen Primaten auf einer grundlegenden Ebene anzeigt. Szenen gemeinsamer Aufmerksamkeit sind soziale Interaktionen der *Triangulation*, bei denen Kinder und Erwachsene ihre Aufmerksamkeit auf einen dritten Gegenstand konzentrieren und zugleich gegenseitig auf die Aufmerksamkeit des anderen hinsichtlich des dritten Gegenstandes richten.[792] Es handelt sich um eine *gemeinsame* Aktivität, die in Hinsicht auf die Welt hoch *selektiv* ist und *beide* Beteiligte auch aus der *Außenperspektive* betrachtet. Nur in einer solchen Situation kann sprachliche *Referenz* gelernt werden. Als Grundlage für Spracherwerb müssen diese Szenen aber zudem als ein „Spiel" verstanden werden, das verschiedene Mitspielerrollen hat, die *austauschbar* sind: das Kind lernt ein neues Wort u. a. dadurch, dass es lernt, mit der Verwendung dieses Wortes die Aufmerksamkeit des Erwachsenen in *derselben* Weise zu lenken, wie der Erwachsene mit diesem Wort die Aufmerksamkeit des Kindes gelenkt hat (Imitation durch Rollentausch). Und dafür ist natürlich vorausgesetzt, dass Kinder verstehen, dass Erwachsene gewisse Geräusche machen in der *Absicht*, die Aufmerksamkeit der Kinder zu lenken (Experimente zeigen, dass zwei- bis dreijährige Kinder diese Absicht erkennen, während kein Affe dazu in der Lage ist).[793]

In einem Alter zwischen 18 und 24 Monaten sind menschliche Kinder bereits extrem gut darin, in einer sozialen Umgebung die Absichten anderer Personen zu erkennen. Sie sind bereits sehr gute Gedankenleser, während das Gedankenlesen bislang für Primaten und andere Tiere nicht nachgewiesen werden konnte:

> „Unser Vergleich zwischen menschlichen und nicht-menschlichen Primaten führt zu dem Ergebnis, dass das Verstehen der Artgenossen als intentionale Wesen, die dem Selbst ähnlich sind, eine spezifisch menschliche kognitive Fähigkeit ist."[794]

[792] Das Modell der Triangulation findet sich bereits in frühen Arbeiten von Davidson.

[793] Dabei gilt: A erkennt die *kommunikative Absicht* von B in der Produktion des Geräusches L, wenn A versteht, dass B mit L die Absicht verfolgt, die Aufmerksamkeit von A auf ein X zu lenken (das ist komplexer als bloß eine beliebige Verhaltensabsicht zu erkennen – es bedeutet, eine Verhaltensabsicht *in bezug auf meine eigene Aufmerksamkeit* zu erkennen).

[794] Vgl. Tomasello (2002), 77.

In der gegenwärtigen Kognitionspsychologie besteht Konsens darüber, dass menschliche Kleinkinder im Alter zwischen 2 und 4 Jahren (also genau in der Zeit, in der sie sprachliche Fähigkeiten erwerben) einen weiteren entscheidenden kognitiven Schub erhalten, der in der Fähigkeit zur *Metarepräsentation* besteht. Die evolutionäre Grundlage dafür ist ein Bedürfnis nach kooperativer Kommunikation, d.h. nach Kommunikationsaustausch; ein Bestehen unterschiedlicher Informationszustände; ein Ausnutzen der Vorteile von Informationsvorsprüngen; und Vorteile von Täuschungsmanövern. [795]

Die Entwicklung zu metarepräsentationalen Fähigkeiten wird von der Psychologie unabhängig von der Sprachfähigkeit untersucht, beispielsweise von Josef Perner.[796] Die Ergebnisse dieser Untersuchungen sind aufschlussreich. Einer der ersten Schritte hin zur Metarepräsentation scheint die Fähigkeit zu sein, *symbolische Medien wie etwa Bilder zu gebrauchen und zu interpretieren*. Wie sprachliche Ausdrücke bilden Bilder keineswegs immer gegenwärtige Realität ab. Bis zu einem Alter von etwa 15 Monaten zeigen Kinder kein besonderes Interesse an Bildern. Dies ändert sich dramatisch von einem Alter von spätestens 18 Monaten an. Die beste experimentelle Evidenz dafür, dass Kinder in diesem Alter visuelle Medien interpretieren können, ist der Umstand, dass sie ihr eigenes Spiegelbild als Abbild ihrer selbst interpretieren können. Dass kleine Kinder in ihrem zweiten Lebensjahr Repräsentationen wie Bilder interpretieren können, heißt, dass sie ein mentales Modell der abgebildeten Situationen formieren können, ebenso wie bestimmten Erinnerungen oder dem Nachdenken über mögliche künftige Situationen mentale Modelle zugrunde liegen. Zu dieser Art von Verstehen gehört, dass Personen oder Objekte, die in der Wahrnehmung und auf Bildern hinreichend ähnlich sind, auf denselben Referenten bezogen werden, d.h. dass die Kinder analog auf Abgebildetes und Abbildung reagieren. Dieses Verständnis impliziert noch nicht eine Metarepräsentation, d.h. die Fähigkeit, Repräsentationen zu repräsentieren. Metarepräsentation erfordert, wie die Psychologen sagen, einen *Begriff* von Repräsentation und damit u.a. ein *Verständnis* von Interpretation und Referenz.

Der nächste Schritt in Richtung auf Metarepräsentation ist das *Verstehen von Korrespondenz*. Im allgemeinen handelt es sich um die Korrespondenz zwischen repräsentierenden und repräsentierten Dingen. Eine grundlegende experimentelle Situation stellt eine Korrespondenz zwischen zwei Spielzeugräumen her (Snoopy's room und Baby Snoopy's room), mit einer Korrespondenz zwischen allen Einrichtungsgegenständen. Den Kindern

[795] Vgl. dazu vor allem Dennetts neuere Arbeit „Kinds of Minds" (1996).

[796] Vgl. Perner (1991). Eine interessante neuere Arbeit zum Phänomen der Metarepräsentation mit Beiträgen auf hohem theoretischem Niveau ist Sperber (Hrg.) (2000).

wird die Korrespondenz Stück für Stück erklärt. Sie sollen dann Veränderungen in einem Raum in entsprechenden Veränderungen im anderen Raum repräsentieren. Wenn etwa Snoopy im Bett liegt, sollten sie erwarten, dass auch Baby Snoopy im Bett liegt, u.s.w. Im Alter zwischen zweieinhalb und drei Jahren erfolgt nach diesem Experiment ein drastischer Wandel. Kinder bis zweieinhalb Jahren sind nicht in der Lage, diese Korrespondenz herzustellen, während spätestens ab dem Alter von drei Jahren die Korrespondenzen sicher nachvollzogen werden. Genauer handelt es sich um die Fähigkeit, Korrespondenz herzustellen und daraus Schlußfolgerungen zu ziehen. Korrespondenz ist hier genauer eine 1–1-Abbildung bestimmter Aspekte zweier Situationen. Noch genauer handelt es sich um einen Isomorphismus, da auch Relationen erhalten bleiben (Relationen zwischen den Snoopies und den Gegenständen in ihren Räumen). Es geht hier also um den Beginn des Verstehens von Isomorphismen mit entsprechenden praktischen Inferenzen.

Experimente mit Kindern zu visuellen Perspektiven zeigen, dass Kinder ab dem Alter von drei Jahren die Fähigkeit entwickeln, sich vorzustellen, dass *Repräsentationen alternative Interpretationen haben.* Sie vermögen z. B. bei gedrehten Bildern einzusehen, dass Betrachter der gedrehten Bilder von einem anderen Standpunkt aus diese Bilder anders sehen als das Kind selbst, etwa wenn eine Schildkröte auf dem Bild je nach Drehung auf dem Rücken liegt oder auf den Füßen steht. Erst im Alter von vier Jahren können die meisten Kinder den Standpunkt eines anders lokalisierten Betrachters und dessen alternative Interpretation nachvollziehen. Es handelt sich nicht nur um die Fähigkeit zu verstehen, dass Betrachter von einem anderen Standpunkt aus etwas anderes sehen, z. B. den Kopf, während die geprüften Kinder nur den Schwanz sehen; es handelt sich darum zu verstehen, dass Betrachter von einem anderen Standpunkt aus einem Bild eine unterschiedliche Interpretation geben.

In anderen experimentellen Situationen wurden Kinder mit dem Kaspar konfrontiert, und es wurde ihnen gesagt, dass in einer vorgezeigten Schachtel ein Stück Schokolade sei. Dann trat Kaspar auf und fragte die Kinder, was in der Schachtel sei, und sie antworteten wahrheitsgemäß Schokolade. Kaspar öffnete dann die Schachtel und stellte zu seiner eigenen Überraschung und zur Überraschung der Kinder fest, dass in der Schachtel nicht Schokolade, sondern ein Spielzeugauto war. Dann wurde den Kindern die entscheidende *Erinnerungsfrage* gestellt: Als Kaspar euch fragte, was in der Box sei, was sagtet ihr dazu? Dreijährige Kinder waren im allgemeinen nicht in der Lage, diese Frage korrekt zu beantworten, während fast alle vierjährigen Kinder die Frage richtig beantworteten. Dieses Resultat muss so gedeutet werden, dass die entscheidende Unterscheidung zwischen im

Ding, das in der Box ist (dem Referenten der Aussage) und dem was sich als Inhalt herausstellte (die Interpretation der Aussage) von Vierjährigen getroffen werden kann, aber nicht von Dreijährigen. Wenn ein Kind die Unterscheidung von Referenz und Interpretation treffen kann, kann es auch nachvollziehen, dass eine Aussage sich zwar auf eine reale Situation bezieht, also auf sie referiert, dass sie aber sich in falscher Weise auf diese Situation bezieht, also eine falsche Interpretation gibt. Diese Einsicht ist eine *Metarepräsentation*: Sie repräsentiert, dass eine Aussage etwas repräsentiert, und zwar angemessen oder unangemessen.

Ähnliche Ergebnisse erhält man, wenn man mit drei- und vierjährigen Kindern Experimente zur Unterscheidung von Erscheinung und Realität durchführt. In einem dieser Experimente wird den Kindern ein Schwamm gezeigt, der aussieht wie ein Stein. So sagen die Kinder zunächst, dass es sich um einen Stein handelt. Dann wird ihnen gezeigt, dass sich dieses Objekt zusammendrücken läßt, dass es also ein Schwamm ist. Anschließend werden den Kindern zwei Fragen gestellt: Die *Realitätsfrage*: Was ist dies wirklich? Ist dies wirklich ein Stein oder ein Schwamm? Und die *Erscheinungsfrage*: Wenn Du dieses Ding anschaust, sieht es aus wie ein Stein oder sieht es aus wie ein Schwamm? Nur sehr wenige dreijährige Kinder geben die korrekte Antwort, dass es sich in Wirklichkeit um einen Schwamm handelt, der aber aussieht wie ein Stein. Dagegen geben die vierjährigen Kinder die richtige Antwort, d. h. sind in der Lage, den Gehalt ihrer irreführenden Wahrnehmung von den Referenten zu unterscheiden. Diese Unterscheidung ist nicht möglich ohne einen Begriff von Fehlrepräsentation.

Die genannten metarepräsentationalen Experimente zeigen, dass vierjährige Kinder Erscheinungen und eigene Aussagen anhand neuer Erfahrungen als falsch erkennen und entsprechend korrigieren können. Das heißt, dass sie Erscheinungen und Aussagen so benutzen, dass wir als Theoretiker sagen können, dass sie sie als Repräsentationen benutzen.

Was in diesen psychologischen Untersuchungen nachgewiesen wird, ist nichts weniger, als *dass die Fähigkeit zum metarerpräsentationalen Verstehen im geist-theoretischen Sinn humanspezifisch ist und sich bei menschlichen Kleinkindern im Alter zwischen 9 Monaten und vier Jahren kontinuierlich entwickelt.* Und es ist diese metarepräsentationale Fähigkeit des Verstehens, die den menschlichen Kulturleistungen zugrunde liegt.

In seinem neuesten Buch hat Tomasello die humanspezifische Dimension des Verstehens um eine interessante normative und moralische Komponente erweitert.[797]

[797] Vgl. Tomasello (2009), Tomasello (2011) und Detel (2011).

Tomasello betont dabei stärker als zuvor, dass die einzigartige menschliche Kommunikation sich im wesentlichen dadurch erklären lässt, *dass Menschen auf einzigartige Weise miteinander kooperieren.* Grundlegend ist dafür ein *Verstehen anderer Menschen als kooperativer Akteure,* das zwei Elemente voraussetzt: eine kognitive Fähigkeit zur Erzeugung gemeinsamer Aufmerksamkeit und Intentionen (wie bereits gezeigt) und zusätzlich *eine soziale Motivation zum Helfen und Teilen von Intentionalität.* Die geteilten mentalen Zustände werden dabei zu einem gemeinsamen epistemischen Hintergrund, der darin besteht, dass *je zwei Personen P und P* metarepräsentational wechselseitig voneinander wissen, dass die jeweils andere Person über diese Erfahrungen und Intentionen verfügt* (diese wechselseitige Metarepräsentation ist bereits bei menschlichen Kleinkindern vor dem Spracherwerb nachweisbar).

Die *soziale Motivation menschlicher Kommunikation* besteht aus drei grundlegenden Motiven für Kommunikation:

(1) *Auffordern* (P will, dass P* etwas tut, das für P nützlich und hilfreich ist).
(2) *Informieren und Helfen* (P will, dass P* von etwas Kenntnis nimmt, weil P annimmt, dass diese Information für P* interessant oder hilfreich ist).
(3) *Teilen von Gefühlen und Einschätzungen* (P hat eine bestimmte Einstellung oder Gefühlslage EG und will, dass P* EG mit P teilt).

Nur das Auffordern (das rein egoistisch ist), kommt auch bei Affen vor. *Die altruistischen Kommunikationsmotive des Informierens/Helfens und des Teilen von Gefühlen und Einstellungen lassen sich nur bei Menschen (und zwar schon bei Kleinkindern vor dem Spracherwerb) beobachten.* Erst auf dieser Grundlage können Menschen auch ein *Verstehen kommunikativer Absichten mit wechselseitigen Annahmen der Hilfsbereitschaft* entwickeln, und zwar in der Form: „P will, dass P* weiß, das P etwas von P* will".

Wir sehen also, dass die grundlegende Fähigkeit des metarepräsentationalen Verstehens eine wichtige Basis für altruistische soziale Beziehungen unter Menschen ist. Das ist letztlich nicht überraschend, denn das Verstehen als Metarepräsentation ist auf der elementarsten Ebene die Fähigkeit, die Perspektive des Anderen einzunehmen und damit auch anerkennen zu können.

Darüber hinaus ist damit auch klar, dass das Verstehen im metarepräsentationalen Sinne nicht nur selbst humanspezifisch ist, *sondern sich auch speziell auf humanspezifische kognitive Aspekte richtet* – auf die repräsentationalen *und* metarepräsentationalen Fähigkeiten der geistbegabten Artgenossen, und insbesondere auch auf die damit einhergehenden Bitten und Angebote von Hilfsbereitschaft. Von hier aus ist es kein großer Schritt mehr zu jener Fähigkeit des Verstehens, die auf sprachlicher Ebene auftritt – nämlich der *Fähigkeit, im Geist der menschlichen Artgenossen jene Formen von Normativität zu erfassen, die mit mentalen Zuständen des Menschen verbunden sind* (sowohl im Parsen als auch in der rationalen Rekonstruktion und der mentalen Simulation).

Diese Beschreibung der anthropologischen Dimension macht schließlich auch die spezifische Verbindung zwischen moderner Hermeneutik und Humanität deutlich. Die moderne Hermeneutik als zeitgemäße Theorie des Verstehens hat die Aufgabe zu zeigen, dass und wie das Verstehen im geist-theoretischen Sinne im doppelten Sinne ein Ferment des Humanen ist: indem das Verstehen selbst eine humanspezifische Fähigkeit ist, die den größten Leistungen des Menschen zugrunde liegt (der Fähigkeit, natürliche, syntaktisch strukturierte Sprachen zu meistern, und der Fähigkeit, eine kumulative Kultur zu entwickeln), aber auch indem das Verstehen seiner zentralen Funktion nach das Humanspezifische am menschlichen Artgenossen und an sich selbst zu erfassen vermag. Und es ist hoffentlich plausibel geworden, dass eine moderne Hermeneutik, so wie sie in der vorliegenden Studie konzipiert wird, auf gutem Wege ist, diese Aufgabe auch tatsächlich zu erfüllen.

8.4 Zur Methode und Besonderheit des Verstehens

Aus den in Abschnitt 8.2 vorgestellten Überlegungen ergeben sich einige Vorschläge zur Beantwortung der beiden hermeneutischen Grundfragen nach den Methoden und der Besonderheit des Verstehens.[798] Diese Vorschläge knüpfen aber auch an die Untersuchungen zu den grundlegenden humanspezifischen Interpretationsfähigkeiten an, die im vorangehenden Abschnitt 8.3 vorgestellt worden sind.

Einer der wichtigsten Aspekte des Verstehens ist nach 8.2 und 8.3 das Erfassen der *normativen, rationalen* Organisation semantischer Verhältnisse. Oft wird behauptet, dass dieser Aspekt zwar auf der Ebene des Interpretierens dunkler oder schwieriger Bedeutungen und semantischer Gehalte

[798] Die folgenden Hinweise beanspruchen nicht, alle oder auch nur alle grundlegenden Interpretationsmethoden angeben zu können, die in speziellen Hermeneutiken eine wichtige Rolle spielen. Doch wird unterstellt, dass die angegebenen Methoden und Kriterien des Verstehens im Alltag und in manchen Geisteswissenschaften zum Tragen kommen, wenn vielleicht auch mit unterschiedlichem Gewicht. Der Fall des Verstehens von Literatur wird im 9. Kapitel unter diesem Aspekt ein wenig genauer untersucht.

auftritt, nicht aber auf der Ebene des Parsens, also des schnellen Verstehens. Wenn die Überlegungen in 8.2 zutreffen, sollte sich aber auch schon beim schnellen Verstehen eine Orientierung an rationalen Kriterien wie Widerspruchsfreiheit und Kohärenz zeigen. Und dies ist tatsächlich der Fall, wie zahlreiche Beispiele zeigen.[799]

Es braucht hier nicht eigens betont oder begründet zu werden, dass das Verstehen im Sinne rationaler Erklärungen (wie in 8.2 skizziert) auf Rationalitätskriterien beruht, und zwar sowohl dann, wenn logische Strukturen zwischen Teilen von komplexen Gedanken, Äußerungen oder Texten zu verstehen sind, als auch dann, wenn gute Gründe von Gedanken, Äußerungen oder Texten aufgefunden werden müssen. Volkspsychologische rationale Handlungserklärungen treten zum Beispiel schon dann häufig auf, wenn Motive und Gründe fiktiver Personen etwa in Romanen oder Dramen analysiert werden sollen. Was bewegt beispielsweise Thoas in der *Iphigenie auf Tauris* dazu, auf ein Menschenopfer zu verzichten und Iphigenie am Ende ziehen zu lassen? Vielleicht ist die Antwort, dass Thoas sich trotz seiner Sozialisierung in grausamen gesellschaftlichen Verhältnissen ein Potential von Humanität bewahrt hat, das durch seinen

[799] Ein typischer Fall ist die gehörte Wortfolge „die alten schützen…". Hier kann „alten" entweder Adjektiv zum Nomen „schützen" oder Nomen zum Verb „schützen" sein. Diese Mehrdeutigkeit beim Parsen wird, wie viele psychologische Experimente zeigen, durch den Fortgang der Phrase beseitigt: „…sind nicht mehr so treffsicher" spricht für die erste, „… die jungen" spricht für die zweite Interpretation. Denn nur diese Fortsetzungen geben einen konsistenten Sinn. Das sehen wir, wenn wir die Phrase verschriftlichen und die Mehrdeutigkeit durch Groß- und Kleinschreibung beseitigen. Der Satz „Die alten Schützen die Jungen" ist semantisch unvollständig und ergibt keinen kohärenten Sinn, ebenso wenig wie der Satz „Die Alten schützen sind treffsicher".

In einigen Fällen werden syntaktische und semantische Strukturen zugleich herangezogen, um das Parsen eines Satzes durchzuführen. In einem Experiment hatten die Probanden keine Mühe, die beiden unvollständigen Sätze

(a) If you walk near the runway, landing planes are …
(b) If you have been trained as a pilot, landing planes is …

fortzusetzen und dabei die Doppeldeutigkeit der Phrase „landing planes" (Landen von Flugzeugen/landende Flugzeuge) zu dechiffrieren. Neben dem semantischen Wissen ist in diesem Fall der syntaktische Unterschied zwischen „are" in (a) und „is" in (b) entscheidend, um etwa in (a) konsistent fortzufahren mit „dangerous for you", in (b) dagegen mit „something you should be able to do". In Fällen wie

(c) If you have been trained as a pilot, landing planes are…

haben die Probanden dagegen große Probleme, den Satz auf konsistente Weise zu ergänzen, weil hier die semantischen und syntaktischen Aspekte in einen Widerspruch zueinander treten: die Semantik spricht dafür, „landing planes" im Sinne des Landens von Flugzeugen zu verstehen, die Syntax wegen der Fortsetzung mit „are" dagegen im Sinne von landenden Flugzeugen. Diese und viele ähnliche Experimente zeigen, dass auch beim Parsen im Sinne eines schnellen Erfassens des buchstäblichen Sinnes eine Art von Konsistenztester mitgeführt wird, der freilich nur in Erscheinung tritt und zum Beispiel ein Zögern bewirkt, wenn logische Widersprüche auftreten.

Kontakt mit Iphigenie aktiviert wird und mit dem physischen Opfern eines reinen sittlichen Menschen unvereinbar ist. Und offenbar hat auch eine Erklärung mit Rückgriff auf Autorenintentionen oder andere textprägende Instanzen oft die Form einer Handlungsrationalisierung, etwa wenn wir postulieren, dass Goethe mit der *Iphigenie* dem Humanitätsideal der Klassik und insbesondere der Unterstellung eines Humanitätspotentials bei fast jedem Menschen, wie Herder es formuliert hatte, ein Denkmal setzen wollte. Kurz, aus 8.2 folgt, dass die rationale Erklärung in ihren verschiedenen Varianten eine grundlegende Methode des Verstehens in vielen Bereichen des Alltags und der Geisteswissenschaften ist.

Dieser Befund reicht allerdings nicht aus, um die Methode des Verstehens hinreichend zu beschreiben. Denn zur Methodologie eines kognitiven Verfahrens gehört stets die Angabe von Kriterien, mit deren Hilfe das Verfahren auf seine Zuverlässigkeit hin überprüft werden kann. Dies gilt auch für das Verstehen im bisher erläuterten Sinn. Im Falle der Hermeneutik, also der Wissenschaft vom Verstehen, müssen Kriterien angegeben werden, mit deren Hilfe die vorgeschlagenen Interpretationshypothesen eines gegebenen Textes oder einer Rede überprüft, bestätigt und gegebenenfalls widerlegt werden können.

Die Angabe von Kriterien für erfolgreiches Verstehen scheint jedoch schwierig, ja unmöglich zu sein. Denn Menschen sind nicht nur in physiologischer Hinsicht, sondern auch auf der mentalen Ebene äußerst komplexe Wesen. Daher ist es nicht verwunderlich, dass wir einander in unseren alltäglichen Bemühungen, angemessen zu kooperieren, häufig missverstehen. Und oft können wir zwischen verschiedenen möglichen Interpretationen dessen, was jemand sagt, denkt oder tut, nicht zuverlässig unterscheiden. Dieselbe Erfahrung machen auch professionelle Interpreten, etwa Therapeuten oder Literaturwissenschaftler. Es ist ein weit verbreiteter Eindruck, dass es für schwierige oder raffinierte Texte in Wissenschaft und Poesie fast ebenso viele Interpretationen wie Interpreten gibt und – schlimmer noch – dass die Kontroversen um die richtige Interpretation nur selten mit rationalen Gründen ausgeräumt werden können. Diese Erfahrungen haben zu dem Eindruck geführt, dass das Verstehen (die Interpretation) von Gedanken, Äußerungen, Texten und Handlungen kein kognitiv zuverlässiges Verfahren ist und erst recht nicht in ein zuverlässiges wissenschaftliches Verfahren überführt werden kann.

Doch ist diese Sicht auf die kognitive Leistungsfähigkeit des Verstehens zu einseitig. Denn zumindest auf einer grundlegenden Ebene gelingt uns das Verstehen dessen, was andere sagen, denken, schreiben oder tun, in alltäglichen Situationen oft schnell und geradezu mühelos – ob es sich zum Beispiel um Besprechungen im Büro, um Zeitungslektüre oder Unterhaltungen mit den Kindern beim Abendbrot handelt. Wenn man es recht bedenkt, kommen zumindest im Alltag die Fälle erfolgreichen Verstehens weitaus häufiger vor als die Fälle des Missverstehens oder des Nicht-Verstehens. Das ist nicht weiter erstaunlich, denn wäre es nicht so, könnten Menschen keine funktionierenden Kooperationen und Gemeinschaften aufbauen, zumindest nicht jene komplexe Kooperationen und Gemeinschaften, die humanspezifisch sind. Auch die evolutionäre Verankerung des Verstehens, wie sie in Abschnitt 8.3 skizziert wurde, begründet die Zuverlässigkeit des schnellen, elementaren Verstehens, denn andernfalls wäre die Fähigkeit des metarepräsentationalen Verstehens nicht mittels evolutionärer Mechanismen selektiert worden.

Gelingendes Verstehen und erfolgreiche Kommunikation ist denn auch für die Wissenschaften, die sich mit dem Geist und der Sprache beschäftigen, ein Faktum, das zu erklären ist – und nicht eine Vermutung, die erst noch bestätigt werden muss. So geht beispielsweise die moderne Linguistik davon aus, dass wir als normalsinnige Menschen *sprachliches Wissen* und damit *sprachliche Kompetenz* besitzen. Die sprachliche Kompetenz besteht im Kern darin, Sätze einer natürlichen Sprache *korrekt zu bilden und zu verstehen*. Dazu gehört beispielsweise die Fähigkeit, (a) über die Identität zweier Äußerungen zu entscheiden, (b) Ausdrücke korrekt zu segmentieren, (c) zu erkennen, ob ein Satz grammatisch ist oder nicht, (d) Bedeutungsgleichheit und semantische Mehrdeutigkeit von Ausdrücken zu erfassen, (e) Grade und Typen von sprachlichen Abweichungen zu unterscheiden, und (f) verschiedene strukturelle Beziehungen zwischen Sätzen zu unterscheiden.[800] Die Linguistik und allgemeiner die Sprachwissenschaft fragt also nicht, *ob* wir als Menschen sprachliche Kompetenz haben, sondern geht von dem Befund aus, *dass* wir sprachliche Kompetenz haben und fragt dann, (i) was es genauer heißt, diese Kompetenz zu besitzen, (ii) wie diese Kompetenz erworben wird, und (iii) wie diese Kompetenz verwendet wird.[801]

Die zweite dieser Fragen liegt, wie in Abschnitt 8.3 gezeigt, vielen Untersuchungen der kognitiven Psychologie zugrunde, und die Ergebnisse dieser Untersuchungen belegen auf besonders eindrucksvolle Weise, wie die sprachliche Kompetenz bei Menschenkindern entsteht und stabilisiert wird. Dabei wird, wie wir gesehen haben, das Verstehen genau im Sinne des oben entwickelten Grundbegriffes betrachtet, nämlich als eine Repräsentation,

[800] Vgl. Grewendorf, Hamm, Sternefeld (1987), 32–33 (der Titel dieser detaillierten und einschlägigen Einführung in die Linguistik ist denn auch: *Sprachliches Wissen*).

[801] Vgl. Grewendorf, Hamm, Sternefeld (1987), 16–17. Viele Linguisten betonen, dass die bestehende Fähigkeit, Sprache zu verwenden, zu strukturieren und zu verstehen, auf der grundlegendsten Ebene ein kognitives und damit geistiges Phänomen ist. Insofern ist die Linguistik ein Teil der Kognitionswissenschaft (vgl. z. B. Vater (2002), 22).

die gewisse Repräsentationen (also semantische Gehalte) von Gedanken anderer geistbegabter Wesen korrekt erfassen (also auch repräsentieren) kann.

Die kognitive Psychologie untersucht auch das Sprachverstehen erwachsener kompetenter Sprecher. Auch dabei wird unterstellt, dass die Probanden sprachliche Kompetenz bereits besitzen. Darüber hinaus bestätigen einschlägige Experimente diese Kompetenz unter anderem dadurch, dass *verschiedenartige Verstehensprobleme* und die *Lösung dieser Verstehensprobleme* untersucht werden.[802] Eines dieser Probleme ist die semantische Mehrdeutigkeit. Einige Sätze weisen anhaltende Mehrdeutigkeit auf, also eine Mehrdeutigkeit, die im Verlauf des Verstehens des Satzes nicht aufgehoben werden kann, wie etwa der Satz „In Paris kann man sich verlieben." Ob es sich bei Paris um den antiken Helden Paris oder die französische Hauptstadt handelt, und ob daher „in" lokal oder personenbezogen zu verstehen ist, können die Probanden nur durch Inspektion des sprachlichen Kontextes entscheiden, in dem der Satz steht. Einige Sätze enthalten dagegen nur vorübergehend mehrdeutige Phrasen, etwa: „The old train…" Ob es sich hier um einen alten Eisenbahnzug (und damit um eine Nominalphrase) handelt oder um alte Menschen, die (etwas oder jemanden) trainieren (und damit um ein Nomen plus transitives Verb), entscheiden die Probanden, wenn sie die Fortsetzung des Satzes betrachten („The old train left the station": erste Interpretation; „The old train the young": zweite Interpretation).[803] Auch derartige interpretatorische Entscheidungen werden im Verlauf des Parsens sehr schnell und korrekt getroffen.

Die neueren kognitionspsychologischen und evolutionstheoretischen Untersuchungen zu den grundlegenden Ebenen des Verstehens gehen also nicht nur vom geist-theoretischen Modell des Verstehens aus, sondern begründen auch die Zuverlässigkeit des intentionalen Verstehens zumindest auf seinen elementarsten Stufen.

Diese Zuverlässigkeit spielt auch eine Rolle für die Entwicklung von Kriterien für die Überprüfung von Interpretationen und rationalen Erklärungen im Falle komplexerer und schwierigerer Gedanken, Äußerungen oder Texten. Denn es dürfte nicht von der Hand zu weisen sein, dass – wie viele klassische und moderne Hermeneutiken übereinstimmend behauptet haben – eine Prüfung von Interpretationshypothesen anhand ihrer Konsequenzen oft möglich und sinnvoll ist. Die (logischen) Konsequenzen betreffen nun aber primär die Parallelstellen und andere einschlägige Stellen im Text (bzw. in der Rede) – sowohl im zu interpretierenden Text als auch in anderen Texten (aber auch viele

[802] Zu typischen kognitionspsychologischen Experimenten und Untersuchungen der sprachlichen Kompetenz erwachsener Menschen vgl. zum Beispiel Anderson (2007), 453–492.
[803] Vgl. Anderson (2007), 468–470.

andere Instanzen, wie sie zum Beispiel von Clauberg erwähnt werden[804]). Für diese Anwendung der hypothetisch-deduktiven Methode in Prozessen der Interpretation muss allerdings gewöhnlich vorausgesetzt werden, dass die herangezogenen Daten durch einigermaßen zuverlässige Interpretationen von Stellen etabliert weren können, die weniger schwierig zu sein scheinen als die zu interpretierenden Passagen. Daher muss an dieser Stelle jene interpretatorische Zuverlässigkeit mobilisiert werden, die – wie gezeigt – vor allem durch die kognitive Psychologie festgestellt worden ist und im Übrigen auch unserer Alltagserfahrung entspricht.

Die Anwendung der hypothetisch – deduktiven Methode enthält stets auch ein Konsistenzkriterium. Denn eine hypothetisch – deduktive Falsifikation beruht darauf, dass die Basissätze der geprüften Hypothese *widersprechen,* und eine hypothetisch – deduktive Verifikation beruht darauf, dass die Basissätze mit der geprüften Hypothese *logisch vereinbar sind.* Doch im Fall der Anwendung der hypothetisch – deduktiven Methode auf Interpretationshypothesen zu Texten oder Äußerungen handelt es sich darum, dass *auch die Gegenstände der Hypothesen* (also nicht nur die Hypothesen selbst, *sondern auch die Dinge, die sie beschreiben*), logisch und rational organisiert sind. Interpretationshypothesen müssen sich daher zusätzlich daran bewähren, dass sie diese Rationalitätsunterstellung im Blick auf das Prinzip der Nachsicht einlösen können.

Das ist der wesentliche Grund dafür, dass Interpretationen schwieriger Gedanken, Äußerungen Texte oder Handlungen gewöhnlich (wenn auch nicht in jedem Fall) die Form rationaler Erklärungen haben, die sich meist als ein Spezialfall hypothetisch-deduktiver Argumente auffassen lassen. Nicht selten werden Teile von Texten *im Rahmen der Texte als Gesamtheiten* rational erklärt. Der einfachste Fall ist, dass bestimmte Behauptungen im Text durch gute Gründe oder zwingende Prämissen rational erklärt werden, die an anderen Stellen des Textes auftauchen. Ein anderer Fall ist, dass Behauptungen dadurch erklärt werden, dass sie sich auf konsistente Weise in einen theoretischen Rahmen (ein wissenschaftliches Programm etwa oder ein Literaturprogramm) einfügen lassen, der an anderen Stellen des Textes unterschrieben wird. In diesen und anderen ähnlichen Fällen handelt es sich also um *textimmanente* rationale Erklärungen, die keinen Bezug auf die Intentionen bestimmter Personen (zum Beispiel der Autoren) nehmen. In vielen immanenten Textinterpretationen (also textimmanenten rationalen Erklärungen von Textteilen) schwingt allerdings ein Bezug auf die Autorenintentionen implizit oder auch explizit mit. Eine rationale Erklärung der Form *These T an Stelle b im Text folgt korrekt aus den an der vorher-*

[804] Vgl. oben, Abschnitt 2.1.

gehenden Textstelle a genannten Prämisse P wird oft implizit oder explizit verstanden im Sinne der Behauptung: *Der Autor des Textes folgert in seinem Text T aus P auf korrekte Weise.* Wenn man diesen Hintergrund methodologisch explizit formuliert, dann springt eine Art von Handlungserklärung heraus, die ausdrücklich auf mentale Zustände zurückgreift, zum Beispiel:

(a) Der Autor wollte (i) These T verteidigen, und er wollte (ii) anderen Menschen zu verstehen geben, dass und warum T akzeptiert werden kann.
(b) Der Autor war davon überzeugt, dass er die Ziele (i) und (ii) erreichen kann, wenn er eine wahre Prämisse findet, von der er glauben kann, dass mit ihrer Hilfe T gut begründet oder sogar bewiesen werden kann, und wenn er diese Begründung in einem Text aufschreibt und den Text publiziert.
(c) Darum hat er im vorliegenden Text These T mit Prämisse P begründet.

Diese Erklärung ist eine Handlungserklärung im Sinne einer Handlungsrationalisierung im oben erläuterten Sinne. Dabei ist es wichtig zu sehen, dass eine textimmanente rationale Erklärung nachweisen muss, dass T aus P rationalerweise folgt, während die Handlungserklärung diesen Nachweis nicht voraussetzt; denn die Handlungserklärung ist bereits dann rational, wenn sich zeigen lässt, dass die erklärte Handlung aus den Zielen und Annahmen des Akteurs vernünftigerweise folgt. Dafür muss der Autor in unserem Beispiel annehmen, dass T mit P gut begründet werden kann, aber dies muss nicht notwendigerweise korrekt sein. Daraus folgt, dass textimmanente rationale Interpretationen nicht in jedem Fall auf Interpretationen unter Verweis auf Autorenintentionen reduziert werden können, sondern dass es sich um zwei verschiedene Arten von rationalen Interpretationen handelt. Im Falle von Romanen beispielsweise können textimmanente Interpretationen selbst die Form von Handlungserklärungen annehmen, die zwar nicht auf Autorenintentionen, wohl aber auf die Intentionen und Überzeugungen einer fiktiven Romanfigur Bezug nehmen.[805]

Wie wir wissen, sind rationale Erklärungen von Gedanken, Äußerungen oder Texten typischerweise umso angemessener, in je umfassenderer Weise sie die betrachteten semantischen Netze von Gedanken, Äußerungen oder Texten *konsistent* rekonstruieren können. Das ist das *logisch-rationale*

[805] Ob alle oder auch nur die meisten Interpretationen literarischer Texte rationale Erklärungen und damit Formen des rationalen Verstehens sind, muss an dieser Stelle offen bleiben, ist allerdings prima facie eher zweifelhaft. Wie man andere Formen des literarischen Verstehens vor dem Hintergrund der geist-theoretischen Annahmen beschreiben kann, wäre Gegenstand einer eigenständigen umfangreichen Untersuchung. Im folgenden Kapitel 9 werden dazu erste Überlegungen angestellt.

Konsistenzkriterium. Dieses Kriterium kann unter anderem auch auf den Versuch angewendet werden, einen gegebene Gedanken, eine Äußerung oder einen Text, der von einer bestimmten Person produziert wurde, in ein größeres semantisches Netz einzubetten, das die Produktionen dieser Person überschreitet und Gedanken, Äußerungen oder Texte anderer Personen einbezieht, von denen nachweisbar ist, dass sie eine historische oder intellektuelle Verbindung zum Ausgangsmaterial aufweisen. Ich möchte noch einmal daran erinnern, dass das Konsistenzkriterium nach den einschlägigen Befunden der kognitiven Psychologie auch schon beim Parsen, also dem schnellen Verstehens, ständig verwendet wird, wenn kleinere Interpretationsprobleme wie Mehrdeutigkeiten auftreten.

Aber das logisch-rationale Konsistenzkriterium ist seinerseits noch nicht ausreichend, um die kognitive Methode des Verstehens zu beschreiben. Konsistente rationale Erklärungen müssen sich, wie alle anderen Erklärungen auch, ihrerseits möglichst dadurch bewähren, dass zumindest ihr Explanandum und möglichst auch ihr Explanans wahr ist oder doch zumindest gut bestätigt werden kann.. Wenn wir zum Beispiel (die Literaturwissenschaftler mögen das simplifizierte Beispiel verzeihen) das Humanitätspotential des Thoas in der *Iphigenie auf Tauris* dadurch rational erklären wollen, dass Goethe in diesem Drama die entsprechende Herdersche These (ob mit explizitem Bezug auf Herder oder nicht) anschaulich machen wollte, dann müssen wir belegen, dass der Thoas der *Iphigenie auf Tauris* dieses Potential tatsächlich aufweist. Dieses Explanandum ist selbst eine Hypothese, aus der entsprechende Texthinweise folgen müssen, die nachzuweisen sind. Hier müssen wir offenbar erneut eine Variante des *hypothetisch-deduktiven Verfahrens* heranziehen. Wenn wir das Explanandum einer rationalen Erklärung hypothetisch-deduktiv gesichert haben, dann kann auch die rationale Erklärung selbst als ein Anwendungsfall des hypothetisch-deduktiven Verfahrens gelten. Um bei unserem Beispiel zu bleiben, wäre die rationale Erklärung des Humanitätspotentials von Thoas eine gültige Deduktion aus der Hypothese (dem Explanans), dass Goethe damit die genannte Herdersche These veranschaulichen wollte, und damit wäre das Explanans seinerseits hypothetisch-deduktiv bewährt.

Noch besser wäre es freilich, wenn wir auch für die Wahrheit des Explanans unabhängige Belege vorweisen könnten. Wenn das Explanans wahr ist, sollten wir zum Beispiel erwarten können, dass Goethe sich entsprechend geäußert hat. Tatsächlich schrieb er in einem Brief an Schiller, die *Iphigenie* sei „verteufelt human". Dieser Beleg kann vielleicht als kleine hypothetisch-deduktive Bewährung des Explanans unserer rationalen Erklärung durchgehen. Das logisch-rationale Konsistenzkriterium muss also in der Methodologie durch die Anwendung des hypothetisch-deduktiven Verfahrens in

Gestalt rationaler Erklärungen und ihrer Absicherung ergänzt werden. Und es ist mehr als klar, dass eine korrekte Anwendung dieses Verfahrens im Verein mit der Anwendung des Konsistenzkriteriums die Zuverlässigkeit und Wissenschaftlichkeit des Verstehens als Methode der Interpretation auch schwieriger Gedanken, Äußerungen oder Texte erhöht und im besten Falle sichert.[806]

Damit kann abschließend auch die seit langem diskutierte Frage der Spezifizität verstehender Methoden beantwortet werden, die meist unter dem Titel „Erklären und Verstehen" abgehandelt wird. In vielen Fällen, vor allem im Bereich der Geisteswissenschaften, ist das Verstehen eine Art von Erklärung, in der aus Prämissen eine Konklusion abgeleitet wird, oft auch unter Rückgriff auf eine allgemeine Regularität. Zudem muss und kann das Verstehen auch in seiner explanatorischen Form anhand von Belegen mittels der hypothetisch – deduktiven Methode geprüft, bestätigt und gegebenenfalls widerlegt werden. In diesen beiden Punkten stimmt insbesondere das vertiefte Verstehen methodologisch mit dem Vorgehen in Naturwissenschaften und Sozialwissenschaften überein und kann daher als wissenschaftliche Prozedur im üblichen Sinne angesehen werden.

Doch im Unterschied zu naturwissenschaftlicher Erkenntnis und Erklärung erfasst das Verstehen semantische Verhältnisse und Bewusstseinszustände, die selbst meist normativ und rational organisiert sind. Dies gilt bereits für das schnelle automatische Verstehen (das Parsen) im Gegensatz beispielsweise zum Wahrnehmen.[807] Erst recht richtet sich das Verstehen als rationale Erklärung in all seinen verschiedenen Varianten auf logische und rationale Zusammenhänge, und wenn rationale Erklärungen auf Regularitäten zurückgreifen, um mentale Zustände oder Handlungen nicht nur zu rationalisieren, sondern auch ihr tatsächliches Auftreten zu erklären, dann handelt es sich nicht um Naturgesetze, sondern um Regularitäten des rationalen Verhaltens (also normische Prämissen). Bei allen prozeduralen Gemeinsamkeiten ist das geisteswissenschaftliche Verstehen vom naturwissenschaftlichen nomologischen Erklären dadurch unterschieden, dass es sich auf den Geist und seine geistigen Produkte richtet. Und der Geist und seine geistigen Produkte sind nun einmal anders strukturiert als die nicht-

[806] Dass das hypothetisch-deduktive Verfahren auch für die Methode des Verstehens relevant ist, wurde oben bereits ausgeführt, vgl. oben, Abschnitt 7.4, S. 324–326. Zu einem Beispiel für die Anwendung dieses Verfahrens auf einen lyrischen Text vgl. unten, Abschnitt 9.1. Zur Einbeziehung weiterer Faktoren wie etwa gesellschaftlicher Kontexte in die Interpretation von Reden und Texten vgl. unten, Abschnitt 9.3.

[807] Das Parsen wird zuweilen mit dem Wahrnehmen verglichen, weil es in beiden Fällen eine Unmittelbarkeit gibt, vgl. z. B. Scholz (1999a). Aber über dieser eher äußerlichen Gemeinsamkeit darf man den fundamentalen Unterschied zwischen beiden Aktivitäten nicht übersehen.

geistige Natur. Darin besteht die relative Autonomie der Geisteswissenschaften und, wie oben geltend gemacht wurde, ihr spezifischer Bezug auf das Humane.[808]

Ist also die traditionelle Opposition von Erklären und Verstehen berechtigt? Die Antwort auf diese Frage haben wir der Sache nach gerade gegeben. Letztlich handelt es sich bei dem Streit um diese Frage lediglich um eine terminologische Differenz. Erklären (im Sinne von nomologischen, rein kausalen Erklärungen) und Verstehen (im Sinne des Parsens und der rationalen Erklärungen) weisen wichtige Gemeinsamkeiten, aber auch wichtige Unterschiede auf. Je nachdem, ob man die Gemeinsamkeiten oder die Unterschiede für gewichtiger hält, und je nachdem, von welchen Intuitionen man im Falle von Erklärungen ausgeht, wird man die Frage unterschiedlich beantworten. Viele Autoren gehen zum Beispiel von der Intuition aus, dass Erklärungen stets auf Naturgesetze deterministischer oder statistischer Art zurückgreifen. Demnach sollen Erklärungen stets nachweisen, warum etwas aufgrund von Naturgesetzen zumindest mit hoher Wahrscheinlichkeit geschehen musste. Dieser Bedingung genügt das Verstehen oft nicht. Aus dieser Sicht ist daher das Verstehen etwas anderes als das Erklären. Allerdings neigen die Vertreter dieser Ansicht häufig fälschlich dazu, aus diesem Gegensatz zu folgern, dass das Verstehen eine unwissenschaftliche Prozedur ist. Wer dagegen vor allem betont, dass das Verstehen in den Geisteswissenschaften eine Art des angemessenen Erklärens ist und hypothetisch-deduktiv bestätigt werden kann, wird dazu neigen, nomologisches Erklären und Verstehen als zwei Formen wissenschaftlicher Verfahren anzusehen und die Unterschiede zwischen beiden Prozeduren zu marginalisieren. Dies gilt erst recht, wenn man der Auffassung ist, dass das erklärende Verstehen stets eine normische Prämisse enthalten sollte.

Diese unterschiedlichen Standpunkte sind offensichtlich rein terminologisch, und daher ist der Streit zwischen den Vertretern beider Standpunkte überflüssig. Wir sollten uns mit der – oben begründeten und spezifizierten – Auffassung begnügen, dass das naturwissenschaftliche nomologische Erklären und das geisteswissenschaftliche rationale Verstehen zwei wissen-

[808] Diese Folgerung kann nur dann vermieden werden, wenn man einen strikten Naturalismus vertritt, demzufolge sich alles, was sich am Geist und am Sozialen beschreiben und erklären lässt, in der Sprache der Physik beschreiben und erklären lässt. Viele Naturwissenschaftler und nicht wenige Philosophen neigen dem strikten Naturalismus zu. Natürlich lässt sich nicht a priori ausschließen, dass sich der strikte Naturalismus irgendwann als wahr erweist. Gegenwärtig gibt es aber, nüchtern betrachtet, keinerlei wissenschaftliche Anhaltspunkte dafür. Es konnte bisher in keiner Weise gezeigt werden, wie man geistige Vorgänge, selbst wenn sie eng mit Vorgängen in der Natur korreliert sind, in einem rein physikalistischen Vokabular angemessen beschreiben und erklären kann. Der strikte Naturalismus bleibt zumindest einstweilen ein Ausdruck puren Wunschdenkens.

schaftliche Verfahren sind, die wichtige Gemeinsamkeiten, aber auch wichtige Unterschiede aufweisen.

8.5. Verstehen, Wahrheit und Rationalität

Die Geschichte der Hermeneutik zeigt, dass die meisten hermeneutischen Ansätze der Rationalitätsunterstellung eine wichtige Funktion für gelingendes Interpretieren zugestehen, und zwar in Gestalt des Prinzips der Nachsicht bzw. der Billigkeit.[809] Dieses Prinzip spielt auch in einer neueren Interpretationstheorie, dem sogenannten *Interpretationismus*, eine grundlegende Rolle.[810] Der Interpretationismus ist jedoch eine grundlegende und umfassende Theorie, in der das Prinzip der Nachsicht nur einer von vielen theoretischen Bausteinen ist. In dieser Theorie werden Semantik und Interpretation in einer Weise zusammengeführt, die das bisher entwickelte Bild, wonach das Verstehen ein metarerpräsentationales Erfassen gegebener semantischer Gehalte ist, zwar nicht als inkorrekt, aber doch als Vereinfachung erscheinen lässt.

Der Interpretationismus geht von der sprachphilosophische Frage aus, was sprachliche Kompetenz und Kommunikation ist. Und seine grundlegende Überzeugung ist, dass wir zur Beantwortung dieser Frage nicht das traditionelle Bild von Sprache heranziehen sollten – also nicht die Vorstellung, Sprache sei ein gemeinsam geteiltes System von Konventionen oder Regeln, das durch soziale Praktiken konstituiert wird. Vielmehr muss das sprachphilosophische Grundproblem ohne Hypostasierung von Referenz, Bedeutung und Sprache auskommen. Dieses Ziel lässt sich nur durch eine Wahrheitstheorie für natürliche Sprachen erreichen. In der Semantik muss der Wahrheitsbegriff eine Schlüsselrolle spielen. Diese Kernthesen müssen noch ein wenig genauer ausbuchstabiert werden, aber sie deuten bereits an, dass der Interpretationismus die Theorie des Verstehens nicht an die Voraussetzung bindet, dass eine Sprache mit festen und öffentlichen Bedeutungen gegeben ist. Und zugleich zeigen die interpretationistischen Kernthesen, dass die Theorie des Verstehens eng mit der Frage der Wahrheit verknüpft werden muss.

Ausschlaggebend ist hier die Einsicht, dass keineswegs alle Sprecherinnen einer Sprachgemeinschaft exakt denselben Wortschatz haben oder unter bestimmten Wörtern dasselbe verstehen. Jede Sprecherin hat zunächst einmal ihren *eigenen Idiolekt*. Sogar Malapropismen, Versprecher oder gram-

[809] Die beste Studie dazu ist Scholz (1999).

[810] Der Interpretationismus geht auf einen der einflussreichsten Philosophen des 20. Jahrhunderts, Donald Davidson, zurück, vgl. z. B. Davidson (1984), Davidson (2005).

matische Fehler, also offene Verletzungen linguistischer Konventionen, beeinträchtigen das Verstehen nicht sonderlich. Noch während einer laufenden Kommunikation lassen sich *neue* Konventionen oder linguistische Regeln rasch erfinden, entdecken oder erlernen. Es muss daher etwas anderes geben als die vorgängige, geteilte Beherrschung linguistischer Konventionen, das die Möglichkeit erfolgreicher Kommunikation erklärt.

Der Interpretationismus geht davon aus, dass es die Kombination von gegenseitiger Beobachtung und Kommunikation ist, also letztlich die Etablierung einer theorie-theoretischen Interpretationstheorie, die an diesem Punkt heranzuziehen ist. Dieses semantische Modell macht vom Begriff linguistischer Konventionen an keiner Stelle Gebrauch. Die Frage, wie wir wissen können, welcher Sprachgebrauch korrekt ist, könnte allerdings als schwierige Herausforderung für den idiolektischen Ansatz der Bedeutungstheorie eingestuft werden. Denn der traditionelle Rückgriff auf die Sprachkonventionen der Sprachgemeinschaft steht nicht mehr zur Verfügung. Die Antwort liefert, in Grundzügen, die Interpretationstheorie im ganzen: Auf der Grundlage

– von linguistischen Reaktionen auf Dinge in der Welt,
– von gegenseitigen Beobachtungen in Situationen der Triangulation, sowie
– von Vergleichen dieser Reaktionen und gegenseitiger Zuschreibungen von gehaltvollen Äußerungen und Meinungen

stellt sich der geteilte korrekte Wortgebrauch her. Und wenn dieser Prozess und damit das gegenseitige Verstehen erfolgreich ist, kann insbesondere verstanden und respektiert werden, welches die verschiedenen Idiolekte sind, die die verschiedenen Sprecherinnen einbringen. Idiolekte repräsentieren nichts weiter als radikal zugespitzte begriffliche Relativität.

Es ist also die Idee einer dynamischen Interpretationsgeschichte, auf deren Grundlage Sprachkompetenz und Kommunikation erklärt werden. Dabei muss nicht auf fest gegebene semantische Gehalte und linguistische Regeln zurückgegriffen werden. Das ist die Art und Weise, wie der Interpretationismus mit der poststrukturalistischen Idee von der Bedeutungsgeschichte und mit der Idee rezeptionstheoretischer Hermeneutiken zum Anteil von Interpret und Leser an der Bedeutung von Texten und Äußerungen umgeht.

Wie buchstabiert der Interpretationismus diesen Ansatz nun konkret aus? Einer der Wege, auf denen dies geschehen kann und auch geschehen ist, wird mit dem Angriff auf den subjektphilosophischen Dualismus von Schema und Inhalt beschritten. Dieser Dualismus wird von sehr verschiedenen philosophischen Systemen verwendet – von Kant ebenso wie von den logischen Empiristen oder von Begriffsrelativisten wie Thomas Kuhn. Alle diese Schema-Relativisten stützen sich in der einen oder anderen Weise auf die Idee, dass der Geist begriffliche Schemata produziert, mit denen er die empirisch gegebenen Inhalte strukturiert und auf diese Weise den Bezug auf die Welt herstellt – gleichgültig ob dabei nur ein Schema oder mehrere Schemata angenommen werden. Das Problem ist jedoch, dass die Schema-Relativisten über die verschiedenen Schemata stets *in* einer bestimmten Sprache reden, und sie erläutern uns in dieser Sprache die Verschiedenheit der Schemata so, dass wir sie verstehen können. Im Rahmen des Schema- und Begriffsrelativismus ist das eine Paradoxie. Denn dieser Relativismus findet seine Grenze an der Unmöglichkeit, im Rahmen der begrifflichen Schematisierung einen archimedischen Punkt, also einen Gottesstandpunkt zu fixieren, von dem her sich die Schematisierung als spezifische Perspektive beschreiben ließe. Die eigene begriffliche Perspektive des Denkers ist vielmehr stets zugleich die allgemeine Perspektive – allgemein nicht in dem Sinne, dass sie nicht prinzipiell revidierbar wäre, sondern in dem Sinne, dass sich alle Perspektiven in sie müssen übersetzen lassen. Der Schema- und Begriffsrelativismus, der auf den Schema-Inhalt-Dualismus zurückgreift, ist systematisch auf die Möglichkeit eines neutralen Gottesstandpunktes verwiesen sind, der für uns endliche Wesen nun einmal nicht zu haben ist.

Wir können diesen Gedanken auch so formulieren: Die These, dass jedes Begriffsschema und jede Sprache die Realität verfälscht, ist absurd. Denn diese These setzt voraus, dass der Geist sich ohne Verfälschung, also ohne Kategorien und Begriffe mit der Realität auseinandersetzen kann, dass er jedes Begriffsschema abstreifen kann (auch sein eigenes) und es dann gleichsam direkt betrachten kann. Das aber wäre ein Betrachten durch das Auge Gottes. Sprachen sind zwar Begriffsschemata – aber Begriffsschemata, die ineinander übersetzbar sind.

Dieser Gedanke wird zusätzlich durch das Argument gestützt, dass es keine Begriffsschemata, also keine Sprachen geben kann, die nicht ineinander übersetzbar sind. Denn eine Aktivität, die sich nicht grundsätzlich in der uns geläufigen Sprache, also in der natürlichen Sprache, die wir zu meistern gelernt haben, interpretieren und verstehen lässt, kann weder ein Sprachverhalten noch ein gehaltvoller mentaler Zustand noch eine Handlung sein. Jeder Beleg, der dafür spricht, dass sich eine Aktivität von uns grundsätzlich auch nach größtem Bemühen nicht verstehen läßt, ist auch ein Beleg dafür, dass es sich bei dieser Aktivität überhaupt nicht um Sprachverhalten oder Handlungen oder mentale Zustände mit Gehalt handelt. Sofern wir daher überhaupt sagen, denken und entscheiden können, dass eine Aktivität das

Verfügen über ein Begriffsschema aktualisiert, müssen wir diese Aktivität bereits ein Stück weit in unsere Sprache übersetzen können.

Natürlich kann es ernste lokale Interpretationsprobleme geben, aber sie sind überhaupt nur identifizierbar auf der Basis von Übersetzbarkeit in weiten Teilen der involvierten Begriffsschemata. Auch hier können wir der prinzipiellen Unübersetzbarkeit keinen Sinn abgewinnen. Natürlich kann man auch faktische begriffliche Relativität in einem harmlosen Sinne zugeben. Die Eskimos haben angeblich zehn verschiedene Ausdrücke für zehn verschiedene Nuancen von Weiß, im Gegensatz zu Mitteleuropäern, und sie schauen daher z. B. in dieser Hinsicht anders auf die Welt als die Mitteleuropäer. Aber wir könnten diesen Unterschied in unserer Sprache nicht einmal behaupten, wenn es prinzipiell unmöglich wäre, diese Weißtöne über Lernprozesse in unsere Sprache zu übersetzen.

Dieses Resultat kann noch von einem anderen Ausgangspunkt her erreicht werden. Dieser zweite Weg geht vom Szenario der radikalen Interpretation aus. In diesem Szenario stehen sich zwei Personen als Interpretin und Interpetandin gegenüber. Die Interpretin versucht die (objektsprachlichen) Sätze zu verstehen, die die Interpretandin äußert, d. h. die Interpretin versucht, die Sätze in ihre eigene Metasprache zu übersetzen. Jeder dieser Versuche ist ein T-Theorem, d. h. ein Theorem etwa der folgenden Art (formuliert von der Interpretin):

„Der englische Satz der Interpretandin[811] ‚This is my place' ist wahr genau dann, wenn dies das Zuhause der Interpretandin ist".

Allgemein formuliert: Ist P die Interpretandin, P* die Interpretin, so ist ein T-Theorem ein Satz, der von P* in ihrer Sprache S* formuliert wird und folgende Form hat:

(T1) s ist wahr genau dann, wenn p

(wobei s (z. B. s = „This is my place") einen Satz aus der Sprache S der Interpetandin in der Sprache S* der Interpretin zitiert).

T-Theoreme der Form (T1) sind Übersetzungsversuche der Interpretin. Beachten wir jedoch, dass T-Theoreme nichts über die Bedeutung des zitierten Satzes der Interpretandin sagen, sondern nur darüber, wie es sich mit den Wahrheit dieses Satzes verhält. *T-Theoreme sind zunächst Wahrheitsannahmen, nicht Bedeutungsthesen.* Und zu Beginn der Interpretationsversuche

[811] Die *Interpretin* ist in diesem Szenario die Person, die in ihrer eigenen Sprache S eine Hypothese über die Wahrheit eines Satzes formuliert, der von einer anderen Person (der *Interpretandin*, d. h. der zu verstehenden Person), in ihrer eigenen Sprache S* formuliert wird. Darum heißt S auch *Metasprache*, in der über Elemente von S* als *Objektsprache* geredet wird.

haben die T-Theoreme auch als Wahrheitsannahmen noch hypothetischen Status. Nehmen wir z. B. an, die Interpretandin spricht Englisch, die Interpretin Deutsch, aber die Interpretin ist des Englischen nicht mächtig. Beide Personen sind in einer bestimmten städtischen Umgebung, die Interpretandin schaut auf einen großen Gegenstand, zeigt vielleicht mit dem Finger darauf und sagt: „This is my place“. Die Interpretin schaut ebenfalls auf diesen Gegenstand, den sie auf den ersten Blick als großes Haus beschreiben würde. Also stellt sie das T-Theorem auf

(T1)* Der Satz „This is my place“ ist wahr genau dann, wenn dies ein großes Haus ist.

Dieses T-Theorem beruht darauf, dass die Interpretandin den Satz „This is my place“ in Situationen und Umgebungen äußert, in denen die Interpretin in ihrer eigenen Sprache zunächst den Satz „Dies ist ein großes Haus“ zu äußern geneigt ist. Als materiale Äquivalenz (also als Satz der Form „p genau dann, wenn q“) ist das T-Theorem also in der folgenden Form definitiv wahr:

(T2)* Die Interpretandin äußert in ihrer (Objekt-) Sprache zur Zeit t am Ort o den Satz „This is my place“ genau dann, wenn die Interpretin geneigt ist, in ihrer (Meta-)Sprache zu t an o den Satz „Dies ist ein großes Haus“ zu äußern.

Angesichts von Befunden der Form (T2)* ist die Wahrheitsannahme (T1)* zunächst nur eine Hypothese, die durch weitere Daten derselben Art geprüft werden muss. Denn die Interpretin kann in ihrem Bemühen um ein Verstehen der Interpretandin andere Ausschnitte der Umgebung herausgreifen als die Interpretandin. Aber es wird sich bei weiteren Tests herausstellen, dass das T-Theorem (T1)* nicht zutreffend ist. In vielen anderen Situation, in denen ein großes Haus zu sehen ist, wird die Interpretandin äußern „This is not my place“, und dann kommt die Interpretin (wenn sie „not“ bereits versteht) mit ihrem ursprünglichen T-Theorem (T1)* nicht mehr durch. Nach hinreichend vielen Tests mit vielen verschiedenen Häusern wird die Interpretin mit einigem Glück das T-Theorem aufstellen:

(T3)* Der englische Satz der Interpretandin „This is my place“ ist wahr genau dann, wenn dies das Zuhause der Interpretandin ist.

Dieses T-Theorem kann dann *als Wahrheitsannahme* als bestätigt gelten. Wir können, genauer betrachtet, T-Theoreme der Form (T3)* auch so formulieren:

(T4)* Die Interpretandin hält den englischen Satz „This is my place" für wahr genau dann, wenn die Interpretin den deutschen Satz „Dies ist das Zuhause der Interpretandin" für wahr hält (wobei Deutsch die Metasprache, Englisch die Objektsprache ist).

Nach (T4)* ist *geteiltes Für-Wahrhalten* die elementarste Grundlage angemessener metarepräsentationaler Interpretationen.

Doch ist klar, dass T-Theoreme der Form (T3)* und (T4)*, selbst wenn sie gut bestätigt sind, noch nicht notwendigerweise eine gute Übersetzungen des englischen Satzes in den deutschen Satz sind. Mit anderen Worten, derartige T-Theoreme stellen nicht notwendigerweise eine gute Bedeutungsangabe, also eine gute Interpretation des englischen Satzes dar. Man kann sich leicht T-Theoreme dieser Form vorstellen, die wahr, aber nicht interpretativ sind. Wenn Interpretin und Interpretandin sich beispielsweise in einer Umgebung aufhalten, in der alle Häuser schön sind, dann würde ein T-Theorem der Form

(T5)* Der englische Satz der Interpretandin „This is a nice house" ist wahr genau dann, wenn dies ein Haus ist

bestätigt und wahr sein. Aber es würde sich nicht um eine angemessene Übersetzung und Interpretation handeln. Dieses Defizit ließe sich erst entdecken, wenn die Wörter „nice" und „house" in anderen T-Theoremen innerhalb anderer Wortkombinationen auftreten und die Interpretin für alle diese weiteren Fälle angemessene T-Theoreme finden und prüfen müsste. Dann würde es unter anderem auch um eine Prüfung der Beziehungen der T-Theoreme untereinander und insbesondere um ihre logische Konsistenz gehen müssen.

Das bedeutet letztlich, dass die Interpretin zunächst eine möglichst große Anzahl von T-Theoremen der Form (T3)* sammeln und positiv testen muss, und dass sie dann hypothetisch eine Reihe von Axiomen postuliert, aus denen die bisher gesammelten T-Theoreme auf konsistente Weise herleitbar sind. Diese Herleitung manifestiert wie im Falle anderer axiomatischer Theorien auch die logische Verbindung zwischen den gesammelten T-Theoremen. *Die Interpretin wird auf diese Weise eine axiomatische, aber anhand von T-Theoremen empirisch testbare Interpretationstheorie aufstellen.* Im besten Fall sind die postulierten Axiome so gut, dass alle T-Theoreme, die

die Interpretin überhaupt sammeln kann, die Theorie weiter bestätigen, also ableitbar sind. Dann ist die Interpretationstheorie auf befriedigende Weise etabliert. In diesem Sinne hat die Interpretationstheorie den Status einer empirisch testbaren Theorie. Ein vereinfachtes Schema einer axiomatisierten empirischen Interpretationstheorie wird im Exkurs 5 am Ende der vorliegenden Studie umrissen.

Wahre T-Theoreme – so kann man diese Überlegung zusammenfassen – *werden nur als herleitbare Theoreme einer axiomatischen, empirisch testbaren Interpretationstheorie zu angemessenen Übersetzungen und Bedeutungsangaben*. Das ist dem Interpretationsimus zufolge einer der Bausteine, mit deren Hilfe das Problem der Interpretativität der T-Theoreme (also das Problem der Überführung von Wahrheitsannahmen in Bedeutungsangaben) gelöst werden kann.

Ein weiterer Teil der Prolemlösung ist eine *kausale Referenztheorie*, deren entscheidende These ist, dass in den grundlegenden Fällen, in denen unser Basisvokabular entsteht, z. B. die Äußerung, dass dort eine Maus sitzt, von dem Umstand verursacht wird, dass dort eine Maus sitzt. Diese naturgesetzliche Beziehung vereinheitlicht die linguistischen Reaktionen von Interpretin und Interpretandin, allerdings ohne dass notwendigerweise eine Eindeutigkeit der Referenz erreicht würde.

Ein dritter Baustein der Lösung des Interpretationsproblems ist das *Prinzip der Wahrheitsunterstellung*. Dieses Prinzip wird aus der Sicht der Interpretin in Anschlag gebracht. Die Interpretin unterstellt die Wahrheit der Äußerungen und der Meinungen der Interpretanden nach Maßgabe ihres eigenen Für-Wahr-Haltens. Was für die Interpretin als wahr zählt, ist das, was sie selbst für wahr hält – und das gilt auch für die Äußerungen und Meinungen ihrer Interpretanden, die sie als wahr betrachtet. Dabei handelt es sich aber nicht um einen Wahrheitsimperialismus der Interpretin. Es wäre falsch, zu sagen, dass die Interpretin nur jene Wesen für verstehbar und vernünftig hält, die ihre eigenen Auffassungen teilen und ihrem eigenen Weltbild anhängen. Vielmehr müssen wir uns die Etablierung einer Interpretationstheorie als einen konstanten *Prozess* denken, in dem die Interpretationstheorie immer wieder adjustiert wird, oder, dramatischer formuliert, in dem diese Theorie immer wieder durch eine bessere Theorie ausgetauscht wird. Dann sehen wir leichter, dass das Prinzip der Wahrheitsunterstellung genau das Gegenteil von einseitigem Wahrheitsimperialismus enthält.

Nehmen wir z. B. an, dass unsere linguistische Feldforscherin während eines stabilen Hochs auf ihre Interpretanden trifft. Sie sammelt eine große Anzahl von Belegen für *gavagai*: immer wieder sagen die Interpretanden dieses Wort zustimmend, wenn ein Hase, leicht in die Sonne blinzelnd, vorbeiläuft und die Interpretin geneigt ist zu sagen: Sieh da, ein Hase! Aber eines Tages beginnt es zu regnen, und wieder rennt ein Hase vorbei, dieses Mal klatschnaß, und die Feldforscherin ruft begeistert: *gavagai!* Aber ihre Interpretanden schütteln den Kopf und äußern zur Verblüffung der Forscherin *gavagai* im ablehnenden Sinne. Das könnte wie ein glatter Widerspruch aussehen, wenn die Interpretin an ihrer bisherigen Interpretationstheorie festhielte. Wenn sich diese widersprüchlichen Belege häufen, könnte die Interpretin bei Festhalten ihrer Theorie anfangen, an der Intelligibilität ihrer Interpretanden zu zweifeln. Aber dann bräche ihr Verstehen zusammen. Wenn die Interpretin dagegen bereit ist, ihre Theorie zu adjustieren und weiter fleißig Belege zu sammeln, könnte sie entdecken, dass *gavagai* und andere Ausdrücke, die sie selbst eigenen Sätzen mit Tierprädikatoren zuordnet, nur im Sonnenschein gerufen werden. Und es könnte sich herausstellen, dass ihre Interpretanden Tiere in Sonnen- und Regentiere unterteilen. Also formuliert die Interpretin das T-Theorem: „*gavagai* ist wahr genau dann, wenn dort ein Hase ist und die Sonne scheint.“. Damit kann sie *gavagai* wieder als wahr nach ihren eigenen Maßstäben ansehen, und sie kann den Eindruck der Widersprüchlichkeit hinter sich lassen. Darauf beruht gerade das Verstehen.[812]

Diese Position hängt offensichtlich eng mit der Attacke auf den Schema-Inhalt-Dualismus zusammen, die wir schon kennen: wir können uns schlichtweg keinen Begriff von einem Begriffsschema machen, das zu unserem Begriffsschema semantisch vollständig inkommensurabel ist. Wir können uns sehr wohl einen Begriff von Begriffsschemata machen, die anders sind als unser Begriffsschema, die also die Welt teilweise anders einteilen, als wir es tun. Aber in diesem Fall müssen wir dieses andersartige Begriffsschema in unser Begriffsschema übersetzen können, wir müssen es als andersartiges verstehen können. Und das erfordert weitgehende Übereinstimmung im Für-Wahr-Halten. *Das Andersartige, das Fremde lässt sich verstehen nur auf der Grundlage weitgehender Übereinstimmungen.* Die Alternative ist nicht das Missverstehen, sondern der Zusammenbruch des Verstehens. Eines der wichtigsten allgemeineren Resultate dieser Argumentationslinie ist ein grundsätzlicher Antirelativismus. Der radikale Relativismus ist nicht eine falsche, sondern eine sinnlose Position, eine Position, die wir überhaupt nicht wirklich denken können.

Eine weitere grundlegende Konsequenz aus diesen Überlegungen ist, dass das Verstehen als Übersetzung im Sinne der kontinuierlichen Adjustierung von Objekt- und Metasprache als Prozess begriffen werden kann, in dessen Verlauf die semantischen Netze beider Sprachen aufeinander zube-

[812] Ein formales Modell einer Interpretationstheorie im Sinne Davidsons wird in Exkurs 5 angegeben.

wegt werden und in einen möglicht umfassenden konsistenten Zusammenhang gebracht werden. Dieses Modell kann ohne Abstriche auch auf Fälle übertragen werden, in denen die semantischen Netze der Autorenintention sowie verschiedener Texte oder Reden im Rahmen einer Interpretation in einen möglicht umfassenden konsistenten Zusammenhang gebracht werden. In diesem Prozess kann sich die Interpretation vom semantischen Gehalt der Autorenintentionen entfernen. Das heißt nicht, dass die Autorenintention überhaupt keine Rolle mehr spielt. Doch wenn der semantische Gehalt der Autorenintention mit den semantischen Gehalten vieler Texte und zum Teil auch jener Texte, die nicht von dem betreffenden Autor stammen, intepretativ in Einklang gebracht werden muss, kann sich das Gewicht der Autorenintention für die Interpretation erheblich verringern.

Das Prinzip der Wahrheitsunterstellung enthält einen weiteren wichtigen Aspekt, der aus dem holistischen Charakter der Interpretationstheorie folgt. Wie wir gesehen haben, kommt die Interpretationstheorie in Schwierigkeiten, wenn ihre Belege verbreitete Widersprüche enthalten – besonders wenn es nicht gelingt, sie durch Adjustierung der Theorie zu eliminieren. Das holistische Netz der Äußerungen, die eine Interpretin im Szenario der radikalen Interpretation mit Hilfe einer umfassenden Interpretationstheorie verstehen will, sollte sich daher weitgehend als widerspruchsfrei darstellen lassen – das ist eine Bedingung des Verstehens. Und dasselbe gilt natürlich vom Netz der Meinungen, die den Interpretanden zugeschrieben werden. *Gelingendes Verstehen ist nur auf dem Boden einer Rationalitätsunterstellung möglich.* Damit *wird das Prinzip der Wahrheitsunterstellung zum Prinzip der Nachsicht*, das wir schon aus der klassischen Hermeneutik kennen.

Die einfachsten und grundlegenden Situationen, von denen eine Interpretin in der radikalen Interpretation ausgeht, sind Fälle, in denen sie selbst und die Interpretandin auf das *Offensichtliche* linguistisch reagieren, d.h. auf mittelgroße Objekte, die im Wahrnehmungsbereich liegen. Die Interpretin sollte annehmen können, dass die Interpretanden glauben, dass es regnet, wenn sie inmitten eines Regensturms sind. Wenn wir also ausbuchstabieren wollen, *was das Prinzip der Nachsicht genauer besagt*, so sind wir jetzt bereits auf zwei einzelne Prinzipien gestoßen:

(1) Die Interpretanden glauben das Offensichtliche.
(2) Die Interpretanden glauben nicht offen und verbreitet an Widersprüche.

Aber nicht alle linguistischen Äußerungen sind Reaktionen auf das Offensichtliche. Dass die Interpretationstheorie im Fall des Erfolgs das *Netz* der Äußerungen und Meinungen der Interpretanden rekonstruiert, heißt für den Interpretationismus auch, dass entschlüsselt wird, welche Äußerungen und Meinungen Gründe für andere Äußerungen und Meinungen sind. Einige Äußerungen und Meinungen der Interpretanden sind nicht als linguistische Reaktionen auf das Offensichtliche, sondern nur als begründet durch andere Äußerungen und Meinungen verständlich. Auf dieser Ebene wird die Interpretin erwarten müssen:

(3) Die Interpretanden bilden sich diejenigen Meinungen, für die ihre Gründe alles in allem sprechen.
(4) Die Interpretanden adjustieren angesichts widerspenstiger Phänomene ihr Meinungssystem so, dass sie möglichst wenige ihrer bisherigen Meinungen ändern müssen.

Man kann ergänzend hinzufügen, dass auch zur Empathie, also zum simulativen Nachempfinden, sowie zum Verstehen von Wünschen oder Absichten mehr gehört als lediglich eine innere Simulation der gefühlsmäßigen Empfindung oder eine Rationalisierung des Wunsches einer anderen Person. Die Interpretin muss darüber hinaus auch erwarten:

(5) Die Gefühle und Wünsche der Interpretanden sind angesichts der Umstände kognitiv angemessen.
(6) Die Gefühle und Wünsche der Interpretanden werden angesichts neuer Umstände oder Informationen auf rationale Weise korrigiert.

Wenn eine Person zum Beispiel angesichts einer kleinen Schwierigkeit mit exzessivem und überzogenem Zorn reagiert, werden andere Menschen wohl kaum ein empathisches Gefühl dieser Peson gegenüber entwickeln können. Dasselbe gilt, wenn die Interpretin zwar erkennen kann, dass der Interpretand auf der Grundlage einer bestimmten Meinung exzessiv wütend reagiert, dieses Gefühl aber im Falle des Nachweises, dass seine Meinung falsch ist, nicht korrigiert. Daher können wir Gefühle, Wünsche und Absichten anderer Menschen nur dann erfolgreich verstehen, wenn diese Menschen

(7) diejenigen Gefühle, Wünsche und Absichten ausbilden, für die ihre sonstigen Gefühle, Wünsche, Absichten und Überzeugungen alles in allem sprechen,
(8) angesichts neuer Informationen ihr System von Gefühlen, Wünschen und Absichten so adjustieren, dass sie möglichst wenige ihrer bisherigen Gefühle, Wünsche und Absichten ändern müssen, und dabei

(9) ihre Wünsche und Absichten transitiv ordnen, so dass, wenn G/W/A 1 (= Gefühl, Wunsch oder Absicht 1) stärker ist als G/W/A 2 und G/W/A 2 stärker als G/W/A 3, dann auch G/W/A 1 stärker ist als G/W/A 3.

Die Grundsätze (1)–(9) sind Implikationen des Prinzips der Nachsicht, doch sind sie im Interpretationismus nicht hermeneutische Empfehlungen oder Faustregeln des Verstehens, sondern notwendige Bedingungen des Verstehens. Wenn eine Interpretationstheorie beispielsweise ergibt, dass die Interpretanden weithin Meinungen haben und Äußerungen artikulieren, für die ihre meisten Gründe (im bislang konstruierten Netz ihrer Meinungen und Äußerungen) nicht sprechen, droht ein Zusammenbruch des Verstehens, und die Theorie muss adjustiert werden.

Das Prinzip der Nachsicht und die Grundsätze, die aus diesem Prinzip folgen, sind also konstitutiv für das Verstehen und haben einen normativen Status. Das heißt, der Gegenstandsbereich des Verstehens, also der Bereich der Dinge, die wir uns intelligibel machen können, ist nicht auf naturgesetzliche Weise, sondern auf rationale Weise organisiert. Diese Rationalität so tief angesetzt ist, dass die Rationalität von Interpretin und Interpretandin verschmilzt. Es muss sich bei allen sprechenden und handelnden Wesen um dieselbe Rationalität (in Gestalt derselben Rationalitätskriterien, die oben erwähnt wurden) handeln. Wir können uns für bestimmte Arten und Bereiche des Handelns durchaus unterschiedliche „lokale" Methodologien, Rationalitäten und Normen vorstellen, aber für die Rationalität, deren Postulat aus dem Prinzip der Nachsicht folgt, macht es buchstäblich keinen Sinn, sich Alternativen oder relative Einschränkungen vorzustellen.[813] Auf dieser tiefen Ebene findet nicht nur der

[813] Diese Version des semantischen Normativismus (der behauptet, dass semantische Gehalte und ihre Vernetzung normativ sind), geht auf Donald Davidson zurück (vgl. Davidson (1984) und besonders Davidson (1984a)). Der semantische Normativismus wird auch von anderen einflussreichen Autoren gestützt und lässt sich gegenwärtig als mainstream-Auffassung betrachten. Einige dieser Autoren knüpfen an Wittgenstein (1999) an, z.B. Kripke (1987) und McDowell (1984). Andere Autoren haben differenzierte eigene Varianten des semantischen Normativismus vorgeschlagen, z.B. Bilgrami (1992), Bilgrami (1993), Boghossian (1989), Boghossian (2003), Brandom (1994), Brandom (2000). Zu weiteren Verteidigern des semantischen Normativismus gehören Detel (2005a), Gampel (1997), Gibbard (2005), Speaks (2009), Wedgewood (2007), Wedgewood (2008). Zuweilen wird die Normativität des Semantischen auf soziale Strukturen zurückgeführt, vgl. z.B. Williams (1990), Burge (1986) (dagegen Engel (2002), Engel (2006), der eine nicht-soziale Version des semantischen Normativismus befürwortet). Doch wird der semantische Normativismus auch bestritten, vgl. z.B. Rami (2004), Schroeder (2003), Wikforss (1999), Hattiangadi (2006). Eine mittlere Position nimmt Glüer ein, nach deren Meinung die semantische Normativität eine Normativität sui generis ist, wie sie etwa von Husserl und Frege konzipiert worden ist, vgl. z.B. Glüer (1999), Glüer (2000). Einen hervorragenden Überblick über die gegenwärtige Debatte zum semantischen Normativismus bieten Glüer, Wikforss (2009). Eine abgewogene Diskussion der Debatte findet sich

Begriffsrelativismus, sondern auch der Relativismus der Rationalität und Vernunft seine Grenze.

Diese Skizze dürfte ausreichen, um zumindest ansatzweise zu verdeutlichen, in welcher Weise eine avancierte Theorie der Bedeutung und des Verstehens im Detail zeigen kann, inwiefern aus systematischen Gründen

- das Verstehen auf Wahrheitsunterstellung verwiesen ist,
- das Verstehen auf den Kern der Humanität, die Rationalität, ausgerichtet ist,
- die semantischen Horizonte von Interpret und Interpretin im gelingenden Verstehen verschmelzen müssen und dabei das Fremde verstehbar werden kann, sowie
- in der Theorie des Verstehens keine fest gegebenen Bedeutungen postuliert werden dürfen, sondern Bedeutungen im Rahmen von Interpretationsprozessen erst entstehen.

Von größter Bedeutung ist jedoch die Einsicht, dass diese Aspekte des Verstehens keineswegs jene relativistischen, gegen Aufklärung und Rationalismus gerichteten Konsequenzen involvieren, die von der Philosophischen Hermeneutik ebenso wie vom Poststrukturalismus daraus gezogen worden sind. Diese falschen Folgerungen beruhen letztlich noch auf einem anachronistischen, subjektphilosophischen Bild vom Geist, das den Geist als eine epistemische Brille konzipiert, durch die wir auf die Welt blicken müssen. Das neue Bild, wie es unter anderem im Interpretationismus entworfen wird, betrachtet zwar die Perspektivität des Geistes als eine unhintergehbare Bedingung für eine Entstehung des Bildes von der einen objektiven Welt, weist aber auf zwei weitere grundlegende Aspekte dieser Perspektivität hin: Zum einen hat sich die geistige Perspektivität in einer langen evolutionären und kulturellen Entwicklung herausgebildet und in der Interaktion mit der externen Welt bewährt, darf also nicht lediglich als subjektiv und relativ beschrieben werden. Und zum anderen kann nur aus einem Vergleich – nicht aus einer prinzipiell unmöglichen Eliminierung – der geistigen Perspektiven auf die Welt ein Bild von der einen objektiven Welt entstehen. Diese Abgleichung wird bei den meisten Lebewesen bereits auf grundlegenden Ebenen verschiedener Wahrnehmungskanäle vorgenommen. Auch der Vergleich von aktuellen und im Gedächtnis gespeicherten Wahrnehmungen spielt dabei eine wichtige Rolle. Doch erst das Meistern natürlicher Sprachen und das metarepräsentationale Verstehen führen zu einer dramatischen Vervielfältigung der Abgleichung geistiger Per-

in Schütze (2009). Eine ausführlichere und detailliertere Verteidigung des semantischen Normativismus muss einer gesonderten Studie zu den systematischen Grundlagen der modernen Hermeneutik vorbehalten bleiben.

spektiven, denn jeder sprachlich formulierte Satz ist eine solche Perspektive, und jedes angemessene Metarepräsentieren in Form einer Übersetzung eines objektsprachlichen Satzes in einen metasprachlichen Satz involviert eine Abgleichung zwischen objektsprachlicher und metasprachlicher Perspektive. Das oben beschriebene Adjustieren der Interpretationstheorie im Rahmen von Verstehensprozessen erweist sich auf diese Weise als eine der wichtigsten Bedingungen für die Formierung eines Bildes von der einen objektiven Welt. Erst das sprachliche Verstehen stiftet epistemische Objektivität.

Ein gewichtiges Problem, das sich aus den bisherigen Überlegungen ergibt, ist die Relevanz des allgemeinen geist-theoretischen Begriffs von Verstehen für spezielle Bereichshermeneutiken, etwa für die juristische oder sakrale Hermeneutik, aber auch zum Beispiel für das Verstehen in der Mathematik oder das Verstehen von nicht-sprachlicher Kunst. Die historisch wie systematisch wichtigste Bereichshermeneutik ist zweifellos die Theorie des Verstehens von Literatur, also die Literaturtheorie.

Dieses Relevanzproblem ist derart umfassend und komplex, dass es weder in der vorliegenden (historischen) Untersuchung noch in einer anschließenden systematischen Studie angemessen behandelt werden kann. Dennoch sollen zumindest zur modernen Literaturtheorie im folgenden Kapitel einige Bemerkungen gemacht werden. Der Grund dafür ist, dass in der vorliegenden Untersuchung auf der grundlegendsten Ebene der klassische hermeneutische Begriff des Verstehens verteidigt wird, wenn auch in einer modernen geist-theoretischen Rekonstruktion. Dieser Begriff des Verstehens gilt jedoch in der gegenwärtigen Literaturtheorie als veraltet. So behandeln zum Beispiel Simone Winko und Tilmann Köppe in ihrer ausgezeichneten Einführung in neuere Literaturtheorien die (klassische) Hermeneutik neben dem Strukturalismus und dem New Criticism als Vorläufertheorien, „die heute in dieser Form nicht mehr vertreten werden."[814] Demgegenüber soll in den Überlegungen des folgenden Kapitels nachgewiesen werden, dass und wie der geist-theoretische Begriff des Verstehens auch für die Analyse des Verstehens von Literatur eine tragende Rolle spielen kann, ja muss.

[814] Köppe, Winko (2008), 19.

KAPITEL 9: ZUM VERSTEHEN VON LITERATUR

Wie bereits in der Einleitung erwähnt, würde es den Rahmen der vorliegenden Studie sprengen, wenn auch nur die wichtigsten Bereichshermeneutiken behandelt würden. Andererseits ist es eine naheliegende und ernsthafte Frage, ob der geist-theoretische Grundbegriff des Verstehens, von dem die vorstehenden Überlegungen ausgegangen sind, für eine angemessene Charakterisierung spezifischer Verstehensprozesse hilfreich sein kann. Diese Frage scheint für einen der zentralen hermeneutischen Bereiche – das Verstehen von Literatur – besonders virulent zu sein. Denn die Ausrichtung des geist-theoretischen Verstehensbegriffs an einem Primat des Erfassens semantischer Gehalte, am Modell des mind-reading und an der grundlegenden Rolle von Rationalitätsunterstellungen ist auf den ersten Blick nur schwer vereinbar mit den vielfältigen Formen von Verfremdungen (unter semantischen, strukturellen und rationalistischen Aspekten), die so kennzeichnend für Literatur sind. Daher könnte es gerade von literaturwissenschaftlicher und literaturtheoretischer Seite verständliche und ernstzunehmende Vorbehalte gegenüber den Grundzügen einer modernen Hermeneutik geben, wie sie den historischen Überlegungen in den vorhergehenden Kapiteln zugrunde liegen und in einer späteren Untersuchung genauer ausbuchstabiert werden sollen.[815] Dieses Problem ist umso bedrängender, als der Bezug der Hermeneutik auf das Humane gerade an der skizzierten Ausrichtung des geist-theoretischen Verstehensbegriffs festgemacht werden kann.

Aus diesen Gründen soll in diesem Kapitel der Versuch gemacht werden, zumindest ein Stück weit auszuloten, was aus Sicht der modernen Geist-Theorie zum Verstehen von Literatur angemerkt werden könnte. Dieser Versuch soll und kann natürlich keinesfalls ein so umfassendes und komplexes Thema, wie es das Verstehen von Literatur ist, auch nur annähernd ausschöpfen. Es wäre im Kontext der vorliegenden Studie schon viel erreicht, wenn deutlich werden könnte, dass der geist-theoretische Grundbegriff des Verstehens in vielen Formen des Verstehens von Literatur eine Rolle spielt.

In diesem Kontext wird die zutreffende These der naturalistischen und kognitiven Hermeneutik, dass auch das Verstehen von Literatur meist der hypothetisch-deduktiven Methode folgt, keine prominente theoretische

[815] Allerdings sehen hier nicht alle Literaturtheoretiker ein ernsthaftes Problem. So bemerkt etwa Tepe, dass die Interpretationsprinzipien nicht-literarischer und literarischer Texte weitgehend (wenn auch nicht vollkommen) übereinstimmen (vgl. Tepe (2007), Kap.7).

Rolle spielen.[816] Da es sich hier aber doch um einen wichtigen methodologischen Punkt handelt, soll die folgende Diskussion mit einem kleinen Beispiel zu dieser Frage eröffnet werden, bevor sie sich der Rolle des geist-theoretischen Verstehensbegriffs in Formen des Verstehens von Literatur zuwendet.

9.1. Ein geist-theoretisch interessantes Beispiel für die Anwendung der hypothetisch-deduktiven Methode auf lyrische Texte

Die Dichterin Sappho lebte um 590 v. u. Z. auf der Insel Lesbos. Sie war verheiratet und hatte eine Tochter. In Lesbos wie auch sonst oft im griechischen und lydischen Kulturraum jener Zeit lebte die Jugend der Oberschicht in Pensionaten, in denen vor allem die Mädchen unter Obhut einer erfahrenen Lehrerin auf ihre künftigen Aufgaben als Ehefrau und Mutter vorbereitet wurden. Zu dieser Ausbildung gehörten Kenntnisse in der Leitung einer großen Farm, aber auch musikalische und poetische Bildung sowie eine Erziehung zu gesellschaftlicher Ettikette in einem sozial eleganten Ambiente. Diese Ausbildung endete gewöhnlich erst mit der Hochzeit. Sappho leitete ein solches Mädchenpensionat. Die im folgenden Gedicht angesprochene junge Frau und der erwähnte Mann sitzen in der Szenerie des Gedichtes als Brautpaar vor Sappho. Die junge Braut ist von Sappho erzogen worden und hat längere Zeit mit Sappho und anderen Mädchen zusammengelebt:

Er sieht aus, der Mann, wie ein Bild der Götter,
wenn ich sehe, wie er dir gegenüber sitzt
und, dir nahe, deine süße Stimme hört,
und des Lachens reizenden Klang, der wahrlich
in der Brust mir gänzlich das Herz verstört hat.
Einen Blick nur werf' ich auf dich,
und schon versagt mir die Stimme,
und die Zunge ist mir zerbrochen,
feines Feuer schlägt durch die Haut nach innen,
mit den Augen seh' ich nichts mehr,
und Dröhnen füllt mir die Ohren,
und der Schweiß, er rinnt an mir nieder,
Zittern überläuft mich ganz,

[816] Vgl. dazu aber oben, Abschnitte 7.4, S. 325–327 und 8.4, wo die Anwendbarkeit der hypothetisch-deduktiven Methode in der Textinterpretation grunsätzlich gerechtfertigt wird.

wie das Gras der Wiese bin ich grün,
man sieht es: ich bin beinahe wie eine Tote.[817]

Man hat oft behauptet, dass Sappho in diesem Gedicht ihre Liebe zu der jungen Braut ausschließlich in Form körperlicher Symptome zu beschreiben scheint. Sie benutzt keinen einzigen emotionalen Ausdruck. Kenner des frühgriechischen Denkens haben darauf hingewiesen, dass der frühgriechische Mensch noch nicht zwischen Leib und Seele unterscheidet.[818] So heißt es in einer führenden Interpretation des Gedichtes:

„Die Erschütterungen, von denen Sappho durchdrungen ist, sind für sie nicht „Symptome" von etwas, nämlich von Liebe, sondern sie sind Liebe...Körper und Seele sind noch eins. Wenn wir die uns geläufige Tiefenperspektive auf das Gedicht übertragen, so mißverstehen wir es."[819]

Dieser Interpretationshypothese zufolge gilt:

(H) Sappho vertritt generell eine Auffassung von der Seele, die heute als robuste Identitätstheorie des Geistes bezeichnet werden würde: Seelische und körperliche Phänomene sind ihrer Art nach nicht verschieden.

Aus (H) folgen logisch die Konsequenzen

(K1) Sappho verweist zur Beschreibung von eigenen Zuständen, die wir heute mental nennen würden, stets oder zumindest primär auf physiologische Zustände.

(K2) Sappho unterscheidet niemals zwischen der physiologischen und psychischen Ebene oder setzt sie gar zueinander in Beziehung.

Das zitierte Gedicht weist eine elementare logische Struktur auf, die im wesentlichen durch eine mehrgliedrige Induktion bestimmt ist. Die Wahrnehmung (das Hören der Stimme, der Anblick) der angesprochenen Frau bringt Sappho dem Tode nahe. Diese generelle Beschreibung ist als Folgerung *ich bin beinahe wie eine Tote* an das Ende des Textes gesetzt und wird durch die

[817] Die Übersetzung aus dem Altgriechischen (hier und im folgenden) stammt von Hermann Fränkel aus seinem großartigen Buch Fränkel (1962), 199. Die Übersetzungen von Fränkel sind zum Teil ein wenig frei, aber durchaus kongenial. Ich lege im folgenden die Übersetzungen Fränkels zugrunde, ohne mich um den Originaltext und Übersetzungsalternativen zu kümmern.

[818] Vgl. z. B. Fränkel (1962), 605 f.

[819] Fränkel (1962), 200.

Worte *man sieht es* sogar ausdrücklich als Inferenz ausgewiesen. Davor treten im Text Hinweise auf, die sich als induktive Prämissen für die Schlussfolgerung auffassen lassen: die Verstörung des Herzens, das Versagen der Stimme, die übermäßige Erhitzung des Körpers, das Erblinden der Augen, das Zerstören des Hörens durch inneres Dröhnen, der Schweißausbruch, das unkontrollierbare Zittern und die unnatürliche Farbe.[820] Dieser vielfache Zusammenbruch wird seinerseits durch die ersten Zeilen des Gedichtes begründet: durch die süße Stimme, das reizende Lachen und die Schönheit der angesprochenen Frau (ihre Schönheit können und müssen wir erschließen aus den Folgen ihres Anblicks).

Auf den ersten Blick scheint Sapphos Gedicht ein guter Beleg für (H) zu sein ist, weil (K1) und (K2) erfüllt zu sein scheinen. So ist zum Beispiel die Aufzählung der körperlichen Symptome des lyrischen Ichs auffällig, d. h. die Reihenfolge Versagen der Stimme – Erhitzung des Körpers – Versagen der Augen und des Gehörs – Schweiß, Zittern, Farbwechsel der Haut. Man sollte erwarten, dass sich an die Erwähnung einer höheren Fähigkeit wie des Sprechens ein Verweis auf weitere höhere körperliche Fähigkeiten wie Sehen und Hören anschließt, und dass auf der anderen Seite die vegetativen körperlichen Symptome verbunden miteinander angesprochen werden. Doch im Text wird diese Folge gebrochen: höhere und vegetative Symptome werden in gemischter Folge präsentiert. Eine der möglichen Hypothesen zu Erklärung dieser Struktur wäre, dass Sappho darauf hinweisen möchte, dass in Situationen höchster emotionaler Dichte höhere und vegetative Symptome eng miteinander korreliert sind. Dieser Eindruck wird dadurch verstärkt, dass die Symptome sehr überlegt über lebenswichtige Sinne und Fähigkeiten verteilt sind.[821] Wir können also festhalten:

[820] Es ist interessant, dass Catull in seiner lateinischen Nachdichtung dieses Gedichtes von Sappho (vgl. 51 Kroll) die allgemeine These an den Anfang stellt und dann als induktiven Beleg die Einzelheiten hinzufügt. Catull richtet das Gedicht an seine Hassliebe Clodia, die er in seinem Gedicht mit *Lesbia* anredet, und obgleich die Nachdichtung für antike Verhältnisse recht getreu ist, lässt Catull es sich nicht nehmen, eigene Änderungen vorzunehmen. So setzt er am Ende eine volle Strophe hinzu, die auf sein Verhältnis zu Clodia gemünzt ist, und die Dreiecksszenerie ist so aufgebaut, dass zwar Clodias Anblick ihm den Atem (und vieles andere) nimmt, dass die dritte Person aber ein Mann ist, der von Clodia weit weniger beeindruckt ist und den Catull deshalb beneidet. Diese Änderungen sind dem Umstand geschuldet, dass Catull seiner Clodia in ihrer gemeinsamen Begeisterung für die Dichtung Sapphos eine Nachdichtung überreichen wollte, die gleichwohl auch Eigenes enthält. Doch die Änderungen mindern die emotionale Dichte und Geschlossenheit des Originals erheblich.

[821] Im übrigen repräsentiert die Reihung der Symptome auch eine poetische Struktur. Die Folge: *ein kognitives* Symptom (Versagen der Stimme) – *ein vegetatives* Symptom (Hitzewallung) – *zwei kognitive* Symptome (Versagen von Sehen und Gehör) – *drei vegetative* Symptome (Schweißausbruch, Zittern, grünliches Erbleichen) – *totähnlicher Zustand* (als extreme Konsequenz) stellt klarerweise eine klassische Klimax dar. Und diese Klimax ist nicht nur eine dürre formale Struktur, sondern stellt auch eine rational nachvollziehbare Folge dar, die

(E) Das zitierte Gedicht bestätigt (K1) und (K2) und somit auch (H).

Doch lassen sich (K1) und (K2) anhand anderer Gedichte von Sappho falsifizieren. Denn, ad (K1), in anderen Gedichten benutzt Sappho durchaus emotionale Ausdrücke, und zwar manchmal sogar ausschließlich, um ihren Zustand zu beschreiben:

Ewige Aphrodite auf buntem Throne,…
Lasse nicht, o Herrin, in Leid und Qual vergehen meine Seele,
sondern komm' zu mir.…
Du, Selige, Lächeln im unsterblichen Antlitz, fragtest vormals:…
„Wen soll ich nun denn wieder locken dich zu lieben?
Wer ist es, Sappho, die dich gekränkt hat?"…
Komm zu mir auch jetzt, mich von schweren Sorgen
zu erlösen! Das was ich heiß ersehne, lass es wirklich werden![822]

Und, ad (K2), in einigen Gedicht-Fragmenten bringt Sappho beide Ebenen ins Spiel und setzt sie zueinander in Beziehung:

Wieder schüttelt mich Eros der gliederlösende,
das süß-bittere Wesen, vor dem wir hilflos sind,
Atthis; dir aber ist ein Hass gekommen, dich um mich zu bemühen,
zu Andromeda fliegst du hin.[823]

Schütteln und Gliederlösen geht im Zustand des Eros einher mit bitter-süßer Empfindung und Hilflosigkeit. Und wenn Sappho den Abschied von einem geliebten Mädchen nach langem Zusammenleben beschreibt, so verweist sie auf die mentalen Gefühle des Mädchens, die mit den Tränen korreliert sind:

Ehrlich wünschte ich, ich wäre tot.
Sie ist von mir gegangen mit reichlichen Tränen,
und sie sagte zu mir:
„O wie schrecklich ist es für uns.
Sappho, wirklich, ich scheide nicht gern von dir."
Und ich antwortete ihr darauf:
„Geh und denk in Freuden an mich…"[824]

zwar nicht die zeitliche Reihenfolge der einzelnen Symptome abbildet (die sich wohl weitgehend gleichzeitig einstellten), wohl aber eine Dynamik der kontinuierlichen Steigerung von Sapphos bemitleidenswertem Zustand beschreiben dürfte.

[822] Fränkel (1962), 200f.

[823] Fränkel (1962), 208.

[824] Fränkel (1962), 202.

Wenn Sappho also in dem zu Beginn zitierten Gedicht über ihren totähnlichen Zustand angesichts der jungen Braut primär körperliche Symptome anführt, dann offenbar nicht, weil sie eine Identitätstheorie des Geistes vertritt. Sappho weiß in anderen Gedichten die leibliche und seelische Ebene sehr wohl zu trennen. Wir können daher feststellen:

(E1) Die Konsequenzen (K1) und (K2) werden in anderen Gedichten Sapphos falsifiziert.
(E2) Hypothese (H) wird in anderen Gedichten Sapphos falsifiziert.

Daraus folgt wiederum, dass die exklusive Betonung der körperlichen Symptome im zuerst zitierten Gedicht (vgl. (E)) etwas Spezifisches besagen muss. Wir brauchen eine zusätzliche Hypothese, die (E1) und (E2) mit dem Befund (E) vereinbar macht. Es liegt nahe, dafür die folgende Hypothese aufzustellen:

(H)* Sappho will mit ihrer Beschreibung im zitierten Gedicht die dramatische körperliche Sehnsucht andeuten, d.h. den physischen Eros, den sie in diesem besonderen Fall zu der jungen Braut empfindet.

Wenn die Hypothese (H)* richtig ist, sollte man folgende Konsequenz erwarten:

(K3) Sappho betont die physiologische oder seelische Ebene unterschiedlich stark, je nach der Art des Eros, den sie beschreiben möchte.

Tatsächlich besingt Sappho zum Beispiel die eher zarten, seelischen Gefühle eines entlassenen Mädchens zu Atthis, die noch unter ihrer Obhut lebt:

Von Sardis aus richtet sie oftmals ihre Gedanken hierher,
wie wir aneinander hingen. Sie achtete dich Göttinnen gleich,
und deinen Gesang fand Arignota stets am schönsten.
Nun aber prangt sie unter Lydiens Frauen…
Vielmals im Hinwandeln gedenkt sie wohl der freundlichen Atthis,
Sehnsucht in ihrem feinen Geist, und ihr Herz verzehrt sich in Kummer…[825]

An anderer Stelle (vorzugsweise, wie es scheint, wenn Sappho ihre eigenen Empfindungen beschreibt) werden dagegen wieder die körperlichen Aspekte der Liebe betont:

[825] Fränkel (1962), 209.

Meinen Geist hat Eros erschüttert,
wie der Sturm im Gebirge,
der in den Laubwald fällt.[826]

Wenn wir aus dieser Perspektive noch einmal auf das Ausgangsgedicht zurückblicken und dabei den modernen geisttheoretischen Hintergrund einbringen, so zeigt sich, dass die bisherige Interpretation ungenau ist. Denn streng genommen beschreibt Sappho keineswegs nur physiologische Symptome. Wahrnehmungen und Sprache sind nämlich kognitive, also seelische Fähigkeiten und Prozesse. Sappho korreliert in diesem Gedicht vielmehr recht explizit das Versagen kognitiver (und damit spezieller seelischer) Fähigkeiten und den Verlust des physiologischen Gleichgewichts. Insofern bestätigt genau genommen sogar das Ausgangsgedicht die Hypothese, dass Sappho Körper und Seele nicht identifiziert. Sie benutzt also auch in diesem Gedicht die *psychologische* Sprache – sie benutzt allerdings in der Symptombeschreibung nicht die *speziell emotionale* Sprache, d. h. sie beschreibt hier keine Emotion (wie Sehnsucht, Liebe, Kränkung oder Eifersucht).[827] Sappho korreliert im Ausgangsgedicht gezielt das Versagen grundlegender kognitiver Fähigkeiten mit dem Verlust des vegetativen Gleichgewichts und streicht damit nicht nur ihren physischen Eros heraus, sondern auch seine dramatische und unkontrolliebare Übermacht. Halten wir also fest:

(E)* Der Befund (E) ist ungenau, da Sappho im zitierten Gedicht zwar höhere und vegetative Symptome unterscheidet, die höheren Symptome aber näher betrachtet kognitiv und damit seelisch sind.

Daraus folgt

(E)** Das zitierte Gedicht bestätigt (H)* und falsifiziert daher ebenfalls (H).

Damit haben wir hinsichtlich der Hypothese (H) auf hypothetisch-deduktivem Wege eine konsistente und gut bestätigte Interpretation gefunden.

Unsere Interpretation sollte sich aber auch um die Literaturgattung des Gedichtes und ihre historische Einordnung kümmern. Es handelt sich, wie die Verwendung des lyrischen Ichs andeutet, um die Einzellyrik, die im frühen Griechentum von der Chorlyrik zu unterscheiden ist. Die Chor-

[826] Fränkel (1962), 207.

[827] Im ersten Teil des Gedichtes, in dem Sappho vom Hören der süßen Stimme und des reizenden Lachens ihrer Angebeteten singt, ist sogar der Sache nach eine emotionale Sprache im Spiel.

lyrik entwirft Lieder für einen Chor, die aus festlichem Anlass, etwa einer Hochzeit, gesungen werden. Dabei ist (wie schon bei Homer) nicht von individuellen Empfindungen die Rede, sondern von kollektiven Haltungen und vor allem von dem faktischen Ablauf des – meist prächtigen – Geschehens, das zudem mit mythischen Beispielen exemplifiziert wird. Die Einzellyrik bringt hingegen die Tagesstimmungen einzelner Menschen (oft des lyrischen Ichs) zur Sprache. Wenn man bedenkt, dass Sappho nur etwa vier Jahrzehnte nach der Abfassung der *Odyssee* lebte, kann man ermessen, welch radikaler Bruch von den homerischen Epen zur frühgriechischen Einzellyrik führte. Allgemeine Sentenzen, wie sie für das Epos kennzeichnend sind, kommen kaum noch vor. Die menschliche Seele gilt als extrem wandelbar, den täglichen Geschehnissen vollständig unterworfen. Man glaubt nicht mehr an feste Charaktere. Der jeweils gegenwärtige Zustand des Individuums in seiner Reaktion auf die täglichen Ereignisse zählt allein, und dieser „ephemere“ Zustand wird in kurzen Gedichten beschrieben. Neben Archilochos hat Sappho dieses einzellyrische Programm wohl am eindrucksvollsten umgesetzt, und das Gedicht, das wir hauptsächlich besprochen haben, ist zweifellos ein gutes Beispiel für diese Umsetzung. Doch diese literaturtheoretische Einordnung wird erst dadurch pointiert, dass die neue Einzellyrik gezielt Zustände und Aspekte des phänomenalen Bewusstseins zur Sprache bringt. Das wiederum wäre mit der Hypothese (H) unvereinbar, während (H)* gut zu dem neuen Literaturprogramm passt:

(L) Das neue Literaturprogramm der frühgriechischen Einzellyrik ist mit Hypothese (H)*, nicht aber mit Hypothese (H) vereinbar.

Mit (L) wird (H)* durch eine Konsistenzthese zusätzlich untermauert.

Sappho hat das skizzierte Literaturprogramm mit seiner spezifischen Wertehaltung in einem bemerkenswerten Gedicht sogar explizit beschrieben und den homerischen Werten entgegengehalten:

Mancher sagt, ein Wagenheer sei das Schönste auf der schwarzen Erde,
und mancher: Fußvolk, mancher: eine Flotte.
Ich aber sage: das was man lieb hat…
So hat eben Helena mich an das ferne Mädchen erinnert,
deren holdes Schreiten ich lieber sähe
und des Lichtes Spiel auf dem blanken Antlitz
als der Lyder Wagen und hoch in Waffen kämpfende Krieger.[828]

[828] Fränkel (1962), Fränkel (1962), 211. Ähnlich bricht der Lyriker und Söldner Archilochos

9.2 Metarepräsentation und Kriterien der Literarizität

Wenn eine moderne Theorie des Verstehens sich der Frage anzunehmen versucht, worin das Verstehen von Literatur besteht, dann ist das gravierendste Problem dieser Fragestellung, dass nach Meinung führender Literaturtheoretiker eine Definition oder auch nur eine erhellende Charakterisierung von Literatur unmöglich zu sein scheint.[829] Zwar hat es immer wieder Versuche gegeben, eine Bestimmung von Literatur oder zumindest von Literarizität anzugeben, aber offensichtlich ohne durchschlagenden Erfolg.[830] Allerdings ist es sinnlos, einen Terminus zu verwenden, wenn es nicht zumindest einige klare paradigmatische Fälle gibt, auf die dieser Terminus nach übereinstimmender Meinung der Experten zutrifft, und einige andere Fälle, auf die er nicht zutrifft. Viele Literaturtheoretiker machen geltend, dass dies zwar für den Terminus „Literatur" zutrifft, dass es sich dabei aber um historisch wandelbare und daher historisch relative Einschätzungen handelt. Sollte diese Behauptung korrekt sein, so müssen wir uns auf moderne Einschät-

zur gleichen Zeit offen mit epischen Tapferkeitsidealen, wenn er in einem seiner Gedichte gesteht, dass er in einer brenzligen Situation im Rahmen einer Schlacht seinen Schild weggeworfen und die Flucht ergriffen hat – und wenn er hinzusetzt, dass es ihm viel wichtiger gewesen sei, sein Leben gerettet zu haben als zu vermeiden, dass ein Gegner nach der Schlacht mit seinem Schild prahlen kann.

[829] Vgl. etwa, um nur zwei Beispiele zu nennen: Hirsch (2006); Derrida (2006).

[830] Vgl. Eagleton (1992), Kapitel 1, 1–18 („Was ist Literatur?"); Culler (2002), Kap.2, 31–63 („Was ist Literatur und ist sie wichtig?"); Geisenhanslüke (2003), 6–7. Selbst Jahraus (2004) kommt in seiner groß angelegten Reflexion im ersten Teil seiner Literaturtheorie (a. a. O., 23–219), der u. a. der Frage nach dem Gegenstand der Literaturtheorie gewidmet ist, nicht zu einem abschließenden Ergebnis. Köppe, Winko (2008) bieten ebenfalls einen Überblick zu dieser Frage, indem sie u. a. die Auffassungen und die Kriterien von Literatur für jede der von ihnen dargestellten Literaturtheorien gesondert aufführen. Die wichtigsten sind: (a) Stimmigkeit, Einheit, Form-Inhalt-Koppelung (Philosophische Hermeneutik/Gadamer: 26); (b) poetische Funktion (Strukturalismus/Jakobson: 52f.); (c) Fiktionalität, Erschaffung und Steuerung vorgestellter Wirklichkeiten mit zu komplettierenden Unbestimmtheitsstellen, begleitet von einer Sinnkonstitution (Rezeptionsästhetik: 87f.); (d) subversiver Gegendiskurs, Verweisung auf sich selbst (Subjektlosigkeit) ohne spezifische literarische Qualität (Poststrukturalismus: 102–104); (e) sprachliches Gebilde, das Bedeutung trägt (Neohermeneutik: 135); (f) Element des Überbaus, Wechselwirkung mit der Basis, d. h. Aufnahme und Verarbeitung gesellschaftlichen Materials, auf dieser Grundlage Entwurf neuer Möglichkeiten menschlicher Existenz u. a. mit formal-ästhetischen Mitteln (gesellschaftswissenschaftliche Literaturtheorie: 155f.); (g) Medium, in dem sich Kultur niederschlägt und das gattungsspezifische und textspezifische Ausdrucksformen aufweist, z. B. semantisch: Inszenierung von Bedeutung, u. a. als Schnittpunkt kultureller Codes; oder funktional: Dokument von Stereotypen des Fremden, Quelle zur Rekonstruktion kulturgeschichtlichen Wissens (kulturwissenschaftliche Literaturtheorie: 244f.); (h) spezielle literarische Funktionen: z. B. ästhetisches Vergnügen bereiten, Empfindungen ausdrücken und kommunizieren, Identitätsbildungsprozesse unterstützen, Erkenntnis vermitteln (Anthropologie der Literatur: 317f.). Die Punkte werden (a), (b), (c) und (e) in den folgenden Kriterien (1)–(6) aufgefangen. Die Punkte (d), (f), (g) und (h) sind dagegen recht unspezifisch und daher wenig hilfreich.

zungen beschränken, also auf die paradigmatischen Verwendungsweisen des Ausdruckes „Literatur“ in Literaturtheorien seit ca. 1800.[831]

Auf dieser Basis dürfte es nicht von vornherein aussichtslos sein, nach einer angemessenen Definition von „Literatur“ zu suchen.[832] Ein erster grober Überblick scheint zu folgenden Angeboten zu führen[833]:

(1) *Die Literarizität eines Textes besteht in einer bestimmten Art von Sprachverwendung, die die Selbstverständlichkeit des gewöhnlichen Sprachgebrauches durchbrechen, verfremden, verändern oder intensivieren soll.* Auf diese Weise kann eine neue Perspektive auf die angesprochenen Phänomene entwickelt werden. Diese Technik zielt darauf ab, die Aufmerksamkeit auf die sprachlichen Strukturen selbst zu lenken.[834]

(2) *Literarische Texte sind Texte, die durch eine bestimmte Form ausgezeichnet sind* und ggf. eine spezifische Form der Sprachverwendung gemäß Kriterium (1) mittels einer bestimmten Form herzustellen suchen.[835] Diese Form könnte zunächst die allgemeinen Merkmale betreffen, durch welche die Texte überhaupt ausgezeichnet sind, u. a. Kohärenz (semantischer rationale Zusammenhang), Intentionalität (Unterstellung einer Intention des Autors), Informativität (Transport von Information)[836], Situationalität (Einbettung in bestimmte faktische Situationen) und Intertextualität (Bezug zu anderen Texten).[837] Darüber hinaus gelten als spezifisch literarische Formen der Stil (ein wiederkeh-

[831] Vor dieser Zeit wurde das Wort „Literatur“ nicht für Texte verwendet, die ob ihrer Qualität hochangesehen sind, sondern entsprechend dem lateinischen „litterae“ für Schrifttum oder Buchwissen. Culler (2002), 36 bemerkt, dass der moderne Begriff der Literatur wohl zum ersten Mal in Madame de Staels Schrift *Über Literatur, in ihrem Verhältnis mit den gesellschaftlichen Einrichtungen und dem Geist der Zeit* auftaucht.

[832] In ihrem metatheoretischen Beitrag Krug, Müller, Kindt (2009) plädieren die Autoren für die Legitimität einer Begriffsdefinition von Literatur und melden Zweifel an Versuchen an, Literatur unter Rückgriff auf methodologische Aspekte zu bestimmen. Erfrischend ist, was Max Weber einst zum Unternehmen der Definition von Literatur bemerkte: „Wer wissen will, was Literaturwissenschaft ist, der muss zunächst wissen, was Literatur ist, weil der zusammengesetzte Begriff sich erst auf der Basis des einfacheren erfassen lässt, den er als Komponente enthält. Literaturwissenschaftler sollten in der Lage sein, Auskunft darüber zu geben, was Literaturwissenschaft ist. Also sollten sie in der Lage sein, Auskunft darüber zu geben, was Literatur ist“ (zitiert in Müller, Krug, Kindt (2009), 92). Ein neuerer Sammelband zu entsprechenden Versuchen ist zum Beispiel Gottschalk, Köppe (2006).

[833] Vgl. Culler (2002), 44–53.

[834] Eagleton (1992), 2–6, Jahraus (2004), 105 (Literatur als verdichtete und abweichende Sprache, die aber dennoch oder gerade deshalb ein Medium der Welterfahrung bleibt).

[835] Vgl. Jahraus (2004), 111 ff.

[836] An diesen Aspekt wird zuweilen die kommunikative Funktion von Literatur angekoppelt, die allerdings kontrovers diskutiert wird, vgl. Jahraus (2004), 134–139.

[837] Vgl. de Beaugrande, Dressler (1981), 3.

rendes Selektionsmuster sprachlicher Einheiten), die Gattung und die rhetorischen Figuren, insbesondere Metapher und Metonymie.[838]

(3) *Literatur ist wesentlich durch eine mehrfache Kodierung charakterisiert.* Literarische Texte bringen ihre Elemente in eine Beziehung zueinander, die ihre Bedeutungen auf kontrollierte Weise ambivalent macht. Eine spezifische Variante dieses Kriteriums ist, dass literarische Texte über sich hinausweisen, d. h. auch das „Abwesende" und damit ihre implizite semantische Verbindung zu anderen Texten thematisieren.[839]

(4) *Literatur besteht aus fiktionalen Texten.* Literarische Darstellungen stehen in einem besonderen Verhältnis zur Realität und entwerfen eine fiktive Welt von Personen, Handlungen und Umständen, die freilich auch nicht – fiktionale Umstände (z. B. lokale Verhältnisse oder Institutionen, die es wirklich gibt) enthalten können. Fiktionale Literatur wird auch als imaginär oder imaginativ bezeichnet, und man betont, dass die fiktionale, imaginäre Rede nicht im buchstäblichen Sinne wahr ist.[840]

(5) *Literatur ist ein Ensemble von Texten, das ästhetischen Kriterien genügt.* Eine dünne Form dieses Kriteriums ist, dass Literatur gutes Schreiben ist. Was dabei gut ist, lässt sich freilich nicht objektiv bestimmen: gutes Schreiben ist vielmehr hochangesehenes Schreiben, und was hochangesehen ist, hängt von der Einschätzung der Leserschaft und ihrem historischen Kontext ab.[841] Die inhaltsreichere Kernidee Kants ist, dass Kunstwerke allgemein und literarische Texte im besonderen die sinnliche Form (Farben, Klänge, literarische Strukturen) und den geistigen Inhalt zusammenbringen und den Konsumenten dazu auffordern, das Verhältnis zwischen Form und Inhalt ausdrücklich zu reflektieren.[842]

(6) *Literarische Texte sind intertextuelle oder autoreflexive Konstrukte.* Diese Texte gewinnen Profil und Bedeutung erst durch ihre Relation zu anderen Texten. Insbesondere thematisieren sie dabei jeweils ihr eigenes Verhältnis zu anderen literarischen Texten, d. h. machen ihre jeweilige Literarizität selbst zu einem Gegenstand der Reflexion, z. B. indem sie

[838] Vgl Jahraus (2004), 119–121 und z. B. Plett (1989).

[839] Vgl. z. B. Jahraus (2004), 117. Breadley bestimmt in Breadley (2006) Literatur im wesentlichen durch die beiden Eigenschaften, ein imitierter illokutionärer Akt zu sein, und ein Übermaß an impliziter Bedeutung aufzuweisen. Die zweite dieser Eigenschaften hängt eng mit dem Merkmal zusammen, semantisch über sich hinauszuweisen.

[840] Eagleton a. a. O. S. 1, Jahraus (2002), 121 f. Dieser Gesichtspunkt wird genauer ausgeführt und untersucht z. B. in Zipfel (2001), Hamburger (1987) und Iser (1993).

[841] Vgl. Eagleton (1992), 11–13. Hier lassen sich Gadamers Bezug auf das Klassische (die klassische Tradition) und allgemeiner die rezeptionstheoretischen Varianten der Ästhetik einordnen.

[842] Vgl. Jahraus (2002), 106–108. Eine moderne durchgeführte Version dieses Blicks auf Literatur ist v. Zima (1991).

ihre jeweilige Literaturgattung im Vergleich zu bisherigen Vorlagen in einer bestimmten Richtung voranbringen wollen.[843]

Die meisten Literaturtheoretiker weisen nachdrücklich darauf hin, dass keines dieser oder ähnlicher Kriterien befriedigend ist, denn für jedes der sechs Kriterien lässt sich Literatur finden, die das Kriterium nicht erfüllt, und es lassen sich nicht – literarische Texte finden, die es erfüllen.[844] Und doch tauchen diese Kriterien immer wieder auf und scheinen für eine große Zahl literarischer Texte einschlägig zu sein, auch wenn sie zum Teil an bestimmte Arten von Literaturtheorie gebunden sind. Selbst wenn sich aus diesen Kriterien also nicht eine Menge notwendiger und hinreichender Bedingungen herausschält, die für alle und nur die literarischen Texte zutreffen, lohnt es sich, auf der Basis des geist-theoretischen Verstehensbegriffes nach den spezifischen Verstehensleistungen zu fragen, die mit ihrer Interpretation verbunden sein könnten.

Zuvor ist noch eine allgemeine Bemerkung angebracht. Wenn wir fragen, was das Verstehen eines Textes der Physik, zum Beispiel die schriftliche Erläuterung einer physikalischen Theorie, vom Verstehen eines literarischen Textes unterscheidet, dann ist es ebenso trivial wie wichtig, dass physikalische Texte gewöhnlich Verhältnisse in der Natur beschreiben, die sich ihrerseits naturwissenschaftlich erklären lassen. In literarischen Texten werden dagegen oft Personen und ihre Handlungen beschrieben, also Verhältnisse, die sich ihrerseits verstehen lassen. Technischer ausgedrückt ist das Verstehen eines physikalischen Textes gewöhnlich eine einfache Metarepräsentation, während *das Verstehen eines literarischen Textes meist höhere metarepräsentationale Stufen enthält* (mindestens Metarepräsentationen dritter Ordnung). Denn im Falle literarischer Texte müssen wir gewöhnlich repräsentieren, welche Repräsentationen der beschriebenen Personen die Repräsentationen (Bedeutungen) des Textes repräsentieren. Und die Stufen der Metarepräsentationen können in literarischen Texten leicht höher getrieben werden, wenn zum Beispiel beschrieben wird, wie eine Person in der im Text beschriebenen Handlung eine andere Person interpretiert. Selbst wenn faktische Verhältnisse beschrieben werden, sind sie meist in einer bestimmten kognitiven oder bewusstseinsphänomenal gestimmten Perspektive dargestellt – des Autors oder des Erzählers oder einer der beschriebe-

[843] Vgl. auch Eagleton (1992), 8–9, Jahraus (2002), 133 f.

[844] Ein weiteres Beispiel dafür ist Peter Brenner, der die drei Kriterien Schönheit, Fiktionalität und Vieldeutigkeit diskutiert und zu dem Ergebnis kommt, dass keines dieser Kriterien Literatur befriedigend zu erklären vermag. Brenner selbst sieht Literatur als Kulturphänomen, d. h. folgt der mittlerweise verbreiteten Strategie, die Literaturwissenschaft in die Kulturwissenschaft einzubetten (vgl. Brenner (1995)).

nen Personen. Diese Perspektive muss dann als diese bestimmte Perspektive mitverstanden werden – und dies gilt für viele weitere Perspektiven, von denen beispielsweise die strukturalistische Narratologie spricht, nicht zu reden von figurativen Aspekten wie Metapher, Ironie, Witz oder Sarkasmus.

Ein spezieller und wichtiger Aspekt der literarischen Metarepräsentationalität ist die Fiktionalität vieler (natürlich keineswegs aller) literarischer Texte. *Die Fähigkeit, die Fiktionalität eines literarischen Textes zu verstehen, beruht auf einem ebenso grundlegenden wie wichtigen mentalen Vermögen, nämlich dem Vermögen, mental multiple Weltmodelle zu entwerfen, insbesondere mögliche Welten und irreale Welten.* Diese Fähigkeit liegt zum Beispiel fast allen Planungen und deliberativen Prozessen zugrunde, wird aber schon bei kleinen Menschenkindern im phantasievollen pretend play manifest.[845] Es ist klar, dass das Entwerfen multipler Weltmodelle eine weitere Stufe der mentalen repräsentationalen Komplexität nach sich zieht.

Ein dritter wichtiger allgemeiner Punkt ist, dass beispielsweise physikalische Texte zwar teilweise durch eine spezifische semantische Struktur ausgezeichnet sind, die sich einfach aus der speziellen Fachterminologie ergibt, dass diese Texte aber ansonsten die gewöhnliche syntaktische und grammatische Struktur der jeweils benutzten natürlichen Sprache verwenden. *Literarische Texte geben sich aber fast immer eine besondere zusätzliche Form – zum Beispiel eine neue grammatische, metrische oder rhetorische Form.* Einige dieser zusätzlichen Formen hängen auch mit dem Text als ganzem zusammen, etwa narratologische Strukturen der Erzählperspektive. Diese Formen sind wie die fiktiven Gehalte der Texte dichterisch frei geschaffen.

Aus diesen allgemeinen Punkten ergibt sich eine generelle theoretische Linie, unter der verschiedene Aspekte des Verstehens von Literatur auf der Basis einer modernen Theorie des Geistes reformuliert werden können: *Am generellen Begriff der rationalen Rekonstruktion von Textbedeutungen im geist-theoretischen Sinne muss festgehalten werden, aber ein besonderes Augenmerk muss auf den Aspekten der Metarepräsentationalität, der Fiktionalität und der Strukturierung liegen.* Eine der interessantesten Fragen in diesem Zusammenhang ist, inwieweit metarepräsentationale Stufen und poetische Strukturen an der Formierung der Textbedeutungen beteiligt sind. Auf dieser geist-theoretischen Grundlage (aber auch nur auf dieser Grundlage) kann dann gegebenenfalls auch erkundet werden, ob ein Text auf seiner semantischen Ebene partiell (und im Einzelfall provokativ) von

[845] Vgl. z. B. Perner (1991) und oben, Abschnitt 8.3.

der buchstäblichen Bedeutung und ihrer rationalen Ebene abweicht und im Extremfall die semantische Ebene sogar verlässt.

In einer kurzen Übersicht, wie sie im folgenden skizziert werden soll, ist es vermutlich am klügsten, sich an eine der anerkannten und verbreiteten Darstellungen von Literaturtheorie zu halten, um die explanatorische Leistungskraft der modernen Geist-Theorie für die Literaturtheorie zu erproben. Die folgenden Überlegungen halten sich kommentierend und reflektierend an die klaren und erhellenden literaturtheoretischen Analysen von Jonathan Culler,[846] der zu jenen Literaturtheoretikern gehört, die von den oben genannten sechs Kriterien ausgehen. Zusätzlich präsentiert Culler jedoch vornehmlich thematisch orientierte zentrale Einzeldebatten und beschreibt im Gegensatz zu vielen anderen Literaturtheoretikern weit weniger ausführlich[847] die verschiedenen literaturtheoretischen Schulen und Ansätze. Diese Vorgehensweise ist für den Einstieg in die folgenden Überlegungen offensichtlich von Vorteil.

Das *erste der oben genannten Kriterien* sieht die Literarizität eines Textes vornehmlich in einer bestimmten Art von Sprachverwendung. Diese spezifische Sprachverwendung, auf die ein literarischer Text seine Leser auch implizit aufmerksam machen möchte, kann semantisch oder poetisch geprägt sein. Obgleich es am Ende auch um das Verhältnis dieser beiden Arten von Textstrukturen gehen muss, ist es hilfreich, beide Aspekte zunächst zu trennen.[848]

Was auch immer literarische Texte genauer auszeichnen mag, eine gezielte und sorgfältige Auswahl von Wörtern aus dem entsprechenden Wortfeld zwecks möglichst differenzierter Darstellung wird oft dazugehören. „Literarische Werke werden gerade wegen ihrer Formulierungen und ihrer besonderen Wortwahl geschätzt."[849] Hier scheint es sich auch um ein recht objektives Kriterium zu handeln. Ist mit einem angemessenen Lesen eines nach diesem Kriterium gebauten Textes eine besondere Verstehensleitung verbunden? Auf den ersten Blick scheint dies nicht der Fall zu sein, denn einen solchen Text zu verstehen scheint einfach zu bedeuten, diesen Text eben in der semantischen Differenziertheit zu verstehen, die er nun einmal aufweist. Methodisch scheint es sich dabei um kein anderes Verfahren zu handeln als das Verstehen eines semantisch weniger differenzierten Textes.

[846] Culler (2002).

[847] Nämlich nur in einem sehr kurzen Anhang.

[848] Bei Culler (2002) erfolgt diese Trennung dadurch, dass er im Kapitel 4 („Sprache, Bedeutung und Interpretation") zunächst den semantischen Aspekt diskutiert und in den folgenden beiden Kapiteln 5–6 verschiedene wichtige Aspekte poetischer Strukturen anspricht.

[849] Culler (2002), 97.

Doch kann man einen semantisch differenzierten Text auch so lesen, dass die spezifischen Wort-Selektionen, die er aufweist, *als* solche Selektionen wahrgenommen werden. Damit nähern wir uns der Auslegung als Kunst des Verstehens, und darum soll es in der Tat im folgenden vorrangig gehen. Dies zu tun erfordert einen Überblick über das entsprechende Wortfeld, um die „Differenz" des gewählten Ausdrucks auszumachen. Diese selektive Wahrnehmung muss nicht unbedingt auf die Intention des Autors bezogen sein, sondern kann sich auf die spezifische Bedeutung der entsprechenden Textpassage selbst beziehen („was wird mit dieser Wortwahl semantisch bewirkt?"). Wir machen dabei einen kleinen Teil des semantischen holistischen Netzes explizit, das wir mit dem Meistern der entsprechenden Sprache internalisiert haben. Selektionen dieser Art sind *semantische Textformen*, die offensichtlich die Bedeutungen der Texte, in denen sie vorkommen, direkt prägen. Wenn wir diese semantischen Textformen explizit machen und in sprachlicher oder gedanklicher Form thematisieren, steigen wir metarepräsentational eine Stufe höher. Diese höhere Metarepräsentation *gehört dann zum Gehalt unseres Verstehens.* Einen Satz wie „‚Dieser Bengel ist rotzfrech', dachte Maria" unmittelbar zu verstehen, erfordert schon eine Metarepräsentation dritter Stufe. Aber den Satz im Rahmen einer bestimmten semantischen Form zu verstehen, die mit der Selektion der Worte einhergeht, enthält eine weitere metarepräsentationale Stufe, deren Gehalt recht komplex ist und unter anderem Gedanken oder Thesen der folgenden Art aufweist: „Dass dieser kleine Junge ‚Bengel' genannt wird, heißt unter anderem, dass er nicht brav und folgsam ist, sondern autonom zu handeln versucht und die Erwachsenen zuweilen herausfordert, Grenzen austestet und diese Grenzen bisweilen überschreitet; und dass er ‚rotzfrech' genannt wird, heißt unter anderem, dass er sich auch unverblümt, widerspenstig und provokativ äußert, d. h. seine Einstellung keineswegs zu verbergen versucht." Damit reden wir offensichtlich über den Text und seine Wortwahl, also auf der nächst höheren metarepräsentationalen Stufe. Und wir können dann versuchen, dieses explizite Verstehen der Wort-Selektion in Einklang zu bringen mit dem Rest der Geschichte. Die Ermittlung der semantischen Formen, die eine bestimmte Wortwahl induziert, kann und wird meistens auch auf das semantische Netz ausgeweitet, das die Geschichte insgesamt bestimmt.

In jedem Fall ist mit der Unterscheidung zwischen unmittelbarem Lesen und einem Lesen vor dem Hintergrund einer expliziten Rekonstruktion der semantischen Formen, die durch die Wortwahl ins Spiel kommen, jener Unterschied angesprochen, den Schleiermacher den Unterschied zwischen Verstehen und Auslegen (als Kunst) nennt. Interpretation im literaturwissenschaftlichen Sinne ist vermutlich meist Auslegung im Sinne eines kunstmäßigen Verstehens, und eine extrem elementare Form der Auslegung ist die Rekonstruktion der semantischen Formen eines Textes anhand seiner Wortwahl. Wenn diese Rekonstruktion im postrukturalistischen Jargon als Verfahren beschrieben wird, die im Text gewählten Wörter „in Opposition zu anderen Wörtern zu setzen" und ihre „Differenz zu ermitteln"[850], dann lässt sich diese Redeweise in Begriffen der Ermittlung semantischer Formen reformulieren.

Auf dieser Ebene kann man sich auch – in aller Vorsicht – einem besonders prekären Aspekt des Literaturverstehens nähern: dem Erfassen der künstlerischen Qualität des Textes. Eine differenzierte Wortwahl *als* spezifische Formulierung im Rahmen semantischer Netzwerke zu erfassen kann nämlich auch bedeuten, in der Lage zu sein, die *individuelle Lösung* der Wortwahl im Text *als kreativ, treffend und erhellend* zu würdigen und zu genießen – und zwar in einem objektiven Sinn, der gerade über den Bezug und gegebenenfalls die Abweichung oder Spezifikation im Rahmen semantischer Netzwerke, in denen die buchstäbliche Bedeutung bestimmt ist, hergestellt wird. Diese Würdigung einer künstlerisch hochwertigen Lösung eines Problems der Textkonstruktion (hier der Wortwahl) legt allerdings den Bezug auf den Autor fast unvermeidlich nahe, weil die künstlerische Würdigung eines Textaspektes unmittelbar in eine Würdigung der Kreativität des Autors übergeht, der die Textkonstruktion frei geschaffen hat. Diese Übertragung scheint auch dem Selbstverständnis der meisten Künstler zu entsprechen, die trotz aller Ästhetiken, die dem Autorenintentionalismus feindlich gegenüber stehen, den Sinn ihres Schaffens meist gerade darin sehen, Konstruktionsprobleme kreativ zu lösen, die eine objektive künstlerische Qualität aufweisen. Künstler möchten daher – ganz zu Recht – auch als verantwortlich für ihre individuellen kreativen Lösungen wahrgenommen werden.

Der semantisch einfache Gedanke variabler holistischer Netze erlaubt es auch, *das dritte der oben aufgelisteten Merkmale* von Literarizität auf einfache Weise einzuholen. Wie wir die Bedeutung eines Wortes oder einer Phrase in einem Text interpretieren, hängt offensichtlich davon ab, welche semantischen Netze und welchen Teil dieser Netze wir mobilisieren, um die Einbettung vorzunehmen. Schon innerhalb des gegebenen Textes gibt es dafür oft verschiedene Möglichkeiten. Vor allem aber kann das semantische Netz des Textes oder der Textphrase im Zuge eines Interpretationsversuches auf verschiedene Weise erweitert werden. Wir können zum Beispiel

(a) das semantische Netz der Gehalte der Gedanken der Autorin heranziehen, wenn es sich unabhängig vom gegebenen Text ermitteln lässt (etwa anhand anderer Texte oder Äußerungen, die sie produziert hat).

850 Culler (2002), 83.

Wir können aber auch

(b) Texte anderer Autoren heranziehen, in deren Kontext der gegebene Text steht, und auch hier gibt es meist zahlreiche unterschiedliche Varianten.

Und wir müssen schließlich

(c) die verschiedenen semantischen Netze der Gehalte der Gedanken der InterpretInnen in Rechnung stellen, die den Text auslegen wollen (im gängigen literaurwissenschaftlichen (ein wenig ungenauen) Jargon wird dies meist *Erwartungshorizont der Leser* genannt, an den sich vor allem rezeptionsorientierte Literaturtheorien ankoppeln; man sollte jedoch die Idee des Erwartungshorizontes oder, um mit Gadamer zu reden, des historischen Horizontes, semantisch ausbuchstabieren).

Die moderne Theorie des Geistes und die moderne Semantik zeigen, in welcher Form dieser semantische Hintergrund des Interpreten in jeden Interpretationsversuch eingehen muss und inwiefern dabei die semantischen Netze der Metasprache (die Sprache, die der Interpret spricht, und die Gedanken, die er hat) und der Objektsprache (der zu interpretierende Text oder die Äußerung) aufeinander zubewegt werden.[851] Aus dieser Perspektive folgt unmittelbar die *semantische Offenheit* oder Ambivalenz literarischer Texte, die so oft angeführt wird (beispielsweise von Eco): literarische Sprache weist eine *mehrfache Kodierung* auf, um im Jargon der (überholten) Semiotik zu reden. Zugleich ist damit auch der Grundgedanke der interkontextuellen Hermeneutik (*sechstes Kriterium*) reformuliert. Texte können ihre Bedeutung durch unterschiedliche Verbindungen zu anderen Texten schärfen oder gar erst gewinnen (wenn es über buchstäbliche Bedeutungen hinausgehen soll), und dabei kann sich ihre Bedeutung vom semantischen Netz der Gehalte der Gedanken und Absichten der Autorin entfernen. Aber damit ist keine wesentliche Einschränkung von Objektivität und Wissenschaftlichkeit verbunden, denn das methodische Verfahren der Rekonstruktion semantischer Netze unter dem Aspekt des Prinzips der Nachsicht bleibt voll erhalten – nur dass die Ergebnisse natürlich unterschiedlich ausfallen werden, je nachdem in welche größeren oder anderen semantischen Netze man das Netz des Textes einzubetten versucht.[852] Man darf dabei nicht vergessen, dass alle InterpretInnen große Teile ihrer semantischen Netzwerke mit allen anderen InterpretInnen teilen und teilen *müssen*. Natürlich sind

[851] Vgl. oben, Abschnitt 8.5, S. 382–385.
[852] Vgl. oben, Abschnitt 8.5, S. 386f.

nicht allein literarische Texte durch semantische Offenheit ausgezeichnet, aber vielleicht doch in besonders großem Ausmaß. Auch ein physikalischer Text kann semantisch offen sein, aber seine Bedeutung ist doch weitgehend festgelegt durch eine enge und begrenzte Fachterminologie, obgleich man ihn sicherlich durch Bezug auf verschiedene andere physikalische Texte in begrenztem Ausmaß unterschiedlich deuten kann. Aus geist-theoretischer Sicht sind das dritte und sechste Kriterium also zwei Seiten derselben hermeneutischen Münze.

Diese Überlegung lässt sich auch auf die Frage nach der Bedeutung von Texten im ganzen anwenden. Wenn wir, um hier Cullers Beispiel zu folgen, verschiedene Antworten auf die Frage, worum es im *Hamlet* geht, durchmustern, dann wird deutlich, dass diese Antworten oft aus einer bestimmten Perspektive heraus formuliert werden, an der eine Hintergrundtheorie mit ihrem spezifischen semantischen Netz hängt. Die Antwort „Im *Hamlet* geht es um den Zusammenbruch der elisabethanischen Weltordnung“ setzt vielleicht eine historisch-marxistische Perspektive voraus, während die Antwort „Im *Hamlet* geht es um die Angst des Mannes vor der Sexualität der Frau“ eher eine feministische oder psychoanalytische Perspektive vermuten lässt. Man kann die buchstäbliche Bedeutung der Gedanken und Handlungen, die im *Hamlet* geschildert werden, ganz sicher an verschiedene semantische Netze ankoppeln. Aber ebenso klar ist, dass eine Ankoppelung an viele andere semantische Netze unmöglich ist. Im *Hamlet* geht es gewiss nicht um Probleme der hellenistischen Diadochenreiche und auch nicht um Fragen asymmetrischer homosexueller Beziehungen. Die Ankoppelung gelingt dann, wenn die buchstäbliche Bedeutung des Textes in eine *konsistente* Beziehung zu einem anderen semantischen Netz gebracht werden kann, und das ist gewöhnlich in Hinsicht auf ein- und dasselbe gegebene Netz (zum Beispiel der buchstäblichen Bedeutung) auf verschiedene (aber keineswegs auf beliebige) Weisen möglich. Dazu kommt aber noch, dass zwischen Handlungen und Verhalten oder zwischen Äußerungen und ihren Bedeutungen keine 1–1-Abbildung besteht. Mit anderen Worten, semantische Beziehungen können in denselben Verhaltensweisen oder Äußerungen multipel realisiert sein. Und literarische Texte zeichnen sich unter anderem dadurch aus, dass sie diese multiple Realisierung maximieren. In diesem Fall enthält bereits die Schilderung des Geschehens unterschiedliche Deutungsmöglichkeiten, und zwar in durchaus konsistenter und rationaler, dazu aber besonders anregender Weise. Wiederum kann aber die Realisierung von Absichten in Verhaltensweisen nicht beliebig multipel sein. Die Äußerung „Sein oder Nichtsein, das ist hier die Frage“ realisiert im *Hamlet* sicher nicht Teile eines semantischen Netzes, das mit logischen Fragen und insbesondere mit dem Satz vom Widerspruch zu tun hat.

Semantische Offenheit in den skizzierten Varianten ist zweifellos nicht eine Eigenschaft, die nur in literarischen Texten zu finden ist, aber viele literarische Texte scheinen in weit höherem Grade semantisch offen zu sein als andere Texte. Einer der einfachsten Gründe dafür ist, dass literarische Texte im Gegensatz zum Beispiel zu physikalischen Texten Verhältnisse repräsentieren, die ihrerseits semantisch offen sind, weil auch sie Gegenstände des Verstehens sind. Daher kann ein literarischer Text bereits selbst verschiedene semantische Erweiterungen (und somit Auslegungen) des dargestellten Geschehens anbieten, die für den Interpreten ihrerseits wieder sämtlich hochgradig semantisch offen sein können. Kurz, die Komplexität der semantischen Offenheit scheint in literarischen Texten ungewöhnlich hoch zu sein.

Wenn es um Bedeutungen von literarischen (und anderen) Texten im Ganzen geht, wird oft auch die sogenannte Funktion von Texten in den Blick genommen. Wenn zum Beispiel Foucault die Literatur – ein wenig schwammig – als Gegendiskurs kennzeichnet oder marxistische Literaturtheoretiker auf das gesellschaftskritische Potential literarischer Texte Wert legen, scheinen sie gewisse Wirkungen und Funktionen literarischer Texte zu beschreiben. Meist wird dabei ein buchstäbliches Verständnis der entsprechenden Texte bereits vorausgesetzt. Ein Text kann zum Beispiel wohl kaum eine gesellschaftskritische Wirkung entfalten, wenn er gründlich missverstanden wird (den besonderen Fall, dass gerade ein gründliches Missverständnis zu gesellschaftlichen Wirkungen führt, einmal beiseite gelassen). Wenn wir fragen, ob mit derartigen funktionalen Deutungen eine besondere Verstehensleistung verbunden ist, müssen wir zuallererst entscheiden, ob diese Deutungen tatsächlich die Form funktionaler Erklärungen haben. Das mag von Fall zu Fall verschieden sein, aber wenn es so ist, dann handelt es sich nicht um genuines Verstehen, sondern eben um das Erfassen von faktischen (nicht-mathematischen) Funktionen im sozialen Bereich. Damit soll keineswegs angedeutet werden, dass Einsichten in die faktischen Funktionen von Texten, und also auch von literarischen Texten, für das Textverständnis nicht wichtig und nützlich sein können, ganz im Gegenteil. Doch aus theoretischer Perspektive ist es wichtig, funktionales Erklären vom Verstehen zu unterscheiden, selbst wenn beide Verfahren auf interessante Weise zusammenwirken können.

Wichtig ist auch, der Verführung funktionaler Analysen nicht vorschnell und einseitig zu erliegen. Beschreiben wir beispielsweise die gesellschaftskritische Wirkung eines literarischen Textes wirklich nur in Begriffen von systemerhaltenden, notwendigen und hinreichenden sozialen Bedingungen, und zwar im Kern im kausalen Sinne? Das ist in den meisten Fällen vermutlich mehr als zweifelhaft. Denn oft müssen wir unter anderem darauf hinweisen, wie die entsprechenden Texte von anderen Personen im genuinen Sinne verstanden und interpretiert, gewürdigt oder abgelehnt worden sind und zu welchen Handlungen sie daher geführt haben, um ihre gesellschaftskritische Wirkung zu beschreiben. Und wenn literarische Texte als Gegendiskurse zum Teil eine neue Sprache oder neue Perspektiven auf wichtige Aspekte vieler Seiten des menschlichen Lebens entwerfen und die alte Sprache und Perspektive überwinden wollen, dann müssen wir unter anderem imstande sein, die Gehalte der Beschreibungen des Alten und Neuen zu erfassen (also zu verstehen), und zwar anhand eines Verstehens des literarischen Textes, der das Neue zu beschreiben versucht Wir müssen also auch in diesem Fall von einem Verstehen von Texten und Handlungen im geist-theoretischen Sinne (und nicht nur von kausalen oder funktionalen Bedingungen) reden.[853]

Ein letzter Punkt, der unter anderem die spezifische Wortwahl in literarischen Texten betrifft, muss noch kurz angesprochen werden. Oft wird in der Literaturtheorie betont, dass literarische Texte den sogenannten normalen Wortgebrauch verbiegen oder verfremden und gerade dadurch besondere Effekte erzielen wollen.[854] Dieses Kriterium geht offensichtlich davon aus, dass es einen normalen Sprachgebrauch gibt, von dem man dann abweichen kann und dessen Abweichung auch bemerkt und eigens gedeutet werden soll. Kann man aber überhaupt von einem normalen Sprachgebrauch reden? An diesem Punkt wird manchmal bemerkt, dass „jeder sprachliche Code eine Theorie der Welt ist", dass aber verschiedene Sprachen (mit ihren unterschiedlichen semantischen Netzen) unterschiedliche Theorien über die Welt repräsentieren.[855] Dieser Hinweis ist richtig, muss allerdings um eine wichtige Komponente ergänzt werden. Aus der Theorie des Geistes ergeben sich nämlich die Folgerungen, dass erstens natürliche Sprachen – genauer, semantische Netze natürlicher Sprachen – gut bewährte theoretische Klassifikationen von Ereignisse und Dingen in der Welt darstellen, und dass es zweitens begriffliche Relativität zwischen verschiedenen natürlichen Sprachen gibt. Aber zugleich – und das ist der entscheidende Zusatz – kann begriffliche Relativität nicht semantische Inkommensurabilität sein. Natürliche Sprachen müssen sich in weitem Umfang ineinander übersetzen

[853] Wenn z. B. Rorty die These vertritt, dass eine gesteigerte Fähigkeit, Vielfalt zu dulden, eines der wichtigsten Momente der abendländischen Kultur ist und dass diese Fähigkeit weniger von Philosophen und Wissenschaftlern als vielmehr von Literaten und insbesondere von Romanciers gefördert worden ist, dann ist damit eine Wirkung und Funktion von Romanen bezeichnet, die sich nicht in kauslaen Beziehungen erschöpft, sondern auch in Begriffen einer Veränderung geistiger Zustände und Verstehensleistungen beschrieben werden muss (vgl. z. B. Rorty (1995)).

[854] Culler (2002), 88.

[855] Culler (2002), 87.

lassen, und die gemeinsamen semantischen Bedingungen, die gerade vom Wahrheits- und Weltbezug unserer Gedanken, Äußerungen und Texte gestiftet werden, sind die Grundlage für einen Begriff des normalen Sprachgebrauchs, in Hinsicht auf den sich literarische Verfremdungen dann in der Tat auszeichnen lassen.[856]

Nach dem *zweiten der oben angeführten sechs Kriterien* sind viele literarische Texte durch eine bestimmte Form ausgezeichnet. Sofern diese Formgebung als spezifische Variante einer besonderen Sprachverwendung begriffen wird (was bei einigen Literaturtheoretikern der Fall zu sein scheint), würde es sich hier um einen Spezialfall von Kriterium (1) handeln. Aber dann wäre dieser Spezialfall so wichtig und zentral, dass er eine besondere Diskussion verdient. Wenn in diesem Zusammenhang von Formen die Rede ist, dann geht es jeoch nicht um semantische und nur selten um (abweichende) syntaktische oder grammatische Formen, sondern hauptsächlich um poetische Formen, zum Beispiel um rhetorische Tropen, die im Prinzip sowohl in der Prosa als auch in der Dichtung vorkommen können, ferner um rhythmisch geprägte Formen wie Metrik und Reim, die primär in der Dichtung auftauchen, und schließlich um die narratologischen Formen und Perspektiven in literarischen Erzählungen. Im Falle poetischen Formen handelt es sich im Gegensatz zu den syntaktischen, grammatischen und semantischen Formen, von denen jede natürliche Sprache geprägt und individuiert wird, um frei geschaffene und selbst auferlegte Formen, die daher von den AutorInnen meist auch intentional gewählt werden. Catull hat sich sicherlich überlegt, warum er für *Odi et amo* das elegische Distichon als Vermaß nahm. Poetische Formen sollen spezifische Wirkungen entfalten und unter anderem auch die Bedeutungen literarischer Texte beeinflussen. Eine Theorie des Verstehens muss fragen, welche besonderen Verstehensleistungen mit dem Verstehen von Texten verbunden sein könnten, insofern diese Texte von poetischen Formen geprägt sind. Dieses Thema ist ebenso komplex wie grundlegend für das Verstehen von Literatur und soll daher im übernächsten Abschnitt genauer diskutiert werden. An dieser Stelle sollen nur einige Bemerkungen aus metarepräsentationaler Sicht dazu gemacht werden.

Moderne Theorien der Metarepräsentationen beschäftigen sich unter anderem mit figurativer Rede wie der Ironie. Dabei ist allerdings meist von figurativer Rede in einem allgemeinen Sinne die Rede.[857] Den traditionelle Theorien figurativer Rede zufolge sind alle Arten figurativer Rede, insbesondere Ironie und Metapher, einander darin ähnlich, dass sie von gewöhn-

[856] Vgl. oben, Abschnitt 8.5, S. 381 f.

[857] Vgl. zum folgenden Gibbs (2000). Figurative Rede gilt hier als Rede, die vom normalen Sprachgebrauch abweicht und unernst ist.

lichen kommunikativen Normen und der buchstäblichen Bedeutung abweichen. Daher erfordert das Verstehen figurativer Rede zunächst eine Analyse der buchstäblichen Bedeutung und dann die Einsicht, dass die buchstäbliche Bedeutung in der gegebenen Situation defizient ist. Daraus folgt, dass das Verstehen figurativer Rede gegenüber dem Verstehen buchstäblicher Bedeutungen einen zusätzlichen inferentiellen Aufwand und damit auch mehr Zeit erfordern sollte. Diese Folgerung lässt sich jedoch, wie es scheint, empirisch nicht bestätigen. Psychologische Tests scheinen zu zeigen, dass figurative Rede ebenso schnell, zuweilen sogar schneller verstanden wird als Reden in buchstäblicher Bedeutung.

Daher sind einige neuere Theorien figurativer Rede entwickelt worden. Die wichtigsten sind die *Echo-Theorie* und die *Verstellungstheore*. Die *Echo-Theorie* besagt, dass das Verstehen figurativer Rede darauf beruht, dass die Hörer auf echo-hafte Weise direkt an eine vertraute Proposition und an die Einstellung des Sprechers zu dieser Proposition erinnert werden, so dass das Verstehen schnell erfolgen kann. Die *Verstellungstheore* behauptet dagegen, dass figurative Rede vor allem durch bewusste Verstellung gekennzeichnet ist und dass diese Verstellung gewöhnlich leicht verstanden werden kann.

Diese Überlegungen wirken übereilt. Denn die Frage ist, was in den angeführten psychologischen Tests zum Beispiel unter dem Verstehen einer Metapher verstanden wurde. Wie es sich auch immer damit verhalten mag, das sorgfältige Ausbuchstabieren, Auslegen und Prüfen einer Metapher bedeutet zusätzlichen inferentiellen und empirischen Aufwand, der klarerweise mehr Zeit (meist sogar viel mehr Zeit) kosten wird (wie im Abschnitt 9.5 unten deutlich wird). Ein psychologischer Test, der diesen zusätzlichen Zeitaufwand nicht registriert, kann daher nur ein schlecht konzipierter und schlecht formulierter Test sein. Daher sind die Versuche von Echo-Theorie und Verstellungstheorie (die ohnehin theoretisch mehr als dünn sind), mit dem Zeitproblem zurechtzukommen, vermutlich hinfällig.

Alle neueren Theorien der Metarepräsentation gehen davon aus, dass z. B. das Verstehen von Metaphern und Ironie Metarepräsentationen sind (das ist allerdings trivial, denn jedes Verstehen ist metarepräsentational), dass jedoch das Verstehen von Ironie komplexere Metarepräsentationen enthält als das Verstehen von Metaphern. Denn das Verstehen von Ironie erfordert, im Gegensatz zum Verstehen von Metaphern, die Repräsentation eines Gedankens, der einem anderen Gedanken zugesprochen wird. Es gibt ironische Sätze, die nur der Hörer als ironisch erkennen kann (unabsichtliche Ironie), und es gibt natürlich absichtliche Ironie, deren sich die Sprecherin bewusst ist und die sie dem Hörer zu erkennen geben will. Im zweiten Fall ist das Verständnis schwieriger, weil zusätzlich die Intention der Sprecherin erkannt werden muss. Tatsächlich brauchen Testpersonen in psychologischen Experimenten mehr Zeit, die absichtliche Ironie zu verstehen als die unabsichtliche Ironie, obwohl sie die unabsichtliche Ironie als ironischer einschätzen als die beabsichtigte Ironie. Vor allem aber zeigt sich, dass tatsächlich mehr Zeit gebraucht wird, um Ironie zu verstehen, als um Metaphern zu verstehen (beispielsweise im Falle von identischen Sätzen in ähnlichen Szenarien, die aber einmal metaphorisch und einmal ironisch gebraucht werden). Ferner urteilen Testpersonen, dass in der Ironie mehr Verstellung enthalten ist als in Metaphern, dass ferner Ironie mehr an frühere Vorstellungen anknüpft als Metaphern, dass Ironie in höherem Ausmaß an komplexe Verstellungen des Sprechers anknüpft als Metaphern, und schließlich dass Ironie sich stärker über frühere Vorstellungen der Sprecherin oder des Hörers mokiert als Metaphern dies tun. Das Verstehen von Ironie erfordert demnach in der Tat komplexere (metarepräsentationale) kognitive Akte als das Verstehen von Metaphern.

Diese Ergebnisse legen es nahe, bestimmte Arten figurativer Rede wie Ironie auch theoretisch auszuzeichnen (z. B. gegenüber der metaphorischen Rede). Einige Arten figurativer Rede enthalten eine Verstellung (pretence) (z. B. Ironie oder Sarkasmus): Die Sprecherin kreiert und beschreibt imaginär eine Szene oder Theaterbühne, die der Hörer als imaginär erkennen muss und in der er dann seinerseits agieren kann, indem er die von der Sprecherin angebotene Verstellung übernimmt (wie im pretend play von kleinen Kindern); dies sind *bühnenhafte kommunikative Akte.* Diese Akte sind Formen figurativer oder unernster Rede, aber sie haben häufig auch eine ernste Seite: sie haben die Funktion, Gefühle und insbesondere Spannungen zwischen Sprecherin und Hörer indirekt zu adressieren und abzufedern. Verstellungen, und damit auch bühnenhafte kommunikative Akte, enthalten besonders komplexe Metarepräsentationen: Die Sprecherin muss eine imaginäre Situation entwerfen und damit repräsentieren, aber sie muss zugleich auch repräsentieren, *dass* diese Situation imaginär (i. e. von der aktualen Welt entkoppelt) ist, und sie muss intendieren (und damit ebenfalls repräsentieren), dass ihr imaginärer Entwurf vom Hörer verstanden wird. Das sind klare Metarepräsentationen höherer Ordnung. Der Hörer muss seinerseits die Repräsentation der Sprecherin verstehen und daher repräsentieren, aber er muss außerdem repräsentieren, dass die Sprecherin ihren Gedanken oder Satz *als* Verstellung repräsentiert. Das ist mindestens eine Metarepräsentation dritter Ordnung. Bühnenhafte kommunikative Akte wie die Ironie sind sogar noch komplexer. Wenn Person H sich gegenüber Person S über einen Freund bitter beklagt und S ironisch sagt: „Das ist mir ein feiner Freund“, dann muss H verstehen, dass dies eine gehaltvolle Äußerung (Repräsentation) von S ist (Metarepräsentation zweiter Ordnung), dass diese Äußerung von S als imaginär verstanden wird (Metarepräsentation dritter Ordnung), dass diese Äußerung sich auf frühere Vorstellungen von S und H über feine Freunde bezieht (Metarepräsentation dritter Ordnung) und dass S diese Äußerung als Kritik am Freund von H verwendet (Metarepräsentation dritter Ordnung) (im pretend play der kleinen Kinder sind die Metarepräsentationen dritter Ordnung gewöhnlich noch nicht im Spiel).

Das *vierte der oben genannten Kriterien für Literarizität* ist, wie oben bereits erwähnt, neben dem allgemeinen Aspekt der Metarepräsentationalität und dem spezifischen Aspekt der Strukturierung für eine Theorie des Verstehens aus Sicht der modernen Theorie des Geistes besonders interessant. Denn dem vierten Kriterium zufolge sind viele literarische Texte fiktiv, d. h. erzählen Geschichten, die erfundene, nicht-reale Ereignisse beschreiben und daher buchstäblich genommen falsch sind, die aber natürlich gleichwohl Einsichten bieten sollen. Insofern gibt es zwischen Fiktionalität und Metaphorik in der Literatur eine aufschlussreiche Gemeinsamkeit. Zweifellos ist auch Fiktionalität weder notwendig noch hinreichend für Literarizität, aber Tatsache ist, dass die meisten Dramen, Epen, Romane sowie viele Gedichte und Balladen fiktional sind. Unter dem Aspekt der Metarepräsentationalität werden in diesen Werken meist Gedanken, Äußerungen und Handlungen von Menschen beschrieben, die ihrerseits schon Gegenstände genuinen Verstehens sind, uns aber zugleich in ein Modell einer möglichen Welt versetzen, das von den Interpreten mental simuliert werden muss. Wenn wir die mentale Simulation als eigene metarepräsentationale Stufe verstehen dürfen, so erfordert eine Interpretation solcher Werke mindestens eine Metarepräsentation der vierten Stufe. Oft werden jedoch zusätzlich Situationen geschildert, in denen die fiktiven Personen versuchen, die Gedanken, Äußerungen oder Handlungen anderer geschilderter fiktiver Person zu verstehen. Ein Verstehen dieser spezifischen Schilderungen verlangt folglich eine Metarepräsentation mindestens der fünften Stufe.

Die Fiktionalität eines Textes bringt seine Bedeutung in ein offenes Verhältnis zur Realität; sie ist daher oft eine der wichtigsten Quellen auch für die semantische Offenheit literarischer Texte. Je komplexer ferner die Gegenstände sind, desto vielfältiger können angemessene Beschreibungen dieser Gegenstände sein, die vereinbar mit den verfügbaren Daten sind. Dies gilt im besonderen Maße für Gegenstände des Verstehens – Menschen und ihr Geist, ihre Äußerungen, ihre Handlungen. Eine fiktive literarische Konstruktion von Verstehensgegenständen kann dadurch ausgezeichnet sein, dass sie zu besonders vielen und interessanten Interpretationen anregt, die sämtlich mit den verfügbaren expressiven Zeichen vereinbar sind. Endlich versteht es sich von selbst, dass auch die Rede vom literarischen Gegendiskurs, also das Sprengen herkömmlicher Handlungsorientierungen und semantischer Gliederungen, gerade durch einen fiktiven Rahmen literarischer Produktion besonders erleichtert wird.

All das entbindet die Interpreten jedoch gewöhnlich nicht von der Aufgabe, die fiktive Geschichte rational zu rekonstruieren. Es ist gerade die rationale Rekonstruktion einer fiktiven Geschichte, die den besonderen Fokus der fiktiven Konstruktion herausbringen kann.

Wir haben damit fünf der sechs genannten Kriterien aus der Sicht des Interpretationismus kommentiert.[858] Es ist hoffentlich deutlich geworden, dass sich diese fünf Kriterien gut im geist-theoretischen Rahmen reformulieren lassen, und dass diese Reformulierung daher auch die Anwendung des modernen Verstehensbegriffes auf die Merkmale von Literarizität ermöglicht, wie Culler sie versteht. Einzig das notorisch schwierige – und zugleich wichtige – ästhetische Kriterium lässt sich aus geist-theoretischer Sicht vermutlich nicht auf erhellende Weise kommentieren. Hier hilft vielleicht eine eher formale und generelle Bestimmung weiter, derzufolge Texte dann literarisch sind, wenn sie von einem künstlerischen Textkonzept getragen sind, das seinerseits auf ein bestimmtes Literaturprogramm zurückgeht (diese Bestimmung lässt ihrer Offenheit wegen historisch und qualitativ unterschiedliche Formen von Literarizität zu).[859]

Darüber hinaus kann das Verstehen von Literatur auf ganz verschiedenen Ebenen erfolgen, die meist durch die implizite oder explizite Literaturtheorie bestimmt sind, von der die Lektüre des literarischen Textes geleitet ist. Einige dieser Ebenen sollen im folgenden gesondert angesprochen werden.

9.3 Verstehen von Literatur in neueren Literaturtheorien

Das Verstehen von Literatur wird im Rahmen unterschiedlicher Literaturtheorien naturgemäß unterschiedlich gedeutet.[860] Im folgenden sollen einige dieser Ansätze kurz aus geist-theoretischer Perspektive diskutiert werden, und zwar der diskursanalytische, poststrukturalistische, kulturwissenschaftliche, psychoanalytische und gesellschaftswissenschaftliche Ansatz.

[858] Zum Kriterium der Ästhetik wurde bisher nur eine sehr allgemeine Bemerkung eingestreut. Dieser Punkt soll in Abschnitt 9.3 noch ein wenig vertieft werden.

[859] Vgl. dazu den Vorschlag von Tepe (2007), 170f. Tepe weist darüber hinaus darauf hin, dass auch allgemeinere Überzeugungssysteme des Interpreten im Spiel sein können, beispielsweise ein eher psychologischer oder ein eher soziologischer Blick auf literarische Texte. Einige der im folgenden Abschnitt 9.3 diskutierten literaturtheoretischen Ansätze lassen sich gut unter dem Blickwinkel leitender Überzeugungssysteme betrachten.

[860] Vgl. die exzellente Übersicht Köppe, Winko (2008).

Foucaults Konzept der Diskursanalyse wird oft als eigenständige Variante einer postmodernen Literaturtheorie gehandelt.[861] Eine der wichtigsten Besonderheiten des diskursanalytischen Zugangs zu Texten und insbesondere zu Literatur wird darin gesehen, dass Foucault die Mystifizierung des Subjekts attackiert und sich damit angeblich gegen die romantische Hermeneutik wendet. Der Sinn einer Aussage ist demnach für Foucault nicht definiert durch die in ihr enthaltenen kommunikativen Intentionen, sondern durch ihre Position in einer Diskursformation, die durch das Verfahren der Diskursanalyse ermittelt werden kann. Insbesondere lässt sich der von Foucault proklamierte Tod des Subjekts und seine These, dass Texte eher wie Monumente als wie Dokumente behandelt werden sollten, nahtlos auf die literarische Produktion anwenden. In der *diskursanalytisch orientierten Literaturwissenschaft* wird daher die Vorstellung vom einzelnen Werk als einer Ganzheit und als konsistenter Zusammenhang sowie die Zuordnung des Werkes zum Autor zurückgewiesen.

Dies gilt auch für die Perspektive der Archäologie des Wissens im Foucaultschen Sinne. Denn für Foucault ist auch die Literatur ein Erkenntnisfeld, dessen Entwicklung diskurstheoretisch untersucht werden muss. So wie es daher nicht bestimmte universelle Erkenntnisfelder gibt, sondern nur eine historische Reihe spezieller Formationen von Erkenntnisfeldern, so gibt es auch nicht „die" Literaturtheorie, sondern jeweils nur historische Formen von Literaturtheorien im Rahmen historischer Formen von diskursiven Praktiken. Und wenn man bedenkt, dass nach Foucault die unterschiedlichen Erkenntnisfelder der Humanwissenschaften selbst erst innerhalb diskursiver Praktiken geschaffen und geprägt werden, kann man zusätzlich behaupten, dass es auch „die" Literatur nicht gibt, sondern jeweils nur historische Formen der Literatur innerhalb von bestimmten Diskursformationen. Es ist daher naheliegend, dass Foucaults Diskurstheorie die Zweifel am Projekt einer Literaturwissenschaft oder Literaturtheorie substantiell zu untermauern scheinen.[862]

Oben haben wir jedoch gesehen, dass genau und nüchtern betrachtet aus der Diskursanalyse kein neues und detailliertes Konzept des Verstehens von Texten folgt. Foucaults Bemerkungen zum Textzugang erweisen sich vielmehr als vereinbar mit der geist-theoretischen Hermeneutik, ja setzen ein Verstehen von Texten im geist-theoretischen Sinne immer schon voraus. Wohl aber folgt aus Foucaults Überlegungen der Vorschlag, Texte unter an-

[861] Vgl. z.B. Geisenhanslüke (2003), 121; Culler (1998), 95–148 (eine umfassende Darstellung dieser Hintergründe, die den größten Teil des zentralen zweiten Kapitels seines Buches ausmacht). Köppe, Wimko (2008), 98–105 betrachten die Diskursanalyse dagegen als Variante des Poststrukturalismus.

[862] Vgl. dazu auch oben, Abschnitt 5.3, S. 217–219.

derem auch unter dem Gesichtspunkt zu interpretieren, in welcher Weise sie auf jene großen diskursiven Formationen und Machtdispositive bezogen sind, in die sie unvermeidlich historisch eingebettet sind. Dieser Vorschlag ist interessant und vernünftig, doch setzt er, wie gesagt, ein gutes Verstehen der einschlägigen Texte im klassisch hermeneutischen Sinn voraus.[863]

Foucaults Diskursanalyse begründet also, recht betrachtet, keine antihermeneutische Wende in der Theorie des Textverstehens, und sie stellt auch keine theoretische Grundlage für die radikale Bestreitung des Autorenintentionalismus dar – so wenig wie für die These, dass die meisten Texte Werkzeuge der Unterdrückung sind. Der besondere Gesichtspunkt, den die Diskursanalyse hervorhebt, ist lediglich, dass eine umfassende Einbettung eines Textes in viele andere Texte, aber auch in größere Diskursformationen und Machtdispositive zu einem besseren Textverstehen führen kann. Eine solche Einbettung setzt Textverstehen im klassischen hermeneutischen Sinne voraus, schraubt allerdings das Gewicht der Autorenintention zurück.

Über diesen generellen diskursanalytischen Hintergrund hinaus, der sich auf den Textzugang im allgemeinen bezieht, gibt es bei Foucault kaum spezielle Bemerkungen zur Kennzeichnung von Literatur und literarischem Verstehen. Man kann daher nicht von einer ernstzunehmenden diskursanalytischen Literaturtheorie sprechen, die eine erhellende Auskunft speziell über das Verstehen von Literatur gibt. Der einzige – recht vage – Hinweis, der von Foucault gelegentlich gegeben wird, kennzeichnet die Literatur als Gegendiskurs, also als eine Möglichkeit, herrschende Diskurse auf subversive Weise zu untergraben.[864]

Aus der Perspektive der gängigen Lesart der Diskursanalyse lässt sich allerdings gerade diese bekannteste literaturtheoretische These Foucaults nur schwer plausibilisieren. Denn die gängige Lesart geht davon aus, dass aus Foucaults These von der intrinsischen Verknüpfung von Wissen, diskursiven Formationen und Macht folgt, dass alle Diskurse subtile Unterdrückungsmechanismen sind. Dann aber kann es keine subversiven Gegendiskurse und somit keine Literatur im Foucaultschen Sinne geben. Doch hat

[863] Vgl. oben, Abschnitt 5.3, S. 223.

[864] In diesem Kontext erscheint die Literatur selbst jedoch lediglich als Gegenstand der Diskursanalyse – als eine neben anderen Textsorten, wenn sie sich aus diskursanalytischer Sicht überhaupt als spezifische Textsorte auszeichnen lässt. Tatsächlich hat Foucault nie eine eigenständige literaturtheoretische Position ausgearbeitet. Zwar betont der frühe Foucault die Selbstbezüglichkeit der Literatur als entscheidendes Merkmal und entwickelt von hier aus eine anti-hermeneutische Strategie der Sprache und des Schreibens, aber diese Strategie lässt sich letztlich nur diskurstheoretisch ausbuchstabieren: die selbstreferentielle Autonomie der Literatur ist nur ein paradigmatischer Fall der diskursiven Autonomie von Texten allgemein – einer Autonomie, die in der Priorität der Diskursformationen gegenüber Bedeutung und Sinn und in ihrer Unabhängigkeit von der Autorenintention zum Ausdruck kommt.

sich oben gezeigt, dass die gängige Lesart auf einem Missverständnis beruht. Denn eine der zentralen Behaupten Foucaults ist, dass die Macht zwar zuweilen, aber nicht notwendigerweise repressiv ist. Der Grundbegriff der Macht muss vielmehr mit der Idee vereinbar sein, dass Machtrelationen Handlungsspielräume eröffnen, und zwar für alle Personen, die von Machtrelationen betroffen werden. Dies gilt auch für den Fall der Produktion von Wissen, wissenschaftlichen Theorien und anderen (insbesondere literarischen) Texten.

Nur diese Lesart kann überhaupt verständlich machen, dass Literatur auch ein Gegendiskurs sein kann. Denn Literatur gehört aus diskursanalytischer Sicht natürlich selbst jeweils gewissen historischen Diskursen an. Als Gegendiskurs lässt sie sich nur kennzeichnen, wenn sie selbst zu nichtrepressiven Diskursen zählt, die andere repressive Diskurse untergräbt – wie es sicherlich in der Geschichte der Literatur häufig der Fall war.

Die *poststrukturalistische Theorie des Textzuganges* wird ebenso wie die entsprechende diskursanalytische Theorie als eigenständige Literaturtheorie mit einem spezifischen Konzept des Verstehens von Literatur betrachtet. Doch ebenso wie der diskursanalytische Ansatz ist auch der poststrukturalistische Ansatz fast ausschließlich eine Theorie des Umgangs mit Texten allgemein. Wie bei Foucault lässt sich auch bei den Poststrukturalistischen im Kern nur eine einzige – dazu noch an Foucault angelehnte – spezifische These zum Umgang mit – und dem Verstehen von – Literatur ausmachen: Demzufolge ist Literatur die Sorte von Texten, die besonders reichhaltige Hinweise zu ihrer Dekonstruktion bieten – Texte, in denen die Subversion ihrer offiziellen Logik besonders pointiert ist und daher dem geübten Dekonstruktivisten auch besonders deutlich ins Auge springt. In dieser Weise buchstabieren die Poststrukturalisten die Idee von den Literatur als Gegendiskurs aus.[865]

Viele Literaturtheoretiker halten die poststrukturalistische Theorie des Umgangs mit Texten nur deshalb für literaturtheoretisch bedeutsam, weil sich diese Theorie direkt auf Literatur übertragen lässt. Doch ist oben nachgewiesen worden, dass die allgemeine poststrukturalistische Theorie des Umgangs mit Texten viele gravierende Defizite aufweist.[866] Daher ist die

[865] Eine der Varianten dekonstruktivistischer Spurensuche ist das Erkunden des Marginalen – genauer derjenigen Aspekte eines Textes, die von bisherigen Interpretationen als marginal beiseite geschoben wurden, die aber für den dekonstruktivistischen Zugang wichtig werden wegen jener Gründe, aus denen sie bisher beiseite geschoben wurden. Eine andere Variante hat Derrida als Suche nach den „Aufpfropfungen" (*greffes*) eines Textes bezeichnet – nach den Verbindungsstücken oder Akzenten, an denen Ableger und Verzweigungen des Argumentationsstranges sichtbar werden, die nach der traditionellen Interpretation eher Nebenwege oder Sackgassen darstellen.

[866] Vgl. oben, Abschnitt 5.4.

sogenannte poststrukturalistische Literaturtheorie kein Ansatz, der eine spezifische Diskussion verdient. Diese Literaturtheorie wird zusammen mit ihrem allgemeinen Hintergrund obsolet.

Die kulturwissenschaftliche Wende der Geisteswissenschaften lässt sich, wie oben gezeigt,[867] nahtlos als konservative Erweiterung (und nicht als Überwindung) der hermeneutischen Perspektive verstehen. Zur spezifischen Frage des Verstehens von Literatur hat die Kulturwissenschaft jedoch nichts beizusteuern, was über die Frage der Analyse von Texten allgemein (gegebenenfalls im diskursanalytischen oder poststrukturalistischen Sinne) hinaus ginge. Man wendet sich entschieden gegen die These von der Autonomie der Literatur, bestimmt das Spezifische der Literatur aber erstaunlich traditionell in Begriffen von gattungs- und textspezifischen Ausdrucksformen.[868]

Die psychoanalytische Literaturwissenschaft und die gesellschaftswissenschaftlichen Literaturtheorien sind zumindest auf den ersten Blick substantiellere Ansätze, die einen eigenständigen Beitrag zur Frage des Verstehens von Literatur versprechen. Im *psychoanalytischen Ansatz* ist Literatur, ähnlich wie andere kulturelle Produkte auch, ein Effekt der sogenannten Sublimierung, d. h. der Umwandlung von Triebenergie in kulturelle Kreativität. Aus Sicht des Dichters ist seine Tätigkeit eine Fortsetzung kindlicher Spiele. Der Lustgewinn des Dichters im Dichten besteht darin, dass er in dichterischen Phantasien die Erfüllung unbefriedigter Wünsche erleben kann. Genauer ist das Dichten wie das Phantasieren allgemein eine Form der Erfüllung unbewusster verdrängter Wünsche. Das Verstehen von Literatur besteht darin, dieses Phantasieren nachzuvollziehen, d. h. auch dem Leser die Erfüllung verdrängter Wünsche zu ermöglichen. Das Verstehen von Literatur enthält also dem psychoanalytischen Modell zufolge eine Aufhebung der Verdrängung unerfüllter Wünsche. Und die poetischen Formen erzeugen in Gestalt eines ästhetischen Genusses eine Verlockungsprämie und bringen die anstößigen unbewussten Wünsche in eine annehmbare, intersubjektiv zugängliche Form. Das Erfassen der poetischen Formen ist also ein separates kognitives Manöver, das dem Erfassen der eigentlichen Bedeutung einer literarischen Darstellung, also einem verdrängten Wunsch und seiner fiktiven Erfüllung, dient. Poetische Formen erleichtern lediglich die Aufhebung der Verdrängung.

Das Problem mit diesem Ansatz ist, dass die Psychoanalyse ihr Vokabular bis heute nicht präzisiert hat und daher nicht deutlich machen kann, was sie im Kern behaupten will. Psychoanalytische Ansätze bedienen sich einer

[867] Vgl. Abschnitt 7.3.
[868] Vgl. dazu Köppe, Winko (2008), 244–246.

opaken sprachlichen Metaphorik, so dass sich nur schwer entscheiden lässt, inwiefern hier ein neuer Begriff von Literaturverstehen vorliegt. Man kann jedoch den Versuch machen, die psychoanalytische Begrifflichkeit geist-theoretisch zu rekonstruieren. Dieser Versuch ist ein großes und kompliziertes Unternehmen[869] und kann hier keineswegs befriedigend dargestellt werden. Immerhin zeichnet sich ab, dass ein solcher Versuch an eine Reihe von Hinweisen in der psychoanalytischen Theorie anknüpfen kann. So ist zum Beispiel, wie gerade skizziert, das Verstehen von Phantasien und unerfüllten Wünschen – also von mentalen Episoden mit semantischen Gehalten – ein zentraler Bestandteil der psychoanalytischen Strategie, und dieses Verstehen lässt sich nahtlos als Verstehen im geist-theoretischen Sinne fassen (nicht zu reden von der sozialen Ebene, die mit dem Über-Ich thematisiert ist). Daher sollen zumindest einige einfache Grundlagen der geist-theoretischen Interpretation des psychoanalytischen Verstehens skizziert werden, um die Beziehung von Hermeneutik und psychoanalytischer Literaturwissenschaft wenigstens in Umrissen in den Blick zu bekommen.

Es dürfte Konsens sein, dass nach Freud das Es die Quelle der Triebe und Wünsche ist. Das Ich dagegen bietet die Informationen über die Welt, aus denen die Mittel zur Befriedigung der Triebe und Wünsche im Es hervorgehen. Das Über-Ich schließlich verkörpert im allgemeinen die Normen und Regeln der sozialen Umwelt handelnder Personen. Das Es wird kanalisiert durch das Ich – die Welt enthält nicht Mittel zur Befriedigung aller Bedürfnisse. Das Ich wird seinerseits kontrolliert durch das Über-Ich: die Wahl der verfügbaren Mittel zur Befriedigung der Bedürfnisse wird eingeschränkt durch soziale Regeln und Normen, denen diese Wahl zu genügen hat. Diese Kanalisierung und Kontrolle wird durch zwei Prinzipien gesteuert: das Lustprinzip, das Aktivitäten zur unmittelbaren Lustmaximierung und Unlustreduktion fordert, und das Realitätsprinzip, das eine Kalkulation der Verschiebung unmittelbaren Lustgewinns zwecks späterer Optimierung der Lust fordert. Dieses allgemeine Bild enthält offensichtlich instrumentelle Rationalitätskriterien und wendet implizit die Schemata rationaler Erklärungen an, wie sie auch vom geist-theoretischen Verstehensbegriff vorausgesetzt werden.

Diese knappe Kennzeichnung des psychoanalytischen Grundmodells ist allerdings in mancher Hinsicht zu glatt. Freud selbst beispielsweise scheint häufig unverblümt szientistisch und physikalistisch zu reden. Er identifiziert meist das Es mit dem Unbewussten, das Ich dagegen mit dem Bewusstsein. Außerdem ist der Prozess der Verdrängung ein wichtiges Element der Theorie. Es gibt nun interessante Versuche, das Es im psychoanalytischen

[869] Vgl. Vogel (2009) (im Erscheinen).

Sinne in eine reiche Theorie der Gefühle einzubetten, wie sie heute von der Philosophie des Geistes und der Emotionspsychologie entwickelt wird. Denn der Geist hat eine physikalische Grundlage, in der er realisiert ist: die hirnphysiologischen Prozesse, die dem Reich der Natur angehören. Soweit das Es z. B. Triebe und ihre Wirkungen enthält, scheint es auf dieser physikalischen Ebene zu operieren. Freud scheint das Unbewusste aber auch oft als ein System zu beschreiben, das sich stabil zu halten sucht. Der Vorschlag, seelische Strukturen als unbewusst anzusehen, scheint also unter anderem nach sich zu ziehen, sie funktional zu beschreiben. Diese Funktionalität ist ein Index für unsere mangelnde Kontrolle oder Autonomie in Hinsicht auf das Unbewusste. Wenn Freud allerdings die Begrifflichkeit von Lust und Schmerz für diese Ebene verwendet, scheint es sich um gefühlsbesetzte Elemente zu handeln, d. h. um phänomenale mentale Zustände, die erst auf der Ebene des Geistes auftauchen. Aus heutiger Sicht verwendet die Psychoanalyse also sowohl physikalistisches als auch funktionalistisches und mentales Vokabular, um das Es zu beschreiben, und das ist mehr als verwirrend – vor allem dann, wenn wir zu ermitteln versuchen, worin das Verstehen oder Erfassen dieser Zustände genauer bestehen soll. Aus heutiger Sicht dürfte für eine Beschreibung und Erklärung des Es das funktionalistische Vokabular angemessen sein.[870]

Sollte dies zutreffend sein, so würde es sich beim Erfassen der Kernelemente des Es nicht um ein Verstehen im geist-theoretischen Sinne, sondern um funktionale Beschreibungen und Erklärungen handeln. Doch zugleich würde diese Beschreibung eine Erklärung der Aufhebung von Verdrängung und ein Erfassen unerfüllter Wünsche unmöglich machen. Denn eine rein funktionale Ebene kann nicht ohne weiteres in das Reich des Verstehens und das verstehende Bewusstsein gehoben werden, weil es auf der funktionalen Ebene keine semantischen Gehalte gibt, die von einem Verstehen erfasst werden könnten (obgleich diese Ebene natürlich Gegenstand einer naturwissenschaftlichen Theorie oder einer empirischen Deskription sein kann). Der entscheidende Aspekt der psychoanalytischen Therapie und damit auch des Verstehens von Literatur im psychoanalytischen Sinne kann also von der funktionalen Ebene der Theorie nicht eingeholt werden.

Tatsächlich beschreibt Freud das Unbewusste an vielen Stellen so, dass es dem Bewussten viel näher steht, als es die bisherige Darstellung erwarten lässt. Dies gilt vor allem insofern, als einige Elemente des Unbewussten einen semantischen Gehalt haben und so dem Verstehen zugänglich gemacht werden können. Zu diesen Elementen scheinen nicht nur unbewusste gehaltvolle Wünsche, sondern auch andere Gedanken zu gehören, z. B. Erin-

[870] Dafür plädiert Vogel (2009) mit überzeugenden Gründen.

nerungen oder Überzeugungen (an einigen Stellen spricht Freud auch vom Vorbewussten). Erinnern wir uns daran, dass nach der modernen Geisttheorie keine Schwierigkeiten in der Annahme bestehen, dass semantisch gehaltvolle mentale Zustände nicht bewusst und damit ihrem semantischen Gehalt nach nicht unmittelbar zugänglich sind. Vermutlich muss angenommen werden, dass das Unbewusste zwei verschiedene Ebenen enthält, von denen nur diejenige, die eine semantische Dimension hat, dem Verstehen zugänglich gemacht werden kann. Einen der Aspekte des semantisch strukturierten Unbewussten können wir so beschreiben, dass den Aktoren der Gehalt vieler ihrer Wünsche, Informationen und sozialen Handlungsbeschränkungen nicht vor Augen steht und häufig nicht einmal zugänglich ist. Der Grund dafür dürfte in vielen Fällen ein Evaluationsmechanismus des menschlichen Geistes sein, der primär auf der Ebene von Gefühlen operiert, aber auch in vielen anderen Fällen eingesetzt wird. Das Auftreten mentaler Episoden wird durch positive oder negative Zustände des phänomenalen Bewusstseins evaluiert und gespeichert. Negative Evaluationen vergrößern die Wahrscheinlichkeit einer künftigen Vermeidung derselben mentalen Episoden. Im Extremfall unerträglicher negativer Gefühle führt dieser Mechanismus zur gänzlichen Verhinderung eines nochmaligen Auftretens der evaluierten Episode, d. h. wird verdrängt und semantisch unzugänglich.

Allerdings werden die verdrängten mentalen Episoden oft *manifest* im Verhalten der Aktoren – in bestimmten materiellen Aktivitäten, aber z. B. auch in Träumen, freien Assoziationen und vor allem in Leidenserfahrungen. Man kann diese Manifestationen aus geist-theoretischer Sicht zwanglos als natürliche Zeichen verdrängter mentaler Episoden ansehen. Es macht einen wichtigen Teil der Aufgabe des Therapeuten oder der Therapeutin aus, die Signifikate dieser natürlichen Zeichen zu ermitteln, d. h. sie so zu interpretieren, dass der semantische Gehalt verdrängter Wünsche, Informationen und Regelbefolgungen ans Licht tritt und sprachlich gefasst werden kann. Auf diese Weise soll sich der Klient seine eigenen Aktionen intelligibel und rationalisierbar machen: Er soll lernen, sich selbst zu verstehen, er soll eine neue Selbstbeschreibung formulieren können. Das ist eine der wichtigsten Voraussetzungen dafür, dass die Gefühle und die anderen Gedanken, die von den Prämissen der Selbstbeschreibung dargestellt werden, gegebenenfalls einer Revision unterworfen werden können.

Dieser Rekonstruktion zufolge müssen wir also, um das psychoanalytische Verstehen angemessen und verständlich rekonstruieren zu können, zwischen dem bewussten Nacherleben phänomenal bewusster Zustände und dem Erfassen semantischer Gehalte unterscheiden, wie es die moderne Geist-Theorie vorschlägt. Denn wir müssen von semantisch gehaltvollen, aber unbewussten mentalen Zuständen reden können. Was auch immer die

Aufhebung einer Verdrängung im einzelnen sein mag, sie besteht jedenfalls im Kern daraus, dass unterdrückte mentale Zustände ihrem phänomenalen Bewusstsein und ihrem semantischen Gehalt nach wieder zugänglich werden.

Aus dieser Perspektive lässt sich der Prozess des psychoanalytisch angeleiteten Verstehens vermutlich ohne bedeutende Abstriche als eine spezifische Variante der erweiterten volkspsychologischen Handlungserklärungen auffassen – als Prozedur, die uns die Tiefenbedeutung unserer manifesten Handlungen entschlüsseln soll. Einige unserer Wünsche und Informationen sind uns bewusst, d. h. wir können uns in einem ersten Schritt unsere eigenen Handlungen und die Handlungen anderer über manifeste, zugängliche Absichts-Überzeugungspaare intelligibel machen. Aber wenn wir diese ersten Handlungserklärungen erweitern wollen, müssen wir uns die Gehalte des verdrängten Unbewussten erschließen. Diese Entschlüsselung muss bis zum sozialen Aspekt des Über-Ich vorstoßen, reicht also bis in die gesellschaftlichen Bereiche hinein. Im günstigsten Fall können wir uns vielleicht daran erinnern, dass wir in bestimmten Situationen gewisse Gefühle erlebt haben, ohne dass wir bereits den semantischen Gehalt dieser Gefühle erfassen. Zugleich können wir erkennen, dass die externen Faktoren, von denen Gefühle ausgelöst werden, zum Gehalt eben dieser Gefühle werden können. Dadurch können wir im günstigsten Fall vielleicht sogar realisieren, dass wenn früher einmal ein Gefühl durch einen externen Faktor ausgelöst wurde, wir letztlich dieses Gefühl mit dem genannten Faktor als semantischem Gehalt empfanden. Durch diesen spezifischen Prozess der Erinnerung an Gefühle in bestimmten Situationen können Gefühle, die zunächst ohne Gehalt im Unbewussten schlummern, auch ihrem semantischen Gehalt nach rekonstruiert und der verstehenden Selbstbeschreibung zugänglich gemacht werden.

Der psychoanalytischen Literaturwissenschaft zufolge besteht also das Verstehen von Texten primär darin, den skizzierten Apparat auf den Autor des Textes anzuwenden, und zwar anhand dessen, was der Text kommunikativ vermitteln will. Wie der krude geist-theoretische Rekonstruktionsversuch andeutet, muss dafür überwiegend ein Verstehen von Texten im buchstäblichen Sinne sowie ferner von Handlungen, Wünschen und Meinungen im hermeneutischen Sinne mobilisiert werden. Nur insoweit die tiefste Ebene des Unbewussten, die funktionale Ebene, ins Spiel kommt, müssen wir auf funktionale Erklärungen zurückgreifen, die den Bereich des Verstehens verlassen.

Doch ist der psychoanalytisch angeleitete Verstehensprozess noch komplexer. Denn der Interpret soll anhand des Textes nicht nur die verdrängten unerfüllten Wünsche des Autors, sondern auch seine eigenen verdrängten

Wünsche erfassen. Er muss also die verdrängten unerfüllten Wünsche des Autors in seinem eigenen Geist simulieren und damit eine andere Form des Verstehens im geist-theoretischen Sinne heranziehen. Andererseits kommt auch eine weniger komplexe Form dieses Verstehens vor, die Freud nicht im Blick gehabt zu haben scheint. Manche literarischen und daher fiktiven Figuren sind imstande, auch jenen Wünschen rücksichtslos nachzugehen und sie sich zu erfüllen, die von den Interpreten in ihrem eigenen Leben verdrängt werden mussten. In diesem Fall ist das normale Verstehen in Gestalt des Erfassens des semantischen Gehalts dieser Wünsche zuweilen ein Motiv und Vorbild für den Interpreten, die eigene Verdrängung dieser Wünsche aufzuheben.

Oft wird beklagt, dass das psychoanalytische Modell des Textverstehens sich exklusiv auf das Verstehen und Erklären der mentalen Zustände von Autor und Interpret konzentriert und das Verstehen des Textes unbeachtet lässt. Der Text verschwindet in diesem Zugang hinter Autor und Interpret. Dies gilt auch für die geist-theoretische Rekonstruktion dieses Verstehens, die wir auf ihrer grundlegendsten Ebene skizziert haben. Tatsächlich kommt das Verstehen des Textes und seiner poetischen Formen im psychoanalytischen Modell nur insoweit ins Spiel, als es für ein Verstehen von Autor und Interpret instrumentalisiert werden kann. Dieser Vorwurf ist sicherlich in sofern berechtigt, als nicht jede Textinterpretation in das psychoanalytische Korsett gezwängt werden kann. Doch lässt sich auch nicht ausschließen, dass das psychoanalytische Verstehen im Einzelfall sinnvoll sein kann. Aber sofern es sinnvoll ist, stellt es, wie wir andeutungsweise gesehen haben, kein neues Modell des Verstehens dar, sondern greift unter verschiedenen Aspekten auf das hermeneutische Modell des Verstehens von Texten, Äußerungen und mentalen Zuständen (also auf das Modell des mind-reading) zurück.

Eine *gesellschaftswissenschaftliche Orientierung* lässt sich bei einem ganzen Bündel von Literaturtheorien feststellen. Dazu gehören Ansätze, die primär mit soziologischen Methoden arbeiten, etwa die Literatursoziologie, die den gesellschaftlichen Umgang mit Literatur untersucht, aber auch die Systemtheorie von Luhmann und die Theorie des literarischen Feldes von Bourdieu. Luhmanns abstrakte Systemtheorie bietet keine theoretischen Ressourcen für eine avancierte Semantik oder einen interessanten Begriff des Verstehens, erst recht nicht für den Begriff des Literaturverstehens. Das ist unter anderem daran erkennbar, dass Luhmann sich der veralteten semiotischen Terminologie bedient und Systeme nicht durch Rückgriff auf geistige Aspekte kennzeichnet. Seine Definition des hermeneutisch grundlegenden Begriffes *Sinn* beispielsweise ist offen zirkulär („Überschuss von Verweisungen auf weitere Möglichkeiten des Erlebens und Handelns", wobei „Verweisungen", „Erleben" und „Handeln" ihrerseits durch Rückgriff auf Sinn (nach Frege, also Bedeutung in heutiger Terminologie) erklärt werden müssten). Solche definitorischen Hinweise sind nichtssagend. Im übrigen hat Luhmann keine spezielle Systemtheorie der Literatur entwickelt. Und wir gewinnen auch kaum neue Einsichten, wenn wir von Luhmann-Anhängern hören, Literatur sei ein autopoietisches System, das durch die Funktion der Unterhaltung und die Leitdifferenz *interessant/langweilig* gekennzeichnet sei. Eines der Probleme mit dieser banalen These ist, dass es trotz aller Beteuerungen Luhmanns keine sozialen autopoietischen Systeme gibt, denen sich eine eigenständige Aktivität zuschreiben ließe. Im Rahmen der modernen Wissenschaftstheorie geht man vielmehr von folgender Idee aus: Eine Menge $M = \{a_1, \ldots, a_n\}$ von Partikeln $a_1, \ldots, a_n$ ist ein *natürliches System* nur dann, wenn gilt:

(a) Es bestehen naturgesetzliche Beziehungen zwischen den $a_1, \ldots, a_n$.
(b) M weist (aufgrund höherer Komplexität) gegenüber seiner Umwelt eine Innen-Außen-Grenze auf.
(c) Die $a_1,..,a_n$ interagieren durch die Innen-Außen-Grenze von M mit der Umwelt von M.
(d) M bestimmt sein Verhalten auch durch innere Zustände.
(e) M hat einen Normalzustand mit gewissen Toleranzgrenzen, jenseits derer M zusammenbricht.
(f) M enthält einen Ausgleichsmechanismus für nicht zu große Abweichungen vom Normalzustand, d. h. M ist verhaltensplastisch (selbsterhaltend).

Die Anwendbarkeit dieses Systembergriffs auf die soziale Ebene ist keineswegs selbstverständlich. Dafür muss man zum Beispiel nachweisen, welche Außen-Innen-Grenze soziale Systeme haben, und das kann im Einzelfall schwierig sein. Wichtiger ist, dass die Entwicklungen der sozialen Systeme in einer rein kausalen Sprache beschrieben und zugleich die Elemente a_i spezifiziert werden müssen. Im sozialen Bereich können diese Elemente nur handelnde Personen oder Handlungen sein. Diese Spezifizierung schließt starke soziologische Systemtheorien, wie Luhmann sie vertritt, von vornherein aus – also Theorien, die den sozialen Systemen einen nicht-reduzierbaren ontologischen Status zuschreiben.

Auch für Bourdieu ist Literatur eine gesellschaftliche Tatsache, die im wesentlichen unter Rückgriff auf ihren Kontext, das literarische Feld, bestimmt werden muss. Das literarische Feld ist eine Spezialform eines sozialen Feldes, d. h. einer Menge von Akteuren, die im wesentlichen durch Machtrelationen strukturiert ist, die ihrerseits durch unterschiedliche Formen des Kapitals spezifiziert werden können (im Falle des literarischen Feldes ist das symbolische Kapital einschlägig). Bourdieu ist vor diesem Hintergrund primär an der soziologischen Beschreibung der Entstehung und Stabilisierung des literarischen Feldes interessiert. Die Anwendung dieser Theorie auf die Interpretation von literarischen Texten muss darauf ausgerichtet sein zu erkunden, welches spezielle literarische Feld im Text aufgebaut wird. Nun spricht nichts dagegen, angesichts eines literarischen Textes zum Beispiel zu untersuchen, welche Positionen die dargestellten Personen in ihrem Kontext von Machtrelationen einnehmen. Doch dafür muss der Text natürlich zunächst einmal im buchstäblichen Sinne angemessen verstanden werden, wie es die Hermeneutik analysiert. Allerdings lässt sich nicht erkennen, wie sich diese Analyse substantiell von einer Analyse realer Machtverhältnisse in anderen sozialen Feldern unterscheidet. Das speziell Literarische droht Bourdieu daher aus dem Blick zu geraten. Im übrigen lässt sich diese Art von Interpretation nur auf einige literarische Texte anwenden – typischerweise auf Romane und Schauspiele, aber zum Beispiel selten, wenn überhaupt, auf die Lyrik.

Eine Variante der gesellschaftswissenschaftlichen Literaturtheorie, die auch für eine moderne Hermeneutik interessant ist, geht auf den Marxismus und insbesondere die Kritische Theorie zurück. Im Rahmen des Historischen Materialismus wird Literatur als Überbauphänomen aufgefasst, das als Produkt menschlicher Arbeit in der Auseinandersetzung mit Herrschaftsformationen entsteht. Ein angemessenes Verstehen von Literatur muss diesen Zusammenhang aufdecken. Eine solche Qualifizierung ist allerdings zu allgemein, da sie auf beliebige Texte und ihre Interpretation anwendbar ist. Es war und ist ein notorisches Problem der *marxistischen* (oder materialistischen) *Literaturtheorie*, wie sich das spezifisch Literarische und Ästhetische in einem materialistischen Rahmen einholen lässt. Ohne eine befriedigende Lösung dieses Problems, die immer noch nicht absehbar ist, kann die marxistische Literaturtheorie kein zufriedenstellendes Konzept des Verstehens von Literatur anbieten.

Eine der wichtigsten Kategorien des Marxismus und der Kritischen Theorie ist die Ideologiekritik. Im Rahmen der marxistischen Literaturtheorie wird der Interpretation literarischer Texte daher unter anderem die Aufgabe zugesprochen, ideologiekritisch zu untersuchen, inwieweit der vorliegende literarische Text selbst einer Ideologie aufsitzt oder vielleicht eine Ideologie entlarvt. Dieser ideologiekritische Aspekt des Verstehens von Literatur im Rahmen der Kritischen Theorie soll im folgenden in exemplarischer Weise aus geist-theoretischer, handlungstheoretischer und wissenschaftstheoretischer Sicht kommentiert werden. Allerdings scheint die Ideologiekritik gegenwärtig nicht mehr im Fokus der Aufmerksamkeit zu stehen. Jürgen Habermas beispielsweise lässt diesen Begriff in der

Theorie des kommunikativen Handelns vollständig fallen, und damit wurde der Eindruck gestärkt, dass die Ideologiekritik ein anachronistisches und obskures Verfahren ist. Dieser Eindruck erweist sich jedoch aus geist-theoretischer Sicht als haltlos.[871]

Oft wird beklagt, dass der Terminus *Ideologie* so schillernd und mehrdeutig ist, dass er sich kaum zur Explikation eines zentralen kritischen Verfahrens eignet. Doch im Rahmen der Kritischen Theorie ist die Idee der Ideologie wohlbestimmt. Die Ideologie als Gegenstand einer Kritik ist eine Bewusstseinsform (d.h. eine Menge von Überzeugungen, Einstellungen, Wünschen, Absichten und anderen mentalen Zuständen), die falsch ist und in deren Rahmen die Menschen sich über sich selbst täuschen. Man spricht daher auch von ideologischer Täuschung oder vom falschen ideologischen Bewusstsein. Zum Teil geht es der Ideologiekritik darum zu erklären, wie falsche Ideologie zustande kommt; aber hauptsächlich hat die Ideologiekritik das Ziel, die ideologische Täuschung aufzudecken und Menschen aus ihr zu befreien. Allerdings kann eine Bewusstseinsform als ideologische Täuschung in unterschiedlicher Weise falsch sein – nämlich aufgrund ihrer epistemischen, funktionalen oder genetischen Aspekte.

Die epistemisch falsche Ideologie tritt in vier Varianten auf. Sie kann ein Irrtum über den epistemischen Status der zu ihr gehörenden Überzeugungen sein. Das ist insbesondere dann der Fall, wenn relativ auf eine akzeptierte Wissenschaftstheorie sinnlose oder nicht-wissenschaftliche Behauptungen als sinnvoll oder wissenschaftlich ausgegeben werden, oder wenn Werturteile als Urteile über Tatsachen angesehen werden. Es kann sich aber auch um einen Objektivierungsfehler handeln. In diesem Fall werden veränderliche soziale Phänomene als unabänderliche natürliche Phänomene (ggf. naturgesetzlicher Art) angesehen. Wenn dagegen fälschlicherweise partikulare Interessen einzelner gesellschaftlicher Gruppen als Allgemeininteressen betrachtet werden, tritt die epistemisch falsche Ideologie als Universalisierungsfehler auf. Und wenn schließlich Überzeugungen, die selbsterfüllend sind, als nicht-selbsterfüllend angesehen werden,[872] dann nimmt die epistemisch falsche Ideologie die Gestalt eines Selbsterfüllungsfehlers an. Alle diese Varianten lassen sich in klassischen marxistischen Texten nachweisen, werden dort allerdings oft begrifflich nicht klar genug voneinander unterschieden.

Die funktional falsche Ideologie tritt in drei Varianten auf: erstens als Ideologie, die die ungerechte Verteilung von Grundgütern und ihre politischen Bedingungen stützt, indem sie entweder diese Verurteilung stabili-

[871] Vgl. zum folgenden Geuss (1983); Bühn (1999).

[872] Eine Überzeugung, dass P (m_i) (m_i Menschen), ist selbsterfüllend, falls die Behandlung der m_i, als wären sie P, wesentlich dazu beiträgt, dass sie P werden.

siert oder legitimiert oder eine sozial notwendige Illusion ist, die für den Erhalt der herrschenden Gesellschaftsformation erforderlich ist; zweitens als Hemmnis für die maximale Entfaltung der Produktivkräfte; und drittens als Verschleierungsstrategie für soziale Widersprüche.

Die epistemisch falsche Ideologie und die funktional falsche Ideologie sind folglich falsch nicht in dem Sinne, dass sie nicht mit Fakten in der Welt übereinstimmen, sondern nur in dem Sinne, dass Menschen nicht an ihnen festhielten, wenn sie ihre epistemischen bzw. funktionalen Eigenschaften kennen würden.

Eine genetisch falsche Ideologie entsteht aufgrund einer nicht zugänglichen Motivation und wird unbewusst aus Gründen akzeptiert, die ihre Anhänger nicht explizit kennen. Die Genese einer Bewusstseinsform ist allein offensichtlich kein ausreichender Grund, um sie als falsch zu kritisieren. Doch wenn Menschen eine Bewusstseinsform aus Motiven anerkennen, die sie eigentlich aufgrund der Genese der Bewusstseinsform nicht anerkennen können oder nicht mehr anerkennen könnten, sofern sie die wahre Genese der Bewusstseinsform kennen würden, dann lässt sich die Bewusstseinsform als Selbsttäuschung in Hinsicht auf ihre Akzeptanz kritisieren.

Die epistemisch falsche Ideologie lässt sich im wesentlichen auf der Grundlage wissenschaftstheoretischer Kenntnisse (wie sie vor allem von der Philosophie bereitgestellt werden) kritisieren. Dafür muss diese Ideologie zunächst im buchstäblichen Sinne angemessen verstanden werden, damit sie sodann wissenschaftstheoretisch korrekt klassifiziert werden kann. Für eine Kritik der funktional falschen und der genetisch falschen Ideologie sind dagegen erweiterte Rationalisierungen (also rationalisierende Erklärungen) mentaler Zustände der geeignete methodologische Rahmen. In diesem Verfahren werden gegebene mentale Zustände einer Person (Meinungen, Absichten, Wünsche usw.), die unter Ideologieverdacht stehen, daraufhin befragt, welche Prämissen (d. h. Gründe) die befragte Person dafür anführt und wie diese Prämissen zustande gekommen sind oder welche gesellschaftliche Funktion sie spielen. Da semantisch gehaltvolle mentale Zustände unbewusst sein können, wird dabei häufig der Fall auftreten, dass die befragte Person sich einige ihrer Prämissen erst im Verfahren einer geduldigen Selbsterklärung zugänglich machen kann. Und dann kann zusätzlich klar werden, dass die befragte Person einige dieser Prämissen aufgrund ihrer Genese ablehnt (zum Beispiel wenn sie durch Manipulation zustande gekommen sind), oder auch deshalb, weil sie Effekte für die Stabilisierung einer gesellschaftlichen Struktur (und damit echte Funktionen) haben, die die Person nicht billigt.

Ein ideologiekritisch wichtiger Sonderfall besteht darin, dass die erweiterte Selbstrationalisierung zu der Einsicht führt, dass man, indem man bestimmte Handlungen vollzieht, gewissen Regeln folgt, und dass man sogar, wenn man diesen Regeln folgt, zugleich gewissen anderen Regeln folgt, deren Befolgung man nicht billigt. Auf diese Weise kann die Ideologiekritik auf tiefe gesellschaftliche Mechanismen stoßen, die in Handlungen implizit leitend sind. So kann man zum Beispiel realisieren, dass man mit bestimmten Handlungen letztlich gesellschaftliche Systeme stützt, die man eigentlich nicht stützen möchte.

Erfolgreiche Ideologiekritik ist offenbar unter anderem davon abhängig, dass die Adressaten der Ideologiekritik einsehen und akzeptieren, dass ihre Handlungen auf bestimmte Weise rationalisiert werden können, und dass sie bereit sind, die für diese Handlungen leitenden Prämissen oder Regeln zu evaluieren. Ideologiekritik muss stets auf die Akzeptanz eben dieser Ideologiekritik durch ihre eigenen Adressaten bauen. Diese Reflexivität gehört zum Begriff und Konzept jeder Ideologiekritik.

Die Ideologiekritik ist also in ihren verschiedenen Varianten nicht ein spezifisches und methodisch mysteriöses Verfahren, sondern lässt sich in Begriffen allgemein verbreiteter methodologischer Verfahren beschreiben. In diesen Verfahren spielt das rationalisierende Verstehen der semantischen Gehalte von mentalen Zuständen im geist-theoretischen Sinne die zentrale Rolle. Wenn führende Vertreter einer modernen Kritischen Theorie wie Habermas den Begriff der Ideologiekritik fallenlassen, dann deshalb, weil sie nicht das adäquate wissenschaftstheoretische und geist-theoretische Arsenal einsetzen, um das ideologiekritische Verfahren angemessen zu analysieren. Allerdings beruht die Ideologiekritik auch auf gewichtigen normativen Grundlagen, aber das macht sie keineswegs verdächtig. Denn es handelt sich zwar um normative Grundlagen, die sich nicht immer präzise fassen lassen und deren Vorliegen nicht immer eindeutig entscheidbar ist, aber gewöhnliche sind weit verbreitete normative Voraussetzungen im Spiel, die auch für unser aller alltägliches Leben und für politische Entscheidungen gelten.[873]

[873] Die normativen Grundlagen der Ideologiekritik sowie vieler alltäglicher und politischer Entscheidungen sind, genau besehen, recht komplex. So muss die Ideologiekritik zum Beispiel von einem *Begriff objektiver Interessen* ausgehen. Dafür muss unterschieden werden zwischen Wünschen, Bedürfnissen und Interessen. *Wünsche* sind bewusste oder explizit formulierte propositionale Pro-Einstellungen; *Bedürfnisse* sind orientiert am optimalen Funktionieren des Organismus; und *Interessen* sind ausgerichtet an einer konsistenten Integration aller Wünsche und Bedürfnisse in ein rationales Konzept des guten Lebens. *Objektive Interessen* sind jene Interessen, die die Menschen im Falle umfassenden Wissens und optimaler sozialer Bedingungen ausbilden (würden). In dieses kontrafaktische Kriterium geht implizit ein normativer Begriff repressionsfreier Zustände ein. Die Ideologiekritik muss insbesondere auf Begriffe von Frustration und Repression zurückgreifen. In der Ideologiekritik sollte *Frustration* als Zustand gefasst werden, der die Nicht-Erfüllung objektiver Interessen begleitet. Dabei können Menschen sich darüber täuschen, dass sie frustriert sind. Da keine Gesellschaft alle objektiven Interessen aller ihrer Mitglieder befriedigen kann, ist der Frustrationsbegriff zur Bestimmung repressiver Zustände nicht ausreichend, sondern muss durch ein normatives Verteilungskriterium ergänzt werden. Man könnte vorschlagen zu sagen: Zu-

Insgesamt wird deutlich, dass die Identifizierung und Kritik von Ideologien auch im Rahmen des Verstehens von Literatur streng genommen auf komplexen Bedingungen beruht, deren Kenntnis und Anwendung beherrscht werden muss. Diese Bedingungen beruhen sowohl auf elementaren hermeneutischen Kompetenzen im Sinne der modernen Geist-Theorie als auch auf intersubjektiven normativen Standards.

Die Durchsicht einiger avancierter Literaturtheorien und ihrer Vorstellungen vom Literaturverstehen hat ergeben, dass zumindest einige dieser Literaturtheorien neue Gesichtspunkte ins Spiel bringen, die unsere Vorstellungen vom Verstehen literarischer Texte bereichern. Doch in keinem Fall können diese Theorien das Verstehen im hermeneutischen Sinne übergehen. Das basale Verstehen im geist-theoretischen Sinne bleibt in allen Varianten im Spiel und nimmt stets eine grundlegende methodologische Rolle ein. Dies gilt auch für eine genauere Rekonstruktion jener Art von Verstehensleistung, die jeweils als theoretisch leitend ausgezeichnet werden soll. Wenn daher in den führenden Darstellungen der modernen Literaturtheorie die Hermeneutik allenfalls noch als anachronistischer Vorläufer avancierterer Literaturtheorien und Theorien des Verstehens literarischer Texte aufgeführt wird, so führt diese Charakterisierung in die Irre. Moderne Theorien des Verstehens von Literatur können die klassische und moderne Hermeneutik erweitern, aber keinesfalls ersetzen.

Diese Einschätzung wird auch durch neuere Studien gestützt, die sich im Rahmen der jüngeren Debatten um den Autorenintentionalismus wieder stärker auf die philologische Methodologie konzentrieren und eine Position vertreten, die als *philologische Hermeneutik* bezeichnet werden kann.[874] Eine der Grundlagen dieser Position ist die These, dass alles in allem betrachtet der hypothetische Intentionalismus die zur Zeit plausibelste Variante des hermeneutischen Intentionalismus ist, der seinerseits immer dann

stände, in denen Personen unter einer ungerechten Ungleichverteilung von Frustrationen oder unter überflüssigen Frustrationen (sc. ihrer objektiven Interessen) leiden, sind *repressiv*. Und die abstrakte Rede von der „Ungleichverteilung von Frustrationen" und von „objektiven Interessen" könnte durch die Angabe von Grundgütern spezifiziert werden (wie sie etwa Rawls vornimmt). Damit ließe sich festlegen: Das Fehlen oder die ungerechtfertigte Ungleichverteilung von Grundgütern ist ungerecht; das objektive Interesse einer Person besteht darin, dass sie die Freiheit hat, ein rationales Konzept des guten Lebens auszubilden und zu verfolgen, dass sie ferner dabei über alle Grundgüter verfügt, und dass in der Gesellschaft, in der die Person lebt, keine ungerechte Ungleichverteilung von Grundgütern besteht. Eine Gruppe von Personen ist in einem repressiven Zustand, falls die objektiven Interessen ihrer Mitglieder (im obigen Sinne) frustriert sind. Dieses normative Instrumentarium ist notwendig dafür, dass die Ideologiekritik in allen ihren Varianten auch intersubjektiv begründet ist und nicht lediglich auf subjektiven Präferenzen beruht.

[874] Ich beziehe mich im folgenden exemplarisch auf eine der besten Darstellungen dieser Position, nämlich das ausgezeichnete Buch von Spoerhase (2007).

in der philologischen Hermeneutik eine wichtige Rolle spielt, wenn es um die Historizität oder Normenkonformität eines literarischen Textes geht. Aus geist-theoretischer Sicht ist dabei besonders der Aspekt der Normenkonformität interessant, denn

„das fundamentale hermeneutische Problem, auf das das Billigkeitsprinzip verweist, ist das einer Bestimmung der Rolle der Normativität für den Interpretationsvorgang: Inwieweit richten sich die Interpretationen von textuellen Artefakten an normativ imprägnierten Interpretationsprinzipien und interpretativen Kategorien aus? Die Interpretation des Artefakts gestaltet sich aus der Perspektive des Prinzips hermeneutischer Billigkeit grundsätzlich so, dass es mit bestimmten Normen harmonieren muss."[875]

In diesem Kontext wird das Prinzip der Billigkeit unter philologischen Gesichtspunkten ausbuchstabiert, und zwar in Gestalt von Adäquatheitsbedingungen. Ausgangspunkt ist die – auch oben betonte – hermeneutische Situation,

„dass das Interpretationsobjekt scheinbar nicht mit Normen harmoniert, die der Interpret hinsichtlich des Interpretationsobjekts für einschlägig hält."[876]

Auf dieser Grundlage stellen die Forderungen nach deskriptiver Adäquatheit, nach der Zuschreibbarkeit von normwidrigem Verhalten seitens des Autors und auch des Interpreten, nach der Überprüfbarkeit von Interpretationen, die mit dem Billigkeitsprinzip gewonnen wurden, und nach der Charakterisierung von Voraussetzungen, unter denen Widersprüche und Absurditäten eine Anwendung des Billigkeitsprinzips verlangen, die wichtigsten Adäquatheitsforderungen an eine Interpretation dar.

Diese Überlegungen der philologischen Hermeneutik sind interessant und bedenkenswert, doch verschieben sie den Status des Interpretationsprinzips der Billigkeit, wie er im Rahmen der Theorie des Geistes (zumindest des Interpretationismus) verstanden wird. Denn die philologische Hermeneutik betrachtet das Billigkeitsprinzip als eine Menge methodologischer Anforderungen an eine gute Textinterpretation, die aus Sicht des Interpreten in Anschlag gebracht wird. Darum muss die entsprechende rationale Rekonstruktion letztlich auch als anachronistisch gelten:

„Die rationale Rekonstruktion sagt uns, was der Autor hätte sagen sollen, wenn er gewusst hätte, was wir wissen, und wenn er in höherem Ausmaß rational gewesen wäre, als er es tatsächlich war. Sie ist natürlich anachronistisch, da sie Standards und

[875] Vgl. Spoerhase (2007), 291.
[876] Ibid.

Informationen benutzt, die dem Autor des Textes nicht bekannt waren und nicht bekannt sein konnten."[877]

Aus geist-theoretischer Sicht ist das Billigkeitsprinzip (also das Prinzip der Nachsicht) jedoch konstitutiv für Verstehen überhaupt, und seine Anwendung resultiert in einer Angleichung der von Interpret und Interpretand eingebrachten semantischen Netze.[878]

Ein enger Bezug auf Grundsätze der klassischen Hermeneutik lässt sich auch im literaturwissenschaftlichen Teil der kognitiven Hermeneutik erkennen, deren allgemeine Aspekte oben bereits behandelt wurden.[879] Der kognitiven Hermeneutik geht es wie der klassischen Hermeneutik um eine rational begründete Interpretation des gegebenen literarischen Textes, in welcher die Hypothese über die Interpretation des Gesamttextes optimal mit den Belegstellen des Textes übereinstimmt und das Verstehen des Textes eine wissenschaftliche Form annimmt. Dabei folgt sie insbesondere – ähnlich wie die klassische Hermeneutik seit der frühen Neuzeit – ausdrücklich auch dem Prinzip der Nachsicht. Doch geht die kognitive Hermeneutik unter verschiedenen Aspekten über die klassische Hermeneutik hinaus.

Zum einen systematisiert sie die verschiedenen Arbeitsschritte einer kognitiv anspruchsvollen wissenschaftlichen Interpretation auch literarischer Texte, von der Basis-Analyse über die Basis-Interpretation bis hin zur Aufbau-Arbeit. Vereinfacht formuliert fasst die Basisanalyse den Text inhaltlich zusammen und bestimmt die Art der Textwelt (etwa ob es sich um eine natürliche, mythische oder dämonische Textwelt handelt). Die Basis-Interpretation versucht eine systematische Gesamtinterpretation zu erarbeiten. Im Falle literarischer Texte wird meist auch eine spezifische literarische Stilanalyse dazugehören. Auch kann auf dieser Ebene schon die Sekundärliteratur berücksichtigt werden – in dem Sinne, dass verschiedene Interpretationsoptionen identifiziert werden (aneignende Interpretationen ausgeschlossen) und auf ihre Leistungsstärke hin miteinander verglichen werden. Der methodologisch angeleitete Umgang mit unterschiedlichen Textinterpretationen ist ein zweiter Aspekt, der in der klassischen Hermeneutik zwar manchmal thematisiert, aber methodologisch nicht so exakt beschrieben wird wie in der kognitiven Hermeneutik. So wird zum Beispiel in der kognitiven Hermeneutik klargestellt, dass es zwei verschiedene Kriterien sind, die auf der Ebene der Basis-Interpretation in einem Vergleich zwischen verschiedenen Deutungsoptionen zu verwenden sind: Zum einen die *logische Konsistenz* der Gesamtinterpretation mit den einzelnen Textbelegen, zum

[877] Vgl. Spoerhase (2007), 312.
[878] Vgl. oben, Abschnitt 8.5, S. 386f.
[879] Vgl. oben, Abschnitt 7.4.

anderen die *Erklärungskraft* in dem Sinne, dass die gewählte Interpretation am besten von allen Alternativen explanatorisch auf die textprägenden Instanzen zurückgeführt werden kann – etwa auf die Intentionen des Autors, aber auch auf sein Literaturprogramm und sein generelles Überzeugungssystem (hier ist einzig das Literaturprogramm ein für literarische Texte spezifischer Aspekt). Auf einer dritten Ebene schließlich, der Aufbau-Arbeit, geht es um die Erforschung des größeren Kontextes, in dem der zu interpretierende literarische Text steht, zum Beispiel um die Textgenese, um den Vergleich mit anderen Texten desselben Autors, um biographisch-psychologische Hintergründe und um einen Vergleich mit Texten anderer Autoren, vornehmlich in derselben literarischen Tradition oder in einer zeitgenössischen literarischen Bewegung. Auch auf dieser dritten Ebene muss sich die vorgeschlagene Textdeutung gegenüber ihren Konkurrenten durch höhere logische Stimmigkeit mit den genannten Faktoren bewähren.[880]

Die Analyse des Verstehens von Literatur im Sinne der kognitiven Hermeneutik lässt sich als ein rigoroser Ausbau und eine Anwendung der geist-theoretischen Idee der rationalen Rekonstruktion auf die Interpretation literarischer Texte betrachten – unter Beachtung der logischen Konsistenz, der Einbindung in größere semantische Netzwerke verschiedenster Art, der explanatorischen Zusammenhänge und der hypothetisch-deduktiven Methodologie. Es wäre interessant zu sehen, wie die kognitive Hermeneutik mit jenen literarische Texten umgeht, die mit typischen Verfremdungsmitteln arbeiten und dadurch gezielt von logischer Konsistenz, Rationalität und buchstäblicher konsistenter Bedeutung abweichen oder zumindest ganz andere – zum Beispiel eher ästhetische – Aspekte literarischer Texte in den Vordergrund rücken.

Diese Aspekte werden unter anderem in einem weiteren literaturtheoretischen Ansatz betont, der in diesem Kapitel noch nicht erwähnt wurde, der jedoch aus geist-theoretischer Perspektive für eine angemessene Theorie des Verstehens von Literatur ebenfalls wichtig und einschlägig ist. Es handelt sich um den literarischen Strukturalismus. Dieser Ansatz soll daher in einem eigenen Abschnitt diskutiert werden.

[880] Ein ausführliches praktisches Beispiel für alle diese Schritte wird anhand einer Interpretation von E. T. A. Hoffmanns *Der Sandmann* in Tepe, Rauter, Semlow (2009) vorgeführt.

9.4 Der literarische Strukturalismus und das Verstehen poetischer Formen

Wir haben gesehen, dass der Strukturalismus das Erfassen von Textstrukturen als zentrale interpretatorische Leistung betrachtet, die eine objektive und wissenschaftliche Form annehmen kann.[881] Diese Idee wurde speziell auch auf die Poetik, die theoretische Untersuchung poetischer Texte, angewendet. Dabei wurde die Poetik als empirische Theorie aufgefasst, die allgemeine poetische Strukturen im Blick auf einzelne gegebene poetische Texte entdecken will. Poetische Interpretation im strukturalistischen Sinne ist daher ein professionelles Unterfangen. Mit dieser epistemologischen Ausrichtung war auch der Anspruch verbunden,[882] den spezifischen Gegenstand des strukturalistischen Textzuganges, die Literatur, verbindlich auszuzeichnen. Der Strukturalismus als Theorie des Textzuganges war im Kern ein literarischer Strukturalismus, also eine Theorie des Verstehens von Literatur.

In der Frühphase des literarischen Strukturalismus haben zunächst die Formalisten die Idee von Lévi-Strauss, dass Mythen Strukturen aufweisen, die mit ihrer buchstäblichen Bedeutung nichts zu tun haben, weil sie auf einer ganz anderen und tieferen Ebene angesiedelt sind, auf die Analyse von Literatur übertragen.[883] So hat z. B. Vladimir Propp in seiner *Morphologie des Märchens* von 1928 alle von ihm untersuchten Volksmärchen auf sieben Handlungskreise und einunddreißig feste Funktionen reduziert und die Märchentexte nach gewissen Regeln aus diesen Elementen wieder zusammengesetzt.

Zwar betont die strukturalistische Literaturtheorie, dass die strukturalistische Textanalyse der Kern des Verstehens von Literatur ist, doch ist der Begriff der Struktur in diesem Kontext so schwammig und vieldeutig, dass nicht ohne weiteres bestimmt werden kann, worin das Erfassen literarischer Strukturen genauer besteht. Dennoch wurde der Strukturalismus ganz im Sinne des anfänglich propagierten Selbstverständnisses oft als szientistische und anti-hermeneutische Bewegung aufgefasst.[884] Ich möchte im Folgenden zunächst von der Art und Weise ausgehen, wie die grundlegenden Ideen der strukturalistischen Literaturtheorie von einem der einflussreichsten klassischen Strukturalisten, Roman Jakobson, ausbuchstabiert worden sind. Denn Jakobson wird meist als eigentlicher Begründer des literarischen

[881] Vgl. oben, Abschnitt 5.2.
[882] Vgl. dazu Selden (1995), 37–39.
[883] Vgl. jedoch demgegenüber Genettes (verfehlte) Kennzeichnung des Strukturalismus, siehe oben Anm. 303.
[884] Vgl. z. B. die kritische Analyse von Tepe (2007), Kap. 15 (421–448).

Strukturalismus betrachtet.[885] Im weiteren Verlauf meiner Überlegungen zum Strukturalismus möchte ich anhand einer Analyse bestimmter poetischer Formen prüfen, ob die anti-hermeneutische Attitüde der klassischen Strukturalisten berechtigt ist.

Für Jakobson ist die Poetik ein Teilgebiet der Linguistik, und Linguistik ist seiner Auffassung nach die Wissenschaft von der Struktur der Sprache.[886] Dabei versteht Jakobson Linguistik als eine Theorie, die alle wichtigen Sprachfunktionen erfassen soll. Im Rahmen der verschiedenen Sprachfunktionen können dann unterschiedliche sprachliche Strukturen untersucht werden. Zugleich verfolgt Jakobson das Ziel, Poesie (allgemeiner Literatur) als spezifische Textform der Kunst auszuzeichnen.

Wie oben in Abschnitt 5.2 skizziert, hat Jakobson ein allgemeines Kommunikationsmodell entwickelt, das sechs Elemente enthält: Ein Sprecher (1) übermittelt über einen Kanal (2) eine Botschaft (3) im Rahmen eines Kontexts (4) und in einem Code (5) an einen Hörer (6). Während die Elemente (1)–(2) und (4)–(6) die Kommunikation allgemein beschreiben sollen, ist es das Element (3), also das Element der Botschaft, an das Jakobson die *poetische Sprachfunktion* ankoppelt. *Literatur ist für Jakobson dadurch ausgezeichnet, dass die poetische Sprachfunktion in ihr dominiert. Das Verstehen von Literatur besteht daher wesentlich im Erfassen der poetischen Sprachfunktion.*

Die grundlegende Idee ist, dass in der Dichtung eine Kombination von sprachlichen Elementen aus einer Reihe möglicher („äquivalenter") Alternativen ausgewählt wird, und zwar unter spezifischen strukturellen Gesichtspunkten. Diese strukturellen Gesichtspunkte umfassen die literarische Gattung, rhetorische Figuren und Tropen sowie Reime und Metrik. Im Rahmen der poetischen Sprachfunktion ist entscheidend, wie etwas mitgeteilt wird (weniger was mitgeteilt wird).

Die Erläuterung der poetischen Sprachfunktion greift zurück auf Jakobsons Unterscheidung zweier grundlegender sprachlicher Operationen oder „Achsen", die er Selektion und Kombination nennt: Selektion ist die Auswahl von Wörtern oder von anderen sprachlichen Elementen für eine Äußerung oder einen Text. Diese Elemente stehen miteinander in Relationen

[885] Das ist einer der Gründe dafür, Jakobson als exemplarischen Vertreter des literarischen Strukturalismus zu behandeln. Zur Übersicht über die verschiedenen Schulen des literarischen Strukturalismus und deren wichtigster Vertreter vgl. Albrecht (2000). Als eine der Keimzellen des literarischen Strukturalismus gilt der Prager linguistische Zirkel, der sich im Oktober 1926 an der Prager Karls-Universität zum ersten Mal traf und zu dessen vier Gründungsmitgliedern Roman Jakobson gehörte. Jakobson hat in einem auf Tschechisch geschriebenen Papier von 1929 auch zum ersten Mal den Terminus „Strukturalismus" für die Prager Bewegung verwendet (vgl. Dolezel (1995), bes. 37).

[886] Jakobson (1979), 84.

der Äquivalenz, Ähnlichkeit, Unähnlichkeit, Synonymie oder Antonymie. Insbesondere stehen für viele Zeichen Metaphern zur Verfügung – Zeichen, die mit dem gegebenen Zeichen in einem weichen Sinne äquivalent sind und die daher das gegebene Zeichen ersetzen können. Kombination ist Zusammensetzen der selektierten Elemente in einer sprachlichen Sequenz. Diese Zusammensetzung ist Assoziation und Kontiguität, allerdings im wohlgeformten syntaktischen und semantischen Sinne. Insbesondere ist hier die assoziative Form der Metonymie zu nennen, in der Teile eines Ganzen mit dem Ganzen selbst assoziiert werden.

Eine der meistzitierten Definitionen der poetischen Sprachfunktion bei Jakobson besagt, dass die poetische Sprachfunktion das Prinzip der Äquivalenz von der Achse der Selektion auf die Achse der Kombination projiziert. Die Kernidee ist, dass in der Dichtung eine spezifische Selektion der Kombination von sprachlichen Elementen aus einer Reihe von möglichen („äquivalenten") Alternativen erfolgt, und zwar unter spezifischen strukturellen Gesichtspunkten. Diese strukturellen Gesichtspunkte können unterschiedlicher Art sein, von der Wahl der literarischen Gattung über die Selektion des Genres und der rhetorischen Figuren sowie Tropen bis hin zur Festlegung von Reimen und Metrik, also zu Mustern der phonetischen Ähnlichkeit, Opposition oder Parallelismus, die über ihren Klang und ihren Rhythmus konstruiert werden.[887] Jakobson spricht in diesem Zusammenhang manchmal – ein wenig bombastisch – von der Selbstreferentialität der poetischen Sprachfunktion. Nicht das Was, sondern das strukturelle Wie der Mitteilung steht im Vordergrund – die Botschaft in ihrer Form, nicht in ihrer Referenz, ist der zentrale Fokus. Die Sprache bezieht sich also in dem Sinne auf sich selbst, als sie ihre eigenen Elemente und Kombinationen zum Gegenstand einer spezifischen sprachlichen Strukturierung macht. Insofern ist auch die poetische Sprachfunktion metalingual, aber nicht im Dienste einer semantischen Decodierung. Hier geht es vielmehr um spezifisch poetische Formen der Äußerungen und Texte, die über die syntaktischen, grammatischen und semantischen Formen natürlicher Sprachen hinausgehen, entweder dadurch, dass es sich um zusätzliche, eher ästhetische Formen handelt, oder dadurch, dass neue syntaktische, grammatische oder semantische Formen für literarische Zwecke kreiert werden.

[887] In seinem zentralen Aufsatz *Linguistik und Poetik* (vgl. Jakobson (1979a) beschäftigen sich Jakobsons Beispiele tatsächlich nahezu ausschließlich mit rhetorischen, metrischen und reimförmigen Strukturen, also durchaus mit traditionell analysierten Elementen von Literatur, sicherlich mit einem gewissen Schwerpunkt auf Poesie, weniger auf Erzählungen und Romane.

Damit möchte Jakobson auf den Begriff bringen, was immer schon in Literatur und Dichtung praktiziert worden ist. Diese theoretische Klarstellung ist zweifellos ein großes Verdienst, indem sie die strukturelle sprachliche Kreativität von Literatur und Dichtung betont (Schillers Formtrieb). Damit kann auch die Form des Verstehens von Literatur schärfer gefasst werden. Literatur ist nach Jakobson dadurch ausgezeichnet, dass die poetische Sprachfunktion in ihr dominiert (sie kann durchaus auch in anderen Texten vorkommen, aber nicht in dominanter Weise), so wie andere Äußerungen oder Texte durch andere Sprachfunktionen, z. B. Deskriptivität oder Emotivität, dominiert werden können. Das Verstehen von Literatur umfasst daher wesentlich auch das Erfassen der jeweiligen – gegebenenfalls sehr komplexen – poetischen Sprachfunktion.

Die Ausklammerung der referentiellen, deskriptiven Sprachfunktion, die Betonung der Autonomie der poetischen Sprachfunktion, der Hinweis auf die Selbstreferentialität der poetischen Sprache bei Jakobson führt in den gängigen Literaturtheorien dazu, Jakobson für eine Verabsolutierung der poetischen Strukturen im Blick auf Literatur in Anspruch zu nehmen. Dabei wird jedoch ein entscheidender und interessanter Punkt übersehen. Jakobson weist nämlich ausdrücklich darauf hin, dass die poetischen Strukturen mit anderen Ebenen der Sprache interagieren und dass es daher darum geht, die Beziehungen zwischen den verschiedenen Sprachfunktionen zu untersuchen:

„Poetik kann als jener Teil der Linguistik definiert werden, welche die poetische Funktion in ihrer Beziehung zu den anderen Funktionen der Sprache untersucht.“[888]

Insbesondere betont Jakobson den Parallelismus zwischen poetischen und semantischen Strukturen und die Prägung semantischer Strukturen durch poetische Strukturen.[889] Dadurch werden seiner Auffassung nach jene sekundären Ordnungsbeziehungen von Texten (gegenüber der primären Ordnung der natürliche Sprache) geschaffen, von denen die Strukturalisten so gern reden.

Damit nähert sich Jakobson der Einsicht, dass sprachliche Zeichen verschiedene Funktionen haben, die sich nicht unbedingt einer Interpretation

[888] Vgl. Jakobson (1979a), 96.

[889] „Lautliche Äquivalenz, die als konstitutives Prinzip auf die Sequenz projiziert wird <die poetische Sprachfunktion nach Jakobson, W. D.>, zieht unweigerlich semantische Äquivalenz nach sich.“ (Ibid. 108). In Jakobsons Jargon darf man den Ausdruck „Äquivalenz“ nicht im logisch strengen Sinne verstehen; so ist zum Beispiel unter anderem mit dem zuletzt zitierten Satz auch gemeint, dass bestimmte poetische Formen zu einer – reizvollen und interessanten – semantischen Mehrdeutigkeit führen können, die ihrerseits unter anderem metaphorische oder metonynmische Gestalt annehmen kann.

der buchstäblichen Bedeutungen erschließen, dass jedoch ein Verstehen und Rekonstruieren der buchstäblichen Bedeutungen (des buchstäblichen Sinns) von der Analyse dieser Funktionen gewöhnlich vorausgesetzt wird oder sogar ein Bestandteil der funktionalen Analyse ist. Letztlich muss es immer um das Erfassen von Bedeutungen der Texte im Rahmen sprachlicher Strukturen gehen. Der literarische Strukturalismus betont lediglich – dies allerdings mit vollem Recht –, dass die Bedeutungen von Texten von ihren speziellen Strukturen und ihren Beziehungen zu anderen Texten nicht unabhängig sind und dass die Bedeutungen von Texten daher gewöhnlich weder eindeutig noch objektiv sind.

Diese – für eine Theorie des Verstehens wichtige – Verbindung einer strukturalistischen Analyse mit dem Verstehen von Bedeutungen scheint bei Barthes und anderen französischen Strukturalisten eher in ihrer praktischen textanalytischen Tätigkeit als in ihren ausdrücklichen Reflexionen zutage zu treten. Sie wird jedoch gewöhnlich von Strukturalisten betont, die von einem semiotischen Hintergrund ausgehen, wie es beim späten Jakobson der Fall ist, aber zum Beispiel auch bei zwei anderen einflussreichen literarischen Strukturalisten, Jurij Lotman und Gérard Genette. Lotman identifiziert in gut strukturalistischer Manier unterschiedliche Arten von Strukturen in literarischen Texten, etwa grammatische, phonologische, lexikalische oder metrische Strukturen. Er betont jedoch darüber hinaus, dass jedes Wort oder jeder Satz gewöhnlich in mehrere dieser Strukturen eingebunden ist. Ein einzelnes Wort kann mit einem anderen Wort zum Beispiel durch Assonanz, aber auch durch syntaktische Äquivalenz oder durch morphologische Parallelität verbunden sein. Vor allem aber macht Lotman geltend, dass diese strukturelle Bindung auch die Bedeutung des Wortes oder des Satzes prägt, im Ausgang und zugleich abweichend von seiner buchstäblichen Bedeutung. Wenn man zusätzlich noch sieht, dass die verschiedenen Strukturen auch in einem Spannungsverhältnis zueinander stehen können, dass sie einander brechen oder neu figurieren können und dass die Dichter mit diesen Möglichkeiten spielen können, wird klar, in wie vielfältiger Weise Literatur mit ihren spezifischen Strukturen neuartige, überraschende, erhellende und ausdifferenzierte Bedeutungen konstruieren kann.

In einem programmatischen Aufsatz betont Genette:

„Man hatte die Literatur lange genug als eine Nachricht ohne Code betrachtet, so dass es nachgerade nötig war, sie einen Augenblick lang als Code ohne Nachricht zu betrachten...Die strukturalistische Methode als solche ist genau in dem Moment geboren, da man wieder auf die Nachricht im Code stößt, freigelegt diesmal durch eine Analyse der immanenten Strukturen und nicht mehr von außen durch ideologische Vorurteile aufgepfropft...Im Feld zwischen dem reinen Formalismus...und dem klassischen Realismus...soll es die strukturalistische Analyse ermöglichen, die zwischen einem Form- und einem Sinnsystem bestehende Verbindung dadurch freizulegen, dass sie die Suche nach Wort-für-Wort-Analysen durch die nach globalen Homologien ersetzt."[890]

Wenn man sich auch nur die allergröbsten Kategorien anschaut, die Genette in seiner einflussreichen Narratologie entwickelt, dann sieht man, dass es sich hier um variable Strukturen der Erzähltechnik handelt, etwa um den Aspekt der Zeit, des Erzählmodus und der Stellung des Erzählers.[891] So kann die Zeitebene nach Genette nach drei verschiedenen Kategorien erörtert werden: Ordnung, Dauer und Frequenz. Die Kategorie der Ordnung ist wichtig, weil oft die chronologische Reihenfolge der erzählten Ereignisse nicht mit der Zeit der Erzählung identisch ist – in der Zeit der Erzählung gibt es zum Beispiel relativ auf die Ordnung der erzählten Ereignisse Rückblenden (Analepse) und verschiedene Formen der Vorausschau (Prolepse). Auch die Kategorie der Dauer bezieht sich auf das Verhältnis von Erzählung und Erzähltem, diesmal einfach hinsichtlich der jeweiligen Zeitspannen und der synchronen Relation (zu dieser Kategorie gehören auch Ellipsen und Pausen). Frequenzen schließlich können singulativ oder repetitiv sein: einmaliges Geschehen wird einmal oder mehrmals erzählt. Der Modus betrifft das Verhältnis des Erzählers und der Erzählform zum Erzählten, z. B. ob die Erzählung rein narrativ (distanziert) ist, ob sie transponiert (indirekt oder erlebt) ist oder ob sie dramatisch und damit unmittelbar (ohne Distanz) ist. Auch müssen verschiedene Formen der Fokalisierung oder Perspektive (des Erzählstandpunktes) unterschieden werden, also ob der Erzähler mehr, genauso viel oder weniger weiß wie die Figur – oder ob der Erzähler Teil oder sogar Hauptfigur der erzählten Welt ist oder außerhalb dieser Welt steht.[892]

Hier haben wir es also mit Kategorien der Strukturen von Erzählungen zu tun, die unsere Aufmerksamkeit auf den Unterschied zwischen dem Erzählen und der Erzählung lenken. Aber wenn Literaturtheoretiker wie Lotman und Genette nicht nur derartige Strukturen untersuchen, sondern zugleich ausdrücklich betonen, dass eine angemessene Textinterpretation den Bezug dieser Strukturen zum Sinngehalt (zur Bedeutung) des Textes herstellen soll, dann ist damit ein wichtiger Punkt markiert. Denn dann kann die wichtige Frage gestellt (und irgendwann auch beantwortet) wer-

[890] Vgl. Genette (1972), 74–75.

[891] Eine hilfreiche, kurze und klare Zusammenfassung von Genettes Ansatz findet sich bei Köppe, Winko (2008), 55–57.

[892] Zu einer breiteren (und ausgezeichneten) Übersicht über die Narratologie sowie ihre wichtigsten Vertreter und Positionen vgl. Prince (1995).

den, inwiefern denn Strukturen dieser Art die buchstäbliche Bedeutung der Elemente der Strukturen (die natürlich stets erfasst werden muss) verändern und inwiefern umgekehrt die Bedeutung von Textelementen bestimmte Strukturen nahelegen und dadurch fokussiert werden. Diese Frage stellt sich vor allem dann, wenn – wie in der Literatur – nicht nur der Inhalt, sondern auch die literarische Struktur des Textes und damit die wechselseitige Prägung von Inhalt und literarischer Struktur frei gestaltet werden. Wir haben es hier mit einer zusätzlichen Gestaltungsmöglichkeit zu tun, die für viele nicht-literarische Texte nicht besteht und deren Verständnis höherstufige Metarepräsentationen erfordert.

Dass die Analyse poetischer Funktionen gewöhnlich ein Verstehen und Rekonstruieren der buchstäblichen Bedeutungen (des buchstäblichen Sinns) voraussetzt, gilt auch für kompliziertere literarische Phänomene wie Metaphern und Metonymien. Natürlich kann man sich beispielsweise auf die Metrik oder Versanalyse eines poetischen Textes konzentrieren (wie es etwa Jakobson und Lévi-Strauss in ihrer Interpretation des Gedichtes *Les chats* von Baudelaire getan haben), oder man kann sich auf das Erfassen von Metaphern und Metonymien richten, aber letztlich muss es immer um das Erfassen von Bedeutungen der Texte im Rahmen dieser Strukturen gehen. Der literarische Strukturalismus betont lediglich – dies allerdings mit vollem Recht –, dass die Bedeutungen von Texten nicht von ihren speziellen Strukturen und ihren Beziehungen zu anderen Texten unabhängig sind und dass die Bedeutungen von Texten daher gewöhnlich weder eindeutig noch objektiv sind. Wenn die Formalisten beispielsweise von der Figur des Helfers in Märchen reden, dann denken sie offensichtlich nicht an eine völlig abstrakte Struktur, wie es etwa die reinen Formen grammatischer Kasus darstellen (etwa: „die Endung ‚is' steht in der lateinischen o- und a-Deklination für Dativ oder Ablativ Plural"), sondern eben an Helfer allgemein. Der Ausdruck „Helfer" hat hier natürlich eine Bedeutung, die wir verstehen müssen, wenn wir begreifen wollen, um welche poetische Struktur es sich handelt. Diese Bedeutung ist lediglich, so könnte man in einem ersten Zugriff sagen, allgemeiner als die Bedeutung, die konkreten Helferfiguren in einzelnen konkreten Märchen zukommt. Die Allgemeinheit der Bedeutung von „Helfer" impliziert, dass sie unabhängig ist von der Substitution durch konkrete Helferfiguren – und das ist im wesentlichen das Formale oder Strukturelle der Helferfigur im Märchen. Gerade weil die poetische Struktur auch einen semantischen Gehalt hat (wenn auch einen allgemeineren als die konkreten Substitutionen), können, ja müssen sich die poetischen Strukturen und ihre konkreten Substitutionen semantisch gegenseitig beeinflussen. Und daher ist es wichtig für ein angemessenes Verstehen, die sprachlichen Strukturen zu erfassen. Dieser Punkt lässt sich anhand von poetischen oder kulturellen Strukturen leichter erkennen als anhand von grammatischen oder rein syntaktischen Strukturen. In jedem Fall hat der literarische Strukturalismus einer angemessenen Theorie der Kommunikation und des Verstehens die wichtige theoretische Aufgabe mitgegeben, das Verhältnis zwischen sprachlichen Strukturen und semantischen Gehalten – und das heißt auch: zwischen dem Verstehen sprachlicher Strukturen und semantischer Gehalte – genauer zu klären.[893]

Nach Jakobsons Auffassung können die poetischen Strukturen phonetisch, syntaktisch oder semantisch sein. Diese Unterscheidung erinnert an die Differenzierung zwischen rhetorischen Figuren. Bereits die klassische Rhetorik kannte Klangfiguren, Positionsfiguren und Sinnfiguren. An diesen Figuren können wir genauer studieren, was es mit dem Erfassen poetischer Strukturen auf sich hat und wie sich ihr strukturelles Erfassen mit dem Verstehen im Sinne des Erfassens von Bedeutungen verschränkt.

Die Klangfiguren scheinen am weitesten von der semantischen Ebene entfernt zu sein. Und doch dienen die meisten Klangfiguren nach klassisch-rhetorischer Auffassung der Hervorhebung bestimmter Begriffe und damit einer Verstärkung der Aufmerksamkeit des Interpreten auf den semantischen Gehalt dieser Begriffe. Dies gilt etwa von der Alliteration ebenso wie vom Reim,[894] vom Polyptoton[895] ebenso wie von der Paronymie (im letzteren Fall wird die Aufmerksamkeit speziell auf den Hauptbegriff gelenkt[896]). Die meisten Klangfiguren führen also nicht weit von der semantischen Ebene der Ausgangssprache weg, sondern gewichten nur bestimmte Wörter unterschiedlich – und zwar in semantischer Hinsicht.

[893] Zweifellos ist – historisch gesehen – der Strukturalismus als anti-hermeneutische Position angetreten, die zugleich die Textinterpretation zu einer objektiven Wissenschaft machen wollte (vgl. dazu z. B. Jahraus (2004), 269ff.). Aber diese Positionierung war hauptsächlich dem falschen Eindruck geschuldet, dass die klassische Hermeneutik sich auf subjektive assoziative Einfühlung als Interpretationsverfahren konzentriert (so auch die richtige Einschätzung von Tepe (2007), Buch 2, Kap. 15). Viele Literaturtheoretiker sehen bis heute strukturalistische und interpretatorische Textzugänge als Alternativen (z. B. Frank (1990)); einige versuchen aber auch, zwischen beiden Verfahren eine Brücke zu schlagen. Wenn man dabei allerdings unklare Begriffe verwendet und zum Beispiel weder zwischen Referenz und Bedeutung noch zwischen verschiedenen Arten von Textstrukturen unterscheidet, sind diese Versuche nicht hilfreich (ein abschreckendes Beispiel findet sich bei Jahraus (2004), Kap.13).

[894] Vgl. *turpiter audes facere, nequiter studes dicere* (Rhetorica ad Herennium IV, 20, 28).

[895] Vgl. die bekannten Sprüche *manus manum lavat, do ut des.*

[896] Vgl. *lux mea, qua viva vivere dulce mihi est* (Cat. Carm. 68, 160), wo der Fokus auf *vivere* gelenkt wird. Einige Klangfiguren steuern allerdings weniger das Erfassen der semantischen Ebene, sondern das Gefühl – wenn auch meist mit Hilfe der semantischen Ebene. Ein Beispiel ist die Paronomasie, die mit semantischen Mehrdeutigkeiten arbeitet (die man also erfassen muss) und oft zur Erheiterung beiträgt (vgl. in Bezug auf Evas ominösen Apfel: *omne malum ex malo*).

Wenn überhaupt eine Art von rhetorischen Figuren eine Struktur darstellt, dann ist es die Positionsfigur. Typische Positionsfiguren sind verschiedene Arten von Wortwiederholungen wie die Anapher (Schema:/x.../x.../), die Anadiplosis (Schema:/...x/x.../) oder die Klimax (Schema:/...x/x..<..y/ y..<..z/z.../). Die Anapher steigert die Eindringlichkeit der Formulierung des wiederholten Wortes, d. h. soll dieses Wort einhämmern – natürlich im Blick auf den semantischen Wert des Wortes. Die Anadiplosis führt zu einer verstärkten Bedeutungsbetonung beim zweiten Wort. Und auch die Klimax hat eine bedeutungssteigernde Funktion. Es gibt auch Positionsfiguren auf Satzebene, die meist in Strukturen von Satzgliedern bestehen, etwa der Parallelismus (Schema: XY/X^1Y^1),[897] der Chiasmus (Schema: XY/Y^1X^1),[898] oder die Antimetabole (Schema: A^xB^y/B^xA^y).[899] Doch können wir diese Strukturen nur dann erkennen, wenn wir auch die gewöhnliche Bedeutung der vorkommenden Wörter erfassen. Und wenn wir aufgrund unserer semantischen Kompetenz diese poetischen Strukturen erfassen, dann können wir schließlich auch entdecken, dass die Satzgliedstrukturen vor allem dem prägnanten Ausdruck und der Betonung von Gegensätzen dienen. Das Verstehen von Positionsfiguren ist also keinesfalls semantikfrei, sondern beruht geradezu auf dem Erfassen der buchstäblichen Bedeutung, führt aber dann zu einer speziellen Gewichtung semantischer Gehalte, die wir im Verstehen realisieren sollen. Das Ziel des Einsatzes von Klangfiguren und Positionsfiguren ist also semantisch, doch die Mittel sind verschieden (Klangbeziehungen versus Strukturen von zugeordneten Wörtern oder Satzgliedern). Und selbst das Erfassen der Strukturen selbst stützt sich auf ein Verstehen des semantischen Gehalts rhetorischer Termini. Wenn wir nicht verstehen, was das Wort „Chiasmus" bedeutet und was daher ein Chiasmus ist, können wir nur schwer einen Chiasmus entdecken oder erfassen. Wichtig ist endlich auch, worauf die Rede von der Verbindung poetischer Strukturen und gewöhnlicher Bedeutung hinausläuft: Die buchstäbliche Bedeutung, die Bedeutung der Figurentermini und die Bedeutungsverschiebung oder Bedeutungsgewichtung aufgrund der Figuren müssen miteinander stimmig und konsistent sein, sonst bricht das Verstehen zusammen.[900] Das Verstehen poetischer Formen unterliegt also Konsistenzkriterien.

[897] Vgl. *verba docent, exempla trahunt.*

[898] Vgl. *satis eloquentiae, sapientiae parum.*

[899] Vgl. *iuris peritorum eloquentissimus, eloquentium iuris peritissimus.*

[900] Die Formel *satis eloquentiae, sapientiae plenus* wäre zum Beispiel kein Chiasmus, und das sehen wir daran, dass weder von den Wortarten her noch von der Bedeutung her *satis* und *plenus* einen Gegensatz darstellen, so dass die Formel auch nicht in der Lage ist, einen Gegensatz zu betonen. Struktur, Ziel und buchstäbliche Bedeutung sind inkonsistent.

Die Sinnfiguren arbeiten, wie ihr Name bereits andeutet, noch stärker mit der Semantik als Klang- und Positionsfiguren. Die neue Komponente, die in den meisten Sinnfiguren auftritt, ist die semantische Verfremdung. So ist zum Beispiel das Zeugma die Beziehung eines Satzteils S auf mindestens zwei weitere Satzglieder, wobei S nur zu einem der weiteren Satzglieder semantisch passt.[901] Ähnlich wird in der Enallage ein Attribut mit einem falschen Beziehungswort verbunden.[902] Das Hysteron proteron vertauscht die gewöhnliche logische oder zeitliche Folge, das Hendiadyoin ersetzt die gewöhnliche Kombination von Substantiv und Attritbut durch eine ungewöhnliche Kombination zweier Substantive,[903] und die Ambiguitas spielt mit semantisch mehrdeutigen Ausdrücken, Phrasen oder Sätzen (oft im obszönen Bereich, wie in einer Werbung für Relaxmöbel: Und was ist ihre Lieblingsstellung?). Semantische Verfremdungen stellen erhöhte Anforderungen an die Interpreten und zwingen daher zu verstärkter Aufmerksamkeit auf das Gesagte. Die Interpretation dieser Sinnfiguren gelingt nur dann, wenn die semantische Differenz zwischen gewöhnlicher und verfremdeter Bedeutung erfasst wird.

Andere Sinnfiguren drücken die semantische Verfremdung in Gestalt einer starken Zuspitzung und Pointierung der gewöhnlichen Bedeutung aus, beispielweise Klimax und Antithese.[904] Eine provokative Überpointierung (und damit extreme semantische Verfremdung) sind das Oxymoron und das Paradoxon, da sie semantisch Widersprüchliches ausdrücken und der gewöhnlich auf Konsistenz ausgerichteten Interpretation eine besondere Leistung abverlangen.[905] Hier muss der Interpret verstehen, in welcher Weise der eine der beiden Ausdrücke gerade in seiner semantischen Widersprüchlichkeit den anderen Ausdruck semantisch präzisiert.

In speziellen semantischen Gewichtungen (bei Klangfiguren und Positionsfiguren) und in semantischen Verfremdungen (bei Sinnfiguren) wird die gewöhnliche Bedeutung in den sprachlichen Formulierungen meist noch mehr oder weniger angedeutet. So ist im Oxymoron *beredtes Schweigen* noch klar, dass es um eine bestimmte Art des Schweigens geht.

[901] Vgl. *bella viri pacem gerent quis bella gerenda* (Verg.Aen.VII, 444). Der Ausdruck *bellum gerere* ist verbreitet, *pacem gerere* ist jedoch unpassend.

[902] Vgl. *iratos regum apices* (Horaz, Carm.III, 21, 19f.): *iratos* auf die Helme statt auf die Könige bezogen.

[903] Eines der berühmtesten Beispiele ist der Beginn der *Aeneis* von Vergil: *arma virumque cano,* der nicht den bewaffneten Mann, sondern Waffen und Mann besingt.

[904] Vgl. *O soror, o coniunx, o femina sola superstes* (Ovid, Metam.I 351) als Klimax und Goethes *Ein Teil von jener Kraft/die stets das Böse will und stets das Gute schafft* als Antithese.

[905] Vgl. *cum tacent, clamant* (Cic.In Cat.I, 8, 21) für ein Oxymoron und *magnas inter opes inops* (Horaz, Carm.III, 16, 28) für ein Paradoxon.

Im Falle der Tropen wird nach gängiger Auffassung auch der letzte Rest einer Anspielung auf die gewöhnliche Bedeutung getilgt. Tropen gelten als Ausdrücke, die nicht in der gewöhnlichen, sondern ausschließlich in einer übertragenen Bedeutung gebraucht werden. Meist ist dabei die übertragene Bedeutung anschaulicher und lebhafter als die buchstäbliche Bedeutung. Tropen enthalten also eine auf die Spitze getriebene semantische Verfremdung und stellen eine besondere Herausforderung für die Interpretation dar, weil die Ähnlichkeit zwischen buchstäblicher und übertragener Bedeutung meist keineswegs auf der Hand liegt und ihre Entdeckung dennoch ein wichtiges Element der Decodierung von Tropen darstellt.

Gewöhnlich werden zwei Arten von Tropen unterschieden. Verschiebende Tropen verändern die Grenzen der Bedeutungen in kontinuierlicher Weise, so dass die Elemente benachbart bleiben. Das heißt, der tropische Ausdruck und der zu ersetzende Ausdruck gehören demselben semantischen Feld an. Zu den verschiebenden Tropen gehören zum Beispiel die Periphrase (Umschreibung: „Höllenfürst" für „Teufel"), der Euphemismus („Sonderbehandlung" statt „Tötung"), die Hyperbel (Übertreibung: „tausendmal habe ich Dir gesagt...") oder die Antonomasie (Kennzeichen eines Trägers statt Träger: „der Allmächtige" für „Gott"). Eine Sonderform ist die Metonymie, in der kein gemeinsames semantisches Feld mobilisiert wird, sondern die gewöhnliche kausale oder logische Reihenfolge vertauscht wird, was auf eine kausale oder logische Verfremdung hinausläuft und daher wieder Konsistenzkriterien verletzt (Umbenennung: etwa Autor statt Werk („Goethe lesen"), Erzeuger statt Erzeugnis („vom Bauern leben"), Gefäß statt Inhalt („ein Glas trinken")). Die meisten dieser kontinuierlichen Tropen heben bestimmte semantische Aspekte der Bedeutung des ursprünglichen Wortes hervor, zum Beispiel die unumschränkte Herrschaft des Teufels über die Hölle, die Einheit der Werke Goethes, oder die Ausbeutung der Bauern, wenn der Adel von den Erzeugnissen des Bauern lebt.

Sprungtropen beruhen auf größeren semantischen Sprüngen, so dass die Elemente aus sehr unterschiedlichen semantischen Feldern kommen. Das heißt, der tropische Ausdruck und der Ausdruck, den sie ersetzen, haben auf den ersten Blick semantisch nichts mehr miteinander zu tun. Die Sprungtropen repräsentieren daher die äußerste Form einer semantischen Verfremdung. Die wichtigste Sprungtrope ist die Königin aller Stilmittel, die Metapher. Sie wird gewöhnlich als Ersetzung eines eher abstrakten, schwer fassbaren Ausdrucks durch einen anschaulicheren Ausdruck gekennzeichnet („Lebensabend"/„Alter"; „Nacht"/„Tod"). Einige weitere Sprungtropen sind letztlich nur spezielle Varianten der Metapher, etwa die Personifikation oder die Allegorie. Eine nicht-metaphorische Sprungtrope ist dagegen die Ironie, also die Bezeichnung eines Sachverhalts durch sein

Gegenteil („Du bist mir ein schöner Freund"). Die Ironie drückt zum Beispiel Lob aus, wo Tadel gemeint ist. Spott und Sarkasmus sind Varianten der Ironie. Ironische Tropen gelten als besondere Herausforderung für die Interpretation – offenbar erneut deshalb, weil sie ein Konsistenzproblem erzeugen: die buchstäbliche Bedeutung der Ironie ist mit ihrer gemeinten Bedeutung logisch unvereinbar.

Die Tropen zu verstehen heißt also, diese semantischen Betonungen, Spezialisierungen und Sprünge zu erfassen. Das Erfassen der Semantik ist hier mehr noch als im Falle anderer poetischer Formen die Grundlage des Erfassens der Struktur.

Wenn Jakobson die poetische Sprachfunktion so beschreibt, dass sie das Prinzip der Äquivalenz von der Achse der Selektion auf die Achse der Kombination projiziert, dann will er, wie bereits erwähnt, damit sagen, dass Dichter und Literaten sprachliche Elemente aus einer Reihe möglicher („äquivalenter") Alternativen unter spezifischen strukturellen Gesichtspunkten kombinieren. Diese Beschreibung trifft zweifellos auf die Formulierung von Figuren und Tropen zu. Ist Jakobson aber auch der Meinung, dass das angemessene Verstehen eines von poetischen Strukturen gekennzeichneten Textes das Erfassen der poetischen Strukturen selbst impliziert? Das ist weniger klar. Wenn wir fragen, welchen Einfluss rhetorische Figuren auf das Verstehen von Texten haben, in denen diese Figuren enthalten sind, dann ist eine naheliegende Antwort, dass sie das Verstehen der Bedeutung der Texte und ihre Akzeptanz erleichtern, fokussieren oder fördern, sich jedoch zugleich genau deshalb der Aufmerksamkeit im unmittelbaren Hören und Lesen entziehen sollen. Der Trick wäre, dass uns nicht klar werden soll, dass rhetorische Figuren Maßnahmen sind, die mit Wahrheit oder ethischer Angemessenheit nichts zu tun haben und dennoch Verstehen und Akzeptanz des Textes bewirken sollen. Ist dieser Trick entlarvt, verlieren Figuren ihre Wirkung.

Doch trifft diese Antwort allenfalls auf einige (eher ornamentale) Figuren zu. Denn – wie wir gesehen haben – viele Figuren und Tropen sollen durchaus das Verständnis durch Veranschaulichung und Fokussierung erleichtern oder durch semantische Verfremdungen auf neue Wege führen. Sie dienen sicherlich oft der Anregung (etwa der subtilen Erheiterung, dem Genuss pointierter Formulierung, dem metrischen Empfinden), doch damit kann die buchstäbliche Interpretation oft gerade unterstützt werden. Der rhetorisch und poetisch nicht informierte Leser wird also in seinem Verstehen literarischer Texte durch poetische Strukturen oft gefördert, ohne dass er die poetischen Strukturen explizit erkennen müsste.

Auf der Ebene der kunstmäßigen Auslegung wird dagegen das explizite Erfassen der poetischen Strukturen und ihrer Wirkungen gefordert – also die

Formen und Wirkungen jener Projektion von der Selektion zur Kombination sprachlicher Elemente, von der Jakobson spricht. Dieses explizite Erfassen dürfte in den meisten Fällen den ästhetischen Genuss erheblich steigern. Aber hier besteht nicht nur ein Parallelismus zwischen poetischen und semantischen Elementen, wie Jakobson meinte, sondern in den meisten Fällen beruht das explizite Erfassen der poetischen Strukturen auf dem Erfassen der semantischen Elemente – also auf dem Verstehen im geist-theoretischen Sinn. Diese grundlegende Form des Verstehens ist sicherlich nicht hinreichend für eine angemessene Interpretation literarischer Texte unter ihrem strukturellen Aspekt, aber sie ist in ihr als Folie und Hintergrund enthalten. Im übrigen scheint die Forderung eines expliziten Erfassens poetischer Formen und ihrer Wirkungen nur schwer an einem autorenintentionalen Postulat vorbeizukommen – nämlich an dem Postulat, dass die Dichter die poetischen Kombinationen mit Bedacht vorgenommen haben und die Aufmerksamkeit der verstehenden Leser auf diesen Aspekt der dichterischen Sprache lenken wollten. Das ist freilich eine Konsequenz, von der die strukturalistische Literaturtheorie nicht spricht und auch nur ungern reden würde.

Einige der ornamentalen rhetorischen Figuren werden in der Literaturtheorie noch aus einer anderen Perspektive betrachtet – nämlich aus der performativen Perspektive. Eine Personifikation beispielsweise oder eine Hyperbel lässt sich auch als eine Art von Inszenierung oder Ritual fassen, mit der sich die Sprecherin etwa als erhabene, visionäre Instanz stilisiert, vielleicht auch als Personifikation poetischer Macht und poetischen Wahrheitsanspruches, mit denen jene Ereignisse beschworen werden, die allein im Text vorkommen (dies gilt vielleicht vor allem für die Lyrik).[906] Sollte dies richtig sein, dann ist das Erfassen dieser performativen Ebene rhetorischer Figuren offenbar, allgemein formuliert, das Verstehen eines Sprechaktes, und rhetorische Figuren wären dann auch Mittel, um spezifische poetische Sprechakte zu verdeutlichen.

Insgesamt betrachtet enthält *das Verstehen poetischer Strukturen* vier Elemente:

(1) das Erfassen der buchstäblichen Bedeutung des literarischen Textes;
(2) das Erfassen der rhetorischen Figuren als frei geschaffener Strukturen, in die die Semantik des Textes eingebettet ist;
(3) das Erfassen des Gehaltes der Regeln, nach denen die rhetorischen Figuren in den Details des Textes zustande gekommen sind, und damit auch (a) das Erfassen der Bedeutung des Ausdrucks, der die poetische Struktur beschreibt, sowie (b) den Nachvollzug der Konstruktion der rhetorischen Figur, die es zu verstehen gilt;

[906] Culler (2002), 112–113.

(4) das Erfassen des Verhältnisses von buchstäblicher Bedeutung und poetischer Struktur (insbesondere das Erfassen der Art und Weise, wie eine poetische Struktur die buchstäbliche Bedeutung des literarischen Textes verfremdet).

Dieses Modell scheint für viele Fälle des Verstehens von literarischen Texten relevant zu sein. Dabei bieten die Aspekte (3) und (4) auch den Spielraum für eine ästhetische Evaluation, nämlich für die kritische Prüfung, wie ein spezifischer Text und sein Autor die poetische Struktur in diesem speziellen Fall gestaltet hat.

Streng genommen kann der Strukturalismus also sein klassisches antihermeneutisches Image nicht aufrechterhalten. Die Analyse poetischer Strukturen ist vielmehr in vielfältiger Hinsicht semantisch durchseucht (um eine kleine Metapher zu verwenden) und daher auf ein Verstehen im hermeneutischen Sinne angewiesen. Im nächsten Abschnitt soll dieser Befund am Beispiel des Verstehens von Metaphern überprüft werden.

9.5 Zum Verstehen von Metaphern[907]

Im folgenden möchte ich einen Vorschlag zum Verstehen von Metaphern machen, der auf einer neuen Variante der Metapherntheorie beruht. Diese Variante könnte man die Verheißungstheorie der Metapher nennen. Dabei beschränke ich mich auf linguistische Metaphern, d.h. lasse die nicht-linguistischen Metaphern außer acht und betrachte im übrigen nur paradigmatische Fälle, wie sie in der modernen Metaphernforschung gewöhnlich diskutiert werden, z.B. „Unsere Beziehung ist in einer Sackgasse" oder „Geometrische Beweise sind Mausefallen". Beispiele wie „John Wayne war ein echter Mann", die oft als Metaphern angesehen werden und trivialerweise wahr zu sein scheinen, werde ich nicht diskutieren (ich selbst glaube nicht, dass das Wayne-Beispiel eine Metapher ist).

Theorien der Metapher sind Legion.[908] Unter den zahllosen Arbeiten zu Metaphern sind sehr viele materiale Studien zu einzelnen (Arten von)

[907] Spezielle Literatur: Black (1954), Black (1977), Beardsley (1967), Camp (2003), Davidson (1978), Fogelin, (1988), Gibbs, Steen (1999), Goodman (1986), Haverkamp (Hrg.) (1998), Hesse (1966), Hesse (1993), Kuhn (1979), Kurz (1997), Johnson (Hrg.) (1981), Lakoff, Johnson (1980), Lakoff (1987), Lakoff, Turner (1989), Lycan (1999), Mohan (1997), Rapp (2002), Reimer (2001), Reimer, Camp (2006), Lepore, Smith, (Hrg.) (2006), Ricœur (1975), Rolf (2005), Rorty (1987), Sacks (Hrg.) (1978), Searle (1979), Sperber, Wilson (1986), Stern (2000), Tirell (1991), Tversky (1977), White (1996).

[908] Für einen Überblick vgl. Rolf (2005).

Metaphern in bestimmten Gebieten auch außerhalb des traditionellen Terrains, der Poetik – Studien, die zum Teil sehr interessant sind, beispielsweise Arbeiten zu kühnen Metaphern,[909] zur Wirkungsmacht großer Metaphern in der europäischen Kulturgeschichte,[910] zu Metaphern in der Psychotherapie[911] oder in der Medizin[912] und in der Politik.[913] Insbesondere nach dem Auftreten der linguistischen Metapherntheorie von Lakoff sind derartige Untersuchungen explosionsartig angewachsen, zum Teil durchgeführt von Lakoff selbst und seinen wichtigsten Mitarbeitern Mark Johnson und Mark Turner, zum Teil von ihren weltweiten Anhängern.[914] Mit derartigen materialen Studien, für die es zum Teil bereits spezielle wissenschaftliche Zentren gibt,[915] befasse ich mich nicht. Vielmehr möchte ich einen Vorschlag zur Kennzeichnung von Metaphern machen, der kurz und übersichtlich ist, aber zugleich die führenden Ansätze integriert und die traditionellen Lexikon-Einträge und kurzen Kennzeichnungen, die ja oft benötigt werden,[916] ersetzen kann.

Diese Idee des folgenden Vorschlags ist, dass die meisten Metaphern falsche Sätze sind, die wahre Einsichten verheißen. Man könnte diesen Vorschlag die *Verheißungstheorie der Metapher* nennen. Sie lässt sich folgendermaßen ausbuchstabieren:

M Grundlegende Form paradigmatischer linguistischer Metaphern

M 1 A ist B.
M 2 Der Satz „A ist B“ ist falsch.

[909] Vgl. Weinrich, H. (1963): „Semantik der kühnen Metapher“, in: Deutsche Vierteljahrsschrift für Literaturwissenschaft 37, 325–344.

[910] Vgl. Blumenberg, H. (1998): *Paradigmen zu einer Metaphorologie,* Frankfurt/Main (orig. Bonn 1960).

[911] Vgl. etwa die Arbeiten von Cornelia Kleist und Michael Buchholz, z. B. Buchholz, M., Kleist, C. (1997): *Szenarien des Kontakts. Eine metaphernanalytische Untersuchung stationärer Psychotherapie,* Gießen.

[912] Vgl. Schmitt, R. (1995): *Metaphern des Helfens,* Weinheim; Schachtner, Ch. (1999): *Ärztliche Praxis. Die gestaltende Macht der Metapher,* Frankfurt/Main.

[913] Vgl. Rigotti, F. (1994): *Die Macht und ihre Metaphern,* Frankfurt/Main.

[914] Dazu zählen – um nur wenige Beispiele zu nennen – Studien zu Emotionen, die metaphorisch konzeptualisiert werden (Kovecses, Z. (1990): *Emotion Concepts,* New York/Berlin), zu philosophischen Implikationen der linguistischen Metapherntheorie (Johnson, M. (1987): *The Body in the Mind,* Chicago), zu poetischen Metaphern (Lakoff/Turner (1989)), und zu Metaphern im Rahmen semantischer Veränderungen (Sweetser, E. (1990): *From Etymology to Pragmatics,* Cambridge). In Deutschland hat sich vor allem Olaf Jäkel mit Arbeiten im Rahmen der linguistischen Metapherntheorie profiliert (vgl. neben vielen Artikeln sein Buch *Metaphern in abstrakten Diskurs-Domänen,* Frankfurt/Main 1997).

[915] Vgl. z. B. das Center für the Cognitive Science of Metaphor Online in Oregon/USA: http://philosophy.oregon.edu/metaphor/metaphor.htm. oder in Deutschland die Datenbank zur Metaphernforschung des Seminars für Romanistik der Universität Hamburg.

[916] Siehe unten, Anm. 947.

M 3 Es gibt Eigenschaften von B-Dingen, derart dass für einige dieser Eigenschaften – nennen wir sie C_i – die Behauptung, A sei C_i, wahrheitswertdefinit[917] ist.

M 4 Für einige der C_i, für die die Sätze „A ist C_i" wahrheitswertdefinit sind, gilt, dass sie wahr sind, und für einige dieser wahren Sätze gilt, dass sie bisher noch nicht bekannt waren.

M 5 Unternehme den Versuch, die wahren Sätze, deren Existenz in M 4 behauptet wird, mit Hilfe Deines Wissens über B's (und somit mit Hilfe des falschen Satzes M 1) aufzufinden und auf Wahrheit und Innovativität zu prüfen, und Du wirst solche wahren Sätze finden![918]

Angenommen, Schopenhauer hätte nicht geometrische Beweise mit Mausefallen verglichen, sondern einfach gesagt, dass geometrische Beweise Mausefallen sind, dann wäre dieser Satz eine Metapher gewesen. Sie hätte dann die sprachliche Form: „Geometrische Beweise sind Mausefallen." Natürlich sind geometrische Beweise alles andere als Mausefallen. Aber Schopenhauer hätte unterstellen wollen, dass Mausefallen Eigenschaften haben, die auch auf geometrische Beweise zutreffen und ein interessantes Licht auf geometrische Beweise werfen können. Mit der Formulierung der Metapher werden uns diese Eigenschaften nicht genannt, aber es wird uns verheißen, dass es sie gibt, und wir werden mit der Metapher aufgefordert, sie zu suchen und zu finden. Vielleicht sind wir ähnlich wie Schopenhauer der Meinung, dass Mausefallen ihre Opfer mit der trügerischen Hoffnung auf Belohnung anlocken, sie Schritt für Schritt in ihren Bann ziehen und zum Schluss unbarmherzig fangen – und dass dies alles auch für geometrische Beweise gilt. Vielleicht sehen wir in Mausefallen aber auch kalte Mechanismen, die zu einer Erstarrung führen, in der man sich nicht mehr rühren kann – und halten diese Aspekte auch im Falle von geometrischen Beweisen für zutreffend. Und vielleicht kommen andere Interpreten noch auf ganz andere Ideen – wer weiß.

Nicht alle Metaphern scheinen Sätze zu sein (gegen M1). Oft werden lediglich einzelne metaphorische Ausdrücke gebraucht, zum Beispiel wenn „Lebensabend" für „Alter" gesagt wird. Doch lassen sich diese metaphorischen Ausdrücke fast immer in prädikative Satzform bringen (etwa: „Das Alter ist der Abend des Lebens"). Dies gilt auch für atttributive Metaphern („Schwarze

[917] Ein Satz heißt wahrheitswertdefinit, wenn er einen Wahrheitswert hat, also wahr oder falsch sein kann. Fragen sind zum Beispiel nicht wahrheitswertdefinit.

[918] Reimer, Camp (2006) unterscheiden vier zentrale Fragen der Metaphertheorie: (i) Was sind Metaphern? (ii) Was ist die Natur der metaphorischen Bedeutung? (iii) Wie arbeiten Metaphern? (iv) Was ist die Natur metaphorischer Wahrheit? Explikation M ist eine Antwort auf Fragen (i) und (iii).

Milch der Frühe": eine der berüchtigten Metaphern bei Paul Celan), Kompositionsmetaphern („Parteienlandschaft"), Appositionsmetaphern („Und dein Schweigen, ein Stein") oder Genitivmetaphern („der Zahn der Zeit").

Nicht alle Metaphern scheinen falsche Aussagen zu sein (gegen M2). Viele Metaphern scheinen beispielsweise nicht so sehr falsche, sondern vielmehr kalkuliert absurde Sätze zu sein – Sätze, in denen eine Art von Kategorienfehler vorliegt (wie in „Die Zahl sieben ist rot").[919] Man könnte daher auch logisch stärkere Kriterien erwägen, z. B. dass eine Metapher der Form „A ist B" ein falscher Satz ist derart, dass für alle semantischen Inferenzen D von A (d. h. für alle D, für die aufgrund der Bedeutung von „A" gilt $\forall x\,(A(x) \supset D(x))$ Sätze der Form „$A(x) \wedge D(x)$" inkonsistent sind. Oder man könnte den Fall einbeziehen, dass „A ist B" überhaupt nicht wahrheitswertdefinit ist (diese Annahme war in der klassischen analytischen Philosophie verbreitet, in der deshalb Metaphern als sinnlos galten[920]). Diese Diskussion möchte ich hier nicht vertiefen. Max Black hat mit Recht auf die Schwierigkeit aufmerksam gemacht, notwendige und hinreichende Kriterien für die Identifizierung von Metaphern zu entwickeln. Für die folgenden Überlegungen reicht es anzunehmen, dass Falschheit kein hinreichendes, sondern allenfalls ein notwendiges Kriterium für paradigmatische begriffliche Metaphern ist. Falls für einige Metaphern zum Beispiel die erwähnten stärkeren Kriterien zutreffen, geht die folgende Analyse ebenfalls durch.

Die Verheißungstheorie der Metapher ist eine Variante der kognitivistischen Theorie der Metapher, die sich folgendermaßen kommentieren lässt:

KM 1 Metaphern werden explizit lediglich in Form von M 1 ausgedrückt, also im psychologischen Modus einer Feststellung. M 2 – M 5 werden mit der Äußerung von M 1 unterstellt.

KM 2 Der Existenzsatz M 3 verweist auf die kognitive Offenheit der Metapher (die Eigenschaften C_i müssen noch gefunden werden, und dieser Prozess ist zuweilen unabschließbar).

KM 3 M 4 und M 5 sind die Verheißungen der Metapher.

KM 4 M 4 beschreibt den möglichen zusätzlichen kognitiven Gehalt der Metapher.

KM 5 M 5 ist als Sprechakt ein Appell zum interpretativen Umgang mit der Metapher.

KM 6 Die Metapher der Form M 1 hat nur eine Bedeutung, nämlich dass A ein B ist, und dieser Bedeutung zufolge ist die Metapher nach M 2 falsch.

919 So z. B. Goodman (1978).

920 Vgl. Reimer, Camp (2006), 847.

KM 7 Die Metapher der Form M 1 verheißt, dazu beizutragen, wahre und zum Teil neue Einsichten über A-Dinge zu finden.

KM 8 Eine Metapher der Form M 1 ist umso besser und erfolgreicher, je mehr wahre Einsichten über A-Dinge sich mit ihrer Hilfe finden lassen, d. h. je größer ihr zusätzlicher kognitiver Gehalt ist.

KM 9 Die Form, in der eine erfolgreiche Metapher zur Auffindung ihres zusätzlichen kognitiven Gehalts führt, ist ein logisch gültiger Schluss der Gestalt „A ist ein B (oder: alle A-Dinge sind B); alle B-Dinge sind C_i ; folglich ist A (d. h. sind alle A-Dinge) C_i."[921]

KM 10 Die Unterscheidung zwischen verschiedenen Arten von Metaphern (zum Beispiel lebendigen, kühnen, toten, dunklen, stehenden, lexikalischen, alltäglichen oder poetischen Metaphern) fällt nach M theoretisch nicht ins Gewicht.

Die gängigen Metaphernarten werden nach epistemologischen Parametern unterschieden. Selbst tote Metaphern wie „Tischbein" oder lexikalische Metaphern wie „Schloss" (im Sinne von Burg), die – epistemologisch formuliert – nicht mehr als Metaphern wahrgenommen werden, lassen sich prädikativ reformulieren und sind theoretisch von den Unterstellungen M2 – M5 unterfüttert. Beine haben zum Beispiel Eigenschaften oder besser Funktionen, die sich wahrheitsgemäß auf die massiven Stangen, die unter eine Tischplatte geschraubt oder geleimt sind, übertragen lassen. Im Falle von kühnen Metaphern, wie sie häufig in der Dichtung vorkommen, sind die übertragbaren Eigenschaften meist weniger offensichtlich, lassen sich letztlich aber gleichwohl finden und bieten dann oft besonders überraschende und interessante Einsichten über die Dinge, von denen die Metapher mit ihrem Subjektausdruck spricht. Insofern unterscheiden sich alltägliche und poetische Metaphern theoretisch nicht wesentlich. Vorschlag M umfasst alltägliche wie poetische Metaphern.[922]

Die Explikation M, also die Verheißungstheorie der Metapher, enthält im einzelnen wenig neue Ideen. Doch ist es meines Erachtens ein Vorzug dieser Theorie, dass sie recht einfach ist, dass sie bekannte Ideen auf spezifische Weise verknüpft und dass sie dadurch die plausiblen Intuitionen, die in den wichtigsten Metapherntheorien formuliert wurden, theoretisch integrieren kann. Dabei müssen einige dieser Intuitionen allerdings reformuliert werden.[923] Als wichtigste Metapherntheorien betrachte ich die Ähnlichkeits-

[921] Punkt 6 aus KM ist eine Antwort auf die zentrale Frage (ii) der Metaphertheorie, die Reimer und Camp anführen (vgl. oben Anm. 918), die Punkte 4, 6, 7, 8 sind eine Antwort auf Frage (iv).

[922] Zu toten Metaphern vgl. auch die Bemerkungen auf Seite 469.

[923] Mit diesem Integrationsversuch möchte ich der verbreiteten Meinung entgegentreten,

theorie, die Übertragungstheorie, die Interaktionstheorie, die Grice-artige Theorie, die nonkognitivistische Theorie und die linguistische Theorie.[924]

Als älteste und immer noch weithin anerkannte Metapherntheorie gilt die *Ähnlichkeitstheorie.* Die grundlegende Idee ist, dass die Metapher „A ist B" eine Ähnlichkeit zwischen A-Dingen und B-Dingen behaupten will. Zuweilen wird diese Ähnlichkeit als Analogie angesehen. Meist wird Aristoteles als Begründer der Ähnlichkeitstheorie bezeichnet. Die grundlegende Definition der *metaphora* findet sich in der *Poetik.*[925] Der erste und entscheidende Teil dieser Stelle wird meist so übersetzt: „Eine Metapher ist die Übertragung (*epiphora*) eines fremden Namens (*allotriou onomatos*)." „Name" heißt hier soviel wie Wort im unspezifischen Sinne; „fremd" heißt unüblich (relativ auf den Subjektausdruck)[926], und *epiphora* heißt nicht Übertragung, sondern Hinzufügung. Soweit besagt die Definition also: Ein Satz der Form „A ist B" ist eine Metapher, falls „B" ein Wort ist, das zu A hinzugefügt wird und für A-Dinge eine unübliche Bezeichnung ist. Aristoteles fügt hinzu: „entweder von der Gattung auf die Art oder von der Art auf die Gattung oder von der Art auf die Art oder gemäß dem Analogen." Abgesehen von der – ein wenig engen und problematischen – essentialistischen Terminologie („Art", „Gattung") wird daraus klar, dass Aristoteles auch einen Substitutionsprozess im Auge hat: Wenn „A ist C" ein Satz ist, in dem „C" eine übliche Bezeichnung für A-Dinge ist, dann ist „A ist B" eine Metapher, falls das Wort „B" derart für „C" substituiert und damit zu „A" hinzugefügt wird, dass „B" für A-Dinge eine unübliche Bezeichnung ist. Nach Aristoteles können sich dann „B" und „C" wie Gattung zu Art oder wie Art zu Gattung oder wie Art zu Art verhalten, aber damit werden nicht alle Metaphern erfasst. Die Metapher aufgrund einer Analogie setzt nämlich eine Zuordnung voraus. Aristoteles nennt als Beispiel den metaphorischen Ausdruck „Alter des Tages" (entsprechend dem Satz „Dieser Tag ist bereits

dass es in den Arbeiten über Metaphern kaum etwas Unkontroverses gibt und dass Metaphern ein vages und kaum greifbares Phänomen darstellen (vgl. z. B. Reimer, Camp (2006), 845 f.).

[924] Reimer, Camp (2006) übergehen in ihrem Überblick die Übertragungstheorie und die linguistische Theorie und halten die restlichen vier Theorien für die wichtigsten Varianten. Mohan (1997) diskutiert sogar nur drei dieser Theorien, nämlich Black (Interaktionstheorie), Davidson (non-kognitivistische Theorie) und Searle (grice-artige Theorie) – wenn auch ausführlicher und sorgfältiger. Diese Auslassungen lassen sich meines Erachtens nur schwer rechtfertigen. Mohans allgemeine Diagnose ist, dass die führenden Metaphertheorien eine charakteristische Spannung aufweisen: Theorien, die den kognitiven Gehalt von Metaphern betonen, laufen Gefahr, die Offenheit, den figurativen Aspekt und die multiple Interpretierbarkeit von Metaphern aus den Augen zu verlieren; und Theorien, die diese wichtigen Aspekte zu betonen versuchen, laufen Gefahr, den kognitiven Gehalt von Metaphern über Gebühr herunterzuspielen. Diese Spannung tritt freilich in der Verheißungstheorie nicht auf.

[925] Vgl. Poet.21, 1457b6–9.

[926] Vgl Rapp (2002) II, 921.

gealtert"), wobei „Alter(n)" eine Bezeichnung ist, die für Tage unüblich ist, die in diesem Fall aber auf der Analogie beruht: Wie sich das Alter zum Leben verhält, so der Abend zum Tage (allgemeiner: wie sich die Abschnitte der Lebenszeit zur gesamten Lebensspanne verhalten, so die Abschnitte der Tageszeit zur gesamten Tagesspanne). Hier verhalten sich der substituierte Ausdruck und der substituierende Ausdruck nicht so zueinander, dass man das Verhältnis in Begriffen von Art und Gattung beschreiben könnte. Inwiefern ist hier von Ähnlichkeit die Rede? Das ist schwer zu sehen. Vielleicht könnte man sagen, dass eine Analogie eine Art der Ähnlichkeit ist und dass eine Gattung und ihre Arten eine gewisse Ähnlichkeit zueinander aufweisen, aber das wären sehr spezifische Formen von Ähnlichkeit, die einfach – wie Aristoteles es tut – am besten in ihrer jeweils spezifischen Form (z. B. als Analogie) beschrieben werden, ohne den Aspekt der Ähnlichkeit zu erwähnen. Die Poetik-Stelle spricht noch am ehesten für eine spezifische Substitutionstheorie der Metapher.

In der *Rhetorik* dagegen, in der die Definition der Metapher in der *Poetik* vorausgesetzt wird, spricht Aristoteles von einem Aspekt der Ähnlichkeit und erläutert die Metapher auch in anderen Hinsichten.[927] Die Ähnlichkeit besteht in der Tat darin, dass der substituierte Ausdruck und der substituierende Ausdruck einer Metapher auf ähnliche Eigenschaften verweisen. So soll die metaphorische Beschreibung eines verletzten Auges als Maulbeerkorb unterstreichen, wie tiefrot das verletzte Auge aussieht.[928] Hier handelt es sich also bei einer Metapher der Form „A ist B" um eine Übetragung der Eigenschaften von B-Dingen auf A-Dinge, so allerdings, dass diese Übertragung auch durch Eigenschaften der A-Dinge gedeckt ist. Ein anderes Beispiel ist „Das Alter ist eine Stoppel"[929] – eine Metapher, die nach Aristoteles den Aspekt des Verblühens am Alter durch Hinzufügung des Wortes „Stoppel" unterstreichen soll („beides ist nämlich Verblühtes"). Und diese Art von Ähnlichkeit oder Übertragung ist für Aristoteles der kognitive Aspekt der Metapher. Durch diesen Aspekt können wir mittels Metaphern etwas lernen, wenn die Metaphern gut und wahr sind – wahr kann dann offensichtlich die Eigenschaftsübertragung von B nach A sein. Und Aristoteles lässt sich auch über die Offenheit der guten Metaphern aus, denn sie beschreiben die Eigenschaftsübertragung ja nicht explizit, sondern fordern uns auf, sie zu suchen: sie verheißen uns Erkenntnisgewinn. Daher sollen gute Metaphern nach Aristoteles weder zu offensichtlich sein (dann kennen wir die Eigenschaftsübertragung schon) noch zu weit hergeholt sein

[927] Vgl. Arist. Rhet. 1404b7–8 und 1405a5–6 sowie die Darstellung bei Rapp (2002) II, 921–930 mit Angabe des Stellenmaterials.

[928] Vgl. Rhet. 1413a20–21.

[929] Vgl. Rhet.1410b14.

(dann können wir die Eigenschaftsübertragung nicht erkennen, oder sie ist unplausibel). Das Lernen durch Metaphern soll angenehm sein. Alles in allem kommt die aristotelische Metapherntheorie dem Vorschlag M ziemlich nahe: Es handelt sich, nimmt man alle Gesichtspunkte zusammen und reformuliert sie in konzentrierter Weise, um eine sehr ansprechende Metapherntheorie.

Manchmal wird der Aspekt der Ähnlichkeit bei Metaphern dadurch erläutert, dass Metaphern abgekürzte Gleichnisse sind, d.h. die Form „A ist wie B" haben.[930] Die Ähnlichkeitstheorie hat eine Anfangsplausibilität, weil Metaphern in der Tat eine Art von Ähnlichkeit zu behaupten scheinen. Außerdem hat diese Theorie reduktive Kraft, denn sie führt die Metapher auf Analogien oder Gleichnisse zurück, die ihrerseits wahrheitswertdefinit sind.

Kritiker der Ähnlichkeitstheorie weisen darauf hin, dass nicht alle Metaphern in Gleichnisse überführbar sind, dass eine bloße Ähnlichkeitsbehauptung extrem vage und daher uninformativ ist und dass Gleichnisse daher meist (irgendwie) wahr sind, während die meisten Metaphern falsche Sätze sind.[931] Diese Kritik beruht auf einer allzu kruden Interpretation der Ähnlichkeitstheorie. Denn recht verstanden trifft die Ähnlichkeitstheorie durchaus einen richtigen Punkt, den wir im Anschluss an die Verheißungstheorie so reformulieren können:

M 6 Im Falle erfolgreicher Metaphern der Form „A ist B" sind nach M die A-Dinge (oder: ist das A) den B-Dingen insofern ähnlich, als sie beide die Eigenschaften C_i haben. In diesem Sinne gilt auch, dass A-Dinge (im folgenden ist stets zu ergänzen: oder das A) wie B-Dinge sind.

Raffiniertere moderne Varianten der Ähnlichkeitstheorie kommen der Auslegung M6 näher.[932] Fogelin betont zum Beispiel, dass eine Metapher wie „Churchill war eine Bulldogge" uns anleitet, von den herausspringenden Eigenschaften von Bulldogen (etwas dass sie Hunde sind und feuchte Nasen haben) abzusehen und nach Eigeschaften von Bulldoggen zu suchen, die

[930] Manchmal wird auch die Gleichnistheorie Aristoteles zugeschrieben; dafür gibt es jedoch keine eindeutigen Belege (vgl. Rapp (2002) II 922). Aber Quintilian (*Institutio* VIII 6,8) und Cicero (*De Oratore* III 157) vertreten die Gleichnistheorie ausdrücklich und haben damit die spätere schulrhetorische Metapherntheorie maßgeblich geprägt. Insofern war die Gleichnistheorie historisch außerordentlich einflussreich. Reimer, Camp (2006), 851 identifizieren zu Unrecht die Ähnlichkeitstheorie mit einer ihrer spezifischen Varianten, nämlich der Gleichnistheorie.

[931] Vgl. Black (1954), (1977), Beardsley (1967), Davidson (1978), Searle (1979), Tirell (1991), Lycan (1999, 217).

[932] Vgl. z.B. Tversky (1977) und vor allem Fogelin (1988).

auf Churchill zutreffen, wie etwa dass er sehr hartnäckig und resolut ist, aber vielleicht auch dass er einen dicken Nacken hatte (Fogelin nennt dies „trimming the feature space of bulldogs"). Aber dies gilt auch schon von der aristotelischen Metapherntheorie. Metaphern sind also keine Ähnlichkeitsbehauptungen und keine Gleichnisse (auch keine abgekürzten Gleichnisse). Aber wenn sie wahr sind, implizieren sie Ähnlichkeitsbehauptungen und Gleichnisse in Hinsicht auf spezifizierte Eigenschaften oder Bedeutungen.

Eine verbreitete lexikalische Bestimmung ist, dass Metaphern Ausdrücke sind, die eine übertragene Bedeutung haben, oder etwas genauer, dass Metaphern eine Übertragung eines Wortes in eine uneigentliche Bedeutung sind.[933] Das ist die zentrale Idee der *Übertragungstheorie.* Nach der Verheißungstheorie werden allerdings nicht Bedeutungen, sondern Eigenschaften übertragen, und zwar nicht auf die Metapher als ganze, sondern auf ihren Subjektausdruck (genauer auf das, was er bezeichnet). Der korrekte Kern der Übertragungsidee ist also:

M 7 Erfolgreiche Metaphern der Form „A ist B" übertragen nach M Eigenschaften von B-Dingen auf A-Dinge. Einige der Eigenschaften der B-Dinge lassen sich dabei auch durch Analyse der Bedeutung von „B" auffinden.

Erfolgreiche Metaphern enthalten demnach tatsächlich einen Übertragungsmechanismus, aber dieser Mechanismus hat nach KM 9 die Form eines logisch gültigen Schlusses und etabliert nicht eine neue, übertragene Bedeutung der gesamten Metapher (oder auch nur ihres Subjektausdruckes „A"), sondern liefert – zuweilen neue und vielleicht überraschende – Informationen über A-Dinge.

Eine moderne und vielzitierte Ausarbeitung der Übertragungstheorie ist die *Interaktionstheorie.*[934] Auch diese Theorie geht davon aus, dass Metaphern Sätze sind, die eine übertragene Bedeutung haben. Diese These wird aber folgendermaßen erläutert: In einer Metapher der Form „A ist B" interagiert ein System allgemeiner Eigenschaften („commonplaces"), die mit B assoziiert werden, mit Filtern oder Gedanken, die mit A assoziiert werden, und diese Interaktion generiert für den Satz „A ist B" eine übertragene Be-

[933] Vgl. z.B. Metzler Lexikon Sprache, hrg. v. H. Glück, Stuttgart/Weimar 2000, 437. In Davidson (1978) geht Davidson – ein wenig simplifizierend – davon aus, dass dies die leitende traditionelle Bestimmung der Metapher in der Literaturwissenschaft ist.

[934] Diese moderne Variante der Übertragungstheorie wurde zum erstenmal von Max Black in seinem äußerst einflussreichen Artikel Black (1954) formuliert. Ein Vorläufer dieser Theorie findet sich allerdings schon in einem früheren Buch des Literaturkritikers I.A. Richards: *The Philosophy of Rhetoric,* Oxford 1936.

deutung. Um eines der diskutierten Beispiele zu nehmen: In der Metapher „Der Mensch ist ein Wolf“ werden allgemeine Eigenschaften von Wölfen mobilisiert, wie etwa in Herden zu wandern oder grausam und blutgierig zu sein. Dabei muss es sich nicht notwendigerweise um Eigenschaften handeln, die dem Subjekt des Satzes (hier dem Wolf) nach den besten wissenschaftlichen Theorien zukommen. Es kann sich auch um Eigenschaften handeln, die eher einem verbreiteten Klischee entsprechen oder die von den Addressaten der Metapher (vielleicht fälschlicherweise) als Eigenschaften des Subjekts der Metapher betrachtet werden. Die in einer Metapher der Form „A ist B“ mit B assoziierten Eigenschaften dienen der Interaktionstheorie zufolge als Filter, um über entsprechende Eigenschaften von A nachzudenken. Metaphern haben daher einen irreduziblen kognitiven Gehalt, der gerade auf ihrer übertragenen Bedeutung beruht. Daher sind alle Versuche, die übertragene Bedeutung einer Metapher auf ihre wörtliche Bedeutung zu übertragen, zum Scheitern verurteilt.

Die Interaktionstheorie hat den Vorzug, sich ernsthaft um eine Rekonstruktion des kognitiven Gehalts von Metaphern zu bemühen. Sie wurde hauptsächlich deshalb kritisiert, weil sie selbst mit Metaphern arbeitet („Assoziation“, „Filter“, „Interaktion“, ausgesagt von Mengen von Sätzen, Eigenschaften oder Gedanken) und weil sie zu unspezifisch ist. Außerdem nehmen all jene AutorInnen Anstoß an ihr, die grundsätzlich gegenüber der Rede von übertragenen Bedeutungen als zusätzlichen Bedeutungen von Sätzen neben ihrer buchstäblichen Bedeutung skeptisch sind.[935] Diese Kritik ist jedoch nur zum Teil berechtigt. Die Rede von einer übertragenen Bedeutung der Metapher ist zweifellos unglücklich (vgl. M 7). Aber dass Metaphern (genauer: erfolgreiche Metaphern) einen irreduziblen kognitiven Gehalt mit sich führen, ist nach der Verheißungstheorie korrekt. Und mit der metaphorischen Bezeichnung „Interaktion“ wird zu Recht darauf aufmerksam gemacht, dass die übertragenen Eigenschaften in gewisser Weise den bestehenden Eigenschaften der A-Dinge entsprechen müssen, damit die Übertragung zu wahren Resultaten führt. Wir können den akzeptablen Kern der Interaktionstheorie daher so reformulieren:

[935] Zu diesen Kritikern gehören vor allem Davidson und Fogelin. Davidson (1978) bemerkt beispielsweise, dass die Behauptung, die Arbeitsweise von Metaphern ließe sich durch Verweis auf metaphorische Bedeutungen erläutern, so ähnlich sei wie wenn wir die Wirkungsweise von Schlaftabletten dadurch erklären wollten, dass wir der Schlaftablette einschläfernde Kraft zuschreiben. In beiden Fällen substituieren wir lediglich die gegebene Beschreibung durch eine ausgefallenere Beschreibungsweise desselben Phänomens. White (1996) kritisert allgemeiner jede Art von prädikativem Metaphermodell und schlägt stattdessen ein Modell der Interaktion zwischen Satzrahmen vor.

M 8 Der Übertragungsmeschanismus einer erfolgreichen Metapher im Sinne von M 7 lässt sich nach M metaphorisch auch als Interaktion zwischen den Eigenschaftsmengen der A-Dinge und der B-Dinge beschreiben. Damit wird betont, dass eine erfolgreiche Übertragung von Eigenschaften der B-Dinge auf A-Dinge durch bereits bestehende Eigenschaften der A-Dinge gedeckt sein muss.

Die *Grice-artige Metapherntheorie* ist in erster Linie eine Theorie der Interpretation von Metaphern und gehört zu jenen Ansätzen, die gegenüber der These von der doppelten (d. h. buchstäblichen und übertragenen) Bedeutung von Metaphern skeptisch sind.[936] Die Bedeutung der Metapher ist nach Grice derjenige Gehalt, den der Sprecher mitzuteilen beabsichtigt. Der metaphorische Satz, mit dem der Sprecher diesen Gehalt ausdrückt, hat folglich diese eine Bedeutung. Der Wahrheitswert der Metapher ist der Wahrheitswert der Proposition, die der Sprecher mittels des metaphorischen Satzes mitzuteilen beabsichtigt. Die Bedeutung der Metapher kann und wird jedoch meistens abweichen von der Bedeutung, die man normalerweise mit dem entsprechenden Satz verbindet. Der Sprecher sagt „A ist B", aber meint „A ist C" und will mitteilen, dass A ein C ist. Dann ist die (einzige) Bedeutung der Metapher „A ist B", dass A ein C ist (und nicht dass A ein B ist: das wäre ein defizientes Verständnis). Bedingung dafür ist, dass C eine interessante Eigenschaft von B-Dingen ist, die sich dann auf A-Dinge anwenden lässt. Es gibt Methoden, um dieses C herauszufinden – die Methoden einer Interpretation von Metaphern. In der Metapher „Sam ist ein Schwein" will der Sprecher zum Beispiel vermutlich zu verstehen geben, dass Sam schmutzig, schlaff und fressgierig ist, und das, und nur das, wäre dann die Bedeutung dieser Metapher. Zu den Methoden für das Herausfinden der übertragbaren Eigenschaften, die die Grice-artige Metapherntheorie als Theorie der Interpretation von Metaphern entwickelt, gehört zum Beispiel zu prüfen, ob C eine hervorstechende Eigenschaft von B-Dingen ist, oder ob man allgemein glaubt, C sei eine Eigenschaft von B-Dingen, oder ob es eine kulturell geformte Wahrnehmung ist, B-Dinge als C's zu sehen,

[936] Für Grice ist das entscheidende Element der Kommunikation, dass der Hörer den Gehalt der kommunikativen Absicht des Sprechers erkennt, den Hörer dazu zu bringen zu erkennen, was der Sprecher ihm zu verstehen geben will. Dies gilt auch für Metaphern. Der profilierteste Vertreter der Grice-artigen Metapherntheorie ist John Searle (1979). Reimer, Camp (2006), 855 gehen zu weit, wenn sie behaupten, dass der Grice-artigen Theorie zufolge Metaphern nichts weiter sind als die Art und Weise, wie wir verstehen, was der Sprecher einer Metapher mit ihr zu verstehen geben will. Auch nach Grice und Searle sind vielmehr Metaphern linguistische Entitäten, die ein Gegenstand des Verstehens sind. Beide Autoren glauben allerdings, dass eine Metaphertheorie primär eine Theorie des Verstehens von Metaphern sein sollte.

oder ob die Bedingungen für das Vorliegen von B vergleichbar mit den Bedingungen für das Vorliegen von C sind.[937] Es ist also offensichtlich, dass die Grice-artige Metapherntheorie denselben Übertragungsmechanismus von Eigenschaften im Auge hat, wie er in M dargestellt wird, und darüber hinaus sogar Methoden für erfolgreiche Übertragungen auszuarbeiten sucht. Ein Vorzug dieser Theorie besteht außerdem darin, dass sie den Metaphern eine eindeutige verstehbare Bedeutung zuschreibt, dass sie dabei ohne die Annahme verschiedener Arten von Bedeutungen auskommt, und dass sie die Metaphertheorie in die wohletablierte allgemeinere Bedeutungstheorie von Grice integriert.

Die Grice-artige Metapherntheorie ist hauptsächlich deshalb kritisiert worden, weil nicht jeder metaphorische Satz in der gewöhnlichen Bedeutung defizient ist (z. B. „Anchorage ist eine kalte Stadt") und weil der Gehalt der Sprechermeinung die Bedeutung der Metapher oft nicht ausschöpft. Der erste Punkt ist wenig plausibel; die oft zitierten Beispiele von angeblich trivialerweise wahren Metaphern überzeugen nicht (kalte Städte gibt es nun einmal im buchstäblichen Sinne nicht).[938] Der zweite Punkt ist unglücklich formuliert. Das entscheidende Defizit dieser Metapherntheorie ist vielmehr, dass das, was nach M der kognitive Gehalt der Metapher ist, als einzige Bedeutung der Metapher betrachtet wird. Genau deshalb wird der Umweg über die Sprechermeinung theoretisch notwendig. De facto resultiert eine Zwei-Bedeutungen-Theorie: die Metapher „A ist B" hat die gewöhnliche Bedeutung, dass A ein B ist, und die eigentliche Bedeutung (gemäß der Sprechermeinung), dass A ein C ist. Die Anlage der Grice-artigen Metapherntheorie ist daher unnötig kompliziert und fehlerhaft formuliert. Ihr interessanter Kern ist der Verheißungstheorie zufolge:

M 9 Der Übertragungsmechanismus im Sinne von M 7, zu dem Metaphern nach M anregen, lässt sich durch spezifische Methoden zur Auffindung übertragbarer Eigenschaften ausarbeiten. Diese Methoden sind Methoden der angemessenen Interpretation von Metaphern.

Auch die *nonkognitivistische Metapherntheorie* betont, dass Metaphern keinerlei kognitiven Gehalt und keine Bedeutung neben ihrer buchstäblichen Bedeutung haben, und zwar aus Gründen der theoretischen Semantik. Der einflussreichste Vertreter der non-kognitivistischen Metapherntheorie, Donald Davidson, betont, dass die These, dass Metaphern neben ihrer buchstäblichen Bedeutung keine zusätzliche (übertragene) Bedeutung haben, aus

[937] Vgl. Searle (1979), der insgesamt acht solcher methodischen Prinzipien vorschlägt.
[938] Eine Variante der Grice-artigen Metaphertheorie, die diesem Einwand Rechnung trägt, wird von Camp (2003) präsentiert.

der interpretationistischen Semantik zwingend folgt und sich daher theoretisch verankert lässt. Denn aus der Perspektive des Interpretationismus scheint die Möglichkeit verschiedener *Arten* von Bedeutungen (z. B. buchstäbliche und übertragene) auf den ersten Blick ein unlösbares theoretisches Problem zu sein. Der Apparat der Theorie, ihr Aufbau und ihre Struktur enthalten keinen Spielraum für die These, dass es verschiedene *Arten* von Bedeutungsangaben, d. h. verschiedene *Arten* der Etablierung von Bedeutungen gibt.[939] Metaphern sind ihrer einzigen – buchstäblichen – Bedeutung zufolge falsche Aussagen. Dennoch leisten Metaphern etwas Wichtiges. Ihre zentrale Leistung besteht darin, dass sie vermöge ihrer buchstäblichen Bedeutung im Rahmen überraschender Kontexte und gerade auch aufgrund ihrer sachlichen oder semantischen Falschheit auf Ähnlichkeiten hinweisen, die uns gewisse Dinge in einem neuen Licht erscheinen lassen. Gute Metaphern eröffnen oft eine unabgeschlossene Liste neuer Ähnlichkeiten, die vielleicht zum Teil nicht einmal sprachlich formulierbar sind. Diese spezifische Leistung der Metapher einfach als weitere Bedeutung anzusehen, ist semantisch konfus. Denn es handelt sich um das Ankurbeln unserer Phantasie in der Konstruktion neuer pointierter Vergleiche oder Perspektiven – ein Prozess, der eher in kausalen als in semantischen Begriffen beschrieben werden sollte. Man nennt Davidsons Ansatz deshalb manchmal auch kausale Metapherntheorie. Diese Bezeichnung ist ein wenig überpointiert, denn Davidson hat durchaus auch nicht-kausale epistemische Verhältnisse im Blick, aber sie greift zweifellos den problematischen Punkt heraus, dass Davidson den Übergang zum Einnehmen neuer Perspektiven methodologisch offen lässt. Auch die Charakterisierung der Idee von Davidson als nichtkognitivistisch ist ein wenig überzogen, denn Davidson scheint durchaus anzunehmen, dass die neuen Perspektiven, zu denen uns Metaphern anregen können, interessant und aufschlussreich, also auch kognitiv gehaltvoll sein können.[940] Eine Metapher zu verstehen heißt in der non-kognitivistischen Metapherntheorie zweierlei: zum einen ihre buchstäbliche Bedeutung zu erfassen und zum anderen überraschende Vergleiche und Perspektiven in den Blick zu nehmen, zu denen die Verwendung der Metapher gerade in ihrer buchstäblichen Bedeutung und eklatanten Falschheit anregen soll. Der zweite dieser Fälle ist eine schwächere Variante des Verstehens als das Verstehen im technisch-semantischen Sinne – es handelt sich um ein tentatives Einnehmen von Perspektiven.

Die Grice-artige Metapherntheorie und die nonkognitivistische Metapherntheorie sind dadurch ausgezeichnet, dass sie auf elaborierten Bedeu-

[939] Vgl. Davidson (1978). Siehe auch Rorty (1987) sowie zum Interpretationismus oben, Abschnitt 8.5.

[940] Eine neuere Verteidigung der Metaphertheorie Davidsons liefert Reimer (2001).

tungstheorien beruhen. Das Verdienst der nonkognitivisten Metapherntheorie ist es, im Gegensatz zur Grice-artigen Metapherntheorie darauf zu bestehen, dass die einzige und buchstäbliche Bedeutung von Metaphern der Form „A ist B“ ist, dass A ein B ist (und nicht der Gehalt der Sprechermeinung, dass A ein C ist), dass diese These theoretisch tief verankert wird und dass sie die Offenheit vieler Metaphern unterstreicht. Diese Einsichten werden von der Verheißungstheorie übernommen. Die Rede vom Einnehmen neuer Perspektiven oder von einer neuen Sicht der Dinge auf eine Anregung von Metaphern hin bleibt allerdings in der nonkognitivistischen Metapherntheorie viel zu vage und wird zu kausalistisch beschrieben. Denn das Einnehmen neuer Perspektiven ist (der Verheißungstheorie zufolge) ein methodologisch präzise beschreibbarer Prozess, der die Form eines logisch gültigen Schlusses hat.[941] Wir können die korrekte Idee, die in der nonkognitivistischen Theorie enthalten ist, demnach mit Hilfe der Verheißungstheorie folgendermaßen reformulieren:

M 10 Es gilt KM 6, und dies folgt aus der interpretationistischen Semantik. Der kognitive Gehalt der Metapher im Sinne von M 4 und zugleich ihre kognitive Offenheit im Sinne von KM 2 lässt sich auch so beschreiben, dass eine Metapher der Form „A ist B“ uns anregt, neue Perspektiven auf A-Dinge einzunehmen, und zwar in Gestalt von wahren Meinungen der Form „A ist ein C_i“.

Die zentrale These der modernen *linguistischen Metapherntheorie* ist, dass Metaphern Abbildungen (mappings, also Funktionen) im mathematischen Sinne zwischen einem Quellbereich (den B-Dingen und ihren Eigenschaften) und einem Zielbereich (den A-Dingen und ihren Eigenschaften) sind. Metaphern sind also nicht Sätze, sondern mathematische Funktionen, die freilich in Sätzen (meist der Form „A ist B“) beschrieben werden können. Die Metapher „Liebe ist eine Reise“ (genauer: die Metapher, die mit dem Satz „Liebe ist eine Reise“ beschrieben wird) beispielsweise, auf deren Grundlage wir Submetaphern wie „Unsere Beziehung ist in einer Sackgasse“ (wobei der Ausdruck „Sackgasse“ seinerseits eine Metapher ist) äußern, besteht der linguistischen Metapherntheorie zufolge in der Abbildung

[941] Dieser Einwand trifft auch auf die Metapherntheorie von M. Seel zu, die im Anschluss an Davidson die zentrale Leistung der Metapher darin sieht, dass neue Kontexte, Horizonte und Perspektiven sowohl artikuliert als auch im Äußern der Metapher performativ eingenommen werden (vgl. Seel (2002)). Für Seel ist dies auch allgemeiner ein Kennzeichen aller figurativer Rede. Die Frage ist auch hier, was man außer dem semantischen Feld des Prädikatausdrucks einer Metapher unter der Perspektive verstehen soll, die von der Metapher artikuliert wird. Wenn die metaphorische Perspektive lediglich durch dieses semantische Feld aufgespannt wird, wie es die Verheißungstheorie behauptet, dann wären Davidsons und Seels Theorien in die Verheißungstheorie integrierbar.

f: <Bereich der Reisen> → <Bereich der Liebenden>, so dass gilt:
f(Reisende) = Liebende,
f(Fahrzeug) = Liebesbeziehung,
f(Reiseziele) = gemeinsame Ziele der Liebenden,
f(Hindernisse für die Reise) = Schwierigkeiten in der Liebesbeziehung

(dabei steht „f" für die Abbildung oder Funktion im mathematischen Sinne, ganz wie z. B. in $f(x) = 3x^2 + 2x + 4$).

Eine Metapher der linguistischen Form „A ist B" ist also eine Abbildung vom Definitionsbereich von B-Entitäten und ihren Eigenschaften in den Wertebereich von A-Entitäten und ihren Eigenschaften. Die B-Ontologie wird in die A-Ontologie mathematisch abgebildet. Der linguistischen Theorie zufolge darf der sprachliche Name der Metapher, etwa der Ausdruck „Liebe ist eine Reise", also nicht mit der Metapher selbst verwechselt werden. Metaphern sind nicht propositional, sie haben daher auch keinen Wahrheitswert und keinen kognitiven Gehalt, denn sie sind Abbildungen (oft auch Mengen begrifflicher Korrespondenzen genannt), also Resultate von Zuordnungen im mathematischen Sinne. Die Einsicht in die metaphorische Abbildung ermöglicht aber inferentielles Räsonieren, das zu Einsichten über die Zielbereich-Ontologie führt. Gehen wir beispielsweise noch einmal von der Basismetapher „Liebe ist eine Reise" aus und betrachten die Submetapher „Unsere Beziehung ist festgefahren." Unsere Kenntnis der Reise-Ontologie sagt uns, dass zwei Menschen, die in einem Fahrzeug reisen, das defekt ist und sich nicht mehr bewegt, einige Handlungsalternativen haben: Sie können versuchen, das Fahrzeug zu reparieren und das Hindernis zu überwinden; sie können im defekten Fahrzeug sitzen bleiben und das Erreichen ihrer Reiseziele aufgeben; und sie können das Fahrzeug verlassen. Mit Hilfe der metaphorischen Abbildung zwischen Reise- und Liebesontologie kann daraus gefolgert werden, dass die Liebenden, deren Beziehung festgefahren ist, versuchen können, die Beziehung zu verbessern oder in der festgefahrenen Beziehung zu verbleiben und ihre Liebesziele aufzugeben oder die Beziehung aufzugeben.

So trivial das Beispiel der Sache nach ist, es veranschaulicht doch die zentralen Intuitionen der linguistischen Metapherntheorie. Eine dieser Intuitionen ist, den Begriff der Metapher auf die Abbildung zu beschränken und sie dadurch dem sprachlichen und propositionalen Bereich zu entziehen. Zugleich wird der Übertragungsmechanismus durch den Rekurs auf Abbildungen zwischen Ontologien ein wenig mehr ausgearbeitet und als zusätzliches epistemisches Manöver auf der Grundlage, aber außerhalb der Metapher gekennzeichnet. Inferentielles Schließen wird dadurch möglich, dass die Beschreibung der Ontologien des Quellbereichs und des Zielbereiches zusammen mit einer bestimmten Kennzeichnung gewisser Entitäten im Quellbereich einige Aussagen über Entitäten im Zielbereich impliziert.

Man kann ohne Übertreibung sagen, dass das kleine brillante Buch von George Lakoff und Mark Johnson, in dem die linguistische Metapherntheorie zum erstenmal präsentiert wurde, ein Meilenstein war.[942] Denn nach dem Erscheinen dieses Buches war in der Metaphernforschung nichts mehr so, wie es vorher war. Der Grund dafür ist, dass die linguistische Metapherntheorie mit weitreichenden forschungsstrategischen Ambitionen auftritt, die sich als extrem erfolgreich und attraktiv erwiesen haben. Der erste Punkt ist, dass Metaphern bis dahin vornehmlich als rhetorische und poetische Tropen galten, die in figurativer Rede eingesetzt werden. Lakoff und Johnson haben die Aufmerksamkeit auf die zahllosen Metaphern gelenkt, die unser Denken im Alltag und in der Wissenschaft durchziehen. Dabei geht es keineswegs nur um Trivialitäten wie die „Liebe ist eine Reise"-Metapher, sondern um die Erforschung ganzer Metaphernsysteme und geordneter Hierarchien von Metaphern. So ist beispielsweise die englische Zeile eines bekannten Songs „We're driving in the fast line on the freeway of love" eine Submetapher der „Liebe ist eine Reise"-Metapher. Andere große Metaphern, die ein System mit zahlreichen Submetaphern bilden, sind zum Beispiel die „Tod ist Abreise"-Metapher, die „Leben ist Kampf"-Metapher oder die „Lebenszeit ist ein Tag"- Metapher, zu deren System zum Beispiel die Metapher vom Lebensabend gehört. Vor allem aber weisen Lakoff, Johnson und viele ihrer späteren Anhänger in zahllosen Publikationen nach, dass basale semantische, quantitative, temporale, logische und mentale Begriffe metaphorisch sind. „Preise steigen" ist beispielsweise eine Metapher, die zum System der „Lineare Skalen sind Wege"-Metapher gehört, ebenso wie „Anna ist weit intelligenter als Paul." Sätze und Ausdrücke wie „Die Zeit wird kommen, da Du mich vermisst," oder „am vorhergehenden Tag," oder „es ist viel Zeit vergangen" gehören zum System der „Vergehende Zeit ist Bewegung"-Metapher. Die „klassische Kategorien sind Behälter"-Metapher scheint zum Teil das logische Denken zu durchziehen: Wenn X in Behälter A und A in Behälter B ist, dann ist X in Behälter B – diese Idee scheint das syllogistische Denken zu beherrschen. Ein anderer großer Bereich, den ich hier nur andeuten kann, ist das System der Ereignis-Struktur-Metaphern. Metaphern wie „Lasst es uns auf diesem Wege versuchen", „Wir haben Fortschritte gemacht", „Unser Ziel ist noch weit entfernt" weisen auf folgende leitende Metaphern hin: „Arten von Handlungen sind Arten von Bewegung", „Mittel zur Erreichung von Zielen sind Wege", „Unfähigkeit zu handeln ist Unfähigkeit sich zu bewegen". Und schließlich werden die meis-

[942] Vgl. Lakoff, Johnson (1980).

ten mentalen Phänomene metaphorisch beschrieben. „Begreifen" gehört zur „Verstehen ist Ergreifen"-Metapher; „Ihre Blicke trafen sich", „Er konnte seine Blicke nicht von ihr nehmen" gehören zur „Sehen ist Berühren"-Metapher; „Sie kochte vor Wut" und „Seinen Mut kühlen" gehören zur „Wut ist eine heiße Flüssigkeit in einem Behälter"- Metapher. Diese Beispiele sind nur eine kleine Auswahl der Leit- und Submetaphern, also der großen Metaphern-Systeme, die unser alltägliches ebenso wie unser wissenschaftliches Denken und Reden durchziehen.[943]

Eines der Ziele der linguistischen Metapherntheorie ist es, diese Metaphernsysteme zu identifizieren und die ihnen zugrundeliegenden Abbildungen auszubuchstabieren. Und eine der Großthesen dieses Ansatzes ist, dass Metaphern der zentrale Mechanismus sind, mit dessen Hilfe wir abstrakte Begriffe erfassen und abstraktes Denken praktizieren. Der gesamte Ansatz wird auch auf poetische Metaphern übertragen. Poetischen Metaphern liegen dieselben Prinzipien zugrunde wie alltäglichen oder wissenschaftlichen Metaphern. Einige poetische Metaphern sind Erweiterungen konventioneller Metaphern: „In der Mitte der Lebensstraße fand ich mich in einem dunklen Wald." In dieser ersten Zeile von Dantes Göttlicher Komödie ist „Mitte der Lebensstraße" eine Metapher im System der „Leben ist eine Reise"-Metapher, und „dunkler Wald" eine Metapher für die Situation, nicht weiter zu wissen, also eine Metapher im System der „Wissen ist Sehen"-Metapher. Andere poetische Metaphern sind Bildmetaphern, so wenn zum Beispiel ein träge dahinfließender Fluß mit dem trägen Gang einer liebenden Frau nach einer Liebesnacht verglichen wird.

Eine weitere allgemeine These der linguistischen Metapherntheorie ist, dass die Analyse der Metaphernsysteme zeigt, dass, so verbreitet metaphorisches Reden und Denken ist, ein substantieller Teil unseres Denkens und Redens nicht-metaphorisch ist. Und es zeigt sich, dass das nicht-metaphorische Reden und propositionale Denken in rein empirischen Begriffen vor sich geht: „Metaphorical mappings are not arbitrary, but grounded in the body and in everyday experience and knowledge", wie Lakoff einmal bemerkt hat. Das ist offenbar eine Unterstützung des Empirismus.

Eine weitere weitreichende These ist, dass das ausgedehnte System begrifflicher Metaphern ähnlich automatisch, unbewusst und schnell operiert wie unser linguistisches und tiefengrammatisches System. An diesem Punkt der Theorienbildung wird klar, dass die linguistische Metapherntheorie sich explizit in einen kognitionswissenschaftlichen Rahmen stellt, der in methodologischer Hinsicht zu einem strikt wissenschaftlichen Verständnis der Metapherntheorie führt: Diese Theorie kann testbare Hypothesen auf-

[943] Vgl.dazu speziell Hesse (1966) und Kuhn (1979).

stellen und sie auch zuverlässig prüfen. Und die Resultate dieser Theorienbildung treten in Widerspruch zu einer Reihe von basalen Voraussetzungen moderner Linguistik, Semantik und Sprachphilosophie, z. B. dass die Alltagssprache buchstäblich ist und nur buchstäbliche Sätze kontingenterweise wahr oder falsch sein können, dass alle Bereiche der Welt ohne Hilfe von Metaphern verstanden werden können, dass alle Definitionen im Lexikon natürlicher Sprachen buchstäblich und nicht metaphorisch sind, dass Bedeutung in Begriffen von Referenz und Wahrheit zu definieren ist, und dass die Semantik natürlicher Sprachen unter Rückgriff auf formale Logik und Modelltheorie zu charakterisieren ist. Ich kann diese Thesen hier nicht kommentieren und führe sie nur auf, um die weitreichenden theoretischen Ansprüche der linguistischen Metaphertheorie anzudeuten.

Es gibt trotz der genannten Vorzüge und neuen Einsichten zwei grundlegende Probleme mit der linguistischen Metapherntheorie. Zum einen können die Thesen der linguistischen Metapherntheorie nur für erfolgreiche Metaphern gelten, deren Übertragungsmechanismus bereits bekannt ist. Die Abbildungen müssen gegeben, bekannt und sprachlich beschreibbar sein. Dies gilt ganz sicher nicht für alle Metaphern. Ganz im Gegenteil: die meisten Metaphern verheißen nur Erkenntnisse und sind kognitiv offen. Zum zweiten ist die begriffliche Restriktion des Metapherbegriffes auf die Abbildung kontraintuitiv. Die sprachliche Beschreibung einer Metapher der Form „A ist B“ hätte dann etwa die Form: „Es gibt Ontologien $\{a_1, \dots a_n\}$ von A-Dingen und $\{b_1, \dots b_n\}$ von B-Dingen sowie eine Abbildung f mit $f(b_1) = a_1$, $f(b_2) = a_2 \dots f(b_n) = a_n$.“ Es fällt extrem schwer, einen solchen Satz mit einer Metapher oder auch nur mit der Beschreibung einer Metapher zusammenzubringen. Was dieser Satz beschreibt, ist lediglich eine ausgearbeitete Grundlage einer erfolgreichen Metapher. Und darin besteht auch der Beitrag der linguistischen Metapherntheorie zu einem angemessenen Bild von Metaphern:

M 11 Der Übertragungsmechanismus im Sinne von M 7, zu dem Metaphern nach M anregen, lässt sich im Falle erfolgreicher Metaphern in folgender Form ausarbeiten: Es gibt Ontologien $\{a_1, \dots a_n\}$ von A-Dingen und $\{b_1, \dots b_n\}$ von B-Dingen sowie eine Abbildung f mit $f(b_1) = a_1$, $f(b_2) = a_2 \dots f(b_n) = a_n$. Diese Abbildung kann die Übertragung weiterer Eigenschaften von B-Dingen auf A-Dinge erleichtern oder allererst ermöglichen.

Ein ganz anderer Ansatz, der ebenfalls nicht-linguistische Phänomene einbezieht, allerdings im Gegensatz zur linguistischen Theorie gerade mit dem Ziel, die Offenheit von Metaphern theoretisch einzuholen, wurde von Sperber und Wilson vorgelegt.[944] Ausgangspunkt dieses Ansatzes ist ein weiter Kommunikationsbegriff, demzufolge beispielsweise eine Frau, die im Zug mit ihrem Mann an die See fährt und, als sie schon fast am Ziel sind, das Fenster öffnet und dann hörbar und genießerisch die hereinströmende Seeluft einatmet, wobei sie ihren Mann ansieht, ohne etwas zu sagen. Mit diesem Verhalten kommuniziert sie ihrem Mann gewisse Botschaften – aber es mag sich um ein ganzes Bündel solcher Botschaften handelt, von der Würze und Frische der Seeluft über die Vorfreude auf die Ferien an der See bis hin zu Erinnerungen an den letzten See-Urlaub. Ihr Mann mag diesen Kommunikationsversuch bemerken, aber er wird nicht in der Lage sein, die Gehalte der Gedanken seiner Gattin präzise zu ermitteln oder zu unterscheiden, und vielleicht hat seine Gattin solche präzise unterscheidbaren Gedanken überhaupt nicht. Und doch findet eine Art von Kommunikation und Verstehen statt. Dabei wird die Botschaft als relevant kommuniziert, ist in einem erheblichen Ausmaß unbestimmt und resistent gegen präzise Beschreibung und bleibt daher offen für verschiedene elaborierte Interpretationen. Sperber und Wilson gehen von einem Kontinuum solcher Kommunikationen von weitgehender Unbestimmtheit und mangelnder Sprachlichkeit bis hin zu weitgehender Bestimmtheit und durchgehend sprachlicher Form aus. In diesem Kontinuum sehen sie auch Metaphern angesiedelt, ungefähr in seiner Mitte. Ihrer Meinung nach haben die meisten Metaphern zwar eine sprachliche Form, die auch buchstäblich zu verstehen ist, sind aber darin nicht erschöpft, sondern transportieren weitere, mehr oder weniger unbestimmte Botschaften, die offen für verschiedene Interpretationen sind.[945] Diese Analyse trifft vielleicht für einige Metaphern zu, aber die weitaus meisten Metaphern sind durchgehend sprachlich strukturiert, weisen einen sehr klaren sprachlichen und logischen Aufbau auf und werden daher mit diesem Ansatz auf zu vage und zu unspezifische Weise charakterisiert. Die Offenheit der Metaphern kann, wie in M und KM gezeigt, klarer in Form von sprachlich strukturierten Verheißungen beschrieben werden.

Kehren wir also zu These M 11 zurück. These M11 ist lediglich eine Spezialisierung von M 7 und lässt sich daher problemlos in M integrieren. Daraus allein folgt nicht, dass Metaphern nichts weiter sind als Abbildungen zwischen Ontologien. Im Falle von vielen poetischen begrifflichen Metaphern ist es besonders unplausibel, von einer fertigen Abbildung zwischen Quell- und Zielbereich auszugehen. Wir können also, ein wenig salopp, sagen:

[944] Vgl. Sperber, Wilson (1986).
[945] Mohan (1997) bekundet Sympathie für diesen Ansatz.

M 12 Poetische Metaphern funktionieren wie andere Metaphern auch, d. h. erfüllen M, sind aber kognitiv meistens besonders offen (d. h. ihre Verheißungen sind besonders umfassend).[946]

Die Thesen M 1–M 12 folgen aus M und KM oder sind durch leichte konsistente Erweiterungen mit M und KM verknüpfbar. M 1–M 12 reformulieren aber die zentralen plausiblen Intuitionen der wichtigsten Metapherntheorien. Also scheint M in Verbindung mit KM die zentralen plausiblen Intuitionen der wichtigsten Metapherntheorien theoretisch integrieren zu können.[947] Die Thesen M 1–M 5, KM 1–KM 10 sowie M 6–M 12 buchstabieren die Verheißungstheorie der Metapher aus, die in den vorangehenden Überlegungen vorgeschlagen wird.

Was heißt es nun, eine Metapher zu verstehen? Der Verheißungstheorie der Metapher zufolge gibt es offensichtlich eine schwache und eine starke Form des Verstehens von Metaphern.

Eine *Metapher im schwachem Sinne zu verstehen* heißt,

(a) ihre buchstäbliche Bedeutung zu verstehen,
(b) die grundlegende Struktur der Metapher zu erfassen, wie sie in M1 – M5 umrissen wird,

[946] Vgl. dazu auch Anm. 924.

[947] In sprachwissenschaftlichen und literaturwissenschaftlichen Einführungen oder Lexika gibt es jede Menge Versuche, Metaphern zu kennzeichnen, die sich jedoch fast immer in sehr traditionellen Bahnen bewegen. So wird die Metapher in einem kürzlich erschienenen *Studienbuch Rhetorik* als „Übertragung eines anschaulichen Ausdrucks auf etwas Abstraktes" definiert; anschließend wird noch erwähnt, dass die Metapher seit Aristoteles häufig als abgekürzter Vergleich definiert wird (L. Komar, C. Rob-Santer: *Studienbuch Rhetorik*, Paderborn 2002, S. 135 f.). Auch in klassischen literaturwissenschaftlichen Handbüchern wird diese alte Bestimmung häufig mobilisiert (die Metapher „dient zur Verwandlung und Steigerung eines Ausdrucks in dichterischer Sprache, gebraucht Wortbedeutungen im übertragenen Sinne", vgl. O. Best: *Handbuch literarischer Fachbegriffe*, Frankfurt/Main 1982, S. 320). Der bekannte Literaturtheoretiker Jonathan Culler bemerkt, dass Metaphern etwas als etwas anderes behandeln, uns also etwas als etwas anderes sehen lassen und sich dadurch als Grundform der Erkenntnis darstellen; er setzt freilich hinzu, dass Metaphern eine gewisse Unstimmigkeit in sich bergen (Culler (2002), 104 f.). Die Reihe derartiger Beispiele ließe sich fast beliebig fortsetzen. Die simple Übertragungstheorie scheint zumindest in literaturwissenschaftlichen Einführungen und Lexika immer noch vorherrschend zu sein (vgl. etwa noch V. Held: *Sachlexikon Literatur*, München 2000, 114; H. Bußmann: *Lexikon der Sprachwissenschaft*, Stuttgart 1996, 484 f.; K. D. Bünting, W. Eichler: *Grammatik-Lexikon*, Frankfurt/Main 1989, 101). Aber auch einige bekannte Theoretiker äußern sich offenbar über Metaphern, ohne die führenden theoretischen Ansätze zu berücksichtigen oder gar zu würdigen, so etwa Umberto Eco, der jede Ähnlichkeitsbeziehung in einer Metapher bestreitet – freilich anhand von exzentrischen Beispielen, die uns glauben machen sollen, dass wir durch das Hören oder Lesen von Metaphern erst Ähnlichkeiten konstruieren (Eco (1990), 194 f.). Ähnliches gilt für Manfred Frank (vgl. M. Frank: *Wittgensteins Gang in die Dichtung*, in: Frank, M.; Soldati, G.: *Wittgenstein – Literat und Philosoph*, Pfullingen 1989, 26–27)).

(c) die Semantik der Metapher, wie sie in ihrem Verheißungscharakter zum Ausdruck kommt, zu erfassen, und auf dieser Grundlage
(d) zu erkennen, wie die Metapher ihre buchstäbliche Bedeutung benutzt, um diese Bedeutung in Gestalt von M6 – M12 zu verfremden.

Dieser Befund zeigt, dass das Verstehen von Metaphern die vier allgemeinen Kriterien für das Verstehen von poetischen Strukturen erfüllt, die am Ende des vorangehenden Abschnittes vorgeschlagen worden sind. Die Punkte (c) und (d) sind die Grundlage für eine ästhetische Evaluation einer Metapher im Einzelfall: Je größer die Verheißung der Metapher ist und je differenzierter die semantische Verfremdung ist, desto besser ist die Metapher.

Eine *Metapher im starken Sinne zu verstehen* heißt, sie im schwachen Sinne zu verstehen und sie darüber hinaus gemäß KM 8 als erfolgreich erwiesen zu haben, also nach M einige der verheißenen Eigenschaften C_i von B gefunden und ihre Übertragung auf A als wahr und interessant anzusehen. Eine Metapher im starken Sinne zu verstehen heißt, sie in diesem Sinne angemessen interpretiert zu haben.

Mit Hilfe dieser Unterscheidung, die – so weit ich sehen kann – in keiner der führenden Metapherntheorien beachtet wird, lassen sich die herkömmlichen Metapherntheorien auf neue Weise betrachten. So gehen zum Beispiel die linguistische Metapherntheorie und die grice-artige Metapherntheorie einzig und allein von einem starken Verstehen von Metaphern aus. Man könnte sagen, dass die mathematisch-funktionalen Zuordnungen, die der linguistischen Metapherntheorie zufolge den Kern von Metaphern ausmachen, die ausgefeilteste Form des starken Verstehens von erfolgreichen Metaphern darstellen. Die nonkognitivistische Metapherntheorie betont dagegen das schwache Verstehen von Metaphern. Insofern sind diese Theorien einseitig. Auch für eine Erklärung lexikalischer und toter Metaphern ist die Unterscheidung zwischen einem schwachen und einem starken Verstehen von Metaphern hilfreich. Tote Metaphern wie „Tischbein" verstehen wir beispielsweise nur noch im starken Sinne, d. h. wir unterstellen im Sinne der Verheißungstheorie M, dass Eigenschaften C_i gefunden worden sind, für die die Sätze der Form „A ist C_i" wahr sind, und diese Unterstellung ist in unseren Sprachgebrauch eingedrungen. Man könnte sagen, die Wahrheit der Sätze „A ist C_i" ist im Falle toter Metaphern derartig etabliert, dass „C_i" in die Bedeutung von „A" eingedrungen ist, die wir verstehen, wann immer wir den Ausdruck „A" oder einen entsprechenden attributiven Ausdruck, der auch „C_i" enthält, verwenden.

(c) die Bedeutung der Metapher, wie sie in diesem Verstehensprozess zum Ausdruck kommt, zu erfassen und zu beschreiben,
(d) zu erkennen, was die Metapher [illegible] Bedeutung [illegible] unter anderer Bedeutung [illegible] von M als ‚M' zu verstehen.

Dieser Definitionsvorschlag [illegible] das Verstehen von Metaphern [illegible] Kompetenz für das Verstehen von poetischen Strukturen erhält, die auf Grund des vorangehenden Abschnitts [illegible] sind. Die Punkte (c) und (d) sind die Grundlage für eine Erklärung des Erfolgs einer Metapher im Einzelfall, [illegible] die Verknüpfung der Metapher und die Interpretation [illegible] Verständnis [illegible] Metaphern.

Das Verstehen [illegible] einer Metapher [illegible] zu verstehen und sie darauf [illegible] wissen zu haben, also nach Meinung des Verfügens [illegible] zwischen [illegible] und ihre Übertragung auf A [illegible] wahr und interessant anzusehen. Eine Metapher im [illegible] Sinne zu verstehen heißt, [illegible] diesen Prozess erfolgreich [illegible] zu haben.

Mit Hilfe dieser [illegible] einer [illegible] Metapher [illegible] mathematischen Metapher [illegible] Beispiel [illegible] die Metapher [illegible] Metapherntheorie [illegible] Verstehen von Metaphern [illegible] Zuordnungen, die [illegible] Metaphern [illegible] Metaphern [illegible] Theorie [illegible] Auch [illegible] Unterscheidung zwischen einem schwachen und einem starken Verstehen von Metaphern [illegible] Metaphern [illegible] Sinne des Verfügens über [illegible] M [illegible] die Sätze der Form ‚A ist C' wahr sind und [illegible] Sprachgebrauch [illegible] die Wahrheit der Sätze ‚A ist C' [illegible] Bedeutung von ‚A' [illegible] Ausdruck [illegible] Ausdruck der [illegible] C [illegible]

KAPITEL 10: HERMENEUTIK UND GEIST-THEORIE

Die vorstehenden Überlegungen haben den Versuch unternommen zu zeigen, dass eine Lektüre der Geschichte der Hermeneutik aus geist-theoretischer Perspektive neue historische Interpretationen nahelegt und die Geschichte der Hermeneutik auf eine andere Weise theoretisch zu integrieren vermag, als es bisher üblich war. An verschiedenen Stellen wurde darüber hinaus deutlich gemacht, dass klassische oder neuere hermeneutische Ansätze wichtige Einsichten und Intuitionen formuliert haben – allerdings oft ohne sie befriedigend klären und in einen attraktiven Theorierahmen einfügen zu können. Ein geeigneter Theorierahmen wurde im 8. Kapitel skizziert und im 9. Kapitel anhand des Verstehens von Literatur erprobt. Im abschließenden Kapitel dieser Untersuchung sollen die historischen und systematischen Aspekte der bisherigen Überlegungen zusammengeführt werden. Dabei wird eine Zusammenfassung der wichtigsten hermeneutischen Einsichten und Intuitionen präsentiert, die uns die Geschichte der Hermeneutik übermittelt hat. Diese Intuitionen werden dann jeweils auf dem Boden der modernen Semantik und Geist-Theorie reformuliert und in dieser Form systematisch verteidigt. Diese Reflexion kann hoffentlich die Motivation, der gegenwärtigen Semantik und Geist-Theorie eine tragende Rolle in der Hermeneutik und Theorie des Verstehens einzuräumen, zusätzlich untermauern.

10.1. Hermeneutische Intuitionen von Platon bis Weber

Die antike Hermeneutik hat einige der wichtigsten Grundlagen für eine angemessene wissenschaftliche Hermeneutik erarbeitet.[948] Aus heutiger geist-theoretischer Sicht lässt sich feststellen, dass Platon, Aristoteles und die Stoa die semantischen Gehalte und Bedeutungen von Texten, Äußerungen und Gedanken gegenüber ihrem Bezug auf die externe Welt ausgezeichnet haben. Doch waren zumindest Platon und Aristoteles – wie viele Autoren nach ihnen – noch nicht in der Lage, Referenz und Bedeutung begrifflich klar zu unterscheiden. Erst die Stoiker haben mit ihrer Kategorie der *lekta* die semantische Ebene begrifflich eingekreist. Damit konnte der Sache nach

[948] Ferraris (1996) charakterisiert die antike Hermeneutik auf gerade einmal 10 Seiten – und kommt entsprechend zu der falschen Diagnose vom begrenzten Anwendungsbereich der antiken Hermeneutik und zum Übergewicht der Rhetorik in der hermeneutischen Theorie der Antike.

zwischen natürlichen und repräsentationalen Zeichen unterschieden werden. Platon, Aristoteles und die Stoa haben ferner das grundlegende Modell des Verstehens als Erfassen von semantischen Gehalten und Bedeutungen herausgearbeitet und die Auslegung von Texten und Gedanken mit einem wissenschaftlichen Anspruch als Technik konfrontiert. Aristoteles hat eine interessante Theorie der Bedeutungen skizziert und mit seiner Syllogistik die Grundlagen der logischen Hermeneutik gelegt.

Die Stoiker schließlich haben die logische Hermeneutik aussagenlogisch erweitert und zudem eine explizite Unterscheidung zwischen grammatischer Syntax und Semantik entwickelt, die bei den antiken Grammatikern als Differenz zwischen methodischer und exegetischer Grammatik fortgeführt wurde. Die exegetische Grammatik tritt dabei als erste Hermeneutik auf, die sich ausdrücklich als Wissenschaft verstand. In dieser Hermeneutik gilt das Erfassen syntaktischer Strukturen von Texten, Äußerungen oder Gedanken als Teil des Erfassens von semantischen Gehalten.

Die antiken Grammatiker kanonisieren im Anschluss an Platon und Aristoteles erste Listen grundsätzlicher hermeneutischer Aufgaben. Und bei Platon, Aristoteles und Quintilian wird die Empathie als Simulation der phänomenal-bewussten Komponente von Gefühlen als eine Variante des Verstehens anderer Wesen beschrieben. Auch hier muss hinzugefügt werden, dass diese Darstellung aus heutiger Sicht angemessen erscheint, obgleich in der Antike noch nicht ausdrücklich zwischen rationaler Rekonstruktion und Simulation als den beiden grundlegenden Variante des Verstehens unterschieden wurde.

In der mittelalterlichen Hermeneutik hat sich die antike *grammatica exegetica* bis zum Beginn der Frühen Neuzeit zu einer speziellen Hermeneutik, der *hermeneutica sacra*, also der Auslegungskunst der Bibel als Heiliger Schrift und Wort Gottes transformiert. Die Bibel-Hermeneutik übernimmt zwar einige der hermeneutischen Aufgaben, wie sie in der antiken Grammatik kanonisiert worden waren, muss aber den Text der Bibel als sakrosankt, d. h. als inhaltlich unbezweifelbar wahr und ethisch angemessen ansehen. Daher blieb die Bibelauslegung von Philon über Origines und Augustin bis hin zur protestantischen Bibelauslegung veridisch ausgerichtet. Die katholische Bibeldeutung hat daher an das antike Prinzip der allegorischen Interpretation angeknüpft, das aus heutiger Sicht hinter den semantischen Verstehensbegriff der antiken Klassiker zurückfällt. Wenn zum Beispiel Platon fragt, worauf sich falsche Sätze beziehen, und darauf besteht, dass es etwas geben muss, worauf falsche Sätze sich beziehen, dann ist darin die implizite Konsequenz enthalten, dass ein Verstehen dessen, was ein falscher Satz sagt, nicht veridisch sein kann. Nicht umsonst gehört Platon daher zu den härtesten Kritikern der allegorischen Interpretation. Bereits Platon und in seiner

Nachfolge auch Aristoteles und Stoiker sind also über die Idee veridischen Verstehens weit hinausgekommen.

Die Hermeneutik Augustins ist auf der grundlegenden Ebene durch ein doppeltes caritas-Prinzip gekennzeichnet: Die Bibelauslegung soll einerseits die Liebe gläubiger Menschen zu Gott und zu ihren Mitmenschen stärken und andererseits von einer *caritas* des Interpreten getragen sein, die dem Bibeltext Wohlwollen, Ehrfurcht und unbeschränkte Wahrheitsunterstellung entgegenbringt. Es liegt daher auf den ersten Blick nahe, diese Forderungen als Vorform des Prinzips der Nachsicht zu deuten, doch genau besehen handelt es sich lediglich um den theologischen Hinweis, dass nur gläubige und gottesfürchtige Bibelinterpreten die Unterstellungen der allegorischen Bibelauslegung einlösen und die Gottesliebe der Leser der Heiligen Schrift befördern können. In der Zeichentheorie des Augustinus wird allerdings insofern ein theoretischer Fortschritt erzielt, als Augustinus die Zeichen genauer klassifiziert und speziellere Regeln zum Verstehen der verschiedenen Arten von Zeichen angibt. Doch fällt Augustin zugleich in eine rein extensionale Semantik zurück, die jene Unterscheidung zwischen Referenz und Bedeutung, die spätestens in der Stoa explizit erreicht worden war, vollständig aufgibt und den Bezug der Zeichen zur Welt nur in Begriffen der Referenz beschreibt. Dadurch wird aus heutiger Sicht auch die Idee des Verstehens von Zeichen simplifiziert.

Neben der speziellen Bibel-Hermeneutik zementierte die mittelalterliche Hermeneutik jedoch in Form des *Accessus ad auctores* Listen hermeneutischer Aufgaben, die für Interpretationen beliebiger Texte galten, insbesondere auch für die Auslegung antiker poetischer Texte. Der *Accessus* war daher in seinen verschiedenen Versionen die Form, in der das Projekt einer allgemeinen Hermeneutik im Mittelalter weiter geführt wurde. Hier lassen sich die Anfänge der hermeneutischen Methodenregeln beobachten, die auch für die moderne Hermeneutik wichtig bleiben. Überdies konnte im Rahmen der mittelalterlichen Semantik, insbesondere der Suppositionstheorie, die antike Lehre von Bedeutungen und semantischen Gehalten sprachlicher Ausdrücke und Gedanken im Unterschied zu ihrer Referenz in einem neuen theoretischen Rahmen bewahrt werden.

Erst die protestantische Bibelauslegung bei Luther, Melanchthon und Flacius bringt die Hermeneutik jedoch einen substantiellen Schritt nach vorn. Zwar behält auch die protestantische Bibelauslegung eine veridische Ausrichtung bei, doch führt sie aufgrund der Ablehnung jeder Art von allegorischer Textinterpretation strengere und rationalere Prinzipien einer buchstäblichen Textauslegung ein, die auf logische Textanalyse und Interpretation mit Hilfe von Parallelstellen zielt, um dunkle Stellen eines prinzipiell als verständlich unterstellten Textes zu erhellen. In der Hermeneutik der Renaissance wird auch die profane Hermeneutik schärfer gefasst. Der enorme Aufschwung der philologischen Methode und Textkritik in der Renaissance führte zu einem selbstbewussten wissenschaftlichen Anspruch der profanen Hermeneutik mit Hilfe strenger philologischer Standards. Die protestantische Bibelauslegung und die Hermeneutik der Renaissance begeben sich also auf einen Weg, der am Ende das Prinzip der allegorischen (veridischen und unwissenschaftlichen) Textauslegung hinter sich lassen und die Textinterpretation als wissenschaftliches, von logischen und rationalen Prinzipien geleitetes Verfahren ausweisen sollte.

Diese – aus geist-theoretischer Sicht bedeutende – Entwicklung und Auffassung der Textinterpretation ist von der frühmodernen Hermeneutik, namentlich bei Dannhauer und Clauberg, definitiv vollendet und ausdrücklich formuliert worden – auch wenn es angesichts der Fülle hermeneutischer Manuale und Abhandlungen, die vom ausgehenden Mittelalter bis zur Frühen Neuzeit verfasst worden sind, vermutlich schwer zu beurteilen ist, welche Elemente der entwickelten Hermeneutik, die bei Dannhauer und Clauberg vorliegen, historische Originalität beanspruchen können. Doch scheint zumindest festzustehen, dass diese beiden Autoren zum ersten Mal das Programm einer allgemeinen Hermeneutik (*hermeneutica universalis*) ausgeführt haben, wie es bis heute in verschiedenen Versionen verfolgt wird. Der hermeneutischen Universalität entsprechen die detailliert formulierten allgemeinen Rationalitätsunterstellungen, von denen ein guter Interpret auszugehen hat: Dannhauers Prämisse von der transkulturellen Einheit der menschlichen Vernunft und Claubergs Unterstellung einer dreifachen hermeneutischen Rationalität – auf seiten des Autors (Wahrhaftigkeit, Klarheit, Handlungsrationalität), auf seiten des Textes (semantische und logische Konsistenz), und auf seiten des Interpreten (Nachsicht und Wohlwollen: Wahl der gütigsten Interpretation, keine vorschnelle Verurteilung des Autors, Vorsicht bei der Zuschreibung nicht-artikulierter Meinungen, Vermeidung jeder ad-personam-Argumentation). Und man kann auch den ausdrücklichen Anspruch dieser Autoren auf Wissenschaftlichkeit der Hermeneutik, der durch die Einordnung der Hermeneutik in die Logik untermauert wurde, zu den Rationalitätsunterstellungen für die methodisch angeleiteten Interpretationen rechnen. Denn dieser Wissenschaftsanspruch enthält den frühneuzeitlichen Hermeneutikern zufolge eine rationale Verpflichtung – die Verpflichtung einer rationalen Begründung der Wahl einer spezifischen Interpretation im Blick auf die einschlägigen Belege. Am Beispiel Claubergs lässt sich nachvollziehen, wie detailliert die rationale hermeneutische Methodologie in der Hermeneutik der Frühen Neuzeit ausgearbeitet worden ist. Dass die Hermeneutik als Theorie und Methode des Textverstehens nicht nur, wie andere Wissenschaften auch, nach rationalen

Prinzipien zu betreiben ist, sondern auch Rationalitätsunterstellungen für ihren Gegenstandsbereich vornehmen muss, ist aus geist-theoretischer Sicht ein Schritt, dessen Signifikanz nur schwer überschätzt werden kann.

Im Blick vor allem auf Clauberg lässt sich feststellen, dass die frühneuzeitliche Hermeneutik zu einigen weiteren hermeneutischen Einsichten vorstoßen konnte. Das Verstehen im hermeneutischen Sinn wird allgemein als Lesen des Geistes und genauer als Erfassen der semantischen Gehalte von Texten, Äußerungen und Gedanken unabhängig vom Wahrheitswert betrachtet (Programm der strikten Hermeneutik). Der dabei unterstellte Autorenintentionalismus erhält jedoch eine interessante Wendung. Denn viele der traditionellen hermeneutischen Aufgaben (zusammengefasst im traditionellen *Accessus ad auctores*) werden als externe kausale Faktoren der Textinterpretation betrachtet: als externe Faktoren, die den Text prägen. Diese Textprägung kann in der Hermeneutik explanatorisch ausgebeutet werden. Die Theorie externer Textprägung transformiert die Hermeneutik in ein explanatorisches Unternehmen, wie es heute von dem Programm der kognitiven und erklärenden Hermeneutik betont wird. Zugleich unterstreicht diese Theorie und insbesondere der Autorenintentionalismus zusammen mit den Rationalitätsunterstellungen für Autor und Text die Rationalität und Wissenschaftlichkeit des Interpretierens.

In theoretischer Hinsicht ist bemerkenswert, einen wie großen Wert Clauberg im Rahmen seiner allgemeinen Hermeneutik auf die angemessene Unterscheidung der verschiedenen Sprachebenen (insbesondere – in heutigem Jargon – zwischen Objekt- und Metasprache), auf ein gutes Verstehen der Bedeutungen logischer Ausdrücke, auf die Einsicht in die semantische Dimension von Syntax und Grammatik sowie auf das angemessene Erfassen der Sprechakte legt.

Einige der führenden Hermeneutiken der Aufklärung knüpfen nahtlos an den Autorenintentionalismus, an das Modell des Verstehens als Lesen des Geistes und an die wichtigsten Rationalitätsunterstellungen der frühneuzeitlichen Hermeneutik an. Insbesondere schlagen Thomasius, Wolff und Crusius allgemeinere Fassungen des Prinzips der Nachsicht (also der Wahrheits- und Rationalitätsunterstellungen) vor. Und Thomasius hebt in den wenigen Interpretationsregeln, auf die er die hermeneutische Methode einschränken möchte, ausdrücklich externe Textprägungen hervor und unterscheidet die Rationalität von Text, Interpret und Textproduzent.

Aber es werden auch einige neue Ideen skizziert. So betont Thomasius, dass wissenschaftliche Interpretationen keine epistemische Sicherheit beanspruchen dürfen, sondern allenfalls mit wahrscheinlichen Gründen untermauert werden können. Wolff weist zumindest im Vorübergehen darauf hin, dass die Hermeneutik möglicherweise nicht nur in dem Sinne universell sein sollte, dass sie auf alle Texte anzuwenden ist, sondern auch in dem Sinne, dass sie nicht nur eine Theorie der Auslegung dunkler und schwieriger Stellen, sondern auch eine Theorie des schnellen alltäglichen Verstehens sein sollte. Die pietistischen Hermeneutiker aus Halle rehabilitieren das fast schon vergessene Modell des Verstehens als simulierende Empathie. Meier und Lambert schließlich artikulieren im Anschluss an Augustin den Entwurf einer allgemeinen Zeichentheorie, in der die Theorie natürlicher Zeichen mit der Theorie repräsentationaler Zeichen zusammengeführt werden soll – ein Programm, das rund hundert Jahre später von der Semiotik aufgegriffen und detailliert ausgearbeitet wurde. Allerdings zeigt sich bereits an den Hermeneutiken Meiers und Lamberts auf paradigmatische Weise, dass die angezielte Verallgemeinerung der Hermeneutik zu einer Theorie des Verstehens beliebiger Zeichen Gefahr läuft, die Differenz zwischen natürlichen und repräsentationalen Zeichen einzuziehen und damit die Eigenständigkeit der Hermeneutik und der Geisteswissenschaften aufzuheben.

Die führenden Hermeneutiken der Frühmoderne und Aufklärung haben also nicht nur die skizzierten zusätzlichen hermeneutischen Einsichten erarbeitet, sie zeichnen sich gegenüber den antiken und mittelalterlichen Hermeneutiken auch dadurch aus, dass sie eine explizite Begrifflichkeit entwickelt haben, in der theoretische Ressourcen bereitgestellt werden, um gerade jene Einsichten, die auch aus moderner geist-theoretischer Sicht wegweisend waren (von der Zurückweisung der veridischen Interpretation über die Wissenschaftlichkeit und den epistemischen Status der Hermeneutik, die Rationalitätsunterstellungen, das Modell des mind-reading bis hin zum Autorenintentionalismus), explizit und deutlich auszuweisen.

Die nächste Entwicklungsstufe der Hermeneutik wurde bei Schleiermacher, Dilthey und Weber erreicht. Zwar können Schleiermachers Ansatz einer allgemeinen Hermeneutik und sein Modell des Verstehens als Lesen des Geistes keine historische Originalität beanspruchen. Doch innerhalb dieses traditionellen Rahmens lassen sich bei Schleiermacher auch innovative hermeneutische Einsichten identifizieren. Dazu gehört die These, dass sich die Hermeneutik als Kunst der Auslegung unter anderem auch auf jene Reden (und Texte) richten kann, die bereits in einem ersten Zugriff anstrengungslos verstanden werden können. Das Projekt einer Theorie des Parsens zeichnet sich zumindest ab. Wegweisend ist Schleiermachers wissenschaftstheoretische Kennzeichnung der Hermeneutik als allgemeiner Theorie der Geisteswissenschaften und ihre theoretische Korrelation mit einer spekulativen Theorie des Geistes.[949] Darüber hinaus gibt Schleiermacher in seiner

[949] So schreibt Ferraris (1996), 87 zu Recht: „Schleiermacher lays the foundation for the specific scope of hermeneutics as understanding of the significant manifestations of the human

Hermeneutik den traditionellen Rationalitätsunterstellungen für eine angemessene Interpretation von Texten und Reden eine neue Wendung. Denn er untermauert diese Unterstellungen – aus heutiger Sicht dargestellt – durch die These des semantischen Holismus sowohl für die Bedeutungen sprachlicher Gebilde als auch für die Organisation der propositionalen Gehalte von Gedanken. Und er betont, dass dies auch für einzelne Texte und Gedankenwelten gilt. Der semantische Holismus enthält die These, dass Reden und Gedanken aufgrund ihrer holistischen Struktur rational organisiert sind und dass das Verstehen diese rationale Organisation erfassen muss.[950] Folgerichtig konzeptualisiert Schleiermacher sowohl das grammatische als auch das psychologische Verstehen als Rationalisierung – und nicht, wie bisher meist angenommen, als empathisches Einfühlen – von Texten und Gedanken. Dabei liefert – wie man aus einigen Bemerkungen Schleiermachers zumindest erschließen kann – das psychologische Verstehen im besten Falle genetische Erklärungen für jene Eigenschaften von Texten und Reden, die im grammatischen Verstehen ermittelt werden. Aus dieser hermeneutischen Perspektive kann Schleiermacher auch verständlich machen, inwiefern grammatisches wie psychologisches Verstehen zugleich individuell und objektiv-wissenschaftlich sein können: Sie sind individuell, insofern es um eine Rationalisierung bestimmter individueller Texte, Reden und Gedankenwelten geht; und sie sind zugleich objektiv-wissenschaftlich, insofern das Verfahren der Rationalisierung objektiven Kriterien syntaktischer, logischer, semantischer und volitionaler Art unterworfen ist, aus denen intersubjektiv prüfbare Evidenzen für bestimmte Interpretationen gewonnen werden können. In diesen Punkten geht die Hermeneutik Schleiermachers über die wegweisenden Hermeneutiken der Frühen Neuzeit und der Aufklärung hinaus – und auf die moderne Hermeneutik zu.[951] So lässt sich zum Beispiel

spirit and behavior." Im übrigen hat Ferraris jedoch zur spezifischen Charakterisierung des Verstehens als hermenutischem Verfahren bei Schleiermacher nichts zu sagen.

[950] Dieser Aspekt fügt sich auch nahtlos in Schleiermachers Konzept vom dialogischen Charakter der Bildung, Erkenntnis und Wissenschaft ein, wie es zu Recht in Burdorf, Schmücker (1998) betont wird (vgl. z. B. 7–15). Denn die Teilnehmer an einem geselligen Dialog, der auf eine Erweiterung von Bildung und Erkenntnis zielt, müssen einander als individuelle Personen angemessen verstehen können. Wenn Pleger (1998), der diesen Aspekt herausarbeitet, als modernen Hintergrund allerdings auf Habermas und seine Kommunikationstheorie in TKH verweist (136), dann ist dies wenig hilfreich, denn Habermas geht es um Verständigung, nicht um Verstehen, und er geht noch nicht von der modernen Theorie des Geistes aus, die das Hermeneutische weit besser explizieren kann, als die kritische Theorie es vermag.

[951] In seiner kenntnisreichen und historisch aufschlussreichen Standortbestimmung der Schleiermacherschen Hermeneutik vor dem Hintergrund der Hermeneutiken des 17. und 18. Jahrhunderts kommt Scholz (2001) zu einer eher ernüchternden Einschätzung der hermeneutischen Leistungen Schleiermachers: Scholz sieht lediglich im – von Schleiermacher propagierten – semantischen Holismus einen gewissen theoretischen Fortschritt. Doch hat Schleiermacher darüber hinaus durch seine genaue Analyse des Verstehens als eines rationali-

die Individualität und zugleich die Objektivität der Gedankenwelten durch den Interpretationismus untermauern: So klar es ist, dass die semantischen Netzwerke einzelner Denker und Sprecher individuell sind, so klar ist es auch, dass sie eine hohe Übereinstimmung mit den semantischen Netzwerken anderer Denker und Sprecher aufweisen müssen, damit das verbreitete Gelingen der Kommunikation erklärt werden kann. Aufgrund dieser Übereinstimmung kann die eingebaute Übersetzbarkeit verschiedener semantischer Netzwerke und Sprachen ineinander weitgehende Objektivität des Interpretierens und Verstehens garantieren.

Die teilweise massive Kritik, die Dilthey als Hermeneutiker in modernen Kommentaren erfahren hat, erweist sich als weitgehend unberechtigt. Wir können Dilthey vielmehr als Theoretiker der Hermeneutik betrachten, der wichtige Einsichten Schleiermachers bewahrt und unterstreicht, darüber hinaus aber weitere bedeutende Schritte zur Entwicklung einer angemessenen Theorie des Verstehens beigesteuert hat. Dilthey betrachtet wie Schleiermacher das Verstehen auf der grundlegendsten Ebene als Erfassen mentaler Zustände (einschließlich der Gefühle) einer Person anhand der expressiven äußeren Zeichen, in denen sich diese mentalen Zustände artikulieren. Er vertritt also zum ersten Mal in der Geschichte der Hermeneutik explizit den elementaren Begriff des Verstehens, wie ihn die moderne Geist-Theorie entwirft. Zusätzlich betont Dilthey, dass das Verstehen weder auf Introspektion noch auf nicht-sprachlichem Einfühlen beruht, und dass sich die Methoden des Verstehens anderer Personen und des Selbstverstehens nicht unterscheiden – ein Punkt, der erst im Interpretationismus tiefer begründet werden kann, weil erst im interpretationistischen Rahmen eine externalistische Semantik entwickelt werden konnte, die klar stellt, dass mentale Episoden nicht ausschließlich als innere Episoden aufgefasst werden dürfen, die sich durch die privilegierte Introspektion des Denkers hinreichend erfassen lassen. Wie Schleiermacher geht Dilthey ferner davon aus, dass sich Hermeneutik als Kunstlehre vornehmlich auf das Interpretieren schriftlich fixierter Zeichen bezieht. Aber Dilthey unterstreicht deutlicher den Unterschied zwischen elementarem und höherem Verstehen: Das elementare Verstehen ist ein Verstehen eng begrenzter Äußerungen oder schriftlich fixierter Texte und läuft unproblematisch, schnell und in routinisierter Form ab. Das höhere Verstehen dagegen bearbeitet methodisch Kontexte, die dem Interpretationsversuch anfänglich Probleme bereiten.

sierenden Verfahrens zur Grundlegung einer modernen Hermeneutik Wesentliches beigetragen. So sieht es – zu Recht – auch Dilthey (1900).

Das höhere, kunstmäßige Verstehen, darin sind sich Schleiermacher und Dilthey einig, zielt einerseits stets auf die Rekonstruktion eines individuellen Textes oder Gedankenzusammenhanges, beruht aber andererseits zugleich stets auf allgemeinen Strukturen, insofern individuelle Texte oder Gedankenzusammenhänge stets in Beziehungen zu anderen Texten und Gedanken eingebettet sind, die intersubjektiv zugänglich sind. Ausdrücklicher als Schleiermacher kennzeichnet Dilthey unter dem Einfluss Husserls die Inhalte von Gedanken und Texten als Bedeutungen und semantische Relationen, die sich von grammatischen (syntaktischen) sprachlichen Strukturen unterscheiden lassen. Schleiermachers holistische Sprachauffassung verwandelt sich daher bei Dilthey zu einem explizit formulierten semantischen Holismus, der sowohl für die Gehalte von Gedanken als auch für die Bedeutungen von Äußerungen und Texten gilt.

Für Schleiermacher wie für Dilthey gelingt das Verstehen als Erfassen semantischer Relationen umso mehr, je umfassender und konsistenter der Zusammenhang der Bedeutungen und Gehalte rekonstruiert werden kann. Diese Rekonstruktion kann über einen einzelnen Text hinausgehen, insofern die semantischen Beziehungen des Textes zu anderen Texten in die Interpretation einbezogen werden können. Semantische Relationen haben einen allgemeinen Aspekt, insofern sie als Grundlage einer natürlichen Sprache öffentlich zugänglich sind. Doch fasst Dilthey all diese zentralen hermeneutischen Aspekte begrifflich schärfer und differenzierter als Schleiermacher und leistet damit erhebliche Grundlagenarbeit für die moderne Hermeneutik.

Über Schleiermacher hinaus betrachtet Dilthey aber auch Handlungen, Institutionen, künstlerische und technische Produkte und damit Geschichte insgesamt als Gegenstände des Verstehens. Das ist ein weiterer Schritt, der den Anwendungsbereich der Hermeneutik erheblich zu erweitern verspricht. Für Dilthey sind Handlungen mit einem Zweck verbunden, der von den Aktoren verfolgt wird, und Institutionen sowie künstlerische und technische Produkte sind Resultate zweckgerichteten Handelns. Nach Diltheys Überzeugung gehört ferner nicht nur das Erfassen semantischer Relationen, sondern auch das Erfassen der psychologischen Modi von Gedanken und Texten zu einem angemessenen Verstehen. Mit dieser entschiedenen Ausweitung der Anwendung des Verstehens und seiner Methodik, der Hermeneutik, geht für Dilthey die generelle These einher, dass die Sphäre des Geistes im Gegensatz zur Natur nicht naturgesetzlich, sondern rational und normativ organisiert ist. Das ist für Dilthey der tiefste Grund dafür, dass die Wissenschaften vom Geist und ihre Methode des Verstehens gegenüber den Naturwissenschaften wissenschaftstheoretisch autonom sind.[952]

Mit den Ideen eines semantischen Holismus, eines Verstehens als Erfassen holistisch organisierter semantischer Netzwerke, einer Optimierungsstrategie der unterstellten Rationalität der interpretierten Texte, der Verstehbarkeit auch von Handlungen und Institutionen sowie der Normativität der geistigen Sphäre gegenüber der naturgesetzlichen Struktur der Naturereignisse und schließlich der darauf begründeten Autonomie der Geisteswissenschaften hat Dilthey Themen angeschlagen, die – wie in Kapitel 8 gezeigt – sämtlich für eine geist-theoretisch gefasste Hermeneutik grundlegend sind.

Weber schließlich hat jenen Teil der Hermeneutik Diltheys, die sich auf den Sinn und das Verstehen von Handlungen bezieht, entschlossen aufgegriffen, begrifflich präzisiert und weiter entwickelt. So hat Weber den holistischen Sinnzusammenhang als Ausdruck formaler Rationalität (exemplarisch in Gestalt der Begründungsstruktur) verstanden. Er hat ferner Handlungen als Verhaltensweisen aufgefasst, die von einer semantisch gehaltvollen Absicht begleitet sind, deren Gehalt die Handlung individuiert und identifizierbar macht. Und er hat das paradigmatische Verstehen als Erfassen der Rationalität eines holistischen semantischen Netzes gekennzeichnet. Dieses Konzept des rationalen Verstehens hat Weber auf den Bereich der Handlungen übertragen und über die Bestimmung des sozialen Handelns und dessen Verstehen für den sozialen Bereich erschlossen.

Dabei hat Weber zwischen der Handlungsrationalisierung, der Erfassung sogenannter objektiver Bedeutungen und dem Einverständnis klar unterschieden und zugleich auf wichtige Fälle des Zusammenspiels zwischen Handlungsrationalisierungen und kausalen Erklärungen in der Soziologie hingewiesen. Und schließlich hat Weber darauf insistiert, das Verstehen von Handlungen als Handlungsrationalisierung vom empathischen Verstehen in Form mentaler Simulation zu unterscheiden und damit die Idee der verstehenden Soziologie erfunden, die sich konsistent mit einer Erforschung empirischer Regularitäten des sozialen und individuellen Handelns verbinden lässt.

Max Weber hat damit eine Hermeneutik des Handelns und insbesondere des sozialen Handelns entwickelt, die jene Erweiterung der Hermeneutik

[952] Mantzavinos (2005), 3–21 vermag aus Sicht seiner konsequent naturalistischen Hermeneutik keine positiven theoretischen Leistungen in der Hermeneutik Diltheys zu erkennen. Insbesondere moniert Mantzavinos, dass Dilthey die kognitive und methodische Seite des Verstehens letztlich nicht klar erläutert und daher auch keine guten Argumente für die methodische Autonomie der Geisteswissenschaften bereit stellen kann. Aus der Perspektive der modernen Standardtheorie des Geistes muss die Beurteilung der Diltheyschen Hermeneutik allerdings deutlich anders ausfallen.

auf das Leben und die Geschichte, die von Dilthey vorgeschlagen worden war, erstmals theoretisch und begrifflich präzise auf den Punkt bringt, und zwar so, dass zugleich die Methode und Wissenschaftlichkeit der verstehenden Soziologie deutlich werden kann.[953]

Insgesamt wird damit deutlich, dass sich die Geschichte der Hermeneutik von Platon bis Weber sukzessive auf ein Bild vom Verstehen zubewegt hat, wie es oben in den Abschnitten 8.1, 8.2 und 8.4 enthalten ist – auch wenn das Bild in diesen Abschnitten noch ein wenig differenzierter ausbuchstabiert wird, insbesondere auch in Hinsicht auf das Verstehen von Gefühlen, das in der langen Geschichte der Hermeneutik nur selten thematisiert worden ist (hauptsächlich von Platon im *Ion*, von der pietistischen Hermeneutik und von Dilthey).

10.2. Hermeneutische Ideen von der Semiotik bis zum Poststrukturalismus

Semiotik, Philosophische Hermeneutik und poststrukturalistische Theorien des Textzugangs sind die Hintergrundtheorien, die in den letzten Jahrzehnten die kritischen Reflexionen über Status und Methode der Geisteswissenschaften stark beeinflusst haben. Eines der Ziele der vorstehenden Überlegungen zur Geschichte der Hermeneutik aus geist-theoretischer Sicht war es, diese drei Theorien nachhaltig zu kritisieren und Zweifel an ihrer Fruchtbarkeit für eine angemessene Analyse des Verstehens zu wecken.

Wir haben gesehen, dass die Strategie der Semiotik, die Theorie der repräsentationalen Zeichen nahtlos in eine Theorie natürlicher Zeichen einzubetten, dazu führt, die fundamentale Differenz zwischen diesen beiden Zeichenarten und damit zwischen den Reichen der Natur und des Geistes einzuebnen. Der Semiotik gelingt es daher auch nicht, das grundlegende Phänomen der Fehlrepräsentation einzuholen. Und in mancherlei Hinsicht fällt die Semiotik sogar hinter zentrale Einsichten der klassischen Hermeneutik zurück. Wenn die Semiotik sprachliche Symbole im semiotischen Dreieck verortet, unterscheidet sie zwar Signifikat und Referenten, und sie betrachtet die sprachlichen Symbole als konventionell,[954] doch finden sich

[953] Diese Stoßrichtung ist in jüngster Zeit durch die Sozialontologie substantiell untermauert worden (vgl. dazu auch Anm. 413).

[954] Einigen Peirce-Interpretationen zufolge geht Peirce neben Arbitrarität und Konventionalität auch von einer Art Assoziativität sprachlicher Zeichen aus, derzufolge Form

keinerlei Hinweise auf Rationalitätsunterstellungen für Interpretationen sprachlicher Zeichen, auf den semantischen Holismus sprachlicher Zeichen oder auf eine Verknüpfung von Semantik und Hermeneutik mit der Theorie des Geistes.

Die Philosophische Hermeneutik enthält zwar einige wegweisende hermeneutische Visionen, doch wirft sie in ihrer von Gadamer ausbuchstabierten einflussreichen Variante auch zahlreiche grundlegende Probleme auf. So bleibt zum Beispiel der Charakter des Wahrheitsanspruchs von Kunst und Verstehen, den Gadamer so vehement verficht, nahezu gänzlich im dunkeln. Dass Weltanschauungen, die angeblich von der Kunst gespiegelt werden (eine schon in sich zweifelhafte These) ihren eigenen historischen Wahrheitsgehalt haben, ohne in eine wissenschaftlich geprüfte Fortschrittgeschichte eingebunden zu sein, bleibt ein unbegründetes Dogma. Ferner ist das Zeitkriterium für die Legitimität der Vorurteile in der Tradition unzulänglich. Gadamer droht Wahrheit und Bedeutung, Verstehen und Einverständnis unzulässig zu konfundieren: das Manöver, mithilfe dieser Konfundierung die Orientierung auf Wahrheit in die Theorie des Verstehens zu integrieren, muss als gescheitert betrachtet werden.

Gadamers unglückliche Engführung des Geistbegriffes auf die Idee der Bildung und humanistische Standards zieht eine Engführung der methodologischen Konzeption von Geisteswissenschaften nach sich, die keine befriedigende Bestimmung des besonderen Status der Geisteswissenschaften leisten kann. Dies gilt auch für Gadamers Versuch, das wirkungsgeschichtliche Bewusstsein, in dem sich der Interpret der Geschichtlichkeit seiner Interpretation inne wird, als konstitutiv für Geisteswissenschaften zu erweisen. Denn Kontextualität und Historizität sind auch Rahmenbedingungen der Sozial- und Naturwissenschaften. Gadamers unzulängliche Reflexionen sind an diesem Punkt seiner Überlegungen wohl auch einem anachronistischen Ideal endgültig gesicherten Wissens und einem falschen Bild von Naturwissenschaften geschuldet. Das wirkungsgeschichtliche Bewusstsein bleibt nur als explizite Reflexion auf den bildungsgeschichtlichen Hintergrund unserer Interpretationen von historischen Texten und Handlungen wichtig.

Besonders verhängnisvoll ist, dass Gadamer den Übergang zur Hermeneutik der Geschichte, der für sein Unternehmen systematisch von so großer Bedeutung ist, theoretisch nicht durchschaut. Statt Max Webers wegweisende Analysen des Verstehens von (sozialen) Handlungen zu verwenden und vielleicht sogar auszubauen, greift Gadamer hier auf Heid-

und Inhalt eines Zeichens so gespeichert sind, dass die Form des Zeichens seinen Inhalt assoziiert und umgekehrt.

eggers verfehlte Hermeneutik der Faktizität zurück. Die problematische These, dass das Phänomen des Verstehens alle menschlichen Weltbezüge durchdringt, führt direkt zu der Auffassung, dass das Verstehen grundsätzlich keine wissenschaftliche Methode ist. Heideggers Konfusion zwischen perspektivischem Repräsentieren der Welt und dem metarepräsentationalen Prozess des Verstehens wird auf diese Weise in der Philosophischen Hermeneutik Gadamers zementiert. Damit fällt auch Gadamers Versuch, mit dem Einrücken in die Tradition, der Verschmelzung historischer Horizonte und dem wirkungsgeschichtlichen Bewusstsein grundlegende, ja transzendentale Bedingungen des Verstehens auszuzeichnen, in sich zusammen. Der tiefste Grund für das Scheitern der Universalhermeneutik Gadamers ist das unzulängliche, letztlich noch subjektphilosophische Bild vom Geist, dem Gadamer verhaftet bleibt. Der Geist gilt ihm nach wie vor als unhintergehbare Vermittlungsinstanz für jede Art der Welterschließung. Die geistige Perspektive ist daher für Gadamer relativ und subjektiv, nicht wissenschaftlich und objektiv.[955]

Die poststrukturalistische Theorie des Umgangs mit Texten leidet vor allem unter exzentrischen, effektheischenden Übertreibungen von Thesen, die nüchtern formuliert Einiges für sich haben. So beruhen zum Beispiel Derridas Bemerkungen zur différance auf einer spezifischen Variante des semantischen Holismus, derzufolge der semantische Holismus bereits in natürliche Sprachen eingebaut ist, so dass nicht mehr sichtbar wird, dass ein semantischer Holismus stets auf einem dynamischen Prozess der Bildung und Neubildung semantischer Netzwerke beruht. Diese Idee wird im Poststrukturalismus zum Bild eines sich ständig wandelnden semantischen Netzes radikalisiert. Doch wird dabei übersehen, dass die Rekursivität der Syntax und Grammatik natürlicher Sprachen mit endlichen Konstellationen eine potentiell unendliche Flexibilität erreichen kann. Zugleich wurde bereits von Platon zu Recht betont, dass nicht alle semantischen Elemente zugleich flexibel gehalten werden können, weil dann Äußerungen und schriftliche Zeichen aufhören würden, Sprachen zu realisieren. Nur unter weitgehender semantischer Stabilität können Interpretationsprobleme überhaupt artikuliert, Widersprüche entdeckt und ihre Spuren verfolgt werden. Auf diese semantische Stabilität greifen die Poststrukturalisten in ihren eigenen Arbeiten stets implizit zurück.[956] Der Poststrukturalismus verwendet in

[955] Vgl. dazu oben, Abschnitt 8.5, S. 390f.

[956] Der beschlagene Historiker Foucault beispielsweise interpretiert ständig historische Texte und beansprucht durchaus, korrekte Interpretationen zu liefern. So könnte er etwa die Diskursformation („Episteme“) der Renaissance nicht entdecken, würde er nicht in der Lage sein, viele Texte der Renaissance in einem historisch informierten Sinne angemessen zu verstehen; und er wäre niemals in der Lage gewesen, die theoretische Verschiebung, die Platon

diesem Punkt eine jener binären Oppositionen, die er ansonsten so engagiert bekämpft, nämlich die Opposition zwischen radikaler semantischer Fixierung und radikaler semantischer Flexibilität. Diese Opposition lässt sich mit dem Hinweis dekonstruieren,

- dass ein hohes Ausmaß an semantischer Stabilität durchaus mit der Veränderbarkeit jedes einzelnen semantischen Elements vereinbar sein kann, und
- dass die genannte Opposition daher in einen performativen Widerspruch zu jener poststrukturalistischen These führt, in der von radikaler semantischer Flexibilität die Rede ist.[957]

Auch die kompromisslose Ablehnung des Autorenintentionalismus durch die Poststrukturalisten ist unbegründet. Denn der Autorenintentionalismus ist damit vereinbar, dass Texte im Zuge einer Interpretation von ihrer Bindung an Intentionen von Autoren ein Stück weit gelöst werden können.[958] Besonders prekär ist die poststrukturalistische Prämisse, dass es in allen Texten eine verbreitete Widersprüchlichkeit gibt, die sich dekonstruktivistisch decodieren lässt. Ganz im Gegenteil ist nämlich eine verbreitete (wenn auch nicht vollständige) Rationalität und Widerspruchslosigkeit die notwendige Voraussetzung eines jeden Textzugangs. Zeichenfolgen, die überwiegend widersprüchlich sind, verlieren den Status der Verstehbarkeit. Im übrigen versuchen die Dekonstruktivisten durchaus, eine bestimmte Umgangsweise mit Texten zu empfehlen und vorzuführen. Diese soll aber nicht ihrerseits dekonstruktivistisch eingeholt, sondern von den Lesern dekonstruktivistischer Texte möglichst angemessen verstanden werden – und zwar auf die gewöhnliche hermeneutische Weise.

Auch der dekonstruktivistische Kampf gegen die großen metaphysischen Gegensatzpaare, die unser bisheriges Denken angeblich im Griff haben, hat sich als problematisch erwiesen. Denn viele dieser Gegensatzpaare beruhen auf fallibilistischen Theorien, die wissenschaftlich diskutiert werden.

den Diskursen über den Eros verliehen hat, angemessen zu beschreiben, hätte er nicht den *Lysis,* das *Symposion* und den *Phaidros* aufmerksam gelesen und gut verstanden. Außerdem möchte Foucault mit seinen Untersuchungen durchaus bestimmte Botschaften kommunizieren – seine eigene Sprache, in der er seine Untersuchungsergebnisse präsentiert, muss also ein hohes Maß an semantischer Stabilität aufweisen. Dasselbe gilt von den Arbeiten Derridas.

[957] Hans-Harald Müller hat in seiner literaturtheoretischen Analyse des Dekonstruktivismus ein Komplementaritätstheorem aufgestellt, das der hier vetretenen Auffassung zumindest nahe kommt: Hermeneutische und dekonstruktivistische Textanalysen lassen sich nicht auseinander ableiten, sondern sind unabhängig voneinander, setzen einander jedoch oft voraus und sind insofern komplementär zueinander (vgl. Müller (1993), bes. 105f.).

[958] Vgl. oben S. 219f.

Ob und inwiefern zum Beispiel das Gegensatzpaar Natur/Geist haltbar ist, wird seit längerem auf extrem differenzierte und komplexe Weise erörtert.

Trotz dieser Vorbehalte darf nicht übersehen werden, dass Semiotik, Philosophische Hermeneutik und poststrukturalistische Theorien des Textzugangs einige neue hermeneutische Aspekte in den Blick genommen haben, die über die großen Einsichten der klassischen Hermeneutik von Platon bis Weber hinausführen und für eine moderne Hermeneutik richtungsweisend sind. Zwar hat keine der genannten Theorien die begrifflichen Ressourcen und das theoretische Rüstzeug entwickelt, um diese Aspekte befriedigend auszubuchstabieren, doch lassen sie sich im Rahmen der modernen Theorie des Geistes auf neue Weise fassen und würdigen. Im folgenden soll der Versuch unternommen werden, dieser Einschätzung Substanz zu verleihen. Ich möchte mich dabei allerdings im wesentlichen auf drei Intuitionen beschränken, die für jede moderne Theorie des Verstehens von grundlegender Bedeutung sind:

– den semantischen Holismus und das Verstehen als Erfassen semantischer Netzwerke,
– den Einfluss der Interpretation auf die Formierung von semantischen Gehalten, und
– den (postkantianisch gefassten) Bezug des Verstehens auf Wahrheit und Erkenntnis.

Es ist bemerkenswert, dass Semiotik, Philosophische Hermeneutik und Poststrukturalismus diese Intuitionen bei aller Verschiedenheit ihrer Ansätze teilen.

Die erste dieser Intuitionen bezieht sich auf die Theorie des semantischen Holismus, die bereits von Schleiermacher und Dilthey implizit ins Auge gefasst wurde, aber erst von der Semiotik an ausdrücklich in den Vordergrund gerückt wird. Dabei ist für die Semiotik und den Poststrukturalismus vor allem de Saussures Prinzip der Differenz leitend gewesen. Dieses Prinzip soll erklären, worin Bedeutungen (Signifikate) bestehen. Die Formel *In der Sprache (langue) gibt es nur Differenzen (différences)* drückt den Gedanken des Sprachholismus aus – also die Idee, dass sich die Identität und damit auch die Bedeutung jedes einzelnen Zeichens einer natürlichen Sprache im wesentlichen aus seiner Differenz zu allen anderen Zeichen dieser Sprache ergibt. Das ist der entscheidende Grund dafür, dass die theoretische Untersuchung der Sprache sich nach de Saussure auf die *langue* und die Differenzen der Elemente der sprachlichen *types* konzentrieren sollte, während sie ihre Referenz außer acht lassen kann. Allerdings hat de Saussure die *langue* unter dem Prinzip des Sprachholismus primär als strukturelles System gesehen. Die bekannte Formel *Die Sprache ist eine Form und nicht eine Substanz*[959] bringt diese Ausrichtung schlagwortartig zur Geltung. Damit droht der Sprachholismus mit der syntaktischen Struktur der Sprache konfundiert zu werden. In der Philosophischen Hermeneutik ist der Aspekt des semantischen Holismus zwar nicht ein eigens adressiertes Thema, doch wenn Gadamer das Verstehen als Grundbewegung des Geistes beschreibt, im Fremden das Eigene zu erkennen, in ihm heimisch zu werden und in die vorgegebene Substanz seines Volkes mit sprachlicher und sittlicher Tradition hineinzuwachsen, so ist damit der Sache nach ein Verstehen angesprochen, das sich in die umfassenden sprachlichen und geschichtlichen (also semantisch gehaltvollen) Zusammenhänge einer Kultur hineinversenkt. Dieser holistische Zug kommt auch in Gadamers These zum Ausdruck, dass das Verstehen der Universalgeschichte und ihres inneren Zusammenhanges die zentrale Aufgabe der Geisteswissenschaften ist.

Auch der Poststrukturalismus geht von der grundlegenden Prämisse aus, dass die Bedeutung in einem Zeichen nicht unmittelbar präsent ist, sondern vom Verhältnis (der „Differenz“) des Zeichens zu einer offenen Menge anderer Zeichen abhängt. Doch radikalisieren die Poststrukturalisten, wie mehrfach betont, diesen semantischen Holismus durch einen konsequenten semantischen Relativismus, indem sie hinzusetzen, dass in den semantischen Netzen ein beständiger Austausch und ein ununterbrochenes Zirkulieren von sprachlichen Elementen vor sich geht. Die sprachlichen und semantischen Elemente sind daher nie fest definiert, sondern von allen anderen veränderlichen Elementen des Netzes durchdrungen. Die Konsequenz, die der Poststrukturalismus aus dieser Prämisse zieht, ist, wie wir gesehen haben, dass Texte keine feste Bedeutung und keine feste Struktur haben, eben weil die Bedeutung eines Zeichens im zeitlichen Prozess des Sprechens, Kommunizierens und Schreibens einer ständigen kontinuierlichen oder diskontinuierlichen Veränderung unterliegt. Daher muss die Interpretierbarkeit und Verstehbarkeit von Texten radikal in Frage gestellt werden. Die hermeneutisch leitenden Kategorien der Interpretationstheorie und Literaturtheorie – Sinn, Bedeutung, Subjekt, Autor und Geschichtlichkeit – sind daher unangemessen. Aus dieser Perspektive ist der traditionelle semantische Holismus als Grundlage für die These, dass Texte auf semantischen Gehalten beruhen, die sich prinzipiell auch in ihrem Verhältnis zueinander entschlüsseln lassen, konsequent zu verwerfen.

Auch die moderne Semantik und Theorie des Geistes geht, wie wir gesehen haben, von einem semantischen Holismus aus, demzufolge die Bedeutung (der semantische Gehalt) eines Wortes, eines Gedankens oder eines

[959] Vgl. de Saussure (1967), 146.

Schriftzeichens nicht unabhängig von seiner Beziehung zu anderen Worten, Gedanken oder Schriftzeichen ist und letztlich sogar durch seine Position im Netzwerk bestimmt ist. Doch gibt die moderne Geist-Theorie dem semantischen Holismus eine neue Wendung und verleiht ihm damit auch mehr theoretische Substanz. Zum einen wird der semantische Holismus präziser gekennzeichnet: Es handelt sich nicht um eine syntaktische Struktur, sondern um ein semantisches Netzwerk, in dem semantische Gehalte zueinander in Beziehung gesetzt werden. Syntaktische Strukturen können die Form der semantischen Beziehungen beeinflussen, aber daraus folgt nicht, dass semantische Netzwerke auf syntaktische Strukturen reduzierbar sind. Syntaktische Strukturen bestimmen die Grammatikalität, semantische Netzwerke präzisieren Bedeutungen und semantische Gehalte. Wenn, um exemplarisch ein einfaches Schema zu entwerfen, ein Ausdruck A unter anderem durch seinen Bezug auf die Ausdrücke B und C semantisch festgelegt wird, dann kann dies im Falle von Prädikatoren (generellen Termen) bedeuten, dass die Übergänge *x ist A* → *x ist B* sowie *x ist A* → *x ist C* gelten. Dabei sind die Form *x ist Y* und das Symbol → (*wenn – dann*) syntaktisch, doch die Übergänge selbst sind semantischer Art. Das wird unter anderem daran deutlich, dass diese Übergänge normative Kraft haben und in etwa besagen, dass wer *x ist A* denkt, sagt oder schreibt, auch *x ist B* und *x ist C* denken, sagen oder schreiben darf (und gegebenenfalls denken, sagen oder schreiben sollte) und *x ist A* als guten Grund für die Behauptung von *x ist B* und *x ist C* verwenden kann. Es sind gerade diese normativen Übergänge, in denen die semantischen Gehalte durch ihren Bezug auf andere semantisch gehaltvolle Elemente fixiert werden.[960]

Diese normative Dimension wird in der Semiotik, in der Philosophischen Hermeneutik und im Poststrukturalismus übersehen. Dadurch bleibt diesen hermeneutischen Ansätzen auch die tiefere Dimension der normativen semantischen Netzwerke verborgen, wie sie in der gegenwärtigen Semantik und Theorie des Geistes entschlüsselt wird: die Normativität der semantischen Netzwerke ist näherhin eine rationale, logische Normativität, die konstitutiv für das Geistige und die Kultur (im Gegensatz zur Natur) ist. Denn wären semantische Netzwerke überwiegend irrational und widersprüchlich organisiert, so würden semantische Gehalte ihre Spezifizität und Kontur verlieren, so dass wir sie nicht erfassen könnten. *Daher kann erst die geist-theoretische Version des semantischen Holismus und des Verstehens als Erfassen semantischer Gehalte von Gedanken, Äußerungen oder Schrift im Rahmen semantischer Netzwerke wirklich verständlich machen, inwiefern*

[960] Eine ausführlichere und genauere Begründung des semantischen Normativismus kann erst in einer systematischen Studie zur modernen Hermeneutik geliefert werden. Vgl. dazu jedoch die Vorstudien Schütze (2009), Detel (2005a), Detel (2008), Detel (2009a).

sich das Verstehen auf das humanspezifisch Geistige richtet. Hier handelt es sich daher auch um eine der Formen, in denen die moderne Geist-Theorie den Bezug des geisteswissenschaftlichen Verstehens auf das Humane ausbuchstabiert.

Viele der neueren hermeneutischen und anti-hermeneutischen Ansätze sind sich darin einig, dass es naiv wäre anzunehmen (wie es die klassische Hermeneutik tat), dass semantisch gehaltvolle Elemente ein Gegebenes sind, das vom Verstehen im hermeneutischen Sinne zu erfassen ist. Oft wurde demgegenüber in den letzten Jahrzehnten die Intuition artikuliert, dass die Interpreten an der Formierung semantischer Gehalte und Bedeutungen von Gedanken, Äußerungen oder Texten beteiligt sind. So hat zum Beispiel die Rezeptionsästhetik diese Intuition zum Konzept des impliziten Lesers ausgebaut, der ein Teil des Textes ist und zur Konstitution der Textbedeutung beiträgt. Doch schon die Semiotik hat eine konsumerorientierte Semantik ins Auge gefasst, derzufolge Bedeutungen von Zeichen (von äußeren Zeichen ebenso wie von inneren Gedanken) erst durch Reaktionen lebender Organismen auf Zeichen-Vehikel generiert werden. Insbesondere die von Morris vertretene behavioristische Semiotik betont, dass Bedeutungen nicht unabhängig vom Interpreten vorhanden sind.[961] Ähnlich hat, wie wir gesehen haben, auch der Poststrukturalismus mit seinem Hinweis auf die Dynamik der Formierung von Bedeutungen und der Involvierung des Verstehens in diese semantische Dynamik darauf aufmerksam gemacht, dass semantische Gehalte und Interpreten eine intime Verbindung eingehen. So hat etwa Barthes betont, dass eine zentrale Aufgabe der Literaturwissenschaft die Erforschung der Logik der Erzeugung von Textinhalten ist. Und Derrida hat mit seiner Rede von der différance ein Bedeutungsgeschehen ins Auge gefasst, an dem Interpreten wesentlich beteiligt sind und innerhalb dessen die sprachlichen Differenzen und damit die Bedeutungen erst entstehen. Diese Intuitionen werden untermauert durch die dekonstruktivistische Kritik der traditionellen Metaphysik, die unter anderem die semantische Kernidee enthalten soll, dass die Bedeutung einer Äußerung oder auch eines Textes etwas Mentales und Gegebenes ist, das im Bewusstsein des Sprechers oder Autors direkt, introspektiv und infallibel erfassbar ist.

In der Philosophischen Hermeneutik kommt dieser Gedanke in einer speziellen Variante zum Vorschein, die von Gadamer mit dem Hinweis auf die interpretative Horizontverschmelzung thematisiert wird. Nicht nur die Interpretation von Texten und Geschichte, sondern auch die Erschließung der Welt allgemein ist, wie Gadamer betont, von einem Horizont gesteuert, der für den Interpreten unverfügbar gegeben ist und durch die Geschichte

[961] Vgl. dazu genauer Wild (2010).

konstituiert wird – der also für den Interpreten „in der Weise der Überlieferung da ist.“ Jedes Verstehen, jede Interpretation ist von einem impliziten Vorverständnis geleitet, das letztlich der Übermacht der geschichtlichen Tradition geschuldet ist. Das ist nach Auffassung der Philosophischen Hermeneutik die besondere Form, in der sich der Anteil des historisch situierten Interpreten an den interpretierten Inhalten geltend macht.

In all diesen Überlegungen bleibt jedoch unklar, wie der Anteil des Interpreten an der Formierung semantischer Gehalte konkret aussehen könnte. Die moderne Semantik und Theorie des Geistes kann an dieser Stelle ein genaueres und schlüssigeres Bild anbieten. Diesem Bild zufolge sollten wir die Verschmelzung historischer Kontexte auf der grundlegendsten Ebene als den Prozess beschreiben, im Verstehen die semantischen Gehalte des zu verstehenden Gebildes mit den semantischen Gehalten der Gedanken und Reden des Interpreten in einen konsistenten Zusammenhang zu bringen. Wie oben in Abschnitt 8.5 genauer dargestellt, kann man zur Verdeutlichung dieser Prozedur vom Szenario der radikalen Interpretation ausgehen, in dem sich zwei Personen als Interpretin und Interpetandin gegenüberstehen und die Interpretin versucht, die Äußerungen der Interpretandin zu verstehen, d. h. diese Äußerungen in ihre eigene Sprache zu übersetzen und letztlich eine Interpretationstheorie über diese Sprache aufzustellen. Dabei unterstellt die Interpretin die Wahrheit der Äußerungen und der Meinungen der Interpretanden nach Maßgabe ihres eigenen Für-Wahr-Haltens. Das bedeutet aber nicht, dass die Interpretin nur Wesen für verstehbar hält, die ihre eigenen Auffassungen teilen. Vielmehr müssen wir uns die Etablierung eines umfassenden Verstehens als einen konstanten *Prozess* denken, in dem die Theorie immer wieder adjustiert wird. Dieses Adjustieren heißt näherhin, dass die semantischen Gehalte von interpretierender und interpretierter Sprache abgeglichen und präziser fixiert werden. Dieser Prozess wird, wie in 8.5 gezeigt, durch den Weg von den T-Theoremen zur Interpretation genau beschrieben. Entscheidend ist in diesem Kontext die Einsicht, dass wir uns keinen Begriff von einer für uns gänzlich oder überwiegend unverständlichen Sprache machen können. Die Idee vollständig unübersetzbarer Sprachen ist buchstäblich sinnlos. Das heißt nicht, dass es nicht Sprachen gibt, die auf anderen Begriffsschemata beruhen als unsere eigene Sprache. Doch erfordert das Erkennen dieser Sprachen *als andersartiger Begriffsschemata* die weitgehende Übersetzung in unsere Sprache. Und diese Übersetzung setzt, wie der Interpretationismus zeigt, weitgehende Übereinstimmung im Für-wahr-Halten voraus. Das Fremde lässt sich nur auf der Grundlage weitgehender Übereinstimmungen verstehen.

Ein wichtiger Aspekt dieser Übereinstimmung, der aus dem semantischen Holismus folgt, ist die weitgehende logische Konsistenz der Übersetzung, also der rekonstruierten semantischen Netze von interpretierter und interpretierender Sprache. Auch hier gilt, dass das Irrationale und Unlogische nur auf der Basis weitgehender logischer Konsistenz aufgespürt werden kann. Eine angemessene Interpretation setzt also nicht nur weitgehende Übereinstimmung in den Wahrheitsunterstellungen voraus, sondern auch eine Optimierung der gemeinsamen Rationalitätsunterstellungen. Gelingendes Verstehen ist nur auf dem Boden des Prinzips der Nachsicht möglich, wie bereits von der klassischen Hermeneutik betont wurde. Dies gilt, wie wir gesehen haben, auch für die Empathie, also für das simulative Nachempfinden, sowie für das Verstehen von Wünschen und Absichten. Abschließend wäre noch daran zu erinnern, dass die skizzierten Bedingungen des Verstehens nicht methodische Anleitungen, sondern notwenige und konstitutive Elemente gelingenden Verstehens sind. Das ist die Art und Weise, wie der Einfluss der Interpretin auf den Inhalt des interpretierten Gedankens oder Textes (oder das, was Gadamer die Horizontverschmelzung nennt) in der modernen Semantik und Theorie des Geistes beschrieben *und* theoretisch fundiert wird. Wenn Gadamer der Hermeneutik die zentrale Aufgabe zuweist, die Zugehörigkeit des Interpreten zum Interpretierten aufzuweisen, so ist diese Aufgabe im Rahmen der modernen Semantik und Theorie des Geistes auf erhellende Weise gelöst.

Eine weitere hermeneutische Intuition, die sowohl in der Semiotik als auch in der Philosophischen Hermeneutik und in poststrukturalistischen Theorien des Textzugangs eine zentrale Rolle spielt, artikuliert die epistemologische Dimension des Verstehens, und zwar unter der nachkantischen Prämisse, dass sich ein naiver epistemologischer Realismus nicht halten lässt. Bereits die klassische Semiotik geht, wie oben gezeigt, davon aus, dass die Erschließung der Welt in Gestalt des Verstehens von Zeichen erfolgt. Peirce bestimmt das Zeichen unter anderem dadurch, dass es etwas ist, durch dessen Erkenntnis wir zu mehr Erkenntnis gelangen, und zwar im wesentlichen deshalb, weil Zeichen für etwas anderes stehen. Alle Erkenntnis ist also durch Zeichen vermittelt. Diese Vermittlung wird als eine verallgemeinerte kantische Idee aufgefasst. So kann der moderne Semiotiker Sebeok die Semiotik insgesamt als kantisches Unternehmen kennzeichnen: die Semiotik vermittelt nicht so sehr Kenntnisse über die Welt, sondern primär darüber, was wir von der Welt wissen können. Wie Kant konzentriert sich die Semiotik auf das Zusammenspiel zwischen der Natur und ihren menschlichen Interpreten. Doch hat die Semiotik nicht das theoretische Rüstzeug entwickelt, um diese epistemologische Fragestellung der Hermeneutik angemessen aufzuarbeiten. Denn die Theorie natürlicher Zeichen ist dafür nicht hinreichend, und die Theorie repräsentationaler Zeichen, von der her allein die epistemologische Dimension des Verstehens entfaltet werden kann, wird in der Semiotik in höchst simplifizierter Form präsentiert.

In der Philosophischen Hermeneutik nimmt die Frage der Wahrheit des Verstehens und der Interpretation einen zentralen systematischen Sitz ein, denn die Antwort auf diese Frage ist nach Gadamer entscheidend für die Kennzeichnung der Hermeneutik. Das leitende Thema des ersten Teils von *Wahrheit und Methode* ist das Verhältnis von Erfahrung und Wahrheit der Kunst. Erlebniskunst und ästhetisches Bewusstsein werden vor allem deshalb kritisiert, weil sie den Bezug der Kunst auf Wahrheit verdecken und ihren Beitrag zu religiösen oder moralischen Stellungnahmen übersehen. Kunst ist für Gadamer Erkenntnis, denn sie spiegelt die Geschichte der Weltanschauungen, die ihren eigenen historischen Wahrheitsgehalt haben. Das Verstehen der Kunst ist daher Teilhabe an dieser Erkenntnis.

Die Entfaltung einer Hermeneutik der Geisteswissenschaften ist, wie Gadamer im zweiten Teil von *Wahrheit und Methode* deutlich macht, eng an die Frage nach der Wahrheit in den Geisteswissenschaften gekoppelt. Denn das Ziel des Verstehens ist, wie Gadamer formuliert, das Einverständnis in der Sache. Allerdings macht im Falle der Geisteswissenschaften erst die Vorstruktur des Verstehens, die aus der historischen Tradition erwächst, die Wahrheit des Verstehens möglich. Die Frage der Wahrheit geisteswissenschaftlicher Orientierung wird in der Philosophischen Hermeneutik vor allem dadurch pointiert, dass das Verstehen der Universalgeschichte und ihres inneren Zusammenhanges als Kernaufgabe der Geisteswissenschaften bestimmt wird. Diese Form des Verstehens richtet sich aber nicht allein auf Texte, sondern auf das historische Geschehen selbst. Mit diesem Schachzug wird die Ausweitung des angeblich engen Verstehensbegriffs der klassischen Hermeneutik (als Auslegung von Texten) auf das Verstehen als Welterschließung vorbereitet – eine Ausweitung, mit der Gadamer den Weg zurück zu Heideggers Hermeneutik der Faktizität findet. Verstehen der Universalgeschichte und – allgemeiner – Welterschließung sind wesentlich auf Wahrheit ausgerichtet. Doch da Verstehen und Welterschließung unhintergehbar perspektivisch sind, lässt sich mit diesem Begriff von Verstehen und Erkenntnis kein naiver epistemologischer Realismus verbinden.

Diese Idee wird schließlich im dritten Teil von *Wahrheit und Methode* durch die ontologische Wendung der Hermeneutik untermauert, derzufolge das menschliche Weltverhältnis sprachlich und daher verständlich ist („Sein, das verstanden werden kann, ist Sprache"). Die Welt ist identisch mit dem sprachlich Gefassten, und das sprachlich Gefasste ist identisch mit dem Gegenstandsbereich des Verstehens. Also hat die – auf Wahrheit ausgerichtete – Erkenntnis der Welt die Form des Verstehens.

Dieser Versuch, das Verhältnis von Verstehen und Wahrheit (Erkenntnis) zu bestimmen, enthält eine Reihe gravierender Probleme. So ist der von Gadamer angedeutete Wahrheitsanspruch der Kunst mehr als zweifelhaft. Dass Weltanschauungen, die angeblich von der Kunst gespiegelt werden, ihren eigenen historischen Wahrheitsgehalt haben, bleibt ohne überzeugende Begründung. Schwerer wiegt, dass Gadamer letztlich Verstehen und Einverständnis, Bedeutung und Wahrheit, einfache Repräsentation und Metarepräsentation, sowie Verstehen und Welterkenntnis so nahe aneinander rückt, dass eine – unzulässige – Identifizierung droht. Es ist keine attraktive Lösung, den engen Bezug des Verstehens auf Wahrheit und Erkenntnis dadurch zu erschleichen, dass die genannten Unterschiede verschwimmen. Vielmehr kommt es darauf an, unter Beibehaltung des restriktiven geisttheoretischen Begriffs von Verstehen als Metarepräsentation den substantiellen Bezug *dieser* Form von Verstehen zu Wahrheit und Erkenntnis auszubuchstabieren. Das ist der Philosophischen Hermeneutik nicht gelungen.

Ein ernster Vorbehalt gegenüber einem epistemologischen Realismus wird auch im Poststrukturalismus artikuliert – primär ex negativo in Gestalt einer heftigen Kritik an der sogenannten Metaphysik der Präsenz. Diese klassische Form der Metaphysik ist der poststrukturalistischen Diagnose zufolge von der Überzeugung getragen, dass es jenseits des sprachlichen und kulturellen Wandels eine fixierte Präsenz gibt, die von der Philosophie expliziert weren muss (zum Beispiel Gott, die intrinsische Natur der Dinge, der Weltgeist, die Materie, das universelle moralische Gesetz oder die Struktur des menschlichen Denkens). Die Metaphysik der Präsenz glaubt also an eine transzendente Wirklichkeit, die der Bezugspunkt unseres Denkens, Sprechens und Theoretisierens ist. Der Poststrukturalismus zieht daraus die Konsequenz, dass es – metaphysisch geredet – nichts als das semantisch variable Spiel kultureller Veränderung gibt und die Welt insofern (wie zuweilen metaphorisch gesagt wird) nichts als ein Text ist.[962] Es gibt daher auch keine Objektivität jenseits dieses Spiels. Unter dieser Prämisse muss unsere Welterkenntnis die Form des Verstehens annehmen – eines Verstehens von Texten, sprachlichen und kulturellen Veränderungen in all ihrer Komplexität und historischen Relativität. Auch im Poststrukturalismus wird also – ähnlich wie in der Semiotik und Philosophischen Hermeneutik – das Erkennen der Welt auf ein Verstehen von Text und Kultur reduziert sowie die Welterkenntnis mit dem Verstehen identifiziert. Diese extreme Position folgt jedoch nicht zwingend aus einer Zurückweisung des naiven epistemologischen Realismus, sondern muss als ungerechtfertigte Radikalisierung

[962] In den Arbeiten von Richard Rorty wird diese Auffassung auf anregende und attraktive Weise dargestellt.

gewertet werden. Auf den ersten Blick scheint die poststrukturalistische Kritik der Metaphysik der Präsenz an die kantische Kritik der Idee vom Ding an sich zu erinnern. Doch ist zu bedenken, dass es Kants Strategie war, zwar die Metaphysik (das heißt den metaphysischen wie den epistemologischen Realismus) zu zertrümmern, aber auf dieser Grundlage gleichwohl eine überzeugende Idee von Objektivität und Wissenschaftlichkeit zu bewahren. Diese kantische Strategie wird im Kern auch in der modernen Semantik und Theorie des Geistes akzeptiert, jedoch auf ganz andere Weise ausbuchstabiert.

Das prekäre Verhältnis von Verstehen (als eines Erfassens typisch geistiger Aspekte physischer Dinge), Einverständnis, Erkenntnis, Wahrheit, Realismus und Objektivität wird in der neueren Geist-Theorie auf unterschiedlichen Ebenen behandelt – und doch handelt es sich um eine Theorie aus einem Guss. Wie Verstehen, Einverständnis und Wahrheit miteinander verschränkt sind, wurde oben unter dem Thema der Beziehung zwischen Interpretation und Bedeutung bereits skizziert: Gelingendes Verstehen setzt ein geteiltes Für-Wahr-Halten in weiten Bereichen des mentalen Lebens von Interpretin und Interpretandin voraus. Geteiltes Für-Wahr-Halten ist die grundlegende Form des auf Wahrheit ausgerichteten Einverständnisses, aber diese Voraussetzung ist logisch vereinbar mit der Auffassung der klassischen Hermeneutik, dass das Verstehen im Einzelfall davon unabhängig ist, ja sogar sein muss, ob die Interpretin den von ihr interpretierten Gedanken, Äußerungen oder schriftlichen Behauptungen zustimmen kann oder nicht. Auf einer anderen – theoretisch tieferen – Ebene wird der Bezug von Verstehen, Wahrheit und Bedeutung zumindest im Interpretationismus (wie in 8.5 gezeigt) so gefasst, dass das Verstehen mit hypothetischen Wahrheitsannahmen über den Bezug von Äußerungen und Sachverhalten (in Gestalt der sogenannten T-Theoreme) beginnen muss und erst auf dieser Grundlage Bedeutungen und semantische Gehalte rekonstruieren kann. Aus dieser Sicht sind Wahrheit und Erkenntnis der Bedeutung und dem Verstehen theoretisch vorgeordnet. Wir können nicht begreifen und somit auch nicht theoretisch rekonstruieren, wie ein Verstehen als Erfassen von Bedeutungen und semantischen Gehalten zustande kommen kann, wenn wir nicht berücksichtigen, in welcher Form dabei von der Konstatierung bestimmter Wahrheiten und daher auch von bestimmten Erkenntnissen auszugehen ist.

Aber zugleich betonen die moderne Semantik und Theorie des Geistes, dass das spezifische Konstatieren von wahren T-Theoremen nicht aus der Sprache hinausführt. Die T-Theoreme zielen auf eine Form der Übersetzung von einer Sprache in die andere. Die Wahrheitsbehauptung eines T-Theorems der Form *Die Interpretandin äußert „p" in ihrer Sprache S1 genau dann, wenn die Interpretin in ihrer Sprache S2 sagt (meint, schreibt), dass q der Fall ist* sagt im Kern etwas über die Beziehung sprachlich gefasster Meinungen aus. Und in diesem Zusammenhang lässt sich, wie oben zum Problem von Interpretation und Bedeutung bereits skizziert, durch eine Kritik des Schema-Inhalt-Dualismus begründen, dass es keine ineinander unübersetzbaren Sprachen und daher auch keinen naiv realistischen Blick durch das Auge Gottes auf die Welt geben kann. Begriffsschemata sind Mengen von Sprachen, die ineinander übersetzbar sind, so dass es keine unübersetzbaren Begriffsschemata geben kann.

Der entscheidende Gedanke ist hier, dass eine Aktivität, die sich nicht in einer geläufigen Sprache interpretieren und verstehen lässt, weder ein Sprachverhalten noch ein gehaltvoller mentaler Zustand noch eine Handlung sein kann. Sofern wir daher überhaupt sagen, denken und entscheiden können, dass eine Aktivität das Verfügen über ein Begriffsschema aktualisiert, müssen wir diese Aktivität bereits ein Stück weit in unsere Sprache übersetzen können. Das bedeutet aber auch, dass es keinen archimedischen Punkt oder Gottesstandpunkt gibt, von dem her sich die begriffliche Schematisierung als spezifische Perspektive beschreiben ließe. Die persönliche Perspektive ist vielmehr stets zugleich die allgemeine Perspektive – in dem Sinne, dass sich alle Perspektiven weitgehend in sie müssen übersetzen lassen.

Die These des radikalen begrifflichen Relativismus, dass *jedes* Begriffsschema und *jede* Sprache die Realität verfälscht, ist also absurd. Es ist aufschlussreich zu sehen, dass radikale Formen des begrifflichen Relativismus, wie sie von der Philosophischen Hermeneutik und dem Poststrukturalismus vertreten werden, auf eine Annahme verwiesen sind, die den Kern des von diesen beiden Ansätzen so heftig kritisierten naiven Realismus ausmachen: die Möglichkeit, unabhängig von aller perspektivischen Beschränkung gleichsam durch das Auge Gottes auf die Welt zu schauen. Der radikale Relativismus ist kein Ausweg aus dem naiven Realismus, sondern setzt diesen Realismus voraus.

Wie aber lassen sich im Rahmen einer Position, die die Möglichkeit des Gottesstandpunktes leugnet, die Idee der objetiven Welt und der Bezug auf die eine objektive Welt rekonstruieren? Mit dieser Frage sind wir an dem wohl tiefsten Punkt der modernen Theorie des Geistes angelangt, in dem es leztlich um ein neues Konzept des Geistes geht. Ausgangspunkt für dieses neue Konzept ist die Trivialität, dass alle Lebewesen auf bestimmte externe Gegenstände zu reagieren scheinen – u. a. indem sie einige Reize als in höherem Maße ähnlich und relevant klassifizieren als andere Reize. Und Lebewesen derselben Art nehmen diese Ähnlichkeitsklassifikation ihrerseits auf ähnliche Weise vor. Hier handelt es sich um Reaktionsweisen, die sich evolutionär herausgebildet haben. Aber nur Menschen, oder besser nur Wesen, die eine Sprache meistern, haben einen Begriff von Objektivität, können Bezug nehmen auf die objektive Welt und können sagen, dass Lebewesen Reize unter Ähnlichkeitsrelationen klassifizieren. Eine notwendige Bedingung für diese spezifische Kapazität ist, dass SprecherInnen stets dreierlei tun: Sie achten auf die Situationen und Umgebungen, die zu bestimmten linguistischen Reaktionen Anlaß geben; sie achten auf die linguistischen Reaktionen anderer Personen in jeweils ähnlichen Situationen, und sie *vergleichen* die linguistischen Reaktionen der anderen Personen mit ihren eigenen linguistischen Reaktionen.[963]

Schematisch formuliert:

- P_1 und P_2 finden O's ähnlich.
- P_1 beobachtet, dass P_2 O's ähnlich findet (und ggf. umgekehrt).
- P_1 beobachtet, dass P_2 auf ähnliche Weise O's ähnlich findet wie P_1 selbst, i. e. dass P_1 und P_2 in dieser Hinsicht ähnlich reagieren.

Diese Struktur entspricht dem Szenario der radikalen Interpretation, wenn P_1 die Interpretin und P_2 die Interpretandin ist und P_1 T-Theoreme über die Äußerungen von P_2 aufzustellen versucht. Der dritte Schritt ist für das Objektivitätsproblem entscheidend: der *Vergleich von Reaktionen* auf Ähnlichkeitsklassifikationen und vor allem die Feststellung der Ähnlichkeit dieser Reaktionen bei *verschiedenen* SprecherInnen ist ein entscheidender Schritt auf dem Weg zu einem objektiven Weltbezug.

Diese Überlegungen entwerfen ein neues Bild von der kognitiven Rolle des Geistes. Sie entreißen den Wahrnehmungsmechanismen, dem denkenden Geist, der Sprache und den Theorien die Mittlerrolle, die ihnen die klassische Subjektphilosophie zuspricht. Die traditionelle Idee einer Vermittlung unseres sensorischen und begrifflichen Kontaktes mit der Welt durch den Geist in Form einer Art epistemischer Brille oder in Gestalt von Konstruktionen des Geistes, wird ad absurdum geführt. Das neue Bild von der kognitiven und epistemischen Rolle des Geistes geht davon aus, dass alle vorsprachlichen und sprachlichen Konstruktionen von der Welt, die unser Geist vornimmt, über eine evolutionär oder kulturell eingebettete kausale Interaktion Perspektiven auf die Welt entwerfen. Diese Perspektivität ist zwar eine unhintergehbare Bedingung für eine Entstehung des Bildes von der einen objektiven Welt, darf jedoch nicht umstandslos als bloße Subjektivität eingestuft werden. Denn gewöhnlich definiert die mentale Perspektive die Art und Weise, wie sich Lebewesen angesichts ihrer kognitiven Ausstattung erfolgreich und verlässlich in ihrer Umwelt

[963] Vgl. dazu oben, Abschnitt 8.3 zu Tomasello und Abschnitt 8.5 zu Davidson.

orientieren. Aus der *vielfältigen Abgleichung dieser Perspektiven,* wie sie dann vor allem durch sprachliche Beschreibungen der Welt, aber zum Beispiel auch durch Vergleich von aktuellen und im Gedächtnis gespeicherten Wahrnehmungen möglich wird, erwächst dann ein Bild von der einen objektiven Welt.

Dieses Bild kommt ohne die Konzeption eines kognitiven Gottesstandpunktes aus und definiert zugleich eine Grenze für den kognitiven Relativismus. Es bildet aber auch den Hintergrund für die – auch vom Poststrukturalismus vertretene – These, dass es Sprache im herkömmlichen Sinne einer Menge von linguistischen Regeln nicht gibt, und dass Sprache in diesem herkömmlichen Sinne weder notwendig noch hinreichend für erfolgreiche Kommunikation ist. Leitend ist hier die Einsicht, dass keineswegs alle SprecherInnen einer Sprachgemeinschaft exakt denselben Wortschatz haben oder unter bestimmten Wörtern dasselbe verstehen. Jede Sprecherin hat zunächst einmal ihren *eigenen Idiolekt.* Während einer Kommunikation lassen sich neue linguistische Regeln rasch erfinden, entdecken oder erlernen. Es muss daher etwas anderes geben als die vorgängige, geteilte Beherrschung linguistischer Konventionen, das die Möglichkeit erfolgreicher Kommunikation theoretisch, d. h. semantisch, erklärt – nämlich die bereits erwähnte Kombination von gegenseitiger Beobachtung und Kommunikation. Auf der Grundlage von linguistischen Reaktionen auf Dinge in der Welt, gegenseitigen Beobachtungen, Vergleichen dieser Reaktionen und gegenseitiger Zuschreibung von gehaltvollen Äußerungen und Meinungen stellt sich ein geteilter korrekter Wortgebrauch her. Und wenn dieser Prozess und damit das gegenseitige Verstehen erfolgreich ist, kann insbesondere verstanden und respektiert werden, welches die verschiedenen Idiolekte sind, die von den verschiedenen Sprecherinnen eingebracht werden. Idiolekte repräsentieren nichts weiter als zugespitzte begriffliche Relativität. Begriffliche (aber verstehbare) Relativität ist nicht nur vereinbar mit der geist-theoretischen Interpretationstheorie und ihrem Angriff auf den radikalen begrifflichen Relativismus, sondern es ist gerade diese Theorie, in der die begriffliche Relativität und die Verschiedenheit der individuellen Idiolekte theoretisch gewürdigt werden kann.

Auf diese Weise lassen sich im Rahmen des Interpretationismus, wie er in Abschnitt 8.5 skizziert worden ist, die Intuitionen von Semiotik, Philosophischer Hermeneutik und Poststrukturalismus zur Verschränkung von Verstehen, Erkenntnis, Wahrheitsbezug, Anti-Realismus und Anteil der Interpreten an der Formierung von semantischen Gehalten zusammenführen. Dabei wird der Unterschied zwischen Verstehen und Welterschließung bewahrt, ohne einer relativistischen Zuspitzung der drei genannten hermeneutischen Ansätze anheim zu fallen.

Stellen wir diese Lage noch einmal in großen Zügen schematisch dar. Die grundlegendste der Konsequenzen, in der sich Philosophische Hermeneutik und Poststrukturalismus einig sind, ist aus hermeneutischer Sicht:

(K) Interpretationen von Äußerungen und Texten sind stets historisch oder situativ kontextuell. Sie sind daher subjektiv und fließend und können weder durchgehend rational noch auf wissenschaftlichen Methoden beruhen.

Die entscheidende Prämisse, die von der Philosophischen Hermeneutik zugunsten von These (K) in Anschlag gebracht wird, ist

(P1) In jeder Interpretation verschmelzen Horizonte, und Geisteswissenschaften sind vornehmlich Sachwalter von Humanität und Bildung.

Der Poststrukturalismus betont demgegenüber zur Begründung von These (K):

(P2) Die Bedeutungen vieler Äußerungen und Texte sind nicht immer schon fest gegeben, sondern in eine Bedeutungsgeschichte eingebettet; zudem weisen viele Texte Widersprüche und marginale Aspekte auf, die sich der Logik des gesamten Textes nicht glatt fügen.

Aus Sicht der modernen Geist-Theorie ist weder (P1) noch (P2) noch die Konjunktion von (P1) und (P2) eine akzeptable Begründung für These (K). Man kann (P1) ebenso wie (P2) – in Gestalt der skizzierten interpretationistischen Rekonstruktion – zugeben und zugleich Folgerung (K) bestreiten. Mehr noch, interpretationistisch rekonstruiert begründen (P1) und (P2) recht verstanden sogar die Negation von (K). Die beiden entscheidenden Gründe sind erstens

(P1)* Die Horizontverschmelzung als Adjustierung verschiedener semantischer Netze ist nicht eine einseitige Anpassung des semantischen Netzes des Interpretandums an das semantische Netz der Interpretin, sondern eine Adjustierung beider semantischer Netze unter Maßgabe von Rationalitätsbedingungen und empirischen Belegen. Daher ist diese Adjustierung nicht ein Schritt in Richtung auf Subjektivität, sondern im Gegenteil in Richtung auf Objektivität und Intersubjektivität. Und insofern die unterstellten Rationalitätsbedingungen als Kern des Humanen betrachtet werden können, sind verstehende Wissenschaften in besonderer Weise auf Humanität fokussiert.

Der zweite Grund ist

(P2)* Humanspezifische Interpretationen sind Metarepräsentationen und Übersetzungen, das heißt sie müssen stets in einer Sprache über andere semantisch gehaltvolle Gebilde dargestellt werden. Eine grundlegende Metasprache kann niemals verlassen werden, der Blick durch das Auge Gottes ist den Menschen verwehrt. Daher können Widersprüchlichkeiten, Marginalien und fließende Semantik nur auf der Grundlage weitgehender Übereinstimmung im Für-Wahr-Halten und in den basalen Rationalitätsunterstellungen von Interpretin und Interpretand überhaupt registriert und kommentiert werden. Auf diese Bedingungen von Interpretation kann letztlich ihre Objektivität, Intersubjektivität und Wissenschaftlichkeit gegründet werden

Jetzt können wir einen der entscheidenden Beiträge des Interpretationismus zu einer modernen Hermeneutik angesichts der weiterführenden Intuitionen (P1) und (P2) aus Philosophischer Hermeneutik und Poststrukturalismus auf einfache Weise formulieren:

(K)* (P1) und (P2) sind zusammen mit den Ergänzungen (P1)* und (P2)* annehmbare hermeneutische Grundsätze.
(K)** Aus (P1), (P2), (P1)* und (P2)* folgt: These (K) ist falsch.

10.3. Intuitionen der logischen und naturalistischen Hermeneutik

Die logische Hermeneutik zielt auf einen spezifischen Aspekt hermeneutischer Bemühungen, nämlich auf das angemessene Verstehen der logischen Ausdrücke und der logischen Formen, die sich mehr oder weniger deutlich in natürlichen Sprachen finden. Und es ist zweifellos ein Verdienst der logischen Hermeneutik, diesen Aspekt weit stärker betont und vor allem weitaus genauer ausgearbeitet zu haben als die traditionelle Hermeneutik. Im Rahmen der logischen Hermeneutik verdanken wir Frege nicht nur die erste überzeugende Begründung für die alte Unterscheidung von Referenz und Bedeutung, sondern auch eine grundlegende Theorie logischer Formen, die er auf bestimmte Arten mathematischer Funktionalität zurückführte. Diese Theorie wurde zur Grundlage der modernen formalen Logik und enthielt eine Semantik logischer Konstanten, die sich als äußerst einflussreich erweisen sollte. Dieser Semantik lässt sich auch entnehmen, was es heißt, logische Konstanten und logische Formen zu verstehen.

In der Ausarbeitung der modernen formalen Logik nach Frege hat es sich eingebürgert, die Syntax und Semantik der logischen Sprache scharf voneinander zu unterscheiden. Die Syntax wurde in diesem Kontext semantikfrei konzipiert, und die logische Semantik sollte in einem zweiten Schritt den syntaktischen Zeichen eine Bedeutung (semantische Interpretationen und semantische Modelle) zuschreiben, wie Frege sie entworfen hatte. Diese radikale Konzeption der Syntax lenkt unsere Aufmerksamkeit darauf, dass ein Teil des Verstehens sprachlicher Ausdrücke darin besteht, reine Formen dieser Ausdrücke zu erfassen (ihre Zeichengestalt, aber – wie später betont wurde – zum Beispiel auch ihre Lautgestalt). Doch birgt diese Konzeption der Syntax die Gefahr in sich, die Syntax natürlicher Sprachen, wie sie die traditionelle Grammatik und später die Linguistik untersucht haben, fälschlich ebenfalls als semantikfrei zu betrachten. Dieser Fehler hat Auswirkungen auf die Ideen vom schnellen automatischen Verstehen (dem Parsen, wie später gesagt wurde) in modernen Hermeneutiken, in denen man das syntaktische vom semantischen Parsen scharf zu differenzieren suchte.

Die logischen Empiristen haben das Konzept der logischen Hermeneutik zu einem Konzept der formalen Hermeneutik verallgemeinert, die sich auf Bedeutungen beliebiger Sätze und insbesondere wissenschaftlicher Theoreme konzentriert. Die formale Hermeneutik galt als Theorie des methodischen Vorgehens der Formalwissenschaften. Der Sache nach war die logische Konstruktion die logisch-empiristische Konzeption des methodisch angeleiteten Verstehens und bildete daher den Kern der formalen Hermeneutik. Diese Konzeption beruhte ihrerseits auf der grundlegenden Unterscheidung zwischen synthetischen Sätzen, deren Wahrheitswert nur durch Untersuchung der externen Welt zu ermitteln ist, und den analytischen Sätzen, deren Wahrheitswert durch Analyse der Bedeutungen der Wörter, die in ihnen enthalten sind (einschließlich der logischen Konstanten) geklärt werden kann. Diese Unterscheidung führte ihrerseits zur Unterscheidung zwischen empirischen Wissenschaften (Naturwissenschaften), die synthetische Sätze produzieren, und formalen Wissenschaften (Logik, Mathematik, Philosophie), die analytische Sätze produzieren. Für die logischen Empiristen spielten daher die formalen Wissenschaften dieselbe systematische Rolle wie die Geisteswissenschaften in der allgemeinen Hermeneutik.

In den eher technischen Teilen[964] haben wir verfolgt, wie die logischen Empiristen versucht haben, die Grundbegriffe zu klären, die ihrer Konzeption der logischen Analyse als einer Bedeutungsanalyse und verste-

[964] Vgl. oben, Kapitel 6.

henden Methode zugrunde liegen. Bemerkenswert und wegweisend daran ist zuvörderst, dass dieser Versuch überhaupt unternommen wurde, d. h. dass die logischen Empiristen die Notwendigkeit empfanden, die Grundlagen ihrer Hermeneutik entschieden zu präzisieren. Denn so wichtig diese Bemühung für jede Hermeneutik ist, in der klassischen Hermeneutik lässt sie sich ebenso wenig erkennen wie später in der Philosophischen Hermeneutik oder im Poststrukturalismus. Insbesondere haben sich, wie wir gesehen haben, die logischen Empiristen sehr darum bemüht, die logische Analyse als Form einer logischen Konstruktion darzustellen, den Bedeutungsbegriff im Rahmen einer wahrheitskonditionalen Semantik zu explizieren (im Sinne der Bedingungen, unter denen ein Satz wahr bzw. falsch wird) und Tarskis Wahrheitstheorie heranzuziehen, um den Grundbegriff der wahrheitskonditionalen Semantik, also den Wahrheitsbegriff, genauer zu erläutern. Auch wenn diese Bemühungen letztlich nicht befriedigend ausgefallen sind, haben die logischen Empiristen doch theoriestrategische Standards errichtet, denen sich eine moderne Hermeneutik stellen muss.

In den letzten Jahrzehnten ist die alte Frage der Wissenschaftlichkeit des Verstehens als Methode verstärkt aufgegriffen worden. Die besondere Pointe der neueren Diskussion zu diesem Thema war die These, dass die hypothetisch-deduktive Methode ein Bestandteil der hermeneutischen Methode sein kann und sein sollte, ja in den besten Fällen schon immer war. Insofern die hypothetisch-deduktive Methode zunächst als ein Verfahren betrachtet wurde, das vor allem in den Naturwissenschaften üblich und erfolgreich war, galt die genannte These als Ausdruck des Szientismus und Naturalismus, d. h. der Überzeugung, dass das wissenschaftliche Verfahren der Naturwissenschaften als vorbildlich für alle Wissenschaften – also auch für die verstehenden Wissenschaften – zu gelten habe. Das hieß insbesondere, dass es nicht hilfreich ist, Naturwissenschaften und Geisteswissenschaften methodologisch voneinander zu unterscheiden.

Einige der einflussreichsten Studien, die im Rahmen dieser naturalistischen Hermeneutik publiziert wurden, entwerfen allerdings ein differenzierteres und interessanteres Bild. Diesem Bild zufolge ist es zwar richtig, dass auch die verstehenden Wissenschaften hypothetisch-deduktiv vorgehen sollten, doch daraus folgt nicht, dass die verstehenden Wissenschaften lediglich nomologische Erklärungen und Theorien liefern können, wie es in den Naturwissenschaften üblich ist. Denn auch interpretative Hypothesen über Texte und Reden, die auf das Verstehen im geist-theoretischen Sinn zurückgreifen, können hypothetisch – deduktiv entwickelt und geprüft werden. Diese Position kann man als weichen hermeneutischen Naturalismus bezeichnen. Demgegenüber besteht der harte hermeneutische

Naturalismus darauf, dass auch Verstehen und Textinterpretation stets nomologische Invarianzen zu erforschen, zu erklären und anzuwenden haben. Nur der harte hermeneutische Naturalismus sieht keinerlei substantielle Differenz zwischen Naturwissenschaften und Geisteswissenschaften. Allerdings hat sich gezeigt, dass der harte hermeneutische Naturalismus nicht haltbar ist, dass jedoch der weiche hermeneutische Naturalismus ein integrativer Bestandteil einer modernen Hermeneutik sein sollte. Als Verdienst kann der naturalistischen Hermeneutik ferner angerechnet werden, dass sie darauf hingewiesen hat, dass eine moderne Hermeneutik auch das Parsen und die grundlegenden kognitiven Bedingungen des Verstehens zu thematisieren hat.

10.4. Die systematischen Aufgaben einer modernen Hermeneutik

Die Einsichten, die in der Geschichte der Hermeneutik erzielt worden sind, und die erweiterte Skizze der modernen Standardtheorie des Geistes und Verstehens in Kapitel 8 reichen bei weitem nicht aus, um als befriedigende systematische Grundlage einer modernen Hermeneutik herzuhalten. Denn sie lassen einige der zentralen Aufgaben, die hier zu bewältigen sind, unbearbeitet. Wir hatten gesehen, dass diese Aufgaben von verschiedenen historischen Varianten der Hermeneutik zwar nicht gelöst, aber doch zumindest artikuliert worden sind. Dazu zählen vor allem

- die Darstellung der kognitiven Grundlagen des Verstehens,
- die Berücksichtigung des schnellen automatischen Verstehens (des Parsens),
- das Verhältnis zwischen syntaktischem und semantischem Verstehen (Parsen),
- das Problem der evolutionären Verankerung des Verstehens,
- das Verhältnis von Interpret und Interpretand und der Aspekt des Verschmelzens ihrer semantischen Horizonte,
- die Frage der Geschichtlichkeit der Interpretation,
- das Verhältnis von Verstehen und Welterfahrung,
- die theoretische Relation zwischen Bedeutungen und Wahrheit, und damit auch zwischen dem Erfassen von Bedeutungen und dem Erfassen von Wahrheit,
- die Klärung und Begründung des normativen Status des Geistes und der Gegenstände des Verstehens, und damit

– die genauere Bestimmung des Status des alltäglichen Verstehens und der verstehenden Wissenschaften.

Die Bewältigung dieser Aufgaben im Rahmen einer modernen Hermeneutik erfordert, wie bereits erwähnt, den Rückgriff auf eine Reihe verschiedener substantieller Hintergrundtheorien, die weit über die dünnen theoretischen Ressourcen hinausgehen, die etwa von der philosophischen oder postmodernen Hermeneutik bereitgestellt werden. Das achte Kapitel der vorliegenden Untersuchung hat diese Hintergrundtheorien nur zum Teil und nur grob umreißen können – zum einen, weil diese Theorien sehr komplex sind, und zum anderen weil sie nicht nur aus der modernen philosophischen Semantik und Theorie des Geistes, sondern unter anderem auch aus der gegenwärtigen Linguistik und kognitiven Psychologie stammen. Die systematischen Grundlagen einer modernen Hermeneutik, von der die aufgezählten schwierigen Aufgaben bewältigt werden können, sind heute von interdisziplinärer Gestalt.

Diese Aufgaben müssen unter Berücksichtigung der erwähnten Hintergrundtheorien in einer gesonderten Studie so weit wie möglich einer Lösung zugeführt werden.[965]

[965] Vgl. dazu Detel, W. (in Vorbereitung): *Kognition und Interpretation. Systematische Grundlagen einer modernen Hermeneutik*, Frankfurt/Main.

ANHANG

Exkurse

Exkurs 1: Der Aufbau der Syllogistik

In einem der ersten Schritte im Aufbau der aristotelischen Syllogistik geht es um die logische Form syllogistischer Schlüsse.[966] Ein *syllogistischer Schluss* ist ein Schluss, der genau zwei syllogistische Sätze als Prämissen und einen syllogistischen Satz als Konklusion enthält, derart dass die beiden Prämissen einen universellen Begriff teilen und der syllogistische Schluss eine der drei folgenden Formen hat, etwa: AaB, BaC ⇒ AaC („Wenn das A allen B zukommt und das B allen C zukommt, dann kommt das A allen C zu"), oder AeB, BaC ⇒ AeC („Wenn das A keinem B zukommt und das B allen C zukommt, dann kommt das A keinem C zu").

Wenn man AxC als Form der Konklusion festhält, die Variablen der beiden Prämissen dagegen verändert, so können syllogistische Schlüsse drei verschiedene Formen annehmen:

(1) AxB, BxC ⇒ AxC; (2) BxA, BxC ⇒ AxC; (3) BxA, CxB ⇒ AxC

Dies sind die drei *syllogistischen Figuren.* Dabei ist B der gemeinsame Begriff oder der *Mittelbegriff*, während A und C *Außenbegriffe* sind. Der Mittelbegriff ist entweder Subjekt der ersten und Prädikat der zweiten Prämisse (wie in (1)), oder Prädikat beider Prämissen (wie in (2)), oder Subjekt beider Prämissen (wie in (3)).

Wenn wir in den syllogistischen Figuren für die Variable x die vier syllogistischen Relationen (a, e, i, o) in allen möglichen Kombinationen einsetzen, erhalten wir 192 (= 3 × 4 × 4 × 4) syllogistische Schlüsse. Die entscheidende Frage lautet dann: Welche der 192 syllogistischen Schlüsse (auch einfach Syllogismen genannt) sind syllogistisch gültig? Diese Frage zu beantworten, ist die zentrale Aufgabe der Syllogistik, und die Antwort, die Aristoteles fand, bestand in der Entwicklung der ersten formalen Logik der Weltgeschichte.

[966] Vgl. zum Folgenden auch Detel, W. (2006).

Die entscheidende Idee ist zu sagen, dass und warum eine kleine Zahl von syllogistischen Schlüssen perfekt und damit formal gültig sind. Hier sind die vier perfekten Syllogismen (samt ihrer mittelalterlichen mnemotechnischen Namen), die Aristoteles angibt (der Pfeil steht für eine gültige Deduktion):

A1 AaB, BaC ⇒ AaC *(Barbara)*
A2 AeB, BaC ⇒ AeC (*Celarent*)
A3 AaB, BiC ⇒ AiC (*Darii*)
A4 AeB, BiC ⇒ AoC *(Ferio)*

Diese Syllogismen sind, wie Aristoteles betont, perfekt oder logisch gültig aufgrund der Art und Weise, wie wir die Bedeutungen der a-Relation und der e-Relation verstehen.[967] Denn wenn es zum Beispiel kein C-Ding gibt, das nicht auch B ist, und kein B-Ding, das nicht auch A ist, dann kann es auch kein C-Ding geben, das nicht auch A ist. Denn angenommen, es gäbe mindestens ein C-Ding, das nicht A ist – nennen wir es C* -, dann folgt, dass wenn C* gemäß der zweiten Prämisse in A1 auch B ist, es mindestens ein B-Ding gibt, das nicht A ist, im Widerspruch zur ersten Prämisse in A1. Somit muss A1 schon aufgrund unseres Verständnisses, und damit aufgrund der Bedeutung der a-Relation, gültig sein. Aristoteles erwähnt übrigens die o-Relation und die i-Relation hier nicht, weil, wie er selbst zeigt, A1 und A2 theoretisch ausreichen: A3 und A4 können mittels A1 und A2 bewiesen werden.[968] Die logische Hermeneutik, also das Verstehen der Bedeutung (des semantischen Gehaltes) der syllogistischen Konstanten ist also die Grundlage, auf der wir die Gültigkeit der beiden ersten perfekten Syllogismen A1 und A2 begründen können.

Ferner ist aufgrund der Bedeutung der syllogistischen Relationen klar, dass gilt (der Doppelpfeil steht für wechselseitige gültige Deduktion und ¬ für: es ist nicht der Fall, dass):

L1 AeB ⇔ ¬ (AiB)
L2 AaB ⇔ ¬ (AoB).

Denn dass das A keinem B zukommt, bedeutet nichts anderes, als dass nicht gilt, dass das A mindestens einem B zukommt; und dass das A allen B zukommt, bedeutet nichts anderes, als dass nicht gilt, dass das A mindestens einem B nicht zukommt. Und endlich setzt Aristoteles das Prinzip des

[967] Vgl. Arist.Prior.An.I 4, 25a32–26a2.
[968] Vgl. Arist.Prior.An.I 7.

indirekten Beweises (das er *das Prinzip der zum Unmöglichen führenden Deduktionen* nennt) voraus. Dieses Prinzip besagt: Wir können eine Deduktion der Form Deduktion R, S ⇒ T dadurch indirekt beweisen, dass wir aus der Annahme, dass die Konklusion T nicht gilt, einen Widerspruch zu einer der beiden Prämissen herleiten.[969]

Das Prinzip des indirekten Beweises lässt sich also so formulieren:

PI Seien R, S, T syllogistische Sätze, dann gilt: Wenn die Deduktion ¬T, S ⇒ ¬ R gültig ist, dann auch die Deduktion R, S ⇒ T.

Auf der Grundlage von A1, A2, L1, L2 und PI gelingt es Aristoteles, logisch zu beweisen, welche Syllogismen logisch gültig sind. Notwendige und hinreichende Grundlage für die Konstruktion und das Verstehen dieser Beweise ist die logische Hermeneutik – die Theorie des angemessenen Verstehens der Bedeutungen der syllogistischen Relationen „A kommt allen B zu" und „A kommt keinem B zu." Erstmals wurde hier gezeigt, dass logische Hermeneutiken Systeme von formalen Logiken begründen können.

Die grundlegende Beweisidee für die Gültigkeit von Syllogismen ist, dass ein *syllogistischer Beweis* eines nicht-perfekten Syllogismus R, S ⇒ T darin besteht, ihn in perfekte oder bereits bewiesene gültige Syllogismen zu zergliedern, also zu analysieren. Diese Analyse muss darin bestehen, die Kluft zwischen den Prämissen R, S und der Konklusion T mit perfekten oder bewiesenen Syllogismen anzufüllen, so dass wir von R und S allein aufgrund bekannter gültiger Syllogismen zu T gelangen. Das allgemeine Beweisschema der syllogistischen Analyse einer Deduktion D (R, S ⇒ T) ist also die Beweisformel

P $R, S: D_1 (R,S \Rightarrow X_1) - D_2 (X_2,X_3 \Rightarrow X_4) - \ldots - D_n (X_{n-1}, X_n \Rightarrow T): T$

wobei die D_i's perfekte oder bewiesene Syllogismen sind. Der erste benutzte Syllogismus D_1 beginnt mit den Prämissen des zu beweisenden Syllogismus D, und alle weiteren benutzten gültigen Syllogismen verwenden als Prämissen zwei syllogistische Sätze, die vor ihrem Einsatz in der Reihe der X_i auftauchen, bis T erreicht ist. Auf diese Weise wird in der Tat der zu beweisende Syllogismus D in die gültigen Syllogismen $D_1 - D_n$ analysiert und wieder zusammengesetzt.

[969] Es gibt in den logischen Schriften keine Rechtfertigung von PI, aber weil PI aus dem Prinzip vom ausgeschlossenen Dritten („p oder nicht-p" gilt für jeden Satz p) folgt und dieses Prinzip ausführlich gerechtfertigt wird (Metaph. IV), können wir auch PI als begründet ansehen.

Die ersten syllogistischen Deduktionen, die Aristoteles auf diese Weise beweist, sind nicht syllogistische Schlüsse im definierten formalen Sinn, sondern einfachere syllogistische Deduktionen mit nur einer Prämisse – die so genannten *Konversionsregeln*:[970]

K1 AeB ⇒ BeA; K2 AiB ⇒ BiA; K3 AaB ⇒ BiA.

Indirekter Beweis

- von K1: Gelte BeA nicht; dann folgt nach L1: BiA, im Widerspruch zu AeB;
- von K2: Gelte BiA nicht; dann folgt nach L1: BeA und damit nach K1: AeB, im Widerspruch zu AiB;
- von K3: Gelte BiA nicht; dann folgt (siehe Beweis von K2) AeB, im Widerspruch zu AaB.

Nach Aristoteles sind von den 188 nicht perfekten Syllogismen, die es insgesamt gibt, lediglich vierzehn syllogistisch gültig. Zwei typische Beweise lassen sich folgendermaßen notieren:

(a) Beweis von BaA, BeC ⇒ AeC (Camestres, zweite Figur):
BaA, BeC: K1 (BeC ⇒ CeB) – A2 (CeB, BaA ⇒ CeA) – K1 (CeA ⇒ AeC): AeC

(b) Beweis von AiB, CaB ⇒ AiC (Disamis, dritte Figur):
AiB, CaB: K2 (AiB ⇒ BiA) – A3 (CaB, BiA ⇒ CiA) – K2 (CiA ⇒ AiC): AiC

Diese Beweise erfüllen offenbar die Beweisformel P, d. h. sie sind genuine logische Analysen.

Zuweilen muss Aristoteles auf einen indirekten Beweis zurückgreifen: Die Prämissen des zu beweisenden Syllogismus werden positiv gesetzt; aber dann wird angenommen, die Konklusion des Syllogismus sei falsch, und diese Annahme wird dann wieder unter Einsatz gültiger Syllogismen zum Widerspruch geführt. Ein Beispiel ist

(c) Beweis von AaB, BiC ⇒ AiC (Darii, erste Figur):
AaB, BiC, ¬ AiC: L1 (¬ AiC ⇒ AeC) – K1 (AeC ⇒ CeA) – A2 (CeA, AaB ⇒ CeB) – K1 (CeB ⇒ BeC) – L1 (BeC ⇒ ¬ BiC), aber ¬ BiC steht im Widerspruch zur zweiten Prämisse BiC.

Mit (c) ist einer der vier perfekten Syllogismen (A3) seinerseits bewiesen.

[970] Vgl. Arist. Prior. An. I 2, 25a14–25.

Exkurs 2: Zur postmodernen Historiographie der Mathematik

Kürzlich publizierte Reviel Netz ein Buch zur Formierung der deduktiven Methode in der griechischen Mathematik,[971] das zum Teil als Sensation empfunden wurde (allerdings überwiegend von mathematischen Laien) und die Reputation von Netz als Mathematik-Historiker begründete. So wurde dieses Buch zum Beispiel von Bruno Latour in einer enthusiastischen Rezension mit der berühmten Studie von Shapin und Schaffer zur frühneuzeitlichen Kontroverse zwischen Hobbes und Boyle auf eine Stufe gestellt.[972] Nach Latours Meinung zeigt das Buch von Netz für die Mathematik, was Shapin und Schaffer für die Physik gezeigt haben: dass die radikal kontextualistische Wissenschaftsgeschichte korrekt ist. Doch wenn man die von Netz präsentierte Argumentation genauer anschaut, wird diese Einschätzung schnell fragwürdig.

Netz beginnt sein Buch mit einem Kapitel, in dem die Funktion der Diagramme für die Beweise in der griechischen Geometrie untersucht werden. Die These ist, dass verbaler Text und Diagramme in den Beweisen voneinander abhängig sind. Netz behauptet zunächst, dass die Buchstaben in den Diagrammen der griechischen Geometrie lediglich eine referierende Funktion haben und daher Indizes im Peirceschen Sinne sind (gleichsam Etikette für mathematische Objekte: „Sei AB der Durchmesser eines gegebenen Kreises mit dem Mittelpunkt K“). Und daraus folgt für Netz, dass sich die Beweise und Behauptungen der griechischen Geometrie jeweils auf einzelne, konkrete Diagramme richten.

Das ist natürlich eine extravagante und provokative These, die sich freilich schnell als falsch erweist. Denn mit rein referierenden Ausdrücken

[971] Vgl. Netz, R. (1999): *The Shaping of Deduction in Greek Mathematics*, Cambridge.

[972] Vgl. http://www.bruno-latour.fr/articles/article/104-NETZ-SS.fS.pdf. In dieser Rezension mit dem Titel „The Netz-Works of Deduction“ bezeichnet Latour das Buch von Netz als „masterpiece“ und schreibt unter anderem: „This is, without contest, the most important book of science studies to appear since Shapin and Schaffer's *Leviathan and the Air-Pump*. Netz's book does exactly what he says he doesn't want it to do: it offers for the origin of *formalism* what Shapin and Schaffer have done for the origin of *experimental* science. If, in order to propose an alternative history of science, the cradle of experimental science —Boyle's estate *qua* laboratory— had to be revisited, it's clear that this revision would have remained grossly incomplete as long as the cradle of deduction were not be revisited in the same manner. In *The Leviathan*, the divide between a scientific and a literary style, the very distinction between science and politics, the autonomy of scientific reasoning, and the invention of a new form of persuasion were taken as the *topics* of the historical inquiry instead of as the *resources* with which to write this history. In that work we were witnessing the emergence of those new cognitive skills and this new form of life: the laboratory, the experimental style. This is exactly what we can witness again in Netz's book, only this time with a much older, tougher, less documented and yet even more influential discipline: the very heart of what it is to deduce, to demonstrate and to reason, as they say, ‚rigorously'“.

(etwa „A" im Sinne von: das da) kann trivialerweise kein Beweis formuliert werden. Vielmehr werden Buchstaben ja stets verbal durch semantische Hinweise eingeführt („Sei ABC ein rechtwinkliges Dreieck…"), haben also im Beweis eine genau bestimmte Bedeutung, die für den Beweis unverzichtbar ist. Und die im verbalen Beweis verwendeten Buchstaben sind offensichtlich identisch mit den im Diagramm verwendeten Buchstaben; folglich haben auch die in den Diagrammen verwendeten Buchstaben nicht lediglich eine referierende Funktion, sondern auch einen semantischen Gehalt.

Wie steht es also mit der vermeintlichen Textevidenz für die extravagante These? In der entscheidenden Passage gibt es bei Netz nur zwei Argumente. Erstens, die übliche Klausel „Sei AB ein X", oder genauer, „sei das AB ein X" verweist auf eine konkrete Handlung, nämlich das Für-Gegeben-Halten eines Objektes, und bezieht sich nun einmal auf das konkrete Diagramm und die Buchstaben im konkreten Diagramm. Und zweitens, in selteneren Klauseln der Form „Sei ein X gegeben dort, wo AB ist" wird auf eine räumliche Relation angespielt, die sich nur auf die Fläche beziehen kann, in der das konkrete Diagramm gezeichnet ist. Diese Evidenz ist jedoch extrem dürftig. Denn die normalen Klauseln verweisen nicht auf eine konkrete Handlung, sondern auf eine bestimmte Annahme, die ihrerseits nicht notwendig auf Einzeldinge bezogen sein muss. Und der Bezug der Beweise auf Buchstaben im Diagramm ist selbstverständlich damit vereinbar, dass die griechischen Mathematiker das Diagramm selbst nicht als konkret, sondern als Repräsentanten (im logischen Sinne) eines beliebigen Diagramms, das die Beweisbedingungen erfüllt, angesehen haben – die Einführungsklauseln selbst entscheiden über diese Frage nicht. Überdies ist die Anspielung auf räumliche Relationen in den Diagrammen damit vereinbar, dass die griechischen Mathematiker den abstrakten geometrischen Raum und nicht lediglich den konkreten Raum, in dem das Diagramm gezeichnet ist, im Sinn hatten. Dafür spricht offenbar auch jeder der zahlreichen antiken Beweise über dreidimensionale geometrische Objekte, denn in diesem Fall ist der Raum, über den gesprochen wird, definitiv verschieden von der zweidimensionalen Fläche der Diagramme, in die die Beweisaussagen projiziert werden müssen. Dieser Fall falsifiziert die Diagnose von Netz eindeutig.[973] Und ganz gewiss räumen die Texthinweise von Netz das oben skizzierte Problem nicht aus, dass die Buchstaben ja stets semantisch eingeführt werden.

Die aufregendste These in den ersten beiden Kapiteln des Buches ist jedoch, dass viele Beweisbehauptungen aus Text und Diagrammen deduziert werden und dass die Diagramme für die Ableitungen unverzichtbar sind,

[973] Netz hat Euklid gelesen, aber er kann nicht Pappos gelesen haben, der unglaublich raffinierte Beweise über stereometrische Körper gefunden hat.

ja dass es Fälle gibt, in denen Behauptungen direkt aus den Diagrammen deduziert werden. Auf kognitiver Ebene heißt das, dass die Einsicht in die Gültigkeit der Beweise sowohl vom Verständnis des Textes als auch von der Wahrnehmung (der „visuellen Imagination") der Diagramme abhängig ist, und dass dabei die Wahrnehmung der Diagramme unverzichtbar ist. Führt Netz für diese These ausreichende Textevidenz an? Ein typischer von Netz angeführter Fall ist, dass die Diagramme einige verbale Behauptungen im Beweis erst so spezifizieren, wie es für die korrekte Deduktion der Konklusion erforderlich ist (zum Beispiel wird in Prop.1.1 bei Euklid nicht gesagt, dass die beiden Kreise, von denen die Rede ist, sich schneiden – das müssen wir dem Diagramm entnehmen, und ohne diese Spezifikation geht der Beweis nicht durch). Wenn es allerdings darum geht zu prüfen, welche These genau damit gestützt wird, bleibt Netz ungenau. Denn seine These kann in einer starken und einer schwachen Variante gelesen werden. Die starke Variante besagt, dass die Diagramme (a) als reine Bilder in die Deduktion eingehen und (b) insofern unersetzlich für die Beweise sind, als sie auch nicht prinzipiell durch verbale Darstellungen ersetzt werden könnten. Die schwache Variante besagt, dass die Diagramme (a)* in Gestalt sprachlich gedeuteter Wahrnehmungen in die Deduktion eingehen und (b)* zwar prinzipiell durch verbale Darstellungen ersetzt werden können, faktisch in der griechischen Mathematik aber aus Gründen der Veranschaulichung und Vereinfachung an Stelle rein verbaler Darstellungen in den Beweisen verwendet werden. Auf kognitiver Ebene entsprechen diesen beiden Varianten die Thesen (c), dass reine, nicht-propositionale Wahrnehmung unverzichtbar in das Verstehen des Beweises eingeht (starke Variante), oder (c)*, dass propositionale Wahrnehmung (also Wahrnehmung mit propositionalem Gehalt) in einige Beweise eingeht, prinzipiell aber durch sprachliche Beschreibungen ersetzt werden kann und somit nicht unverzichtbar ist. Aufregend wäre die starke Variante, zum Beispiel weil Bilder als solche nicht die Arten von Dingen zu sein scheinen, die als Prämissen von Deduktionen herhalten können; und es ist tatsächlich diese Variante, von denen enthusiastische Rezensenten wie Latour elektrisiert sind. Aber es ist ganz klar, dass die Textevidenz nur die schwache Variante eindeutig stützt. Die schwache Variante ist auch recht interessant, aber doch deutlich weniger aufregend. Es ist problematisch, dass Netz zwischen diesen Varianten nicht sorgfältig unterscheidet und so zuweilen den Eindruck erzeugt, dass er Nachweise für die starke Variante geliefert hat.

Der typisch poststrukturalistische Hang zu provokativen Behauptungen lässt sich auch anhand späterer Bücher von Netz illustrieren. Auch in diesen Fällen stellen sich die Thesen angesichts der angeführten Evidenz als überzogen heraus.

In seinem Buch *Der Kodex des Archimedes*[974] vertritt Netz die Großthese, dass mittelalterliche Kopisten viele oft gebrauchte Ausdrücke durch kurze Symbole abgekürzt haben und damit, obgleich sie meist von Mathematik sehr wenig verstanden, einen wichtigen Beitrag zur Entwicklung einer auf Diagrammen basierenden Mathematik zu einer Mathematik der Gleichungen geleistet haben. Hier schwingt Derridas These vom Primat der Schrift deutlich mit. Doch nüchtern betrachtet ist Netz' Behauptung Unfug. Denn neben Symbolen für konkrete Zahlzeichen (etwa die arabischen Ziffern), die nicht aus der Feder tumber mittelalterlicher Kopisten stammen, ist es die Entwicklung der mathematischen *Variablen* und die Symbolisierung mathematischer *Operationen* (etwa Gleichsetzen, Addieren, Subtrahieren), die für die Entwicklung einer Mathematik der Gleichungen, also im wesentlichen der Algebra, notwendig war, und dazu haben die mittelalterlichen Kopisten mit ihren Abkürzungen von konkreten mathematischen *Prädikatoren* absolut nichts beigesteuert.

Einige Beweise bei Archimedes werden von Netz überraschenderweise als Magie gekennzeichnet. So beschreibt Netz zum Beispiel den geometrischen Beweis, dass der eindeutige Schnittpunkt der Seitenhalbierenden eines Dreiecks dessen Schwerpunkt ausmacht, als rein mathematischen Beweis eines physikalischen Gesetzes – als Geist-über-Materie-Magie. Diese Deutung bricht allerdings schon bei flüchtiger Prüfung zusammen. Bekanntlich lässt sich geometrisch zeigen, dass jede Seitenhalbierende eines Dreieckes das Dreieck in zwei flächengleiche Dreiecke teilt. Mit ein bisschen mehr Beweismaterial kann man dann sehen, dass vom gemeinsamen Schnittpunkt der Seitenhalbierenden aus, der die Seitenhalbierenden ja im Verhältnis 2 : 1 teilt, sozusagen in beliebiger Richtung die Fläche entlang des langen Teils halb so groß ist wie die Fläche entlang des kurzen Teils der Seitenhalbierenden. Soweit reicht die Geometrie, und nicht weiter; Physik ist nicht im Spiel. Die Physik kommt erst ins Spiel, wenn man die zusätzliche (von Netz unterschlagene) Annahme macht, dass wir nicht von einem geometrischen, sondern von einem materiellen Dreieck reden, das überall gleich dick ist und aus einem absolut homogenen Material besteht. Unter dieser zusätzlichen Annahme lässt sich aus dem geometrischen Beweis und dem Hebelgesetz ableiten, dass der Schnittpunkt der Seitenhalbierenden des materiellen Dreiecks der physikalische Schwerpunkt ist. Das ist keine Magie, sondern eine Trivialität.

Der geniale und bewunderungswürdige Beweis, mit dem Archimedes den Flächeninhalt eines Parabelsegments geometrisch bestimmt (eine Argumentation, die sachlich gesehen das Integrieren enthält), wird von Netz

[974] Vgl. Netz, R.; Noel, W. (2007): *Der Kodex des Archimedes,* München

als Überlegung interpretiert, in der die Physik eine mathematische Tatsache entdeckt. Und zwar deshalb, weil Archimedes Netz zufolge im Beweis das physikalische Hebelgesetz verwendet. Auch diese Interpretation stellt eine provokative These zum Verhältnis von Mathematik und Physik bei Archimedes dar – eine Materie-über-Geist-Magie. Aber auch diese These ist falsch. Denn es ist nicht richtig, dass das physikalische Hebelgesetz in das deduktive Argument des Beweises eingeht. Vielmehr gibt es eine geometrische Teilkonstruktion im Diagramm, die insofern auf einen Hebel abgebildet werden kann, als die physikalischen Gewichte durch senkrechte Linien a und b am Ende einer Linie mit den Teilen c und d geometrisch dargestellt werden. Und dabei verhalten sich b:a wie c:d, wie es dem physikalischen Hebelgesetz entsprechen würde, *wenn* a und b physikalische Gewichte wären. Aber weder sind a und b physikalische Gewichte (sondern lediglich Linien), noch wird – und das ist das Wichtige – die genannte Proportion der Linien im Beweis aus dem physikalischen Hebelgesetz abgeleitet, sondern sie wird aus rein geometrischen Prämissen deduziert. Es kann keine Rede davon sein, dass hier die Physik eine mathematische Tatsache entdeckt.

Instruktiv ist, um ein letztes Beispiel anzuführen, auch ein Blick in das neueste Buch von Netz unter dem Titel *Ludic Proof.*[975]. Ziel dieses Buches ist der – typischerweise kontextualistische – Nachweis, dass ästhetische und stilistische Kennzeichen der alexandrinischen Poesie und Literatur substantiell in die griechische Mathematik dieser Zeit eingehen – genauer in den Stil dieser Mathematik.[976] In der Einleitung diskutiert Netz ein Beispiel, das er selbst als exemplarisch für sein Vorgehen bezeichnet. Es handelt sich um ein Traktat des Archimedes, in dem Theoreme zu „Spiralen Linien" bewiesen werden. In vielen Kommentaren zu dieser Schrift wird mit Recht betont, dass Archimedes hier mit der Beweisidee operiert, dass man in Falle der Bestimmung der Teilflächen von Spiralen mit Summationen kleinerer Sektoren arbeiten kann, die einem Grenzwert zustreben. Klarerweise ist dies ein faszinierender Punkt, weil Archimedes damit ja aus moderner Sicht auch hier den Grundgedanken der Integralrechnung artikuliert und benutzt.

Netz stellt diesen Kommentar nicht in Abrede, möchte dann aber zeigen, wie Archimedes im vorliegenden Text angeblich tatsächlich vorgeht und welche ganz anderen Aspekte des Textes dabei hervortreten. Dabei arbeitet er im wesentlichen folgende Gesichtspunkte heraus: Arithmetische Kalku-

[975] Vgl. Netz, R. (2009): *Ludic Proof. Greek Mathematics and the Alexandrian Aesthetic,* Cambridge

[976] So heißt es zum Beispiel in der Ankündigung des Verlages: „Professor Netz argues that Hellenistic mathematical writings adopt a narrative strategy based on surprise, a compositional form based on a mosaic of apparently unrelated elements, and a carnivalesque profusion of detail."

lationen spielen im Text des Traktates eine überraschende Rolle – überraschend deshalb, weil sie nichts mit Geometrie zu tun haben und die Grenzen der Geometrie, zu der die Theorie der Spiralen gehört, eindeutig sprengen. Archimedes sprengt aber nicht nur die Grenze zwischen Geometrie und Arithmetik, sondern auch die Grenze zwischen Mathematik und Physik, weil die Spirale und manche Beweise im Traktat mit der Idee arbeiten, dass Punkte und Linien im Raum und in der Zeit bewegt werden. Der entscheidende stilistische Punkt ist nach Netz jedoch, dass Archimedes unsystematisch und wenig transparent vorgeht. Er beginnt mit einer ganzen Reihe von Theoremen, von denen der Leser anfangs überhaupt nicht sehen kann, wozu sie dienen, und an keiner Stelle lässt sich Archimedes dazu herab auch nur anzudeuten, welche Funktion seine einzelnen Überlegungen und Beweise im Ganzen des Traktates haben. Netz hat den Eindruck, dass Archimedes weder pädagogisch noch axiomatisch vorgeht: Weder präsentiert er seine Überlegungen in einer pädagogisch gefälligen Weise, die auf einer Metaebene über die Funktion und den Sinn seiner Schritte aufklärt, noch in einer axiomatischen Weise, in der jedes Theorem in schöner Reihenfolge aus dem vorhergehenden Theorem folgt. Netz kommt daher zu der Diagnose, dass Archimedes bewusst eine mystifizierende, opake Darstellung wählt, die voller Überraschungen, Rätsel und Vorhalte steckt, die alle erst am Ende aufgelöst werden. Das ist für Netz eine bewusste ästhetische und stilistische Wahl. Genau dies ist nun aber ebenso wie die Sprengung von Stilgrenzen, wie im weiteren Verlauf des Buches gezeigt wird, ein zentrales stilistisches und ästhetisches Merkmal der alexandrinischen Poesie und Literatur.

Netz kommt aufgrund dieser Diagnose zu weitreichenden Folgerungen. Er behauptet, dass der mathematische Inhalt des untersuchten Traktates von dem ästhetischen Temperament abhängig ist, dass in der Darstellung sichtbar wird, dass insbesondere das stilistische Moment der Überraschung die mathematische Untersuchung antreibt, dass die ästhetische Dimension vielleicht sogar eine Kraft ist, die den mathematischen Inhalt betrifft, und dass sich Archimedes mit dieser ästhetischen Dimension an eine Leserschaft wendet, die mit dieser Dimension aus der Literatur bestens vertraut war.

Alle diese Thesen sind jedoch haltlos. Denn Archimedes sprengt in diesem großartigen Beweis die Grenzen mathematischer Gattungen einfach deshalb, weil er für sein Beweisziel einige Theoreme als Hilfslemmata benötigt, deren Beweis seinerseits nun einmal auch Arithmetik erfordert. Und opak ist seine Darstellung vor allem für mathematische Laien, nicht aber für die mathematischen Profis, für die er schrieb. Archimedes beweist am Anfang schlicht und einfach nacheinander all die Theoreme, die er zum Schluss benötigt, ohne freilich zu sagen, dass er sie später benötigt. Es war Teil der mathematischen Kultur der Antike, dass in einem mathematischen Traktat nichts getan wird, das tatsächlich völlig überflüssig für das entscheidende Beweisziel ist. Und so ist es noch heute in der Mathematik. Ein antiker Mathematiker, der Archimedes' Traktat über die Spirale zum ersten Mal las, vertraute daher mit Sicherheit darauf, dass alles, was am Anfang bewiesen wird, später eine Funktion erhält. Und dieses Vertrauen wird auch im archimedischen Traktat über die Spirale nicht enttäuscht.

Es ist auch irreführend, die Beschreibung der idealen Konstruktion der Spirale bei Archimedes als physikalisch anzusehen. Die Spirale, von der Archimedes redet, wird dadurch geometrisch erzeugt, dass man eine begrenzte Linie um einen ihrer Endpunkte rotieren lässt und dabei einen Punkt der Linie vom Rotationspunkt kontinuierlich zum anderen Endpunkt der Linie bewegt. Die Kurve, die dieser Punkt unter der Linienrotation beschreibt, ist die Spirale, von der die Rede ist. Diese Konstruktion ist ideal, d.h. findet im geometrischen Kontinuum statt und ist streng genommen nicht praktisch ausführbar. Diese Konstruktionsanweisungen haben daher nichts mit Physik und echter physikalischer Zeit zu tun, schon gar nicht mit antiker Physik. Die Sprengung der Grenze zwischen Mathematik und Physik in diesem Traktat ist eine Schimäre.

Und offensichtlich hat Netz eine laienhafte Vorstellung von der axiomatischen Struktur mathematischer Theorien. Es ist natürlich keineswegs so, dass eine axiomatisch aufgebaute mathematische oder logische Theorie so aussieht, dass jedes Theorem aus dem vorhergehenden Theorem folgt, wie Netz unterstellt. Es ist vielmehr meist so, dass man eine ganze Reihe von untereinander nicht logisch zusammenhängenden Theoremen braucht, um ein zentrales Theorem zu beweisen. Diese einzelnen Theoreme werden ihrerseits meist ganz unterschiedlich bewiesen, manchmal direkt aus den Axiomen heraus, manchmal mit Hilfe unterschiedlicher schon bewiesener Theoreme. Genau so ist es zum Beispiel auch bei Euklid und Pappos. Axiomatisch aufgebaut ist eine Theorie schon dann, wenn alle wichtigen Theoreme des entsprechenden Gebietes einzeln für sich genommen aus den Axiomen oder aus irgendwelchen schon bewiesenen Theoremen bewiesen werden können. Und diese Forderung ist auch im Traktat des Archimedes über die Spirale erfüllt. Damit bricht die Diagnose zusammen, dass Archimedes bewusst das Stilmittel der Überraschung und der Mystifizierung einsetzt, weil und insofern er angeblich von einer axiomatischen Struktur abweicht. Archimedes baut vielmehr eine axiomatische geometrische Theorie der Spirale auf, die sich methodisch genau an das hält, was in der antiken ebenso wie in der modernen Mathematik üblich ist.

Genug der Beispiele. Mathematik-Geschichte, wie Netz sie aus poststrukturalistischer Sicht betreibt, führt zu aufregenden Thesen, die dem herkömmlichen Wissenschaftsbild ins Gesicht schlagen. Und das allein reicht bereits für ihre Verbreitung und zum Teil für ihre Akzeptanz. Die Thesen selbst sind zwar falsch, doch werden sie mit einer Scheinbegründung versehen, die die Verbreitung der falschen Thesen zusätzlich fördert. Netz spielt – absichtlich oder unabsichtlich – mit den herkömmlichen Wissenschaftsstandards für eine solide Interpretation wissenschaftshistorischer Texte, aber nur, um sie faktisch zu untergraben. Denn die ernsthafte Anwendung dieser Standards würde die offensichtliche Fragwürdigkeit der provokativen Thesen sofort aufdecken. Das ist genau das Vorgehen, das man – wie wir gesehen haben – auch bei Derrida finden kann.

Exkurs 3: Beweise der Widerspruchsfreiheit und Vollständigkeit von Kalkül K

Zunächst muss genau angegeben werden, was wir unter der Widerspruchsfreiheit und Vollständigkeit eines Kalküls zu verstehen haben, damit wir wissen, was genau wir zu beweisen haben:

(Df 3) Ein Kalkül heißt
- (i) *widerspruchsfrei* gdw gilt: Ist ein Satz A im Kalkül beweisbar, so ist A logisch wahr;
- (ii) *widerspruchsfrei im engeren Sinne* (i. e. S.) gdw gilt: Ist B im Kalkül aus $A_1,\ldots,A_n$ ableitbar, so ist der Schluß $A_1,\ldots,A_n \vdash B$ logisch gültig;
- (iii) *vollständig* gdw gilt: Ist Satz A logisch wahr, so ist A im Kalkül beweisbar;
- (iii) *vollständig i. e. S.* gdw gilt: Ist der Schluß $A_1,\ldots,A_n \vdash B$ logisch gültig, so ist B im Kalkül aus $A_1,\ldots,A_n$ ableitbar.

(Df3) führt die Begriffe der Widerspruchsfreiheit und Vollständigkeit in zweifacher Weise ein – für den engeren Begriff des Beweises und für den weiteren Begriff der Ableitung: ein Beweis ist eine Ableitung mit null Prämissen. Im Allgemeinen gilt aber: Widerspruchsfreiheit bedeutet, dass *nur* gültige Schlüsse im Kalkül ableitbar sind; Vollständigkeit bedeutet demgegenüber, dass *alle* gültigen Schlüsse (unendlich viele, darunter unendlich viele, die niemals irgendein Mensch formulieren wird!) im Kalkül ableitbar sind.

Jetzt also zu den beiden Beweisen:

Widerspruchsfreiheit des Kalküls K:

(T2) Kalkül K ist (aussagenlogisch) widerspruchsfrei und widerspruchsfrei i. e. S.

Beweis: Die Axiome (A1)–(A3) von K sind aussagenlogisch wahr, und sind A und A ⊃ B aussagenlogisch wahr, so auch B. Erfüllt ferner eine Bewertung V die Sätze $A_1,\ldots,A_n$, so erfüllt V auch jeden aus $A_1,\ldots, A_n$ und (A1)–(A3) mittels (MP) gewonnenen Satz.[977]

Vollständigkeit des Kalküls K:

(Df 4) Eine Satzmenge M heißt *konsistent*, falls es keinen Satz B mit $M \vdash B \wedge \neg B$ gibt

(T3) Gilt die Ableitung $A_1,\ldots,A_n \vdash B$ in K nicht, so ist $\{A_1,\ldots,A_n, \neg B\}$ konsistent.

Beweis: Sei $\{A_1,\ldots,A_n, \neg B\}$ nicht konsistent, dann gibt es ein C mit $A_1,\ldots,A_n, \neg B \vdash \neg (C \supset C)$; dann gilt auch $A_1,\ldots, A_n \vdash \neg B \supset \neg (C \supset C)$, d. h. mit (A3) auch $A_1,\ldots,A_n \vdash (C \supset C) \supset B$, und daher, da $C \supset C$ Theorem ist, auch $A_1,\ldots,A_n \vdash B$.

(Df 5) Eine Satzmenge M heißt *maximal konsistent*, falls M konsistent ist und für jeden Satz A mit $A \notin M$ die Menge $M \cup \{A\}$ nicht konsistent ist.[978]

(T4) Zu jeder konsistenten Menge M von Sätzen aus K gibt es eine maximal konsistente Menge M' von Sätzen aus K mit $M \subseteq M'$.

[977] Theorem (T2) enthält den schnellen und einfachen Widerspruchsfreiheitsbeweis: Wir können mittels Wahrheitswertanalyse sofort zeigen, dass die Axiome A1–A3 aussagenlogisch wahr sind und dass die Schlußregel des Kalküls aussagenlogisch gültig ist. Aus A1–A3 können mit der Schlußregel daher nur weitere aussagenlogisch wahre Sätze abgeleitet werden. Also kann durch die Schlußregel aus aussagenlogisch wahren Sätzen wie A1–A3 kein logischer Widerspruch abgeleitet werden.

[978] (Df4) sagt einfach, was eine konsistente Satzmenge ist – nämlich eine Satzmenge, die keinen logischen Widerspruch impliziert. (T3) ist ein indirekter Beweis, der mit der Voraussetzung beginnt, dass der Nachsatz des Theorems (der so-Satz) falsch ist. Unter dieser Voraussetzung wird dann gezeigt, dass auch der Vordersatz des Theorems falsch sein muss. Damit ist das Theorem bewiesen, und zwar nach dem aussagenlogisch gültigen Schluss $(\neg B \supset \neg A) \vdash (A \supset B)$. (Df5) definiert eine maximal konsistente Satzmenge, also eine Satzmenge, die selbst keinen logischen Widerspruch enthält, aber durch Hinzunahme auch nur eines einzigen weiteren Satzes widersprüchlich wird. Im indirekten Beweis selbst wird damit gearbeitet, dass die beiden Formeln $(C \wedge \neg C)$ sowie $\neg (C \supset C)$ logisch äquivalent sind (dies kann man durch Wahrheitswertanalyse sofort feststellen). Außerdem wird die Einsicht genutzt, dass wenn eine Ableitung $A_1,\ldots,A_n, B \vdash C$ logisch gültig ist, auch die Ableitung $A_1,\ldots,A_n \vdash B \supset C$ logisch gültig ist: man kann also eine Prämisse mit Implikation in die Konklusion hineinziehen. Das kann man sich am einfachsten wieder mit einem indirekten Beweis klarmachen: Wenn die Ableitung $A_1,\ldots,A_n \vdash B \supset C$ *nicht* logisch gültig ist, dann gibt es irgendeine Wahrheitsannahme, nennen wir sie W*, die die Prämissen $A_1,\ldots,A_n$ sämtlich wahr und die Konklusion $B \supset C$ falsch macht. Nach der Semantik der Implikation macht W* dann insbesondere B wahr und C falsch; aber das heißt gerade, dass W* auch sämtliche Prämissen der Ableitung $A_1,\ldots,A_n, B \vdash C$ wahr und ihre Konklusion C falsch macht, d. h. dass diese letztere Ableitung ebenfalls *nicht* logisch gültig ist.

Beweis: Sei M eine konsistente Menge, und seien alle Sätze aus K durchnumeriert; H sei eine Folge von Satzmengen M_1, M_2, M_3..., für die gilt: $M_1 = M$, und ferner:

$$M_{n+1} = \begin{cases} M_n & \text{gdw } M_n \cup \{A_{n+1}\} \text{ nicht konsistent ist} \\ M_n \cup \{A_{n+1}\} & \text{gdw diese Menge konsistent ist} \end{cases}$$

H ist dann eine Folge konsistenter Satzmengen. Es sei nun M' = $\cup M_n$ ($n \in N$); dann ist M' maximal konsistent, und es gilt $M \subseteq M'$! Denn:

(a) Sei $M_i \in H$; dann gilt: $A \in M_i \supset A \in \cup M_n$ ($n \in N$) = M', also $M \subseteq M'$ wegen $M = M_1$.

(b) M' ist konsistent; denn sei M' nicht konsistent, dann gäbe es Sätze $A_1,..., A_k \in M'$ und ein $B \in K$ mit $A_1,..., A_n \Rightarrow B \wedge \neg B$; für genügend großes n gibt es aber ein $M_n \subseteq M$ mit $A_1,..., A_k \in M_n$; dann aber wäre M_n inkonsistent, gegen die Voraussetzung.

(c) M' ist maximal konsistent. Denn sei für $A_j \in K$ die Menge $M' \cup \{A_j\}$ konsistent; dann gibt es keine Sätze $A_1,..., A_k \in M' \cup \{A_j\}$, also insbesondere auch nicht aus $M_i \cup \{A_j\}$, so dass gilt $A_1,..., A_n \Rightarrow B \wedge \neg B$; also ist $M_i \cup \{A_j\}$ konsistent; d. h. $M_{i+1} = M_i \cup \{A_j\}$ und damit wegen $M_{i+1} \subseteq M'$ $A_j \in M'$.

(T5) Zu jeder maximal konsistenten Menge M' von Sätzen aus K existiert eine Bewertung, die alle Sätze aus M' erfüllt.

Beweis: Sei M' maximal konsistent, A ein Satz aus K und W eine W-Funktion, für die gilt: $A \in M'$ gdw W(A) = w und $A \notin M'$ gdw W(A) = f; dann erfüllt W alle Sätze aus M', wenn W eine Bewertung gemäß (Df 1) ist. Zu zeigen ist also

(1) W($\neg$ A) = w gdw W(A) = f:

Beweis: (i) Sei W($\neg$ A) = w; dann ist $\neg A \in M'$. Daraus folgt: $A \notin M'$; denn gälte auch $A \in M'$, so folgt $A \wedge \neg A \in M'$, also $M' \vdash A \wedge \neg A$, d. h. M' wäre inkonsistent gegen die Voraussetzung. Also gilt $A \notin M'$, damit W(A) = f.

(ii) Sei W(A) = f; dann gilt $A \notin M'$. Daraus folgt: $\neg A \in M'$; denn sei $\neg A \notin M'$, dann ist, weil M' maximal konsistent ist, $M' \cup \{\neg A\}$ inkonsistent, d. h. es gibt ein B mit $M', \neg A \vdash B \wedge \neg B$ oder $M', \neg A \vdash \neg (B \supset B)$; daraus folgt $M' \vdash \neg A \supset \neg (B \supset B)$ und mit (A3) $M' \vdash (B \supset B) \supset A$ und $M' \vdash A$ oder $A \in M'$, gegen die Voraussetzung. Also ist $\neg A \in M'$, damit W($\neg$ A) = w.

(2) W($A \supset B$) = w gdw W(A) = f oder W(B) = w:

Beweis: (i) Sei $W(A \supset B) = w$; dann ist $A \supset B \in M'$. Daraus folgt: es gilt nicht zugleich $A \in M'$ und $B \notin M'$; denn mit $A \in M'$ und $A \supset B \in M'$ ist auch $B \in M'$, da aus $W(A) = w$ und $W(A) \supset B) = w$ mit Modus Ponens $W(B) = w$ folgt. Also gilt $A \notin M'$ oder $B \in M'$, d. h. $W(A) = f$ oder $W(B) = w$.

(ii) Sei $W(A) = f$ oder $W(B) = w$; aus $W(A) = f$ folgt $\neg A \in M'$, damit wegen $\neg A \vdash A \supset B$ in K auch $A \supset B \in M'$, also $W(A \supset B) = w$.

Aus $W(B) = w$ folgt $B \in M'$; damit wegen (A1) und Modus Ponens auch $A \supset B \in M'$, da aus $W(B) = w$ und $W(B \supset (A \supset B))$ mit Modus Ponens auch $W(A \supset B) = w$ folgt. Also ist in der Tat $W(A \supset B) = w$.[979]

(T6) Der Kalkül K ist aussagenlogisch vollständig i. e. S.

Beweis: Gelte die Ableitung $A_1,\ldots, A_n \vdash B$ in K nicht; dann ist nach (T3) die Menge $\{A_1\ldots, A_n \neg B\}$ konsistent. Nach (T4) existiert zu dieser Menge eine maximal konsistente Menge M' mit $A_1\ldots, A_n \neg B \in M'$, und nach (T5) existiert dann eine Bewertung W, die alle Sätze von M' erfüllt, insbesondere also auch die Sätze $A_1\ldots, A_n, \neg B$. Also gilt $W(A_1 \wedge\ldots\wedge A_n) = W(A_1) = \ldots = W(A_n) = w$, und $W(B) = f$, d. h. der Schluss $A_1\ldots, A_n \vdash B$ ist in K nicht aussagenlogisch gültig.[980]

[979] (T4) ist ein Kernstück des gesamten Beweises, und der Beweis von (T4) sieht recht kompliziert aus. Aber im Grunde ist der Gedanke einfach. Wenn wir nämlich eine bestimmte gegebene konsistente Satzmenge haben (das M), dann können wir daraus eine Folge weiterer konsistenter Satzmengen konstruieren, indem wir alle Sätze außerhalb von M der Reihe nach vornehmen und untersuchen, ob die Hinzunahme des Satzes die vorige Menge inkonsistent macht oder nicht. Ist dies der Fall, scheiden wir die größere Menge aus, wenn nicht, haben wir eine um einen Satz erweiterte konsistente Satzmenge gefunden. Und so machen wir weiter, bis wir keinen Satz mehr haben, dessen Hinzunahme die letzte Menge konsistent bleiben lässt. Wenn wir nun alle diese konsistenten Mengen vereinigen, dann ist diese große Menge (das M') schlicht und einfach aufgrund ihrer Konstruktion natürlich konsistent und sogar maximal konsistent. Man könnte sagen, der Trick des Beweises ist es, eine Konstruktion anzugeben, die genau diese Konsequenz hat; und diese Konstruktion ist natürlich überaus naheliegend.

Der Beweis zu (T5) sieht erneut ziemlich kompliziert aus. Aber tatsächlich ist die Behauptung und ihre Begründung so einfach, dass sie schon fast trivial ist. Denn (T5) behauptet, dass die maximal konsistente Menge, die wir in (T4) konstruiert hatten, erfüllbar ist. Diese Erfüllbarkeit ist aber offensichtlich. Denn diese Menge ist ja konsistent, d. h. enthält keinen Widerspruch, und das heißt gerade, dass es mindestens eine Wahrheitsannahme über diese sehr große Menge geben muss, die alle Sätze in ihr wahr macht. Und dies ist die geforderte Bewertung, die alle Sätze dieser Menge erfüllt.

[980] In Gestalt von (T6) fällt uns der unglaublich starke Vollständigkeitsbeweis auf simple Weise wie eine reife Frucht in den Schoß. Der Beweis ist wieder indirekt. Gezeigt werden soll ja, dass wenn ein Schluß $A_1\ldots, A_n \vdash B$ aussagenlogisch gültig ist, er in unserem Kalkül auch eine gültige Ableitung ist. Das ist gerade die Vollständigkeitsbehautung. Diese Behauptung ist bewiesen, wenn man zeigen kann, dass wenn die Ableitung $A_1\ldots, A_n \vdash B$ in unserem Kalkül

Oft werden formale Theorien mit Hilfe einer Unterscheidung von Syntax und Semantik beschrieben, die nicht ganz so eindeutig ist wie im Falle der formalen Logik. Dieser Punkt ist wichtig und soll daher in diesem Exkurs anhand von zwei Beispielen illustriert werden.

Ein typisches, auf den ersten Blick unscheinbares Beispiel, an dem die Unterscheidung von Syntax und Semantik in Logik-Kursen oft erläutert wird, ist das Folgende:

Nehmen wir an, wir würden der üblichen logischen Sprache nur zwei weitere Symbole hinzufügen, nämlich $\leq$ und $=$ (rein syntaktisch, also semantikfrei zu denken), und würden den Gegenstandsbereich der Theorie auf eine Menge U (auch noch ungedeutet) beschränken; dann könnten wir mit naheliegenden Formregeln z. B. drei Axiome formulieren:

A1	$\bigwedge x\, (x \leq x)$	(Für alle x gilt: $x \leq x$)
A2	$\bigwedge x \bigwedge y\, (x \leq y \wedge y \leq x \supset x = y)$	(Für alle x und alle y gilt: wenn $x \leq y$ und $y \leq x$, dann $x = y$)
A3	$\bigwedge x \bigwedge y \bigwedge z\, (x \leq y \wedge y \leq z \supset x \leq z)$	(Für alle x und alle y und alle z gilt: wenn $x \leq y$ und $y \leq z$, dann $x \leq z$)

Daraus könnten wir Theoreme beweisen, z. B.

T1 $\bigwedge x \bigwedge y \bigwedge z\, (x \leq z \wedge z \leq y \wedge x = y \supset y = z)$

oder, wenn wir definieren (um ein neues Symbol $<$ einzuführen)

Def. $x < y := x \leq y \wedge \neg (x = y)$

läßt sich beweisen

T2 $\bigwedge x \neg (x < x)$

Bislang wissen wir aber nicht, was A1 – A3, T1 – T2 oder Def. „bedeuten“, es handelt sich, wie es scheint, nur um ein Symbolspiel nach festgelegten Regeln.

Aber wir können unterschiedliche Interpretationen oder semantische Modelle neu hinzufügen, z. B.

nicht gilt, der entsprechende Schluss auch *nicht* aussagenlogisch gültig ist. Und dass wiederum dieses Argument gilt, lässt sich durch das Heranziehen der schon bewiesenen Hilfstheoreme (T3), (T4) und (T5) in schöner Reihenfolge auf das einfachste sehen.

(a) U: Menge aller Teilmengen einer Menge
x ≤ y: x ist Teilmenge von y;
aber z. B. auch
(b) U: Menge der ganzen Zahlen
x ≤ y: x ist Teiler von y
oder
(c) U: Menge aller Körper
x ≤ y: x ist wärmer als, oder gleich warm wie, y
oder
(d) U: Menge aller Institutionen
x ≤ y: x übt Einfluß auf y aus oder ist gleich mächtig wie y.

Unter diesen Bedeutungsangaben werden die Axiome wahr, es handelt sich also in der Tat um semantische Modelle für unsere Syntax. Und der zusätzliche Punkt an diesem kleinen Beispiel ist offensichtlich, dass es zu einer gegebenen Syntax *mehrere Interpretationen oder semantische Modelle* geben kann.

Wollten wir z. B. die Bedeutungsangaben

(e) U: Menge der ganzen Zahlen
x ≤ y: x ist invers zu y (d. h. x + y = 0)
oder
(f) U: Menge der Menschen
x ≤ y: x liebt y

verzeichnen, so zeigt sich schnell, dass unter ihnen die Axiome A1–A3 *nicht* wahr werden. Diese Bedeutungsangaben sind also *keine* Interpretationen oder semantischen Modelle unserer Syntax. Genauer betrachtet ist diese kleine Syntax natürlich keineswegs semantikfrei, denn es wurde ja – ganz nebenbei – unterstellt, dass die logische Sprache bereits zur Verfügung steht. Wir können die Syntax des Beispieles jedoch nur angemessen verstehen, wenn wir nicht nur die Syntax, sondern auch die Semantik der logischen Sprache verstehen (andernfalls wüssten wir zum Beispiel nicht, was der Allquantor „Für alle x gilt:“ bedeutet).

Das zweite Beispiel stammt aus der Mathematik und ist ebenfalls recht aufschlussreich. Denn die mathematische Sprache ist keine natürliche Sprache, aber letztlich auch keine rein formale Sprache wie die Sprache der formalen Logik. Die mathematische Sprache steht daher, salopp formuliert, irgendwo zwischen der logischen und der natürlichen Sprache. Wir können hier die diffizilen Probleme der Philosophie der Mathematik nicht berühren, geschweige denn diskutieren. Es geht lediglich darum, ein Beispiel eines mathematischen Kalküls unter dem Aspekt des Verhältnisses von Syntax und Semantik und des Verstehens dieser Komponenten zu betrachten.

Ein typischer Fall ist die Theorie algebraischer Gruppen. Als Kalkül KG könnte man diese Theorie etwa folgendermaßen darstellen:

1. Syntax von KG:
(i) Alphabet: Menge M, Elemente a, b, c aus M, Operation •; Klammern (,).
(ii) Formregeln: (a) Beliebige Elemente a, b aus M können durch • verbunden werden zu a•b; (b) Sind a, b aus M, so gehört auch a•b zu M (Erweiterung ggf. mit Klammern: (a•b)•c bzw. a•(b•c) usw.).
(iii) Axiome: Jedem Paar (a,b) aus M wird eindeutig ein Element (a•b) so zugeordnet, dass gilt:
A1 (a•b)•c = a•(b•c)
A2 Es gibt ein Element e aus M mit e•a = a für alle a aus M
A3 Zu jedem a aus G existiert ein a* aus M mit a•a* = e
A4 a•b = b•a
(iv) Die *Deduktionssregeln* sind (wie in jedem anderen nicht-logischen Axiomensystem auch) die logisch gültigen Schlüsse.
(v) Herleitung von Theoremen der Gruppentheorie (vgl. Lehrbücher der modernen Algebra).
(vi) Eine Struktur, die den Bedingungen (i)–(v) genügt, heißt *abelsche Gruppe.*[981]

2. Semantik von KG:
(i) Angabe von Bedeutungen für die Menge M, für ihre Elemente sowie für die Operation •, also: Angabe semantischer Interpretationen der Syntax, z. B. (als mögliche Alternativen):
M = Menge der ganzen Zahlen, • = Addition;
M = Menge der reellen Zahlen, • = Multiplikation
M = Menge der ganzen Zahlen, • = Subtraktion
(ii) Auszeichnung der semantischen Modelle: Nur die Interpretationen (a) und (b) machen alle Axiome wahr, (c) dagegen macht z. B. die Axiome A1 und A4 falsch. Daher sind nur die Interpretationen (a) und (b) *semantische Modelle* der Gruppenaxiome.
(iii) Widerspruchsfreiheit: Die Axiome enthalten keine logischen Widersprüche, und die Deduktionsregeln (also die logisch gültigen Schlüsse)

[981] Eine Struktur, die den Bedingungen (i)–(v) mit Ausnahme von A4 genügt, heißt *algebraische Gruppe.* Abelsche Gruppen (benannt nach dem Mathematiker Abel) sind also algebraische Gruppen, die zusätzlich der Forderung der Kommutativität in A4 genügen.

erzeugen keine logischen Widersprüche, also ist die Theorie widerspruchsfrei.

(iv) Vollständigkeit: Die Vollständigkeit der Gruppentheorie kann nicht bewiesen werden (es kann sogar bewiesen werden, dass die Vollständigkeit in diesem Fall nicht bewiesen werden kann).

Exkurs 4: Zur Wahrheitstheorie Tarskis

Wenn der Fall quantifizierter Sätze in die Wahrheitstheorie Tarskis integriert werden soll, muss man sich zunächst klar machen, dass ein naheliegender einfacher Trick fehlschlägt: die Allquantifikation von (T) in der Form

Λ S (S ist wahr gdw p)

ist problematisch. Denn S steht für das Zitat „p“, und folglich haben wir

Λ p („p“ ist wahr gdw p).

Aber man sollte nicht, wie Tarski natürlich zu Recht bemerkt, in ein Zitat hineinquantifizieren. Anders formuliert, der Quantor schlägt nicht auf die Objektsprache durch. Ein erster Schritt zur Lösung besteht darin anzunehmen, dass die atomaren Sätze (Sätze ohne Junktoren und Quantoren) unserer Sprache L endlich sind, und dass die Unendlichkeit der wahrheitsfunktionellen Verknüpfungen, wie in der Standardlogik üblich, über rekursive Definitionen eingeholt wird. Aber mit diesem Verfahren bewältigen wir die quantifizierten Sätze nicht, die ja aus Quantoren und offenen Sätzen der Form P (x_1, ..., x_n) zusammengesetzt sind. Denn den offenen Sätzen können wir keine Wahrheitswerte zuordnen.

Tarskis entscheidender Schachzug besteht darin, mit dem Problem der offenen Sätze zu beginnen und an dieser Stelle nicht mit dem Wahrheitsbegriff, sondern mit dem Begriff der Erfüllung zu arbeiten. Offene Sätze werden durch Gegenstände oder geordnete n-Tupel von Gegenständen erfüllt. Der offene Satz „x ist Hauptstadt von y“ wird z. B. durch die geordneten Gegenstandspaare „Paris, Frankreich“ und „London, England“ erfüllt, nicht aber durch das geordnete Gegenstandspaar „Frankfurt/M., Deutschland“. Allerdings können offene Sätze im allgemeinsten Fall unendlich viele verschiedene Individuenvariablen x_1, x_2,... enthalten. Das ist ein zusätzliches technisches Problem. Doch sind die unendlich vielen Variablen, ebenso wie ggf. unendlich viele Gegenstände, abzählbar, d. h. wir können beide mit Indizes aus den natürlichen Zahlen versehen. Tarskis Trick besteht an diesem Punkt darin zu sagen, dass ein gegebener offener Satz stets durch eine unendliche Folge f_1, f_2,... von Gegenständen erfüllt wird. Wenn der offene Satz nur endlich viele Variablen x_1, ..., x_n enthält, dann brauchen wir einfach nur die ersten n-Glieder der unendlichen Gegenstandsfolge zu beachten.

Jetzt haben wir das Material zusammen, um Tarskis Wahrheitsdefinition zu formulieren. Ich gebe hier die vollständige Formulierung, weil sie einige abstrakte Begriffe, die wir schon erwähnt haben, ganz gut exemplifiziert.

Wir wollen also Wahrheit-in-L definieren – *für* eine Objektsprache L *in* einer Metasprache ML: ML ist das Deutsche, L ist der Einfachheit halber eine formale Sprache. Also beginnen wir in der üblichen Weise mit der *Syntax von L:*

Alphabet von L: Variablen x_1, x_2, x_3,..., Nominatoren c_1, c_2, c_3,... c_n, Prädikatoren P_1, P_2, P_3,...P_m, Junktoren ¬, ∧, Quantoren ⋀x, ⋁x, Klammern (,).

Wohlgeformte Formeln von L: P_jx_j und P_jc_i sind wohlgeformte Formeln. Und sind A und B wohlgeformte Formeln, so auch ¬A, A∧B, ⋀xA und ⋁xA. (Das ist eine typisch rekursive Definition von „wohlgeformter Formel").

Sätze in L: Sätze von L sind wohlgeformte Formeln von L, die keine freien Variablen enthalten.

Nach der Syntax kommt, wie wir wissen, die *Semantik für L:*

Voraussetzungen:

- Für jede Gegenstandsfolge f wird im Rahmen eines offenen Satzes eine eineindeutige Zuordnung zwischen den Gliedern f_k von f und den Variablen x_k hergestellt. Haben wir z. B. den offenen Satz S = „liegt zwischen (x_1, x_2, x_3)“, dann gibt es natürlich unendlich viele Gegenstandsfolgen, deren Glieder wir den Variablen von S zuordnen können, unter ihnen z. B. die Gegenstandsfolgen (Frankfurt, Flensburg, München, Hamburg, Basel) und (Hamburg, München, Basel, Florenz, Paris). Da diese Folgen fünf Gegenstände enthalten, wir aber nur drei Variablen in S haben, können wir nur jeweils die ersten drei Gegenstände zuordnen und dürfen die restlichen zwei Gegenstände einfach vernachlässigen. Für die erste der beiden Gegenstandsfolgen können wir also die Zuordnung Frankfurt = $x_{1,}$ Flensburg = $x_{2,}$ und München = x_3 vornehmen, und damit erfüllt die *gesamte* erste Gegenstandsfolge den offenen Satz S. Die zweite Gegenstandsfolge führt zu der Zuordnung Hamburg = $x_{1,}$ München = $x_{2,}$ und Basel = $x_{3,}$ und damit erfüllt diese Gegenstandsfolge den offenen Satz S nicht.
- Jeder deskriptiven und logischen Konstante von L wird ihre metasprachliche Übersetzung in ML zugeordnet (im Effekt stecken hier *Referenzangaben* für die Namen und Prädikatoren von L, also z. B. „c_1“

referiert auf Objekt c_1, ..., „c_n" referiert auf Objekt c_n (etwa, wenn c_1 = Baraba, die Angabe „‚c_1' referiert auf Barbara", oder wenn P_1 = klug, die Angabe „‚P_1' referiert auf die Klasse aller klugen Dinge"; ferner wird die Logik der Objektsprache durch die Semantik der Metasprache im Rahmen eines semantischen Modells interpretiert: z. B. „$\wedge$" ist das „und" der zweiwertigen Logik, die für die Metasprache gilt)

Erfüllung:

(i) f (eine Gegenstandsfolge) erfüllt die Formel „$P_j x_i$" gdw. $P_j f_i$ (f_i Glieder von f);
(ii) f erfüllt die Formel $P_j c_i$ gdw. $P_j c_i$;
(iii) f erfüllt $\neg$A gdw f A nicht erfüllt;
(iv) f erfüllt A$\wedge$B gdw f A erfüllt und f B erfüllt
(v) f erfüllt VxA gdw es eine Folge g gibt, so dass $f_j = g_j$ für alle $j \neq k$ und g A erfüllt
(vi) f erfüllt Λx_kA gdw f $\neg V x_k \neg$A erfüllt
(Erfüllung wird hier wieder rekursiv definiert).

Wahrheit:

Ein Satz in L ist wahr gdw er von allen Gegenstandsfolgen erfüllt wird.[982]

Das ist im Kern Tarskis hochgelobte Wahrheitstheorie.

[982] Einige kurze technische Kommentare sind vielleicht noch hilfreich. Wenn Sätze keine freien Variablen enthalten (also wenn sie nicht offene, sondern geschlossene Sätze sind), kann ihre Erfüllung auch nicht von bestimmten Gliedern von Gegenstandsfolgen abhängig sein. Im elementaren Fall ist mit (ii) genauer gemeint

(ii)' Ein Objekt a *erfüllt* die Formel „$P_j c_i$", falls „c_i" auf a referiert und von a gilt, dass es P_j ist (vgl. (i)).

Wenn es also in der Welt eine Gegenstandsfolge f* gibt, die a enthält, erfüllt f* die Formel „$P_j c_i$", und dann gibt es keine weitere Gegenstandsfolge, die diese Formel *nicht* erfüllen könnte; also erfüllen dann *alle* Gegenstandsfolgen die Formel (alle Gegenstandsfolgen außer f* sind allerdings gänzlich irrelevant für die Formel). Man könnte sagen: die eine große TATSACHE erfüllt alle wahren Sätze. Darum wird Wahrheit als Erfüllung durch *alle* Gegenstandsfolgen definiert (was auf den ersten Blick ein wenig merkwürdig aussieht). Konkret können wir also nicht-quantifizierte nicht-offene Sätze immer auf Fall (ii) zurückführen.

Für quantifizierte Sätze ohne freie Variablen gelten ferner (v) und (vi). Wahrheit-in-L für nicht-offene Sätze wird also über die Bestimmungen (ii), (v) und (vi) eingeführt.

Verständnisschwierigkeiten könnten mit (v) gegeben sein. Die Idee ist einfach, dass wenn wir z. B. den Satz „Jemand ist berühmt und Wissenschaftstheoretikerin" haben und wir dies wiedergeben durch Vx_2 ($P_1x_2 \wedge P_2x_2$), und wir dann z. B. eine Folge f haben mit Paris, Venus, Platon,...ñ, diese Folge den offenen Satz $P_1x_2 \wedge P_2x_2$ erfüllen soll, wenn es eine Folge g = Paris, Nancy Cartwright, Platon,...ñ gibt, die mit f bis auf das zweite Glied übereinstimmt und deren zweites Glied den offenen Satz erfüllt; dadurch soll wiedergegeben werden, dass es „irgend jemanden" gibt, der den offenen Satz erfüllt.

Ein philosophischer Kommentar sollte sich vor allem auf die Frage konzentrieren, ob Tarski Wahrheit durch Erfüllung erklärt und expliziert. Das ist höchstens im technischen Sinne der Fall. Der Sache nach erlaubt es der Erfüllungsbegriff einfach, die Idee des T-Theorems auf offene Sätze auszudehnen, aber es handelt sich im Prinzip um dieselbe Idee. Wenn wir vergleichen

(T1) Der Satz „Schnee ist weiß" ist wahr gdw der Schnee weiß ist

und

(T2) Das Gegenstandspaar (Paris, Frankreich) erfüllt den offenen Satz „x ist Hauptstadt von y" gdw Paris Hauptstadt von Frankreich ist

so steckt in T2 dieselbe Idee wie in T1, nicht eine Erläuterung von T1. Es ist nicht so, dass wir T1 besser verstehen, wenn wir auf T2 schauen. Daher haben die Deflationisten unter den Wahrheitstheoretikern, also insbesondere die Anhänger der Zitattilgungstheorie, sicher recht, wenn sie Tarski für sich in Anspruch nehmen: Tarski kann so gelesen werden, dass er technischen Fortschritt bietet, indem er den Gedanken der Zitattilgungstheorie auf die komplizierten quantorenlogischen Fälle ausdehnt. Aber ein semantischer oder hermeneutischer Fortschritt ist mit dieser Theorie nicht verbunden. Der Hauptgrund ist, dass semantische Begriffe in die Theorie eingehen. Tarski erklärt nicht Bedeutungen auf der Basis von Wahrheit, wie es die wahrheitskonditionale Semantik erfordert, sondern umgekehrt die Wahrheit auf der Basis von Bedeutungen. Tarskis Theorie passt somit zu Montagues Intensionalitätsprinzip, hilft aber der wahrheitskonditionalen Semantik und Hermeneutik kein Stück weiter.

Exkurs 5: Modell einer davidsonianischen Interpretationstheorie

Eine interpretationistische Theorie des Verstehens sollte einigen allgemeinen Anforderungen genügen:

Adäquatheitsbedingungen für eine interpretationistische Theorie des Verstehens und Bedeutungstheorie (BT)

(R) Eine adäquate BT für eine Sprache S gibt die Bedeutungen von Sätzen aus S derart an,

(i) dass die Bedeutung aller bzw. beliebiger Sätze von S aus BT ableitbar sind,

(ii) dass die Bedeutung komplexer Sätze in dem Sinne von der Bedeutung ihrer Teile abhängt, dass die Teile einen systematischen Beitrag zur Bedeutung der Sätze leisten,
(iii) dass für die atomaren Bestandteile der Sätze aus S keine Bedeutungen als spezielle Entitäten postuliert werden, sondern allenfalls singuläre Entitäten als Referenten (Bezug),
(iv) dass nach (i)-(iii) insgesamt in BT keine Bedeutungen als spezielle Entitäten postuliert werden,
(v) und dass zur Formulierung von BT eine gebrauchte und verstandene Metasprache benutzt wird.

Nach (iv) aus (R) bleibt die BT rein extensional (sie entspricht dem Prinzip ontologischer Sparsamkeit als Forderung reduktiver Metaphysik). Die Bedingung (i) aus (R) kann und muss genauer qualifiziert werden: Die Angabe der Bedeutung eines Satzes s aus S erfolgt konsistent mit nominalistischen Grundsätzen, d. h. wegen (iv) und (v) aus (R) weder in der Form „s bedeutet m" (mit einem Nominator „m", der auf eine Bedeutungsentität verweist), noch in der Form „s bedeutet, dass q" (mit einem intensionalen Kontext „... bedeutet, dass..."), sondern in der extensionalen Form

(*) s ist W gdw p

(„s" ist metasprachlicher Name eines objektsprachlichen Satzes „t", und „p" ist gleich „t", wenn die Objektsprache Teil der Metasprache ist; „p" ist eine Übersetzung von „t" in eine Metasprache, wenn die Objektsprache nicht Teil der Metasprache ist; ferner ist „W" irgendein vorläufig noch nicht näher bestimmtes Prädikat, das auf Sätze zutrifft).

Wenn eine adäquate BT Sätze der Form (*) für alle Sätze s aus S impliziert, so dass die Bedingungen (ii)-(v) aus (R) erfüllt sind, dann *zeigt sich* (lässt sich *entdecken*), dass das Prädikat ‚W' in (*) der Wahrheitsbegriff in der geeignet interpretierten Tarski-Semantik ist. Demnach ist in einer adäquaten Bedeutungstheorie der Wahrheitsbegriff der zentrale semantische Grundbegriff.

Beginnen wir mit einem *Beispiel*, um auf dieser Grundlage ein kleines Miniaturmodell einer davidsonianischen Interpretationstheorie aufzubauen.

Lisa ist eine der wenigen deutschen Ethnologinnen, die auch Linguistik und Sprachphilosophie studiert haben, aber kein Wort Englisch sprechen (Lisa ist frenetisch frankophil und spricht daher perfekt Französisch). Auf einer ihrer Reisen trifft sie auf einen Stamm menschenähnlicher Wesen, die gewisse Laute von sich geben, und Lisa vermutet, dass es sich um eine natürliche Sprache handelt. Sie möchte daher versuchen, diese Sprache zu lernen – denn sie möchte professionell testen, wie Sprecher einer natürlichen Sprache die unbekannten Sprachen fremder Völker im Rahmen der Feldforschung verstehen lernen. Schnell findet sie heraus, dass die Lareten – so hat sie den Stamm für sich getauft – nur in extrem wenigen Situationen extrem wenige unterschiedliche Laute produzieren. Denn die Lareten reagieren, so scheint es Lisa, linguistisch auf das Auftauchen von zwei verschiedenen Lebewesen, die Lisa im Deutschen „Bären" und „Wildschweine" nennen würde. Ferner reagieren die Lareten linguistisch noch auf einen Gegenstand. Und Lisa hat das deutliche Gefühl, dass es sich in diesen Fällen stets um zustimmende linguistische Reaktionen der Lareten handelt.

Lisa beginnt nach einer Reihe dieser Beobachtungen einige Daten festzuhalten:

(i) Die Lareten sagen regelmäßig „bear", wenn Lisa sagen würde „Dies ist ein Bär".
(ii) Die Lareten schreien regelmäßig „dangerous" und rennen weg, wenn Lisa einen Bären sieht, und Lisa hat, weil sie sich bedroht fühlt, ebenfalls den starken Wunsch wegzurennen, wenn der Bär näherkommt – sie neigt spontan dazu, „Dieser Bär ist aber groß", aber auch „Der ist gefährlich" zu schreien.
(iii) Die Lareten sagen manchmal „John" und manchmal „Fred", wenn Lisa sagen würde „Das ist ein Bär".
(iv) Die Lareten sagen regelmäßig „sow", wenn Lisa sagen würde „Dies ist ein Wildschwein".
(v) Die Lareten schreien regelmäßig „edible", wenn sie ein Wildschwein sehen, und versuchen es zu fangen; und wenn sie eines gefangen haben, braten und verspeisen sie es. Lisa würde in diesen Situationen sagen: „Dieses Wesen ist aber klein und putzig".
(vi) Die Lareten sagen manchmal „Mary" und manchmal „Emily", wenn Lisa sagen würde „Das ist ein Wildschwein".
(vii) Die Lareten sagen regelmäßig „home", wenn sie einen Gegenstand sehen und in ihn hineingehen, den Lisa „Haus" nennen würde.
(viii) Die Lareten sagen manchmal „big", wenn sie auf Häuser schauen, also wenn Lisa wieder sagen würde „Dies ist ein Haus".

Aufgrund dieser Daten stellt Lisa zunächst folgende Hypothesen auf:

(1) Die Äußerung „bear" ist wahr (im Laretischen) gdw dies ein Bär ist.

(2) Die Äußerung „sow“ ist wahr (im Laretischen) gdw dies ein Wildschwein ist.
(3) Die Äußerung „dangerous“ ist wahr (im Laretischen) gdw dies ein Bär ist.
(4) Die Äußerung „edible“ ist wahr (im Laretischen) gdw dies ein Wildschwein ist.
(5) Die Äußerung „home“ ist wahr (im Laretischen) gdw dies ein Haus ist.

In Hinsicht auf die Wahrheitsbedingungen der übrigen Laute, die die Lareten von sich geben, ist Lisa sich weniger sicher. Und selbst in Hinsicht auf (1)–(5) ist sie nicht völlig überzeugt. Vielleicht heißt „edible“ so viel wie „klein und putzig“, und „dangerous“ eher „groß“? Aber irgendwann findet sie heraus, dass die Lareten beim Auftauchen von zwei bestimmten individuellen Bären „Fred“ bzw. „John“ sagen, und dass sie beim Auftauchen von zwei bestimmten individuellen Wildschweinen, die Lisa zu identifizieren lernt, „Mary“ bzw. „Emily“ sagen. Nachdem Lisa die beiden Bären und Wildschweine zu identifizieren gelernt hat, tauft sie die Tiere im Deutschen auf die Namen „Fritz“, „Johannes“, „Marie“ und „Emilie“. Außerdem registiert Lisa, dass die Lareten auch manchmal „big“ sagen, wenn Bären auftauchen, aber dies niemals äußern, wenn Wildschweine auftauchen. Und sie sagen „home“ vor allem dann, wenn sie in ihr eigenes Haus hineingehen oder sich dort aufhalten. Deshalb vermutet Lisa, dass statt (5) gilt

(5)‘ Die Äußerung „home“ ist wahr (im Laretischen) gdw dies das Heim der Sprecherin ist.

Und ferner

(6) Die Äußerung „big“ ist wahr (im Laretischen) gdw dies etwas Großes ist.

Aber im Laufe der Zeit bemerkt Lisa, dass die Lareten, wenn auch sehr undeutlich, noch zwei weitere Laute produzieren. Wenn z. B. Bären zusammen mit Wildschweinen auftauchen, sagen sie „bear and sow“, oder wenn Fred zusammen mit John auftaucht, sagen sie „Fred and John“. Manchmal gibt es auch Situationen, in denen etwa ein Bär in der Ferne sichtbar wird und Lisa ruft „John“, während die Lareten darauf damit reagieren, dass sie sagen „Fred, not John“. Als der Bär näher kommt, erkennt Lisa, dass es sich um Fred handelt. Sie vermutet daher
(7) Die Äußerung „x and y“ (wobei „x“ und „y“ Ausdrücke des Laretischen sind) ist wahr (im Laretischen) gdw r und s (wobei „r“ und „s“ die deut-

schen Ausdrücke sind, die nach (1)–(6) den laretischen Ausdrücken „x" und „y" zugeordnet sind).

(8) Die Äußerung „not x" (wobei „x" ein Ausdruck des Laretischen ist) ist wahr (im Laretischen) gdw nicht r (wobei „r" der deutsche Ausdruck ist, der nach (1)–(6) dem laretischen Ausdruck „x" zugeordnet ist).

Lisa benutzt nun diese Daten, um *hypothetisch* eine Bedeutungstheorie für das Laretische aufzustellen. Als kundige Sprachphilosophin gibt sie zunächst Syntax und Semantik dieser Sprache an; dabei vermutet sie im Sinne des logischen Universalismus, dass die Lareten ihre wenigen Laute auch zusammensetzen, und zwar implizit im Sinne von Prädikationen und logischen Verbindungen, wie sie die elementare zweiwertige Logik vorsieht:

Syntax des Laretischen

– *Alphabet*:
  Fred, John, Mary, Emily (Individuenkonstanten);
  bear, sow, home, big, dangerous, edible (Prädikatoren);
  and, not (logische Junktoren).
– *Formregeln*:
  Individuenkonstanten können mit Prädikatoren kombiniert werden; diese Kombinationen heißen *Sätze*.
  Sätze können mit dem Präfix *not* versehen oder mit *and* verbunden werden; so ergeben sich wieder Sätze des Laretischen.
  Prädikatoren können kombiniert werden (als implizite allquantifizierte Sätze).

Semantik:

– *Bezeichnungsregeln:*
  „Fred", „John", „Mary" und „Emily" sind Eigennamen für Einzeldinge, und es gilt:
  (f1) „Fred" bezeichnet Fritz,
  (f2) „John" bezeichnet Johannes,
  (f3) „Mary" bezeichnet Marie,
  (f4) „Emily" bezeichnet Emilie.

Diese Bezeichnungsregeln sind Zuordnungen, die wir auch als *Funktionen* auffassen können: Funktion f1 ordnet „Fred" dem Fritz zu, Funktion f2 ordnet „John" dem Johannes zu, Funktion f3 ordnet „Mary" der Marie zu, und Funktion f4 ordnet „Emily" der Emilie zu.

- *Satzfunktionen:*
  „bear“, „sow“, „home“, „big“, „dangerous“, „edible“ sind *Satzfunktionen*, die durch bestimmte einzelne Gegenstände erfüllt werden können (d. h. die wir in der Form „P(x)“ als Abkürzung für „x ist P“ schreiben können), und es gilt (für beliebige einzelne Gegenstände x):
  (1) x (ist) bear gdw x ein Bär ist,
  (2) x (ist) sow gdw x ein Wildschwein ist,
  (3) x (ist) home gdw x ein Heim ist,
  (4) x (ist) big gdw x etwas Großes ist,
  (5) x (ist) dangerous gdw x etwas Gefährliches ist,
  (6) x (ist) edible gdw x etwas Essbares ist.

Mit Blick auf diese konkrete Semantik des Laretischen können wir zwei *zentrale sematische Ausdrücke* im Rahmen unserer Bedeutungstheorie bestimmen:

(a) *Erfüllung*: Eine Funktion, die den Eigennamen „e“ (als *Argument der Funktion*) dem Gegenstand g (als *Wert der Funktion*) zuordnet, *erfüllt* die Satzfunktion „P(x)“ gdw g ein Q-Ding ist (wobei „Q“ der deutsche Prädikator ist, der nach der Liste der (a)–(f) der Satzfunktionen des Laretischen dem laretischen Prädikator „P“ zugeordnet ist).
(b) *Wahrheit*: Der Satz „P(a)“ ist *wahr*, wenn es eine Funktion mit „a“ als Argument gibt, die die Satzfunktion „P(x)“ erfüllt.

Schließlich gehört zu einer angemessenen Semantik auch die *logische* Semantik, also eine Bedeutungserklärung logischer Funktionsausdrücke ohne Rückgriff auf Empirie:

Sind „p“ und „q“ beliebige wohlgeformte Sätze des Laretischen, dann gilt:

(S1) „p“ ist *falsch* gdw „p“ nicht wahr ist,
(S2) „not p“ ist wahr gdw „p“ falsch ist,
(S3) „p and q“ ist wahr gdw „p“ wahr ist und „q“ wahr ist.

Zum axiomatischen Apparat unserer Bedeutungstheorie des Laretischen gehören dann verschiedene *Erfüllungsregeln* und *Wahrheitsregeln*, die angeben, unter welchen Bedingungen welche Funktionen im Laretischen nun tatsächlich welche Satzfunktionen erfüllen, und unter welchen Bedingungen welche Sätze des Laretischen tatsächlich wahr sind (die Axiomatisierung der Interpretationstheorie ist hier so zu verstehen, dass die Axiome grundlegende empirische Hypothesen sind, die sich bestätigen oder widerlegen, aber niemals beweisen lassen). In unserem Beispielfall handelt es sich offensichtlich um folgende Regeln:

Erfüllungsregeln:

Funktion f1 (d. h. Fred) erfüllt „bear(x)“, bzw. „sow(x)“, bzw. „home(x)“, bzw. „big(x)“, bzw. „dangerous(x)“, bzw. „edible(x)“ gdw Fritz ein Bär bzw. ein Wildschwein bzw. ein Heim bzw. etwas Großes bzw. gefährlich bzw. essbar ist.

Funktion f2 (d. h. John) erfüllt „bear(x)“, bzw. „sow(x)“, bzw. „home(x)“, bzw. „big(x)“, bzw. „dangerous(x)“, bzw. „edible(x)“ gdw Johannes ein Bär bzw. ein Wildschwein bzw. ein Heim bzw. etwas Großes bzw. gefährlich bzw. essbar ist.

Funktion f3 (d. h. Mary) erfüllt „bear(x)“, bzw. „sow(x)“, bzw. „home(x)“, bzw. „big(x)“, bzw. „dangerous(x)“, bzw. „edible(x)“ gdw Marie ein Bär bzw. ein Wildschwein bzw. ein Heim bzw. etwas Großes bzw. gefährlich bzw. essbar ist.

Funktion f4 (d. h. Emily) erfüllt „bear(x)“, bzw. „sow(x)“, bzw. „home(x)“, bzw. „big(x)“, bzw. „dangerous(x)“, bzw. „edible(x)“ gdw Emilie ein Bär bzw. ein Wildschwein bzw. ein Heim bzw. etwas Großes bzw. gefährlich bzw. essbar ist.

Einfache Wahrheitsregeln:

„Pi(aj)“ ist wahr gdw fj die Satzfunktion „Pi(x)“ erfüllt

(dabei steht „Pi(x)“ für eine der sechs Satzfunktionen des Laretischen und „aj“ für einen der vier Eigennamen des Laretischen; es gibt daher im Laretischen 24 einfache Wahrheitsregeln, z. B.

(i) „Bear(Fred)“ ist wahr gdw f1 die Satzfunktion „bear(x)“ erfüllt,

(ii) „Sow(John)“ ist wahr gdw wenn f2 die Satzfunktion „sow(x)“ erfüllt,

(iii) „Bear(Mary)“ ist wahr gdw f3 die Satzfunktion „bear(x)“ erfüllt,

(iv) „Sow(Emily)“ ist wahr gdw wenn f4 die Satzfunktion „sow(x)“ erfüllt.)

Zusammengesetzte Wahrheitsregeln:

Es gibt schließlich Wahrheitsregeln, die sich mit Hilfe der logischen Junktoren aus einfachen oder aus bereits gebildeten zusammengesetzten Wahrheitsregeln zusammensetzen lassen; für die Angabe der zusammengesetzten Wahrheitsregeln müssen wir uns auch auf die logische Semantik des Laretischen berufen, z. B.

(v) „Bear(Fred) and sow(Mary)“ ist wahr gdw f1 die Satzfunktion „bear(x)“ erfüllt und wenn f3 die Satzfunktion „sow(x)“ erfüllt.

(vi) „Big(Fred) and bear(Emily)" ist wahr gdw f1 die Satzfunktion „big(x)" erfüllt und f4 die Satzfunktion „bear(x)" erfüllt.

(Es gibt offensichtlich *sehr viele* zusammengesetzte Wahrheitsregeln des Laretischen, trotz seines höchst eingeschränkten Vokabulars).

Einer der *entscheidenden theoretischen Aspekte* dieser Art von Bedeutungstheorie ist, dass die *konkreten* einfachen und zusammengesetzten Wahrheitsregeln aus den Erfüllungsregeln *und* der *allgemeinen* semantischen Wahrheitsregel *abgeleitet werden können*. Mit Hilfe der Erfüllungsregeln können dann aber aus diesen konkreten Wahrheitsregeln wiederum weitere Sätze abgeleitet werden. Um welche Arten von Sätzen handelt es sich dabei?

Schauen wir uns noch einmal die oben angeführten Beispiele (i)–(iv) für konkrete einfache Wahrheitsregeln an. Im Blick auf diese Wahrheitsregeln sagen die Erfüllungsregeln,

(a)* dass f1 die Satzfunktion „bear(x)" erfüllt gdw Fritz ein Bär ist,
(b)* dass f2 die Satzfunktion „sow(x)" erfüllt gdw Johannes ein Wildschwein ist,
(c)* dass f3 die Satzfunktion „bear(x)" erfüllt gdw Marie ein Bär ist,
(d)* dass f4 die Satzfunktion „sow(x)" erfüllt gdw Emilie ein Wildschwein ist.

Aus (a)–(d) und (a)* – (d)* schließlich folgt offenbar

(a)** „Bear(Fred)" ist wahr gdw Fritz ein Bär ist,
(b)** „Sow(John)" ist wahr gdw Johannes ein Wildschwein ist,
(c)** „Bear(Mary)" ist wahr gdw Marie ein Bär ist;
(d)** „Sow(Emily)" ist wahr gdw Emilie ein Wildschwein ist.

Die Sätze (a)** – (d)** haben offenbar gerade die *Form von T-Äquivalenzen*, also die Form jener linguistischen *Daten*, die Lisa im Rahmen ihrer linguistischen Feldforschung bei den Lareten gesammelt hat. Tatsächlich ist unsere Bedeutungstheorie gerade so konstruiert, dass sie für *jeden* wohlgeformten Satz des Laretischen eine geeignete T-Äquivalenz abzuleiten gestattet – und genau das soll eine adäquate Bedeutungstheorie für eine zu interpretierende Sprache leisten.

Wir können dieses konkrete Beispiel in eine *abstraktere Form* überführen (dabei sind jetzt auch quantifizierte Sätze berücksichtigt, die in unserem konkreten Beispiel keine Rolle spielten):

Eine *interpretationistische Bedeutungstheorie BT* hat (für den Fall eines eingeschränkten Vokabulars der zu interpretierenden Objektsprache) folgende Form:

1. *Syntax*
1.1. Zeichen (Alphabet) von BT
1.1.1. a_1, a_2, a_3, a_4 (Individuenkonstanten)
1.1.2. x, y,... (Individuenvariable, Gegenstandsbereich Menschen)
1.1.3. $P_1(x), P_2(x), P_3(x), P_4(x), P_5(x), P_6(x)$ (Prädikatoren)
1.1.4. $\neg, \vee, \wedge$ (logische Junktoren)
1.1.5. $\exists x, \forall x$ (Quantoren)
1.1.6 (,) (Klammern)

1.2. Formregeln von BT
Ein wohlgeformter Satz Σ von BT hat genau eine der folgenden Formen:
1.2.1. $P_i(a_j)$ (i = 1,.....,6; j = 1,...,4)
1.2.2. $\neg(\Sigma_1), (\Sigma_1) \wedge (\Sigma_2), (\Sigma_1) \vee (\Sigma_2)$ (falls Σ_1, Σ_2 bereits wohlgeformt sind)
1.2.3. $\forall x\, P_i(x)$ (i = 1,.....,6)
1.2.4. $\exists x\, P_i(x)$ (i = 1,.....,6)

2. *Semantik*
2.1. Bezeichnungsregeln (Funktionen) in BT
2.1.1. „a_1" bezeichnet Fritz, d.h. $f_1(a_1)$ = Fritz,
2.1.2. „a_2" bezeichnet Johannes, d.h. $f_2(a_2)$ = Johannes,
2.1.3. „a_3" bezeichnet Marie, d. h. $f_3(a_3)$ = Marie,
2.1.4. „„a_4" bezeichnet Emilie, d. h. $f_4(a_4)$ = Emilie.

2.2. Satzfunktionen (= Prädikatoren; vgl. (1) (i) (c)) in BT:
2.2.1. Für alle x : $P_1(x)$ gdw x ein Bär ist,
2.2.2. Für alle x : $P_2(x)$ gdw x ein Wildschwein ist,
2.2.3. Für alle x : $P_3(x)$ gdw x ein Heim ist,
2.2.4. Für alle x : $P_4(x)$ gdw x etwas Großes ist,
2.2.5. Für alle x : $P_5(x)$ gdw x etwas Gefährliches ist;
2.2.6. Für alle x : $P_6(x)$ gdw x etwas Essbares ist.

2.3. Abstrakte Erfüllungsregel:
Eine Funktion *f* mit *f* $(a_i) = g_i$ (a_i Individuenkonstante (Eigennamen), g_i einzelne Gegenstände) erfüllt die Satzfunktion „Π (x)" gdw gilt: Δ (g_i) (wobei Δ der Prädikator der Metasprache ist, der dem objektsprachlichen Prädikator Π zugeordnet ist.

2.4. Abstrakte Wahrheitsregel:

2.4.1. $\Pi(a_i)$ ist wahr, falls es eine Funktion *f* mit a_i als Argument gibt, die die Satzfunktion $\Pi(x)$ erfüllt.

2.4.2. $\forall x\ \Pi(x)$ ist wahr, falls jede Funktion mit x_i als Argumenten die Satzfunktion $\Pi(x)$ erfüllt.

2.4.3. $\exists x\ \Pi(x)$ ist wahr, falls es mindestens eine Funktion mit x_i als Argumenten gibt, die die Satzfunktion $\Pi(x)$ erfüllt.

2.5. Logische Semantik in BT

Seien Σ_1, Σ_2 wohlgeformte Sätze in BT, so gilt:

2.5.1. Σ_1 ist falsch gdw Σ_1 nicht wahr ist.

2.5.2. $\neg(\Sigma_1)$ ist wahr gdw Σ_1 falsch ist.

2.5.3. $(\Sigma_1) \wedge (\Sigma_2)$ ist wahr gdw Σ_1 wahr ist und Σ_2 wahr ist.

2.5.4. $(\Sigma_1) \vee (\Sigma_2)$ ist wahr gdw $\neg(\Sigma_1) \wedge \neg(\Sigma_2)$ falsch ist.

3. *Konkrete Regeln in (BT)*

3.1. Erfüllungsregeln in BT:

3.1.1. f_1 erfüllt $P_i(x)$ (i=1,...,6) gdw Fritz ein Bär bzw. ein Wildschwein bzw. ein Heim bzw. etwas Großes bzw. gefährlich bzw. essbar ist.

3.1.2. f_2 erfüllt $P_i(x)$ (i=1,...,6) gdw Johannes ein Bär bzw. ein Wildschwein bzw. ein Heim bzw. etwas Großes bzw. gefährlich bzw. essbar ist.

3.1.3. f_3 erfüllt $P_i(x)$ (i=1,...,6) gdw Marie ein Bär bzw. ein Wildschwein bzw. ein Heim bzw. etwas Großes bzw. gefährlich bzw. essbar ist.

3.1.4. f_4 erfüllt $P_i(x)$ (i=1,...,6) gdw Emilie ein Bär bzw. ein Wildschwein bzw. ein Heim bzw. etwas Großes bzw. gefährlich bzw. essbar ist.

3.2. Wahrheitsregeln in BT:

3.2.1. „Pi(aj)" ist wahr gdw fj die Satzfunktion „Pi(x)" erfüllt. (dabei steht „Pi(x)" für eine der sechs Satzfunktionen und „aj" für einen der vier Eigennamen)

3.2.2. „$\forall x\ P_i(x)$" ist wahr gdw alle Funktionen die Satzfunktion $P_i(x)$ erfüllen.

3.2.3. „$\exists x\ P_i(x)$" ist wahr gdw eine Funktion die Satzfunktion $P_i(x)$ erfüllt.

4. *Folgerungen*

Nach (BT) gilt dann:

4.1. Für jeden wohlgeformten Satz Σ der in (BT) (1) eingeführten Objektsprache ist aus (BT) ein Satz der Form (*) Σ ist wahr gdw *T* ableitbar (Σ ist der Name (in Metasprache Deutsch) für einen objektsprachlichen Satz, T ist der aus (BT) folgende zugehörige metasprachliche Satz).

4.2. Bedeutungen als Entitäten werden weder postuliert noch erwähnt. Die einzigen semantischen Grundbegriffe sind „Wahrheit“ und „Erfüllung".

4.3. Die einzigen Entitäten, deren Existenz vorausgesetzt wird, sind die Einzeldinge Emilie, Marie, Fritz und Johannes.

4.4. Die einzigen Fälle, in denen ein eindeutiger Bezug, oder eine klare Korrespondenz, zwischen sprachlichen Zeichen und Entitäten in der Welt hergestellt wird, sind die Bezeichnungsregeln in 2.1. In diesem bescheidenen Sinne ist (BT) eine Korrespondenztheorie.

4.5. Zur Formulierung von (BT) wird eine verwendete und verstandene Metasprache vorausgesetzt (das Deutsche).

4.6. Zwar ist, *falls* unabhängig von (BT) bekannt ist, dass ein Satz der Form „Σ ist wahr“ sowie ein Satz der Form „*T*“ wahr sind, auch das Bikonditional „Σ ist wahr gdw *T*“ wahr, aber die Wahrheit eines derartigen Bikonditional folgt nicht aus (BT) allein, sondern nur aus den Daten für (BT).

4.7. (BT) zeigt, wie die Bedeutung von Sätzen von den jeweiligen Satzteilen abhängt, d.h wie der Bedeutung vom Bezug der Eigennamen auf Einzeldinge und dem systematischen Beitrag der Prädikate und logischen Operationen abhängt.

4.8. Nach 4.1. – 4.7. ist (BT) adäquat im Sinne von (R).

LITERATURVERZEICHNIS

Abaelard, Petrus: *Sic et Non,* in: Migne, J. P. (Hrg.) (1851): *Patrologia Latina,* Band 178, Turnhout, 1329–1610

Abel, G. (1993): *Interpretationswelten. Gegenwartsphilosophie jenseits von Essentialismus und Relativismus,* Frankfurt/Main

Abel, G. (1998²): *Die Dynamik der Willen zur Macht und die ewige Wiederkehr,* Berlin/New York

Abel, Th. (1948/1953): „The Operation Called *Verstehen*", in: Feigl, H.; Brodbeck, M. (Hrg.) (1953): *Readings in the Philosophy of Science,* New York, 677–687

Albert, H. (1994): *Kritik der reinen Hermeneutik,* Tübingen

Albrecht, J. (2000): *Europäischer Strukturalismus,* München

Alexander, W. (1993): *Hermeneutica generalis : Zur Konzeption und Entwicklung der allgemeinen Verstehenslehre im 17. und 18. Jahrhundert,* Stuttgart

Allen, J. (2001): *Inference from Signs. Ancient Debates about the Nature of Evidence,* Cambridge

Altmayer, C. (2004): *Kultur als Hypertext. Zur Theorie und Praxis der Kulturwissenschaft im Fach Deutsch als Fremdsprache,* München

Anderson, J. (2007): *Kognitive Psychologie,* Berlin/Heidelberg

Angehrn, E. (2003): *Interpretation und Dekonstruktion. Untersuchungen zur Hermeneutik,* Weilerswist

Anz, H. (1982): „Hermeneutik und Individualität. Wilhelm Diltheys hermeneutische Position und ihre Aporien", in: Birus, H. (Hrg.) (1982): *Hermeneutische Positionen,* Göttingen, 59–88

Anz, Th.; Baasner, R. (Hrsg.) (2004): *Literaturkritik : Geschichte, Theorie, Praxis,* München

Apel, K. O. (1955): „Das Verstehen (eine Problemgeschichte als Begriffsgeschichte)", in: Archiv für Begriffsgeschichte 1, 142–199

Apel, K.-O. (u. a.) (1971): *Hermeneutik und Ideologiekritik,* Frankfurt am Main

Apel, K.-O. (1979): *Die Erklären-Verstehen-Kontroverse in transzendentalpragmatischer Sicht,* Frankfurt/Main

Apel, K.-O. (1999): „Wissenschaftsgeschichte als hermeneutisches Problem", in: Fehér, Kiss (1999), 101–116

Aristoteles: *Peri Hermeneias,* übersetzt und erläutert von H. Weidemann, Berlin 2002

Aristoteles: *Rhetorik*, übersetzt und erläutert von C. Rapp, 2 Bd., Berlin 2002

Arndt, H. W. (1971): *Methodo Scientifico Pertractatum. Mos geometricus und Kalkülbegriff in der philosophischen Theorienbildung des 17. und 18. Jahrhunderts*, Berlin/New York

Arndt, H. W. (1994): „Die Hermeneutik des 18. Jahrhunderts im Verhältnis zur Sprach- und Erkenntnistheorie des klassischen Rationalismus," in: Bühler (Hrg.) (1994), 12–25

Ast, F. (1808): *Grundlinien der Grammatik, Hermeneutik und Kritik*, Landshut

Attridge, D. (1995): „The linguistic model (sc. of structuralism) and its application", in: Selden (Hrg.) (1995), 58–84

Augustinus, Aurelius (1925): *Vier Bücher über die christliche Lehre (De Doctrina Christiana)*, übersetzt von S. Mitterer, in: Augustinus, *Ausgewählte Schriften in deutscher Übersetzung*, Band VIII, München 1925, 1–225

Augustinus, Aurelius (1975): *De Dialectica*, übersetzt und eingeleitet von B. D. Jackson, Dordrecht 1975

Atkins, J. W. H. (1952): *Literary Criticism in Antiquity*, 2 Vols., London

Ayer, A. J. (1967): *Language, Truth and Logic*, London

Ayer, A. J. (1971): *Russell and Moore: The Analytical Heritage*, London

Bann, St. (1995): „Semiotics", in: Selden (Hrg.) (1995), 85–109

Barner, W. (1998): „Kommt der Literaturwissenschaft ihr Gegenstand abhanden?" In: Jahrbuch der Deutschen Schillergesellschaft 42, 457–462

Barnes, J. (1993): „Meaning, Saying and Thinking", in: Döring, K.; Ebert, Th. (Hrg.) (1993): *Dialektiker und Stoiker. Zur Logik der Stoa und ihrer Vorläufer*, Stuttgart, 47–62

Barth, U. (1996): „Hallesche Hermeneutik im 18. Jahrhundert. Stationen des Übergangs zwischen Pietismus und Aufklärung", in: Beetz, M.; Cacciatore, G. (Hrg.) (1996), 69–98

Barthes, R. (1966): „Die strukturalistische Tätigkeit", in: Kursbuch 5, 190–196 (auch in Kimmich, Renner, Stiegler (Hrg.) (1996), 215–224)

Barthes, R. (1967): *Kritik und Wahrheit*, Frankfurt/Main

Barthes, R. (1964): *Mythen des Alltags*, Frankfurt/Main

Barthes, R. (1987): *S/Z*, Frankfurt/Main

Baumgarten, A. G. (1761): *Acroasis Logica*, Halle

Baumgarten, S. J. (1769): *Ausführlicher Vortrag der biblischen Hermeneutic*, Halle

Beaney, M. (1996): *Frege: Making Sense*, London

Beaney, M. (Hrg.) (2007): *The Analytic Turn: Analysis in Early Analytic Philosophy and Phenomenology*, London

Beaney, M. (2009): *Analysis*, in: Stanford Encyclopedia in Philosophy

Beardsley, M. (1967): „Metaphor", in: *The Encyclopedia of Philosophy*, Hrg. P. Edwards, New York 1967

de Beaugrande, R. A., Dressler, W. U. (1981): *Einführung in die Textlinguistik*, Tübingen

Becker, A.; Detel, W. (Hrg.) (2009): *Natürlicher Geist. Beiträge zu einer undogmatischen Anthropologie*, Berlin

Beckermann, A. (1977): *Analytische Handlungstheorie*, 2 Bd., Frankfurt/Main

Beckermann, A. (2001): *Analytische Einführung in die Philosophie des Geistes*, Berlin/New York

Beetz, M. (1996): „Georg Friedrich Meiers semiotische Hermeneutik", in: Beetz, M.; Cacciatore, G. (Hrg.) (1996), 17–30

Beetz, M.; Cacciatore, G. (Hrg.) (1996): *Hermeneutik im Zeitalter der Aufklärung*, Köln

Beiner, M. (2008): *Was Geisteswissenschaft macht. Und was sie ausmacht*, Darmstadt

Benthien, C.; Velten, H. R. (2002): *Germanistik als Kulturwissenschaft*, Reinbek bei Hamburg

Bernays, J. (1857): „Grundzüge der verlorenen Abhandlung des Aristoteles über die Wirkung der Tragödie", in: Abhandlungen der historisch-philologischen Gesellschaft in Breslau 1, 135–202

Bertram, G. (2002): *Hermeneutik und Dekonstruktion. Konturen einer Auseinandersetzung der Gegenwartsphilosophie*, München

Betti, E. (1962): *Die Hermeneutik als allgemeine Methodik der Geisteswissenschaften*, Tübingen.

Betti, E. (1967): *Allgemeine Auslegungslehre als Methodik der Geisteswissenschaften*, Tübingen

Biagioli, M. (1993): *Galileo, Courtier. The Practice of Science in the Culture of Absolutism*, Chicago/London (dt. *Galilei, der Höfling. Entdeckungen und Etikette: Vom Aufstieg der neuen Wissenschaft*, Frankfurt/Main 1999)

Biard, J. (Hrg.) (2009): *Le langage mental du Moyen Âge à l'âge classique*, Paris

Bieri, P. (1987): „Intentionale Systeme: Überlegungen zu Daniel Dennetts Philosophie des Geistes", in: Brandtstädter, J. (Hrg.): *Struktur und Erfahrung in der psychologischen Forschung*, Berlin/New York 1987, 208–252

Bieri, P. (Hrg.) (1993): *Analytische Philosophie des Geistes*, Bodenheim

Bilgrami, A. (1992): *Belief and Meaning*, Oxford
Bilgrami, A. (1993): „Norms and Meaning," in: Stoecker, R. (Hrg.) (1993): *Reflecting Davidson*, Berlin/New York, 121–144
Birus, H. (1980): „Hermeneutische Wende? Anmerkungen zur Schleiermacher-Interpretation", in: Euphoria 74, 213–222
Birus, H. (1982): „Zwischen den Zeiten: Friedrich Schleiermacher als Klassiker der neuzeitlichen Hermeneutik", in: Birus (Hrg.) (1982), 15–58
Birus, H. (Hrg.) (1982): *Hermeneutische Positionen: Schleiermacher – Dilthey – Heidegger – Gadamer*, Göttingen
Black, M. (1954): „Metaphor", in: Proceedings of the Aristotelian Society 55, 273–294 (dt. „Die Metapher", in: Haverkamp, A. (Hrg.) (1998), 55–79)
Black, M. (1977): „More about Metaphor", in: Dialectica 31, 431–457 (dt. „Mehr über die Metapher", in: Haverkamp, A. (Hrg.) (1998), 379–413)
Blackburn, S. (1984): „The Individual Strikes Back", in: Synthese 58, 281–301
Bochenski, J. (1956): *Formale Logik*, München/Freiburg
Bodammer, Th. (1987): *Philosophie der Geisteswissenschaften*, Freiburg/München
Boeckh, A. (1877): *Encyclopädie und Methodenlehre der philologischen Wissenschaften*, hrg. v. E. Bratuschek, Leipzig
Bogdahl, K. M. (Hrg.) (2005): *Neue Literaturtheorien*, Göttingen
Boghossian, P. (1989): „The Rule-Following Considerations," in: *Mind* 98, 507–549
Boghossian, P. (2003): „The Normativity of Content," in: *Philosophical Issues* 13, 31–45
Böhm, J. M. (2005): *Kritische Rationalität und Verstehen. Thesen zu einer naturalistischen Hermeneutik*, Amsterdam/New York
Böhme, H.; Matussek, P.; Müller, L. (2000): *Orientierung Kulturwissenschaft. Was sie kann, was sie will*, Reinbek bei Hamburg
Bos, E. P. (Hrg.) (2009): *Rise and development of supposition theory*, Turnhout
Bourdieu, P. (1997): *Die Regeln der Kunst. Genese und Struktur des literarischen Feldes*, Frankfurt/Main
Brandom, R. (1994): *Making it Explicit*, Cambridge MA (dt. *Expressive Vernunft. Begründen, Repräsentation und diskursive Festlegung*, Frankfurt/Main 2000)
Brandom, R. (2000): *Articulating Reasons*, Cambridge MA
Breadley, M. C. (2006): „Der Begriff der Literatur", in: Gottschalk, Köppe (2006), 44–61

Brenner, P. (1995): „Was ist Literatur?" In: R.Glaser, M.Luserke (Hrg.), *Literaurwissenschaft – Kulturwissenschaft*, Opladen 1995, 11–47

Brinkmann, H. (1980): *Mittelalterliche Hermeneutik*, Tübingen

Bruns, G. L. (1995): *Hermeneutics Ancient and Modern*, Boston

Bubner, R. (u. a.) (Hrg.) (1970): *Hermeneutik und Dialektik. Festschrift für Hans-Georg Gadamer*, Tübingen

Burge, T. (1986): „Intellectual Norms and the Foundations of Mind," in: *Journal of Philosophy* 83, 697–720

Bühler, A. (1987): „Die Einheit der wissenschaftlichen Methode und Maximen des Verstehens", in: Zeitschrift für philosophische Forschung 41, 633–644

Bühler, A. (1993): „Der hermeneutische Intentionalismus als Konzeption von den Zielen der Interpretation", in: Ethik und Sozialwissenschaften 4, 511–518

Bühler, A. (Hrg.) (1994): *Unzeitgemäße Hermeneutik. Verstehen und Interpretation im Denken der Aufklärung*, Frankfurt/Main

Bühler, A. (1995): „Verstehen: Vernunft und Erfahrung", in: Philosophia naturalis 32, 271–294

Bühler, A. (1995a): „Hermeneutischer Intentionalismus und die Interpretation philosophischer Texte", in: Logos N. F. 2, 1–18

Bühler, A. (1998): „Vier Vorurteile über Hermeneutik", in: Kanitscheider, Wetz (Hrg.) (1998), 83–97

Bühler, A. (Hrg.) (2003): *Hermeneutik. Basistexte zur Einführung in die wissenschaftstheoretischen Grundlagen von Verstehen und Interpretation*, Heidelberg

Bühler, A. (2003a): „Die Vielfalt des Interpretierens", in: Bühler (Hrg.) (2003), 99–119

Bühler, A.; Madonna, L. C. (Hrg.) (1995): *Hermeneutik der Aufklärung*, Aufklärung 8/2

Bühler, A.; Madonna, L. C. (1995): „Von Thomasius bis Semler. Entwicklungslinien der Hermeneutik in Halle", in: Aufklärung 8/2, 49–70

Bühler, A.; Madonna, L. C. (1996): „Einleitung", in: Meier (1996), VII – CII

Bühn, H. (1999): *Experten und Laien in politischen Theorien. Zum Konzept einer emanzipatorischen Theorie*, Frankfurt/Main

Burdorf, D.; Schmücker, R. (Hrg.) (1998): *Dialogische Wissenschaft. Perspektiven der Philosophie Schleiermachers*, Paderborn

Bux, K.-U.; Greif, H. (2002): „Ja, Der Da hat es gesagt. Über den destruktiven Umgang mit Texten", in: Deutsche Zeitschrift für Philosophie 50, 17–34

Camp, E. (2003): *Saying and Seeing-as: The Linguistic Uses and Cognitive Effects of Metaphor*, Berkeley
Carl, W. (1994): *Frege's Theory of Sense and Reference*, Cambridge
Carnap, R. (1928): *Der logische Aufbau der Welt*, Berlin-Schlachtensee
Carnap, R. (1936): „Die Methode der logischen Analyse", in: *Actes du huitième Congrès international de philosophie à Prague 2–7, Septembre 1934*, Prag, 142–145
Carnap, R. (1934): *Logische Syntax der Sprache*, Wien
Carnap, R. (1942): *Introduction to Semantics*, Cambridge MA
Carnap, R. (1947): *Meaning and Necessity*, Chicago
Carrol, N. (2001): „Interpretation and Intention: The Debate between Hypothetical and Actual Intentionalism", in: Dies., *Beyond Aesthetics. Philosophical Essays*, Cambridge 2001, 197–213, 418–420
Carruthers, P.; Smith, P. K. (1996): *Theories of theories of mind*, Cambridge
Charles, D. (2000): *Aristotle on Meaning and Essence*, Oxford
Chladenius, J. M. (1742): *Einleitung zur richtigen Auslegungskunst vernünftiger Reden und Schriften*, Leizig (ND Düsseldorf 1969)
Christiansen, I. (1969): *Die Technik der allegorischen Auslegungswissenschaft bei Philon von Alexandrien*, Tübingen
Christensen, S.; Turner, R. (Hrg.) (1993): *Folk Psychology and the Philosophy of Mind*, Hillsdale N. J.
Clauberg, J. (1654): *Logica Vetus et Nova*, Amsterdam
Clauberg, J. (1691): *Opera Omnia Philosophica*, Amsterdam (ND Hildesheim 1968)
Coffa, J. A. (1991): *The Semantic Tradition from Kant to Carnap*, Cambridge
Copeland, R. (1995): *Rhetoric, hermeneutics, and translation in the Middle Ages : academic traditions and vernacular texts*, Cambridge
Cooper, N. (1994): „Understanding", in: Proceedings of the Aristotelian Society, Suppl. Vol. 68, 1–26
Cooper, N. (1995): „The Epistemology of Understanding", in: Inquiry 38, 205–215
Crusius, C. A. (1747): *Weg zur Gewißheit und Zuverläßigkeit der menschlichen Erkenntniß*, Leipzig (ND Hildesheim 1965)
Culler, J. (1988): *Dekonstruktion. Derrida und die poststrukturalistische Literaturtheorie*, Reinbek bei Hamburg
Culler, J. (2002): *Literaturtheorie*, Stuttgart (engl. *Literary Theory*, Oxford 1997)
Cummins, R. (1989): *Meaning and mental representation*, Cambridge MA

Dale, A. M. (2006): „Ethos and Dianoia: „Character" and „Thought" in Aristotle's *Poetics*", in: Laird (Hrg.) (2006), 142–157

Dancy, J. (2000): *Normativity*, Oxford

Danneberg, L. (1994): „Probabilita hermeneutica. Zu einem Aspekt der Interpretations-Methodologie in der ersten Hälfte des 18. Jahrhunderts“, in: Aufklärung 8/2, 27–48

Danneberg, L. (1995): „Der sensus metaphoricus in der Geschichte der Hermeneutik und die neuere sprachanalytische Metaphern-Diskussion“, in: Danneberg, L.; Graeser, A.; Petrus, K. (Hrg.) (1995): *Metapher und Innovation. Die Rolle der Metapher im Wandel von Sprache und Wissenschaft*, Bern, 66–104

Danneberg, L. (1995a): „Philosophische und methodische Hermeneutik“, in: Philosophia naturalis 32, 249–269

Danneberg, L. (1998): „Schleiermachers Hermeneutik im historischen Kontext – mit einem Blick auf ihre Rezeption“, in: Burdorf, Schmücker (Hrg.) (1998), 81–106

Danneberg, L. (2005): „Vom „grammaticus“ und „logicus“ über den „analyticus“ zum „hermeneuticus““, in: Schönert, Vollhardt (2005), 281–364

Danneberg, L.; Müller, H.-H. (1983): „Der intentionale Fehlschluß – ein Dogma? Systematischer Forschungsbericht zur Kontroverse um eine intentionalistische Konzeption in den Textwissenschaften“, in: Zeitschrift für allgemeine Wissenschaftstheorie 14, 103–137, 376–411

Dannhauer, J. C. (1629): *Idea boni Disputatoris et malitiosi Sophistae*, Straßburg

Dannhauer, J. C. (1630): *Idea boni Interpretis et malitiosi Calumniatoris*, Straßburg

Dannhauer, J. C. (1634): *Epitome dialectica*, Straßburg

Dannhauer, J. C. (1654): *Hermeneutica Sacra*, Straßburg

Darwall, Stephen (2001): „Normativity“, in: *Routledge Ecyclopedia of Philosophy Online*, revised edition

Dasenbrock, R. W. (Hrg.) (1993): *Literary Theory after Davidson*, University Park

Davidson, D. (1974): „On the Very Idea of a Conceptual Scheme“, in: *Proceedings and Addresses of the American Philosophical Association*, 47, 5–20

Davidson, D. (1978): „What Metaphors Mean“, in: Critical Inquiry 5, 31–47 (dt. „Was Metaphern bedeuten“, in: Haverkamp (Hrg.) (1998), 49–75)

Davidson, D. (1980): *Essays on Action and Events*, Oxford

Davidson, D. (1980a): „Mental Events“, in: Davidson (1980), 207–228

Davidson, D. (1980b): „Actions, Reasons, and Causes“, in: Davidson, D. (1980), 3–29

Davidson, D. (1983): „A Coherence Theory of Truth and Knowledge“, in: Henrich, D. (Hrg.) (1983): *Kant oder Hegel?* Stuttgart, 423–438

Davidson, D. (1984): *Inquiries into Truth and Interpretation,* Oxford (dt.: *Wahrheit und Interpretation,* Frankfurt/Main 1986)

Davidson, D. (1984a): „Radical Interpretation", in: Davidson (1984), 125–140

Davidson, D. (1989): „The Conditions of Thought", in: Grazer Philosophische Studien 36, 193–200

Davidson, D. (1991): „Epistemology Externalized", in: Dialectica 45, 191–202

Davidson, D. (1991a): „Locating Literary Language", in: Dasenbrock (Hrg.) (1993), 295–308

Davidson, D. (1997): „Unbestimmtheit und Antirealismus", in: Köhler, W. (Hrg.) (1997): *Davidsons Philosophie des Mentalen*, Paderborn, 19–32.

Davidson, D. (2005): *Truth, Language, and History,* Oxford

Davies, M.; Stone, T. (Hrg.) (1995): *Mental Simulation: Evaluations and Applications,* Oxford

Davies, M.; Stone, T. (Hrg.) (1995a): *The Theory of Mind Debate*, Oxford

Day, G. (2010): *Literary Criticism: A New History*, Edinburgh

Demmerling, Ch. (2002): *Sinn, Bedeutung, Verstehen : Untersuchungen zu Sprachphilosophie und Hermeneutik*, Paderborn

Dennett, D. (1971): „Intentional Systems", in: The Journal of Philosophy 68, 87–106

Dennett, D. (1981): „True Believers: The Intentional Strategy and Why It Works", in: A. F. Heath (Hrg.) (1981): *Scientific Explanation*, Oxford

Dennett, D. (1987): *The Intentional Stance,* Cambridge MA

Dennett, D. (1987a): „Three Kinds of Intentional Psychology", in: Dennett (1987), 69–81

Dennett, D. (1990): „The Interpretation of Texts, People, and Other Artifacts", in: Philosophy and Phenomenological Research 50 (Suppl.), 177–194

Derrida, J. (1976): *Randgänge der Philosophie,* Wien

Derrida, J. (1976a): „Signatur Ereignis Kontext", in: Derrida (1976), 124–154

Derrida, J. (1983): *Grammatologie,* Frankfurt/Main

Derrida, J. (1986): *Positionen,* Graz/Wien

Derrida, J. (1990): „Die différance", in: Engelmann (Hrg.) (1990), 76–113

Derrida, J. (2006): „Diese merkwürdige Institution namens Literatur", in: Gottschalk, Köppe (Hrg.) (2006), 91–107

Detel, W. (2002): „Der Sozialkonstruktivismus und die Wissenschaftsgeschichtsschreibung des 17. Jahrhunderts", in: Zittel, C. (Hrg.) (2002): *Konstruktionsprobleme des Sozialkonstruktivismus*, Berlin, 67–86

Detel, W. (2003): „Wissen und Kontext“, in: Vogel, M.; Wingert, L. (Hrg.) (2003): *Wissen zwischen Entdeckung und Konstruktion*, Frankfurt/Main, 249–287

Detel, W. (2005): *Foucault and Classical Antiquity*, Cambridge

Detel, W. (2005a): „Hybrid Theories of Normativity“, in: Gill, C. (Hrg.) (2005): *Norms, Virtues, and Objectivity*, Oxford, 113–144

Detel, W. (2006): „Logic and Philosophy of Science in Aristotle“, in: Gill, M.-L.; Pellegrin, P. (Hrg.) (2006): *The Blackwell Companion to Ancient Philosophy*, Cambridge, 245–269

Detel, W. (2008): „On the Concept of Basic Social Norms“, in: Analyse und Kritik 30, 469–482

Detel, W. (2009): „Naturalismus und intentionaler Realismus“, in: Becker, Detel (Hrg.) (2009), 13–64

Detel, W. (2009a): „Wissenskulturen und universelle Rationalität“, in: Fried, J.; Stolleis, M. (Hrg.) (2009): *Wissenskulturen. Über die Erzeugung und Weitergabe von Wissen*, Frankfurt/New York, 181–214

Detel, W. (2011): „Sprachliche Fähigkeiten“, in: Tomasello (2011), 147–152

Dilthey, W. (1900): „Die Entstehung der Hermeneutik“. in: Philosophische Abhandlungen – Christoph Sigwart zu seinem siebzigsten Geburtstag gewidmet, Tübingen 1900, 185–202

Dilthey, W. (1922–31): *Gesammelte Schriften. I–VIII*, Leipzig und Berlin

Dilthey, W. (1966): *Leben Schleiermachers. Gesammelte Schriften XIV/2*, hrg. v. M. Redeker, Berlin

Dilthey, W. (1970): *Der Aufbau der geschichtlichen Welt in den Geisteswissenschaften*, Frankfurt/Main

Döbert, R. (1989): „Max Webers Handlungstheorie und die Ebenen des Raionalitätskomplexes“, in: Weiß, J. (Hrg.) (1989): *Max Weber heute. Erträge und Probleme der Forschung*, Frankfurt/Main, 210–249

Dolezel, L. (1995): „Structuralism of the Prague School“, in: Selden (Hrg.) (1995), 33–57

Drago, A. (1999): „Incommensurability as a Bound of Hermeneutics in Science“, in: Fehér, Kiss (1999), 135–155

Dretske, F. (1986): „Misrepresentation“; in: Bogdan, R. (Hrg.) (1986): *Belief: Form, Content, and Function*, Oxford

Dretske, F. (2000): „Norms, History, and the Constitution of the Mental“, in: Ders., *Perception, Knowledge and Belief*, Cambridge, 242–258

Droysen, J. G. (1937): *Historik, I–III. Vorlesungen über Enzyzlopädie und Methodologie der Geschichte*, München

Dummett, M. (1973): *Frege: Philosophy of Language*, London

Dummett, M. (1976): „What is a theory of meaning? (II)“, in: Evans, G.; McDowell, J. (Hrg.) (1976): *Truth and Meaning*, Oxford, 67–137

Dummett, M. (1978): „Frege's Distinction Between Sense and Reference", in: Ders., *Truth and Other Enigmas*, London, 116–144

Dummett, M. (1981): *The Interpretation of Frege's Philosophy*, London

Dummett, M. (1991): *Frege: Philosophy of Mathematics*, London

Dummett, M. (1993): *The Seas of Language*, Oxford

Eagleton, T. (1994): *Einführung in die Literaturtheorie*, Stuttgart

Eagleton, T. (1996): *Die Illusionen der Postmoderne*, Stuttgart/Weimar

Ebeling, G. (1959): Artikel „Hermeneutik", in: RGG (= Religion in Geschichte und Gegenwart) Bd. III, Tübingen 1959, 242–262

Eco, U. (1977): *Zeichen*, Frankfurt/Main

Eco, U. (1988): *Einführung in die Semiotik*, München

Eco, U. (1990): *Die Grenzen der Interpretation*, München, Wien

Eger, M. (1999): „Language and the Double Hermeneutics in Natural Science", in: Fehér, Kiss (1999), 259–264

Engel, P. (2002): „The Norms of Thought: Are They Social?" in: *Mind and Society* 2, 129–148

Engel, P. (2006): „Epistemic norms and rationality", in: Strawinski, W.; Grygianca, M.; Brodek, A. (Hrg.) (2006): *Mysli o Jezyku, nauce I wartosciach, Ksiega ofiarowana Jackowi Juliuzowi Jadakiemu.* Warschau, 355–370

Engelmann, P. (Hrg.) (1990): *Postmoderne und Dekonstruktion. Texte französischer Philosophen der Gegenwart*, Stuttgart

Evans, G. (1981): „Understanding Demonstratives", in Parrett, H.; Bouveresse, J. (Hrg.) (1981): *Meaning and Understanding*, Berlin, 280–303

Fantham, E. (1988): „Latin criticism of the Early Empire", in: Kennedy (Hrg.) (1988), 275–295

Fehér, M., Kiss, S. (Hrg.) (1999): *Hermeneutics and Science*, Dordrecht

Ferrari, G. (1988): „Plato and poetry", in: Kennedy (Hrg.) (1988), 92–148

Ferraris, M. (1996): *History of hermeneutics*, Atlantic Highlands, NJ

Figal, G. (1996): *Der Sinn des Verstehens : Beiträge zur hermeneutischen Philosophie*, Stuttgart

Figal, G. (u. a.) (Hrg.) (2001): *Hermeneutische Wege. Hans-Georg Gadamer zum Hundertsten*, Tübingen

Figal, G. (2003): „Gadamer im Kontext. Zur Gestalt und den Perspektiven philosophischer Hermeneutik", in: Wischke, M.; Hofer, M. (Hrg.) (2003): *Gadamer verstehen – understanding Gadamer*, Darmstadt, 141–156.

Figal, G. (2005) (Hrg.): Internationales Jahrbuch für Hermeneutik, Schwerpunkt: Platon und die Hermeneutik, Tübingen

Figal, G. (Hrg.) (2007): *Hans-Georg Gadamer. Wahrheit und Methode,* Berlin

Fish, St. (1982): „With compliments of the author: reflections on Austin and Derrida“, in: Critical Inquiry 8, 693–721

Flacius (Illyricus), M. (1567): *Clavis Scripturae Sacrae,* Basel

Flacius (Illyricus), M. (1968): *De ratione cognoscendi sacras litteras,* übersetzt, eingeleitet und mit Anmerkungen versehen von L. Geldsetzer, Düsseldorf

Flasch, K.; Jeck, U. R. (Hrg.) (1997): *Das Licht der Vernunft. Die Anfänge der Aufklärung im Mittelalter,* München

Føllesdal, D. (1979): „Hermeneutics and the Hypothetic-Deductive Method“, in: Dialectica 33, 319–336

Føllesdal, D. (1981): „Understanding and Rationality,“ in: Parret, Bouveresse (Hrg.) (1981), 154–168

Føllesdal, D. (1982): „The Status of Rationality Assumptions in Interpretation and the Explanation of Action“, in: Dialectica 36, 301–316

Føllesdal, D. (1999): „Hermeneutics and Natural Science“, in: Fehér, Kiss (1999), 293–298.

Føllesdal, D. (2001): „Hermeneutics“, in: International Journal of Psychoanalysis 82, 1–5

Fogelin, R. (1988): *Figuratively Speaking,* New Haven

Forster, V. W. (1613): *Interpres sive De Interpretatione Iuris libri duo,* Wittenberg

Forget, Ph. (Hrg.) (1984): *Text und Interpretation.* Deutsch-französische Debatte mit Beiträgen von J. Derrida u. a., München

Foucault, M. (1983): *Der Wille zum Wissen. Sexualität und Wahrheit 1,* Frankfurt/Main

Foucault, M. (1996): „Was ist ein Autor?“ in: Kimmich, Renner, Stiegler (Hrg.) (1996), 233–247

Fowler, D. (2006): „The Virgil Commentary of Servius“, in: Laird (Hrg.) (2006), 414–420

Fränkel, H. (1962): *Dichtung und Philosophie des frühen Griechentums,* München

Frank, M. (1977): *Das Individuelle Allgemeine – Textstrukturierung und – interpretation nach Schleiermacher,* Frankfurt/Main

Frank, M . (1987): *Was ist Neostrukturalismus*? Frankfurt/Main

Frank, M. (1990): „Was ist ein literarischer Text, und was heißt es, ihn zu verstehen?“ in: Ders., *Das Sagbare und das Unsagbare. Studien zur deutsch-französischen Hermeneutik und Texttheorie*, Frankfurt/Main 1990, 121–195

Frede, M. (1972): *Die stoische Logik,* Göttingen

Frege, G. (1879): *Begriffsschrift, eine der arithmetischen nachgebildete Formelsprache des reinen Denkens*, Halle

Frege, G. (1892): „Über Sinn und Bedeutung", in: Zeitschrift für Philosophie und philosophische Kritik 100, 25–50

Frege, G. (1884): *Die Grundlagen der Arithmetik, eine logisch mathematische Untersuchung über den Begriff der Zahl*, Breslau

Friederich, C. (1978): *Sprache und Geschichte : Untersuchungen zur Hermeneutik von Johann Martin Chladenius*, Meisenheim

Frühwald, W.; Jauß, H. R.; Koselleck, R. et al. (1996): *Geisteswissenschaften heute. Eine Denkschrift*, Frankfurt/Main

Gadamer, H.-G. (1965²): *Wahrheit und Methode,* Tübingen (1960¹,1970⁴)

Gadamer, H.-G. (1974): „Hermeneutik", in: Ritter, J.; Gründer, K. (1974): *Historisches Wörterbuch der Philosophie,* Bd.3, 1061–1073

Gadamer, H.-G.; Boehm, G. (Hrg.) (1979): *Seminar: Philosophische Hermeneutik*, Frankfurt/Main

Gadamer, H.-G. (2010): *Gesammelte Werke, Band 1: Hermeneutik I: Wahrheit und Methode,* Tübingen

Gadamer, H.-G. (1993): *Gesammelte Werke, Band 2: Hermeneutik II: Wahrheit und Methode: Ergänzungen, Register,* Tübingen

Gadamer, H.-G. (1991): *Vernunft im Zeitalter der Wissenschaft*, Frankfurt/Main

Gadamer, H.-G. (1995): *Gesammelte Werke, Band 10: Hermeneutik im Rüchblick,* Tübingen

Gadamer, H.-G. (2000): *Hermeneutische Entwürfe. Vorträge und Aufsätze,* Tübingen.

Gampel, E. (1997): „The Normativity of Meaning", in: *Philosophical Studies* 86, 221–242

Gatzemeier, M. (1985): „Wahrheit und Allegorie. Zur Frühgeschichte der Hermeneutik von Theagenes bis Proklos", in: Gerhardt, V. Herold, N. (Hrg.) (1985): *Wahrheit und Begründung,* Würzburg, 27–44

Gazzaniga, M. et al. (2002): *Cognitive Neuroscience: The Biology of the Mind*, New York

Geertz, C. (1987): *Dichte Beschreibung. Beiträge zum Verstehen kultureller Systeme*, Frankfurt/Main

Geisenhanslücke, A (2003): *Einführung in die Literaturtheorie*, Darmstadt

Geldsetzer, L. (1994): „Hermeneutik", in: Seiffert, H.; Radnitzky,G. (Hrg.) (1994): *Handlexikon zur Wissenschaftstheorie,* München, 127–139

Genette, G. (1972): „Strukturalismus und Literaturwissenschaft“, in: Blumensath, H. (Hrg.) (1972), *Strukturalismus in der Literaturwissenschaft*, Köln, 74–75

Genette, G. (1996): „Strukturalismus und Semiotik“, in: Kimmich, Renner, Stiegler (Hrg.) (1996), 197–214.

Geuss, R. (1983): *Die Idee einer kritischen Theorie*, Königstein

Gibbard, A. (2005): „Truth and Corrrect Belief“, in: Philosophical Issues 15 (Normativity), 338–350

Gibbs, R., Steen, G. (1999): *Metaphor in Cognitive Linguistics,* Amsterdam

Gibbs, R. (2000) : „Metarepresentations in Staged Communicative Acts“, in Sperber (Hrg.) (2000), 389–410

Gigerenzer, G. (2000): *Adaptive thinking: Rationality in the real world*, Oxford

Glüer, K. (1999): *Sprache und Regeln. Zur Normativität der Bedeutung*, Berlin

Glüer, K.; Wikforss, A. (2009): Artikel „Meaning – Normativity“, in: Stanford Encyclopedia in Philosophy, hrg. v. E.N. Zalta, vgl. http://plato.stanford.edu/entries/meaning-normativity/

Glüer, K.; Pagin, P. (1999): „Rules of Meaning and Practical Reasoning“, in: Synthese 117, 207–227

Glüer, K. (2000): „Bedeutung zwischen Natur und Naturgesetz“, in: Deutsche Zeitschrift für Philosophie 48, 449–468

Göller, Th.; Recki B.; Konersmann, R.; Schwemmer, O. (2005): „Die kulturwissenschaftlichen Wende in den Geisteswissenschaften und die Philosophie. Diskussion“, in: Information Philosophie 3/2005, 20–32

Göttner, H. (1973): *Logik der Interpretation*, München

Gomperz, H. (1929): *Über Sinn und Sinngebilde, Verstehen und Erklären*, Tübingen

Gomperz, H. (1939): *Interpretation. Logical Analysis of a Method of Historical Research,* Den Haag

Goodman, N. (1977): *The Structure of Appearance*, Dordrecht

Goodman, N. (1978): „Metaphor as Moonlighting“, in: Sacks (Hrg.) (1978), 175–180

Gottschalk, J., Köppe, T. (2006): *Was ist Literatur? Basistexte Literaturtheorie*, Paderborn

Greenblatt, St. (1991): *Schmutzige Riten. Betrachtungen zwischen Weltbildern,* Berlin

Greisch, J. (1993): *Hermeneutik und Metaphysik. Eine Problemgeschichte*, München

Grewendorf, G.; Hamm, F.; Sternefeld, W. (1987): *Sprachliches Wissen. Eine Einführung in moderne Theorien der grammatischen Beschreibung*, Frankfurt/Main

Grice, P. (1989): *Studies in the Way of Words,* Cambridge MA
Grondin, J. (1991, [2]2001): *Einführung in die Philosophische Hermeneutik.* Darmstadt
Grondin, J. (1999): *Hans-Georg Gadamer. Eine Biographie,* Tübingen
Grondin, J. (2009): *Hermeneutik,* München
Gumbrecht, H.U. (2004): *Diesseits der Hermeneutik,* Frankfurt/Main
Guttenplan, S. (Hrg.) (1994): *A Companion to the Philosophy of Mind,* Malden MA

Habermas, J. (1981): *Theorie des kommunikativen Handelns,* 2 Bd., Frankfurt/Main
Habermas, J. (1988): „Derridas Kritik am Logozentrismus", in: Habermas, J. (1988): *Der philosophische Diskurs der Moderne,* Frankfurt/Main, 191–218
Habib, M.A.R. (2007): *A History of Literary Criticism and Theory: From Plato to the Present,* London
Hahn, L.E. (Hrg.) (1997): *The philosophy of Hans-Georg Gadamer,* Chicago
Haller, R. (1959): „Das Zeichen und die Zeichenlehre in der Philosophie der Neuzeit", in: Archiv für Begriffsgeschichte 4, 113–157
Haller, R. (1962): „Untersuchungen zum Bedeutungsproblem in der antiken und mittelalterichen Philosophie", in: Archiv für Begriffsgeschichte 7, 57–119
Hamburger, K. (1987): *Die Logik der Dichtung,* München
Hansen, P. (1993): *Kulturbegriff und Methode. Der stille Wandel in den Geisteswissenschaften,* Tübingen
Hare, R.M. (1952): *The Language of Morals,* Oxford
Hattiangadi, A. (2006): „Is Meaning Normative?" in: *Mind and Language* 21, 220–240
Hausherr, R. (1996): „Vico, Herder, Schleiermacher", in: O'Hear (Hrg.) (1996), 47–72
Haverkamp, A. (Hrg.) (1998): *Theorie der Metapher,* Darmstadt
Heidegger, M. (1927): *Sein und Zeit,* Halle (Tübingen [15]1979)
Heidegger, M. (1988): *Ontologie (Hermeneutik der Faktizität),* Frankfurt/Main
Heil, J. (1998): *Philosophy of Mind – A Contemporary Introduction,* London
Heil, J. (2004): *Philosophy of Mind: A Guide and Anthology,* Oxford
Henderson, D.K. (1993): *Interpretation and Explanation in the Human Sciences,* Albany
Hennis W. (1996): *Max Webers Wissenschaft vom Menschen,* Tübingen

Hermnerén, G. (2003): „Intention und Interpretation in der Literaturwissenschaft", in: Bühler (Hrg.) (2003), 121–154

Hesse, M. (1966): „The Explanatory Function of Metaphors", in: Dies., *Models and Analogies in Science,* Notre Dame 1966, 157–177

Hesse, M. (1993): „Models, Metaphors, and Truth", in: Ankersmit, F.; Mooij, J. (1993): *Metaphor and Knowledge,* Dordrecht

Hirsch, E. D. (2006): „Was ist *nicht* Literatur?", in: Gottschalk, Köppe (Hrg.) (2006), 62–71

Hoffmann, M. H. (2001): „Peirces Zeichenbegriff: seine Funktionen, seine phänomenologische Grundlegung und seine Differenzierung", http://www.uni-bielefeld.de/idm/semiotik/Peirces_Zeichen.html

Hogan, P. C. (1996): *On Interpretation. Meaning and Inference in Law, Psychoanalysis, and Literature,* Athens/London

Hollis, M. (1994): *The Philosophy of Social Science. An Introduction,* Cambridge (dt. *Soziales Handeln,* Berlin 1995)

Horgan, T., Woodward, J. (1985): „Folk Psychology is Here to Stay", in: Philosophical Review 94, 197–220

Horstmann, A. (1999): „Interkulturelle Hermeneutik. Eine neue Theorie des Verstehens?" In: Deutsche Zeitschrift für Philosophie 47, 427–448

Horwich, P. (1998): *Meaning,* Oxford

Hülsen, R. (1994): *Zur Semantik anaphorischer Pronomina,* Leiden/New York/Köln

Hufnagel, E. (2000): *Einführung in die Hermeneutik*, St. Augustin

Huygens, R. B. C. (Hrg.) (1954): *Accessus as Auctores* (Collection Latomus XV), Brüssel

Hylton, P. (2007): „‚On Denoting' and the Idea of a Logically Perfect Language", in Beaney (Hrg.) (2007), 91–106

Ierodiakonou, K. (2006): „The Stoic Logical System", in: Gill, M. L.; Pellegrin, P. (Hrg.) (2006): *The Blackwell Companion to Ancient Philosophy,* 508–513

Ihde, D. (1999): „Perceptual Reasoning – Hermeneutics and Perception", in: Fehér, Kiss (1999), 13–24

Iljassova-Morger, O.; Reinhardt-Becker, E. (Hrg.) (2009): *Literatur – Kultur – Verstehen : Neue Perspektiven in der interkulturellen Literaturwissenschaft*, Duisburg

Inciarte, F. (1981): „Zur Rolle der Prädikation in der Theologie des Thomas von Aquin", in: Miscellanea Medievalia 13, 1, 256 ff.

Ineichen, H. (1981): „Dilthey", in: Höffe, O. (Hrg.) (1981): *Klassiker der Philosophie,* München, Bd.II, 187–203

Ineichen, H. (1991): *Philosophische Hermeneutik*, Freiburg/München

Irvine, M.; Thomson, D. (2005): „*Grammatica* and literary theory", in: Minnis, Johnson (Hrg.) (2005), 15–41
Iser, W. (1972): *Der implizite Leser*, München
Iser, W. (1976): *Der Akt des Lesens: Theorie ästhetischer Wirkung*, München
Iser, W. (1993): *Das Fiktive und das Imaginäre*, Frankfurt/Main

Jackson, F. (1998): *From Metaphysics to Ethics: A Defence of Conceptual Analysis*, Oxford
Jaeger, H. E. (1974): „Studien zur Frühgeschichte der Hermeneutik", in: Archiv für Begriffsgeschichte 18, 34–84
Jahraus, O. (2004): *Literaturtheorie*, Tübingen/Basel
Jakobson, R. (1979): *Poetik. Ausgewählte Aufsätze,* Frankfurt/Main
Jakobson, R. (1979a): „Linguistik und Poetik", in: Jakobson (1979), 83–121
Jannidis, F. u. a. (Hrg.) (1999): *Rückkehr des Autors. Zur Erneuerung eines umstrittenen Begriffs,* Tübingen
Jaumann, H. (1995): *Critica. Untersuchungen zur Geschichte der Literaturkritik zwischen Quintilian und Thomasius*, Leiden/New York/Köln
Jauß, H. R. (1996): „Literaturgeschichte als Provokation der Literaturwissenschaft", in: Kimmich, Renner, Stiegler (Hrg.) (1996), 41–55
Johansen, J. D.; Larsen, S. E. (2002): *Signs in Use. An Introduction to Semiotics,* London/New York
Joisten, K. (2009): *Philosophische Hermeneutik*, Berlin
Johnson, M. (1981) (Hrg.): *Philosophical Perspectives on Metaphor*, Minneapolis
Jones, J. W. J. (1960/61): „Allegorical Interpretation in Servius", in: Classical Journal 56, 217–226
Jung, M. (2001): *Hermeneutik zur Einführung*, Hamburg

Käser, L. (1997): *Fremde Kulturen. Eine Einführung in die Ethnologie*, Bad Liebenzell, Erlangen
Kaesler, D. (2003): *Max Weber. Eine Einführung in Leben, Werk und Wirkung*, Frankfurt/Main/New York
Kalberg, St. (2001): *Einführung in die historisch-vergleichende Soziologie Max Webers,* Wiesbaden
Kalleri, E. (1993): „Verstehen als grundlegendes Prinzip der Geisteswissenschaften bei Wilhelm Dilthey", in: Lenk, H. (Hrg.) (1993): *Philosophie und Interpretation*, Frankfurt/Main, 64–76
Kammler, C. (2005): „Historische Diskursanalyse", in: Bogdahl (Hrg.) (2005), 32–56.
Kanitscheider, B.; Wetz, F. J. (Hrg.) (1998): *Hermeneutik und Naturalismus,* Tübingen

Kennedy, G. (1988): „Christianity and Criticism", in: Kennedy (Hrg.) (1988), 330–345

Kennedy, G. A. u. a. (Hrg.) (1988 ff.): *The Cambridge History of Literary Criticism*, Cambridge

Kennedy, G. (Hrg.) (1988): *The Cambridge History of Literary Criticism. Vol. I Classical Criticism*, Cambridge

Kim, J. (1996): *Philosophy of Mind*, Boulder (dt. *Philosophie des Geistes*, Berlin 1998)

Kim, J. (1998): *Mind in a Physical World: An Essay on the Mind-Body-Problem and Mental Causation*, Cambridge MA

Kimmerle, H. (2008): *Jaques Derrida zur Einführung*, Reinbek bei Hamburg

Kimmich, D.; Renner, R.G; Stiegler, B. (Hrg.) (1996): *Texte zur Literaturtheorie der Gegenwart*, Stuttgart

Kittler, F. A. (2000): *Eine Kulturgeschichte der Kulturwissenschaft*, München

König, Ch.; Müller, H.-H.; Röcke, W. (Hrg.) (2000): *Wissenschaftsgeschichte der Germanistik in Porträts*, Berlin/New York

Köppe, T.; Winko, S. (2008): *Neuere Literaturtheorien*, Stuttgart/Weimar

Körtner, U. (2006): *Einführung in die theologische Hermeneutik*, Darmstadt

Kosslyn, St. M.; Thompson, W. L.; Ganis, G. (2009): *The Case for Mental Imagery*, Oxford

Krämer, Hans (2007): *Kritik der Hermeneutik : Interpretationsphilosophie und Realismus*, München

Kripke, S. A. (1987): *Wittgenstein über Regeln und Privatsprache*, Frankfurt/Main

Kristeva, J. (1996): „Bachtin, das Wort, der Dialog und der Roman", in: Kimmich, Renner, Stiegler (Hrg.) (1996), 334–348

Künne, W. (1981): „Verstehen und Sinn", in: Allgemeine Zeitschrift für Philosophie 6, 1–16

Künne, W. (1983): „‚Im übertragenen Sinne': Zur Theorie der Metapher", in: Conceptus 17, 181–200

Künne, W. (1990): „Prinzipien der wohlwollenden Interpretation", in: *Intentionalität und Verstehen*, hrg. v. Forum für Philosophie Bad Homburg, Frankfurt/Main 1990, 212–236

Kuhn, Th. (1979): „Metaphors in Science", in: Ortony, A. (Hrg.) (1979): *Metaphor and Thought*, Cambridge

Kurt, R. (2004): *Hermeneutik. Eine sozialwissenschaftliche Einführung*, Stuttgart

Kurz, G. (1997): *Metapher, Allegorie, Symbol*, Göttingen

de Lacey, Ph. (1948): „Stoic Views on Poetry“, in: American Journal of Philology 69, 241–271

Lagerlund, H. (Hrg.) (2007): *Representation and object of thought in Medieval philosophy*, Ashgate

Laird, A. (Hrg.) (2006): *Oxford readings in literary criticism,* Oxford

Lakoff, G.; Johnson, M. (1980): *Metaphors we live by,* Chicago (dt. *Leben in Metaphern,* Heidelberg 1998)

Lakoff, G. (1987): *Women, fire and dangerous things. What categories reveal about the mind,* Chicago

Lakoff, G.; Turner, M. (1989): *More than Cool Reason. A Field Guide to Poetic Metaphor,* Chicago

Lambert, J. H. (1764): *Neues Organon*, Leipzig (ND Hildesheim 1965)

Lamberton, R. (Hrg.) (1992): *The hermeneutics of Greek epic's earliest exegetes*, Princeton

Leitgeb, H. (2007): „A New Analysis of Quasianalysis“, in: *Journal of the Philosophy of Logic* 36, 181–226

Lenk, H. (Hrg.) (1993): *Philosophie und Interpretation*, Frankfurt/Main

LePore, E.; McLaughlin, B. P. (Hrg.) (1985): *Action and Events. Perspectives on the Philosophy of D. Davidson*, Oxford

Lerle, E. (1997): *Weichenstellungen in der Hermeneutik* , Groß-Oesingen

Lessing, H. U. (2001): *Wilhelm Diltheys „Einleitung in die Geisteswissenschaften“*, Darmstadt

Lessing, H. U. (Hrg.)(1999): *Philosophische Hermeneutik*, Freiburg

Levine, G. (Hrg.) (1993): *Realism and Representation,* Madison

Levinson, J. (1996): *The Pleasures of Aesthetics. Philosophical Essays,* Ithaca/London

Levinson, J. (2002): „Hypothetical Intentionalism“, in: Krausz, M. (Hrg.) (2002): *Is There a Single Right Interpretation?* University Park, 309–318

de Libera, A. (1997): „Die Logik im Rationalisierungsprozess des Mittelalters“ in: Flasch; Jeck (Hrg.) (1997), 110–122

Liptow, J. (2004): *Regel und Interpretation. Eine Untersuchung der sozialen Struktur sprachlicher Praxis,* Weilerwist

Livingston, P. (1988): *Literary Knowledge: Humanistic Inquiry and the Philosophy of Science,* Ithaca and London

Livingston, P. (1993): „Why Realism Matters: Literary Knowledge and the Philosophy of Science“, in: Levine (Hrg.) (1993), 134–154

Long, A. A. (2006): „Stoic Readings of Homer“, in: Laird (Hrg.) (2006), 211–237

de Lubac, H. (1968): *Geist aus der Geschichte. Das Schriftverständnis des Origines,* Einsiedeln

Lycan, W. (1999): *Philosophy of Language,* London/New York

Madison, G. B. (1988) : *The Hermeneutics of Postmodernity*, Bloomington
Madonna, L. C. (1994): „Die unzeitgemäße Hermeneutik Christian Wolffs", in: Bühler (Hrg.) (1994), 26–42
Makkreel, R. (1992): *Dilthey: Philosopher of the Human Studies*, Princeton
Mantzavinos, C. (2005): *Naturalistic Hermeneutics*, Cambridge
Martin, M. (2000): *Verstehen. The Use of Understanding in Social Science*, New Brunswick/London
Mayer, V. (2000): „Regeln, Normen, Gebräuche", in: Deutsche Zeitschrift für Philosophie 48, 409–428
McDowell, J. (1984): „Wittgenstein on Following a Rule", in: Synthese 58, 325–363
McLaughlin, M. (2005): „Humanist criticism of Latin and vernacular prose", in: Minnis, Johnson (Hrg.) (2005), 648–665
Meder, St. (2004): *Mißverstehen und Verstehen. Savignys Grundlegung der juristischen Hermeneutik*, Tübingen
Medick, D. (2007): *Cultural Turns. Neuorientierung in den Kulturwissenschaften*, Reinbek bei Hamburg
Meier, G. F. (1996): *Versuch einer allgemeinen Auslegungskunst* (1757), mit einer Einleitung und Anmerkungen hrg. v. A. Bühler und L. Madonna, Hamburg
Meier-Oeser, St. (1997): *Die Spur des Zeichens. Das Zeichen und seine Funktion in der Philosophie des Mittelalters und der frühen Neuzeit*, Berlin/New York
Mendelsohn, R. L. (2005): *The Philosophy of Gottlob Frege*, Cambridge
Mersch, D. (Hrg.) (1998): *Zeichen über Zeichen. Texte zur Semiotik von Charles Sanders Peirce bis zu Umberto Eco und Jaques Derrida*, München
Mersch, D. (2010): *Posthermeneutik*, Berlin
Metzinger, Th. (Hrg.) (2001): *Bewusstsein*, Paderborn
Metzinger, Th. (Hrg.) (2010): *Grundkurs Philosophie des Geistes. Bd.3: Intentionalität und mentale Repräsentation*, Paderborn
Minnis, A.; Johnson, I. (Hrg.) (2005): *The Cambridge History of Literary Criticism. Vol. II: The Middle Ages*, Cambridge
Mohan, R. (1997): „Metaphor", in: Hale, B.; Wright, C. (Hrg.) (1997): *A Companion to the Philosophy of Language*, Oxford, 248–268
Montague, R. (1972): *Universale Grammatik*, Braunschweig
Mormann, Th. (2000): *Rudolf Carnap*, München
Morris, Ch. (1946): *Signs, Language, and behavior*, Englewood Cliffs
Morris, Ch. (1998): „Grundlagen der Zeichentheorie. II. Semiose und Semiotik", in: Mersch (Hrg.) (1998), 57–75

Müller, H.-H.; Danneberg, L. (1979): „Verwissenschaftlichung der Literaturwissenschaft. Ansprüche, Strategien, Resultate", in: Zeitschrift für allgemeine Wissenschaftstheorie 10, 162–191

Müller, H.-H.; Danneberg, L. (1980): „Ein Rahmenkonzept zur (Re-) Konstruktion und Evaluation von Vorschlägen zur wissenschaftlichen Fundierung der Literaturwissenschaft", in: Eschbach, A.; Rader, W. (Hrg.) (1980): *Literatursemiotik*, Tübingen, Band 1, 17–37

Müller, H.-H.; Danneberg, L. (1981): „Probleme der Textinterpretation. Analytische Rekonstruktion und Versuch einer konzeptionellen Lösung", in: Kodikas/Code 3, 133–168

Müller, H.-H.; Danneberg, L. (1983): „Der ‚intentionale Fehlschluß' – ein Dogma? Systematischer Forschungsbericht zur Kontroverse um eine intentionalistische Konzeption in den Textwissenschaften", in: Zeitschrift für allgemeine Wissenschaftstheorie 14, 103–137 und 376–411

Müller, H.-H.; Danneberg, L. (1984): „Wissenschaftstheorie, Hermeneutik, Literaturwissenschaft. Anmerkungen zu einem unterbliebenen und Beiträge zu einem künftigen Dialog über die Methodologie des Verstehens", in: Deutsche Vierteljahresschrift für Literaturwissenschaft und Geistesgeschichte 58, 177–237 und 256–261

Müller, H.-H. (1987): „Lichtvolle Erkennung der Verschiedenheit. Zur Konzeption einer interkulturellen Hermeneutik", in: Perspektiven und Verfahren interkultureller Germanistik. Akten des I. Kongresses der Gesellschaft für interkulturelle Germanistik, hrg. v. A. Wielacher, München 1987, 585–594

Müller, H.-H. (1988): „Wissenschaftsgeschichte und Rezeptionsforschung. Ein kritischer Essay über den (vorerst) vorletzten Versuch, die Literaturwissenschaft von Grund auf neu zu gestalten", in: Schönert, J.; Segeberg, H. (Hrg.) (1988): *Polyperspektivik in der literarischen Moderne. Studien zur Theorie, Geschichte und Wirkung der Literatur. Karl Robert Mandelkow gewidmet*, Frankfurt/Main, 452–479

Müller, H.- H. (1993): „Brechts „Ballade von des Cortez Leuten". Struktur, Quelle, Interpretation", in: Zeitschrift für deutsche Philologie 112, 569–594

Müller, H.-H. (1993a): „Hermeneutik oder Dekonstruktion?" In: Bohrer, K. H. (Hrsg.)(1993): *Ästhetik und Rhetorik*, Frankfurt/Main 1993, 98 ff.

Müller, H.-H.; Kindt, T. (2006): *The implied author: concept and controversy*, Berlin

Müller, H.-H; Krug, O. D.; Kindt, T. (2009): „Was ist Literatur? Bemerkungen zu einer Frage der Literaturwissenschaft", in: Winko, S.; Jannidis, F.; Lauer, G. (Hrsg.) (2009): *Grenzen der Literatur. Zu Begriff und Phänomen des Literarischen*, Berlin/New York, 92–102

Müller, H.-H.; Kindt, T. (2009a): „Der implizite Autor. Zur Karriere und Kritik eines Begriffs zwischen Narratologie und Interpretationstheaorie", in: Archiv für Begriffsgeschichte 48, 163–190

Müller, H.-H.; Lepper, M.; Gardt, A. (Hrg.) (2010): *Strukturalismus in Deutschland 1910–1975*, Göttingen

Müller, H.-H (2010a): „Wilhelm Scherer (1841–1886) in Berlin", in: Zeitschrift für Germanistik N. F. 1, 140–155

Nagel, E. (1961): *The Structure of Science. Problems in the Logic of Scientific Explanation*, New York

Nassen, U. (Hrg.) (1982): *Klassiker der Hermeneutik*, Paderborn (u. a.)

Neale, St. (Hrg.) (2005): *100 Years of 'On Denoting'*, *Mind* 114 (Sonderheft)

Norris, C. (2000): „Literary theory, science, and philosophy of science", in: Knellwolf, C.; Norris, C. (Hrg.) (2000): *The Cambridge History of Literary Criticism* Vol. IX, Cambridge, 401–416

Noeth, W. (2000): *Handbuch der Semiotik*, 2. überarbeitete und erweiterte Ausgabe, Stuttgart/Weimar

Nordenstam, T. (1998): „Verstehen und Erklären in den Humanwissenschaften", in: Synthesis Philosophica 26, 499–511

Nottscheid, M.; Müller, H.-H. (Hrg.) (2005): *Wilhelm Scherer: Briefe und Dokumente aus den Jahren 1853 bis 1886.* Hrsg. u. komm. v. M. Nottscheid u. H.-H. Müller unter Mitarbeit v. M. Richter, Göttingen (= Marbacher Wissenschaftsgeschichte 5)

Nowak, K. (2002): *Schleiermacher*, Göttingen

Nünlist, R. (2009): *Ancient critic at work : terms and concepts of literary criticism in Greek scholia*, Cambridge

Nünning, A. (Hrg.) (2004): *Grundbegriffe der Literaturtheorie*, Stuttgart

Nünning, A.; Nünning, V. (Hrg.) (2008): *Einführung in die Kulturwissenschaften*, Weimar

O'Hear, A. (Hrg.) (1996): *Verstehen and humane understanding*, Cambridge

O'Hear, A. (1996a): „,Two Cultures' Revisited", in: O'Hear (Hrg.) (1996), 1–16

Origines (1985): *De Principiis I–IV* (dt. *Vier Bücher von den Prinzipien*), herausgegeben, übersetzt und mit Anmerkungen versehen von H. Görgemanns und H. Karpp, Darmstadt

Ormiston, G. L.; Schrift, A. D. (Hrg.) (1990): *The Hermeneutic Tradition. From Ast to Ricœur*, New York

Papineau, D. (1976): „Ideal Types and Empirical Theories“, in: The British Journal of the Philosophy of Science 27, 137–146

Parrett, H.; Bouveresse, J. (Hrg.) (1981): *Meaning and Understanding*, Berlin/New York

Patzig, G. (1973): „Erklären und Verstehen“, in: Neue Rundschau 84, 392–413

Peirce, C. S. (1931–1958) (= CP): *The Collected Papers of Charles Sanders Peirce*, hrg. v. C. Hartshorne et al., Cambridge

Peirce, C. S. (1985): *Die Festigung der Überzeugung und andere Schriften*, hrg. und eingel. v. E. Walther, Frankfurt/Main

Peirce, C. S. (1986–1994): *Semiotische Schriften*, Vol. I–III, hrg. v. C. Kloesel u. H. Pape, Frankfurt/Main

Peirce, C. S. (1867–1893/1893–1913): *Selected Philosophical Writings*, 2 Bd., hrg. v. N. Houser und Ch. Kloesel, Bloomington und Indianapolis 1992/1998

Peirce, C. S. (1991): *Schriften zum Pragmatismus und Pragmatizismus*, hrg. v. K.-O. Apel, Frankfurt/Main

Pépin, J. (1988): Artikel *Hermeneutik* (Antike und Mittelalter), in: Dassmann, E. (Hrg.) (1988): *Reallexikon für Antike und Christentum* 14, Sp.724–771

Perler, D.; Wild, M. (Hrg.) (2005): *Der Geist der Tiere*, Frankfurt/Main

Perner, J. (1991): *Understanding the representational mind*, Cambridge MA

Petrus, K. (1997): *Genese und Analyse: Logik, Rhetorik und Hermeneutik im 17. und 18. Jahrhundert*, Berlin

Pfeiffer, R. (1968): *History of Classical Scholarship: From the Beginnings to the End of the Hellenistic Age*, Oxford

Philo von Alexandrien (1962): *Die Werke in deutscher Übersetzung*, hrg. v. L. Cohn et al., Band III, Berlin

Piccart, M. (1605): *Oratio de ratione interpretandi*, in: Ders., *Isagoge in Lectionem Aristotelis*, Hagen

Pinborg, J. (1972): *Logik und Semantik im Mittelalter. Ein Überblick*, Stuttgart-Bad Cannstatt

Pinborg, J. (1975): „Die Logik der Modistae“, in: Studia Medievistyczne 16, 39–97

Pinker, St. (1996): *Der Sprachinstinkt. Wie der Geist die Sprache bildet*, München

Pleger, W. H. (1998): „Die Kunst der Gesprächsführung. Zu Schleiermachers Hermeneutik und Dialektik“, in: Burdorf, Schmücker (Hrg.) (1998), 125–136

Plett, H. E. (1989^{7}): *Einführung in die rhetorische Textanalyse*, Hamburg

Pöggeler, O. (1983): *Heidegger und die hermeneutische Philosophie*, Freiburg (u. a.)

Pompa, L. (1996): „Vico and Metaphysical Hermeneutics“, in: O’Hear (Hrg.) (1996), 29–46

Posner, R. (1991): „Kultur als Zeichensystem. Zur semiotischen Explikation kulturwissenschaftlicher Grundbegriffe“, in: Assmann, A.; Harth, D. (Hrg.) (1991): *Kultur als Lebenswelt und Monument*, Frankfurt/Main

Prewo, R. (1979): *Max Webers Wissenschaftsprogramm*, Frankfurt/Main

Prince, G. (1995): „Narratology“, in: Selden (Hrg.) (1995), 110–130

Przyłębski, A. (Hrg.) (2006): *Das Erbe Gadamers*, Frankfurt/Main

Quain, E.A (1945): „The Medieval Accessus Ad Auctores“, in: Traditio 3, 215–264

Quine, W. (1960): *Word and Object*, Cambridge MA

Rami, A. (2004): „Über die sogenannte Normativität der Bedeutung“, in: Grazer Philosophische Studien 68, 87–117

Rapp, Ch. (2002): *Aristoteles, Rhetorik*, übersetzt und erläutert v. Ch. Rapp, 2 Bd., Berlin

Reimer, M. (2001): „Davidson on Metaphor“, in: Midwest Studies in Philosophy 25, 142–155

Reimer, M.; Camp, E. (2006): „Metaphor“, in: Lepore, E.; Smith, B. (Hrg.) (2006): *The Oxford Handbook of the Philosophy of Language*, Oxford, 845–863

Rese, F. (2007): „*Phronesis* als Modell der Hermeneutik“, in: Figal (Hrg.) (2007), 127–150

Reuter, G. (2006): *Bedeutung und soziale Praktiken*, Paderborn

Rey, C. (1997): *Contemporary Philosophy of Mind*, Oxford

Richardson, N. J. (2006): „Homeric Professors in the Age of the Sophists“, in: Laird (Hrg.) (2006), 62–86

Ricœur, P. (1969): *Le conflit des interprétations*, Paris

Ricœur, P. (1975): *La métaphore vive*, Paris (dt. *Die lebendige Metapher*, München 1991)

Ricœur, P. (1988–1991): *Zeit und Erzählung*. 3 Bd., München

Riedel, M. (1978): *Verstehen oder Erklären? Zur Theorie und Geschichte des hermeneutischen Wissens*, Stuttgart

Rieger, R. (1988): *Interpretation und Wissen. Zur philosophischen Begründung der Hermeneutik bei Friedrich Schleiermacher und ihrem geschichtlichen Hintergrund. Schleiermacher-Archiv*, vol. 6. (hrg. v. H. Fischer, H.-J. Birkner, G. Ebeling und K.-V. Segle), Berlin

Rodi, F. (1990): *Erkenntnis des Erkannten. Zur Hermeneutik des 19. und 20. Jahrhunderts,* Frankfurt/Main

Rodi, F. (1995): „Gegen die methodische Verstümmelung der Wirklichkeit. Kritische Anmerkungen zum Programm einer „naturalistischen" Hermeneutik", in: Philosophia naturalis 32, 193–209

Rodi, F.; Lessing, H. U. (Hrg.) (1984): *Materialien zur Philosophie Wilhelm Diltheys,* Frankfurt/Main

Rössler, B. (1990): *Die Theorie des Verstehens in Sprachanalyse und Hermeneutik: Untersuchungen am Beispiel M. Dummetts und F. D. E. Schleiermachers,* Berlin

Rolf, E. (2005): *Metaphertheorien,* Berlin

Rorty, R. (1987): „Unfamiliar Noises I: Hesse and Davidson on Metaphor", in: Proceedings of the Aristotelian Society suppl. vol. 61, 283–296

Rorty, R. (1993): „Dekonstruieren und Ausweichen", in: Ders., *Eine Kultur ohne Zentrum,* Stuttgart 1993, 104–146

Rorty, R. (1995): „Deconstruction", in: Selden (Hrg.) (1995), 166–196

Russell, B. (1905): „On denoting", in: Mind 14, 479–493

Ruth, P. (2002) : *Hermeneutica universalis : die Entfaltung der historisch-kritischen Vernunft im frühen 18. Jahrhundert,* Frankfurt/Main

Ryle, G. (1932): „Systematically Misleading Expressions", in: *Proceedings of the Aristotelian Society* N. S. 32, 1931–2, 139–170

Sacks, S. (Hrg.) (1978): *On Metaphor,* Chicago

de Saussure, F. (1967): *Grundlagen der allgemeinen Sprachwissenschaft* (hrg. v. Ch. Bally und A. Sechehaye), Berlin

Schenk, G. (1996): „Hermeneutik und Vernunftlehre aus pietistischer Sicht", in: Beetz, M.; Cacciatore, G. (Hrg.) (1996), 31–48

Scherpe, K. R. (2001): „Kanon – Text – Medium", in: Hohendahl, P. U.; Steinlein, R. (Hrg.) (2001): *Kulturwissenschaften – Cultural Studies. Beiträge zur Erprobung eines umstrittenen literaturwissenschaftlichen Paradigmas,* Berlin, 9–25

Schleiermacher, F. (1996): *Schriften* (hrg. v. A. Arndt), Frankfurt/Main

Schleiermacher, F. (1838): *Hermeneutik und Kritik mit besonderer Beziehung auf das Neue Testament,* Berlin

Schleiermacher, F. (1974): *Hermeneutik.* Nach den Handschriften neu herausgegeben und eingeleitet v. H. Kimmerle, Heidelberg

Schleiermacher, F. (1977): *Hermeneutik und Kritik* (hrg. u. eingel. v. Manfred Frank), Frankfurt/Main

Schleiermacher, F. (1984): *Kritische Gesamtausgabe,* hrg. v. H. J. Birkner u. a., Berlin/New York

Schluchter, W. (1979): *Die Entwicklung des okzidentalen Rationalismus,* Tübingen

Schößler, F. (2006): *Literaturwissenschaft als Kulturwissenschaft*, Tübingen

Scholtz, G. (1995): *Ethik und Hermeneutik: Schleiermachers Grundlegung der Geisteswissenschaften,* Frankfurt/Main

Scholtz, G. (2003): „Das Interpretandum in der Philosophischen Hermeneutik Gadamers", in: Wischke, Hofer (Hrg.) (2003), 13–34

Scholz, O. (1988): „Some Issues in the Theory of Metaphor", in: Petöfi, J. (Hrg.) (1988): *Text and Discourse Constitution,* Berlin/New York, 269–282

Scholz, O. (1988a): „Zum Verstehen fiktionaler Repräsentationen", in: Petöfi, J.; Olivi, T. (Hrg.) (1988): *Von der verbalen Konstitution zur symbolischen Bedeutung,* Berlin/New York, 1–27

Scholz, O. (1994): „Die allgemeine Hermeneutik bei Georg Friedrich Meier", in: Bühler (Hrg.) (1994), 158–191

Scholz, O. (1994a): „Zum Status allgemeiner Verstehensprinzipien", in: Meggle, G.; Wessels, U. (Hrg.) (1994): *Analyomen 1,* Berlin/New York, 574–584

Scholz, O. (1996): „Zur systematischen Bedeutung der Aufklärungshermeneutiken", in: Allgemeine Zeitschrift für Philosophie 21, 156–162

Scholz, O. (1999, [2]2001): *Verstehen und Rationalität. Untersuchungen zu den Grundlagen von Hermeneutik und Sprachphilosophie*, Frankfurt/Main

Scholz, O. (1999a): „Verstehen", in: Sandkühler, H.J. (Hrg.) (1999): *Enzyklopädie Philosophie*, Hamburg, Sp.1698–1702

Scholz, O. (2001): „Jenseits der Legende – Auf der Suche nach den genuinen Leistungen Schleiermachers für die allgemeine Hermeneutik", in: Schröder (Hrg.) (2001), 265–268

Scholz, O. (2003): „Philosophische Aspekte der Psycholinguistik", in: Hermann, T.; Deutsche, W. (Hrg.) (2003): *Psycholinguistik. Ein internationales Handbuch*, Berlin/New York, 1–14

Scholz, O. (2005): „Die Vorstruktur des Verstehens. Ein Beitrag zur Klärung des Verhältnisses zwischen traditioneller Hermeneutik und „philosophischer Hermeneutik", in: Schönert, Vollhardt (Hrg.) (2005), 443–462

Schönert, J; Vollhardt, F. (2005): *Geschichte der Hermeneutik und die Methodik der textinterpretierenden Disziplinen,* Berlin

Schößler, E. (2006): *Literaturwissenschaft als Kulturwissenschaft*, Tübingen/Basel

Schröder, J. (Hrg.) (2001): *Theorie der Interpretation vom Humanismus bis zur Romantik*, Stuttgart

Schroeder, T. (2003): „Donald Davidson's Theory of Mind is Non-Normative", in: Philosophers' Imprint 3, No.1

Schütze, O.: (2009): „Naturalismus und Normativität", in: Becker, Detel (Hrg.) (2009), 165–188

Schurz, G. (1988): „Was ist wissenschaftliches Verstehen? Eine Theorie verstehensbewirkender Erklärungsepisoden", in: Ders. (Hrg.) (1988): *Erklären und Verstehen in der Wissenschaft*, München, 235–298

Schurz, G.; Lambert, K. (1994): „Outline of a Theory of Scientific Understanding", in: Synthese 101, 65–120

Schwemmer, O. (2005): *Kulturphilosophie. Eine medientheoretische Grundlegung*, München

Schwendtner, T. (1999): „Parallelen zwischen Heideggers und Kuhns Wissenschaftsauffassung", in: Fehér, Kiss (1999), 35–58

Sdzuj, R. (1997): *Historische Studien zur Interpretationsmethodologie der frühen Neuzeit*, Würzburg

Searle, J. (1969): *Speech Acts*, Cambridge

Searle, J. (1977): „Reiterating the Differences: a Reply to Derrida", in: Weber, S.; Sussman, H. (Hrg.): *Glyph I*, Baltimore/London, 198–208

Searle, J. (1979): „Metaphor", in: Ortony, A. (Hrg.) (1979): *Metaphor and Thought*, Cambridge, 92–123

Searle, J. (1983): „The world turned upside down", in: New York Review of Books, 27.10.1983, 73–79

Searle, J. (1994): „Literary Theory and its Discontents", in: New Literary History 25, 637–667

Searle, J. (1995): *The Construction of Social Reality*, New York (dt. *Die Konstruktion gesellschaftlicher Wirklichkeit*, Reinbek bei Hamburg 1997)

Searle, J. (1996): *Die Wiederentdeckung des Geistes*, Frankfurt/Main

Sebeok, Th. A. (1999): *Signs. An Introduction to Semiotics*, Toronto

Seel, M. (2002): „Am Beispiel der Metapher. Zum Verhältnis von buchstäblicher und figürlicher Rede", in: Ders. (2002): *Sich bestimmen lassen. Studien zur theoretischen und praktischen Philosophie*, Frankfurt/Main, 11–44

Seiffert, H. (1992): *Einführung in die Hermeneutik. Die Lehre von der Interpretation in den Fachwissenschaften*, Tübingen

Selden, R. (Hrg.) (1995): *The Cambridge History of Literary Criticism*. Vol. 8: *From Formalism to Poststructuralism*, Cambridge

Sexl, M. (2004): *Einführung in die Literaturtheorie*, Wien

Silverman, H. (1994): *Textualities. Between Hermeneutics and Deconstruction*, London

Simon, J. (1996): „Johann Heinrich Lamberts Zeichenkunst als Weg zur Kritik. Überlegungen zum Verhältnis von Kritik und Interpretation", in: Beetz, M.; Cacciatore, G. (Hrg.) (1996), 49–66

Snow, Ch. P. (1967): *Die zwei Kulturen. Literarische und naturwissenschaftliche Intelligenz,* Stuttgart

Soames, S. (2003): *Philosophical Analysis in the Twentieth Century,* Volume 1: *The Dawn of Analysis,* Volume 2: *The Age of Meaning,* Princeton

Speaks, J. (2009): „The Normativity of Content and ‚the Frege Point'", in: *European Journal of Philosophy* 17, 405–415

Sperber, D. (Hrg.) (2000): *Metarepresentation. A Multidisciplinary Perspective,* Oxford

Sperber, D., Wilson, D. (1986): *Relevance: Communication and Cognition,* Cambridge MA

Sperber, D.; Wilson, D. (1986a): „Loose Talk", in: Proceedings of the Aristotelian Society 86, 153–171

Spoerhase, C. (2007): *Autorschaft und Interpretation. Methodische Grundlagen einer philologischen Hermeneutik,* Berlin/New York

Springer, B. (2000): *Die antiken Grundlagen der neuzeitlichen Hermeneutik,* Frankfurt/Main

Stecker, R. (2006): „Interpretation and the Problem of Relevant Intention", in: Kieran, M. (Hrg.) (2006): *Contemporary Debates in Aesthetics and the Philosophy of Art,* Malden, 269–281

Stegmüller, W. (1986): „Walther von der Vogelweides Lied von der Traumliebe und Quasar 3 C 273. Betrachtungen zum sogenannten hermeneutischen Zirkel des Verstehens und zur sogenannten Theoriebeladenheit der Beobachtungen", in: Stegmüller, W. (1986): *Rationale Rekonstruktion von Wissenschaft und ihrem Wandel,* Stuttgart, 27–86

Stern, J. (2000): *Metaphor in Context,* Cambridge MA

Stevenson, C. L. (1944): *Ethics and Language,* New Haven

Stierle, K. (1996): „Literaturwissenschaft", in: *Fischer Lexikon Literatur,* Bd.2 (hrg. v. U. Ricklefs), Frankfurt/Main 1996, 1156–1185

Stierle, K. (1996a): „Werk und Intertextualität", in: Kimmich, Renner, Stiegler (Hrg.) (1996), 349–359

Strawson, P. F. (1992): *Analysis and Metaphysics: An Introduction to Philosophy,* Oxford

Strube, W. (2003): „Analyse des Verstehensbegriffes", in: Bühler (Hrg.) (2003), 79–98

Sukale, M (2002).: *Max Weber. Leidenschaft und Disziplin,* Tübingen

Szondi, P. (1975): *Einführung in die literarische Hermeneutik,* Frankfurt/Main

Tate, J. (1934): „On the history of allegorism", in: Classical Quarterly 28, 105–114
Tepe, P. (2007): *Kognitive Hermeneutik*, Würzburg
Tepe, P.; Rauter, J.; Semlow, T. (2009): *Interpretationskonflikte am Beispiel von E. T. A. Hoffmanns* Der Sandmann. *Kognitive Hermeneutik in der praktischen Anwendung*, Würzburg
Tetens, H. (1994): *Geist, Gehirn, Maschine*, Stuttgart
Tholen, T. (1999): *Erfahrung und Interpretation. Der Streit zwischen Hermeneutik und Dekonstruktion*, Heidelberg
Thomas, A. (1993): *Kulturvergleichende Psychologie*, Göttingen
Thomasius, Ch. (1691): *Ausübung der Vernunfft-Lehre*, Halle
Tirell, L. (1991): „Reductive and Nonreductive Simile Theories of Metaphor", in: Journal of Philosophy 88, 337–358
Titzmann, M. (2005): „Herausforderungen der biblischen Hermeneutik in der Frühen Neuzeit. Die neuen Diskurse der Wissenschaft und der Philosophie", in: Schönert, Vollhardt (Hrg.) (2005), 119–156
Tomasello, M. (2002): *Die kulturelle Entwicklung des menschlichen Denkens*, Frankfurt/Main
Tomasello, M. (2009): *Die Ursprünge der menschlichen Kommunikation*, Frankfurt/Main
Tomasello, M. (2011): „Buchkritik und Replik auf Kommentare zu Tomasello (2009)", in: Deutsche Zeitschrift für Philosophie 59, 147–169
Tuomela, R. (1995): *The Importance of Us*, Stanford
Turner, M. (2001): *The Cognitive Dimensions of Social Science*, Oxford
Tversky, A. (1977): „Features of Similarity", in: Psychological Review 84, 327–352

Urmson, J. O. (1956): *Philosophical Analysis*, Oxford

Vossenkuhl, W. (1995): „Analyse und Hermeneutik. Über „Verstehen"", in: Philosophia naturalis 32, 295–317
Vattimo, G. (1997): *Jenseits der Interpretation*, Frankfurt/Main
Vedder, B. (2002): *Was ist Hermeneutik? Ein Weg von der Textdeutung zur Interpretation der Wirklichkeit*, Stuttgart
Veeser, H. A. (Hrg.) (1994): *The New Historicism Reader*, New York
Vetter, H. (2007): *Philosophische Hermeneutik. Unterwegs zu Heidegger und Gadamer*, Frankfurt/Main
Voegelin, E. (1995): *Die Größe Max Webers*, München
Vogel, M. (2001): *Medien der Vernunft*, Frankfurt/Main
Vogel, M.; Becker, A. (2007): *Musikalischer Sinn. Beiträge zu einer Philosophie der Musik*, Frankfurt/Main

Vogel, M. (2007): „Geist, Kultur, Medien. Überlegungen zu einem nicht-essentialistischen Kulturbegriff“, in: Dietz, S.; Skrandies, T. (Hrg.) (2007): *Mediale Markierungen. Studien zur Anatomie medienkultureller Praktiken*, Bielefeld

Vogel, M. (2009 (im Erscheinen)): *Geist und Psyche*, Habilitationsschrift Frankfurt/Main

Wahl, F. (Hrg.) (1981): *Einführung in den Strukturalismus*, Frankfurt/Main

Weber, M. (1925): *Wirtschaft und Gesellschaft*, in: Ders., *Grundriß der Sozialökonomik* (hrg. v. Marianne Weber), Tübingen

Weber, M. (1988): *Soziologische Grundbegriffe*, in: Ders., Gesammelte Aufsätze zur Wissenschaftslehre, Tübingen, 541–581

Wedgwood, R. (2007): „The normativity of the intentional“, in: McLaughlin, B.; Beckermann, A. (Hrg.) (2007): *The Oxford handbook of the philosophy of mind*, Oxford, 421–436

Wedgwood, R. (2008): *The nature of normativity*, Oxford

Weidemann, H. (2002): *Aristoteles. Peri Hermeneias*, übersetzt und erläutert von H. Weidemann, Berlin

Weinert, F. (1996): „Weber's Ideal Types as Models in the Social Sciences“, in: O'Hear (Hrg.) (1996), 73–94

Weise, Ch. (1696): *Curieuse Fragen über die Logica*, Leipzig

Wellmer, A. (1995): „Zur Kritik der hermeneutischen Vernunft“, in: Demmerling, C.; Gabriel, G.; Rentsch, Th. (Hrg.) (1995): *Vernunft und Lebenspraxis*, Frankfurt/Main, 123–156

Westermann, H. (2002): *Die Intention des Dichters und die Zwecke der Interpretation. Zu Theorie und Praxis der Dichterauslegung in den platonischen Dialogen*, Berlin/New York

Wetherbee, W. (2005): „The study of classical authors. From the 12th century to c.1450“, in: Minnis, Johnson (Hrg.) (2005), 145–236

White, R. (1996): *The Structure of Metaphor*, Oxford

Wimsatt, W. (1970): *Literary Criticism: a short history*, London

Wild, M. (2010): *Biosemantik*, Habilitationsschrift HU Berlin

Williams, M. (1990): „Social Norms and Narrow Content“, in: *Midwest Studies in Philosophy* 15, 425–462

Williams, M. (1991): *Unnatural Doubts*, Oxford

Wikforss, A. (1999): „Semantic Normativity“, in: Philosophical Studies 102, 203–226

Wischke, M.; Hofer, M. (Hrg.) (2003): *Gadamer verstehen/Understanding Gadamer*, Darmstadt

Wikforss, A. M. (1999): „Semantic Normativity“, in: Philosophical Studies 102, 203–226

Wittgenstein, L. (1999): *Philosophische Untersuchungen. Werkausgabe*, Bd. 1, Frankfurt/Main

Woidich, St. (2007): *Vico und die Hermeneutik: eine rezeptionsgeschichtliche Annäherung*, Würzburg

Wolff, Ch. (1740): *Philosophie rationalis sive Logica. Pars III*, Frankfurt und Leipzig (ND Hildesheim 1983)

Wright, C. (1983): *Frege's Conception of Numbers as Objects*, Aberdeen

Wright, C. (1992): *Truth and Objectivity*, Oxford

Wright, C. (Hrg.) (1997): *A Companion to the Philosophy of Language*, Oxford

Wright, G. H. v. (1963): *Norms and Action*, London

Wright, G. H. v. (1971): *Explanation and Understanding*, Ithaca (dt. *Erklären und Verstehen*, Frankfurt/Main 1974)

Wright, G. H. v. (1994): *Normen, Werte und Handlungen*, Frankfurt/Main

Zima, P. v. (1991): *Literarische Ästhetik. Methoden und Modelle der Literaturwissenschaft*, Tübingen/Basel

Zipfel, F. (2001): *Fiktion, Fiktivität, Fiktionalität. Analysen zur Fiktion in der Literatur und zum Fiktionsbegriff in der Literaturwissenschaft*, Berlin

PERSONENINDEX

SACHINDEX